Urtheile und Annalen

des

Reichsgerichts in Civilsachen.

Sammlung
aller wichtigen civilrechtlichen Entscheidungen
des Reichsgerichts
sowie
aller auf die Reichsrechtsprechung in Civilsachen bezüglichen
Erlasse und Verfügungen.

Herausgegeben
von

Dr. Hans Blum,
Rechtsanwalt am Landgericht in Leipzig.

Erster Band.

Berlin und Leipzig,
Verlag von J. Guttentag
(D. Collin).
1885.

Reichsrecht.

1. Handelsrecht.

1. **Wenn die Theilnehmer einer Handelsgesellschaft verschiedenen nationalen Rechtsgebieten angehören, so gilt** (im Mangel besonderer Vereinbarung der Gesellschafter), **wenn sie innerhalb eines Staates abendländischer Kultur ihre Handelsniederlassung haben, das am Sitze derselben geltende Handelsgesellschaftsrecht** (Art. 90 ff. des H.G.B.). **Schwierigkeit der Beurtheilung, wenn der Sitz der Gesellschaft und der Gesellschafter sich in Staaten befinden, in denen die Angehörigen abendländischer Kulturstaaten vor ihren Konsuln Recht nehmen. Unzulässigkeit der Bestellung eines Schiedsgerichtes seitens eines einzelnen Gesellschafters nach Russischem Prozeßrecht** (Art. 1367—1400 der Bürgerl. Russischen P.O. von 1864; § 857 der Deutschen C.P.O.). Urth. des I. Civilsenats vom 2. Juli 1884 in Sachen des Deutschen Reichsangehörigen, Kaufmanns F. W. R. zu Yokohama in Japan, Beklagten und Berufungsklägers, wider den Russischen Staatsangehörigen, Schiffskapitän P. J. L. zu Yokohama in Japan, Kläger und Berufungsbeklagten. Vorinstanz: Kaiserl. Konsulargericht in Yokohama. Aufhebung und Klagabweisung.

„Das Urtheil erster Instanz ist verfehlt. Es mußte auf Abweisung der Klage erkannt werden. Die Rechtsnormen, welche das Wesen einer Handelsgesellschaft und die Rechtsstellung der Handelsgesellschafter, als solcher, zu einander und nach außen bestimmen und beherrschen, müssen einheitliche sein. Die Annahme ist von der Hand zu weisen, daß je nach der Inhaltsverschiedenheit der bezüglichen Bestimmungen des objektiven Rechts derjenigen Staaten, welchen die einzelnen (der Staatsangehörigkeit nach ungleichen) Handelsgesellschafter angehören, die Handelsgesellschaft bezüglich des einen Gesellschafters als eine juristische Person gelten könne, bezüglich des anderen Gesellschafters nicht, oder daß, je nach jener Verschiedenheit des objektiven Rechts, die Grundsätze über die Befugniß der Gesellschafter zur Vertretung der Handelsgesellschaft nach außen, oder zur Entscheidung in dem inneren Verhältnisse, bezüglich jedes einzelnen Gesellschafters verschiedene sein könnten. Vergeblich ist es, eine Vereinigung zu begründen auf sich widersprechende Grundsätze.

Das einheitlich die Handelsgesellschaft und die Handelsgesellschafter, als solche, beherrschende Recht ist, wenn die betreffenden Vorgänge in einem der Staaten abendländischer Kultur sich verwirklichen, das objektive Handelsgesellschaftsrecht des Staats, in dessen Territorium der Sitz der Handelsgesellschaft belegen ist. Liegt dagegen der Ort des Sitzes der Handelsgesellschaft in einem Reiche, in welchem, wie in Japan, in Folge völkerrechtlicher Verträge die Angehörigen der Auslandsstaaten, denen die Handelsgesellschafter angehören, nicht (oder doch nicht in den für das Gesellschaftsverhältniß in Betracht kommenden Beziehungen) dem Rechte und den Behörden des Inlandes unterstehen, sondern im Bezirke des von ihrem Ursprungsstaate bestellten Konsuls so leben, als ob sie in diesem Ursprungsstaate selbst (beherrscht von dessen Recht und zuständiger Behörde) domizilirt wären, so kann unter Umständen, wenn die Kontrahenten des Handelsgesellschaftsvertrages verschiedenen Staaten angehören, die Bestimmung des einheitlichen, die Handelsgesellschaft und die Handelsgesellschafter, als solche, beherrschenden Rechts höchst schwierig sein. Im vorliegenden Falle besteht in dieser Beziehung gar keine Schwierigkeit. Da der Handelsgesellschaftszweck die Ausbeutung einer von der Kaiserlich Russischen Regierung verliehenen Berechtigung zur Fischerei in Rußland, eventuell anderer von der Kaiserlich Russischen Regierung zu verleihender, in Rußland zu realisirender Berechtigungen ist; da die Gesellschafter (von denen der eine ein russischer, der andere ein deutscher Reichsangehöriger ist) im Gesellschaftsvertrage ausdrücklich erklärt haben, sie gründeten eine russische Handelsgesellschaft, welche deswegen in das von dem Kaiserlich Russischen Konsulat amtlich geführte Register einzutragen sei; da die Gesellschafter ferner bestimmen, daß das den Gesellschaftern gehörige, bisher unter deutscher Flagge fahrende Schiff unter russische Flagge zu bringen sei; so erhellt schlagend, daß die Gesellschafter die Handelsgesellschaft unter das Recht und den Schutz der Behörden Rußlands gestellt, daß sie gewollt haben, es solle angesehen werden, als ob der Sitz der Gesellschaft in Rußland liege, es solle die Handelsgesellschaft, so wie ihre Rechte und Pflichten, als Gesellschafter, einheitlich nach Russischem Recht beurtheilt werden; so daß der Inhalt des Russischen Rechtes zu gelten hat, als konkludentest gewollte Ergänzung der ausdrücklichen Stipulationen des Gesellschaftsvertrages. Letzteres gilt also auch in Bezug auf die Bestimmung der Ziffer 12 jenes Vertrages. Die dort in der mitgetheilten allgemeinen Weise verschriebene Schiedsgerichtsklausel kann daher nur die Wirkung besitzen, welche ihr nach Russischem Rechte zukommt. Nach den Normen des dem Berufungsgericht vorliegenden zweiten Hauptstücks, des vierten Titels im dritten Buche der Russischen Bürgerl. P.O. vom 20. November 1864, d. h. der Art. 1367—1400 dieses Gesetzbuches, deren gegenwärtige Geltung in Rußland durch das vorgelegte Urtheil vom 31. Mai (13. Juni) 1883 in glaubhafter Weise konstatirt ist, kann jene Klausel nicht dadurch zur Geltung gebracht werden, daß, wenn ein Gesellschafter die Ernennung eines Schiedsrichters verweigert, ein von dem anderen Gesellschafter angegangenes Gericht Namens des Weigernden einen Schiedsrichter bestellt. Das Gericht erster Instanz durfte also dem auf eine solche Ernennung gerichteten vorliegenden Klagantrage nicht Folge geben, mußte vielmehr die Klage abweisen.

Daran ändert die in Folge der Rechtskraft des Zwischenurtheils vom 2. Mai 1883 feststehende Zuständigkeit jenes Gerichts, über die Klage vor sich verhandeln zu lassen und zu entscheiden, Nichts. Das als zuständig zu erachtende Gericht hatte die materiell unbegründete Klage abzuweisen. Die Bestimmung des § 857 der R.C.P.O. ist (wie das R.G. bereits mehrfach klargelegt hat) nicht prozeßrechtlichen Inhalts, gehört vielmehr, wenn auch in der R.C.P.O. geregelt, dem materiellen Rechte an, d. h. sie ist eine Bestimmung des materiellen Deutschen Rechtes, also des im konkreten Falle für das Rechtsverhältniß der Parteien nicht maßgebenden Rechtes, während nach dem für dieses Rechtsverhältniß maßgebenden Russischen materiellen Rechte die Klagforderung keinen Boden hat.

Auch abgesehen von dem vorstehend als durchschlagend klargelegten Kardinalgrunde hätte die angestrengte Klage deswegen abgewiesen werden müssen, weil der Kläger gar nicht behauptet hat, daß er vor der Klagerhebung dem Beklagten bestimmte Streitigkeiten bezeichnet habe, zu deren Entscheidung er einen Schiedsspruch begehre und deswegen von dem Beklagten die Wahl eines Schiedrichters fordere. Ohne eine solche bestimmte Bezeichnung der schiedsrichterlich zu entscheidenden Streitigkeit, entstand für den Beklagten keinerlei Verpflichtung zur Wahl eines Schiedsrichters. In der Unterlassung dieser Wahl lag keine Rechtsverletzung. Auch im Laufe des Prozesses ist die Bezeichnung einer solchen Streitigkeit nicht erfolgt.

Schließlich mag hervorgehoben werden, daß, wenn etwa der Kläger beabsichtigt haben sollte, die von dem Kaiserlich Russischen Konsulargericht zu Yokohama (wie nach dem im Thatbestande referirten Verhalten der Streittheile anzunehmen ist, für Rußland definitiv und rechtskräftig) ausgesprochene Auflösung der Russischen Handelsgesellschaft North Pacific Company limited, Bestellung eines gerichtlichen Liquidators, Versilberung der Gesellschaftsvermögensstücke durch denselben demnächst einer schiedsrichterlichen Entscheidung zu unterbreiten, dieses Beginnen nicht nur dem Beklagten gegenüber vertragswidrig sein würde, sondern auch durchaus zwecklos wäre, da die definitiven Entschließungen der Kaiserlich Russischen Behörde in Bezug auf die Russische Gesellschaft, deren Geschäfte in Rußland zur Wirklichkeit zu gelangen hatten, ihm, dem Kaiserlich Russischen Unterthan gegenüber, als unabänderliche feststehen."

2. **Während der Liquidation hat der Liquidator nur einstimmig getroffenen Anordnungen der Gesellschafter Folge zu geben und nur gemeinsam abgegebene Vorschriften binden die Gesellschafter** (Art. 137, 140 des H.G.B.). Urth. des I. Civilsenats vom 21. Juni 1884 in Sachen der Firma S. & A. in Liquidation, Beklagter und Revisionsklägerin, wider E. H. und Gen., Kläger und Revisionsbeklagte. Vorinstanz: O.L.G. Naumburg. Aufhebung und Zurückverweisung.

„Die ehemaligen Handelsgesellschafter haben zwar während der Dauer der Liquidation, wenn sie nicht selbst Liquidatoren sind, keine Vollmacht, für die Gesellschaft zu kontrahiren; allein sie können vom Liquidator verlangen, daß dieser ihren Anordnungen Folge giebt, sie können die gesetzlichen Befugnisse des Liquidators erweitern, und über die Zeit der Liquidation hinaus ist ihre Verfügungsgewalt die gleiche wie die sonstiger Gemeinschafter. Sie sind daher auch im Stand, über die Einsicht und Auslieferung der Bücher ohne Beschränkung wirksam zu disponiren. Allein wie andere Gemeinschafter können auch sie nur gemeinsam handeln. Die Vertretungsbefugniß, welche dem einzelnen Gesellschafter während des Bestehens der Gesellschaft zukommt, erreicht mit der Auflösung derselben ihr Ende. Nur einstimmig getroffenen Anordnungen hat der Liquidator Folge zu geben, und nur übereinstimmend abgegebene Erklärungen binden die Gemeinschafter. Haben sie gemeinsam den Liquidator autorisirt, mit einem Dritten über die Einsicht und Auslieferung der Bücher zu kontrahiren, so ist der auf Grund dieser Autorisation abgeschlossene Vertrag rechtswirksam, gleichviel ob der Liquidator sich dabei innerhalb seiner gesetzlichen Kompetenz befunden hat oder nicht. Haben sie direkt kontrahirt, so kann der Dritte verlangen, daß sie die übernommene Verpflichtung durch den Liquidator, eventuell selbst erfüllen. Aus den vorstehenden Ausführungen ergiebt sich, daß der Berufungsrichter darin rechtsgrundsätzlich verstoßen hat, daß er auch während der Liquidation jedem einzelnen der früheren Gesellschafter die Vertretungsbefugniß zuschreibt und demgemäß die Eidesfolgen geregelt hat."

3. **Es ist zulässig, daß Obligationen und Zinskoupons von Aktiengesellschaften, statt mit eigenhändigen Unterschriften der Vorstandsmitglieder, mit lithographirten Nachbildungen dieser Unterschriften versehen werden** (Art. 229 des H.G.B.). Urth. des I. Civilsenats vom 25. Juni 1884 in Sachen Ph. N. zu E., Klägerin, Widerbeklagte und Revisionsklägerin, wider die Harzer Aktiengesellschaft für Eisenbahnbedarf, vormals Th. & W. zu N., in Liquidation, Beklagte, Widerklägerin und Revisionsbeklagte. Vorinstanz: O.L.G. Naumburg. Aufhebung und Zurückverweisung.

„Wenn auch die Obligationen und Zinskoupons von den Vorstandsmitgliedern Th. und W. nicht eigenhändig unterschrieben, vielmehr mit den auf lithographischem Wege hergestellten Nachbildungen von deren Unterschriften versehen sind, so folgt doch daraus, immer nur vorausgesetzt, daß diese Nachbildung auf eine Verfügung des durch jene Direktoren vertretenen Vorstandes zurückzuführen ist, nicht die Ungültigkeit jener Urkunden. Darüber, in welcher Form die Unterschriften von Urkunden herzustellen sind, entscheidet die Rechtssitte. Bei gleichlautenden Urkunden, welche als zum Umlauf bestimmte Werthpapiere in großer Zahl emittirt werden, ist es aber durchaus üblich, die Unterschriften der Personen, von welchen die Urkunden als ausgestellt gelten sollen, in jener Weise herzustellen, wobei denn zur Kontrolle die eigenhändige Unterschrift eines Dritten beigefügt werden mag, welche Vorsichtsmaßregel auch in diesem Falle innegehalten sein soll. Daß aber die facsimilirten Unterschriften der Direktoren mit deren Willen auf die Obligationen und Zinskoupons gesetzt sind, damit diese emittirt werden, daß ferner die Firma M. L. von der beklagten Aktiengesellschaft ermächtigt war, die so hergestellten Obligationen in Umlauf zu bringen, geht aus den eigenen Erklärungen der Beklagten und Widerklägerin hervor."

4. 1) **Art. 265 des H.G.B. gilt auch im Falle der Auflösung der stillen Gesellschaft durch Konkurs** (sei es des stillen Gesellschafters, sei es des Komplementars). **Diese Auseinandersetzung mit dem Konkursverwalter erfolgt zunächst außerhalb des Konkurses gemäß dem Vertrag auf gütlichem Wege** (Art. 258 Abs. 1, 130--132, 137, 142 des H.G.B., §§ 14, 15 der R.Konk.O., § 39 des Einf.Ges.). 2) **Rechtsmittel der Konkursgläubiger gegen ihnen nachtheilige Auseinandersetzungen des Konkursverwalters mit dem ihm gegenüberstehenden Vertreter der stillen Gesellschaft** (Art. 259 des H.G.B.). 3) **Der stille Gesellschafter kann dem Konkurse des Komplementars gegenüber auch auf Rechnungslegung oder Anerkennung eines von ihm vorgelegten Rechnungswerkes klagen. Rechtsfolgen dieser Erledigungsart** (Art. 265 des H.G.B.). Urth. des I. Civilsenats vom 7. Juli 1884 in Sachen G. T. zu K., Klägers und Revisionsklägers, wider J. A. M. & Co. in B., Beklagte und Revisionsbeklagte. Vorinstanzen: L.G. und O.L.G. Königsberg. Aufhebung und Zurückverweisung aus hier belanglosen Gründen.

Der Kläger hat eine Forderung gegen die Beklagte, welche diese Forderung im Konkursverfahren der Kommanditgesellschaft Königsberger Stärkefabrik A. W. & Co. bestritten hat, geltend gemacht, seine Forderung auf den Rest seiner Einlage als des bei jener Gesellschaft betheiligten stillen Gesellschafters. Das Urtheil des L.G. hat die Forderung in Höhe von 51 000 ℳ, das Urtheil des O.L.G. hat dieselbe in Höhe von 13 146,27 ℳ festgestellt. Parteien haben zunächst darüber verhandelt, in welcher Weise das Guthaben des stillen Gesellschafters, seine Einlage abzüglich des auf ihn fallenden Verlustantheiles, festzustellen sei. Nach Ansicht des Revisionsklägers kann dasselbe nur durch eine Auseinandersetzung zwischen dem Konkursverwalter, als dem an die Stelle des Komplementars getretenen Vertreter der Masse und dem stillen Gesellschafter außerhalb des Konkursverfahrens festgestellt werden. Nach Ansicht des Revisionsbeklagten sind die

Gläubiger durch die §§ 132 und 134 der R. Konk.O. zur Bestreitung der Forderung legitimirt.

„Keine dieser beiden Ansichten ist allgemein gültig.“

Zu 1. „Nach Art. 261 des H.G.B. wird die stille Gesellschaft unter Anderem durch Eröffnung des Konkurses über das Vermögen des Komplementars oder des stillen Gesellschafters aufgelöst. In Art. 265 des H.G.B. wird aber für die Fälle der Auflösung, ohne daß hierbei eine Ausnahme gemacht wird, bestimmt: „Nach Auflösung der stillen Gesellschaft muß der Inhaber des Handelsgewerbes sich mit dem stillen Gesellschafter auseinandersetzen und die Forderung desselben in Gelde berichtigen. Der Inhaber des Handelsgewerbes besorgt die Liquidation der bei der Auflösung noch schwebenden Geschäfte.“

Es ist also anzunehmen, daß Art. 265 des H.G.B. auch für den Fall der Auflösung der stillen Gesellschaft durch Konkurs, sei es des stillen Gesellschafters oder des Inhabers des Handelsgewerbes, zu gelten hat, zumal die Thatsache der Konkurseröffnung ihrer Natur nach die Ausschließung jener Bestimmung nicht fordert. Allerdings hat der Konkursverwalter die Forderung des stillen Gesellschafters nicht so zu berichtigen wie der Inhaber des Handelsgewerbes, wenn dieser nicht in Konkurs verfallen ist, vielmehr erfolgt hier die Berichtigung nach Maßgabe der Bestimmung des Art. 258 Abs. 1 des H.G.B. Aber die Liquidation der bei der Auflösung noch schwebenden Geschäfte kann der Konkursverwalter wie der Inhaber des Handelsgewerbes besorgen.

Denn der Konkursverwalter kann nach § 15 der R.Konk.O. solche Geschäfte abwickeln wie es der Gemeinschuldner konnte, und soweit er den ihm dort offen gelassenen Weg nicht einschlägt, hindert das eine Auseinandersetzung mit dem stillen Gesellschafter auf der Basis dessen, was noch zu erfüllen wäre, nicht. Jedenfalls kann sowohl der Konkursverwalter als nunmehriger Vertreter des in Konkurs verfallenen Inhabers des Handelsgewerbes wie der stille Gesellschafter die Auseinandersetzung fordern. Diese Auseinandersetzung erfolgt aber zunächst nicht im Prozeßwege, sondern auf gütlichem Wege durch den Vertrag. Die Auseinandersetzung bei der stillen Gesellschaft hat insoweit keine andere Natur als bei der offenen Handelsgesellschaft (Art. 130—132, 142 des H.G.B.) oder bei der Kommanditgesellschaft (Art. 172 des H.G.B.). Wie dort der Ausgeschiedene sich die Beendigung der laufenden Geschäfte durch die verbleibenden Gesellschafter, der einzelnen Gesellschafter durch die Liquidatoren (Art. 137 des H. G. B.) gefallen lassen muß, so besorgt hier der Inhaber des Handelsgewerbes die Liquidation der bei der Auflösung noch schwebenden Geschäfte. Hiernach hat nach dem H. G. B. die Auseinandersetzung zwischen dem stillen Gesellschafter und dem Konkursverwalter, als dem Vertreter des in Konkurs gefallenen Handelsgesellschafters, zunächst im Wege des Vertrages zu erfolgen.

An diesen Bestimmungen hat die R. Konk. O. nichts ändern wollen. Vielmehr hat dieselbe nach § 3 des Einf. Ges. die den Konkurs betreffenden Vorschriften der Reichsgesetze, also auch die die Auseinandersetzung mit dem stillen Gesellschafter im Falle des Konkurses, (sei es des Inhabers des Handelsgewerbes, sei es des stillen Gesellschafters), betreffenden Bestimmungen des H. G. B. nicht verändert. Vielmehr sind jene Bestimmungen durch § 14 der R. Konk. O. bestätigt. Danach erfolgt die Auseinandersetzung, wenn sich der Gemeinschuldner mit einem Dritten in einer Gesellschaft befand, außerhalb des Konkursverfahrens. Die Stelle unterscheidet nicht zwischen verschiedenen Gesellschaften; sie wird deshalb, soweit nicht ein innerer Grund widerspricht, ebensowohl auf die Societät des bürgerlichen Rechtes wie auf die Handelsgesellschaften anzuwenden sein, also auch bei der römischen Societät Anwendung finden, wenn der einzelne Socius nach Außen im eigenen Namen contrahirt hat. Für das Auseinanderrechnen von Gewinn und Verlust liegen in solchem Falle die Verhältnisse ganz ähnlich wie bei der stillen Gesellschaft. Hier wie dort wird diese Auseinandersetzung ganz zweckmäßig außerhalb des Konkursverfahrens stattfinden. Das ist auch ganz selbstverständlich, wenn es sich darum handelt, daß der stille Gesellschafter mit der Einlage rückständig ist, hier findet die Auseinandersetzung über das, was er einzuzahlen hat, wie sich der Verlust beziffert, welcher auf ihn entfällt, zwischen ihm und dem Konkursverwalter statt. Es ist ebenso selbstverständlich, wenn der stille Gesellschafter in Konkurs verfällt und der Inhaber des Handelsgewerbes nun die Forderung desselben zu dessen Konkursmasse einzuzahlen hat, vorbehältlich seiner Befugniß die Liquidation der noch schwebenden Geschäfte zu besorgen. Der Umstand, daß der stille Gesellschafter die Forderung aus der Auseinandersetzung bei der Konkursmasse anzumelden hat und hierbei auch in einen Streit mit dem einzelnen Gläubiger verwickelt werden kann, bedingt nicht, daß die Auseinandersetzung innerhalb des Konkursverfahrens statt zu finden hätte. Auch der

Umstand, daß § 44 der R. Konk. O., welcher sonst im Zusammenhang mit § 14 der R. Konk. O. steht, auf den stillen Gesellschafter nicht anzuwenden ist, welchem ein Absonderungsrecht nicht zusteht, der vielmehr seine Forderung nach dem Art. 258 des H. G. B. als gewöhnlicher Konkursgläubiger anmeldet, läßt nicht auf die Art schließen, wie die Auseinandersetzung zu bewirken ist."

Zu 2. „Auf der anderen Seite sind die Konkursgläubiger nicht ohne alle Waffe gegen Abmachungen des Konkursverwalters, welche eine den Rechten der Konkursgläubiger nachtheilige Auseinandersetzung in sich schließen. Nach Art. 259 des H. G. B. ist es den Konkursgläubigern nicht nachtheilig, wenn der Inhaber des Handelsgewerbes dem stillen Gesellschafter innerhalb des letzten Jahres vor Eröffnung des Konkurses seinen Antheil an dem Verluste erlassen oder ihm die Einlage ohne Auflösung des Gesellschaftsverhältnisses zurückgezahlt hat. Das gleiche Recht steht ihnen natürlich auch gegen ähnliche Abmachungen des Konkursverwalters zu; sie sind überdies berechtigt, dieselben wegen Irrthums anzufechten, wie der Konkursverwalter selbst dazu berechtigt wäre, oder wegen einer Arglist an welcher der stille Gesellschafter Theil genommen hat. Nur können sie nicht die Auseinandersetzung um deswillen anfechten, weil sich etwa nachträglich herausgestellt hat, daß zweifelhafte Werthe, welche in bestimmter Höhe angesetzt waren, sich später niedriger gestellt haben. Nur setzt alles dies voraus, daß eine Auseinandersetzung stattgefunden hat." Das R. G. vermißt diese Auseinandersetzung nach der Feststellung des landgerichtlichen Urtheils im vorliegenden Falle.

Zu 3. „Der stille Gesellschafter kann aber auch, statt die Auseinandersetzung mit dem Inhaber des Handelsgewerbes abzuwarten, den Weg der Klage wählen, er kann diesen auf Rechnungslegung verklagen, und er kann, indem er die Rechnungslegung selbst übernimmt, auf Herauszahlung des sich danach ergebenden Guthabens klagen. (Vergleiche die bei P u c h e l t zu Art. 265 des H. G. B. Note 5 angezogenen Urtheile.) Wählt der stille Gesellschafter — ohne eine vertragsmäßige Auseinandersetzung mit dem Konkursverwalter abzuwarten — der Konkursmasse des Komplementars gegenüber den letzteren Weg, indem er, sei es unter eigner Rechnungslegung, sei es unter Aneignung einer von einem Sachverständigen aufgestellten Bilanz, das sich danach für ihn herausstellende Guthaben bei der Konkursmasse anmeldet, so tritt er damit den Gläubigern selbst gegenüber; diese sind nun berechtigt, die

Forderung anzuerkennen oder zu bestreiten, wie sie der Komplementar, wenn er belangt würde, anerkennen und bestreiten konnte. Wenn hier der Konkursverwalter die angemeldete Forderung nicht bestreitet, so vollzieht er damit nicht die Auseinandersetzung, sondern einen prozessualischen Akt, bei welchem er auf Seiten der Masse nicht der einzige Betheiligte ist. Der stille Gesellschafter muß die Richtigkeit seiner Forderung nun auch dem einzelnen Gläubiger gegenüber, welcher sie bestreitet, durchführen, ohne daß dieser auf die Anfechtung eines nicht vorhandenen Auseinandersetzungsvertrags beschränkt ist. Das O. L. G. hat nun richtig erwogen, daß eine Auseinandersetzung zwischen dem Kläger und dem Beklagten darin nicht gefunden werden könne, daß der Konkursverwalter den vom Kläger liquidirten Betrag nicht bestritten habe."

2. Wechselrecht.

5. 1) **Die Legitimation des Inhabers eines Wechsels kann auch auf andere Weise als durch die Wechselurkunde selbst** (z. B. durch Erbgang, eheliches Güterrecht, Cession u. s. w.) **bewiesen werden** (Art. 36 der A.D.W.O.). 2) **Ersatz des Urkundenbeweises im Urkunden- und Wechselprozeß durch offenkundige und unbestrittene Thatsachen** (s. u. §§ 556, 560 der R.C.P.O.). 3) **Der Indossant, welcher den Wechsel eingelöst hat, kann, auch ohne Durchstreichung seines und seiner Nachmänner Giro, von den Vormännern und dem Acceptanten Zahlung fordern; ebenso der Honorat, der den Wechsel von dem Ehrenzahler eingelöst hat.** Urth. des I. Civilsenats vom 10. Juli 1884 in Sachen der Deutschen Handelsgesellschaft zu Fr., Klägerin und Revisionsklägerin, wider X. S. zu S., Beklagten und Revisionsbeklagten. Vorinstanzen: L.G. I und Kammerger. Berlin. Aufhebung und Zurückverweisung (aus hier belanglosen Gründen).

Die von der Aktiengesellschaft Deutsche Handelsgesellschaft zu Frankfurt a. M. gegen den Beklagten als Acceptanten eines von N. S. unter dem 5. September 1883 auf ihn gezogenen domizilirten, beim Domiziliaten mangels Zahlung protestirten, von dem Nothadressaten unter Protest „für die Deutsche Handelsgesellschaft in Frankfurt a. M., Agentur Bromberg zu Bromberg" bezahlten Wechsels im Wechselprozesse erhobenen Klage auf Zahlung der Wechselsumme von 11 500 ℳ nebst Anhang wurde von dem L.G. I Berlin durch Urtheil vom 14. Januar 1884 wegen mangelnder Aktivlegitimation der Klägerin unter Verurtheilung der Letzteren in die Kosten des Rechtsstreites abgewiesen und die hiergegen von der Klägerin eingelegte Berufung durch ein am 29. März 1884 verkündetes Urtheil des Kammerger. Berlin zurückgewiesen.

Bei Prüfung der Klagberechtigung der klagenden Aktiengesellschaft kommen zwei Indossamente in Betracht: 1) das von dem Aussteller des an eigene Ordre gezogenen Wechsels ausgestellte erste Indossament, welches auf die „Deutsche Handelsgesellschaft in Frankfurt a. M., Agentur Bromberg", als Indossatarin lautet; 2) das von der Letzteren ausgestellte, auf die „Deutsche Handelsgesellschaft" als Indossatarin lautende nächstfolgende Indossament.

Das Berufungsgericht verneint die Berechtigung der Klägerin zur Erhebung der Wechselklage gegen den Acceptanten, indem es nur das letztere Indossament in Betracht zieht und dasselbe aus zwei Gründen für ungeeignet erklärt, die Aktivlegitimation der Klägerin zu begründen, erstens weil die Firma der klagenden Aktiengesellschaft laute „Deutsche Handelsgesellschaft zu Frankfurt a. M.", als Indossatarin aber in dem gedachten Indossament die „Deutsche Handelsgesellschaft" ohne den Beisatz zu Frankfurt a. M. genannt sei, zweitens weil dieses Indossament durch die zu Ehren der vorhergehenden Indossatarin geschehene Wechselintervention seine wechselrechtliche Wirkung verloren habe. Die Revisionsklägerin greift diese Entscheidung aus dem Grunde an, weil ihre Berechtigung zur Erhebung der Wechselklage aus dem ersten Indossament hervorgehe, indem die daselbst als Indossatarin benannte Agentur in Bromberg eine Zweigniederlassung der klagenden Aktiengesellschaft sei.

„Dieser Angriff ist für begründet zu erachten."

Zu 1. „Der von dem Berufungsgericht ausgesprochene Satz, die Legitimation des Inhabers eines Wechsels zur Zahlungsforderung müsse aus der Wechselurkunde selbst hervorgehen, bedarf der Einschränkung. Auch einer anderen als der in der Wechselurkunde bezeichneten Person kann das Recht zur Geltendmachung der Wechselforderung zustehen, sofern dasselbe durch ein außerhalb des Wechsels liegendes Rechtsverhältniß dieser Person zu der in der Wechselurkunde als Wechselgläubiger bezeichneten Person, z. B. durch Erbgang, eheliches Güterrecht, Cession oder ein sonstiges Rechtsgeschäft begründet wird. Es kann daher auch die Klagberechtigung der klagenden Aktiengesellschaft darauf gestützt werden, daß sie als Subjekt des in ihrer Zweigniederlassung zu Bromberg angelegten Vermögens über die dazu gehörigen Vermögensstücke zu verfügen, mithin auch die auf den Namen der Zweigniederlassung als Indossatarin erworbenen Wechselforderungen einzuklagen berechtigt ist. Weder wechselrechtliche noch prozessuale Hindernisse stehen dieser Begründung der Aktivlegitimation im Wege.

Insbesondere kann der Einwurf des Revisionsbeklagten, die Berufung der Klägerin auf das erste Indossament laufe auf eine nicht einmal in der Berufungsinstanz und um so weniger in der Revisionsinstanz zulässige Klagänderung hinaus, für richtig nicht erachtet werden. Die Klägerin hat sich zur Begründung der Wechselklage schon in der Klagschrift auf den gesammten Inhalt der Wechselurkunde, also auch auf das erste Indossament, bezogen und ihr Verhältniß zur Agentur in Bromberg, als ihrer Zweigniederlassung, schon in erster Instanz dargelegt und durch Beibringung eines Auszugs aus dem Handelsregister nachgewiesen. Wenn auch die Ableitung der Aktivlegitimation aus dem ersten Indossament laut des Thatbestandes der ergangenen Urtheile von der Klägerin in erster und zweiter Instanz nicht hervorgehoben und ebensowenig von den Vorrichtern gewürdigt worden ist, so sind doch die Thatsachen, auf welche dieselbe sich gründet, und die zum Nachweise derselben beigebrachte Urkunde bereits in erster Instanz dem Gerichte unterbreitet worden."

Zu 2. „Zweifelhafter ist, ob nach den für den Urkunden- und Wechselprozeß geltenden Grundsätzen die Berufung der Klägerin auf das erste Indossament in Verbindung mit der Eigenschaft der darin als Indossatarin genannten Agentur in Bromberg als einer Zweigniederlassung der klagenden Aktiengesellschaft zulässig ist, obgleich diese Eigenschaft in der Klagschrift weder behauptet noch die zum Beweise derselben dienende Urkunde gemäß § 556 der R.C.P.O. der Klage beigefügt war. Es ist jedoch die (unter den Auslegern der R.C.P.O. allerdings sehr bestrittene) Ansicht für richtig zu erachten, daß die Abweisung der im Urkunden- oder Wechselprozeß erhobenen Klage wegen Nichtbeifügung einer Urkunde zur Klagschrift (§ 556, Abs. 2) oder wegen Nichtantretung des Beweises durch Vorlegung einer Urkunde im Verhandlungstermin (§ 560, Abs. 2) alsdann nicht stattfindet, wenn die durch die Urkunde zu beweisende Thatsache als offenkundig oder unbestritten keines Beweises bedarf. Dies ergiebt sich, was die Antretung des Beweises betrifft, aus der Vorschrift des § 560, Abs. 2, daß die Klage als in der gewählten Prozeßart unstatthaft abzuweisen ist, wenn Kläger einen ihm obliegenden Beweis nicht mit den im Urkundenprozesse zulässigen Beweismitteln angetreten hat. In Betreff der Klagschrift aber ergiebt sich dasselbe aus der Erwägung, daß die Pflicht zur Ankündigung der als Beweismittel zu benutzenden Urkunden durch urschriftliche oder abschriftliche Beifügung derselben zur Klage sich nicht weiter erstreckt, als die Pflicht zur Antretung und Führung des Beweises. Der Kläger, welcher es unterläßt, der im Urkundenprozesse erhobenen Klage bezüglich einer zur Klagbegründung gehörigen Thatsache, insbesondere bezüglich der Aktivlegitimation, die zum Beweise derselben dienende Urkunde beizufügen, läuft Gefahr, wegen dieses Mangels mit der erhobenen Klage abgewiesen zu werden, wenn der Beklagte nicht erscheint oder die Klage bestreitet; der an sich vorhandene Mangel stellt sich aber als ein unwesentlicher, die Abweisung der Klage nicht rechtfertigender heraus, wenn sich bei der Verhandlung ergiebt, daß die in Rede stehende Thatsache des Beweises nicht bedarf. Dieser Fall liegt im gegenwärtigen Rechtsstreite vor. Die Thatsache, daß die Deutsche Handelsgesellschaft zu Frankfurt a. M. Agentur Bromberg in Bromberg eine Zweigniederlassung der klagenden Aktiengesellschaft ist, hat Beklagter laut des Thatbestandes der ergangenen Urtheile weder in erster noch in zweiter Instanz bestritten, und der Ausspruch des Berufungsgerichts, daß hierüber „thatsächlich kein Zweifel obwaltet", ist in Verbindung mit dem Thatbestande nicht dahin zu verstehen, daß dieser Umstand vom Beklagten bestritten, aber durch den vorgelegten Auszug aus dem Handelsregister erwiesen sei, sondern dahin, daß derselbe als unstreitig keinem Zweifel unterliege."

Zu 3. „Ein Bedenken gegen die Herleitung der Klageberechtigung der Klägerin aus dem ersten Indossament ergiebt sich auch nicht aus dem Umstande, daß dieses Indossament nicht das letzte ist, sondern darauf ein von der Agentur in Bromberg ausgestelltes undurchstrichenes weiteres Indossament folgt. Letzteres Indossament steht der Legitimation der Klägerin nicht entgegen, wenn man unterstellt, daß die Agentur in Bromberg als Honoratin, oder anstatt derselben die Klägerin, den Wechsel nach geleisteter Ehrenzahlung von dem Nothadressaten, welcher diese Zahlung geleistet, unter Befriedigung desselben eingelöst hat; denn nach Art. 54 der A. D. W. O. kann jeder Indossant, der einen seiner Nachmänner befriedigt hat, sein eigenes und seiner Nachmänner Indossament ausstreichen, und er kann die Rechte aus dem Wechsel gegen Vormänner und Acceptanten auch dann geltend machen, wenn er bisher unterlassen hat, von dieser Befugniß Gebrauch zu machen. Diese Sätze finden auch dann Anwendung, wenn bei stattgehabter Wechselintervention der Honorat den Wechsel von dem Ehrenzahler eingelöst hat, wie man in Uebereinstimmung mit dem vormaligen R.O.H.G. (vergl. Entsch. Bd. XII S. 47) annimmt. Aber auch wenn man die Einlösung des Wechsels seitens des Honoraten von dem Ehrenzahler als durch das angefochtene Urtheil nicht festgestellt erachtet, steht das zweite Indossament der auf das erste Indossament gestützten Klagberechtigung nicht entgegen, weil jenes nach der zutreffenden Ausführung des Berufungsgerichts durch die Wechselintervention zu Ehren des im ersten Indossament genannten Indossators seine wechselrechtliche Wirkung verloren hat, so daß hierdurch nicht allein die Regreßpflicht der Nachmänner des Honoraten, sondern auch ihre Berechtigung zur Geltendmachung der Rechte aus dem Wechsel gegen Vormänner und Acceptanten erloschen ist."

6. **1) Für die Bereicherungsklage** (Art. 83 der A.D.W.O.) **ist kein Raum, wenn noch eine vertragsmäßige Forderung des Klägers auf Ersatz seines Schadens besteht. 2) Es ist kein Erforderniß der Bereicherungsklage aus Art. 83 der A.D.W.O., daß die Bereicherung fortdauere, vielmehr Sache des Beklagten, die Nichtfortdauer zu exzipiren. 3) Aussteller und Acceptant übernehmen mit ihrer Zeichnung auch die wechselrechtliche Verpflichtung aus Art. 83 der D.W.O.** Urth. des III. Civilsenats vom 11. Juli 1884 in Sachen der verw. M. zu O., Beklagten und Revisionsklägerin, wider W. zu F., Kläger und Revisionsbeklagten. Vorinstanz: O.L.G. Frankfurt a. M. Verwerfung.

Es steht fest, daß die Accepte D und F über je 1250 ℳ von der Firma S. & M. nicht bezahlt, daß die Wechsel auf den Kläger als Aussteller und Indossanten zurückgegangen und vom Kläger mit resp. 1267,55 ℳ und 1285,12 ℳ eingelöst sind. Ebenso ist streitlos, daß der Kläger seine eigenen entsprechenden Accepte auf den von der Firma S. & M. ausgestellten Wechseln C und E zur Verfallzeit bezahlt hat. Beide Vorinstanzen nehmen in Ermangelung anderer Angaben der Beklagten an, daß die Firma die Accepte des Klägers zum Nennwerthe weiter begeben hat und sehen, nach Präjudizirung der von ihr gegebenen Accepte durch Verjährung, die Bereicherung der Firma in dem Nennwerthe der erhaltenen Accepte, den Schaden des Klägers in den für die Wechsel D und F im Regreßwege gezahlten Summen und verurtheilen eventuell auf den Betrag der Bereicherung mit Zinsen von der Zustellung der Klage an. Die Revisionsklägerin macht nun geltend, daß eine Bereicherung ohne Rechtsgrund angenommen sei; es habe nach den Feststellungen der Vorinstanzen zwischen dem Kläger und der Firma S. & M. ein Vertrag bestanden, nach welchem sich dieselben gegenseitig Accepte gegeben haben mit der Verpflichtung, für die Einlösung zu sorgen; der Schaden des Klägers beruhe nicht auf der Verjährung der von der Firma acceptirten Wechsel, sondern auf der Nichterfüllung der übernommenen Verpflichtung; die Klage aus Art. 83 der Allgem. D.W.O. sei aber subsidiär und ausgeschlossen, wenn dem Wechselinhaber ein civilrechtlicher Anspruch auf Ersatz des ihm angeblich erwachsenen Schadens zustehe.

„Dieser Angriff ist unbegründet. Es ist ja richtig, daß die Klage aus Art. 83 der A.D.W.O. den Nachweis voraussetzt, daß in Folge eingetretener Präjudizirung das Vermögen des Beklagten um den eingeklagten Betrag bereichert sei, daß demgemäß für diese Klage kein Raum ist, wenn noch eine vertragsmäßige Forderung des Klägers auf Ersatz des ihm erwachsenen Schadens besteht, eben weil dann die Präjudizirung nicht zur Bereicherung des Beklagten geführt haben kann; allein Revisionsklägerin übersieht, daß vom ersten Richter das unterliegende Verhältniß nach der Absicht der Vertragsschließenden dahin festgestellt worden ist, daß die Firma und der Kläger sich ihre beiderseitigen Accepte C E und D F gegenseitig an Zahlungsstatt und als Valuta für die erhaltenen Accepte des anderen Theils hingegeben haben; sie übersieht ferner, daß der zweite Richter, welcher sich durchweg der Beurtheilung des ersten Richters anschließt, augenscheinlich von derselben Auffassung ausgegangen ist. Von dieser Auffassung aus besteht aber kein weiteres vertragsmäßiges Forderungsrecht des Klägers; er war eben für seine Accepte befriedigt durch die Accepte der Firma. Bei solcher Sachlage wurde die Firma unmittelbar durch die Präjudizirung ihrer Accepte bereichert, der Kläger aber, welcher seine eigenen Accepte bezahlt und die Accepte der Firma eingelöst hatte, um den Betrag der Regreßsumme beschädigt, als die wechselmäßige Verbindlichkeit der Acceptantin durch Verjährung erlosch.

Nach der Annahme des Berufungsrichters ist es kein Erforderniß der Bereicherungsklage aus Art. 83 der A. D. W. O., daß die Bereicherung fortdauere. Die Revisionsklägerin hält diese Annahme für rechtsirrthümlich, behauptet jedoch nicht, daß die Bereicherung hinterher weggefallen sei. Nun genügt aber für die Bereicherungsklage aus Art. 83 der A. D. W. O., welche keine Klage des gemeinen Civilrechts, vielmehr durch die A. D. W. O. selbst geschaffen ist, unzweifelhaft die Darlegung, daß und zu welchem Betrage in Folge der Erlöschung der wechselmäßigen Verbindlichkeit der Aussteller oder Acceptant mit dem Schaden des Wechselinhabers bereichert worden sei. Aussteller und Acceptant sollen nicht durch die Versäumniß etwas gewinnen, was ihnen nach dem materiellen Rechte nicht zukommt, sie sollen nicht in Folge der Präjudizirung ein nicht im Sinne und der Absicht des Geschäfts liegendes lucrum machen. Eine solche Bereicherung aber ist in vorliegender Sache mit der Feststellung gegeben, daß die Firma S. & M. für ihre später verjährten Accepte volle Deckung in Accepten des Klägers erhalten und daß sie diese Accepte zum Nennwerthe veräußert hat. Ob das lucrum zur Erhaltung der Verpflichtung des Ausstellers und Acceptanten fortdauern muß, braucht hier nicht entschieden zu werden, denn der begründeten Klage gegenüber ist es Sache des Beklagten, solche Thatsachen zu behaupten und zu beweisen, welche geeignet sind, das entstandene Klagrecht zu vernichten; es hat aber, wie schon hervorgehoben, Beklagte gar nicht behauptet, daß die Bereicherung wieder verloren gegangen ist.

Mit Unrecht hat endlich die Revisionsklägerin die Annahme des Berufungsrichters angegriffen, daß das Versprechen, die Schulden eines Dritten aus den von diesem gezeichneten Accepten zahlen zu wollen, sich auch auf die Verpflichtung des Dritten aus Art. 83 der A.D.W.O. erstrecke. Jene Annahme ist für richtig zu halten. Denn die Bereicherungsklage ist ein Anspruch aus dem Wechsel selbst. Aussteller und Acceptant sind trotz Erlöschung der wechselmäßigen Verbindlichkeit noch soweit aus dem Wechsel dem Inhaber verhaftet, als sie sich in Folge der Präjudizirung mit dessen Schaden bereichern würden. Die A.D.W.O. hat hiermit die Voraussetzungen aufgestellt, unter welchen sie aus dem Wechsel selbst trotz seiner Präjudizirung einen Anspruch gewährt; ist die wechselmäßige Verbindlichkeit des Ausstellers oder des Acceptanten erloschen, so soll gleichwohl gegen dieselben unter bestimmten Voraussetzungen ein Anspruch aus dem Wechsel begründet sein; Aussteller und Acceptant übernehmen mit ihrer Zeichnung daher nicht nur die wechselmäßige Verbindlichkeit, sondern auch die wechselrechtliche Verpflichtung aus Art. 83 der A.D.W.O. Von dieser Auffassung aus ist aber überall nicht abzusehen, aus welchem Grunde die Uebernahme der Schulden aus bestimmten Accepten nicht auch die durch Art. 83 der A.D.W.O. geschaffene wechselrechtliche Verpflichtung aus denselben Accepten ergreifen soll."

3. Reichs-Urheberrechtsgesetz.

7. **1) Der Urheber eines Schriftwerkes kann gegen jede Verletzung seines Rechtes einschreiten, ohne eine Vermögensverletzung oder überhaupt Beweggründe geltend machen zu müssen. Das Urheberrecht ist wie das Eigenthum, ein jedem Dritten gegenüber unbedingtes Recht** (§§ 5, 24, 22 des Reichs-Urheberrechtsgesetzes). **2) In diesem vollen Umfang geht das Recht des Urhebers auf die Erben über** (§§ 1, 2, 3, 4 cit.). **3) Anwendung dieser Grundsätze**

auf das Verhältniß zwischen dem Inhaber des Urheberrechts (und dessen Nachfolgern) **und dem Verleger. 4) Insbesondere für den Fall, daß die Natur des Werkes periodische Aenderungen und Nachträge nöthig macht, und der Autor gestorben ist. 5) Maßgebende Grundsätze für die Berechnung des Honorars der Erben solchenfalls.** Urtheil des II. Civilsenats vom 1. Juli 1884 in Sachen des Verlagsbuchhändlers C. B. in B., Beklagtens und Revisionsklägers, wider die verw. St. v. N. und Kinder, Kläger und Revisionsbeklagte. Vorinstanzen: L.G. und O.L.G. Bamberg. Bestätigung in der Hauptsache. Aufhebung und Zurückverweisung wegen der Honorarberechnung.

Der Finanzrechnungsassessor St. v. N. schloß am 1. Oktober 1856 mit dem Buchhändler C. B. einen Vertrag, gemäß dessen er diesem das vollständige Verlagsrecht an seinem Werke „Handbuch der gesammten Finanzverwaltung im Königreich Bayern einschließlich der Pfalz" gegen Zahlung eines Honorars von 10 Gulden für jeden Druckbogen übertrug, und in dessen Ziff. 3 insbesondere bestimmt war: „Der Verlagshandlung steht das vollständige Verlagsrecht für die erste und die folgenden Auflagen zu und zahlt dieselbe für jede neue Auflage 2/3 des Honorars der ersten Auflage, wofür der Verfasser die inzwischen nothwendig gewordenen Aenderungen und Verbesserungen vorzunehmen sich verpflichtet." Nachdem im Jahre 1864 eine zweite Auflage erschienen war, starb der Verfasser. Vom Jahre 1881 an ließ der Verleger, ohne Zustimmung der Erben, ein Werk erscheinen mit dem Titel: „Handbuch der gesammten Finanzverwaltung im Königreiche Bayern, von J. H., Finanzrechnungskommissär in Regensburg. Herausgegeben als dritte Auflage des gleichnamigen Handbuches von St. v. N." Der allgemeine Theil ist bereits erschienen.

Die Erben des Letzteren fanden hierin eine Verletzung ihres Urheberrechtes und erhoben Klage gegen B. mit dem Antrage, auszusprechen: 1) Der Beklagte hat keine Befugniß, ohne Zustimmung der Erben des verlebten Regierungsrathes St. v. N. dessen Handbuch mit Veränderungen neu aufzulegen; 2) derselbe ist schuldig, 2/3 des Autorhonorars der ersten Auflage des Werkes, soweit dieses Honorar für den allgemeinen Theil der ersten Auflage sich berechnet hat, an Kläger zu zahlen. Der Beklagte entgegnete, das Werk von H. sei ein selbstständiges Geistesprodukt, in Wirklichkeit also keine neue Auflage des Werkes von St. v. N. Abgesehen hiervon, seien die Rechte der Kläger nicht verletzt, da das Autorrecht auf ihn übertragen sei, also auf die Erben nicht übergegangen sein könne. Jedenfalls hätten diese auch die Pflichten ihres Erblassers zu erfüllen gehabt, hätten also für die Neubearbeitung sorgen müssen, und da er selbst dies für sie besorgt, so könne er die bezüglichen Kosten aus dem Gesichtspunkte der Geschäftsführung sowie der ungerechtfertigten Bereicherung verlangen; das Honorar von H. aber übersteige den Honoraranspruch der Kläger. Die Vorinstanzen erkannten nach den Klaganträgen.

Was insbesondere die Frage betrifft, ob das streitige Werk, abgesehen zunächst vom Verlagsvertrage, dem v. St.'schen Werke gegenüber als Nachdruck im Sinne des Reichsgesetzes vom 11. Juni 1870 zu betrachten sei, oder aber, ob es eine selbständige geistige Arbeit bilde, so ist sie in ersterem Sinne entschieden. In eingehender Begründung ist dargelegt, daß nicht blos dasjenige, was aus der Zeit der zweiten Auflage des v. St.'schen Handbuches noch Geltung hatte, meist wörtlich in das sich selbst als dritte Auflage jenes Handbuches bezeichnende Werk aufgenommen, sondern daß insbesondere auch das System jenes Handbuches beibehalten worden sei und überhaupt nur eine Ueberarbeitung desselben vorliege; hiernach aber angenommen, daß, soweit nicht etwa der Verlagsvertrag eine andere Auffassung bedingt, Nachdruck im Sinne der §§ 4—7 des gedachten Reichsgesetzes vorliegt.

I. „Es ist daher zu prüfen, ob etwa Beklagter das Recht, die fragliche dritte veränderte Auflage zu veranstalten, aus dem mit dem verlebten v. St. abgeschlossenen Verlagsvertrage ableiten konnte, und erscheint es zu diesem Zwecke sachgemäß, zunächst das Wesen des Urheberrechts, soweit nöthig, zu erörtern, sodann die bezüglichen Prinzipien auf das Verhältniß des Urhebers und seiner Rechtsnachfolger zum Verleger anzuwenden und schließlich die durch den Inhalt des vorliegenden Verlagsvertrages veranlaßten besonderen Betrachtungen anzureihen."

Zu I. „Es kann keinen Zweifel erleiden, daß das Reichsgesetz, vom 11. Juni 1870, sich anschließend an die bestehende Doktrin, nicht etwa blos das Vermögensinteresse, sondern auch das geistige Interesse des Schriftstellers, das Interesse, welches derselbe daran hat oder haben kann, daß sein Werk nicht, oder daß es nur so, wie es verfaßt ist, veröffentlicht wird, schützen will. Es genügt in dieser Beziehung auf die Bestimmungen in § 5 des Gesetzes, sowie darauf hinzuweisen, daß in § 24 des Entwurfes ausdrücklich bestimmt war, es trete die Bestrafung des Nachdruckes auch ein, wenn ein vermögensrechtlicher Schaden nicht zugefügt worden sei und diese Bestimmung von der Kommission nur deshalb beseitigt wurde, weil man sie dem jetzigen § 22 gegenüber für selbstverständlich erachtete. Wenn daher in § 1 a. a. O. dem Urheber eines Schriftwerkes das ausschließliche Recht verliehen ist, dasselbe auf mechanischem Wege zu vervielfältigen, so hat dies den Sinn, daß der Urheber befugt sei, jede ohne seinen Willen von einem Dritten veranstaltete mechanische Vervielfältigung als Verletzung seines Urheberrechts zu betrachten und gegen sie mit dem vom Gesetze gegebenen Mitteln einzuschreiten, ohne daß er verpflichtet wäre, eine Vermögensbeschädigung darzuthun oder überhaupt die Beweggründe, welche ihn bestimmen, sein Urheberrecht geltend zu machen, klarzulegen. Das Urheberrecht kennzeichnet sich hiernach als ein absolutes Recht gleich dem Eigenthumsrechte, welches jedem Dritten gegenüber unbedingt geltend gemacht werden kann."

Zu 2. „In § 3 a. a. O. ist nun ganz allgemein bestimmt, daß das Urheberrecht auf die Erben übergehe und auf andere Personen übertragen werden könne und § 4, Abs. 1 erklärt ebenso allgemein: „Jede mechanische Vervielfältigung eines Schriftwerkes, welche ohne Genehmigung des Berechtigten (§§ 1, 2, 3) hergestellt wird, heißt Nachdruck und ist verboten. Diesen Bestimmungen gegenüber kann die früher in der Doktrin vielfach vertretene, jedoch auch vielfach bestrittene Ansicht, daß mit dem Tode des Schriftstellers das Urheberrecht insofern eine Aenderung erleide, als es nur seiner vermögensrechtlichen Seite nach auf die Erben ꝛc. übergehe, im übrigen aber, nämlich was die Individualrechte des Schriftstellers angehe, erlösche, keine Geltung beanspruchen, vielmehr ist es als Willen des Gesetzes zu erachten, daß das Urheberrecht in demselben Sinne und Umfange, mit dem nämlichen Charakter eines unbedingten Verbietungsrechtes, wie es in den Händen des Schriftstellers selbst bestand, auch auf die Erben und sonstigen Rechtsnachfolger übergehe. Die Gründe, welche aus der Entstehungsgeschichte des Gesetzes, sowie aus dem Zwecke und Geiste desselben entnommen werden können, sprechen nicht gegen, sondern entschieden für diese aus dem klaren Wortlaute sich ergebende Auslegung.

In ersterer Beziehung ist hervorzuheben, daß das bayrische Gesetz vom 28. Juni 1865 in § 50 den Uebergang des Urheberrechts auf die Rechtsnachfolger in einer einzigen Beziehung, nämlich was die Execution in dieses Recht betrifft, beschränkt hatte, daß aber der Entwurf des Reichsgesetzes in § 44 auch diese Ausnahme durch eine ausdrückliche Bestimmung beseitigen wollte, und diese Bestimmung nur deshalb gestrichen wurde, weil sie selbstverständlich erschien. Was ferner Zweck und Geist des Gesetzes anbelangt, so sind die Gründe, welche den Gesetzgeber bestimmen konnten, das Urheberrecht seinem ganzen Inhalte nach auf die Rechtsnachfolger übergehen zu lassen, sehr naheliegend.

Erben sind in der Regel die nächsten Angehörigen des Schriftstellers, bei welchen ein Fortleben auch der geistigen Interessen desselben vorauszusetzen ist. Es kann dem Ehegatten, den Kindern des Schriftstellers nicht gleichgültig sein, wenn der Verleger das Werk desselben in einer Umarbeitung, welche von ganz entgegengesetzter Tendenz ausgeht oder welche die Verkäuflichkeit auf Kosten des inneren Werthes zu steigern sucht, neu auflegt, oder wenn ein Manuskript, welches vom Verfasser zur Veröffentlichung nicht bestimmt war, gegen ihren (der Angehörigen) Willen herausgegeben wird. Aber auch in Fällen, wo nicht die nächsten Angehörigen in Frage stehen, wenn z. B. das Urheberrecht an entferntere Verwandten gelangt oder wenn es Dritten verkauft oder testamentarisch vermacht wird, wird die Annahme berechtigt sein, daß der Schriftsteller diesen Personen, welchen er sein Urheberrecht übertrug oder an welche er es gelangen ließ, auch die Sorge für Wahrung seiner schriftstellerischen Interessen habe übertragen wollen. Es entspricht vollkommen dem höheren Standpunkte, von welchem die neuere Doktrin und mit ihr das Reichsgesetz das sogenannte geistige Eigenthum auffaßt, den Geisteswerken nicht lediglich, soweit sie Gewinn bringen, sondern auch soweit mit ihnen Ehre und Ansehen verbunden ist, einen über die Lebensdauer des Schriftstellers hinaus reichenden Schutz zu verleihen, den Autor in der nächsten Generation der Erben noch fortleben zu lassen, wie Bluntschli, Privatrecht § 47 sich ausdrückt."

Zu 3. „Was die Anwendung dieser Grundsätze auf das Verhältniß zwischen dem Inhaber des Urheberrechts und dem Verleger betrifft, so ergiebt sich Folgendes: Der Verlagsvertrag giebt seiner Natur nach und soweit nicht besondere Abreden Abweichendes bestimmen, dem Verleger nur die Befugniß, das Schriftwerk in der Gestalt, wie es ihm vom Verfasser geboten ist, im Verlage zu verwerthen. Jede willkürliche Aenderung, welche der Verleger, sei es bei der ersten, sei es bei den folgenden Auflagen, am Schriftwerke vornimmt, ist ein widerrechtlicher Eingriff in das Urheberrecht, welches, soweit es nicht zur Ausnützung dem Verleger übertragen ist, beim Verfasser beziehungsweise dessen Rechtsnachfolgern zurückbleibt. Es kann auch keinen Zweifel erleiden, daß das Verhältniß zwischen dem Verleger und den Rechtsnachfolgern des Verfassers ganz das nämliche ist, wie dasjenige zwischen dem Verleger und dem Verfasser selbst. Es ist nicht erfindlich, warum, abgesehen von besonderen Vereinbarungen, die Vertragsrechte des Verlegers sich deshalb erweitern sollten, weil das Urheberrecht in andere Hände übergeht; daß aber die Rechte des Verlegers sich auch nicht mittelbar, durch eine bei der Rechtsnachfolge eintretende Minderung der Urheberrechte, erweitern, ist vorstehend zur Genüge dargethan. Hieraus ergiebt sich für vorliegenden Fall, daß der Beklagte, indem er ohne Zustimmung der Kläger eine neue veränderte Auflage des fraglichen Schriftwerkes veranstaltete, das diesem zustehende Urheberrecht verletzt und sich eines Nachdruckes im Sinne des Reichsgesetzes schuldig gemacht hat, wenn nicht etwa die besonderen Bestimmungen des gegebenen Verlagsvertrages sein Vorgehen als berechtigt erscheinen lassen."

Zu 4. „Der vorliegende Fall hat das Besondere, daß die Natur des Schriftwerkes periodische Aenderungen und Nachträge nöthig machte, wegen deren im Verlagsvertrage durch folgende Bestimmung Vorsorge getroffen war: „Die Verlagshandlung zahlt für jede neue Auflage $^{2}/_{3}$ des Honorars der ersten Auflage, wofür der Verfasser die inzwischen nothwendig gewordenen Aenderungen und Verbesserungen vorzunehmen sich verpflichtet." Diese Vereinbarung bot keine Schwierigkeiten, so lange der Verfasser lebte; es war zweifellos, daß dieser verpflichtet war, auf Verlangen des Verlegers die Neubearbeitung vorzunehmen und daß er das für neue Auflagen bedungene Honorar nur beanspruchen konnte, falls er dieser Pflicht genügte.

Anders gestaltete sich die Sachlage nach seinem Tode. Die Verpflichtung zur Bearbeitung neuer Auflagen war ihrer Natur nach eine rein persönliche, welche mit dem Tode des Verfassers erlosch. Die Folge hiervon war, daß die den Fall der Veranstaltung neuer veränderter Auflagen betreffende Nebenabrede hinfällig wurde, in gleicher Weise, wie der ganze Verlagsvertrag hinfällig geworden sein würde, wenn etwa der Verfasser vor Vollendung seines Werkes gestorben wäre. Es ergiebt sich diese Folge ohne Weiteres aus dem Umstande, daß der Verlagsvertrag eine Bestimmung, wie es nach dem Tode des Verfassers mit der Bearbeitung neuer Auflagen gehalten werden solle, nicht enthält, daß ferner nach den thatsächlichen Feststellungen des Richters eine Ermächtigung des Verlegers, in diesem Falle die Aenderungen durch Dritte besorgen zu lassen, auch nicht etwa als stillschweigend vereinbart gelten kann; denn der Verleger hat die Befugniß, Aenderungen am Schriftwerke vorzunehmen oder vornehmen zu lassen, nur insoweit, als sie ihm durch den Verlagsvertrag oder durch besondere Bewilligung übertragen ist.

Bei dem Mangel einer maßgebenden Vertragsbestimmung konnte daher der Beklagte das Recht, eine veränderte Auflage zu veranstalten, nur erlangen, indem er sich mit den Klägern als den Inhabern des Urheberrechts verständigte und von ihnen das

Recht, die geistige Arbeit des v. St. zu gedachtem Zwecke benützen zu dürfen, durch Gewährung eines angemessenen Honorars erkaufte. Er hatte zu erwägen, ob es für ihn vortheilhafter sei, ein ganz neues Werk ausarbeiten zu lassen, oder aber sich wegen Benützung des bestehenden Werkes mit den Erben abzufinden. Nach diesen Erörterungen war die Revision, soweit sie den Ausspruch, daß der Beklagte unberechtigt gehandelt habe, angreift, zurückzuweisen."

II. Zu 5. „Begründet erscheint jedoch die Revision, soweit das bedungene Honorar als Entschädigung zuerkannt ist. Nach dem Verlagsvertrage bildete die Bearbeitung der neuen Auflagen eine Gegenleistung, von welcher die Gewährung des bedungenen Honorars abhängig gemacht war. Da die Kläger, wenn auch ohne ihre Schuld, nicht im Stande sind, die Gegenleistung zu gewähren, so folgt, daß sie auch nicht befugt sein können, das ganze Honorar zu verlangen. Es steht ihnen nur das Recht zu, nach Maßgabe von § 18 des besagten Reichsgesetzes Entschädigung zu verlangen, in welcher Beziehung zu prüfen sein wird, wie viel, nach vernünftigem Ermessen, die Kläger veranlaßt gewesen wären, für die Gestattung der Benützung des Werkes zu fordern, und der Beklagte zu geben. Das O.L.G. hat, unter Bestätigung des erstrichterlichen Urtheils, eine Entschädigung in der That zugesprochen, dieselbe jedoch nicht nach dem wirklich entstandenen Schaden, den es unerörtert läßt, bemessen, sondern ohne weiteres das vertragsmäßige Honorar als Entschädigung zuerkannt, offenbar davon ausgehend, es sei die bezügliche Vertragsbestimmung noch maßgebend. Hierin bekundet sich ein Rechtsirrthum, welcher die Aufhebung des bezüglichen Theiles der Entscheidung, sowie der Entscheidung im Kostenpunkte bedingt."

4. Reichs-Haftpflichtgesetz.

8. **Die Verjährung des § 8 läuft sowohl gegen Ansprüche aus § 2 des Reichs-Haftpflichtgesetzes, als gegen solche aus dem eigenen Verschulden des Unternehmers. Die Verjährung des § 8 ist eine civilrechtliche, keine prozessuale. Gegen sie findet also** (unter Ausschluß der Restitution wegen Minderjährigkeit) **nur die gemeinrechtliche Restitution statt. Diese ist zu ertheilen, wenn die Nichtunterbrechung der Verjährung auf einem Verschulden des dem Ver-**

letzten bestellten Armenanwalts beruht. Urth. des III. Civilsenats vom 11. Juli 1884 in Sachen A. M. zu L., Klägers und Revisionsklägers, wider J. S. und S. das., Beklagten und Revisionsbeklagten. Vorinstanz: O. L. G. Stuttgart. Aufhebung und Zurückweisung.

„Dem Berufungsrichter ist darin beizupflichten, daß der Anspruch auf Schadenersatz wegen Verletzung beim Betriebe einer Fabrik in zwei Jahren verjährt, ebensowohl dann, wenn er sich auf den § 2 des Haftpflichtgesetzes stützt, als wenn er aus dem eigenen Verschulden des Unternehmers abgeleitet wird. Richtig ist auch von dem vorigen Richter angenommen worden, daß die zweijährige Verjährungsfrist des § 8 des genannten Gesetzes keine prozessualische, sondern eine civilrechtliche sei, daß also bezüglich der Restitution, gegen deren Ablauf die gemeinrechtlichen Grundsätze gelten, soweit es sich nicht um die durch § 8 Abs. 3 a. a. O. beseitigte Wiedereinsetzung wegen Minderjährigkeit handelt. Dagegen muß als rechtsirrthümlich bezeichnet werden, daß der Berufungsrichter die vom Kläger nachgesuchte Restitution wegen eines denselben treffenden Verschuldens abgeschlagen hat.

Der Kläger war durch den Anwaltszwang gehindert, seinen Anspruch persönlich vor Gericht zu verfolgen, und er war gleichzeitig durch seine Armuth abgehalten, selbst einen Prozeßbevollmächtigten zu bestellen. Er war vielmehr darauf angewiesen, um die Bestellung eines Offizialanwalts zu bitten und mußte die Wahrnehmung seiner Rechte, die außerhalb der eigenen Befugnisse lag, dem ihm staatlich bestellten Anwalt anvertrauen. Insofern war die Rechtslage des Klägers eine andere, als sie für bemittelte Personen einzutreten pflegt, die zwar innerhalb der Grenzen des Anwaltszwanges auch nicht persönlich vor Gericht auftreten können, denen aber doch immer freisteht, ihren Anwalt selbst sich auszuwählen und ihn zu wechseln, falls sie Grund zur Unzufriedenheit zu haben glauben. Vorliegenden Falls hat der Kläger rechtzeitig für seine Vertretung durch einen Armenanwalt gesorgt, der ihm beigegebene Anwalt aber hat die oben erwähnte Frist verstreichen lassen. Dieses Sachverhältniß ist an sich geeignet, die Wiedereinsetzung des Klägers in den vorigen Stand zu rechtfertigen, wenn nicht bei Versäumung der Frist eine Kulpa des Klägers konkurrirt.

Der Berufungsrichter hat Letzteres angenommen, weil der Kläger nicht selbst Alles gethan habe, was von ihm zur Erwirkung der rechtzeitigen Klagerhebung zu erwarten war. Prinzipiell kann diese Erwägung allerdings nicht von der Hand gewiesen werden; sie wäre zweifellos richtig, wenn der Kläger irgend etwas versäumt hätte, was zu seinen eigenen persönlichen Obliegenheiten gehörte, beispielsweise, wenn er es an der erforderlichen Instruktion des Anwalts hätte fehlen lassen. Allein in den Verhältnissen des konkreten Falls findet die gedachte Erwägung ihre Begründung nicht. Der Kläger behauptet, daß der ihm beigeordnete Anwalt die Frist habe verstreichen lassen, obwohl er, der Kläger, ihn fast jede Woche bestürmt habe. Diese Behauptung, wenn wahr, beweist jedenfalls, daß es der Kläger bei der Bitte um Bestellung eines Offizialanwalts nicht hat bewenden lassen, daß er auch nach dessen Bestellung nicht unthätig geblieben ist. Wenn er aber bei dieser seiner Aktion nicht auch der weiteren Mittel — Beschwerde gegen den Anwalt und Bitte um Beiordnung eines anderen — sich bedient hat, so darf daraus der Vorwurf eines civilrechtlich in Betracht kommenden Verschuldens nicht ohne weiteres abgeleitet werden, weil der Kläger immerhin Veranlassung haben konnte, auf den schließlichen Erfolg seiner persönlichen Einwirkung zu rechnen und darnach das Zutrauen festzuhalten, daß der vom Staate ihm bestellte Offizialanwalt doch noch rechtzeitig seine Pflicht erfüllen werde. Hieraus folgt, daß der Berufungsrichter rechtlich geirrt hat, indem er auf Grund der gegenwärtigen Sachlage eine das angebrachte Restitutionsgesuch ausschließende Verschuldung des Klägers annahm und weiterhin die Klage zurückwies."

5. Reichs-Konkursordnung.

9. **Die Auseinandersetzung des Konkurses des Komplementars einer stillen Handelsgesellschaft mit dem stillen Gesellschafter.** (S. o. Fall 4 S. 6.)

6. Reichs-Civilprozeßordnung.

10. **Die R.C.P.O. hat die Begriffe „Wohnsitz", „Aufenthalt" und „dauernder Aufenthalt" nicht definirt** (§§ 18, 21). **Zur Begründung des Wohnsitzes gehört Wille und That: der Entschluß an einem Ort zu wohnen, und der Aufenthalt daselbst; das genügt. Eine dauernde Niederlassung ist für den Begriff des Wohnsitzes** (§ 18) **nicht erforderlich; nur muß das äußerliche Verhalten eines Menschen unzweifelhaft darauf hinweisen, daß er einen bestimmten**

Ort als Mittelpunkt seiner bürgerlichen Thätigkeit und seines häuslichen Lebens betrachtet. Urth. des III. Civilsenats vom 17. Juni 1884 in Sachen der Lovato-S., Klägerin und Revisionsklägerin, wider maritum, unbekannten Aufenthaltes, Beklagten und Revisionsbeklagten. Vorinstanzen: L. G. Göttingen; O. L. G. Celle. Aufhebung und Zurückverweisung.

Die Klägerin hat ihren Ehemann, mit dem sie sich am 4. Dezember 1875 zu Vollpriehausen verheirathete, und dessen gegenwärtiger Aufenthalt unbekannt ist, im Juli 1882 wegen böslicher Verlassung auf Ehescheidung belangt. Zur Begründung des Gerichtsstandes hat sie angeführt, daß der Beklagte zur Zeit des Abschlusses der Ehe sowohl wie der Desertion seinen Wohnsitz zu Vollpriehausen gehabt habe. Beide Vorinstanzen haben jedoch die erhobene Klage wegen Unzuständigkeit des angegangenen Gerichtes abgewiesen. Hiergegen ist die Revision der Klägerin gerichtet.

„Mit Recht haben die Vorinstanzen ihre Zuständigkeit zur Entscheidung über die erhobene Scheidungsklage von Amtswegen geprüft, da für das Verfahren in Ehesachen die Wahl des Gerichtsstandes der Disposition der Parteien entzogen und der geladene, aber nicht erschienene Beklagte der zur Begründung des Gerichtsstandes in der Klage angeführten Thatsachen nicht für geständig zu erachten ist. (Vergl. §§ 577 ff. der R. C. P. O.) Auch darin ist den vorderen Gerichten beizutreten, daß im vorliegenden Falle der Beklagte nach § 568 Abs. 1 der R. C. P. O. nur an seinem allgemeinen Gerichtsstande (§§ 13—18 der R. C. P. O.) belangt werden konnte, weil derselbe, ein Italiener, die deutsche Staatsangehörigkeit nicht erworben hat, mithin die Vorschrift des § 568 Abs. 2 ibid. keine Anwendung findet. Dagegen muß nach dem Sachverhalte angenommen werden, daß der Ehemann der Klägerin, dessen gegenwärtiger Aufenthaltsort unbekannt ist, bei der behaupteten böslichen Verlassung der Klägerin seinen Wohnsitz in Vollpriehausen hatte, mithin der Gerichtsstand des § 18 der R. C. P. O. begründet ist.

Der Zimmermann Lovato-S. aus Chiampo in Italien ist im Sommer 1875 nach Vollpriehausen übergesiedelt und bis zu seiner heimlichen Entfernung gegen Ende des Jahres 1876 bei dem Eisenbahnbau in dortiger Gegend beschäftigt gewesen. Er miethete dort alsbald nach seiner Ankunft eine Wohnung und ließ die Klägerin, mit der er schon vorher in einem näheren Verhältnisse gestanden hatte, sammt deren Tochter von Jena, deren Heimathsorte, aus nachkommen. Auf Intervention der Polizeibehörde ließen sich beide Theile am 4. Dezember 1875 zu Vollpriehausen trauen.

In der Heirathsurkunde wird Beklagter ausdrücklich als „wohnhaft zu Vollpriehausen" bezeichnet. Seitdem hat die Klägerin bei ihrem Ehemanne gewohnt, bis derselbe, bevor noch der Bahnbau vollendet war, die Arbeit verließ und sich entfernte. Aus diesen feststehenden Thatsachen muß der Schluß gezogen werden, daß Lovato-S., wenn auch nur für die ungewisse Dauer des Eisenbahnbaues in dortiger Gegend, Vollpriehausen zum Mittelpunkt seines häuslichen Lebens und geschäftlichen Wirkens gemacht, hier also seinen Wohnsitz im gesetzlichen Sinne genommen habe. Denn unter solchen Umständen war in jenem Orte während der Dauer seines Aufenthaltes sein Hausstand, der Sitz seiner Familie und sein Geschäftsbetrieb.

Das O. L. G. hält die angeführten Thatsachen nicht für ausreichend, um die Annahme zu begründen, daß Beklagter seinen letzten Wohnsitz in Vollpriehausen gehabt habe, und gelangt zu diesem Ergebnisse durch eine Vergleichung der Bestimmungen der §§ 18 und 21 der R. C. P. O., aus welchen erhelle, daß zum Nachweise des Wohnsitzes einer Person ein Mehreres erfordert werde, als ein längerer Aufenthalt an einem Orte. Zugleich hebt es als besonderes Kennzeichen des Wohnsitzes einer Person die Wahl eines Ortes zu dauerndem Aufenthalt hervor. Nun giebt aber die R. C. P. O. weder eine Definition des „Wohnsitzes", noch des „Aufenthalts", noch des „dauernden Aufenthaltes". In ersterer Beziehung fällt vielmehr der prozeßrechtliche Wohnsitz mit dem civilrechtlichen zusammen, während der Begriff des Aufenthaltes (§ 21 ibid.) rein faktischer Natur ist. Es kann daher aus der blos prozessualischen Vorschrift des § 21 cit. für die Feststellung des nach civilrechtlichen Grundsätzen zu bestimmenden Wohnsitzes nichts hergeleitet werden. Zur Begründung des letzteren gehört aber Einheit des Willens und der That: der Entschluß, an einem Orte zu wohnen und der Aufenthalt an demselben. In Betreff des ersteren ist nicht die Absicht erforderlich, dauernd an einem Orte zu bleiben, sobald man damit, wie von dem O. L. G. ersichtlich geschehen ist, das Erforderniß verbindet, daß dieser Wille von vornherein auf einen unveränderlichen Aufenthalt gerichtet sein müsse, und zugleich voraussetzt, daß eine auf ungewisse Dauer des Aufenthaltes gerichtete Absicht nicht zu berücksichtigen sei. Nur soviel läßt sich behaupten, daß die Annahme der Begründung eines Wohnsitzes regelmäßig dann ausgeschlossen sei, wenn der Wille von Anfang an auf den Zeitpunkt des Aufhörens des Aufenthaltes gerichtet war. Zu einer solchen Unterstellung berechtigen im vorliegenden Falle die ermittelten Umstände des Falles nicht. Auf keinen Fall ist endlich als Thatsache eine dauernde Niederlassung erforderlich, wie das Berufungsgericht erwogen hat; es genügt vielmehr stets, wenn das äußere Verhalten eines Menschen unzweifelhaft darauf hinweist, daß er einen bestimmten Ort als den Mittelpunkt seiner bürgerlichen Thätigkeit und seines häuslichen Lebens betrachtet. Die an sich allerdings thatsächlichen Schlüsse des Berufungsrichters sind danach in zweifacher Hinsicht von rechtsirrthümlichen Anschauungen beeinflußt und unterliegen deshalb der Nachprüfung in der Revisionsinstanz."

11. **Parteifähigkeit und Prozeßfähigkeit. Parteifähigkeit** (d. h. die Fähigkeit, Rechte und Verpflichtungen zu haben, aktiv und passiv Subjekt des Prozesses zu sein) **steht allen physischen und juristischen Personen, ohne Rücksicht auf die Handlungsfähigkeit, zu. Prozeßfähigkeit dagegen** (d. h. die Fähigkeit vor Gericht zu stehen, einen Prozeß als Partei selbst zu führen, legitimam personam standi in judicio) **ist ein Ausfluß der Handlungs- und Dispositionsfähigkeit. Alle juristischen Personen werden durch ihre gesetzlichen Vertreter im Prozeß vertreten. Der Einwand, daß einer (juristischen) Person die rechtliche Persönlichkeit mangele, ist daher nicht als Einrede der mangelnden Prozeßfähigkeit aufzufassen.** (R. C. P. O. §§ 50. 247, 6. 248 Abs. 2, 473, 18.) Urth. des II. Civilsenats vom 20. Juni 1884 in Sachen der katholischen Kirche Langendorf, Beklagter und Revisionsklägerin, wider die katholische Kirche Merzenich, Klägerin und Revisionsbeklagte. Vorinstanzen: L. G. Bonn; O. L. G. Köln. Aufhebung und Zurückverweisung.

Die klägerische und die beklagte Kirche sind seit dem Jahre 1817 in der Weise verbunden gewesen, daß der sonn- und festtägliche Gottesdienst in beiden Kirchen abwechselnd von Langendorf aus gehalten, und das Vermögen der Kirche Merzenich von Langendorf, jedoch unter Trennung der beiderseitigen Etats, verwaltet wurde. In Folge des Gesetzes über die Vermögensverwaltung in den katholischen Kirchengemeinden vom 20. Juni 1875 wurde diese Verbindung aufgelöst und Langendorf verpflichtet erklärt, der Kirche Merzenich das derselben zugehörige Vermögen mit Urkunden und Beweisstücken herauszugeben. Im März 1882 erhob nun die Kirche zu Merzenich unter der Anführung, daß die Kirche Langendorf zwar die Dokumente über das nichtgemeinschaftliche Vermögen ausgeliefert habe, aber die Zahlung der in den stattgehabten Verhandlungen für Merzenich festgestellten Beträge weigere, Klage zum L. G. Bonn gegen die Kirche

Langendorf mit dem Antrage, dieselbe zur Zahlung des Betrages von 4540,90 ℳ mit Zinsen vom Klagtage ab zu verurtheilen, eventuell dieselbe zur Rechnungslegung über die Verwaltung des Vermögens der Klägerin verpflichtet zu erklären. Die Beklagte setzte der Klage, was hier allein noch interessirt, „die Einrede der mangelnden Aktivlegitimation" entgegen, welche darauf gestützt wurde, daß die Klägerin als Annexkirche der beklagten Mutterkirche kein selbstständiges Klagerecht und kein eigenes Vermögen habe, in dem Vorstande der Beklagten ihre gesetzliche Vertretung finde und das Gesetz vom 20. Juni 1875 auf dieselbe nicht anzuwenden sei. Nachdem zuvörderst ein Beweisbeschluß erlassen war und eine Zeugenvernehmung stattgefunden hatte, verordnete das L.G. auf Grund des § 137 der R.C.P.O., daß die Verhandlung zunächst auf die „Einrede der mangelnden Aktivlegitimation" beschränkt werden solle — und wies dann durch Zwischenurtheil vom 12. Oktober 1882 diese Einrede als ungerechtfertigt zurück, verordnete die Einlassung zur Hauptsache und behielt die Entscheidung über die Kosten dem Endurtheile vor. Dieses Urtheil beruht wesentlich auf der Erwägung, daß die Kirche Merzenich keine Annexkirche im technisch-juristischen Sinne sei, indem die nach dem Dekrete vom 30. September 1807 und den Ausführungscirkularen des Kultusministers vom 11. März 1809 und 11. Oktober 1811, sowie den Staatsrathsgutachten vom 7./10. Dezember 1810 und 6. November 1813 wesentlichen Kriterien einer solchen im Gegensatze zu einer Kapelle hinsichtlich der Kirche Merzenich nicht zuträfen, daß letztere vielmehr schon seit Jahrhunderten als selbständige Kapelle bestanden, ihren Pfarrer, eigenes Kirchenvermögen, sogar Kirchenzehnten gehabt habe, mithin die selbständige Persönlichkeit der Kirche Merzenich feststehe. Das O.L.G. hat die Berufung gegen dieses Zwischenurtheil als „unzulässig" verworfen.

„Durch das landgerichtliche Zwischenurtheil vom 12. Oktober 1882 ist die von der Beklagten geltend gemachte Einrede der mangelnden Aktivlegitimation, auf welche in Gemäßheit des § 137 der R.C.P.O. die Verhandlung beschränkt worden, als unbegründet zurückgewiesen.

Wie der Thatbestand ergiebt, war die genannte Einrede darauf gestützt, daß die Kirche Merzenich, welche eine Annexe der beklagten Pfarrkirche sei, kein selbständiges Klagerecht und kein eigenes Vermögen habe, — und hatte in gleichem Sinne in der Berufungsinstanz die Beklagte beantragt, die erhobene Klage wegen mangelnder juristischen Persönlichkeit der Klägerin als unannehmbar abzuweisen. Es handelt sich aber hier nicht um die Einrede der mangelnden Aktivlegitimation, wie die irrige Bezeichnung in erster Instanz lautete, sondern um die Einrede der mangelnden Parteifähigkeit. Für die Beurtheilung der Einrede ist nicht die unrichtige Qualifikation, sondern, wie das O.L.G. zutreffend erwägt, die sachliche Bedeutung derselben maßgebend.

Was nun letztere anlangt, so ist Parteifähigkeit die aus der Rechts-Subjektivität fließende Fähigkeit, Rechte und rechtliche Verpflichtungen zu haben, aktiv und passiv Subjekt des Prozesses zu sein. Dieselbe bestimmt sich, wie in dem Norddeutschen Entwurf § 79 ausdrücklich hervorgehoben war, nach den Vorschriften des bürgerlichen Rechtes, und steht danach — ohne Rücksicht auf Handlungsfähigkeit – allen physischen und juristischen Personen zu. Der Mangel der Parteifähigkeit wird namentlich solchen Personen-Mehrheiten und Vermögensmassen gegenüber zur Sprache kommen, bei denen es streitig ist, ob ihnen die Rechte einer juristischen Person zustehen, oder ob sie derselben wenigstens in Beziehung auf die Prozeßführung gleichgestellt sind. Vergl. Seuffert, 2. Aufl. zu § 50 der R. C. P. O., Petersen, 2. Aufl. ebenfalls zu § 50 leg. cit., Wilmowski & Levy, 3. Aufl. S. 73, 74, Wach, Vorträge S. 59, 60. Für Personenvereine und Vermögensmassen, welche klagen und verklagt werden können, bestimmt § 19 leg. cit. den allgemeinen Gerichtsstand.

Unter Prozeßfähigkeit versteht dagegen die R. C. P. O. — Motive S. 73 — die Fähigkeit, vor Gericht zu stehen, d. h. die Fähigkeit, einen Prozeß als Partei selbst zu führen oder durch einen Prozeßbevollmächtigten führen zu lassen, — legitimam personam standi in judicio. Die Prozeßfähigkeit kommt nicht allen Rechtssubjekten als solchen zu, sie ist vielmehr ein Ausfluß der Handlungs- und Dispositionsfähigkeit. Deshalb bestimmt § 50 leg. cit., daß jeder insoweit prozeßfähig ist, als er sich durch Verträge verpflichten kann. Die nicht prozeßfähigen Parteien, — vergl. Motive S. 77 — wozu namentlich alle juristischen Personen und die Personenvereine und Vermögensmassen, welche als solche klagen und verklagt werden können, gehören, werden im Prozesse nach Maßgabe der Vorschriften des bürgerlichen Rechtes durch gesetzliche Vertreter repräsentirt, denen auch die Zustellungen für dieselben zu machen sind, §§ 50 und 157 leg. cit.

Aus dem Angeführten ergiebt sich, daß es rechtsirrthümlich ist, wenn das O. L. G. annimmt, daß hier, wo die rechtliche Persönlichkeit der Klägerin bestritten war, in Wahrheit die in § 247 Nr. 6 der R. C. P. O. bezeichnete Einrede der mangelnden Prozeßfähigkeit und der mangelnden gesetzlichen Vertretung vorliege. Da nun die bezogene Gesetzesvorschrift nach dem Wortlaute derselben in Abs. 2, „als solche Einreden sind nur anzufechten u. s. w.," wie auch die Kommentatoren übereinstimmend annehmen, streng restriktiv aufzufassen ist, so konnte auf das in Rede stehende Zwischenurtheil der § 248 Abs. 2 leg. cit. nicht zur Anwendung kommen, und hat deshalb das O.L.G. die gegen dasselbe eingelegte Berufung mit Unrecht als unzulässig verworfen. Vergl. § 473 leg. cit."

12. **Auch eine doppelt** (von zwei Anwälten) **berechnete Beweisgebühr** (§§ 9, 13 Abs. 4 der Geb.O. f. R.-Anw.) **kann erstattungsfähig sein** (§ 87 der R.C.P.O.), **wenn dadurch höhere Kosten** (z. B. Reisekosten) **des Prozeßbevollmächtigten erspart werden und die Vertretung des Substituten im Parteiinteresse lag.** Beschluß des V. Civilsenats vom 21. Juni 1884 in Sachen A. H. zu B., Klägers, wider verw. K. in G., Beklagte. Vorinstanz: O.L.G. Posen. Aufhebung der Streichung einer doppelten Beweisgebühr und Zurückverweisung.

Das O.L.G. hat die von dem R.Anw. W. liquidirten 5 ℳ Beweisgebühr aus dem Grunde abgesetzt, weil nach § 87 der R.C.P.O. die Kosten mehrerer Anwälte nur insoweit zu erstatten sind, als sie die Kosten eines Anwaltes nicht übersteigen, demgemäß aber R.Anw. W. nicht befugt war, die Beweisgebühr doppelt zu liquidiren. Grundlage dieser Entscheidung ist die Behauptung, daß R.Anw. W. Korrespondenzmandatar des in zweiter Instanz fungirenden Justizrathes O. gewesen sei. Dem gegenüber macht Beklagter in jetziger Instanz geltend, daß dem R.Anw. W. die fragliche Gebühr zustehe, weil er in dem auf Beschluß des Berufungsgerichtes stattgehabten Beweistermine zu Bromberg den Beklagten vertreten habe und durch Wahrnehmung dieses Termines seitens des Justizrathes O. in Posen erheblich höhere Kosten entstanden wären.

„Die Zulässigkeit dieser, nach den Akten an sich richtigen Behauptung in jetziger Instanz steht nach § 533 der R.C.P.O. nicht in Frage. Geht man davon aus, daß der Anwalt des Beklagten befugt war, seine Partei in dem auswärtigen Termine zu vertreten, und die dadurch entstehenden Kosten zur Erstattung zu liquidiren, so unterliegt es keinem Bedenken, daß der jetzt geforderte Betrag den gesetzlich zulässigen Betrag nicht erreicht. Ob aber Reisekosten eines auswärtigen Anwalts von der unterliegenden Partei zu erstatten sind, hängt nach § 87 der R.C.P.O. davon ab, daß die Zuziehung nach dem Ermessen des Gerichtes zur zweckentsprechenden Rechtsverfolgung oder Rechtsvertheidigung nothwendig war. Um von diesem Gesichtspunkt aus das Liquidat anderweit zu prüfen, ist die Sache nach Aufhebung des angefochtenen Beschlusses an das O.L.G. Posen zurückverwiesen."

13. **1) Die Ladung auf die Klage muß die Terminsbestimmung enthalten** (§§ 191, 193, 230 der R. C. P. O.). **2) Das Fehlen der Terminsbestimmung in der Ladung gilt nur dann als gehoben, wenn der Beklagte trotzdem im Termine erscheint und zur Sache verhandelt, ohne diesen Mangel zu rügen** (§ 261 der R. C. P. O.), **dagegen 3) nicht durch Erhebung des Einspruches oder Verhandlung zur Hauptsache nach erhobener Rüge jenes Mangels, auch nicht durch Unterlassung einer besonderen Rüge dieses Mangels in der Berufungsinstanz; auch 4) und 5) nicht durch Zustellung des Versäumnißurtheils an den Beklagten und nicht durch den Antrag des Klägers auf Vertagung, wenn der Beklagte erschienen ist** (§ 303 der R. C. P. O.). Urth. des I. Civilsenats vom 21. Juni 1884 in Sachen H. K. zu M., Klägers und Revisionsklägers, wider B. das., Beklagten und Revisionsbeklagten. Vorinstanz: O. L. G. Rostock. Verwerfung.

Es steht fest, daß die Abschrift der Klageschrift, welche Kläger dem Beklagten zustellen ließ, wenn auch eine Ladung des Beklagten, doch keine Angabe des von dem Vorsitzenden der II. Civilkammer des L. G. Schwerin auf den 27. Oktober 1883 bestimmten Verhandlungstermines enthielt.

1) „Eine derartige Zustellung ist keine Erhebung der Klage im Sinne der R. C. P. O. Nach § 230 erfolgt dieselbe durch Zustellung eines Schriftsatzes, welcher die daselbst Abs. 2 Nr. 1—3 bezeichneten nothwendigen Bestandtheile, insbesondere nach Nr. 3 die Ladung des Beklagten vor das Prozeßgericht zur mündlichen Verhandlung des Rechtsstreites enthält. Es unterliegt keinem Zweifel, daß hierunter die Ladung zu einem bestimmten, gemäß § 193 bei dem Prozeßgerichte festgesetzten, dem Beklagten gemäß § 191 durch Aufnahme in die Klageschrift bekannt zu machenden Termine zu verstehen ist. Die von dem Revisionskläger unter Berufung auf die Ausführungen von R e u l i n g in der J u r i s t i s c h e n W o c h e n s c h r i f t 1883 S. 57 ff. vertretene Ansicht, daß auch die Zustellung einer Klage ohne Terminsbestimmung genüge, um die Sache rechtshängig zu machen, kann nicht als richtig anerkannt werden. Es liegt schon im Wesen einer Ladung, daß außer der ladenden und geladenen Person auch der Ort, wohin, und die Zeit, auf welche geladen wird, bekannt gegeben werden. Auch die R. C. P. O. in ihren Bestimmungen über Ladungen, Termine und Fristen (§§ 191 ff.) kennt nur „die Ladung zu einem Termine". Zur Rechtfertigung der Behauptung, daß dieselbe eine generelle Ladung ohne Terminsbestimmung zulasse, genügt weder die Hin-

weisung auf den französischen Prozeß, dessen Rollensystem geflissentlich nicht angenommen worden ist (vergl. Motive zum Entwurfe der R. C. P. O. §§ 184, 186), noch die Hervorhebung des Unterschiedes zwischen der Fassung des § 230 der R. C. P. O. „Ladung zur mündlichen Verhandlung des Rechtsstreites" und des § 184 der Hannöverschen C. P. O. „Aufforderung an dem festgesetzten Gerichtstage zu erscheinen". Hieraus ist keineswegs zu schließen, daß die R. C. P. O. das Erforderniß der Terminsbestimmung bei der Ladung aufgegeben hat. Während der zu Hannover ausgearbeitete Entwurf einer R. C. P. O. (§ 251) und der Entwurf einer C. P. O. für den Nordd. Bund (§ 403) in Verbindung mit § 209 das Erforderniß der Terminsbestimmung bei der Ladung ausdrücklich hervorhoben, ist solches in dem im Preuß. Justizministerium bearbeiteten Entwurfe einer R. C. P. O. von 1871 (§ 209), aus welchem diese Bestimmung unverändert in die späteren Entwürfe und als § 230 in die R. C. P. O. übergegangen ist, zwar nicht ausdrücklich geschehen, hierdurch aber nicht etwa eine von den früheren Entwürfen sachlich verschiedene Vorschrift beabsichtigt, sondern nur eine neue Fassung derselben Vorschrift gewählt worden. „Das letzte nothwendige Requisit einer jeden Klageschrift", bemerken die Motive zu dem angeführten § 209 S. 304, „ist die Ladung des Beklagten vor das Prozeßgericht zur mündlichen Verhandlung des Rechtsstreites; die Bedeutung dieser Ladung ergiebt sich aus anderen Vorschriften des Entwurfes (§§ 117 ff.)." Der hierdurch in Bezug genommene § 117 entspricht wörtlich dem § 191 der C. P. O. und die Motive zu ersterem (S. 298) erläutern die Ladung zu einem Termine als „die an die zu ladende Person gerichtete Aufforderung, in dem Termine zu erscheinen". Die Zustellung einer Klageschrift, welche keine Mittheilung über den angesetzten Verhandlungstermin, also keine Ladung zu einem Termine enthält, ist hiernach keine Erhebung der Klage.

2) Wenn nach einer derartigen Zustellung in dem angesetzten Termine der Kläger den Klaganspruch mündlich unter Stellung des entsprechenden Antrages erhebt, so vermag dies mündliche Vorbringen an sich im landgerichtlichen Verfahren den Mangel ordnungsmäßiger Klagerhebung nicht zu heilen, wenngleich der Beklagte im Termine erschienen ist und durch das mündliche Vorbringen des Klägers Kenntniß von der beabsichtigten Rechtsverfolgung erlangt hat. Nur im amtsgerichtlichen Verfahren ist die

Erhebung der Klage durch mündlichen Vortrag derselben ohne vorgängige Ladung und Terminsbestimmung gestattet (§§ 461, 471). Im landgerichtlichen Verfahren dagegen kann zwar in einem bereits anhängigen Rechtsstreite die Erweiterung der Klage und die Erhebung einer Widerklage ohne Ladung und Terminsbestimmung stattfinden (§§ 240, 251, 253), nicht aber die Erhebung der Klage, durch welche die Rechtshängigkeit der Streitsache begründet wird, indem unter Erhebung der Klage im § 235 nur eine dem § 230 entsprechende Klagerhebung zu verstehen ist. Ob auf die mündlich vorgetragene Klage verhandelt und entschieden werden kann, hängt von dem Verhalten des erschienenen Beklagten ab. Tritt derselbe in die Verhandlung über die Klage ein, ohne die mangelhafte Klagzustellung zu rügen, so ist der Mangel derselben nach § 261 gehoben; eine Abweisung der Klage von Amtswegen wegen Mangels einer Prozeßvoraussetzung ist in diesem Falle unzulässig, wie auch die Motive zu den §§ 238, 239 des Entwurfs der C. P. O. bei Rechtfertigung der Nichtaufnahme des Einwandes der nicht ordnungsmäßigen Ladung unter die prozeßhindernden Einreden unterstellen. Wenn dagegen der erschienene Beklagte die Abweisung der Klage wegen des Mangels ordnungsmäßiger Ladung fordert, so kann das Prozeßgericht nicht umhin, diesem Antrage zu entsprechen. Ebenso verhält es sich, wenn der im Verhandlungstermine nicht erschienene Beklagte nach ergangenem Versäumnißurtheil und eingelegtem Einspruch in dem zur Verhandlung über den Einspruch und über die Hauptsache bestimmten Termine erscheint und die Abweisung der Klage mangels ordnungsmäßiger Ladung beantragt, da der Rechtsstreit durch den Einspruch nach § 307 in die Lage zurückversetzt wird, in welcher er sich vor Eintritt der Versäumniß befand. Es war daher auch im gegenwärtigen Rechtsstreite, nachdem der Beklagte Einspruch eingelegt und beantragt hatte, durch Urtheil zu erkennen, daß die Prozeßvoraussetzungen nicht vorhanden seien, die Klage abzuweisen, wenn nicht der Mangel ordnungsmäßiger Ladung des Beklagten durch Verzicht desselben auf dessen Geltendmachung oder durch Nachholung der ordnungsmäßigen Klagzustellung von Seiten des Klägers gehoben war.

3) Ein Verzicht des Beklagten auf den aus der mangelhaften Zustellung der Klage zu entnehmenden Einwand ist nicht anzunehmen. Dadurch, daß er bei Einlegung des Einspruchs gemäß § 305 Nr. 3 die Ladung des Klägers zur mündlichen Verhand-

lung über die Hauptsache beantragte, begab er sich nicht des Rechtes, die Mangelhaftigkeit der Klagerhebung in dem bestimmten Termine zu rügen, wie von dem Berufungsgericht mit zutreffenden Gründen ausgeführt worden ist. Darin, daß er in diesem Termine nach erfolgter Rüge jenes Mangels auf die Anordnung des Prozeßgerichtes, zur Hauptsache zu verhandeln, sich zur Sache selbst eingelassen hat, kann ebensowenig ein Verzicht auf die bereits erhobene Rüge gefunden werden. Zwar stand es dem Beklagten frei, ungeachtet der Anordnung des Gerichtes zur Hauptsache nicht zu verhandeln und ein deshalb gegen ihn ergehendes abermaliges Versäumnißurtheil nach § 474 Abs. 2 der C. P. O. mit der Berufung aus dem Grunde anzufechten, weil das Gericht die Verhandlung über die Hauptsache mit Unrecht angeordnet habe. Aber daraus, daß Beklagter diesen Weg nicht einschlug, sondern der Anordnung des Gerichts, zur Hauptsache zu verhandeln, Folge leistete, kann doch eine Zurücknahme des vorher erhobenen Einwandes nicht ordnungsmäßiger Ladung nicht entnommen werden, wie auch in dem Falle, daß das Prozeßgericht ohne vorgängige Erledigung einer erhobenen prozeßhindernden Einrede auf Grund des § 248 Abs. 2 die Verhandlung zur Hauptsache anordnet, in dem gemäß dieser Anordnung stattfindenden Verhandeln des Beklagten zur Hauptsache ein Verzicht auf die vorgeschützte prozeßhindernde Einrede nicht zu finden ist, gleichviel ob er bei der Einlassung zur Hauptsache bezüglich dieser Einrede einen Vorbehalt gemacht hat oder nicht. Endlich ist ein Verzicht des Beklagten auf den Einwand nicht ordnungsmäßiger Ladung auch nicht darin zu erblicken, daß er in der Berufungsinstanz den Antrag nicht gestellt hat, die Klage aus diesem Grunde wie angebracht abzuweisen; denn da die Klage in erster Instanz rein abgewiesen worden und von dem Beklagten als Berufungsbeklagten beantragt war, die Berufung als unbegründet zurückzuweisen, so war in diesem weiter gehenden Antrage auch der eventuelle Antrag mit enthalten, die Klage, wenn die reine Abweisung derselben nicht bestätigt werde, wenigstens angebrachtermaßen abzuweisen. Dies unterliegt um so weniger einem Zweifel, da Beklagter auf Befragen des Berufungsgerichtes erklärt hat, daß er die in voriger Instanz aufgestellte Rüge des prozessualen Mangels aufrecht erhalte und wiederhole.

4) Eine Nachholung der Klagerhebung von Seiten des Klägers durch eine der C. P. O. entsprechende Zustellung der Klagschrift hat nicht stattgefunden. Es könnte die Frage aufgeworfen

werden, ob etwa in der Zustellung des Versäumnißurtheils oder der Berufungsschrift an den Beklagten hinsichtlich der Rechtshängigkeit ein Ersatz für die Klagerhebung zu finden sei. Was die Zustellung des Versäumnißurtheils betrifft, so ist allerdings hierin eine Benachrichtigung des Beklagten von der dem Urtheil zu Grunde liegenden und eine Voraussetzung desselben bildenden Klage enthalten und das Erforderniß der Ladung des Beklagten durch das schon vorliegende Urtheil und die nunmehr nach § 305 Nr. 3 dem Beklagten obliegende Ladungspflicht erledigt; aber wenn man auch hieraus den Schluß ziehen wollte, daß die Anhängigkeit des Rechtsstreites, wenn nicht schon früher gemäß § 235 jedenfalls mit der Zustellung des Versäumnißurtheils eingetreten sei, so wird doch diese Wirkung der letzteren durch Einlegung des Einspruches nach § 307 wieder beseitigt. Was aber die Zustellung der Berufungsschrift betrifft, so kann dieselbe selbst dann, wenn der Kläger wegen Abweisung der Klage Berufung einlegt und der Inhalt der Berufungsschrift den für die Klagschrift in § 230 aufgestellten Erfordernissen entspricht, als Ersatz für die Zustellung der Klagschrift um deswillen nicht gelten, weil nach den Grundsätzen der C. P. O. (vergl. §§ 38, 491) die Erhebung der Klage in der zweiten Instanz unzulässig ist.

5) War demnach der Antrag des Beklagten, die Klage wegen Mangels einer Prozeßvoraussetzung wie angebracht abzuweisen, begründet, so konnte Kläger die Abweisung der Klage auch nicht durch seinen Antrag auf Vertagung abwenden. Das Berufungsgericht läßt unentschieden, ob dem Kläger nach § 300 der C. P. O. das Recht zustand, Vertagung zu verlangen, indem es annimmt, daß Kläger von diesem Rechte, wenn es ihm zustand, nicht ordnungsmäßig Gebrauch gemacht habe, weil er vorweg Entscheidung in der Sache selbst und nur eventuell Vertagung der mündlichen Verhandlung begehrte und hierdurch das Gericht verhinderte, auf seinen Vertagungsantrag einzugehen. Der hiergegen gerichtete Angriff des Revisionsklägers erscheint zutreffend. Der eventuelle Vertagungsantrag war für den Fall gestellt, daß es gemäß dem Antrage des Beklagten unzulässig erscheine, sofort in der Sache selbst zu verhandeln und zu entscheiden. Da dieser Fall vorlag, war das Gericht durch den Inhalt des Antrages des Klägers nicht gehindert, die Vertagung auszusprechen. Kann demnach dem Grunde, aus welchem die Nichtberücksichtigung des Vertagungsantrages von dem Berufungsgericht für gerechtfertigt erklärt wird,

nicht zugestimmt werden, so ist doch die Entscheidung selbst aus einem anderen Grunde zu billigen. Der § 300 der C.P.O. anerkennt ein Recht des Klägers, Vertagung der mündlichen Verhandlung wegen nicht ordnungsmäßiger Ladung der Gegenpartei zu verlangen, nur für den Fall, daß letztere nicht erschienen ist. Es erscheint nicht gerechtfertigt, dieses Recht auf den Fall auszudehnen, daß die Gegenpartei erschienen ist und wegen nicht ordnungsmäßiger Ladung die Abweisung der Klage beantragt. Einer entsprechenden Anwendung der für ersteren Fall gegebenen Bestimmung auf den letzteren Fall steht die wesentliche Verschiedenheit beider Fälle entgegen, indem es sich im ersteren Falle nicht um Ausschließung oder Einschränkung eines Rechtes des Beklagten, sondern lediglich um die Verpflichtung des Prozeßgerichtes handelt, unter den gesetzlichen Voraussetzungen dem Vertagungsantrage des Klägers zu entsprechen, wogegen in dem zweiten Fall bei Anerkennung eines Rechtes des Klägers auf Vertagung, also Fortsetzung des Verfahrens, das Recht des Beklagten die Abweisung der Klage zu verlangen für den Fall, daß Kläger die Vertagung beantragt, ausgeschlossen sein würde."

14. **Wird im Urkundenprozeß eine Urkunde der Klagschrift nicht beigefügt** (§ 556 der R.C.P.O.) **oder im Termin nicht vorgelegt** (§ 560 der R.C.P.O.), **so findet gleichwohl die Abweisung der Klage dann nicht statt, wenn die durch die Urkunde zu beweisende Thatsache als offenkundig oder unbestritten keines Beweises bedarf.** Urth. des II. Civilsenats vom 10. Juli 1884. (S. o. Fall 5 S. 10 sub 2.)

15. **Der Berücksichtigung eines im Vorprozesse an den renitenten Ehegatten erlassenen richterlichen Befehls zur Fortstellung des ehelichen Zusammenlebens steht § 576 der R.C.P.O. nicht entgegen.** Urth. des IV. Civilsenats vom 23. Juni 1884 in Sachen der verehel. B. zu R., Beklagter, Widerklägerin und Revisionsklägerin, wider maritum, Kläger, Widerbeklagten und Revisionsbeklagten. Vorinstanz: O.L.G. Marienwerder. Verwerfung.

Zu Gunsten des Klägers ist vom Berufungsrichter der Scheidungsgrund der böslichen Verlassung als vorliegend angenommen worden. Nach §§ 680 ff. Th. II Tit. 1 des Preuß. Allgem. Landrechts, § 5 des Ausf.Ges. zur R.C.P.O. ist die Ehescheidung wegen böslicher Verlassung von dem Erlasse einer richterlichen Verfügung, durch welche dem anderen Ehegatten die Herstellung des ehelichen Zusammenlebens aufgegeben wird, und von der Nichtbefolgung dieser Verfügung abhängig. Im vorliegenden Falle seien zwei derartige Verfügungen auf Antrag des Klägers an die Beklagte erlassen worden, die erstere am 26. April 1882 vor Anstellung der Klage des Vorprozesses, die andere am 7. Juli 1883 nach Verkündung des Urtheils erster Instanz in dem gegenwärtigen Prozesse. Das Gericht erster Instanz hat angenommen, die erstere Verfügung sei nach § 576 der R.C.P.O. nicht zu berücksichtigen. Das Berufungsgericht hat sich dahin ausgesprochen, daß, da die Beklagte auch dem nach Beendigung des Vorprozesses an sie erlassenen Rückkehrmandate keine Folge geleistet habe, dieselbe vielmehr in der eigenmächtigen Trennung von ihrem Ehemanne verharre, der Klaggrund der böslichen Verlassung als ein neuer sich darstelle. Es hat sodann geprüft, ob der Beklagten die von ihr behaupteten Thatsachen die Befugniß zum Getrenntleben von ihrem Ehemanne geben. Diese Frage ist von ihm verneint und der Scheidungsgrund der böslichen Verlassung daher als vorliegend angesehen worden. Die Beklagte macht hiergegen geltend, der Berücksichtigung des am 7. Juli 1883 erlassenen richterlichen Befehls stehe der Umstand entgegen, daß, obwohl bei dem Erlasse des Befehls die Ehescheidungsklage bereits anhängig gewesen sei, nicht das Prozeßgericht, sondern das A.G. den Befehl erlassen habe, der letztere auch nicht von Seite des Antragstellers, sondern von Seite des A.G. zugestellt worden, sonach aber die Vorschrift des § 5 Abs. 2 und 3 des Ausf.Ges. zur R.C.P.O. nicht beobachtet sei. Auch meint sie, daß die Vorschrift des § 489 der R.C.P.O. der Berücksichtigung des richterlichen Befehls vom 7. Juli 1883 entgegenstehe. Den Befehl vom 26. April 1882 aber will sie auf Grund des § 576 der R.C.P.O. unbeachtet gelassen wissen.

„Bei Prüfung dieser Angriffe ist folgendes zu erwägen: Die Bestimmung im § 576 der C.P.O. macht nicht die Berücksichtigung aller der Thatsachen, welche im Vorprozesse hätten geltend gemacht werden können, prozessualisch unzulässig. Sie hindert die Berücksichtigung derartiger Thatsachen nur unter der Voraussetzung, daß dieselben in dem neuen Prozesse als selbständige Klaggründe vorgebracht werden. Die Nichtbefolgung des richterlichen Befehls zur Herstellung des ehelichen Lebens hat aber für sich allein nicht die Bedeutung eines selbständigen Klaggrundes im Sinne des § 576 der C.P.O. Sie ist für die Ehescheidungsklage wegen böslicher Verlassung nur insofern wesentlich, als durch sie die Beharrlichkeit des dem ehelichen Zusammenleben widerstrebenden Willens des anderen Ehegatten festgestellt werden soll. Nun ist der richterliche Befehl vom 26. April 1882 seitens der Beklagten unbefolgt geblieben. Die Beharrlichkeit des dem ehelichen Zusammenleben widerstrebenden Willens der Beklagten ist damit konstatirt. Das Getrenntleben der Eheleute dauert noch gegenwärtig fort. Und dieses, auf dem Willen der Beklagten beruhende, dauernde, dem Wesen der Ehe widerstreitende Getrenntleben der Eheleute stellt den Scheidungsgrund der böslichen Verlassung dar. Wenn nun dieser Scheidungsgrund auch die durch die Nichtbefolgung des richterlichen Befehls zu konstatirende Hartnäckigkeit des Willens des widerstrebenden Ehegatten erfordert, so liegt doch kein ausreichender Grund vor, um dem Befehle vom 26. April 1882 die Wirksamkeit für den gegenwärtigen Prozeß auf Grund des § 576 darum abzusprechen, weil er schon vor Einleitung des Vorprozesses erlassen war. Dies kann um so weniger geschehen, als im Vorprozesse der gegenwärtige Kläger wegen böslicher Verlassung in zweiter Instanz unter Bezugnahme auf den gerichtlichen Befehl vom 26. April 1882 Widerklage erhoben hatte und diese Widerklage nicht als unbegründet, sondern als in zweiter Instanz unzulässig erhoben abgewiesen worden war." Hiernach kommt es auf den Angriff gegen den Befehl vom 7. Juli 1883 nicht weiter an.

16. **Berechnung des pfändbaren Gehaltes eines Preußischen Beamten** (§ 749 der R.C.P.O.). S. u. Fall 30 S. 66.

17. **Wenn die Einhaltung der vierzehntägigen Frist** (§ 809 der R.C.P.O.) **zur Vollziehung des Arrestes wegen großer Entfernung der Arrestparteien voneinander nicht möglich ist, so kann die Zustellung des Arrestbefehls telegraphisch erfolgen. Solchenfalls zu beobachtende Formalitäten** (§§ 156, 182, 185 der R.C.P.O.). Urth. des I. Civilsenats vom 5. Juli 1884 in Sachen J. Sch. & S. in Hamburg, Beklagte und Revisionskläger, wider die N.=L. & B. Bank limited in London, Klägerin und Revisionsbeklagte. Vorinstanzen: L.G. und O.L.G. Hamburg. Aufhebung (und Zurückverweisung wegen hier irrelevanter Fragen).

Der Beklagte bestreitet die Rechtsgültigkeit einer Pfändung aus dem Grunde, weil der Arrestbeschluß dem Arrestbeklagten mittels telegraphischer Requisition des Deutschen Konsuls in Rio de Janeiro zugestellt sei, was nicht angehe. Der Vorsitzende des L.G., Kammer III für Handelssachen, welche den dinglichen Arrest für J. Sch. & S. zu Hamburg gegen L. S. de B. in Rio de Janeiro wegen beanspruchter 132 000 ℳ am 12. März 1883 beschloß, hat an demselben Tage in diesem Charakter an das Deutsche Konsulat zu Rio de Janeiro eine telegraphische Depesche dahin aufgegeben: „Ersuche zuzustellen L. S. de B. von Ihnen beglaubigte Abschrift nachstehenden Arrestbefehl=Telegrammes. Sendet sofort mir Zustellungszeugniß durch untersiegeltes oder notariell oder gerichtlich beglaubigtes Telegramm. Telegraphenbehörde muß im Telegramm bemerken, daß aufgegebene Depesche Konsuls Siegel und Unterschrift trägt. Sendet außerdem schriftliches Zustellungszeugniß." Dann folgt wörtlich der Arrestbefehl. Der Deutsche Konsul Koser hat darauf am 14. März 1883 dem Anwalt des

Arrestklägers zurücktelegraphirt: „Ich bezeuge, daß Arrestbefehl des L. G. Hamburg, Kammer III, vom 12. März in Arrestsachen J. Sch. & S. Hamburg gegen L. S. de B. Rio de Janeiro wegen 132 000 ℳ dem Beklagten heute zugestellt worden ist. Rio de Janeiro 14. März 1883. Der Kaiserliche Konsul Koser. (Konsulatssiegel.) Dann folgt eine notarielle Beglaubigung der Echtheit des Siegels und der Unterschrift in portugiesischer, eine englische Beglaubigung des Notars durch den Geschäftsführer der Western und Brasilian Telegraphen-Compagnie. Sodann ist vorgelegt ein Zeugniß des Deutschen Konsulats zu Rio de Janeiro vom 14. März 1883, wonach der Konsul den wörtlich wiedergegebenen Arrestbefehl dem L. S. de B. in konsularisch beglaubigter Abschrift zugestellt hat. Der Vorsitzende der Kammer für Handelssachen hat bezeugt, daß das Telegramm vom 14. März 1883 die Rückantwort auf das Arrestbefehl-Telegramm sei.

„Bei der Beurtheilung der gesetzlichen Gültigkeit des hier eingeschlagenen Verfahrens hat man sich zu vergegenwärtigen, daß die Vollziehung des Arrestbefehls nach § 809 der R. C. P. O. unstatthaft ist, wenn seit dem Tage, an welchem der Befehl verkündet oder dem Arrestkläger zugestellt ist, zwei Wochen verstrichen sind. Es ist aber davon auszugehen, daß das Gesetz selbst die Ausführbarkeit dieser Vorschrift gewollt hat. Seine sonstigen Vorschriften sind also in einem Sinne zu verstehen, welche diese Ausführbarkeit sichert. Dazu mag es verschiedene Wege geben. Der hier eingeschlagene Weg ist dann als zulässig zu erachten, wenn auf demselben auch sonst dasjenige erreicht ist, was der Gesetzgeber zur Sicherung des Arrestbeklagten und im Interesse eines gesicherten gesetzlichen Verfahrens gewollt hat. Die Zustellung besteht nach § 156 der R. C. P. O. in einem Falle, wie dem vorliegenden, in der Uebergabe einer beglaubigten Abschrift des zuzustellenden Schriftstücks; die Beglaubigung geschieht durch den Gerichtsvollzieher; bei den auf Betreiben von Rechtsanwälten zuzustellenden Schriftstücken durch den Anwalt; bei den von Amtswegen zuzustellenden Schriftstücken durch den Gerichtsschreiber. Eine im Auslande zu bewirkende Zustellung erfolgt unter Anderem mittels Ersuchens des in diesem Staate residirenden Konsuls des Reichs (§ 182). Die Zustellung wird durch das schriftliche Zeugniß des ersuchten Beamten, daß die Zustellung erfolgt sei, nachgewiesen (§ 185). Die Zustellung einer von einem Anwalt oder Gerichtsschreiber in Hamburg beglaubigten Urkunde ist in einer Frist von zwei Wochen, gerechnet von dem Tage, an welchem der Anwalt das Original der zuzustellenden Abschrift erhält, in Rio de Janeiro so, daß auch noch die Nachricht von der erfolgten Zustellung zurückkommt, nicht auszuführen. Es liegt also im Sinne des Gesetzes, daß die Herstellung der beglaubigten Abschrift, welche zuzustellen ist, auf einem kürzeren Wege zugelassen wird, wenn dabei die Sicherheit der Uebereinstimmung des Inhalts der Abschrift mit dem Originale gewahrt bleibt. Beides ist hier erreicht. Der Vorsitzende der Kammer für Handelssachen hat dem Telegraphen die Urkunde diktirt und der Telegraph hat sie in Rio de Janeiro niedergeschrieben; der Deutsche Konsul hat eine mit dieser Niederschrift übereinstimmende, von ihm beglaubigte Abschrift dem Arrestbeklagten zugestellt, und aus dem von ihm eingesandten Zeugniß geht hervor, daß, abgesehen von unwesentlichen Abweichungen, die von ihm zugestellte beglaubigte Abschrift inhaltlich mit dem Originale des Arrestbefehls übereinstimmt. Auf diese Weise ist dem Arrestschuldner in Rio de Janeiro ganz sicher und objektiv richtig dasjenige vor der Ausführung des Arrestbefehls notificirt, was das Hamburger Gericht in Bezug auf ihn und seine Güter beschlossen hatte. Er war in der Lage, sofort die zur Beseitigung der beschlossenen Maßregel erforderlichen Schritte einzuschlagen. Damit erledigen sich die Bedenken, welche das O. L. G. gegen die Zulässigkeit des eingeschlagenen Verfahrens erhoben hat, für den vorliegenden Fall."

7. Gerichtsverfassungsgesetz.

18. **Die Klage aus dem Anerkenntnisse der Vaterschaft** (Badischer Landrechtssatz 334) **gehört nicht aus § 23, 2. Abs. des G. V. G. vor die Amtsgerichte.** Urth. des II. Civilsenats vom 17. Juli 1884 in Sachen C. Sch. in K., Beklagtens und Revisionsklägers, wider die L. S. daselbst, Klägerin und Revisionsbeklagte. Vorinstanzen: L. G. und O. L. G. Karlsruhe. Verwerfung.

Die Klage ist auf die Behauptung gestützt, daß der Beklagte das am 24. Mai 1882 außerehelich von der Klägerin geborene Kind nach Maßgabe des Badischen Landrechtssatzes 334 anerkannt habe. Das Begehren ist auf Gewährung eines Ernährungsbeitrages für dieses Kind gerichtet. Als prozeßhindernde Einrede schützte der Beklagte vor, daß nach § 23 Nr. 2 des G. V. G. nicht das L. G., sondern das A. G. zuständig sei. Mit Urtheil vom 16. Oktober 1883 hat das L. G. Karlsruhe die Einrede verworfen und auf Berufung des Beklagten hat das O. L. G. mit Urtheil vom 16. Januar 1884 bestätigt. Dasselbe legt den § 23 cit. dahin aus, daß unter „Ansprüchen aus außerehelichem Beischlaf" nur solche vermögensrechtliche Ansprüche zu verstehen seien, welche nach dem Bürgerl. Rechte des betreffenden Staates direkt aus der Thatsache des außerehelichen Beischlafs abgeleitet und klagend verfolgt werden können, ohne daß es zur Begründung der Klage noch einer besonderen zum Beischlafe hinzugetretenen Rechtshandlung, z. B. Anerkenntnisses oder Schenkung bedürfte. Der

Klaganspruch werde aber nicht auf den außerehelichen Beischlaf, sondern lediglich auf das Anerkenntniß der Vaterschaft gestützt.

„Der auf das Anerkenntniß der Vaterschaft eines außerehelichen Kindes gegründete Anspruch auf Ernährung ist nicht als ein Anspruch „aus außerehelichem Beischlaf" aufzufassen; denn er wird nicht auf die Thatsache des Beischlafs, sondern darauf gestützt, daß der beklagte Theil sich unter Beobachtung der vom Gesetze hierfür vorgeschriebenen Form (Landrechtssatz 334) zum Vater des außerehelichen Kindes bekannt habe. Dieses dem Französischen (Badischen) Rechte eigenthümliche Institut des Anerkenntnisses eines außerehelichen Kindes begründet nämlich in vielfachen Beziehungen, so namentlich hinsichtlich der elterlichen Rechte (art. 158 des Code civ. Landrechtssatz 383), der Pflicht zum Unterhalte und der Erbfolge (Landrechtssatz 756 ff.) ein nach Analogie der ehelichen Vaterschaft und Kindschaft zu beurtheilendes Rechtsverhältniß, bei welchem die Frage der Zeugung gerade so zurücktritt, wie bei der durch die Ehe begründeten Vaterschaft. (Vergl. insbesondere Aubry et Rau, Cours § 571.)

Mit Recht hat daher das Berufungsgericht verneint, daß die auf dieses Rechtsverhältniß gestützte Klage auf Ernährung in der Bestimmung des § 23, Ziff. 2 des G. V. G. inbegriffen sei. „Wenn man diese auch" (wie in der in den Annalen Bd. VII S. 410 und Entsch. Bd. VII S. 338 mitgetheilten Entsch. des R.G. ausgeführt ist) „auf Ansprüche beziehen kann, welche auf ein vom Schwängerer abgegebenes Anerkenntniß der Alimentationspflicht und Versprechen von Alimenten und Entschädigung gestützt werden, so erscheint doch die Ausdehnung derselben auf diejenigen Ansprüche nicht gerechtfertigt, welche aus dem mit dem Anerkenntnisse der Vaterschaft begründeten besonderen Rechtsverhältnisse entstanden sind. Aus den Motiven zum Gesetze kann eine entgegenstehende Auffassung nicht hergeleitet werden. Bei deren Abfassung hat man offenbar das dem Rheinischen Rechte eigenthümliche, hier in Frage kommende Rechtsinstitut gar nicht in's Auge gefaßt; dieselben beschränken sich darauf, auf die Einfachheit der Rechtsfragen, welche bei den Verhandlungen über diese Ansprüche zur Anwendung kommen, und auf die Gesetzgebungen verschiedener deutscher Staaten zu verweisen. Die bei einem Anerkenntnisse der Vaterschaft vorkommenden Rechtsfragen sind aber keineswegs immer so einfach wie die, ob der Beklagte mit der Mutter des Kindes den Beischlaf vollzogen habe; es können beim Anerkenntnisse die hierfür erforderliche Handlungsfähigkeit, die Beobachtung der gesetzlichen Form, das Vorhandensein der Voraussetzungen und Einreden verschiedener Art in Frage kommen. Von den in Bezug genommenen Gesetzgebungen verwies nur Art. 6 Ziff. 7 der Bayrischen Proz. O. auch die Klage auf Anerkennung der Vaterschaft eines unehelichen Kindes und die Klage auf Ernährung vor das A. G.; bei den anderen aber fehlt jeder Anhalt, um sie auf Klagen der hier vorliegenden Art zu beziehen. So erwähnte die Badische Proz.-O. im § 9, Ziff. 2 nur die Klagen aus dem Gesetze vom 21. Februar 1851; der § 4 des G. V. G. für Hannover handelte von „Ansprüchen aus einem unehelichen Beischlafe, soweit solche überall vor die weltlichen Gerichte gehören"; der § 19 des G. V. G. für Braunschweig handelte von Rechtsstreiten „puncto stupri et satisfactionis"; das Meiningische Gesetz vom 16. Juli 1862, Art. 1 Ziff. 2d erwähnte die Ansprüche „aus unehelichen Schwächungen", nahm aber gewisse durch ein Gesetz vom 9. September 1844 begründete Entschädigungs- und Erbansprüche ausdrücklich aus. In anderen Gesetzen gebrauchte man Ausdrücke wie „Ansprüche aus außerehelicher Geschlechtsgemeinschaft", Schwängerungs- und Alimentenforderungen."

8. Gebührenordnung für Rechtsanwälte.

19. **Anderweite Begründung der Ansicht des R. G., daß der Anwalt auch dann Anspruch auf die Beweisgebühr** (des § 13 Ziff. 4 der Geb. O. für R. Anw. vom 7. Juli 1879) **habe, wenn er der Zeugenvernehmung nicht beiwohnte.***) Beschluß des III. Civilsenats vom 4. Juli 1884 in Sachen B. S. & J. zu H., Klägers, wider H. Ph. in A., Beklagten. Vorinstanzen: L. G. Stade, O. L. G. Celle. Aufhebung der Verfügung des O. L. G., soweit sie die von der Klägerin liquidirte Beweisgebühr von 1,50 M. an der Kostenrechnung des R. Anw. N. in Absatz gebracht hat, und Wiederherstellung des Kostenfestsetzungsbeschlusses des L. G. Stade.

---

*) Vergl. Annalen Bd. VI S. 150, Bd. X S. 515. Bei der Wichtigkeit dieser konstant vom R. G. festgehaltenen Auslegung des § 13 Abs. 4 der Geb. O. für den Anwaltstand und der Standhaftigkeit des Festhaltens der gegentheiligen Meinung seitens verschiedener O. L. G. schien die Mittheilung des vorstehenden Beschlusses angemessen.

Das O.L.G. erkennt an, daß im vorliegenden Falle auf Antrag der Klägerin ein Beweisaufnahmeverfahren stattgefunden habe, spricht aber demungeachtet dem Anwalt der Klägerin die auf Grund der §§ 9 Ziff. 2 und 13 Ziff. 4 der Geb.O. für R.Anw. liquidirte Beweisgebühr von 1,50 ℳ ab, weil eine Vertretung der Partei seitens ihres Anwaltes in dem Vernehmungstermine nicht stattgefunden habe, auch sonst nicht erhelle, daß der Anwalt in dem Beweisaufnahmeverfahren thätig gewesen sei.

„Der § 13, Ziff. 4 der Geb.-O. gewährt dem Anwalte die Beweisgebühr für die Vertretung in einem Beweisaufnahmeverfahren, und scheidet damit das letztere als einen besonderen Theil des prozessualischen Verfahrens von der sonstigen Prozeßführung in Ansehung der Gebührenansätze aus. Die allgemeine Thätigkeit des Anwaltes im Beweisaufnahmeverfahren ist demzufolge nicht schon durch die Prozeßgebühr (§ 13, Ziff. 1 der Geb.O.) gedeckt; es ist vielmehr der Anwalt, welcher während des ersteren überhaupt die Partei vertreten hat, zum Bezuge der Beweisgebühr selbst dann berechtigt, wenn er im Termin zur Zeugenvernehmung nicht erscheint. Da nun der Anwalt der Klägerin im ganzen Verlaufe dieses Rechtsstreites als deren Vertreter aufgetreten ist und die Ladungen zu den Beweisaufnahmeterminen in Empfang genommen hat, so sind alle gesetzlichen Voraussetzungen zum bestrittenen Gebührenansatze vorhanden und es kann die Beweisgebühr namentlich nicht deshalb dem genannten Anwalt abgesprochen werden, weil er selber der an ihn ergangenen Ladung nicht entsprochen habe."

Gemeines Recht.

20. **Unterschied zwischen geistiger Unfähigkeit und geistiger Schwäche** (fatuitas). **Nur beim Vorhandensein der ersteren sind die Rechtshandlungen des Unfähigen nichtig. Begriff der geistigen Unfähigkeit.** Urth. des I. Civilsenats vom 28. Mai 1884 in Sachen der E. P. zu H., Klägerin und Revisionsklägerin, wider verw. Sch. zu B., Beklagte und Revisionsbeklagte. Vorinstanz: O.L.G. Hamburg. Verwerfung.

Die beiden vorigen Gerichte haben auf Grund thatsächlicher Feststellungen angenommen, daß dem Willen des Erblassers Sch. bei Aufhebung vorher angeordneter Vermächtnisse in Folge der Zerrüttung seiner Vermögensverhältnisse juristisch die Bedeutung eines rechtlichen, in Bezug auf den Rechtsakt freien Willens nicht abgesprochen werden könne, daß jedenfalls der Mangel eines im juristischen Sinne freien Willens nicht dargethan und vielmehr anzunehmen sei, Sch. sei damals nicht derartig geisteskrank gewesen, daß er nicht unter besonderen Umständen fähig gewesen wäre, seinen Willen bezüglich des Rechtsaktes frei zu bestimmen.

„Es ist nicht abzusehen, inwiefern hierbei der rechtliche Begriff der Willensfähigkeit und Willensfreiheit verkannt sei. Denn die Willensfähigkeit eines Menschen ist im Gebiete des Civilrechts nicht schon — wie Klägerin meint — dann ausgeschlossen, wenn derselbe vermöge seiner geistigen Beschränktheit oder eines durch eine Geisteskrankheit herbeigeführten Intelligenzdefektes unfähig ist, ein bestimmtes Rechtsgeschäft aus eigener Initiative vorzunehmen oder sich eine klare Vorstellung von dessen Wirkungen in allen möglichen entfernten Consequenzen zu machen. Die Willens- und Handlungsfähigkeit ist vielmehr, da das Recht zwischen der geistigen Unfähigkeit und der bloßen geistigen Schwäche (fatuitas) ausdrücklich unterscheidet, vergleiche l. 2 Dig. de postl. (3, 1); l. 21 Dig. de reb. auct. jud. (42, 5), auch dann noch anzunehmen, wenn die betreffende Person nur im Stande ist, die nächste und wesentliche Bedeutung einer ihr von einem Anderen vorgeschlagenen Handlung zu verstehen, sich eine geistige Vorstellung von dem Zwecke derselben zu machen und so viel Unterscheidungsgabe in Anwendung zu bringen, daß anzunehmen ist, es liege bei der Aneignung des Vorschlages nicht blos scheinbar, sondern wirklich die Bethätigung eines vernünftigen, von demjenigen des Anderen unabhängigen Willens vor. Diese Voraussetzung ist aber als hier vorliegend angenommen. Ob S. die Lage seiner Vermögensverhältnisse noch klar zu übersehen und sich alle einzelnen Folgen, welche das Kodizill für seine Legatare haben könne, zu vergegenwärtigen vermochte, ist hiernach unerheblich, wenn er sich nur bewußt war, daß er die Legate aufhob und die Erfüllung seiner desfallsigen Wünsche dem freien Willen seiner Frau überließ."

21. Eine Vermuthung für die Fortdauer eines Lebens besteht nicht.
Urth. des III. Civilsenats vom 27. Juni 1884 in Sachen A. A. zu K., Klägers und Revisionsklägers, wider verehl. M. zu H., Beklagte und Revisionsbeklagte. Vorinstanz: O.L.G. Frankfurt a. M. Verwerfung.

Der Cessionsakt vom 5. Mai 1865, aus welchem der Kläger als Cessionar seinen Anspruch ableitet, bezieht sich auf eine bedingte Legatenforderung und kann daher nur dann als vollwirksam angesehen werden, wenn die Behauptung des Klägers richtig ist, daß die Cedentin M. K. zur Zeit der Erfüllung der Bedingung, nämlich bei dem am 5. Januar 1880 erfolgten Tode des Fiduziarerben Ph. K. noch gelebt habe. Für diese Behauptung hat der Kläger sich außer Stande erklärt, Beweismittel zu bezeichnen und sich nur darauf berufen, daß, da die Fortdauer des Lebens eines Menschen zu präsumiren sei und die Cedentin bei ihrer 1865 erfolgten Auswanderung nach Amerika das 20. Lebensjahr noch nicht überschritten gehabt habe, angenommen werden müsse, daß die M. K. auch noch am 5. Januar 1880 gelebt habe.

„Mit Recht hat der Berufungsrichter die vom Kläger für sich angerufene Präsumtion nicht anerkannt und dementsprechend den Kläger als beweisfällig mit seiner Klage abgewiesen. Das Leben eines Menschen ist ein faktischer Zustand, eine Thatsache und kein Rechtsverhältniß. Die Vermuthung, welche für die Fortdauer entstandener Rechte spricht, kann also zu Gunsten der Fortdauer eines menschlichen Lebens nicht Platz greifen. Läßt sich aber daraus, daß Jemand früher gelebt hat, nicht folgern, daß er auch in einem späteren Zeitraum noch lebe oder gelebt habe, so muß der Beweis, daß eine Person zu einer gewissen Zeit am Leben sich befunden habe, von demjenigen geführt werden, welcher aus dieser Thatsache ein Recht für sich ableiten will. Einzelne Gesetzgebungen haben diese Beweislast in anderer Weise geregelt; für das Gemeine Recht aber sind die eben erwähnten Grundsätze bestehen geblieben, da ein deutsches Gewohnheitsrecht, durch welches eine rechtliche Präsumtion für die Lebensdauer eines Menschen eingeführt worden wäre, nicht nachweisbar ist."

22. **Nach Gemeinem Recht erstreckt sich das Pfandrecht des Hypothekengläubigers im Falle des Unterganges der verpfändeten Sache durch eine Feuersbrunst nicht auf die dem Pfandschuldner zustehenden Versicherungsgelder.** Urth. des III. Civilsenats vom 17. Juni 1884, in Sachen des K.er Spar- und Darlehnskassenvereins, Eingetr. Gen. zu K., Klägerin und Revidentin, wider die Konkursmasse B. & K. zu B., Beklagte und Revisin. Vorinstanz: O.L.G. Frankfurt a. M. Bestätigung.

Die Versicherungsgelder für die den Gemeinschuldnern abgebrannten Gebäude sind zu deren Konkursmasse eingezahlt worden. Die Klägerin als Hypothekengläubigerin fordert vorzugsweise Befriedigung aus diesen Geldern. Es fragt sich daher, ob nach den Bestimmungen des Gemeinen Rechts das Pfandrecht des Hypothekengläubigers sich im Falle des Unterganges der verpfändeten Sache durch eine Feuersbrunst auf die dem Pfandschuldner zustehenden

Versicherungsgelder erstreckt. Bei der Erörterung dieser Frage ist von dem Fall abzusehen, daß durch einen Vertrag zwischen dem Pfandschuldner und dem Pfandgläubiger dem Letzteren der Anspruch auf die Versicherungssumme mitverpfändet worden ist, und ebenso auch von dem Fall, daß in dem zwischen dem Pfandschuldner und der Versicherungsgesellschaft abgeschlossenen Vertrage zu Gunsten der Hypothekengläubiger Bestimmungen getroffen sind, durch welche das Interesse der Letzteren gesichert wird. Denn auf derartige besondere Umstände ist die Klage nicht gegründet. Die Klägerin stützt vielmehr ihren Anspruch lediglich darauf, daß das Pfandrecht, welches ihr an den abgebrannten Gebäuden zustand, ohne weiteres und kraft Gesetzes sich auf die Versicherungsgelder mit erstrecke.

„Dieser Satz läßt sich indeß nach Gemeinem Recht nicht begründen. Der Anspruch auf die Versicherungssumme beruht auf dem persönlichen Vertrage zwischen dem Versicherten und dem Versicherer. Hat der Eigenthümer eines Hauses einen Versicherungsvertrag abgeschlossen, so versichert er das Interesse, welches **er** daran hat, daß das Haus die Gefahr des Unterganges durch eine Feuersbrunst bestehe. Der Besitz des Hauses ist lediglich die Veranlassung für den Abschluß des Vertrages, das Abbrennen desselben die Thatsache, durch welche die Bedingung, an welche die Verpflichtung des Versicherers geknüpft ist, existent wird. Aus welchem Rechtsgrunde nun der Hypothekengläubiger Rechte aus dem zwischen dem Pfandschuldner und dem Versicherer abgeschlossenen rein obligatorischen Vertrage sollte ableiten können, ist nicht erfindlich. Daß insbesondere der Satz „pretium succedit in locum rei“ in dieser Allgemeinheit unrichtig und auf das vorliegende Rechtsverhältniß unanwendbar ist, wird allseitig zugegeben. Ebensowenig läßt sich die Rechtsregel „commodum ejus esse debet, cujus periculum est“ für diese Frage verwerthen. Durch diese Regel wird nur ausgedrückt, daß derjenige, welcher die Gefahr eines bestimmten Ereignisses trägt, auch die Vortheile zu genießen hat, welche **dasselbe** Ereigniß mit sich bringt. In dem hier fraglichen Fall ist abgesehen davon, daß das periculum jedenfalls zunächst und in erster Linie vom Eigenthümer des Hauses zu tragen ist, das commodum nicht die Folge des Untergangs der Sache durch Feuer, sondern die Folge des vorher abgeschlossenen Vertrages; das durch den Vertrag bedingte bereits erworbene commodum wird durch den Brandfall lediglich ein unbedingtes. Für die entgegengesetzte Ansicht hat man sich einestheils auf verschiedene Aussprüche in den Quellen und anderntheils darauf berufen, daß, da das Pfandrecht auf die Aneignung des Werthes des Pfandgegenstandes gerichtet sei, dem Pfande auch dasjenige unterworfen bleiben müsse, was von dem Werthe des Pfandgegenstandes übrig bleibe (vergl. Windscheid Pandekten § 248 Not. 9 und Lippmann in den Jahrbüchern für Dogmatik Bd. 7 S. 29). Allein was den letzten Grund anlangt, so folgt aus dem darin enthaltenen Grundsatze, dessen Richtigkeit hier übrigens auf sich beruhen kann, keineswegs dasjenige, was daraus abgeleitet wird. Als übrig bleibenden Werth des Pfandgegenstandes ließe sich die Versicherungssumme nur dann bezeichnen, wenn sie schon vorher dem Pfandrecht des Gläubigers unterworfen gewesen wäre. Dies wäre aber, mangels eines speziellen Vertrages, der im gegebenen Fall nicht behauptet ist, nur anzunehmen, wenn die Versicherungssumme als Pertinenz des Pfandgegenstandes, hier der Gebäude, angesehen werden könnte, was aber unzweifelhaft unthunlich ist.

Auch die Stellen des Römischen Rechts, welche für die entgegengesetzte Ansicht angeführt sind, erscheinen nicht geeignet, dieselbe zu begründen. In der l. 17 § 1 Dig. de R. V. 6, 1 wird die Frage erörtert, was der mit der rei vindicatio auf die Herausgabe eines Sklaven belangte Besitzer zu leisten hat, wenn der Sklave nach der Litiskontestation durch einen Dritten getödtet wird. Der Jurist entscheidet, es müßten nicht blos die Früchte, sondern auch omnis causa prästirt werden. Zu Letzterer rechnet er insbesondere auch die actio leg. Aquiliae, die dem Kläger auf sein Verlangen cedirt werden müsse (restituere cogendum). Da die actio leg. Aquil. ohne weiteres dem Eigenthümer zufallen und es mithin einer Cession derselben an den Kläger nicht bedürfen würde, so ist in thatsächlicher Beziehung bei dieser Entscheidung zu unterstellen, daß, wie auch am Schlusse der Stelle ausdrücklich hervorgehoben wird (verb: Sed quod dicit de actione legis Aquiliae, procedit, si post litem contestatam usucepit possessor, quia plenum jus incipit habere), daß der Beklagte nach der Litiskontestation durch Usukapion Eigenthümer des Sklaven geworden und dieser demnächst von einem Dritten getödtet ist. Wie in solchem Fall die Usukapion dem Besitzer keinen Nutzen brachte, weil das Urtheil auf die Zeit der Litiskontestation zurückbezogen, und der Beklagte daher ohne Rücksicht auf den inzwischen erfolgten Eigenthumserwerb zur Herausgabe des vindizirten Sklaven, falls dieser noch am Leben geblieben wäre, hätte verurtheilt werden müssen, so muß er auch auf Verlangen des Klägers nach dem Tode des Sklaven die actio legis Aquiliae zediren, weil, wenn das Urtheil unmittelbar nach der Litiskontestation erfolgt wäre, eine Usukapion nicht hätte stattfinden können und daher die actio legis Aquiliae dem Kläger unmittelbar erworben sein würde. Die Verpflichtung zur Uebertragung dieser Klage beruht daher wesentlich auf dem Satze, daß nach älterem Römischen Recht durch die Litiskontestation die Usukapion nicht unterbrochen, der Kläger aber gegen die Wirkung der vollendeten Usukapion durch die Zurückbeziehung des Urtheils auf die Zeit der Litiskontestation geschützt würde. Für die vorliegende Frage kann daraus zu Gunsten des klägerischen Anspruchs nichts gefolgert werden. Dasselbe gilt von den weiter in Bezug genommenen Stellen der l. 13 § 12 Dig. de A. G. et V. 19, 1 und der l. 16 Dig. de aquae et aquae pluv. arc. 39, 3. Nach der ersten Stelle ist zwar anzunehmen, daß der Verkäufer eines Grundstückes, wenn er vor dem Verkauf sich die cautio damni infecti hatte bestellen lassen, zur Abtretung der Schadensersatzklage an den Käufer gezwungen war, falls nach dem Verkauf der befürchtete Schaden eingetreten war. Allein diese Entscheidung beruht wesentlich darauf, daß der Verkäufer omnis culpa zu prästiren, und, wenn er nicht bereits vorher sich die Kaution hatte bestellen lassen, nach dem Verkaufe die Bestellung der Kaution zu veranlassen hatte, wollte er anders sich nicht dem Vorwurf der culpa aussetzen (vgl. l. 7. 8. 38 pr. Dig. de damno infecto 39, 2). Es leuchtet ein, daß aus dieser Entscheidung keine Konsequenzen für die vorliegende Frage gezogen werden können, da abgesehen davon, daß derjenige, von welchem die Kautionsbestellung gefordert wurde, ohne sich anderen Nachtheilen auszusetzen, diese nicht ablehnen konnte, die Unterlassung einer Versicherung dem Verkäufer nicht als Verschulden zugerechnet werden kann. Eine ähnliche Bewandtniß hat es mit dem in der l. 16 l. c. erörterten Falle. Die dort getroffene Entscheidung beruht einestheils auf dem Satze „commodum ejus esse debet cui periculum est“, andererseits auf der Wirkung der Litiskontestation.“

23. **Das vermöge seiner väterlichen Gewalt dem Vater zustehende Recht, das Vermögen seiner Kinder zu verwalten, übt der Vater im eigenen Namen** (nicht im Namen seiner Kinder). **Gegen die vom Vater kraft dieses Rechtes vorgenommenen Geschäfte giebt es keine Restitution wegen Minderjährigkeit. Die Personen seiner minderjährigen Hauskinder vertritt der Vater nicht kraft väterlicher Gewalt, sondern als ihr natürlicher Vormund. Gegen Rechtsgeschäfte dieser Art ist die Restitution in gleicher Weise zu-**

läſſig wie gegen ſolche des von Amtswegen beſtellten Vormundes, d. h. wegen mangelnder Vorſicht oder wegen dem Mündel nachtheiliger Verſehen des Vormundes. Dieſe Vorausſetzungen ſind vorhanden, wenn der Vater (als natürlicher Vormund) **für die Kinder gewagte Spekulationsgeſchäfte** (z. B. Betheiligung derſelben an Aktien in der Hoffnung auf Kursgewinn) **abſchließt.** Urth. des III. Civilſenats des R.G. vom 6. Mai 1884 in Sachen des Th. B. als Spezialkurator der minderjährigen Brüder W. in B., Beklagtens, Widerklägers und Reviſionsklägers, wider die Berlin-Kölniſche Rückverſicherungsgeſellſchaft in Liquidation in B., Klägerin, Widerbeklagte und Reviſionsbeklagte. Vorinſtanzen: L.G. und O.L.G. Braunſchweig. Aufhebung des zweiten, Beſtätigung des erſten (klagabweiſenden und auf die Widerklage verurtheilenden) Erkenntniſſes.

Durch die angeſtellte Klage wird eine perſönliche Verbindlichkeit der minderjährigen Pflegebefohlenen des Beklagten geltend gemacht, welche begründet worden ſei durch die von dem Vater derſelben als ihrem Vertreter vorgenommenen Aktienzeichnungen, ſowie durch die von ihnen ſelbſt mit Genehmigung ihres Vaters vorgenommenen Wechſelzeichnungen. Der Beklagte beſtreitet die Klage auf Grund der von ihm für ſeine Pflegebefohlenen wegen ihrer Minderjährigkeit erhobenen Bitte um Reſtitution gegen dieſe Rechtsgeſchäfte. Zugleich verlangt er widerklagend gleichfalls auf Grund dieſes Reſtitutionsgeſuches die Rückerſtattung der von dem Vater in Erfüllung eines Theiles der durch die Aktienzeichnungen übernommenen Verbindlichkeiten bereits geleiſteten Zahlungen. Die Vorinſtanz hält es nun für unſtatthaft, daß der Vater hinſichtlich der Erforderniſſe des Reſtitutionsgeſuches, der erſtrichterlichen Annahme gemäß, einem Vormunde gleichgeachtet werde, und will vielmehr die betroffenen Handlungen deſſelben — ſeine Aktienzeichnungen und ſeine Genehmigung der Wechſelzeichnungen ſeiner Söhne — als Akte der Ausübung des ihm kraft ſeiner väterlichen Gewalt an dem Vermögen ſeiner Söhne zuſtehenden Nutzungs- und Verwaltungsrechtes angeſehen haben.

„Dieſe Auffaſſung iſt unrichtig. Da die rechtlichen Wirkungen der Minderjährigkeit ſich nach den Geſetzen des Wohnorts der Minderjährigen zu richten haben, ſo muß das Reſtitutionsgeſuch, wie auch von beiden Vorinſtanzen geſchehen, nach den Grundſätzen des Gemeinen Rechts beurtheilt werden. Die Befugniſſe, welche die väterliche Gewalt einem Vater an dem Vermögen ſeiner Hauskinder gewährt, gehören zu den Vermögensrechten des Vaters und ſind deshalb von ihm, abgeſehen von dem hier nicht in Betracht kommenden Falle einer nothwendigen Veräußerung (l. 8 §§ 4. 5. Cod. de bon. quae lib. 6, 61), nicht im Namen ſeiner Kinder, ſondern in ſeinem eigenen Namen auszuüben.

Und daher ist auch die Bitte um Restitution wegen Minderjährigkeit gegen die Geschäfte, welche ein Vater vermöge seiner väterlichen Gewalt vorgenommen hat, überhaupt nicht statthaft (l. 3 § 4 D. de min. 4, 4; l. 8 § 5 Cod. cit.). Der Vater ist aber durch die väterliche Gewalt nicht berechtigt, auch die Personen seiner minderjährigen Hauskinder zu vertreten und dieselben durch seine in ihrem Namen vorgenommenen Handlungen zu obligiren oder den Mangel ihrer Dispositionsfähigkeit durch seinen Konsens zu ergänzen. Insbesondere darf einem väterlichen jussus nicht die Wirksamkeit eines vormundschaftlichen Konsenses beigemessen werden; die Bedeutung desselben besteht nur darin, daß der Vater obligirt wird durch die von seinem Hauskinde jussu patris eingegangenen Verbindlichkeiten. Die väterliche Gewalt erstreckt sich gleichmäßig sowohl über die großjährigen, wie über die minderjährigen Hauskinder. Die Befugniß des Vaters zur vermögensrechtlichen Vertretung der Personen seiner minderjährigen Kinder kann nur darauf beruhen, daß er deren Vormund ist. Während nach dem Rechte der Quellen der Vater die Stellung eines Vormundes oder Kurators seiner minderjährigen Kinder nur in besonderen Fällen einnahm, giebt ihm das heutige Recht neben den Rechten der väterlichen Gewalt, auch allgemein die Rechte eines natürlichen Vormundes derselben.

Vorliegend hat der Vater der Pflegebefohlenen des Beklagten keineswegs blos über das seiner väterlichen Gewalt unterworfene Vermögen derselben disponirt; er hat vielmehr durch seine in ihrem Namen vollzogenen Aktienzeichnungen und durch seine Genehmigung ihrer Wechselzeichnungen dieselben persönlich obligirt, dergestalt, daß sie für die kontrahirten Verbindlichkeiten unbeschränkt, nicht blos mit ihrem gegenwärtigen, sondern auch mit allem ihrem künftigen Vermögen verhaftet sind. Da die diesen Obligationen an sich zukommende Gültigkeit nur aus der vormundschaftlichen Befugniß des Vaters herzuleiten ist, so ist auch das Restitutionsgesuch des Beklagten hier in gleicher Weise zulässig, als wenn die betroffenen Rechtsgeschäfte von einem durch oberliche Bestallung berufenen Vormunde vorgenommen wären (l. 29. pr. D. de min. 4, 4.).

Nun ist zwar anzuerkennen, daß die Restitution wegen Minderjährigkeit gegen ein von dem Vormunde eines Minderjährigen oder von Letzterem selbst mit der Genehmigung seines Vormundes vorgenommenes Geschäft nur dann zu ertheilen ist, wenn der Vormund bei der Vornahme dieses Geschäftes es an der gehörigen Vorsicht fehlen lassen oder sonst zum Nachtheile seines Mündels etwas versehen hat (l. 2. 3. Cod. si tutor intervenerit 2. 25.). Diese Voraussetzung ist aber in dem vorliegenden Falle offenbar vorhanden. Der Vater hat seine minderjährigen Söhne an einer zu begründenden Aktiengesellschaft betheiligt, nicht blos mit einer Kapitalanlage, sondern auch überdies mit der Uebernahme einer erheblichen persönlichen Verpflichtung, und zwar sogar, festgestellter Maßen, lediglich in Spekulationen auf den Wiederverkauf der gezeichneten Aktien nach einer erhofften baldigen Steigerung des Kurses. Soll nun ein Vormund nach gesetzlicher Vorschrift schon bei der Anlegung des Vermögens seiner Mündel mit größter Vorsicht verfahren, so muß es für durchaus unstatthaft erachtet werden, daß ein Vormund — der Vater ebenso, wie ein bestellter Vormund — seine Mündel behufs der Eingehung solcher gewagten Geschäfte mit persönlichen Verbindlichkeiten belastet. Daß derartige Geschäfte von Großjährigen häufig eingegangen werden, kann sie nicht auch für Minderjährige als thunlich erscheinen lassen. Die Bezugnahme der Vorinstanz auf den Ausspruch der l. 7 § 8 D. eod. ist unzutreffend und rechtsirrthümlich. Die Stelle bespricht die Frage, ob gegen eine stattgefundene Versteigerung von Sachen eines Minderjährigen Restitution zu ertheilen sei, wenn sich nachher ein Kauflustiger finde, der einen größeren Preis geben wolle; der Jurist sagt, man müsse mit der Ertheilung einer solchen Restitution sehr behutsam verfahren, denn man werde sonst nicht mit Minderjährigen kontrahiren wollen, und knüpft hieran die Bemerkung, daß in rebus, quae fortuitis casibus subjectae sunt, der Minderjährige gegen den nachtheiligen Ausfall des Geschäftes nur zu schützen sei, wenn sein Vormund eigennützig oder parteilich gehandelt habe. Der Rechtsirrthum, durch welchen die Vorinstanz sich bei ihrer Entscheidung hat wesentlich leiten lassen, besteht darin, daß dieselbe sich für berechtigt gehalten hat, dasjenige, was in dieser Stelle gesagt ist in Bezug auf die nicht vorherzusehenden Zufälligkeiten des Erfolges eines an sich soliden und den Geboten der Vorsicht nicht zuwiderlaufenden, häufig sogar durch Nothwendigkeit erforderten Geschäftes, auch zu beziehen auf die Gefahren des Ausfalls eines durch ein Spekulationsgeschäft absichtlich übernommenen Risikos.

Der Umstand, daß die betroffenen Rechtsgeschäfte zu Gunsten

einer Aktiengesellschaft eingegangen sind, ist nicht im Stande, das Restitutionsgesuch als unzulässig erscheinen zu lassen. Die von der Revisionsbeklagten in Bezug genommenen Erwägungen des" (in den Annalen Bd. 7 S. 354, Entsch. Bd. 9 S. 38) „mitgetheilten Urtheils treffen den vorliegenden Fall nicht. Daß den Pflegebefohlenen des Beklagten wegen des erlittenen Nachtheils ein Regreßanspruch gegen ihren Vater zustehen mag, ist kein Hinderniß der Zulässigkeit des Restitutionsgesuches. Ist denselben dem Obigen nach die erbetene Restitution gegen ihre eingegangenen Obligationen zu ertheilen, so müssen ihnen auch die von ihrem Vater als ihrem Vertreter zur theilweisen Erfüllung dieser Obligationen geleisteten Zahlungen zurückerstattet werden. Daß die gezahlten Beträge in dem Vermögen der Aktiengesellschaft nicht mehr vorhanden und durch den Mißerfolg der auf Gesellschaftsrechnung geführten Geschäfte verloren gegangen sind, ist für die Beurtheilung der Widerklage um so mehr ohne Belang, als die zur Rechtfertigung der die Widerklage begründenden Restitutionsertheilung erforderliche Läsion keineswegs erst durch diesen Mißerfolg existent geworden ist, vielmehr schon durch die Gefahren, welche die Zeichnung der Aktien den Pflegebefohlenen des Beklagten auferlegte, gegeben war."

24. **Das Vermächtniß einer körperlichen Sache wird durch deren Veräußerung seitens des Testators nicht aufgehoben, außer wenn die Veräußerung geschah in der Absicht, das Vermächtniß zu widerrufen. Diese Absicht muß der Erbe beweisen. Zu vermuthen ist sie, wenn der Erblasser die vermachte Sache verschenkte; dagegen nicht, wenn die Veräußerung aus einem nöthigenden Anlaß** (necessitate aliqua) **erfolgte. Letzteren Falls tritt an die Stelle des Anspruches auf die Sache der Anspruch auf deren Veräußerungserlös. Die Surrogationsabsicht braucht der Legatar nicht zu beweisen.** Urth. des III. Civilsenats vom 10. Juni 1884 in Sachen der verehel. M. geb. de R. und Gen., Kläger und Revisionskläger, wider H. F. und Gen., Beklagte und Revisionsbeklagte. Vorinstanzen: L.G. und O.L.G. Oldenburg. Aufhebung des zweiten, Bestätigung des ersten Urtheils.

„Das Vermächtniß einer eigenen körperlichen Sache (res) wird nach dem Ausspruche des § 12 Inst. de leg. (20, 2) durch die von dem Testator nachher vorgenommene Veräußerung derselben nicht außer Kraft gesetzt, sofern nicht die Veräußerung in der Absicht, das Vermächtniß aufzuheben (animo adimendi), geschehen und somit als Widerruf desselben aufzufassen ist. Die Ademtionsabsicht muß nach den allgemeinen Grundsätzen über die Beweislast von den die Aufhebung des Vermächtnisses behauptenden Erben erwiesen werden (l. 22 D. de prob. [22, 3]; l. 22 D. de leg. II); die Quellen beschäftigen sich jedoch in mehrfachen Richtungen mit der Erörterung, ob dieselbe aus der konkreten Beschaffenheit des vorgenommenen Veräußerungsgeschäftes zu folgern sei. Während eine Verschenkung der vermachten Sache stets als Widerruf des Vermächtnisses angesehen werden soll (l. 18, l. 24 § 1 D. de adim. leg. [34, 4]), wird in Betreff der entgeltlichen Veräußerungen unterschieden, ob der Testator durch bloße Willkür: mera voluntate l. 18 cit. oder durch irgend einen nöthigenden Anlaß: ex necessitate aliqua l. 34 § 1 D. eod.; necessitate urgente l. 11 § 12 D. leg. III; propter necessitatem rei familiaris l. 18 cit. zu der Veräußerung bestimmt worden ist, dergestalt, daß in ersterem Falle die Ademtionsabsicht zu vermuthen ist, in letzterem Falle diese Vermuthung nicht Platz greift. Ist die Ademtionsabsicht nicht vorhanden gewesen, so hat die Veräußerung, in Gemäßheit der Wirkungen einer blos subjektiven Unmöglichkeit der Erfüllung einer Verbindlichkeit, von selbst zur Folge, daß der Anspruch des Legatars auf die vermachte Sache sich in einen Anspruch auf den, die Stelle des Schätzungswerthes vertretenden Veräußerungserlös verwandelt. Es kann daher von dem Legatar ein Beweis des Willens des Testators, ihm statt der vermachten Sache den erlösten Preis zu hinterlassen — einer Surrogationsabsicht desselben —, nicht verlangt werden; das Vermächtniß bleibt vielmehr unter solcher Umwandlung in Kraft, nicht blos in dem Falle, daß der Testator den positiven Willen gehabt hat, dasselbe aufrecht zu erhalten, sondern ebenso auch dann, wenn er bei der Vornahme der Veräußerung nicht an das Vermächtniß gedacht hat.

Im vorliegenden Falle hat der Testator die vermachte Sache — das Gut St., soweit dasselbe ihm gehörte — an die drei Legatare und die Kinder einer verstorbenen Schwester derselben gegen Zahlung einer Summe von 5000 Thaler Gold abgetreten durch einen Vergleich, welcher abgeschlossen wurde zum Zwecke der Beendigung des unter ihnen wegen dieses Gutes anhängigen Prozesses. Bei diesem Anlasse und Zwecke der Veräußerung der vermachten Sache muß dieselbe, wie auch von der Vorinstanz anerkannt wird, im Sinne der Quellen als ex necessitate aliqua geschehen betrachtet werden. Der Umstand, daß der Testator die Sache zum Theil an die Legatare selbst veräußert hat, ist von der Vorinstanz mit Recht als unerheblich bezeichnet worden (vergl. § 6 Inst. de leg. [2, 20]). Somit mußten dem Obigen nach die Beklagten zur Widerlegung der Klage den Beweis führen, daß der Testator bei dem Vergleichsabschlusse die Absicht gehabt habe, das Vermächtniß aufzuheben; dafür haben sie aber keinen Beweis angetreten.

Es kann auch für den vorliegenden Fall ein Bedenken nicht etwa daraus entnommen werden, daß das Vermächtniß weder unbedingt das ganze Gut noch einen festbestimmten aliquoten Theil desselben zum Gegenstande hat. Denn der Testator hat, indem er als Gegenstand des Vermächtnisses „meinen Antheil an dem Gute St. oder, wenn mir dasselbe ganz zufallen sollte, das ganze Gut St." bezeichnet, hiermit nur den damals von den de R.'schen Kindern an dasselbe erhobenen Miteigenthumsansprüchen Rechnung getragen dergestalt, daß der Umfang des Vermächtnisses von dem Ausfalle der Erledigung dieser Ansprüche abhängen sollte Und wenn er nun nachher zur Beendigung des hierüber entstandenen Prozesses sich auf einen Vergleich einließ, durch welchen er das Gut St. gegen eine Abstandssumme von 5000 Thaler seinen Prozeßgegnern übertrug, so wurde hierdurch eben sein Antheil an dem Gute auf dieses Geldäquivalent festgestellt und somit dem Vermächtnisse die von dem Testator bei der Abfassung des Testamentes in Rechnung genommene quantitative Fixirung gegeben. Es kann also aus dem Abschlusse des Vergleiches unmöglich gefolgert werden, daß der Testator das Vermächtniß habe widerrufen wollen.

Demnach hätte der Klage stattgegeben werden müssen. Die Gründe der Vorinstanz gehen rechtlich fehl, indem sie das entscheidende Gewicht darauf legen, daß von den Klägern eine Surrogationsabsicht des Testators nicht dargethan worden sei. Ihre Bezugnahme auf die l. 31 § 3 D. de adim. leg. (34, 4) und die l. 11 § 13 D. de leg. III ist nicht zutreffend. Die letztere Stelle bespricht die Einwirkung der von dem Testator vorgenommenen Einkassirung einer vermachten Forderung auf den Bestand des Vermächtnisses; dieser Fall unterscheidet sich aber von demjenigen der Veräußerung einer vermachten Sache dadurch, daß die Erhebung der Forderung den Untergang des vermachten Gegenstandes bewirkt, „hic enim exstinguitur ipsa constantia debiti, ibi res durat, tametsi alienata est", was nach den Grundsätzen über die Wirkung einer objektiven Unmöglichkeit der Erfüllung die Aufhebung des Vermächtnißanspruchs zur Folge hat, „nam hoc casu legatum exstinguitur", § 21. Inst. de leg. (2, 20), weshalb das Vermächtniß nur in Kraft erhalten werden kann durch einen auf die Surrogation des erhobenen Betrags (eine translatio a re in rem) gerichteten neuen Willensakt des Testators, welchen der Legatar beweisen muß. Hinsichtlich der ersteren Stelle kommt noch hinzu, daß dieselbe den Fall eines von einem Vater seiner Tochter ausgesetzten Vermächtnisses ihres Pekuliums, also eines Vermögensinbegriffes, behandelt; der Vater hat eine Pekuliarforderung einkassirt und den erhobenen Betrag für sich verbraucht; da dieselbe hiermit aufgehört hat, Bestandtheil des vermachten Vermögens zu sein, so kann die Tochter die Erstattung des erhobenen Betrags nicht anders, als auf Grund eines von ihr zu beweisenden Surrogationswillens des Testators in Anspruch nehmen.

Die Vorinstanz gelangt nun zwar schließlich zu der Schlußfolgerung, daß der Testator in Folge der Veräußerung seines Antheils an dem Gute St. seinen Willen, diesen Antheil den Klägern und ihrem Bruder zu hinterlassen, geändert habe; allein dieser Schlußfolgerung kann die Bedeutung einer für das Revisionsgericht verbindlichen thatsächlichen Feststellung nicht beigelegt werden, weil sie nur hergeleitet wird aus dem von der Vorinstanz angenommenen, aber rechtlich unerheblichen Mangel einer Surrogationsabsicht des Testators und aus dem gleichfalls auf die unrichtige Rechtsansicht, daß die Aufrechterhaltung des eingeklagten Legats durch einen entsprechenden Willensakt des Testators bedingt sei, zurückzuführenden Ausspruch, daß die in dem Testamente getroffene Vermächtnißbestimmung in der dort angeordneten Weise durch den abgeschlossenen Vergleich hinfällig geworden sei."

Partikularrecht.

1. Preußisches Recht.

25. **Auch eine öffentliche Straße kann vermiethet werden.** (Gesetz vom 26. April 1872, § 68 der R. Gew. O.) Urth. des IV. Civil-

senats vom 7. Juli 1884 in Sachen der neuen Berliner Pferdebahngesellschaft z. B., Klägerin und Revisionsklägerin, wider den Preußischen Fiskus, Beklagten und Revisionsbeklagten. Vorinstanzen: L. G. und Kammerger. Berlin. Verwerfung.

Die Klägerin fordert einen Stempel von 1458,50 ℳ zurück, welcher von ihr für einen Vertrag vom 31. Mai 1881 auf Grund der Tarifposition, „Schuldverschreibungen“, erhoben ist und welchen sie mit Vorbehalt gezahlt hat. Die Vorinstanzen haben die Klage abgewiesen.

„Nach §§ 229, 258 Th. I, Tit. 21 des Allgem. L. R. ist der Miethvertrag ein solcher, durch welchen Jemandem eine Sache zum Gebrauch unter der Bedingung, daß eben dieselbe Sache zurückgegeben werde, und gegen einen bedungenen, bestimmten Preis eingeräumt wird. Diese Kriterien finden sich in dem in Frage stehenden Vertrage vom 31. Mai 1881 vor. Nach § 1 verpflichtet sich die Klägerin, für die Benutzung der Straßen, Plätze, Chausseen, Wege und Brücken der Stadt zum Betriebe von Pferdeeisenbahnen eine Entschädigung in einer alljährlichen von der Bruttoeinnahme zu zahlenden Abgabe an die Stadt Berlin zu entrichten, und nach § 2 beträgt diese Abgabe bei einer jährlichen Bruttoeinnahme bis zu einer Million Mark vier Prozent. Es wird also dadurch, daß dieser Vertrag vom Magistrat mit vollzogen ist, der Klägerin der Gebrauch der Straßen, Plätze u. s. w. gegen einen bedungenen bestimmten Preis eingeräumt. Daß der überlassene Gebrauch nicht ein den Gebrauch der Straßen durch andere Personen ausschließender ist, widerspricht dem Miethvertrage nicht, da derselbe nach der oben angegebenen Definition das Kriterium der Ausschließlichkeit des Gebrauchs nicht aufstellt. Ebensowenig schließt die Eigenschaft der städtischen Straßen als res publicae dies aus. Darin liegt nur die öffentlich-rechtliche Verpflichtung, die Straßen dem öffentlichen Verkehr, aber nicht die Verpflichtung, dieselben für jede Art des öffentlichen Verkehrs freizulassen. Auch ist davon, daß durch den der Klägerin eingeräumten Gebrauch die Benutzung für den sonstigen öffentlichen Verkehr gehindert wird, überall nicht die Rede.

Eine solche Einräumung des Gebrauchs von Straßen zum Betriebe einer Pferdeeisenbahn unterscheidet sich wesentlich nicht von der Einräumung des Gebrauchs eines Straßentheils zum Feilbieten von Waaren gegen Entgelt (Marktstandsgeld). Das Gesetz vom 26. April 1872 (Gesetzsammlung S. 513) bezeichnet ein solches Marktstandsgeld ausdrücklich als die Abgabe, welche für den Gebrauch öffentlicher Plätze und Straßen zum Feilbieten von Waaren gegeben wird und ähnlich spricht der § 68 der R. Gew. O. (Reichs-Gesetzbl. 1883 S. 204) von der Vergütung für den überlassenen Raum. Das Ob. Trib. hat daher geradezu ausgesprochen, daß das Marktstandsgeld kein Zoll, sondern eine Vergütung für die den Feilhabenden überlassenen Räume, ein Miethzins ist; daß daher das Recht zur Erhebung der Abgabe zu den nutzbaren Privatrechten gehört. (Striethorst Bd. 25 S. 158; Bd. 99 S. 333; Entsch. Bd. 81 S. 18.) Hiernach ist eine öffentliche städtische Straße an sich nicht untauglich, Gegenstand eines Miethvertrages zu sein und sie wird zu einem solchen dadurch gemacht, daß einer Gesellschaft der Gebrauch derselben zum Betriebe einer Pferdebahn gegen Entgelt eingeräumt wird. Es ist dies eine Nutzung der Straße, und die Nutzung eines solchen Gemeindeweges steht nach Dernburg (Bd. 1 S. 257) dem Eigenthümer (der Gemeinde) zu. Dies rechtfertigt es, von dem in den §§ 1, 2 des Vertrages enthaltenen Miethvertrage den für Pacht und Miethe bestimmten Stempel von $^1/_8$ Prozent zu erheben.“

26. **Der Vertrag, durch welchen ein Miterbe auf seinen bestimmt bezifferten Erbtheil Werthpapiere zu einem bestimmt vereinbarten Kurs in Zahlung nimmt, ist ein neben dem Erbschaftskauf bestehendes Geschäft** (§ 1 Th. I, Tit. 5 des Preuß. Allgem. L. R.). **Grenzen zwischen Zahlung und Angabe an Zahlungsstatt** (§§ 11, 28, 235, 288, 242 Th. I, Tit. 16; §§ 11, 12 Th. I, Tit. 2 des Preuß. Allgem. L. R.). Urth. des IV. Civilsenats vom 19. Juni 1884 in Sachen des J. L. zu B., Klägers und Revisionsklägers, wider den Preuß. Stempelfiskus, Beklagten und Revisionsbeklagten. Vorinstanz: O. L. G. Breslau. Verwerfung.

Kläger fordert einen Stempelbetrag von 370 ℳ zurück, welcher für eine als Erbschaftstheilungs- und Erbschaftskaufvertrag bezeichnete Urkunde defektirt ist, weil in der Urkunde zugleich eine Angabe an Zahlungsstatt gefunden wird. Das L. G. hat verurtheilt, das O. L. G. die Klage abgewiesen.

„Der Revisionskläger bezeichnet das in dem vorliegenden Vertrage zum Ausdruck gebrachte Rechtsgeschäft ganz richtig: als Abfindung der Miterbin des Klägers durch Zahlung von 126 000 ℳ. Er stimmt aber hierin mit dem Berufungsrichter überein, welcher das Geschäft nicht (wie vom Revisionskläger gesagt wird) als Kauf- oder Tauschvertrag über Erbschaftsgegenstände, sondern als Erbschaftstheilungs- und Erbschaftskaufvertrag bezeichnet. Ein Vertrag, durch welchen ein Miterbe dem andern sein Erbtheil überläßt, ist Erbtheilung. Dadurch, daß die Kontrahenten nun in diesem Vertrage den Kaufpreis für den Erbtheil der Fl. S. auf 126 000 ℳ festsetzten, demnächst sich über die Kurse, zu welchen diese Miterbin bestimmt bezeichnete Inhaberpapiere auf diesen Kaufpreis annehmen sollte, einigten; Kläger ihr die Papiere zur Tilgung des baar bedungenen Erbschaftskaufpreises in Höhe von 111 000 ℳ übergab und diese die Papiere zu diesem Kurse annahm, auch darüber quittirte; durch alles dies schlossen beide ein neben dem Erbschaftskauf bestehendes Geschäft. Denn für den Erbschaftskauf und die in demselben zum Ausdruck gelangte Theilung der Erbschaft genügte die Einigung über den Gegenstand des Kaufs und den Preis; die oben mitgetheilten Vereinbarungen waren weder Bestandtheile des Erbschaftskaufs (da nach diesem die baare Zahlung von 126 000 ℳ bedungen war), noch Bestandtheile einer Erbtheilung (da über die Zugehörigkeit dieser Inhaberpapiere zur Erbschaft aus der Urkunde nichts hervorgeht), sondern sie stellen sich als einen besonderen Vertrag dar, welcher eine andere Art der Ausführung des abgeschlossenen Erbschaftskaufs festsetzt. Mit Unrecht bezweifelt der Revisionskläger auch, daß die gedachten Vereinbarungen überhaupt unter den Begriff eines Vertrages fallen. Ihr wesentlicher Inhalt ist: daß beide Betheiligten durch wechselseitige Einwilligung an die Stelle einer Geldforderung der F. S. eine Forderung auf Leistung bestimmter Inhaberpapiere setzen, daß Kläger das Recht erlangt, seine Geldschuld in dieser Weise zu tilgen und sich des Rechtes begiebt, diese Schuld durch Geldzahlung zu tilgen und daß umgekehrt die F. S. sich gegen die Leistung der Inhaberpapiere des Rechtes, Baarzahlung zu fordern, begiebt. Das ist nach § 1 Th. I, Tit. 5 des Preuß. Allgem. L. R. ein Vertrag.

Aber freilich setzt dies voraus, daß man der Auffassung des Berufungsrichters über die Grenzen zwischen Zahlung und Angabe an Zahlungsstatt beitritt. Nach § 11 Th. I, Tit. 16 des Preuß. Allgem. L. R. kann eine andere Sache oder Handlung, als zu welcher der Verpflichtete eigentlich verbunden ist, von Seiten des Berechtigten weder gefordert, noch demselben aufgedrungen werden. Hiernach kann man den § 28 daselbst nur auf die Erfüllung einer Geldschuld beziehen; denn nur eine Geldschuld hat ihre natürliche Lösung (die Erfüllung) in der Hingabe von Geld. Daraus folgt aber zugleich, daß unter „geldgleichen, auf jeden Inhaber lautenden Papieren“ in § 28 nicht alle einen Geldwerth darstellenden, sondern nur solche geldwerthe Papiere verstanden sein können, welche das Gesetz für geldgleiche erklärt, dem Gelde gleichstellt. Dies sind aber gemäß des citirten § 11 nur solche, welche der Berechtigte vermöge des Gesetzes anzunehmen verpflichtet ist, deren Hingabe das Gesetz dieselbe Wirkung beilegt, wie der Hingabe geprägten Geldes, d. h. die Wirkung der Tilgung einer Geldschuld. Der Gegensatz beider Arten von Papieren ist auch in § 11, 12 Th. I Tit. 2 des Preuß. Allgem. L.R. deutlich ausgedrückt. Durch diese Bestimmung, in welcher das gemünzte Papier ausdrücklich von dem geprägten Gelde unterschieden wird, wird auch das Argument widerlegt, daß das Papiergeld von der Bezeichnung „Geld" in § 28 Th. I Tit. 16 mitumfaßt werde.

Die Hingabe von Papieren, welche das Gesetz dem geprägten Gelde nicht gleichstellt, kann die Wirkung der Erfüllung einer Geldschuld durch Vereinbarung der Betheiligten erlangen. In diesem Falle kann nicht die Rede davon sein, daß dem Berechtigten die andere Sache im Sinne des § 11 aufgedrungen wird. Dies setzt aber, da solche Papiere keinen gesetzlich bestimmten Werth haben, da sie mit andern Worten keine geldgleichen Papiere sind, Einigung über den Preis, zu welchem der Gläubiger sie an Stelle des Geldes annimmt, voraus, und dies ist nach § 235, 238, 242 Th. I Tit. 16 des Preuß. Allgem. L.R. Angabe an Zahlungsstatt. Hiernach hat das Berufungsgericht die Kabinetsordre vom 13. Nov. 1828 (Gesetzsammlung 1829 S. 21) richtig angewendet."

27. **Ein mäßiges Versehen genügt zur Verpflichtung zum Schadensersatz** (§ 20 Th. I, Tit. 3 des Preuß. Allgem. L.R.), **aber nur des wirklichen Schadens, nicht des entgangenen Gewinnes** (§ 12 Th. I, Tit. 6 cit.). **Eine aus Versehen nicht erhobene Einkommensteuer ist nicht ein dem Staate entgangener Gewinn, sondern ein ihm zugefügter Schaden, da dem Staate das Recht auf Einkommensteuer schon durch den Bezug des Einkommens seitens des Steuerpflichtigen, nicht erst mit Veranlagung des Letzteren zur Steuer erwächst** (Gesetz vom 1. Mai 1851 § 16). Urth. des IV. Civilsenats vom 26. Juni 1884 in Sachen des Preuß. Fiskus, Klägers und Revisionsklägers, wider den Landrath v. U. zu L., Beklagten und Revisionsbeklagten. Vorinstanzen: L.G. Liegnitz, O.L.G. Breslau. Aufhebung des zweiten, Bestätigung des ersten (verurtheilenden) Erkenntnisses.

Das Berufungsgericht hat festgestellt, der Beklagte habe, indem er die Möglichkeit des Vorhandenseins eines Testamentes unberücksichtigt gelassen (und demgemäß das Einkommen des Staates verkürzte), den gewöhnlichen Grad von Aufmerksamkeit außer Acht gelassen und daher nach § 20 Th. I Tit. 3 des Preuß. Allgem. L. R. ein mäßiges Versehen begangen.

„Diese Feststellung reicht zur Verurtheilung des Beklagten nach dem Klagantrage hin. Und es bedarf daher der Beantwortung der Frage nicht, ob der Beklagte auch ohne Anstrengung der Aufmerksamkeit das Versehen hätte vermeiden können (§ 18 a. a. O.). Ein mäßiges Versehen verpflichtet allerdings nach § 12 Th. I, Tit. 6 des Preuß. Allgem. L. R. den Schuldigen in der Regel nur zum Ersatze des durch seine Handlung oder Unterlassung entstandenen wirklichen Schadens, nicht auch zum Ersatze des entgangenen Gewinnes. Aber das Berufungsgericht irrt, wenn es den dem Steuerfiskus durch die schuldvolle Unterlassung des Beklagten entstandenen Nachtheil als entgangenen Gewinn, nicht als wirklichen Schaden ansieht. Es ist rechtsirrthümlich, wenn das Berufungsgericht das Recht des Staates auf Zahlung eines bestimmten Satzes der Einkommensteuer erst durch die definitive Veranlagung zur Entstehung gelangen läßt und vor dieser Veranlagung nur die Möglichkeit des Erwerbes jenes Rechtes annimmt. Das gesetzliche Recht des Staates auf die Einkommensteuer entsteht vielmehr dadurch, daß ein dem staatlichen Besteuerungsrechte unterworfener Einwohner des Staates oder ein im Auslande sich aufhaltender Staatsangehöriger ein einkommensteuerpflichtiges Einkommen bezieht (§ 16 des Gesetzes vom 1. Mai 1851). Die Veranlagung zur Steuer schafft das Recht des Staates auf die Steuer nicht. Sie ist nur der Modus der Feststellung und die Voraussetzung der Einziehbarkeit."

28. **Haftung des Arbeitgebers für ordnungsmäßige Führung einer Krankenkasse, zu deren Beitritt er die Arbeiter im Arbeitsvertrag nöthigt; Verpflichtung des Arbeitgebers dem Arbeiter gegenüber aus der Negligenz des Ersteren in Beaufsichtigung der Kassenverwaltung; Beweispflicht desselben betreffs seiner Diligenz.** Urth. des I. Civilsenats vom 11. Juni 1884 in Sachen der Thüring. Eisenbahngesellschaft in E., Beklagter und Revisionsklägerin, wider den Schmiedegesellen F. P. in G., Kläger und Revisionsbeklagten. Vorinstanz: O. L. G. Naumburg. Aufhebung (aus hier belanglosen Gründen).

Nachdem durch Urtheil des R.G. vom 23. Mai 1883 das Berufungsurtheil vom 2. November 1882 aufgehoben worden war, erkannte nach weiterer Verhandlung das Berufungsgericht unter dem 22. November 1883 auf Abänderung des Landgerichtsurtheiles dahin, daß die Beklagte an den Kläger 1380 ℳ nebst Zinsen und ferner vom 12. März 1882 ab täglich 1,80 ℳ in wöchentlichen Raten gegen Aushändigung eines ärztlichen Attestes über seine Arbeitsfähigkeit auf die Dauer von 116 Wochen 3 Tagen, jedoch nicht über die Lebensdauer des Klägers hinaus zu zahlen habe, der Kläger aber mit der Mehrforderung abgewiesen werde. Das Berufungsgericht geht von dem Urtheil des R.G. aus, dessen Inhalt dahin festgestellt wird, nur die exceptio rei judicatae sei endgültig verworfen und die rechtliche Natur der Krankenkasse als „erlaubte Gesellschaft" festgestellt worden. Es sei also unter Zugrundelegung dieser rechtlichen Auffassung der Anspruch des Klägers einer neueren Beurtheilung zu unterziehen. Es wird nun argumentirt, nach § 30 der Arbeitsordnung sei den Arbeitern die Pflicht auferlegt, Mitglieder der Krankenkasse zu werden, wogegen ihnen zugesichert werde, daß diese Kasse ihnen in Erkrankungsfällen Unterstützungen gewähren werde, bezüglich deren auf das Statut der Krankenkasse verwiesen wird. Die Pflicht des Beitrittes zur Kasse und das Recht auf Unterstützung seien wesentliche Bestandtheile des zwischen den Parteien abgeschlossenen Dienstmiethvertrages. Die Beklagte habe durch diesen Vertrag eine persönliche Haftung dafür übernommen, daß die Krankenkasse ihren statutenmäßigen Verpflichtungen nachkomme. Diese Verpflichtung bestehe *neben* der Verpflichtung der Kasse als selbständigen Rechtssubjektes. Es wird nun der Eintritt der Voraussetzung und der Umfang der Forderung des Klägers festgestellt. Dann heißt es: da die Krankenkasse wegen ihrer Insolvenz nicht im Stande sei, diese Ansprüche des Klägers zu befriedigen, so sei „derselbe berechtigt, die laut Vertrages ihm persönlich dafür verhafteten Beklagten in Anspruch zu nehmen, *zumal* ein grobes Verschulden der sämmtlich mit Sachverständigenqualität versehenen Mitglieder der Direktion darin zu erblicken sei, daß sie nicht rechtzeitig auf eine Erhöhung der Beiträge der Mitglieder der Kasse in Gemäßheit des § 4 des Statutes hinwirkten, obwohl ihnen bei ihrer Stellung zu derselben, als Bevollmächtigten der Kasse und Verwalter ihres Vermögens, die finanzielle Lage derselben sehr wohl bekannt sein mußte, und sie durch ihre Unterlassung den Eintritt der Insolvenz ermöglichten (§§ 2, 3 Th. I Tit. 3, §§ 281, 285 Th. I Tit. 5 des Preuß. Allgem. L.R.)."

„Diese Deduktion läßt eine zweifache Auffassung zu.

a) Durch den Vertrag sei die Beklagte verpflichtet, dem Arbeiter dasjenige zu gewähren, was er nach dem Statut der Krankenkasse beanspruchen könne. Der Kläger könne also die geforderte Summe als *Vertragserfüllung* fordern, so daß, gleichviel, ob die Beklagte bei Ueberwachung der Krankenkasse Verschulden treffe oder nicht, sie hafte. So faßt die Revisionsklägerin die Entscheidung auf. Für dieselbe kann der Beginn der Argumentation über das Verschulden der Beklagten mit dem Wort „*zumal*" geltend gemacht werden.

b) Man kann die Ausführung des Berufungsrichters aber auch so auffassen, daß die Beklagte aus dem Arbeitsvertrag verpflichtet gewesen sei zur Beaufsichtigung der Kasse, daß sie daher für die Anwendung der nothwendigen Sorgfalt einstehen, also bei Verschulden in dieser Richtung das Interesse zu prästiren habe. Für diese Auffassung spricht die eingehende Erörterung des Verschuldens der Beklagten, welche sonst überflüssig wäre.

Diese letztere Auffassung hält das R.G. für die richtige. Nach derselben kann man aber dem Berufungsrichter den Vorwurf eines Rechtsirrthums nicht machen. Wenn der Arbeitgeber den Arbeiter verpflichtet zu einer Kasse zuzutreten und auf die statutarischen Leistungen dieser Kasse hinweist, zugleich aber auch durch Hinweisung auf die Statuten im Arbeitsvertrag erklärt, daß diese Kasse von seiner Hauptkassenverwaltung unter der Oberaufsicht der Direktion verwaltet werde (§ 9 des Statuts der Krankenkasse), daß er selbst ein Drittel der Beiträge leisten (§ 2), und daß die Hauptkasse über diese Verwaltung der Direktion jährlich Rechnung legen müsse (§ 10), so ist er auch dem Arbeiter gegenüber verpflichtet aus seiner Negligenz in Beaufsichtigung dieser Kassenverwaltung, und zwar hat er seine Diligenz darzuthun, namentlich wenn, wie im vorliegenden Fall, das Statut die Bestimmung enthält, daß bei Insufficienz der statutarischen Beiträge diese zu erhöhen sind (§ 4)."

29. **Die ohne Wiederholung der Eintragsbewilligung erfolgte Eintragung einer Hypothek seitens des Grundbuchrichters ist nicht unwirksam und begründet daher ein Realrecht** (Gesetz vom 5. Mai 1872; §§ 5, 18, 19; § 502 Th. I Tit. 20 des Preuß. Allgem. L. R.; § 29 Abs. 1 der Grundbuchordnung). Urth. des V. Civilsenats vom 28. Juni 1884 in Sachen D. S. zu W., Beklagtens, Widerklägers und Revisionsklägers, wider W. Sp. zu L., Kläger, Widerbeklagten und Revisionsbeklagten. Vorinstanzen: L.G. Essen, O.L.G. Hamm. Aufhebung des zweiten, Bestätigung des ersten Urtheils.

„Im vorliegenden Fall haben die Eigenthümer eines Grundstücks in einer notariellen Urkunde erklärt, daß sie dies Grundstück für erhaltene Darlehne dem Beklagten verpfänden und die Eintragung bewilligen, womit, da solche Eintragung gesetzlich nicht eher erfolgen darf, als bis das Eigenthum des Verpfänders eingetragen ist, nichts Anderes gesagt sein kann, als daß die Verpfänder damit einverstanden seien, daß die Hypotheken gleichzeitig mit ihrer eigenen Eintragung als Eigenthümer eingetragen werden. Dieser Akt kann selbstverständlich kein Pfandrecht begründen, da solches nur durch Eintragung entsteht, aber er ist vollkommen rechtsverbindlich und begründet eine klagbare persönliche Verpflichtung der Verpfänder, Alles zu thun, was zur Ermöglichung der Eintragung der Hypothek gesetzlich nothwendig ist, also namentlich, ihr eigenes Eigenthum eintragen zu lassen, und Alles zu unterlassen, was die Eintragung der Hypothek mit dem zugesicherten Vorrecht verhindern könnte (vergl. die Entsch. des R.G. in Gruchot's Beiträgen, Bd. 24 S. 1020). Wie dieser rechtsverbindliche Akt einer Konvaleszenz bedürfen sollte, ist nicht erfindlich. Es ist vielmehr nur fraglich, ob es genügt, wenn dieser notarielle Akt dem Grundbuchrichter zu der Zeit der Eintragung des Eigenthums des Verpfänders vorliegt, um ihn zu berechtigen und zu verpflichten, die Hypothek einzutragen, oder ob er nur eintragen darf, wenn die Eintragungsbewilligung zu dieser Zeit nochmals erklärt ist. Das Preuß. Ob.Trib. hat sich in verschiedenen Erkenntnissen — vergl. Entsch. Bd. 76 S. 125, Bd. 79 S. 13 — Gruchot, Beiträge Bd. 23 S. 455 — für die letztere Alternative entschieden, und das R.G. hat in beiläufigen Ausführungen — vergl. Gruchot, Beiträge Bd. 24 S. 1019 und Bd. 25 S. 453 — diese Ansicht gebilligt. Die Richtigkeit derselben kann indeß hier dahingestellt bleiben, da es im vorliegenden Falle nur auf die Entscheidung der wesentlich verschiedenen Frage ankommt, ob, wenn der Grundbuchrichter die Hypothek ohne Wiederholung der Eintragungsbewilligung gleichwohl eingetragen hat, diese Eintragung nichtig ist und ein Realrecht nicht begründet, und ob Kläger als nacheingetragener Gläubiger diese Nichtigkeit geltend machen kann. Diese Frage hat das Preuß. Ob.Trib. bejaht, aber das R.G. hat sich bisher darüber noch nicht ausgesprochen. Sie muß indeß verneint werden.

Nach § 18 des Eigenthumserwerbsgesetzes wird das Hypothekenrecht durch Eintragung begründet. Wenn nun auch aus §§ 5 und 19 des Gesetzes hergeleitet werden könnte, daß der Grundbuchrichter eine Hypothek auf Grund einer vor der Eintragung des Eigenthums des Verpfänders erklärten Eintragungsbewilligung nicht eintragen dürfe, so folgt doch daraus noch keineswegs die Nichtigkeit der dennoch erfolgten Eintragung, da das Gesetz die Nichtigkeit an ein solches Versehen des Grundbuchrichters nicht geknüpft hat, und sich dieselbe aus allgemeinen Rechtsgrundsätzen ebensowenig herleiten läßt, es vielmehr dem Geist und Zweck der Grundbuchverfassung widersprechen würde, an Versehen des Grundbuchrichters, die der Gläubiger aus dem ihm ertheilten Hypothekenscheine nicht ersehen kann, die Richtigkeit der erfolgten Eintragung zu knüpfen. Daß der Verpfänder selbst in einem Falle wie der vorliegende der hypothekarischen Klage des Gläubigers den Einwand nicht entgegensetzen könnte, die Eintragung sei nichtig, weil er die Einwilligung zur Eintragung bei Erlangung seiner eigenen Eintragung nicht wiederholt erklärt habe, liegt auf der Hand, da er zur Bestellung einer gültigen Hypothek rechtlich verpflichtet war, er also bei Aufstellung eines solchen Einwandes dolose handeln würde. Es ist aber auch nicht erfindlich, aus welchem Grunde der nacheingetragene Kläger für berechtigt erachtet werden sollte, das Realrecht oder die Priorität des voreingetragenen Beklagten auf Grund des § 70 der Subhastationsordnung zu bestreiten. Es kann dahin gestellt bleiben, ob die Ansicht der Revision begründet ist, daß der Grundbuchrichter gemäß § 17 des Eigenthumserwerbsgesetzes verpflichtet war, die Eintragungen nach der Reihenfolge der Präsentationen der Eintragungsgesuche einzutragen. Denn nach der klaren Vorschrift des § 502 Th. I Tit. 20 des Preuß. Allg. L. R. würde es, auch wenn der Grundbuchrichter in dieser Beziehung ein Versehen gemacht hätte, dennoch bei der einmal eingetragenen Reihenfolge bleiben müssen, und Kläger würde einen Anspruch auf die Streitmasse nur durch den Nachweis begründen können, daß Beklagter sich mit seinem Schaden widerrechtlich bereichern würde, wenn er die Streitmasse erhielte (§ 433 Th. I Tit. 20 des Preuß. Allgem. L. R.; § 29 Abs. 1 der Grundbuchordnung — Entsch. des R. G. Bd. 4 S. 328). Von einer solchen Bereicherung des Beklagten ohne Rechtsgrund auf Kosten des Klägers könnte nun zwar wohl die Rede sein, wenn der Beklagte auf Grund der Abmachung Kredit gegeben hätte, daß er hinter der Hypothek des Klägers eingetragen werden solle, und andererseits Kläger solchen Kredit in dem Vertrauen gewährt hätte, daß seine Forderung vor der des Beklagten werde locirt werden. Die Sache liegt aber gerade umgekehrt. Der Kläger hat gar keinen Kredit auf Grund einer ihm zugesagten bestimmten Sicherheit gegeben, sondern er hat wegen einer längst bestehenden Forderung im Wege des Arrestes eine Vormerkung eintragen lassen zu einer Zeit, wo die Verpfändungsurkunde für Beklagten mit der Eintragungsbewilligung bereits beim Grundbuchamt eingereicht war. Dagegen hat der Beklagte Kredit gegeben gegen Ausstellung und Uebergabe einer Verpfändungsurkunde mit der Eintragungsbewilligung und in dem Vertrauen, daß ihm durch die Einreichung dieser Urkunde mit dem Antrage auf Eintragung die dem Grundbuch gemäß nächste offene Stelle gesichert sei. Von einer Bereicherung des Beklagten ohne Rechtsgrund, wenn er das unter solchen Umständen hingegebene Geld wieder erhält, kann also nicht die entfernteste Rede sein. Es kann wohl keinem Zweifel unterliegen, daß die Sicherheit des Hypothekenverkehrs wesentlich erschüttert werden würde, wenn ein Gläubiger, der vorsichtig genug war, Kredit nur gegen Aushändigung eines die bereits erfolgte Eintragung zu einer bestimmten Stelle bescheinigenden Hypothekendokuments zu gewähren, in Betreff dessen er voraussetzen durfte, daß der Grundbuchrichter gesetzlich verfahren sei, und aus dem das Gegentheil nicht zu entnehmen war, nach Jahren bei der Subhastation erfahren könnte, daß ihm ein nacheingetragener Gläubiger vorgehe, der aus seinem Hypothekendokument sofort ersehen konnte, daß eine andere Forderung vor der seinigen eingetragen sei, und der sich Jahre lang bei der erfolgten Eintragung beruhigt hat. Es würde dem Geist und Zweck der Grundbuchverfassung widersprechen, wenn man dem Letzteren das Recht einräumen wollte, die erfolgte Eintragung vorstehender Posten wegen eines Versehens des Grundbuchrichters in der Subhastation anzufechten und ein Vorzugsrecht zu beanspruchen (vergl. Koch, Kommentar zum Preußischen Allgem. L.R. § 502 Th. I Tit. 20 Note 34 und Dernburg, Privatrecht Bd. I S. 453).

Nach der Thatfeststellung des Berufungsrichters hat Kläger seinen Anspruch auf die Behauptung einer Bereicherung des Beklagten mit seinem Schaden überhaupt nicht gegründet, sondern lediglich auf die Behauptung, daß die Eintragung der Hypotheken des Beklagten nichtig sei, und eventuell, daß die Arrestvormerkung zuerst hätte eingetragen werden müssen. Der Berufungsrichter hat dem Kläger die Streitmasse lediglich deshalb zugesprochen, weil die Eintragung der Hypotheken des Beklagten nichtig sei und ein Realrecht nicht habe begründen können. Das Berufungsurtheil mußte daher wegen Verletzung der §§ 5, 18 und 19 des Eigenthumserwerbsgesetzes aufgehoben werden."

30. Der nach § 749 der R. C. P. O. pfändbare Theil des Beamtengehaltes ergiebt sich, wenn man die Beiträge des Beamten zur Wittwenkasse und die Summe von 1500 ℳ von dem Jahreseinkommen des Beamten abzieht. Nur von dem so verbleibenden Rest können die Gläubiger des Beamten ein Drittel beanspruchen (Gesetz vom 20. Mai 1882). Urth. des IV. Civilsenats vom 20. Juni 1884 in Sachen des Amtsrichters F. v. B. zu S., Klägers und Revisionsklägers, wider den Preuß. Justizfiskus, Beklagten und Revisionsbeklagten. Vorinstanz: O. L. G. Marienwerder. Verwerfung.

Kläger ist, gegenüber der Ausführung des Berufungsrichters, der Ansicht, daß Beklagter nur ein Forderungsrecht auf seine Wittwen- und Waisengeldbeiträge ohne Kürzung des Gehaltes habe und daher bei dem Gehaltsabzugsverfahren nur an dem zur Vertheilung gestellten Drittel des nach Abzug von 1500 ℳ verbleibenden Gehaltsüberschusses mit dem Vorzugsrechte vor den übrigen Gläubigern geltend machen könne.

„Mit Recht hebt indeß der Berufungsrichter nach dem Gesetze vom 20. Mai 1882 die enge Beziehung jener Beiträge zu dem Diensteinkommen hervor. Denn dieselben müssen darnach von dem Gehalt selbst entrichtet werden, werden nach dessen Betrage bemessen und mit den Theilbeträgen des Gehaltes fällig und sind von diesen durch Einbehaltung zu erheben. Das Gehalt erscheint also mit den Wittwen- und Waisengeldbeiträgen dergestalt belastet, daß der Beamte das Gehalt erst nach Abzug derselben für sich beanspruchen und darum auch nur in demselben Umfange die Verwendung für seine Gläubiger nach Maßgabe des § 749 der R. C. P. O. verlangen kann. Beklagter brauchte sich daher wegen jener Beiträge nicht auf das Gehaltsabzugsverfahren einzulassen, sondern darf dieselben noch vor Berechnung und Abführung des Drittels zur Vertheilung vom vollen Gehalt entnehmen. Gleiche Grundsätze finden sich nicht blos in dem Justizministerialreskript vom 19. Februar 1883 (Justizministerialblatt 1884 S. 39), sondern schon in den Reskripten vom 29. Juli 1825 und vom 13. März 1826 (Jahrbücher Bd. XXVI S. 215 und Bd. XXVII S. 79), namentlich aber in der Kabinetsordre vom 29. Mai 1834 (Gesetzsamml. 1834 S. 70), welche ausdrücklich verordnete, daß bei Berechnung der Gehaltsabzüge eines Beamten die zur Wittwenkasse zu entrichtenden Beiträge von dem Gehalte vorweg in Abzug gebracht und erst von dem Ueberreste desselben die gesetzlichen Abzüge für die Gläubiger berechnet werden sollen. Auch darin ist dem Berufungsrichter beizustimmen, daß die Vorschriften der Verordnung vom 7. September 1879 § 51, des § 749 der R.C.P.O. und des § 7 des G.V.G. weder Abweichendes enthalten, noch auch entgegenstehen."

31. **Bei der unüberwindlichen Abneigung** (als einem physischen oder psychischen Vorgang in der Person des einen Ehegatten) **kommt es auf ein Verschulden des anderen Ehegatten nicht an. Sie kann auf einseitiges Begehren eines Ehegatten und ohne Unterstützung eines speziellen Ehescheidungsgrundes geltend gemacht werden** (Th. I Tit. 2 § 718 a, b des Preuß. Allgem. L. R.). Urth. des IV. Civilsenats vom 14. Juni 1884 in Sachen der verehelichten W. zu G.-Fr., Klägerin und Revisionsklägerin, wider maritum, Beklagten und Revisionsbeklagten. Vorinstanz: O.L.G. Posen. Aufhebung und Zurückverweisung.

„Der Gesetzgeber selbst geht davon aus, daß die in den §§ 718 a, b Th. II Tit. 1 des Preuß. Allgem. L. R. gestattete Trennung nicht kinderloser Ehen wegen unüberwindlicher Abneigung „ohne eigentlichen gesetzmäßigen Grund", d. h. in Ermangelung einer der vorher in den §§ 670—716 a. a. O. aufgeführten Ursachen erfolge. Deshalb kommt es dabei, als dem Ergebniß eines physischen oder psychischen Prozesses des einen Ehegatten, nicht darauf an, ob es durch den anderen verschuldet worden ist. Hiermit übereinstimmend nimmt auch der zweite Richter auf Grund des Plenarbeschlusses des Preuß. Ob. Trib. vom 16. Dezember 1839 an, daß die unüberwindliche Abneigung auf einseitiges Begehren und ohne Unterstützung eines speziellen Ehescheidungsgrundes gemäß § 718 a. a. O. geltend gemacht werden könne. Statt nun aber demgemäß sich auf die Untersuchung zu beschränken, ob der Klägerin darin zu glauben ist, daß die von ihr angeführten Thatsachen — wiederholte Bedrohung, Mißhandlung und Ehebruch — in ihr eine unüberwindliche Abneigung gegen den Beklagten erzeugt haben und eventuell ob ihre Angaben bezüglich jener Thatsachen auf Wahrheit beruhen, hat er diese Thatsachen um deswillen für ungeeignet erklärt: „zur Begründung des behaupteten heftigen und tief eingewurzelten Widerwillens herangezogen zu werden", weil die beiden Fälle, in denen der Beklagte der Klägerin nach dem Leben getrachtet haben soll, und die angeblich versuchte — als Ehebruch gerügte — Nothzucht dem Beklagten wegen mangelnder Willensfreiheit nicht zur Last gelegt werden könnten, und die unter Beweis gestellten späteren Mißhandlungen entweder gemäß § 721 a. a. O. als verjährt oder als im unfreien

Geisteszustande des Beklagten verübt anzusehen seien. Diese Auffassung steht mit den § 718 a, b und dem von dem Richter selbst gebilligten Plenarbeschluß in Widerspruch. Auch hier muß der Richter sich einer Prüfung der Anführungen der Klägerin in der angedeuteten allein entscheidenden Richtung behufs der Feststellung nach vernünftigem Ermessen unterziehen, ob die behauptete Abneigung vorhanden ist oder nicht."

2. Rheinisches Recht.

32. **Die der Wiederversöhnung der Ehegatten vorausgegangenen Ursachen** (der Trennung der Ehegatten) **können zwar eine Scheidungsklage nicht begründen, aber zur Unterstützung einer wegen später eingetretener Ursachen angestellten Klage benutzt werden** (Code civil art. 273, 231). Urth. des II. Civilsenats vom 24. Juni 1884 in Sachen der verehelichten M. zu K., Klägerin und Revisionsklägerin, wider maritum, Beklagten und Revisionsbeklagten. Vorinstanz: O.L.G. Köln. Aufhebung und Zurückverweisung.

„Der Berufungsrichter ist von dem richtigen Satze ausgegangen, daß eine an sich schwere Beleidigung nicht unter allen Umständen als ein Ehescheidungsgrund im Sinne des Art. 231 des Bürgerl. G.B. aufzufassen ist, vielmehr diesen Charakter verlieren kann, wenn das Verhalten des klagenden Theiles zur Mißstimmung und zu kränkenden Vorwürfen Anlaß geboten hat. Er hat sich daher mit Recht einer Prüfung des gesammten ehelichen Lebens der Parteien und insbesondere des Verhaltens der Klägerin unterzogen, bei dieser Untersuchung aber dadurch gefehlt, daß er nicht den ganzen Prozeßstoff vollständig gewürdigt hat.

Der erste Richter nimmt an, daß es auf die Vorfälle auf dem Deutzer Schützenfeste wegen der denselben nachgefolgten Versöhnung nicht ankomme, und das Berufungsgericht stimmt dieser Auffassung stillschweigend bei, indem es sich auf die Erörterung der nach dem Schützenfeste stattgehabten Vorfälle beschränkt. Hierin liegt eine Verletzung des Art. 273 des Bürgerl. G.B., nach welchem zwar die der Wiederversöhnung vorausgegangenen Ursachen eine Scheidungsklage nicht begründen, aber zur Unterstützung einer wegen später eingetretener Ursachen angestellten Klage benutzt werden können. Das Berufungsgericht durfte sich daher der Prüfung des vor der Versöhnung bestandenen ehelichen Lebens der Parteien, insbesondere der in dieser Beziehung in zweiter Instanz erbotenen Beweise nicht entziehen."

33. **Folgen des Anerkenntnisses eines außerehelichen Kindes** (Code civil art. 158 des Bad. Landrechtssatzes S. 383). **Die Frage der Zeugung tritt dabei ebenso zurück, wie bei der durch die Ehe begründeten Vaterschaft.** S. o. Fall 18 S. 40.

34. 1) **Der Grundsatz factum tutoris, factum pupilli ist im Rhein. Recht** (in art. 415 des Code civil) **dergestalt anerkannt, daß Rechtsakte, welche der Vormund ohne obervormundschaftliche Genehmigung schließt, zwar eine Klage auf Vernichtung begründen** (art. 1304), **aber nicht an sich wirkungslos, nichtexistent, sind, so daß sie vollgültig werden, wenn sie innerhalb der gesetzlichen (zehnjährigen) Frist nicht angefochten werden.** 2) **Der Rechtssatz quae temporalia sunt ad agendum, perpetua sunt ad excipiendum, gilt im Gebiete des art. 1304 nicht, d. h. mit Verjährung der Klage erlischt auch die Einrede.** Urtheil des II. Civilsenats vom 13. Juni 1884 in Sachen des Jacob und Peter R. zu W., Beklagter und Revisionskläger, wider M. A. das., Kläger und Revisionsbeklagten. Verwerfung. Vorinstanzen: L.G. Koblenz, O.L.G. Köln. Verwerfung.

Durch Vertrag vom 16. August 1869 hat A. an B. geb. Sp., gütergemeine Ehefrau von J. H., in eigenem Namen und als Vormünderin ihrer minderjährigen Söhne erster Ehe, Peter und Jakob R., das in der Klage näher bezeichnete Haus unter Ermächtigung ihres Ehemannes für den Preis um 800 Thlr. verkauft. Durch Akt vom nämlichen Tage hatte die Ehefrau H. ein ihr und ihren Söhnen erster Ehe gemeinschaftlich zugehöriges Haus an die Eheleute J. Sch. verkauft und den Ehemann Sch. angewiesen, aus dem von ihm verschuldeten Kaufpreise jene Summe von 800 Thlr. an den Verkäufer A. zu zahlen. Da einer der Söhne R. den mit Sch. abgeschlossenen Verkauf nach erreichter Großjährigkeit nicht genehmigte, so erfolgte keine Zahlung an A. und es erhob nun dieser nach vorgängiger Aufforderung zur Tilgung des Kaufpreises im November 1882 gegen den genannten H. in eigenem Namen wegen der mit der B. geb. Sp. bestandenen Gütergemeinschaft, und als Vormund des mit derselben erzeugten Kindes, sowie gegen Jakob und Peter R. Klage auf Auflösung des Kaufvertrages vom 16. August 1869 und Schadensersatz. Von den Beklagten R. wurde Abweisung der Klage beantragt, darauf gestützt, daß sie die fraglichen von ihrer Mutter als Vormünderin abgeschlossenen Verträge nicht genehmigt hätten und durch dieselben nicht verpflichtet würden, auch nicht als Erben ihrer Mutter, da sie auf deren Nachlaß verzichtet hätten. Durch Urtheil des L.G. Koblenz vom 14. Februar 1883 ist den sämmtlichen Beklagten gegenüber die Auflösung des fraglichen Kaufvertrages und die Verurtheilung derselben in eine näher zu liquidirende Entschädigung sowie in die Kosten ausgesprochen. Die Beklagten Peter und Jakob R. legten gegen diese Entscheidung Berufung ein. Das O.L.G. Köln hat in seinem Erk. vom 3. November 1883 die Berufung verworfen. Die Gründe erhellen aus dem Urtheile des R.G.

Zu 1. „Die Klage ist an sich nach den Art. 1184 und 1654 des B.G.B. begründet; es handelt sich nur um die Einreden der Beklagten. Das O.L.G. geht nun zunächst, ohne diese Frage einer Prüfung zu unterwerfen, davon aus, daß auf den fraglichen Kaufakt, welcher unter Herrschaft des Rheinisch-Französischen Vormundschafts-Rechtes ohne die nach dessen Vorschriften erforderliche Genehmigung des Familienrathes, respektive des Gerichtes geschlossen ist, der Art. 1304 des Code civil Anwendung findet. Diese Annahme muß auch als zutreffend erachtet werden. Der Vormund ist der gesetzliche Repräsentant des Mündels, er vertritt ihn — art. 450 leg. cit. — in allen Akten des bürgerlichen Lebens, indem er an dessen Stelle handelt, wie es das Rechtssprichwort factum tutoris, factum pupilli ausdrückt. Diesen Charakter verliert der Vormund auch dann nicht, wenn er in dem gegebenen Falle, wo ein über das Gebiet der Verwaltung hinausgehender Akt, z. B. eine Veräußerung von Grundstücken, eine Darlehens-Aufnahme in Frage steht, ohne die gesetzlich vorgeschriebene obervormundschaftliche Genehmigung handelt. Dieser Umstand bildet einen Mangel, welcher die Klage auf Vernichtung des Aktes aus Art. 1304 cit. begründet, hat aber nicht die Folge, daß letzterer dem Mündel gegenüber als rechtlich völlig wirkungslos und nicht existent zu betrachten wäre. Wenn für diese letztere Annahme geltend gemacht wird, daß unter der angegebenen Voraussetzung der Vormund anzusehen sei als ein Mandatar, der seine Vollmacht überschritten habe, dessen Handeln daher den Mandanten nicht verpflichte (art. 1998 des Code civil), so ist dabei außer Betracht gelassen, daß der Vormund, was sein Verhältniß zum Mündel betrifft, nicht in der nach Art. 1984 ff. leg cit. zu beurtheilenden rechtlichen Stellung eines gewöhnlichen Mandatars sich befindet. Weiter wird sodann auch ein Akt der angegebenen Art dadurch, daß er für einen Minderjährigen abgeschlossen wird, nicht zu einem solennen Akte, wie eine Schenkung oder ein Ehevertrag u. s. w. Die Zustimmung des Familienrathes, sowie die Genehmigung des Gerichtes sind nicht Erfordernisse, welche die formelle Rechtsbeständigkeit eines solchen Aktes bedingen, vielmehr als materielle Schutzmittel, die im Interesse der Minderjährigen vorgeschrieben sind, aufzufassen. (Vergl. übereinstimmend: Laurent, Bd. 19, Nr. 20; Aubry & Rau, Bd. IV, S. 273 und Note 13; Demolombe, Bd. 29, Nr. 90; Zachariae-Puchelt, Bd. II,

S. 406 u. Note 7; Marcadé ad art. 1311 n. II. Sirey, Bd. 72, 2, 125; Rheinisches Archiv, Bd. 45, S. 210.)"

Zu 2. „Es entsteht nun aber die weitere Frage, ob dem Rechtssatze quae temporalia sunt ad agendum, perpetua sunt ad excipiendum, wie von den Revisionsklägern behauptet wird, im Herrschaftsgebiete des Art. 1304 cit. Geltung zukommt?

Dieser Rechtssatz, welcher in der l. 5 § 6 D. 44, 4 seinen Ursprung hat, und nach der dort gegebenen Begründung desselben voraussetzt, daß der Excipient im Wege der Klage nicht vorgehen konnte, vielmehr den Angriff des Gegners zu erwarten gezwungen war, findet in den für die vorliegende Frage in Betracht kommenden Vorschriften des Rheinisch-Französischen Rechtes keinen Boden. Nach den Grundsätzen desselben steht demjenigen, welcher die Nichtigkeit eines Vertrages geltend zu machen berechtigt ist, regelmäßig auch das Mittel der Klage zu. War das aber der Fall, und läßt derselbe dann die gesetzliche Verjährungsfrist unbenützt verstreichen, so ist das Anfechtungsrecht erloschen, und die Möglichkeit, dasselbe ferner noch durch eine Einrede zur Geltung zu bringen, ausgeschlossen. Für die entgegengesetzte Annahme kann man sich auch nicht mit Grund auf den Wortlaut des Art. 1304 cit. berufen. Wenn derselbe sagt, daß in allen Fällen, wo nicht eine kürzere Frist vorgeschrieben sei, l'action en nullité ou en réscission d'une convention — zehn Jahre dauere — so ist das nicht in dem Sinne zu verstehen, daß in der genannten Frist nur die Klage verjähre, über jene hinaus aber für alle Zeiten eine Einrede bestehen bleibe, denn eine solche Annahme würde mit den Grundsätzen über die Wirkungen der Verjährung, welche der Code civil aufstellt und auch das Gebiet des Art. 1304 cit. beherrschen, nicht im Einklange stehen (Art. 2119, 1234 leg. cit.). Jene Gesetzesvorschrift ist vielmehr in dem Sinne aufzufassen, daß das Recht, die Nichtigkeit geltend zu machen, mit Ablauf der zehnjährigen Verjährungsfrist erlischt, ohne daß hierbei darauf etwas ankommt, wie dieses Recht im gegebenen Falle prozessualisch verfolgt wird, ob im Wege der Klage oder der Reconvention, oder endlich im Wege der Einrede, — denn auch derjenige, welcher die Nichtigkeit mittelst einer Einrede im Prozesse geltend macht, ist demandeur en nullité, reus excipiendo fit actor.

Schon der Art. 134 der Ordonnanz vom August 1539 hatte

bestimmt, daß es den mit fünfundzwanzig Jahren großjährig Gewordenen, wenn sie das Alter von fünfunddreißig Jahren erlangt hätten, nicht mehr zustehen solle, auf Grund der Minderjährigkeit, „déduire ou poursuivre la cassation des contrats en demandant ou en défendant . . . pour aliénation de biens faite sans decret ou autorisation de justice, ou pour lésion, déception ou circonvention.“ Daß nun der Artikel 1304 cit. in gleichem Sinne abgefaßt worden, wofür der rapport des Tribunaux entscheidend spricht, — Locré, Bd. XII, S. 492 seq. — darüber vergleiche die eingehenden Ausführungen von Laurent, Bd. XIX, Nr. 58 und Marcadé, Bd. IV, Nr. 879 fg. Wie sich namentlich aus dem rapport ergiebt, beruht die bezogene Gesetzesvorschrift auf der Annahme einer stillschweigenden Genehmigung, „un laps de temps sans réclamation doit faire présumer la ratification.“ In Uebereinstimmung hiermit ist denn auch im Art. 115 leg. cit. ausgesprochen, daß ein Vertrag wegen Zwanges nicht mehr angefochten werden kann, si... ce contract a été approuvé, soit expréssement, soit tacidement, soit en laissant passer le temps de la restitution fixé par la loi. Daß es aber mit diesem Grunde des Gesetzes nicht vereinbar ist, nach Ablauf der Verjährungsfrist die Geltendmachung der Nichtigkeit im Wege der Einrede zuzulassen, bedarf keiner näheren Ausführung Hiernach wäre dem Rechtssatze quae temporalia sunt etc. in Uebereinstimmung mit dem O.L.G., soviel es das Gebiet des Art. 1304 cit. betrifft, die Anerkennung grundsätzlich zu versagen. (Vergl. außer Laurent und Marcadé, die oben angeführt sind, noch Colmet de Sancterre, Bd. V, Nr. 265; Duranton, Bd. XII, Nr. 549; Duvergier sur Tulliers, Bd. IV, S. 452, Note 1 und Anschütz in Zachariae-Puchelt, Bd. IV, S. 583 Note 0.)

Der bezogene Rechtssatz würde aber auch dann im vorliegenden Falle eine Aenderung nicht finden können, wenn man sich der besonders von Demolombe, Bd. XXIX, Nr. 136; Troplong préscription, Bd. II, Nr. 827; Larombière ad art. 1304 Nr. 36 und 37; Aubry & Rau, Bd. VIII, S. 424 und 425 Note 2—6; Zachariae-Puchelt, Bd. IV, S. 582/83 Note 1—3 vertretenen, und in der Französischen Rechtsprechung herrschenden Auffassung anschließen wollte, nach welcher diesem Satze unter der Voraussetzung, daß der Vertrag, von dem es sich handelt, nicht vollzogen und eine Besitzveränderung nicht eingetreten ist, somit, wie angenommen wird, die praktische Veranlassung zur Anstellung der Nichtigkeitsklage im gegebenen Falle fehlte, Geltung zukommt. Hätte die Ehefrau H. zugleich als Vormünderin der Revisionskläger ein gemeinschaftliches Grundstück ohne die vorgeschriebene Autorisation verkauft, so würde kein Zweifel obwalten, — und es ist in diesem Sinne wiederholt von den Französischen Gerichten erkannt worden, — daß den Revisionsklägern, wenn sie nach Ablauf von zehn Jahren seit erreichter Großjährigkeit die Nichtigkeit des Verkaufs gegen den besitzenden Käufer geltend machen wollten, die auf Art. 1304 cit. gestützte Replik der Verjährung entgegenstände. Ebenso muß die Sache hier, wo es sich um einen Kauf handelt, beurtheilt werden. Dieser Kauf ist durch Uebergabe des Hauses und Besitznahme der Käufer vollzogen, die Revisionskläger sind Miteigenthümer desselben und zu ihrem Antheile aus dem Vertrage verpflichtet. Wollten sie diesen Rechtszustand nach erlangter Großjährigkeit nicht anerkennen, so lag es ihnen ob, die Aufhebung desselben dem Revisionsbeklagten gegenüber zu verfolgen. Für sie war nicht res integra, sie befanden sich in Folge der Vollziehung des Vertrages in einer Rechtsstellung, aus welcher sie durch Geltendmachung der Nichtigkeit desselben innerhalb der Verjährungsfrist sich zu befreien hatten. Wie thatsächlich feststeht, ist aber letztere, ohne daß die Revisionskläger von ihrem Rechte Gebrauch gemacht hätten, verstrichen, und konnten diese daher die Rechtsverbindlichkeit des fraglichen Vertrages im gegenwärtigen Prozesse wirksam nicht mehr anfechten."

35. **Der Kläger hat den Beweis der Unechtheit des Datums des eigenhändigen Testamentes des Erblassers zu führen** (art. 970 des Code civil). **Denn der Erblasser ist hierbei nur den Formvorschriften des Art. 970 unterworfen und seine Datirung hat bis zum Beweise des Gegentheiles für die richtige zu gelten. Die Vorschriften des art. 1328 des Code civil und § 381 der R. C. P. O. finden auf die Beweiskraft des Datums des eigenhändigen Testamentes keine Anwendung.** Urth. des II. Civilsenats vom 7. Juli 1884 in Sachen L. H. und uxor zu K., Kläger und Revisionskläger, wider E. L. zu H. und Gen., Beklagte und Revisionsbeklagte. Vorinstanzen: L.G. Straßburg, O.L.G. Kolmar. Verwerfung.

Die Ehefrau des L. H. ist zu 1/24 gesetzliche Erbin des am 6. Januar 1870 zu Weißenburg ohne Hinterlassung von Pflichterben verstorbenen Rentners F. H. B. Dieser hat in einem vom 22. Mai 1867 datirten eigenhändigen letzten Willen die Beklagten zu Universallegataren eingesetzt und außerdem verschiedene Partikularlegate angeordnet. Mit der im Dezember 1882 erhobenen Klage wird beantragt, daß das Testament und die darin angeordneten Erbvermächtnisse für nichtig und die Beklagten für schuldig erklärt werden, der Ehefrau H. ihren gesetzlichen Erbtheil auszuliefern. Mit Urtheil vom 6. März 1883 hat das L.G. Straßburg die Klage abgewiesen. Auf die vom klagenden Theile eingelegte Berufung hat das O.L.G. am 9. Juli 1883 Beweisbeschluß erlassen und sodann mit Urtheil vom 9. Februar 1884 die Berufung verworfen. Die Nichtigkeit des Testamentes wird damit begründet, daß dessen Datum unrichtig, dasselbe nicht am 22. Mai 1867, sondern erst später errichtet worden sei. Dies wird im wesentlichen mit den Behauptungen begründet, daß in dem Testamente einer erst nach dem Datum des Testamentes geborenen Pathin des Erblassers ein Legat ausgesetzt sei. Das O.L.G. sieht eine Verwechselung derselben mit ihrer älteren zur Zeit der Testamentserrichtung schon getauften Schwester als wahrscheinlich an.

„Die Entscheidung hängt von Beantwortung der Frage ab, welcher Partei die Beweislast hinsichtlich der Echtheit des Datums obliege, und dabei wird gerügt, daß das Berufungsgericht mit Unrecht davon ausgegangen sei, daß der klagende Theil den Beweis der Unrichtigkeit zu führen habe. Diese Rüge geht fehl. Das eigenhändige Testament ist nämlich keine bloße Beweisurkunde, sondern der letzte Wille selbst, für welchen das Gesetz bestimmte Förmlichkeiten vorschreibt mit dem ausdrücklichen Beisatze: „il n'est assujetti à aucune autre forme," Art. 970 B.G.B. Daraus folgt Doppeltes: einmal, daß man weder erwarten, noch verlangen kann, der Testator werde außer den gesetzlich vorgeschriebenen Formen noch weitere (etwa Hinterlegung oder Eintragung) zu dem Zwecke beobachten, um den Legataren den Beweis der Wahrheit des angegebenen Datums zu sichern, daß also dessen eigenhändige Angabe des Datums im Testamente selbst als seine bis zum Beweise des Gegentheils maßgebende Erklärung über die Zeit der Errichtung gelten muß. Weiter folgt daraus, daß die betreffs der Gewißheit des Datums von bloßen Beweisurkunden im Interesse dritter Personen gegebenen Vorschriften (z. B. art. 1328 des Code civ., abgesehen von § 14 des Einf.-Ges. zur R.C.P.O.) auf den letzten Willen keine Anwendung finden; denn, wenn die Wahrheit des in einem solchen angegebenen Datums in Zweifel gezogen wird, handelt es sich gar nicht darum, die Beweiskraft dieser Urkunde dritten Personen gegenüber zu bestreiten, sondern darum, den letzten Willen wegen eines Formfehlers anzufechten. Hiernach hängt die Frage der Beweislast mit dem rechtlichen

Charakter des eigenhändigen Testamentes zusammen und daraus ergiebt sich, daß sie von dem § 381 R.C.P.O., welcher von Beweisurkunden handelt, nicht berührt wird.

Der Vertreter der Revisionskläger versucht, durch eine veränderte Fragstellung zu einem anderen Ergebnisse zu gelangen, indem er denjenigen, welcher seine Ansprüche auf ein Testament stützt, darüber für beweispflichtig erklärt, daß ein Testament errichtet worden sei, wozu dann auch die Errichtung zu der behaupteten Zeit gehöre. Stellt man aber auch die Frage in dieser Weise, so müßte nach dem Ausgeführten auch dieser Beweis dadurch als erbracht gelten, daß ein äußerlich fehlerfreies, insbesondere mit einem Datum versehenes Testament vorgelegt wird, dessen Echtheit hinsichtlich der Schrift und Unterschrift anerkannt ist; es würde sich nämlich dann die gleiche gegen die Revisionskläger zu entscheidende Frage erheben, ob durch die in einem solchen Testamente enthaltene Zeitangabe bis zum Beweise des Gegentheiles als bewiesen zu gelten habe, daß das Testament zu der behaupteten Zeit errichtet worden sei."

3. Badisches Recht.

36. **Landrechtssatz 1156a ist durch § 146 des Badischen Einführungsgesetzes aufgehoben.** Urth. des II. Civilsenats vom 17. Juni 1884 in Sachen H. K. in Pf., Klägers und Revisionsklägers, wider den Pf.er Bankverein das., Beklagten, Revisionsbeklagten. Vorinstanzen: L.G. und O.L.G. Karlsruhe. Aufhebung und Zurückverweisung.

In erster Reihe stützt Kläger seinen Anspruch auf Vertrag, indem er als Mandant ein in seinem Namen und Auftrage von S. mit dem Beklagten abgeschlossenes Depositum über 4000 fl. = 6400 ℳ geltend macht. Darauf bezieht sich der erste, dem Beklagten angetragene Eid, auf welchen das erstinstanzliche Urtheil erkannt hat; in der Berufungsinstanz ist hierwegen weiterer Beweis erboten, soweit es sich um die Ertheilung des Auftrages handelt.

„Das Berufungsgericht hat nun nicht etwa angenommen, das Gegentheil jener Klagebehauptung sei durch die Empfangsbescheinigung vom 11. Dezember 1875 bewiesen, sondern es geht davon aus, wenn mündlich der Vertrag anders geschlossen sei, als der Schein laute, so erscheine dies als unerheblich und darin liegt ein Rechtsirrthum. Ungeachtet des Wortlautes der fraglichen Urkunde konnte mündlich bedungen werden, daß Kläger der Hinterleger sei; der entgegenstehende L.R.S. 1156a ist durch § 146 des Bad. Einf.Ges. aufgehoben."

37. **Der einer gestrichenen Inskription nachfolgende Grundpfandgläubiger kann sich auf das durch diese Streichung geschaffene thatsächliche Verhältniß nicht berufen, wenn und soweit dieses durch Anfechtung beseitigt werden kann** (Landrechtssatz 2095, 2106, 2116, 2117, 2134, 2157, 2166, 2180). Urth. des II. Civilsenats vom 24. Juni 1884 in Sachen X. B. in F., Klägers und Revisionsklägers, wider P. H. in N., Beklagten und Revisionsbeklagten. Vorinstanzen: L.G. Freiburg, O.L.G. Karlsruhe. Aufhebung und Zurückverweisung.

R. Sch. v. K. hat am 6. Dezember 1877 an Ch. T. Liegenschaften um 6428,57 ℳ verkauft und am 7. Februar 1880 den Rest seiner Kaufpreisforderung mit 2085 ℳ dem Kläger cedirt. Am 21. April 1880 ist von dieser Cession am Rande des Grundbucheintrages Vormerkung geschehen. Vorher schon, nämlich am 10. April 1880, war aber neben dem Eintrag bemerkt worden, daß derselbe auf Grund der vom Bürgermeister am 10. April aufgenommenen Strichbewilligungsurkunde gestrichen werde; diese Streichung ist von den Mitgliedern des Pfandgerichtes unterzeichnet. Als nun im Juni 1882 die Liegenschaften, welche Gegenstand des erwähnten Kaufes waren, im Zwangswege versteigert wurden, meldeten auf den Erlös von 3650 ℳ an: 1) Der Kläger die ihm zedirte Forderung im Gesammtbetrage von 2239,81 ℳ mit dem Privileg des Kaufpreises vom 6. Dezember 1877; 2) P. H. 1957,82 ℳ mit richterlichem Pfandrechte eingetragen am 12. März 1879; 3) J. T. 852,23 ℳ mit richterlichem Pfandrechte eingetragen am 26. April 1882. Diese Beiden machten geltend, daß das Vorzugsrecht des Klägers durch Streichung erloschen sei. Mit der Klage wird nun begehrt: Die Beklagten (H. und T.) seien schuldig anzuerkennen, daß die Pfandstrichsurkunde vom 10. April 1880 und die Beurkundung hierüber im Grundbuche vom gleichen Tage nichtig seien und in Folge dessen die Forderung des Klägers denen der Beklagten vorzugehen habe. Die Nichtigkeit der Pfandstrichsurkunde wird deshalb behauptet, weil sie, entgegen dem Art. 6 des Gesetzes vom 5. Juni 1860, nicht vom Bürgermeister aufgenommen, auch nicht unterschrieben sei, überdies auch eine falsche Beurkundung enthalte.

Mit Urtheil vom 12. Juni 1883 hat das L.G. Freiburg dem Beklagten H. gegenüber der Klage entsprochen, dem Beklagten T. gegenüber dieselbe aber abgewiesen. Die Entscheidung nimmt an, daß die Pfandstrichurkunde nichtig sei, weist aber die Klage gegen T. ab, weil dieser sich auf die beigesetzte Streichung habe verlassen müssen, während zur Zeit, als der Eintrag des H. erfolgte, die Streichung noch nicht eingetragen war, also das Vorzugsrecht noch bestanden habe. Auf Berufung des P. H. hat das O.L.G. mit Urtheil vom 10. Dezember 1883 die Klage auch diesem gegenüber abgewiesen. Die Entscheidungsgründe führen im wesentlichen aus: Durch die von der hierzu kompetenten Behörde, dem Pfandgerichte, bewirkte Streichung des Eintrages sei das Vorzugsrecht erloschen. Diese Erlöschung wirke allgemein; es sei nirgends im Gesetze vorgeschrieben, daß das Prinzip der Publizität nur relative Geltung habe, also nur von denjenigen angerufen werden könne, welche in concreto im Vertrauen auf die öffentlichen Bücher gehandelt, d. h. kreditirt oder erworben haben.

„Bei der Unterstellung, daß die Strichbewilligungsurkunde vom 10. April 1880 dem Gesetze vom 5. Juni 1880 nicht entspreche, entsteht die Frage, ob dieselbe und die auf Grund derselben geschehene Beurkundung neben dem Eintrage, durch welchen das Vorzugsrecht für den Kaufpreis gewahrt worden ist, nichtig oder nur anfechtbar seien. Das Berufungsgericht hat diese Fragen nicht entschieden, sondern ausgeführt, daß die einmal geschehene Streichung des Eintrags, auch ihre Ungiltigkeit vorausgesetzt, selbst zum Vortheile eines solchen Gläubigers wirke, welcher sein Pfandrecht zu einer Zeit gewahrt hat, in welcher der später gestrichene Eintrag bereits bestanden hat. Darin kann ihm aber nicht beigepflichtet werden, mag man die Nichtigkeit oder die bloße Anfechtbarkeit der Streichung annehmen. Im ersteren Falle, wenn nämlich die Streichung nichtig sein sollte, folgt ohne weiteres aus dem rechtlichen Charakter der Nichtigkeit, daß sie so angesehen werden müßte, als ob sie überhaupt nie geschehen wäre und daraus ergiebt sich die nothwendige Folge, daß auch der Revisionsbeklagte keine Rechte daraus herleiten kann.

Nimmt man aber bloße Anfechtbarkeit an, so ist von folgenden Grundsätzen auszugehen: Die Inskription hat den Zweck und die Bedeutung, ein durch das Gesetz begründetes Vorzugsrecht oder ein durch Gesetz, Urtheil oder Vertrag entstandenes Pfandrecht zu wahren, d. h. derselben die Geltendmachung gegen dritte Erwerber (droit de suite, Landrechtssatz 2166) und den Vorrang gegen andere Gläubiger (droit de preférence, Landrechtssatz 2106, 2134) zu verschaffen und zu sichern. Derjenige, welcher das Eigenthum oder ein Pfandrecht an einer Liegenschaft erwirbt, nachdem ein Vorzugs- oder Pfandrecht auf dieselbe eingetragen und damit offenkundig gemacht ist, muß davon ausgehen und kann zunächst nichts Anderes erwarten, als daß dieses Recht gegen sein Eigenthum verfolgt oder seinem Pfandrechte vorgehen werde. Es geschieht deshalb demjenigen, welcher sich auf eine solche nachstehende Eintragung beruft, kein Unrecht, wenn ihm gegenüber der späteren Streichung der vorgehenden Inskription keine größere Wirkung beigelegt wird, als der Streichung selbst zukommt, d. h. wenn er deren Anfechtbarkeit gegen sich gelten lassen muß.

Die Löschung der Inskription für sich allein bewirkt keine Aufhebung des Pfandrechts (Landrechtssatz 2180), sondern nur die seiner Wirksamkeit gegen dritte Personen; ist nun aber die Löschung anfechtbar, so daß die Wiederherstellung der Eintragung des ungeachtet derselben fortbestehenden Pfandrechts begründet erscheint, so kann jedenfalls den zwischen der früheren Inskription und deren Löschung geschehenen Eintragungen gegenüber diese Löschung nur als dasjenige, was sie in Wirklichkeit ist, nämlich als ein anfechtbarer Akt, rechtlich in Betracht kommen. Derjenige, welcher in Folge der späteren Eintragung seines Rechtes von vornherein dem vor ihm Eingetragenen nachzustehen hatte, kann sich auf das durch die Streichung dieses früheren Eintrages geschaffene thatsächliche Verhältniß, daß ihm diese frühere Eintragung nicht mehr vorgeht, nicht berufen, wenn und soweit dieses thatsächliche Verhältniß durch Anfechtung beseitigt werden kann.

Diese Ausführungen ergeben sich auch aus dem Prinzipe der Publizität, deren Zweck doch nur darin besteht, daß Jeder, welcher Eigenthum oder Pfandrecht erwerben will, sich aus den öffentlichen Büchern über das Dasein bereits vorhandener Belastungen des Grundstücks unterrichten und sich darnach versehen kann; diesem Zwecke widerspricht es aber nicht, wenn Jemand die Nichtigkeit oder Anfechtbarkeit der Löschung eines Eintrags gegen sich gelten lassen muß, welcher für ihn bereits zu der Zeit offenkundig war, als er die Eintragung seines Rechtes bewirkt hatte. Im vorliegenden Falle kommt noch hinzu, daß der Beklagte nicht ein vertragsmäßiges, sondern nur ein rechtliches Unterpfandrecht besitzt. Diesen Grundsätzen gegenüber ist auch mindestens dann, wenn die Streichung als nichtig zu erachten, der vom Vertreter des Revisionsbeklagten hervorgehobene Umstand ohne Bedeutung, daß die angeblich nichtige Löschung noch nicht beseitigt und die Eintragung noch nicht wiederhergestellt ist. Das Berufungsurtheil war daher wegen Verletzung des Landrechtssatzes 2095, 2106, 2116, 2117, 2134, 2157, 2166, 2180 und der im Vorstehenden aus derselben gezogenen Folgerungen aufzuheben."

Ausländisches Recht.

Russisches Recht.

38. **Nach der Bürgerlichen Russischen Prozeßordnung vom 20. November 1864 Art. 1367 bis 1400 kann ein einzelner Handelsgesellschafter nicht Namens des sich weigernden anderen Gesellschafters ein Schiedsgericht bestellen.** (S. o. Fall 1 S. 1.)

Civilrechtliches aus den Strafsenaten des R. G.

Durch neuere Urtheile der Strafsenate des R. G. werden folgende Civilgesetze berührt:

1. **Handelsgesetzbuch. Maßgebende Eigenthümlichkeit des Trödelhandels** (Art. 10 des H. G. B.). Urth. des IV. Strafsenats vom 7. Oktober 1884 wider Pausewang. Aufhebung auf Revision der Staatsanwaltschaft.

„Der Vorderrichter geht von der nach Art. 4, 271 Nr. 1 des H. G. B. unbedenklich richtigen Auffassung aus, daß der Angeklagte, soweit es sich um sein Posamentiergeschäft handele, als Kaufmann zu erachten und an sich zur Buchführung und Bilanzziehung nach Art. 28 ff. des H.G.B. verpflichtet wäre, wenn Art. 10 des H.G.B. nicht anwendbar wäre. Auch seine Auslegung des Art. 10 stimmt mit den vom R. G. wiederholt ausgesprochenen Grundsätzen insoweit überein, als er für die Kategorie der „dergleichen Handelsleute von geringem Gewerbebetriebe" einen *sachlich* dem der Höker, Trödler, Hausirer ähnlichen Gewerbebetriebe fordert. Aber die Ausführungen, mit denen er dazu gelangt, das Posamentiergeschäft des Angeklagten dem Trödelhandel gleichzustellen, lassen erkennen, daß er entweder im Begriff des Trödelhandels oder in der Auffassung der sachlichen Aehnlichkeit des Gewerbebetriebes, welche der Art. 10 des H. G. B. durch das Wort „dergleichen" voraussetzt, „rechtlich" geirrt hat. Denn er findet das Charakteristische des Trödels und den Grund seiner Exemtion durch Art. 10 *in dem verschwindend kleinen Werth, der in dieser Art des Handels zum Umsatz gelangenden Waaren und der Geringfügigkeit* der in ihm zum Abschluß gelangenden Handelsgeschäfte und rechtfertigt die Gleichstellung des Gewerbebetriebes des Angeklagten damit, daß auch dieser *qualitativ unbedeutend gewesen*, weil das Waarenlager sich aus Einzelstücken im Preise von 20 ₰ bis 2 ℳ zusammengesetzt und das Debet der einzelnen Schuldner nur geringfügig gewesen. Beides zeigt eine irrige Rechtsauffassung.

Unter Trödelhandel versteht der Handelsstand, der Sprachgebrauch des gewöhnlichen Lebens und das Gesetz in Art. 10 des H. G. B. wie in § 35 der R.Gew.O. den Handel mit gebrauchten, alten Sachen aller Art. Daß es sich dabei um Sachen von verschwindend kleinem

Werthe handelt, ist erfahrungsmäßig nicht einmal thatsächlich richtig, noch weniger aber vom Standpunkte der rechtlichen Beurtheilung entscheidend. Das Besondere und Charakteristische des Trödelhandels liegt auf ganz anderem Gebiete. Das Wesen des Handels als solchen besteht in der Vermittelung, direkter oder indirekter, zwischen Produzenten und Konsumenten; er schafft neue und befriedigt die gewohnten Bedürfnisse aller oder ganzer Klassen der Gesellschaft; er bedarf dazu besonderer Mittel, namentlich der Geschäftsverbindung und des Kredits, des letzteren namentlich, weil er die Waaren in größeren Posten anschaffen muß, um sie im Einzelnen abzusetzen. Das Einzelobjekt des Handels kann selbst beim Großhandel von verschwindend kleinem Werthe sein (Nähnadeln). Von alle dem zeigt der Trödelhandel nichts. Der Trödler sucht seinen Verkäufer entweder von Haus zu Haus ziehend auf oder erwartet ihn in seinem Geschäft; er kauft regelmäßig das einzelne Stück oder das einzelne Quantum, um es ebenso wieder abzusetzen; sein Verkäufer ist nicht der Produzent, der Kreis seiner Abnehmer ist ein kleiner, beschränkter; er bedarf weder der Geschäftsverbindung noch des Kredits, den er regelmäßig weder nimmt noch giebt; er bedarf weder der Mittel noch der Kenntnisse des Kaufmannes. Die Buchführung, welche das Gesetz in § 38 Abs. 2 der R.Gew.O. von ihm fordern kann, und die Kontrolle, welcher das Gesetz ihn ebenda unterwerfen kann, bezweckt nicht die Klarstellung seines Vermögensstandes im Interesse seiner Gläubiger, sondern die Sicherung des öffentlichen Interesses gegen Diebstahl, Unterschleif, Hehlerei. Nicht die Qualität der Waare allein, sondern die Qualität des Betriebes charakterisirt den Trödelhandel, und nur die qualitative Gleichartigkeit des Betriebes kann die Gleichstellung eines Gewerbebetriebes mit dem Trödelhandel im Sinne der vierten Kategorie des Art. 10 des H.G.B. rechtfertigen, nicht aber die qualitative geringe Bedeutung der Waare, wie der Vorderrichter annimmt, was so gut wie zusammenfällt mit der quantitativen Bedeutung des Betriebes, auf welche das Gesetz nur neben der qualitativen gleichen Betriebsart Gewicht legt. Daß der Gesetzgeber hiervon ausgegangen, nicht von der gleichen faktischen Geringfügigkeit der einzelnen Waare, des Umsatzes im Einzelnen und im Ganzen, erweist die aus den Nürnberger Protokollen S. 1256 ff. 12—14 ersichtliche Entstehungsgeschichte des Art. 10 des H.G.B. namentlich dadurch, daß man gleichstellen wollte z. B. den Hökern, d. h. Händlern mit Lebensmitteln, Personen, die Gegenstände anderer Art, z. B. Holz, Cigarren in gleicher Weise auf Straßen, in Thorwegen, Ständen feilbieten, den Trödlern und Hausirern aber Gewerbtreibende, welche, ohne eigentlich zu hausiren oder im Einzelnen aufzukaufen oder zu verkaufen, umherziehend auf Straßen, Märkten feilbieten oder das Gesammelte, Lumpen, Asche, Knochen, Papier in größeren Quantitäten verkaufen."

2. Markenschutzgesetz. Begriff des Dolus des § 14, des „Wissens" (es genügt Kenntniß des Bestehens des fremden Schutzrechtes und des fehlenden eigenen Rechtes zur Benutzung der fremden Marke).

Rechtsirrthum macht nicht straflos. Urth. des III. Strafsenats vom 18. September 1884 wider Ploß und Haupt. Aufhebung des freisprechenden Vorurtels auf Revision der Nebenklägerin.

„Die von den Nebenklägern gegen die Freisprechung der Angeklagten eingelegte Revision erscheint begründet. Allerdings setzt die Strafbarkeit der Vergehungen gegen das Markenschutzgesetz doloses Handeln voraus. Das Gesetz bedroht in § 14 denjenigen mit Strafe, welcher Waaren oder deren Verpackung wissentlich mit einem nach Maßgabe des Gesetzes zu schützenden Waarenzeichen — widerrechtlich bezeichnet; und das vom Gesetze erforderte Wissen ist auch zu beziehen auf das zum gesetzlichen Thatbestande gehörige Begriffsmerkmal der objektiven Widerrechtlichkeit der Benutzung eines fremden geschützten Waarenzeichens. Dieses Wissen ist aber vorhanden mit der Kenntniß der thatsächlichen Voraussetzungen, in denen das Gesetz den Thatbestand der strafbaren Handlung findet, also mit der Kenntniß des Bestehens des Schutzrechtes eines anderen Gewerbtreibenden und der Kenntniß fehlenden eigenen Rechtes zur Benutzung der für den ersteren geschützten Marke zur Bezeichnung der Waarengattungen, auf welche sich der vom Gesetze gewährte Schutz bezieht, während bei dem Vorhandensein dieses Wissens eine auf irrthümlicher Auffassung des Strafgesetzes selbst beruhende Annahme nicht widerrechtlichen, straflosen Handelns den strafrechtlichen Dolus nicht auszuschließen und die Straflosigkeit des Thäters nicht herbeizuführen vermag. Dies ist offenbar von der Vorinstanz verkannt. Es ist festgestellt, daß Angeklagte das nach dem Gesetze begründete ausschließliche Recht der Firma Kellner & Oehling, in Deutschland das von ihnen angemeldete Zeichen zur Bezeichnung von Strumpfwaaren zu benutzen, gekannt haben. Nicht festgestellt, vielmehr nach den getroffenen Feststellungen für ausgeschlossen ist zu erachten, daß Angeklagte etwa der Meinung gewesen, der in Frankreich wohnende Besteller der Waare — mag als solcher A. B. oder M. B. & Co. anzusehen oder von dem Angeklagten angenommen worden sein — hätte auf Grund der in Paris erfolgten Deposition der gleichen Marke eine das Recht von Kellner & Oehling zu dem Gebrauche des Waarenzeichens in Deutschland ausschließende Berechtigung hierzu erlangt, oder daß sonst Angeklagte im Irrthum über Thatsachen sich befunden haben, welche, wenn sie vorhanden gewesen wären, das ihnen bekannte Schutzrecht von Kellner & Oehling im allgemeinen oder doch im Verhältniß zu dem Pariser Besteller aufgehoben oder unwirksam gemacht, oder ihnen, den Angeklagten, ein eigenes Recht zur Benutzung der Marke gewährt hätten. Der sogenannte gute Glaube der Angeklagten, die Ueberzeugung, nicht widerrechtlich zu handeln, hat vielmehr nach den getroffenen Feststellungen nur darin bestanden, daß, weil sie für ihren Besteller ein Schutzrecht in Frankreich als begründet angenommen haben und die bei ihnen bestellten Waaren für Frankreich bestimmt waren, sie deshalb sich für befugt erachtet haben, über das, wie ihnen bekannt, innerhalb Deutschlands für Kellner & Oehling ausschließlich begründete Schutzrecht sich hinwegzusetzen und die für Jenen bestimmten Waaren innerhalb des Schutzgebietes der Kellner & Oehling'schen Marke mit der

Letzteren zu bezeichnen. Daß dies objektiv gegen das Recht war, das Bestehen eines auf Frankreich beschränkten Schutzrechtes ihres Bestellers den Angeklagten in keiner Weise die Befugniß geben konnte, ihre eigenen Fabrikate in Deutschland mit dem mit dem Kellner & Dehling'schen identischen Waarenzeichen zu versehen, das ist von der Vorinstanz anerkannt und unterliegt keinem Zweifel."

3. **Preuß. Vormundschaftsrecht (R.Str.P.O.). Auch der Gegenvormund des Verletzten ist zum Geschworenendienst unfähig** (§§ 22 Abs. 2, 32 der R.Str.P.O.). Urth. des IV. Strafsenats vom 7. Oktober 1884 wider Levy. Aufhebung auf Revision der Staatsanwaltschaft.

„Der Angeklagte ist von der Anklage des betrüglichen Bankerutts freigesprochen und unter Anderem wegen einfachen Bankerutts verurtheilt. Da die Strafbestimmungen wegen Bankerutts zum Schutze der Gläubiger gegeben sind, so müssen bei demselben diejenigen, welche sich als Gläubiger in dem Konkurse des Angeklagten gemeldet haben und nicht oder nicht voll befriedigt werden, weil die Masse unzureichend ist, als verletzt angesehen werden. Die Handlung H. K. in Bromberg hat in dem Konkurse des Angeklagten eine Forderung von 2198,10 ℳ angemeldet; diese Forderung ist auch zum größten Theil im Konkurse anerkannt. Sie wird voraussichtlich nur zu einem kleinen Theile aus der Konkursmasse gedeckt werden. Zu den Inhabern der Firma H. K. gehörte der minderjährige H. K.; dessen Gegenvormund war der Kaufmann K. W. Als durch den Bankerutt des Angeklagten verletzt im Sinne des § 22 der R. Str. P. O. muß hiernach auch der minderjährige H. K. angesehen werden. Nach §§ 22 Nr. 2 und 32 der R. Str. P. O. ist ein Geschworener von der Ausübung des Amtes kraft Gesetzes ausgeschlossen, wenn er Vormund der verletzten Person ist oder gewesen ist. Unter Vormund muß hier auch der Gegenvormund des Preuß. Rechtes verstanden werden; denn auch dieser hat auch dann, wenn es auf seine Genehmigung und Zustimmung nicht ankömmt, die Geschäftsführung des Vormundes zu übernehmen und das Interesse des Mündels wahrzunehmen." Der Gegenvormund K. W. hat aber als Geschworener mitgewirkt.

4. **Preuß. Gesetz vom 2. Juli 1875. Preuß. Enteignungsgesetz vom 11. Juni 1874** (§§ 240, 241 des R. Str. G. B.). **Die Androhung von Gewalt gegen eine die Formen der Enteignung nicht einhaltende Eigenthumsentziehung ist** (als Nothwehr) **straflos.** Urth. des IV. Strafsenats vom 10. Oktober 1884 wider J. Vorinstanz: L. G. Ratibor. Verwerfung der Revision der Staatsanwaltschaft.

Der Vorderrichter stellt fest, daß im November 1883 die Häusler P. und S. sich im Auftrage des Gemeindevorstehers auf die Besitzung des Angeklagten begaben, um behufs Verbreiterung der Dorfstraße durch den Garten des Angeklagten einen Graben auszuwerfen und die auf dem hierdurch abgegrenzten Streifen Gartenlandes stehenden Obstbäume zu fällen. Er stellt auch fest, daß P. und S., denen der Angeklagte als jähzornig bekannt, von der Ausführung des Auftrages Abstand genommen und sich entfernt haben, um einen Konflikt mit dem Angeklagten zu vermeiden. Nach der Anklage und dem Eröffnungsbeschluß soll der Angeklagte die beiden Arbeiter zur Unterlassung der

Fortsetzung der Arbeit durch die Drohung, eine Axt zu holen und ihnen die Hände abzuhauen, widerrechtlich genöthigt haben. Das angegriffene Urtheil läßt dahingestellt, ob die Drohung, so wie die Anklage behauptet, gefallen, weil der Angeklagte, da es sich um Schmälerung seines Grundeigenthumes gehandelt, berechtigt gewesen, den Ausweis über die Anordnung der Maßregel durch die zuständige Behörde zu verlangen und bis zum Erbringen desselben jeden Eingriff in sein Eigenthum kraft des ihm zustehenden Hausrechtes zu verhindern, weil die Zeugen P. und S. einen solchen Ausweis nicht erhalten und deshalb nicht haben vorzeigen können, weil die Anklage selbst den Beweis schuldig geblieben sei, daß die Nothwendigkeit der Maßregel durch die zuständige Behörde festgesetzt, der Angeklagte verpflichtet worden, sich ihr zu unterwerfen und hiervon in Kenntniß gesetzt worden ist — und weil bei dieser Sachlage der vom Angeklagten der Maßregel entgegengesetzte Widerstand als widerrechtlicher nicht angesehen werden könne. Deshalb ist der Angeklagte von der Anklage aus § 241 des R.Str.G.B. freigesprochen.

„Weder der Erste Richter noch die Revision der Staatsanwaltschaft lassen sich zwar darüber aus, welche Behörde sie als die zuständige angesehen wissen wollen, aber die Unterstellung, von der der Erste Richter offenbar ausgeht, daß der Gemeindevorsteher keine Befugniß zu der Anordnung gehabt, um die es sich handelt, ist unbedenklich richtig. Nach den hier maßgebenden Vorschriften des Gesetzes, betreffend die Anlegung und Veränderung von Straßen und Plätzen in Städten und ländlichen Ortschaften vom 2. Juli 1875, war zunächst unter Zuziehung bezw. Benachrichtigung des Angeklagten in dem in den §§ 4, 5, 7, 8 daselbst geordneten Verfahren die neue Fluchtlinie der Dorfstraße nicht vom Gemeindevorsteher, sondern vom Gemeindevorstand im Einverständniß mit der Gemeinde und unter Zustimmung der Ortspolizeibehörde festzustellen, demnächst aber, da der Angeklagte einen Theil seines Gartenlandes zur Verbreiterung der Dorfstraße hergeben sollte, die Entschädigung dafür in dem durch §§ 13, 14 a. a. O. und §§ 24 ff. des Enteignungsgesetzes vom 11. Juni 1874 geordneten Verfahren festzustellen. Vor Feststellung, Zahlung oder Niederlegung dieser Entschädigung war der Angeklagte nach den §§ 24 ff. cit. zur Hergabe seines Grundeigenthums nicht verpflichtet. Nach der für diese Instanz maßgebenden thatsächlichen Unterstellung des Vorderrichters ist von alle dem hier nichts geschehen, der Angeklagte nicht einmal davon in Kenntniß gesetzt worden, daß er sich der angeordneten Maßregel zu unterwerfen habe und ihm von den beiden Arbeitern P. und S. ein Ausweis über die Anordnung der Maßregel nicht vorgelegt worden. Bei solcher Sachlage war der Angeklagte aber, wie mit dem Ersten Richter anzunehmen, berechtigt, den Versuch, ihm einen Theil seines Gartenlandes zu entziehen, als einen rechtswidrigen gewaltsamen Eingriff in sein Eigenthum anzusehen und demgemäß und nach den hier überall zutreffenden § 78 der Einl., § 26 Tit. 3, §§ 96, 141 ff. Th. I Tit. 7 des Preuß. Allgem. L.R. mit Gewalt abzuwehren. War aber der Angeklagte berechtigt, die beiden Arbeiter selbst durch Gewalt zu zwingen, den Eingriff in sein Eigenthum zu unterlassen, so fehlt dem Thatbestande des § 240 des R.Str.G.B. das wesentliche Moment der widerrechtlichen Nöthigung."

Reichsrecht.

1. Handelsgesetzbuch.

39. **Der Anspruch des Gesellschafters auf die Zinsen seiner Einlage** (Art. 106 des H.G.B.) **ist ein unbedingter. Diese Zinsen bilden keinen Theil des Gewinnes, vielmehr stehen Zinsen und Gewinn in Gegensatz** (Art. 107—109 des H.G.B.). **Die gesetzliche Definition des „Reingewinnes" ist für das Vorkommen dieses Wortes in Gesellschaftsverträgen nicht ohne weiteres maßgebend.** Urth. des I. Civilsenats vom 11. Oktober 1884 in Sachen P. in B., Klägers und Revisionsklägers, wider F. D. das., Beklagten und Revisionsbeklagten. Vorinstanz: Kammerger. Berlin. Aufhebung und Bestätigung des ersten Urtheils (L.G. I Berlin), aus hier belanglosen Gründen.

„Die zu entscheidende Frage ist, ob der Kläger, wenn er den ihm in Abs. 2 des § 5 des Gesellschaftsvertrages für jedes Geschäftsjahr garantirten Betrag von 7500 ℳ fordert, daneben noch die nach Art. 106 des H.G.B. jedem Gesellschafter jährlich von seinem Einlagekapital, beziehentlich von seinem Gesellschaftsantheil gutzuschreibenden 4 % fordern kann. Der Anspruch auf die sogenannten Zinsen aus Art. 106 des H.G.B. ist ein unbedingter, von Vorhandensein und Größe von Gewinn aus den Gesellschaftsgeschäften völlig unabhängiger. Die sogenannten Zinsen bilden keinen Theil des Gesellschaftsgewinnes, sie werden dem Gesellschafter gutgeschrieben und können realisirt werden (Art. 108 Abs. 2 des H.G.B.), auch wenn kein den Zinsbetrag erreichender oder überhaupt kein Geschäftsgewinn gemacht ist. Sie werden als Geschäftslasten oder Geschäftsausgaben behandelt, welche unter allen Umständen gemacht werden müssen und gemacht werden. Art. 106 des H.G.B. spricht dies in Abs. 3 prägnant aus: „Vor Deckung dieser Zinsen ist kein Gewinn vorhanden, und der Verlust der Gesellschaft wird durch dieselben vermehrt oder gebildet."

Hiermit ist eine Definition des „Gewinnes" der Gesellschaft gegeben und dieser in Gegensatz zu den sogenannten „Zinsen" gesetzt und in diesem Sinn wird das Wort in den Art. 107, 108, 109 des H.G.B. gebraucht. Hieraus folgt aber nicht, daß, wenn in einem Gesellschaftsvertrag von „Gewinn" des einzelnen Gesellschafters die Rede ist, dieser Ausdruck in gleichem Sinn gebraucht sein muß. Der B.R. verstößt nicht gegen Rechtsgrundsätze, handelt vielmehr korrekt, wenn er das Wort „Reingewinn" in § 5 Abs. 2 des Gesellschaftsvertrages nicht ohne weiteres im Sinn der Art. 106 ff. des H.G.B. auffaßt, sondern untersucht, in welchem Sinn die Parteien den Ausdruck gebraucht haben."

40. **Wirksamkeit der dem stillen Gesellschafter für seine Ansprüche an den Komplementar vertragsmäßig bestellten Hypothek im Konkurs des Komplementars** (Art. 259 des H.G.B.). Urth. des I. Civilsenats vom 27. September 1884 in Sachen des Konkurses der Gebr. S. zu B., Beklagten und Revisionsklägers, wider F. v. L. das., Kläger und Revisionsbeklagten. Vorinstanz: O.L.G. Hamm. Verwerfung.

„Der stille Gesellschafter begründet dadurch, daß er seine vertragsmäßige Einlage einbringt, ein Kreditverhältniß zwischen sich und dem Komplementar. Letzterer ist verpflichtet, bei Beendigung der Gesellschaft die in sein Eigenthum übergegangene Einlage zurückzugeben, soweit dieselbe nicht durch den auf den stillen Gesellschafter fallenden Verlustantheil geschmälert ist. Wie für jede derartige Verpflichtung, kann auch für diese Verpflichtung eine Hypothek bestellt werden, und es ist kein Grund ersichtlich, dieser Hypothek im Konkurs des Komplementars die Wirksamkeit zu versagen. Daß die Hypothek an denjenigen Grundstücken bestellt ist, welche zum Fabrikbetrieb, an welchem die stillen Gesellschafter betheiligt sind, dienen und von den Einlagen der stillen Gesellschafter gekauft sind, ist gleichgültig. Diese Grundstücke stehen im Eigenthum der Komplementare bezw. der als Komplementar erscheinenden offenen Handelsgesellschaft Gebrüder S. wie jeder andere Vermögensgegenstand, und der Kläger steht an sich als stiller Gesellschafter zu denselben in keiner rechtlichen Beziehung. Die Hypothekbestellung kann auch nicht etwa auf Grund des Art. 259 des H.G.B. angefochten werden. Wenngleich nämlich der Auffassung des R.O.H.G. (Entsch. Bd. XIV S. 92) beizutreten ist, daß die innerhalb eines Jahres vor Eröffnung des Konkurses über das Vermögen des Komplementars dem stillen Gesellschafter zur Sicherung seiner Einlage bestellte Hypothek in gleicher Weise wie die Zurückzahlung der Einlage zu behandeln, d. h. Art. 259 des H.G.B. darauf analog anzuwenden ist, so liegt doch die Voraussetzung des Art. 259 nicht vor, weil die Komplementare durch eine schon bei Abschluß der Gesellschaft getroffene Vereinbarung zur Bestellung der Hypothek verpflichtet waren. Die Bestimmung des Art. 259 bezieht sich nur auf den Fall, daß innerhalb eines Jahres vor der Eröffnung des Konkurses über das Vermögen des Komplementars das Gesellschaftsverhältniß durch Vereinbarung zwischen den beiden Gesellschaftern d. h. durch eine in diesem Zeitraum erfolgte Vereinbarung aufgelöst wird. Nicht aber kann die Bestimmung Platz greifen, wenn die Dauer der Gesellschaft schon durch den ursprünglichen Gesellschaftsvertrag oder eine spätere, aber früher als im kritischen Jahre getroffene Vereinbarung auf eine bestimmte Frist beschränkt war und der Tag der Auflösung bezw. der in Folge der Auflösung erfolgenden Zurückzahlung der Einlage in das kritische Jahr fällt. Denn zu dieser Zurückzahlung war der Komplementar durch ein unanfechtbares Rechtsgeschäft verpflichtet. Ganz dasselbe gilt aber auch für den vorliegenden Fall, in welchem durch den Gesellschaftsvertrag selbst die Inhaber des Handelsgewerbes zur Bestellung der fraglichen Hypothek verpflichtet waren, die Bestellung selbst also als die Erfüllung einer vertragsmäßigen unanfechtbaren Verpflichtung und nicht als ein zur Bevorzugung des stillen Gesellschafters auf Kosten der anderen Gläubiger in dem kritischen Jahr vorgenommenes Geschäft erscheint. Die gleiche Auffassung findet sich ebenfalls in den letzten Sätzen der Entscheidungsgründe des angefochtenen Urtheils ausgesprochen, und kann es dahin gestellt bleiben, ob die unmittelbar vorhergehenden Argumentationen über die Verstärkung der Sicherheit oder darüber, daß die späteren Gläubiger in der Lage gewesen seien, sich Kenntniß von dem modifizirten Gesellschaftsvertrage zu verschaffen, zutreffend sind."

41. **Das kaufmännische Zurückbehaltungsrecht kann an Hypotheken und eigenen Sachen des Gläubigers nicht ausgeübt werden** (Art. 313, 314 des H. G. B.). Urth. des I. Civilsenats vom 1. November 1884 in Sachen des F.'schen Konkurses, Klägers und Revisionsklägers, wider Vorschußverein zu R., Beklagten und Revisionsbeklagten. Vorinstanzen: L. G. und O. L. G. Rostock. Aufhebung und Verurtheilung (wie in erster Instanz).

Der Kaufmann F. hatte auf sein in Warnemünde belegenes Haus in dem vom Gewettsgerichte zu Rostock geführten Hausbuch über Warnemünde eine Hypothek von 1500 Thlr. auf seinen Namen eintragen lassen. Er hat dann, wie in den Vorinstanzen festgestellt ist, zur Sicherung einer dem Vorschußverein gegen ihn zustehenden Kontokorrentforderung die Hypothek von 1500 Thlr. dem Vorschußverein cedirt. Demnächst ist über das F.'sche Vermögen der Konkurs eröffnet, die Kontokorrentforderung ist vor dem Termin zur Anmeldung der Forderungen getilgt, das Haus des F. in Warnemünde ist subhastirt und der beklagte Vorschußverein hat zu der aus dem Erlöse dieser Versteigerung gebildeten Masse die ihm cedirte Hypothek angemeldet. In Folge dessen hat der Konkursverwalter gegen den Vorschußverein Klage erhoben. Von der Klagbitte kommt nur noch in Betracht das Petitum: „festzustellen, daß der Vorschußverein, Eingetr. Genossenschaft, aus der Hausbuchschrift, eingetragen . . . für Kaufmann F. F. auf das Haus . . ., lautend über 1500 Thlr. . . . an die Masse des im Zwangsvollstreckungswege verkauften Hauses . . . keinen begründeten Anspruch zu erheben hat." Das L.G. hat durch Urtheil vom 22. Januar 1884 dem Petitum des Klägers entsprechend erkannt; das O.L.G. hob durch Urtheil vom 14. Mai 1884 das landgerichtliche Urtheil auf und wies die Klage ab. Gegen dieses Urtheil hat Kläger Revision eingelegt.

„Wenn man unterstellt, daß die Verordnung für das Großherzogthum Mecklenburg-Schwerin vom 21. März 1859 auch für Warnemünde Anwendung zu finden hat, so durfte der Kaufmann F. auf sein Haus die Hypothek von 1500 Thalern auf seinen Namen eintragen lassen. Dieser Akt hatte nach der Verordnung, solange die Hypothek und das Haus bei F. verblieben, die Bedeutung, daß dadurch die Priorität der auf F. eingetragenen Post an der Stelle konservirt wurde, an welcher sie eingetragen war. Ihre volle rechtliche Wirksamkeit erlangte die Hypothek erst damit, daß sie von F. dem Beklagten abgetreten wurde. Hätte nun auch der Beklagte damit eine wirksame und gültige Hypothek erlangt und verblieb ihm dieselbe, solange sie nicht gelöscht oder weiterbegeben war, so blieb doch zwischen den Parteien über das Recht, die Hypothek geltend zu machen, das Rechtsverhältniß maßgebend, welches der Cession zu Grunde lag. F. hatte die Hypothek in securitatem cedirt; sobald die Forderung getilgt war, zu deren Sicherung die Hypothek abgetreten war, durfte der Konkursverwalter die Löschung oder Rückgabe der Hypothek, also auch die Feststellung des im Thatbestande dieses Urtheils wiedergegebenen Inhalts fordern.

Nun stehen allerdings dem Beklagten außer der getilgten Forderung noch andere Forderungen zu, zu deren Sicherung die Hypothek nicht cedirt ist, und das O.L.G. nimmt deshalb an, daß der Beklagte wegen dieser anderen Forderungen das kaufmännische Zurückbehaltungsrecht des Art. 313, 314 des H.G.B. an der ihm cedirten Hypothek mit der Maßgabe ausüben dürfe, daß sich Beklagter wegen jener Forderungen aus der Hypothek nur durch Realisirung derselben bezahlt machen dürfe. Zu solcher Anwendung bieten die Art. 313 und 314 keine Handhabe.

Hätte F. eine für ihn nicht auf sein, sondern auf ein anderes Grundstück eingetragene Hypothek dem beklagten Vorschußverein nicht cedirt, sondern verpfändet, so würde das Pfandrecht an der Hypothek damit erloschen sein, daß die Forderung, zu deren Sicherung es bestellt war, getilgt wurde. Dieses Pfandrecht konnte also nicht mehr realisirt werden, es konnte nicht als Mittel benutzt werden, um die Hypothek zu fruktifiziren. Als einziger Gegenstand für die Ausübung eines Zurückbehaltungsrechts wäre die Hypothekenurkunde übrig geblieben. Nun kann wohl das dingliche Recht an der verbrieften Hypothek ein Recht an der mitübergebenen Urkunde nach sich ziehen, aber ein Zurückbehaltungsrecht an der auf fremden Namen lautenden Urkunde kann nicht weiter führen, als daß der Zurückhaltende, soweit das angängig wäre, die Rechte des Art. 315 bezüglich der Urkunde ausübt, ohne daß derselbe zu einer Ausübung von Rechten an der verbrieften Hypothek gelangte. Der Umstand, daß der Schuldner seinen Gläubiger, statt ihm die Hypothek zur Sicherheit einer Forderung zu verpfänden, zum Inhaber der Hypothek macht, daß er dieselbe in securitatem cedirt und ihn so in den Stand setzt, das Hypothekenrecht auf seinen Namen auszuüben, könnte, wenn das Zurückbehaltungsrecht auf diesen Fall anwendbar wäre, in keinem Falle weiter führen. Denn auch in diesem Falle könnte sich das Zurückbehaltungsrecht nicht auf das Recht der Hypothek, sondern höchstens auf die Sache beziehen, in deren Besitz der Gläubiger gelangt ist, auf die Hypothekenurkunde. Die auf den Namen lautende Hypothekenurkunde ist nicht Werthpapier in dem Sinne, in welchem es das Inhaberpapier ist, so daß das Papier die Hypothek repräsentirt.

Nun aber ist das kaufmännische Zurückbehaltungsrecht nur statthaft an beweglichen Sachen und Werthpapieren des Schuldners, welche in den Besitz des Gläubigers gelangt sind, welche also auch Sachen des Schuldners geblieben sind. An eigenen Sachen kann der Gläubiger das Zurückbehaltungsrecht des H. G. B. nicht ausüben, auch dann nicht, wenn er verpflichtet ist, dieselben dem Schuldner auszuantworten, zu übergeben, zurückzugeben, in sein Eigenthum zu bringen. Dem Wortlaut des Art. 313 entspricht solche Anwendung nicht. Ueber den Wortlaut hinaus das Zurückbehaltungsrecht auf solche Fälle analog anzuwenden, dazu liegt ein Grund nicht vor. Hat der Schuldner den Gläubiger zum Eigenthümer in dessen Interesse gemacht, damit der Gläubiger seine Rechte um so sicherer und besser ausüben könne, so ist für den Gläubiger, solange er Eigenthümer ist, die Sache keine fremde. Hört der Grund auf, aus welchem der Gläubiger zum Eigenthümer gemacht ist, so ist er verpflichtet, die Sache dem Schuldner zurückzugeben und sie in dessen Eigenthum zu bringen. Allein diese Verpflichtung bringt die Sache dem Schuldner nicht näher als die Verpflichtung gleichen Inhalts aus einem anderen

Rechtsgrunde. Auch wenn der Gläubiger dem Schuldner versprochen hat, eine dem Gläubiger gehörige Sache dem Schuldner zu geben oder ihm eine Sache gewisser Art zu geben, hat er jene Verpflichtung. Die Sache ist dem Werthe nach, welchen das Forderungsrecht auf die Sache hat, im Vermögen des Forderungsberechtigten. Wollte man auf diese Werthobligation das Zurückbehaltungsrecht erstrecken, so läge kein Grund vor, es auf Sachen einzuschränken: man müßte dem Gläubiger in den Fällen der Art. 313 und 314 das Recht geben, jede Leistung zu weigern, welche er seinerseits dem Gläubiger zu machen hat, es möge sich nun um Leistung spezieller oder generischer Sachen, es möge sich um Leistung von Rechten, von Handlungen oder von Unterlassungen handeln. Das will das Gesetz nicht. Man muß also bei dem Wortlaut stehen bleiben. Derselbe schließt die Anwendung des kaufmännischen Zurückbehaltungsrechtes auf eine Hypothekenurkunde, welche dem Beklagten mit der Uebertragung der Hypothek zu Eigenthum übergeben ist, aus."

42. **Die unrichtige Androhung der Dispositionsstellung in der Mängelanzeige benimmt letzterer ihre Wirkung nicht** (Art. 347 des H. G. B.). Urth. des II. Civilsenats vom 14. Oktober 1884 in Sachen S. K. in E., Klägers und Revisionsklägers, wider N. S. & S. in M., Beklagte und Revisionsbeklagte. Vorinstanzen: L. G. Mannheim, O. L. G. Karlsruhe. Aufhebung und Verurtheilung (wie in erster Instanz).

„Verfehlt ist der auf Art. 347 des H. G. B. gestützte Angriff, welcher geltend macht, die Dispositionsstellung der leichten Sorte Gerste sei wirkungslos, weil ein untheilbares Geschäft vorliege. Zur Mängelanzeige im Sinne jener Gesetzesstelle wird nämlich weiter nichts erfordert, als die Rüge der Qualität, wie sie hier unbestritten durch die Monitur dahin erfolgte, daß die betreffende Sorte Gerste nicht mustermäßig sei. Der Käufer ist durch das Gesetz nicht verpflichtet, in der Mängelanzeige sich darüber zu erklären, welche Maßregeln er wegen der Mängel ergreifen werde, und deshalb kann es ihm nicht schaden, wenn er dem Verkäufer eine unrichtige Folge des Mangels der Waaren androht. In Folge der vom Berufungsgericht ganz zutreffend festgestellten Untheilbarkeit des fraglichen Kaufgeschäfts durfte die Beklagte allerdings wegen Mängel des einen Theiles der Waare nicht blos diesen Theil dem Kläger zur Verfügung stellen, sondern sie war nur befugt, ganz vom Geschäft zurückzutreten, aber sie hat ihr Recht sich schon durch die Mängelanzeige gewahrt. Es beruht auf einer, auch bei Kaufleuten nicht seltenen

Verwechselung der dem Käufer obliegenden Mängelanzeige des Art. 347 a. a. O. mit den rechtlichen Folgen der Anzeige, wenn Revisionskläger meint, die unrichtige Androhung der Dispositionsstellung in der Anzeige benehme der Monitur ihre Wirkung."

43. **Begriff der reinen Differenzgeschäfte** (Art. 357 des H. G. B). Urth. des III. Civilsenats vom 7. Oktober 1884 in Sachen J. Ph. Sch. in O., Beklagten und Revisionsklägers, wider H. B.-C. in F., Klägerin und Revisionsbeklagte. Vorinstanz: O. L. G. Frankfurt a. M. Verwerfung.

„Die Frage, ob Differenzgeschäfte als verbotene Spielverträge und somit als nicht klagbar anzusehen seien, kann nur aufgeworfen werden in Betreff der sogenannten reinen Differenzgeschäfte d. i. derjenigen in den Formen des Art. 357 des H. G. B. abgeschlossenen Geschäfte, durch welche das Recht, effektive Lieferung verlangen und durch effektive Lieferung sich liberiren zu können, vertragsmäßig ausgeschlossen ist dergestalt, daß nur die demnächstige Kursdifferenz den Gegenstand des Geschäfts bildet. Ob die Kontrahenten beim Abschlusse des Geschäfts von der Absicht ausgegangen sind, daß dasselbe demnächst nur durch die Zahlung der Kursdifferenz zu erfüllen sein werde, ist gleichgültig, sofern nicht diese Absicht bei dem Vertragsabschlusse, ausdrücklich oder stillschweigend, übereinstimmend erklärt und somit zu einer Vertragsbestimmung gemacht worden ist. Die Klägerin hat nun zwar in ihrem Klageantrage angegeben, „bei den fraglichen Geschäften habe nicht effektive Lieferung, sondern Zahlung der Differenz stattfinden sollen"; allein die Vorinstanzen haben hierin die Behauptung einer entsprechenden Vertragsbestimmung nicht erblickt, und diese thatsächliche Auffassung kann bei der Dehnbarkeit des Ausdruckes „sollen" keineswegs für unstatthaft erachtet werden."

44. **Das sogenannte Indentgeschäft ist ein Geschäft auf feste Ordre** (Art. 361 ff. des H. G. B.). Urth. des I. Civilsenats vom 20. September 1884 in Sachen J. Sch. zu H., Klägers und Revisionsklägers, wider S. & T. zu S., Beklagte und Revisionsbeklagte. Vorinstanz: Kammerger. Berlin. Aufhebung und Zurückverweisung.

„Der Berufungsrichter hat die Möglichkeit nicht berücksichtigt, daß Verkaufskommissionen auch in der Art abgeschlossen werden, daß der Verkaufskommittent sich bei Abschluß derselben für das für seine Rechnung zu verkaufende oder bereits verkaufte Gut einen bestimmten Preis sichert. Eine solche Möglichkeit ist aber nicht nur begrifflich vorhanden, sondern gerade in Beziehung auf den Geschäftsverkehr nach Ostasien hat sich in neuerer Zeit der Handel so ausgebildet, daß derartige Geschäfte häufig vorkommen. Während früher der einheimische Produzent, wenn er seine Waaren im Auslande verkaufen lassen wollte, die Gefahr, ob die Waaren vortheilhaft oder überhaupt mit Gewinn verwerthet würden, laufen mußte, die Konsignation nach gewissen entfernten Gegenden daher ein ganz unsicheres Geschäft war, ist durch das sogenannte Indentgeschäft der inländische Produzent in den Stand gesetzt, eine bestimmte Art der Verwerthung seiner Waaren in sichere Aussicht zu nehmen (vergl. Annalen Bd. IV S. 406; Entsch. Bd. V S. 84). Giebt der Kommissionär bei der von ihm ausgehenden Offerte des Kommissionsgeschäfts dem Produzenten an, zu welchem Preis er das Kommissionsgut schon verkauft habe oder zu verkaufen im Stande sei, oder garantirt er ihm für das Gut einen gewissen Minimalverkaufspreis, so ist die Chance für den Produzenten keine ungünstigere, als wenn der Kommissionär ihm als Selbstkäufer gegenübergetreten wäre. Ein derartiges Kommissionsgeschäft erscheint begrifflich als ein Geschäft auf feste Ordre.

Nun ist es allerdings richtig, daß ein Indentgeschäft als Kommission abgeschlossen werden kann, und die Ausführung des Berufungsrichters, daß die hier fraglichen Geschäfte als Kommissionsgeschäfte aufzufassen seien, enthält keinen Rechtsirrthum. Der Berufungsrichter führt ferner mit Recht aus, der Begriff eines Kommissionsgeschäfts werde dadurch nicht ausgeschlossen, daß der Kommissionär einen Minimalverkaufspreis garantirt und das del credere übernimmt. Die fraglichen Geschäfte würden also an sich unter den Begriff des Kommissionsgeschäfts subsumirt werden können. Allein daß im vorliegenden Fall der Ausdruck „Konsignation" in diesem weiten Sinne aufgefaßt werden kann, ist dadurch ausgeschlossen, daß die „Konsignation" in einen Gegensatz zu den Geschäften „auf feste Ordre" gestellt ist. Unter Konsignation kann daher nur eine einfache Konsignation, bei welcher dem Kommittenten Sicherheit für den Erfolg nicht bestellt ist, verstanden worden sein, und diese Auffassung entspricht nicht nur dem jetzigen kaufmännischen Sprachgebrauch, wie ja der Zeuge T. von Konsignationen und Indents spricht, sondern ergiebt sich auch als der Auffassung der Beklagten, wie sie sich in deren Brief vom 2. März 1877 ausgesprochen findet, daß Konsignationen in den meisten Fällen verlustbringend seien, entsprechend. Es bleibt dabei ganz gleichgültig, ob die Beklagte damals vom sogenannten Indentgeschäft schon Kenntniß hatte oder ob ihr dasselbe ganz fremd war."

45. Der Bankier, dem der Kommittent nach freiem Ermessen zum Zwecke der Spekulation (des Kommittenten) **den An- und Verkauf von Werthpapieren überträgt, hat dem Kommittenten unverzüglich Anzeige über die abgeschlossenen Geschäfte zu geben** (Art. 361 des H.G.B.). Urth. des I. Civilsenats vom 18. Oktober 1884 in Sachen H. Z. in B., Klägers, Revidenten und Imploranten, wider H. M. in P., Beklagte, Revisin und Imploratin. Vorinstanz: Kammerger. Berlin. Aufhebung und Abänderung.

Kläger verlangt, daß ihm aus dem ihm zu kreditirenden Verkaufspreis für 5000 Thlr. Stolberger-Zink-Aktien ein Mehransatz von 1800 ℳ gutzuschreiben sei, weil diese Aktien von der Beklagten am 22. August 1872 zum Kurse von 54% hätten verkauft werden sollen. Beklagte hatte ursprünglich behauptet, diese Aktien auf Grund des ihr eingeräumten Ermessens, vermöge dessen sie das Interesse des Klägers wahrnehmen sollte, am 17. August 1872 zum Kurse von 34% verkauft zu haben. Einen solchen Verkauf hätte sie dem Kläger durch ihren Brief vom 19. August 1872 angezeigt. Die Beweisaufnahme, welche erforderlich wurde, da beim Bestreiten dieses Verkaufes seitens des Klägers, der demselben nach der Anzeige sofort als nicht berechtigt widersprochen hatte, der Beklagten die Beweislast oblag, ergab nun aber, daß ein Verkauf am 17. August 1872 zum Kurse dieses Tages nicht stattgefunden hatte. Beklagte will nun geltend machen, daß unter am 19. August 1872 zum Kurse von 42% verkauften 7100 Thlr. Stolberger-Zink-Aktien jene für den Kläger angekauften 5000 Thlr. sich befunden hätten, und die zweite Instanz hat dies gebilligt.

„Allein einmal ist die Beweisführung, an welche ein strenger Maßstab gerade deshalb angelegt werden muß, weil der betreffenden Behauptung die dem Kläger erstattete Anzeige von einem am 17. August 1872 zu einem anderen Kurse erfolgten Verkaufe entgegensteht und Beklagte dies durch Darlegung eines Irrthums aufzuklären unterlassen hat, durchaus nicht schlüssig. Nach dem Gutachten des Buchhalters S. bezüglich des Inhalts der Bücher der Allgemeinen Depositenbank sind die an den Schönheimer Bankverein als den Käufer gelieferten 7100 Thlr. Aktien als von diesem refüsirt wieder von der Depositenbank zurückgenommen worden. Aber ganz abgesehen hiervon, kann auf den Versuch, nunmehr einen ganz anderen Verkauf als den auf Grund der Wahrnehmung des klägerischen Interesses vorgenommenen darzustellen, so daß Kläger ihn gelten lassen müßte, keine Rücksicht genommen werden. Wenn auch im allgemeinen die rechtzeitige Anzeige von der Ausführung einer Kommission nicht zu der Ausführung selbst gehört, so liegt die Sache doch anders, wenn, wie hier, die Ausführung des Verkaufes seitens des Bankiers nicht auf Grund eines gemessenen Auftrages des Kommittenten, sondern auf Grund einer ihm eingeräumten Bethätigung eigenen freien Ermessens stattgefunden hat. In solchem Falle bietet, sofern das Ermessen sich in Vornahme einer den Kommittenten berührenden Realisirungshandlung bethätigt haben soll, insbesondere bei so ausgeprägten Spekulationsgeschäften, wie sie hier in Frage stehen, die unverzügliche Anzeige hiervon an den Kommittenten das einzige Sicherungsmittel gegen die Benutzung solcher Vertrauensstellung zu Spekulationen auf Kosten des Kommittenten. Ohne solche Anzeige kann der Bankier je nach dem weiteren Verlaufe der Kurse, beziehungsweise der Position, welche der Kommittent später einnimmt, einer Verfügung über die Effekten des Kommittenten, die er in Wahrheit in eigenem Interesse vorgenommen hat, nachträglich den Schein einer Bethätigung des Interesses für den Kommittenten geben oder umgekehrt eine in Wahrheit für den Kommittenten bethätigte Verfügung durch Wiederverschaffung der Effekten wieder beseitigen. Es kommt hinzu, daß überall da, wo für den Kommittenten erworbene Effekten nicht in ein individualisirtes Depot für denselben genommen sind, wo also, wenn eine Verfügung über diese Effekten durch Realisirung in Frage kommt, objektiv doch nichts weiter bewiesen wird, als daß eine gleiche Anzahl Effekten realisirt worden ist, der Schluß, es sei dies für Rechnung des Kommittenten geschehen, gerade dadurch vermittelt wird, daß ein Auftrag desselben zum betreffenden Tage vorlag oder zur entsprechenden Zeit die Anzeige, es sei dies für ihn geschehen, gemacht wurde. Fällt beides weg, so fehlt es eben an jedem sicheren Anhalt dafür, daß ein Verkauf einer bestimmten Anzahl Effekten an einem bestimmten Tage gerade in Wahrnehmung des Interesses und für Rechnung des betreffenden Kommittenten erfolgt sei. Aus diesen Gründen ist die ertheilte Ermächtigung zum Verfügen nach eigenem Ermessen, nach dem Willen der Betheiligten, als im Sinne einer nur bei sofortiger Anzeige den Kläger verbindenden Verfügungsbefugniß ertheilt anzusehen. Demgemäß konnte Kläger, da er einen Verkauf vom 19. August 1872 niemals anerkannt hat, noch am 22. August 1872 den Verkauf verlangen und daher die Erhöhung des Kreditpostens um die Differenz der Kurse von 42 und 54 % fordern."

2. Reichs-Genossenschaftsgesetz.

46. **Der schriftliche Beitritt des Mitgliedes einer früheren Genossenschaft braucht bei deren Verwandlung in eine Reichs-Genossenschaft nicht wiederholt zu werden. Dagegen kann das Mitglied austreten. Wirksamkeit besonderer Beitrittsförmlichkeiten des alten Statuts** (§§ 2 Abs. 4, 71 Abs. 1 des Reichs-Genossenschaftsgesetzes). Urth.

des I. Civilsenats vom 11. Oktober 1884 in Sachen der Mitglieder des bisherigen landwirthschaftlichen Kredit- und Sparvereins, eingetragenen Genossenschaft, zu W., Beklagte, Widerkläger und Revisionskläger, wider F. W. D. und Gen. zu F., Kläger, Widerbeklagte und Revisionsbeklagte. Vorinstanz: O.L.G. Jena. Aufhebung und Zurückverweisung.

„Es steht fest, daß der Mitkläger K. B. am 18. September 1868 schriftlich seinen Beitritt zum Vorschußvereine des landwirthschaftlichen Vereins im Amtsbezirke Bürgel erklärt hat. Wenn nun ferner behauptet ist, daß dieser Vorschußverein später unter verändertem Namen als die hier fragliche Genossenschaft in das Genossenschaftsregister des Justizamtes Thalbürgel eingetragen worden sei, so ist zuvörderst diese Identitätsfrage nicht mit der Bemerkung abzuthun, es würde mindestens den Beklagten der Beweis obgelegen haben, daß derjenige Gesellschaftsvertrag, auf welchen hin die Eintragung erfolgt ist, demjenigen Statute gleichlautend gewesen sei, welches K. B. unterschrieben habe. Denn abgesehen davon, daß diese thatsächliche Frage auf Grund der auf Antrag beider Parteien beigezogenen Akten, betreffend die Eintragung des beklagtischen Vereins in das Handelsregister, hätte erledigt werden können, ist es auch nicht richtig, daß, falls der Verein etwa zum Zwecke der Eintragung vorher seine Statuten abgeändert hätte, dadurch die Identität des ursprünglichen Vereins und der eingetragenen Genossenschaft ausgeschlossen sein würde. Vergl. hierüber Entsch. des R.O.H.G. Bd. 22 S. 104. Ferner aber ist es nicht richtig, daß der schriftliche Beitritt zu einem Vereine, welcher damals weder eine eingetragene Genossenschaft war, noch schon die Absicht hatte, später eine solche zu werden, nach dennoch erfolgter Umwandlung des Vereins in eine eingetragene Genossenschaft nicht für eine dem § 2 Abs. 4 des Deutschen Genossenschaftsgesetzes entsprechende schriftliche Erklärung gelten könnte. Da vielmehr dieses Gesetz die Umwandlung mindestens solcher Genossenschaften im weiteren Sinne, welche beim Beginne seiner Geltung schon bestanden, in eingetragene Genossenschaften in seinem eignen Sinne vorsehen mußte und, wie § 71 Abs. 1 zeigt, auch vorgesehen hat, so wird man ihm, in Ermangelung zwingender Gründe, nicht die formalistische Absicht unterlegen dürfen, von denjenigen Mitgliedern eines so umgewandelten Vereins, welche diesem identischen Vereine gegenüber schon der Formvorschrift des § 2 Abs. 4 entsprochen hatten, eine Wiederholung dieses Aktes zu verlangen. Es war also auch in dieser Beziehung den Ausführungen des R.O.H.G. a. a. O. S. 103, ungeachtet der dagegen von Wolff in Endemann's Handbuch des Handelsrechts Bd. I S. 815 Anm. 6 erhobenen Bedenken, beizutreten; wie auch schon bei Entscheidung einer preußischen Sache, Urtheil v. 16. April 1884" (Annalen Bd. X S 245), „das R. G. von der gleichen Voraussetzung ausgegangen ist. Aber allerdings darf dabei nicht außer Acht gelassen werden, daß Jemand, der einem zur Zeit noch keineswegs zu einer eingetragenen Genossenschaft bestimmt gewesenen Vereine beigetreten ist, nicht gegen seinen Willen durch Umwandlung des Vereins zum Mitgliede einer eingetragenen Genossenschaft gemacht werden kann, daß es ihm daher mindestens freistehen muß, nachdem er von dieser Umwandlung erfahren hat, durch Kundgebung seines entgegengesetzten Willens die letztere Mitgliedschaft auszuschließen. Für den gegenwärtigen Fall liegt jedoch nichts von solchen Willenskundgebungen des K. B. vor. Indessen wird es noch erst Sache des Berufungsgerichtes, dessen Entscheidung in Ansehung des K. B. aus den hervorgehobenen Gründen der Aufhebung unterliegt, sein, nach Maßgabe der dargelegten rechtlichen Gesichtspunkte die erheblichen Thatsachen festzustellen. Dabei ist mit Grund von Seiten des Mitklägers K. B. darauf hingewiesen worden, daß eventuell auch die Annahme des O. L. G., daß er dem ursprünglichen Vereine wirklich als Mitglied beigetreten gewesen sei, durch die dafür angeführten Erwägungen noch nicht ausreichend gestützt werde. Dieser Verein unterlag natürlich nicht etwa, wie das Landgericht vorausgesetzt zu haben scheint, den Bestimmungen des zur Zeit seiner Errichtung geltenden Großherzogl. Sächs. Genossenschaftsgesetzes v. 8. März 1868; denn dies wäre nur der Fall gewesen, wenn er eine eingetragene Genossenschaft im Sinne dieses Gesetzes hätte sein wollen; sondern er war lediglich nach Gemeinem Rechte zu beurtheilen. Hiernach war an sich freilich die zum Beitritte erforderliche Willenserklärung an gar keine bestimmte Form gebunden; andrerseits war aber auch jede in den Gesellschaftsvertrag etwa aufgenommene Verabredung, durch welche die Perfektion des Beitrittes von der Beobachtung einer bestimmten Form abhängig gemacht war, gültig, und zwar so lange, bis sie vertragsmäßig wieder aufgehoben war. Wenn also nach dem Statut jenes Vereins die Mitgliedschaft nur durch eine im Hauptbuche desselben zu vollziehende Unterschrift erworben werden sollte, so würde daraus allein, daß ein solches Hauptbuch nicht existirt hat, noch nicht folgen, daß nur der Beitritt in jeder andern schriftlichen Form oder in ganz beliebiger Form wirksam hätte erklärt werden können; eben so gerechtfertigt würde vielmehr an sich die Folgerung sein, daß der Verein vor seiner Konstituirung zu einer eingetragenen Genossenschaft überhaupt im

Rechtssinne gar nicht zur Perfektion gekommen wäre, weil noch Niemand in der statutenmäßigen Form hätte seinen Beitritt erklären können. Es würde also erst noch in thatsächlicher Beziehung näher zu prüfen sein, ob die Betheiligten nach Errichtung des Gesellschaftsvertrages ausdrücklich oder stillschweigend dahin übereingekommen seien, daß jene in ihm enthaltene Vorschrift über die Form des Beitrittes nicht mehr gelten solle."

3. Reichs-Haftpflichtgesetz.

47. **Der Betriebsunternehmer hat die Arbeiter auf die besonderen Gefahren des betr. Betriebes hinzuweisen** (§ 1 des Reichs-Haftpflichtgesetzes). Urth. des III. Civilsenats vom 17. Oktober 1884 in Sachen H. A. in S., Klägers und Revisionsklägers, wider die Aktiengesellschaft „E.- und St.-W. O." zu O., Beklagte und Revisionsbeklagte. Vorinstanzen: L. G. Osnabrück, O. L. G. Celle. Aufhebung und Verurtheilung.

Nach der Feststellung des B. R. hat der Kläger, als er bei der Fortbewegung des Eisenbahnwagens zu Fall kam, vorn am Puffer des Wagens und innerhalb der Geleise gehend geschoben. Es ist zwar anerkannt, daß der erhobene Anspruch an sich nach § 1 des Reichs-Haftpflichtgesetzes begründet, auch nach der Sachlage liquid ist; derselbe ist jedoch durch die von der Beklagten vorgeschützte Einrede des eigenen Verschuldens des Klägers für elidirt erachtet. Nach Annahme des Richters hat es zur Erkennung der Gefährlichkeit des Schiebens in der festgestellten Art für den Kläger keiner langen Ueberlegung bedurft, zumal derselbe schon seit über sechs Monaten auf dem Werke der Beklagten und meistentheils beim Fortbewegen der Lowrys beschäftigt gewesen ist. Für bedeutungslos ist daher auch erachtet, daß die Beklagte die Erlassung eines Verbotes, betreffend das Schieben in der zur Frage stehenden Art, und die Kenntniß des Klägers von einem solchen Verbote nicht bewiesen hat. Der B. R. führt in seinen Gründen aus, daß die Gefährlichkeit des Betriebes auf den Schienenwegen der Beklagten eine gleich große ist wie bei den für den allgemeinen Personen- und Güterverkehr bestimmten Eisenbahnanlagen.

„Erachtet der B. R. aus diesem Grunde mit Recht die Anlage der Beklagten für eine Eisenbahn im Sinne des § 1 des R. Haftpfl. Ges., so liegt es in der Konsequenz dieser Annahme, daß der Beklagten als Betriebsunternehmerin ihren Arbeitern gegenüber dieselben Pflichten zur thunlichsten Vermeidung von Unglücksfällen aus der Gefährlichkeit des Betriebes obliegen, wie solche für die Betriebsleitungen der allgemeinen Eisenbahnen gegenüber den Arbeitern schon aus dem Dienstvertrage bestehen. Es kann nun keinem Zweifel unterliegen, daß eine Betriebsleitung die ihr obliegende Sorge thunlichster Sicherstellung ihrer Arbeiter gegen Gefahr für Leben und Gesundheit verletzt, wenn sie es unterläßt, die Arbeiter auf die besonderen Gefahren des Betriebes hinzuweisen. In der That werden wohl auch überall bei allgemeinen Eisenbahnen die Arbeiter mit Dienstinstruktionen oder Dienstanweisungen versehen, welche zugleich bestimmt sind, die Arbeiter gegen die den einzelnen Dienstzweigen eigenen Gefahren durch bestimmte Anweisungen über die Verrichtung der Arbeit, beziehungsweise durch Verbote gewisser Handlungen thunlichst zu schützen. Die Beklagte hat nun nicht nachweisen können, daß sie für den Betrieb auf ihren Schienenwegen Anweisungen an die Arbeiter erlassen, Vorschriften für die Fortbewegung von Eisenbahnwagen aufgestellt und insbesondere verboten hat, Wagen in der festgestellten Weise zu schieben. Es ist nicht erwiesen, daß durch Anschlag oder durch eine mitgetheilte Dienstinstruktion ein entsprechendes Verbot erlassen ist." Dies wird weiter begründet. „Die Beklagte trifft hiernach der Vorwurf, daß sie nicht in der Weise für ihre Arbeiter gesorgt hat, wie es die Pflicht einer Betriebsleitung ist. Der Kläger hätte nun zwar auch ohne Verbot unterlassen sollen, vorn am Puffer zwischen den Geleisen gehend zu schieben. Allein es kann nicht angenommen werden, daß hierin eine so schwere Fahrlässigkeit liegt, daß dagegen das eigene Verschulden der Beklagten nicht in Betracht kommen kann. Erwägt man, daß bei der Fortbewegung eines Eisenbahnwagens auf dem Schienengeleise aus der Arbeit selbst doch nicht eine unmittelbare Gefahr des Stürzens folgt, so hält sich die Fahrlässigkeit des Arbeiters, welcher die Möglichkeit des Stürzens aus anderen Ursachen nicht ins Auge faßt und beim Anfassen des Wagens einen Platz wählt, an welchem er beim Fallen aller Wahrscheinlichkeit nach zu Schaden kommen wird, innerhalb des Kreises der Unvorsichtigkeiten, welche dem gewöhnlichen Arbeiter theils wegen Mangels an Ueberlegung theils wegen seiner Vertrautheit mit der Gefahr eigen sind. Mit solchen Unvorsichtigkeiten soll aber eine Betriebsleitung rechnen, und sie muß sich um so mehr veranlaßt sehen, durch entsprechende Anweisungen und Verbote auf die besonderen Gefahren der Arbeit hinzuweisen und die Arbeiter vor Unvorsichtigkeiten zu bewahren, wenn sie nicht in der Lage ist, die Arbeit stets durch einen Aufseher überwachen zu lassen. Eine Ueberwachung hat auch im vorliegenden Falle nicht stattgefunden; die Arbeiter sind ohne Aufsicht gewesen, als sie den ihnen im Wege stehenden beladenen Eisenbahnwagen auf ein anderes Geleise haben schieben wollen. Hiernach steht der Berufung der Beklagten auf das eigene Verschulden des Klägers liquide die Replik entgegen, daß sie selbst in Beziehung auf den Unfall ein Verschulden trifft, weil sie in Verletzung der ihr für die Arbeiter obliegenden Sorge es unterlassen hat, den Arbeitern eine Anweisung zu ertheilen, deren Befolgung den Unfall verhütet haben würde. Die Einrede des eigenen Verschuldens wird mithin durch eine liquide replica doli beseitigt."

48. **Die Beladung von Kohlenkörben neben Lokomotive und Schienen ist eine betriebsgefährliche Arbeit** (§ 1 des Reichs-Haftpflichtgesetzes). Urth. des V. Civilsenats vom 29. Oktober 1884 in Sachen A. P. zu P., Klägers und Revisionsklägers, wider die P.-C. Eisenbahn-Gesellschaft in P., Beklagte und Revisionsbeklagte. Vorinstanz: O.L.G. Posen. Aufhebung und Zurückverweisung.

Der B.R. hat, abweichend von der Ansicht des L.G., angenommen, daß die Beschädigung des Klägers nicht beim Betriebe der Eisenbahn erfolgt sei, weil sich das Aufstellen der Kohlenkörbe an dem Rande der Rampe nicht als eine unmittelbare, sondern nur als eine mittelbare Vorbereitung der Beförderung der Personen und Güter auf der Eisenbahn charakterisire. Er hat deshalb eine Erörterung der Frage, ob die nahe bevorstehende Ankunft eines Zuges von Creuzburg eine solche Beschleunigung der Arbeit des Klägers bedingt habe, daß ihm dazu nur zwei Minuten Zeit geblieben seien, als unerheblich abgelehnt.

„Es muß nun zwar dem B.R. darin beigestimmt werden, daß nicht jede, die Beförderung von Personen oder Gütern vorbereitende Handlung unter dem Begriff des Betriebes der Eisenbahn gebracht werden kann und daß es dabei auf die größere oder geringere Entferntheit des Zusammenhanges der vorbereitenden Handlung mit dem Betriebe ankommen wird. Eine bestimmte Grenzlinie wird sich dabei schwer ziehen lassen. Der B.R. zieht diese Grenzlinie aber jedenfalls zu eng, wenn er zwar das Aufschütten von Kohlen unmittelbar auf die Lokomotive für eine zum Betriebe gehörige vorbereitende Handlung erachtet, nicht aber das Aufstellen von Kohlenkörben auf der an den Schienen befindlichen Rampe, von der sie auf die Lokomotive geschüttet werden sollten. Diese in unmittelbarer Nähe der Eisenbahnschienen vorgenommene Handlung steht in so nahem Zusammenhang mit dem Eisenbahnbetriebe, daß sie als zum Betriebe der Eisenbahn gehörig gerechnet werden muß."

4. Reichs-Konkursordnung.

49. **Auch der Aftervermiether und der Cessionar des Vermiethers besitzen das Absonderungsrecht des Vermiethers** (§ 41 Ziff. 3 und 4 der R.Konk.O.). Urth. des I. Civilsenats vom 15. Oktober 1884 in Sachen des Konkurses G. Sch. in H., Beklagten und Revisionsklägers, wider D. S. und Gen. das., Kläger und Revisionsbeklagte. Vorinstanz: O.L.G. Hamburg. Verwerfung.

„Die Feststellung des B. U., der Aftervermiether habe den zahlenden Bürgen alle ihm in Beziehung auf das Miethverhältniß zustehenden Rechte abgetreten, auch dasjenige Recht, welches ihm in Beziehung auf die von dem Aftermiether eingebrachten Sachen wegen der abgetretenen Forderung zusteht, ist nicht zu beanstanden. Der Wirksamkeit solcher Abtretung des Absonderungsrechts kann auch nicht der Einwand entgegengesetzt werden, daß zur Zeit der Abtretung die Voraussetzung für die Ausübung des Absonderungsrechts noch nicht eingetreten war. Bedenklicher ist die Frage, ob das Recht auf abgesonderte Befriedigung, wie es dem Verpächter und Vermiether nach § 41 Ziff. 3 u. 4 der R. Konk. O. zusteht, schlechthin von dem Cessionar ausgeübt werden darf, welchem die Forderung auf eine Pacht- oder Miethgeldrate abgetreten ist. Sieht man freilich nur auf die Worte der angezogenen Gesetzesbestimmung, so könnte es scheinen, als sei damit einfach für die Forderungen aus dem Pacht- oder Miethverhältnisse ein Recht auf abgesonderte Befriedigung aus den Früchten und eingebrachten Sachen eingeführt, welche sich auf dem Grundstück befinden, dergestalt, daß dieses Vorrecht von jedem geltend gemacht werden dürfte, welchem die Forderung zusteht, sei es der ursprüngliche Vermiether oder Verpächter oder ein Sonderrechtsnachfolger, wie es geltend gemacht werden könne von dem Verpächter und Afterverpächter, von dem Vermiether und Aftervermiether.

Allein der richtige Sinn jener gesetzlichen Bestimmungen ist nicht festzustellen ohne Würdigung des systematischen Zusammenhangs des ganzen Gesetzes wie der geschichtlichen Entwickelung des vorliegenden Rechtsinstituts. Abgesehen von den in Nr. 8 beibehaltenen Bestimmungen des H. G. B., an welchen nichts hat geändert werden sollen, sind unter den übrigen Nummern des § 41 durchweg Verhältnisse geschützt, bei denen sich der Gläubiger im Besitze oder in einem dem Besitz ähnlichen Verhältnisse zu den Sachen befindet, an welchen er demnächst sein Recht der abgesonderten Befriedigung soll geltend machen dürfen.

Den öffentlichen Kassen der Nr. 1 wird das Recht gegeben in Ansehung der zurückgehaltenen oder in Beschlag genommenen zoll- und steuerpflichtigen Sachen, den Pächtern in Ansehung des in ihrem Gewahrsam befindlichen Inventars, den Gastwirthen in Ansehung der von dem Gast eingebrachten, von ihnen zurückbehaltenen Sachen; den Künstlern, Handwerkern und Arbeitern wegen der von ihnen gefertigten oder ausgebesserten, noch in ihrem Gewahrsam befindlichen Sachen; denjenigen, welchen ein Anspruch aus der Verwendung zusteht, in Ansehung der zurückbehaltenen

Sache; denjenigen, welche durch Pfändung ein Pfandrecht erworben haben, an den gepfändeten Sachen. Es läßt sich umsoweniger annehmen, daß dieses thatsächliche Verhältniß des Besitzes, oder was dem gleichsteht, ein für die ausgesprochene rechtliche Wirkung nur zufälliges Moment sei, als dieses Verhältniß in unzweideutiger Weise an die Spitze des ganzen § 41 gestellt wird. „Den Faustpfandgläubigern stehen gleich" kann nicht bloß bedeuten: die in § 41 genannten Gläubiger haben dasselbe Recht, wie es in § 40 den Faustpfandgläubigern eingeräumt ist, sondern: der Thatbestand der in § 41 bezeichneten Verhältnisse steht dem Thatbestand des Faustpfandrechts gleich; und darum wird an diesen ähnlichen Thatbestand eine gleiche rechtliche Wirkung geknüpft. Die R. Konk. O. beseitigt das Vorrecht der Hypothek an beweglichen körperlichen Sachen für den Konkurs (vgl. Einf.-Ges. §§ 12—15), wie es die C. P. O. gegenüber dem durch Pfändung erworbenen Pfandrecht beseitigt (C. P. O. § 709; Einf. Ges. zur C. P. O. § 23). Faustpfandrechte im Sinne des § 40 der R. Konk. O. bestehen aber nach dem Einf. Ges. zur R. Konk. O. § 14 an beweglichen körperlichen Sachen nur, wenn der Pfandgläubiger oder ein Dritter für ihn den Gewahrsam der Sache erlangt und behalten hat. Diese Reform setzt sich in Einklang mit der gesammten neueren Pfandgesetzgebung, die eben darauf hinausgegangen ist, ein Pfandrecht ohne Besitz des Gläubigers an beweglichen körperlichen Sachen zu beseitigen. Nun hat aber eben diese neuere Pfandgesetzgebung, obschon sie ein Pfandrecht an Mobilien ohne Besitz des Gläubigers im Prinzip nicht gelten läßt, das Pfandrecht des Vermiethers an den eingebrachten Sachen anerkannt, offensichtlich aus dem Grunde, weil hier ein dem Besitz ähnliches thatsächliches Verhältniß begründet ist, weil der Vermiether in der Lage und befugt ist, die auf dem vermietheten Grundstück befindlichen Sachen des Miethers wegen seiner Miethgeldforderung zurückzuhalten (Preuß. Allg. L. R. I, 21 § 391. Anhaltisches Ges., das Pfandrecht an Mobilien betr., v. 13. April 1870 § 3. Oldenburger Ges. v. 3. April 1876 Art. 18. Sächs. B. G. B. § 1228).

Und eben diese gleichartige Natur ist nach den Motiven zur R Konk. O. auch für das dem Vermiether zugesprochene Absonderungsrecht maßgebend gewesen (S. 208, 210). Auch hat es nicht an einem Ausdrucke für dieses Moment im Gesetze selbst gefehlt, da das Absonderungsrecht eingeschränkt ist auf den Fall, daß sich die Sachen auf dem Grundstück befinden, also dadurch dem Herrschaftsverhältniß des Vermiethers unterworfen, ihm mittels des Grundstückes zugängig sind.

Das Faustpfandrecht besteht nur, es gewährt nur das Absonderungsrecht, wenn der Pfandgläubiger oder ein Dritter für ihn den Gewahrsam der Sache erlangt und behalten hat. Nach dieser Analogie wird das Recht desjenigen, welcher die Miethforderung für sich geltend macht, nur anerkannt werden können, wenn für ihn die Möglichkeit besteht, das thatsächliche Verhältniß so auszuüben, wie es der Vermiether ausüben kann. Das ist bei dem Aftervermiether der Fall kraft seines von seinem Vermiether abgeleiteten Rechts, beziehungsweise dadurch, daß er sein obligatorisches Recht gegen den Vermiether ausübt. Das ist aber nicht weniger bei dem Cessionar der Fall, so lange der ihm zur Abtretung oder aus der Abtretung verpflichtete Vermiether, wie hier, selbst in der Lage ist, das Recht ausüben zu können oder es auch für den Cessionar auszuüben. Man darf auch annehmen, daß der Cedent, welcher die verfallene Miethforderung dem ihm für dieselbe haftenden Bürgen mit allen Rechten abgetreten hat, damit zugleich seine Bereitwilligkeit erklärt hat, für den Cessionar jenes thatsächliche Verhältniß ausüben und ihm die damit verbundenen Vortheile sichern zu wollen. Bei solcher Sachlage ist aber dem Cessionar das Absonderungsrecht wie dem Vermiether und Aftervermiether nicht zu versagen."

50. **Das Absonderungsrecht wird außerhalb des Konkurses geltend gemacht; im Konkurs nur bei Ausfall oder Verzicht auf Absonderung** (§ 57 der R. Konk. O.). **Der § 133 der R. Konk. O. versteht unter „Vorrechten"** (nur die des § 54 Ziff. 1—5) **nicht Absonderungsrechte.** Urth. des II. Civilsenats vom 10. Oktober 1884 in Sachen S. in D., Beklagten und Revisionsklägers, wider R. in K., Kläger und Revisionsbeklagten. Vorinstanz: O.L.G. Colmar. Aufhebung und Zurückverweisung.

„Das Recht auf Absonderung wird außerhalb des Konkurses geltend gemacht. Der Absonderungsberechtigte kann zwar seine Forderung, wenn der Gemeinschuldner für solche persönlich haftet, auch gegen die Konkursmasse geltend machen, jedoch nur bis zu dem Betrag, zu welchem er auf abgesonderte Befriedigung verzichtet oder mit welchem er bei der letzteren ausfällt (R. Konk. O. § 57). Unter keinen Umständen aber, mag der Absonderungsberechtigte außerhalb des Konkurses aufgetreten sein oder den fraglichen Ausfall gegen die Konkursmasse geltend gemacht haben, ist die Tabelle dazu bestimmt, das Absonderungsrecht festzustellen, und wenn § 133 der R. Konk. O. bestimmt, daß durch die Eintragung in die Tabelle die eingetragenen Forderungen mit ihren Vorrechten festgestellt werden, so sind damit die Vorzugsrechte des § 54 Ziff. 1—5 der R. Konk. O., nicht aber Absonderungsrechte gemeint."

5. Reichs-Gewerbeordnung von 1878.

51. **Begriff der „Leistungen aus dem Arbeitsverhältniß"** (§ 120a der R. Gew. O.). Urth. des II. Civilsenats vom 23. September 1884 in Sachen J. H. R. zu W., Klägers und Revisionsklägers, wider P. St. zu H., Beklagten und Revisionsbeklagten. Vorinstanz: O. L. G. Cöln. Aufhebung und Zurückverweisung.

„Unter Leistungen aus dem Arbeitsverhältniß, von denen § 120a der R. Gew. O. spricht, können nur die Leistungen verstanden werden, zu denen der Gewerbetreibende und der Arbeiter während des Bestehens des Arbeitsverhältnisses und auf Grund desselben gegenseitig verpflichtet sind. Streitigkeiten, welche sich auf solche Leistungen beziehen, sei es daß die Leistung selbst den Gegenstand des Streites bildet oder daß, möglicherweise nach Beendigung des Arbeitsverhältnisses, Entschädigung wegen Nichterfüllung der Leistung verlangt wird, sind bei den in § 120a genannten Behörden anzubringen. Die den Gegenstand des vorliegenden Streites bildende Verpflichtung ist nun zwar in jenem Vertrag, durch welchen das Arbeitsverhältniß begründet wurde, jedoch für die Zeit nach Auflösung dieses Verhältnisses übernommen worden. Es handelt sich also nicht um eine Leistung aus dem Arbeitsverhältniß, sondern um eine selbständige Verpflichtung, welche der Beklagte neben den ihm durch das Arbeitsverhältniß auferlegten Verpflichtungen übernommen hat, und der § 120a findet daher keine Anwendung. Die gegentheilige Annahme des O. L. G. beruht auf einer Auslegung des § 120a, welche um so weniger gebilligt werden kann, als dieses Gesetz eine Abweichung der sonstigen Zulassung des ordentlichen Rechtsweges enthält und deshalb möglichst strikt zu interpretiren ist, überdies auch die Entstehungsgeschichte des aus der Initiative des Reichstages hervorgegangenen § 120a entschieden dagegen spricht. Bei dem Reichstag war zugleich mit dem Entwurf der Novelle v. 17. Juli 1878 der Entwurf eines Gesetzes über Errichtung von Gewerbegerichten, welches den § 108 der R. Gew. O. v. 21. Juli 1869 ersetzen sollte, eingebracht worden. Nachdem über den letzteren Gesetzesentwurf eine Einigung der gesetzgebenden Faktoren nicht erzielt worden war, wurde von dem Reichstag bei der Schlußabstimmung über die Novelle beschlossen, den § 120a in seiner jetzigen Fassung als Zusatzparagraphen in die Novelle aufzunehmen. Dabei wurde konstatirt, es enthalte dieser § 120a mit

„unwesentlichen redaktionellen Veränderungen genau die Bestimmung, welche § 108 enthalte, so daß also die gewerblichen Schiedsgerichte nach wie vor unter denselben Bedingungen, wie bisher, fortbestehen werden". Der angeführte § 108 lautete aber: „Streitigkeiten ...., die sich auf den Antritt, die Fortsetzung oder Aufhebung des Arbeitsverhältnisses, auf die gegenseitigen Leistungen während der Dauer desselben beziehen, sind, soweit für diese Angelegenheiten besondere Behörden bestehen, bei diesen zur Entscheidung zu bringen. Insoweit solche Behörden nicht bestehen, erfolgt die Entscheidung durch die Gemeindebehörde". Die Abänderung der Worte „die gegenseitigen Leistungen während der Dauer desselben" in „die gegenseitigen Leistungen aus demselben" ist lediglich deshalb erfolgt, weil in der Praxis die Worte „während der Dauer desselben" insofern „zu mißverständlichen Auslegungen Anlaß gegeben" hatten, als bezweifelt worden war, ob rückständige, nach Ausscheiden des Arbeiters aus dem Arbeitsverhältniß erhobene Ansprüche der Bestimmung des § 108 unterliegen."

52. **Das Fehlen der Schutzvorrichtung kann bei jedem Unfall geltend gemacht werden, der durch Zufall oder ein dem Beschädigten nicht zuzurechnendes Versehen herbeigeführt wurde** (§ 120 der R. Gew. O.). Urth. des V. Civilsenats vom 4. Oktober 1884 in Sachen J. B. zu B., Klägers und Revisionsklägers, wider die Stettiner Maschinenbau-Aktiengesellschaft V. zu B., Beklagte und Revisionsbeklagte. Vorinstanz: O. L. G. Stettin. Aufhebung und Zurückverweisung.

Der Kläger hat in der Berufungsinstanz unter Beweisantritt behauptet, daß eine an dem Schleifsteine, an welchem er verunglückt ist, nicht vorhanden gewesene Schutzvorrichtung, welche nur einen kleinen Abschnitt des rotirenden Steines offen lassen dürfe und ihm Schutz gewährt haben würde, praktisch leicht ausführbar und zur Sicherung des Arbeiters gegen Gefahr für Gesundheit und Leben nothwendig gewesen sei. Der Berufungsrichter läßt die Richtigkeit dieser Behauptung dahingestellt und erachtet den Klageanspruch, auch wenn sie erwiesen wird, für unbegründet, da zur Herstellung des Kausalzusammenhanges zwischen der pflichtwidrigen Unterlassung der Beklagten und dem Unfalle des Klägers Letzterer nachzuweisen haben würde, daß er beim Schleifen zufällig mit der Hand abgeglitten sei, wegen Mangels der Schutzvorrichtung schmerzhaft angerieben, deshalb von einem Anfall seiner Epilepsie betroffen und in diesem, also mittelbar mangels der Schutzvorrichtung, beschädigt sei.

„Hierdurch ist, wie der Revisionskläger geltend macht, der § 120 der R. Gew. O. verletzt. Zur Begründung eines Anspruches aus § 120 ist erforderlich, daß eine körperliche Verletzung bei dem Fabrikbetrieb erfolgt ist und daß eine nach den Umständen erforderliche Schutzvorrichtung, welche die Verletzung verhindert hätte, gefehlt hat.

Der § 120 verlangt die Schutzvorrichtungen gegen Beschädigungen durch Zufall und durch einen gewissen Grad von Unvorsichtigkeit der Arbeiter.

Daß der Kläger in Folge eines Krampfanfalls beschädigt ist, setzt der Berufungsrichter voraus; daß darin nicht ein Zufall, sondern ein solches Verschulden des Klägers zu finden, welchem der Schutz des § 120 nicht zu statten komme, hat der Berufungsrichter nicht festgestellt. Kann dies nicht festgestellt werden, so kommt es darauf an, ob die fragliche Schutzvorrichtung den Unfall verhindert haben würde und ob sie zum Schutze der Arbeiter erforderlich war. War sie überhaupt erforderlich, so kann ihr Fehlen bei jedem durch Zufall oder dem Beschädigten nicht anzurechnenden Versehen des Beschädigten geltend gemacht werden. An den hiernach zur Entscheidung der Sache erforderlichen thatsächlichen Feststellungen hat der B.R. es fehlen lassen. Die von ihm ausgesprochene Verneinung des Kausalzusammenhanges zwischen dem Fehlen der Schutzvorrichtung und dem Unfalle ist nicht eine faktische Feststellung über Ursache und Wirkung, sondern beruht darauf, daß er verkennt, welche thatsächlichen Grundlagen die Anwendung des § 120 a. a. O. rechtfertigen."

6. Reichs-Anfechtungsgesetz vom 21. Juli 1879.

53. **Auch die Zahlung fälliger und gültiger Schulden unterliegt, unter den Voraussetzungen des § 3 Ziff. 1 des Reichs-Anfechtungsgesetzes, der Anfechtung.** Urth. der V. Civilsenats vom 5. November 1884 in Sachen K. W. zu B., Klägers und Revisionsklägers, wider die verehel. H., Beklagte und Revisionsbeklagte. Vorinstanz: O.L.G. Breslau. Aufhebung und Zurückverweisung.*)

Der B.R. nimmt an, daß die Gläubiger des P. H. durch die Rückgewähr des Eingebrachten benachtheiligt sind. Ob P. H. außer dem Willen, das Rechtsgeschäft vom 8. April 1880 abzuschließen, die Absicht hatte, seine Gläubiger zu benachtheiligen, und ob der Ehefrau H. diese Absicht ihres Mannes bekannt war, läßt der B.R. unentschieden, weil, wie er am Schlusse seiner Erörterungen ausspricht, die bloße Kenntniß der Ehefrau von einer betrügerischen Absicht ihres Mannes zur Anwendung des § 3 Nr. 1 des Gesetzes vom 21. Juli 1879 nicht genügt. Er meint vielmehr, daß die Ehefrau, welche nur etwas empfing, zu dessen Leistung der Ehemann verpflichtet war, und bei der die Tilgungsabsicht im Vordergrund stand, berechtigt war, die Existenz anderer Absichten und die Mittheilung davon zu ignoriren.

---

*) Derselbe Senat hat am nämlichen Tage dieselbe Entscheidung noch in zwei anderen Sachen gegen die nämliche Beklagte gefällt.

„Mit Recht führt die Revision aus, daß diese Entscheidung gegen die Vorschrift des § 3 Nr. 1 des Reichs-Anfechtungsgesetzes verstößt. Nach dem klaren Wortlaut gehört zum Thatbestand des Gesetzes nur: 1) die Absicht des Schuldners, seine Gläubiger zu benachtheiligen, und 2) die Kenntniß dieser Absicht seitens des anderen Theiles. Treffen beide Erfordernisse zusammen, so ist die Rechtshandlung des Schuldners anfechtbar. Das Gesetz macht keinen Unterschied zwischen der Begründung neuer und der Erfüllung bestehender Verpflichtungen. Die Anwendung desselben darf deshalb vom Richter nicht an das Vorhandensein weiterer Bedingungen geknüpft werden. Mit Unrecht bezieht sich der B.R. für seine Ansicht auf ein Urtheil des R.G. vom 13. Dezember 1882 in Sachen Raupach ca. Ruppelt (V. 570/82). Dasselbe spricht vielmehr deutlich den Rechtsgrundsatz aus, daß nach Wortlaut und Motiven des § 3 Nr. 1 cit. auch die Zahlung fälliger und gültiger Schulden der Anfechtung unterliegen kann. Ob aber bei Rechtshandlungen dieser Art eine betrügerische Absicht obwaltet und deren Kenntniß den Empfänger einer Leistung zum Mitschuldigen im Sinne des Gesetzes macht, das ist, wie das R.G. sagt, eine Thatfrage. Diese Thatfrage hatte der B.R. in dem damals gegebenen Falle zu Ungunsten des Anfechtungsklägers verneint. Der hiergegen gerichtete Revisionsangriff ist vom R.G. zurückgewiesen. Die vom B.R. jetzt aus dem Revisionsurtheil mitgetheilten Sätze enthalten nur eine Rechtfertigung der damals auf die vorliegenden Thatsachen hin gefällten Entscheidung. Keineswegs ist darin aber ein allgemeiner Rechtsgrundsatz zu finden. Im Gegentheil hat das R.G." (in dem in den Annalen Bd. VIII S. 162; Entsch. Bd. X S. 6 ff. 10, mitgetheilten Urtheil) „ausdrücklich ausgesprochen, daß die Absicht der Benachtheiligung und die Kenntniß derselben seitens des anderen Theiles zur Begründung der Anfechtungsklage genügen." (Vergl. im übrigen Annalen Bd. VII S. 174; Gruchot, Beiträge Bd. 27 S. 160.)

7. Reichs-Civilprozeßordnung.

54. **Der in Strafhaft befindliche frühere Rechtsanwalt behält seinen früheren Wohnsitz bei** (§§ 11, 12, 13 der C.P.O.; § 18 der R.Anw.O.). S. unten Fall 77 S. 128.

55. **Die Klage auf Herauszahlung von gezahlten Brandgeldern ist bei dem ordentlichen Gericht des Empfängers anzustellen, nicht beim forum rei sitae** (§ 25 der C.P.O.). Urth. des V. Civilsenats vom 1. Oktober 1884 in Sachen J. S. zu R., Beklagten

und Revisionsklägers, wider P. S. zu F., Kläger und Revisionsbeklagten. Vorinstanz: Kammerger. Berlin. Aufhebung und Klagabweisung.

Die Entscheidung des B.R. beruht auf der Erwägung, die Brandgelder gehörten nach § 1 Abs. 2 des Gesetzes vom 4. März 1879, betreffend die Immobiliar-Zwangsvollstreckung, und § 30 des Eigenthumsgesetzes vom 5. Mai 1872 zur Immobiliarmasse, die Klage habe deshalb nach § 25 der C.P.O. im Gerichtsstand der belegenen Sache erhoben werden müssen, das angerufene Gericht sei aber dasjenige, in dessen Bezirk das subhastirte Grundstück liege.

„Bei dieser Erwägung wird zweierlei übersehen. Einmal, daß selbstverständlich der angezogene § 30 nur solche Versicherungsgelder meinen kann, welche für Brandschaden an Theilen oder Pertinenzien des der Subhastation unterliegenden Grundstückes verlangt werden können. Diese Voraussetzung würde hier nicht zutreffen, wenn die klagbegründende entgegenstehende Behauptung des Klägers richtig ist; sie wird auch dadurch allein nicht entbehrlich, daß die Zahlung zur Kaufgeldermasse erfolgt ist; denn nicht der Wille des Zahlenden, sondern nur der des Eigenthümers der Hauptsache kann eine andere Sache zu dieser in das rechtliche Verhältniß eines Zubehörs bringen, abgesehen von besonderen, hier nicht gegebenen Umständen.

Zweitens aber übersieht der B.R., daß jedenfalls, nachdem die Gelder ausgezahlt und mit dem Vermögen der Empfänger vermischt worden sind, sie nicht mehr als Zubehör einer im Eigenthum eines Dritten befindlichen Hauptsache in Betracht kommen können. Der Klageanspruch gestattet keine andere Auffassung als die einer Kondiktion aus ungerechtfertigter Bereicherung mit dem Schaden des Kondizirenden, gerichtet auf Zahlung des entsprechenden Geldwerthes der Einbuße, soweit die Bereicherung bewirkt ist. Für eine solche Klage ist nur das Gericht zuständig, unter welchem der Beklagte seinen persönlichen Gerichtsstand hat. Dabei ist der Umstand von keiner Bedeutung, daß der betreffende Theil der Brandgelder Gegenstand eines Zwangsvollstreckungs-, insbesondere eines Vertheilungsverfahrens gewesen ist und daß der, der rechtlichen Natur der Klage vielleicht nicht völlig entsprechende Klageantrag eine Wiedereröffnung des Vertheilungsverfahrens intendirt; denn die besonderen Gerichtsstände aus § 690 und § 765 der C.P.O. können jedenfalls schon um deswillen nicht in Frage kommen, weil sie ein noch schwebendes, nicht aber auch ein in jeder Beziehung beendetes Verfahren zur Voraussetzung haben."

56. Der Adzitat wird nicht Streitgenosse der streitverkündenden Partei (§§ 65, 71 der C.P.O.). Urth. des V. Civilsenats vom

4. Oktober 1884 in Sachen C. P. in B., Beklagten und Revisionsklägers, wider O. P. in F., Kläger und Revisionsbeklagten. Vorinstanz: Kammerger. Berlin. Verwerfung.

„Es ist unrichtig, daß M. P. dadurch, daß Klägerinnen im Vorprozeß ihn zum Prozeß vorluden und in der Klage als Adzitaten bezeichneten, Partei auf Seite der Klägerinnen geworden sei. Diese Vorladung hat an sich nicht einmal die Folge, daß der als Adzitat Geladene Nebenintervenient wird, da sie vielmehr demselben nur die Möglichkeit gewährt, der Partei, von welcher er wünscht, daß sie ein obsiegendes Urtheil erstreite, zum Zwecke ihrer Unterstützung als Nebenintervenient beizutreten. Dies braucht durchaus nicht die Partei zu sein, welche ihm den Streit verkündigt hat. Wenn er sich bei dem Prozeß gar nicht betheiligt hat, so hat das nach §§ 65 und 71 der C.P.O. nur die Wirkung, daß er der Hauptpartei gegenüber, welche ihn geladen hat, mit der Behauptung nicht gehört wird, daß der Rechtsstreit, wie er dem Richter vorgelegen habe, unrichtig entschieden sei und daß die Hauptpartei ihn mangelhaft geführt habe. Partei auf Seiten der streitverkündenden Partei, d. h. deren Streitgenosse wird er nur, wenn er in den Ausnahmefällen des § 66 der C.P.O. als Streitgenosse in den Prozeß eingetreten ist."

57. **Die Auslagen für den Patentanwalt sind nicht erstattbar** (§ 87 der C.P.O.). Beschluß des I. Civilsenats vom 20. September 1884 in der Patentstreitsache G. W. in L., Nichtigkeitsklägers, wider J. F. C. in B., Nichtigkeitsbeklagten.

„Was die Ansätze für Thätigkeit des Civilingenieurs K. und dessen Substituten F. betrifft, so ist der Nichtigkeitskläger zur Erstattung der hierfür gemachten Auslagen nicht verpflichtet, weil nicht anzunehmen ist, daß dieselben zur zweckentsprechenden Verfolgung der Rechte des Nichtigkeitsbeklagten nothwendig waren. Insbesondere konnte die Berufungsschrift desselben, sowie die Beantwortung der gegnerischen Berufungsschrift durch den Nichtigkeitsbeklagten selbst oder den für die Berufungsinstanz bestellten Rechtsanwalt abgefaßt werden. Der von dem Nichtigkeitsbeklagten geltend gemachte Umstand, daß er als Ausländer nicht in dem Maße der deutschen Sprache mächtig sei, um die Eingaben anfertigen und die Verhandlungen persönlich wahrnehmen zu können, würde nur etwa die Zuziehung eines Uebersetzers und Dolmetschers und die Erstattung hierfür verausgabter Kosten rechtfertigen, ist dagegen nicht geeignet, die verrechneten Auslagen für

Dienste eines sogenannten Patentanwalts als nothwendige erscheinen zu lassen."

58. **Der Nebenintervenient kann einen besonderen Anwalt bestellen und dessen Kosten erstattet verlangen** (§§ 96, 87 der C.P.O.). Beschluß des V. Civilsenats vom 15. Oktober 1884 in Sachen Sp. und Gen. zu L., Kläger, wider die Stadtgemeinde zu L., Beklagte. Vorinstanz: O.L.G. Breslau. Aufhebung (aus hier belanglosen Gründen).

„Es muß dem O.L.G. darin beigetreten werden, daß nach §§ 96 und 87 der C.P.O. der Nebenintervenient nicht verpflichtet ist, sich desselben Rechtsanwaltes mit der Hauptpartei zu bedienen, vielmehr zur Wahrnehmung seiner Rechte einen eignen Rechtsanwalt zu bestellen befugt und daher auch berechtigt ist, von dem zur Kostentragung verurtheilten Gegner Erstattung der Gebühren desselben zu verlangen."

59. **Die Versagung des Armenrechts ist ein für die arme Partei unabwendbarer Zufall. Dieselbe braucht daher mit dem Gesuch um Armenrechtsbewilligung in der Berufungsinstanz nicht die Einlegung des Rechtsmittels vorsorglicher Weise zu verbinden** (§§ 106, 107, 211 der C.P.O.). Urth. des II. Civilsenats vom 26. September 1884 in Sachen verw. E. in B., Klägerin und Revisionsklägerin, wider W. R. das., Beklagten und Revisionsbeklagten. Vorinstanz: O.L.G. Colmar. Aufhebung und Wiedereinsetzung, Zurückverweisung an das B.G.

„Die angefochtene Entscheidung verlangt von einer Partei, welche die Bewilligung des Armenrechts behufs Einlegung der Berufung nachsucht, daß dieselbe, wenn es ihr irgend möglich, sofort auch für den Fall Fürsorge treffe, daß das B.G. die weitere Rechtsverfolgung für muthwillig oder aussichtslos erachte und ihr deshalb die nachgesuchte Bewilligung versage. Wenn es nun auch richtig ist, daß durch solche Fürsorge die Nothfrist gewahrt werden könnte, so widerspricht doch die Zumuthung an die Partei, daß sie in der Voraussicht einer möglichen ungünstigen Entscheidung des B.G. mitunter nicht unerhebliche Kosten aufwende, sowohl der Natur der Sache als auch dem Gesetze. Der § 106 der C.P.O. erkennt der Partei, welche außer Stande ist, ohne Beeinträchtigung des für sie und ihre Familie nothwendigen Unterhalts die Kosten des Prozesses zu bestreiten, einen A n s p r u ch, also das R e ch t auf Bewilligung des Armenrechts zu, vorausgesetzt, daß die beabsichtigte

Rechtsverfolgung nicht als muthwillig oder aussichtslos erscheine. Betreffs dieser letzteren Voraussetzung ist von der das Armenrecht nachsuchenden Partei anzunehmen, daß sie selbst davon ausgehe, ihre Rechtsverfolgung sei nicht aussichtslos. Demgemäß wird sie auch von dem mit Prüfung ihres Gesuches befaßten Gerichte erwarten, daß dieses richtig (in ihrem Sinne) entscheiden, d. h. zum gleichen Ergebniß gelangen werde. Mithin wird durch diesen von der Natur der Sache gebotenen Standpunkt der Partei hinlänglich erklärt und gerechtfertigt, warum sie die Aufwendung der Kosten für eine vorsorgliche Einlegung des Rechtsmittels unterläßt; es beruht also die Unterlassung dieser Vorsicht nicht, keinenfalls nothwendig auf dem Irrthume, als ob die Frist schon mit dem Gesuche um Bewilligung des Armenrechts gewahrt sei.

Fällt nun aber die Entscheidung zu Ungunsten der Partei aus, wird jedoch in der Beschwerdeinstanz für unrichtig befunden, so liegt, wenn die Partei in Einreichung ihres Gesuches um Bewilligung des Armenrechts und der Beschwerde nichts versäumt hat, unzweifelhaft ein unabwendbarer Zufall vor, durch welchen dieselbe an Einhaltung der Nothfrist verhindert worden ist. Die Zumuthung an die Armenpartei, einstweilen Kosten für den möglichen Fall aufzuwenden, daß das Berufungsgericht einen ihr ungünstigen Beschluß fasse, welcher vom Beschwerdegericht aufgehoben wird, findet im Gesetze keine Grundlage, stellt sich vielmehr als eine ungerechtfertigte Schmälerung derjenigen Rechte und Vortheile dar, welche das Gesetz (§ 107 der C. P. O.) mit der Bewilligung des Armenrechtes ohne irgend welche Unterscheidung oder Einschränkung gewährt."

60. **Auch die Hauptinterventionsklage muß den Anwälten der Parteien, nicht diesen selbst zugestellt werden** (§§ 162, 71, 78, 230 der C. P. O.). Beschluß des I. Civilsenats vom 24. September 1884 in Sachen D. & Mc. N. zu L., Kläger, wider C. N. zu H., Beklagten. Vorinstanz: O. L. G. Hamburg. Verwerfung der Beschwerde.

„Mit Recht ist das O. L. G. davon ausgegangen, daß nach § 62 der C. P. O. an eine Aussetzung des Prozesses auf Grund des Antrages der Beschwerdeführer nur dann gedacht werden könnte, wenn die Letzteren nachgewiesen hätten, daß sie dem § 61 daselbst gemäß eine Hauptinterventionsklage gegen beide Parteien des Hauptprozesses erhoben haben. Dies ist aber ihren eignen Angaben zufolge, auch wenn man ihr nach § 533 der C. P. O. zulässiges neues Vorbringen der gegenwärtigen Instanz mitberücksichtigt, auch bis jetzt noch nicht geschehen. Denn ihre Behauptungen und Beweise beziehen sich nur darauf, daß den beiden Parteien des Hauptprozesses persönlich die gegen beide zu erhebende Klage zugestellt sei. Nun waren aber beide Parteien im Hauptprozesse durch Anwälte als ihre Prozeßbevollmächtigten vertreten, und es hätten daher, da nach § 78 der C.P.O. die Vollmacht für den Hauptprozeß auch die Vollmacht für das eine Hauptintervention betreffende Verfahren umfaßt, die Zustellungen der Hauptintervention nach § 162 der C.P.O. an die betreffenden Anwälte erfolgen müssen. Auch die Zustellung einer zur Hauptintervention bestimmten Klage geschieht nämlich, insofern sie eben als Hauptintervention in einem andern Prozesse dienen soll, diesem Prozesse gegenüber in einem schon anhängigen Rechtsstreite. Eine Hauptinterventionsklage ist also von Seiten der Beschwerdeführer bis jetzt jedenfalls nicht gültig zugestellt, mithin nach § 230 Abs. 1 der C.P.O. auch nicht erhoben worden — ob überhaupt keine Klage gegen die beiden Parteien des Hauptprozesses, das war hier nicht zu entscheiden."

61. **Eine fehlerhafte Postzustellungsurkunde kann nicht durch Parteierklärungen geheilt werden** (§§ 176—178, 161, 175, 181 der C.P.O.). Urth. des IV. Civilsenats vom 25. September 1884 in Sachen A. S. in N., Beklagten und Revisionsklägers, wider E. L. zu R., Kläger und Revisionsbeklagten. Vorinstanz: O.L.G. Breslau. Verwerfung.

Der klägerische Anwalt U. zu G. hat dem Anwalt des Beklagten C. zu G. das erstinstanzliche Urtheil in der Weise zustellen lassen, daß ein durch den Gerichtsvollzieher F. abgesendetes, das Urtheil enthaltendes Schriftstück von dem Postboten Z. zu G. an die Adresse des Rechtsanwalts C. am 2. September 1883 befördert ist. Hierin besteht nach der Behauptung des Revisionsklägers thatsächlich der Vorgang bei der am 2. September 1883 stattgefundenen Zustellung, und zum Nachweis der letzteren ist die im B.U. wörtlich wiedergegebene, einer Ausfertigung des ersten Urtheils angeheftete Postzustellungsurkunde vorgelegt worden.

„Die Zustellung ist also durch einen Gerichtsvollzieher, welcher sich der Vermittelung der Post bedient hat, geschehen, wie dies nach §§ 176—178 der C.P.O. gesetzlich gestattet ist. Eine Zustellung durch Aufgabe zur Post nach den Vorschriften der §§ 161 und 175 ebenda hat nicht stattgefunden und hat nicht stattfinden können, weil die Voraussetzung des § 161, daß ein Zustellungsbevollmächtigter vom Kläger nicht benannt war, gefehlt hat, und auch die im § 181 zugelassene Zustellung von Anwalt zu Anwalt ist weder in Wirklichkeit vorgenommen, noch etwa von dem Rechtsanwalt C. beim Empfange des Urtheils am 2. September 1883 anerkannt worden, was zum Nachweise der letzteren Zustellungsart genügen würde. Liegt thatsächlich nur eine durch den Gerichtsvollzieher mittels der Post bewirkte Zustellung vor, so haben die für diese gesetzlich vorgeschriebenen Förmlichkeiten beobachtet werden müssen, und hierzu gehört als eine unerläßliche Form die im § 178 vorgesehene Postzustellungsurkunde. Die vom Beklagten vorgelegte sogenannte Postzustellungsurkunde enthält nur einen Beglaubigungsvermerk des Postboten unter der Bezeichnung des Absenders und des Adressaten, hat im übrigen nicht den im § 178 geforderten Inhalt, namentlich nicht in Betreff der Uebergabe des Urtheils, des Ortes und der Zeit und der Person, welcher zugestellt ist, und ermangelt solcher Erfordernisse, welche der § 178 als wesentliche aufstellt. Sie ist daher nicht geeignet, die Zustellung des Urtheils zu beurkunden, und ohne eine den Gesetzen entsprechende Beurkundung kann das Vorhandensein einer gesetzmäßigen, wirksamen Zustellung des ersten Urtheils nicht angenommen werden.

Beklagter hat noch, wie es in dem Berufungsurtheile heißt, „statt der fehlenden Zustellungsurkunde des Gerichtsvollziehers F." die näher angegebenen Bescheinigungen der Prozeßbevollmächtigten der Parteien vorgelegt. Diese Bescheinigungen können aber nicht eine eigentliche Zustellungsurkunde des Gerichtsvollziehers, welche nicht vorhanden und bei einer Zustellung nach §§ 176—178 auch gar nicht aufzunehmen ist, und ebensowenig eine Postzustellungsurkunde, welche wegen Mangels ihres wesentlichen Inhalts ebenfalls nicht vorliegt, ersetzen, und sie reichen zur Annahme einer gültigen Zustellung durch den Postboten nicht aus; denn sie enthalten nur Bekenntnisse der Prozeßbevollmächtigten über Zustellung respektive Empfang einer beglaubigten Urtheilsabschrift durch Aufgabe zur Post, während das Gesetz eine formelle Urkunde des Postboten über die von ihm bewirkte Zustellung und deren Modalitäten erfordert. Die Bescheinigungen der Prozeßbevollmächtigten haben auch nicht eine Zustellung von Anwalt zu Anwalt nach § 181 der C.P.O. bewirkt. Eine Zustellung dieser Art ist, wie der B.R. mit Recht feststellt, am 2. September 1883 nicht erfolgt und nicht beabsichtigt, und ein erst nach Einlegung der Berufung und nach dem am 16. November 1883 stattgefundenen Verhandlungstermin unterm 22. desselben Monats ausgestelltes Empfangsbekenntniß kann zum Beweise einer am 2. September 1883 von Anwalt zu Anwalt erfolgten Zustellung nicht dienen, da eine solche überhaupt nicht stattgehabt hat. Die Zustellung vom 2. September 1883 ist unwirksam vorgenommen, und der damals unwirksame Zustellungsmodus kann nicht durch eine erst nach Einlegung der Berufung abgegebene Erklärung der Prozeßbevollmächtigten für diese Berufung wirksam in einen anderen Zustellungsmodus umgewandelt werden."

62. **Erfordernisse der Feststellungsklage, wenn sie nur das Bestehen oder Nichtbestehen eines Rechtsverhältnisses bezweckt** (§§ 230, 231 der R. C. P. O.). Urth. des III. Civilsenats vom 28. Oktober 1884 in Sachen des Waisenhauses Clausthal, Klägers und Revisionsklägers, wider den Domänen-Fiskus in Hannover, Beklagten und Revisionsbeklagten. Vorinstanz: O. L. G. Celle. Aufhebung und Zurückverweisung.

„Für die nur auf Feststellung des Bestehens oder Nichtbestehens eines Rechtsverhältnisses gerichteten Klagen gehört zur bestimmten Angabe des Gegenstandes des erhobenen Anspruches und zur Bestimmtheit des Antrages nur die bestimmte Bezeichnung und Angabe des unter den Parteien streitigen Rechtsverhältnisses, dessen Existenz oder Nichtexistenz durch das Gericht festgestellt werden soll, und ein Antrag, aus dem hervorgeht, daß der Kläger die Feststellung *dieses* Rechtsverhältnisses verlangt. Indem nun der Kläger den Wortlaut des ihm ertheilten Privilegs angiebt und anschließend an denselben seinen Antrag formulirt, hat er den Erfordernissen des § 230 Ziff. 2 der C. P. O. genügt, und es kann zur Begründung der Klage nicht verlangt werden, daß der Kläger genau darlege, was unter den in dem Statute aufgeführten Kategorien von Delikten, insbesondere unter Scheltsachen und geringeren Delikten nach den 1718 geltenden strafrechtlichen Normen zu verstehen sei und welche Delikte nach der jetzigen Gesetzgebung als an die Stelle jener getreten zu betrachten seien. Wenn auch die Frage, welche nach den jetzt geltenden Strafgesetzen strafbare Handlungen unter die in dem Privileg von 1718 erwähnten Kategorien von Delikten fallen, mit zum Gegenstande des jetzigen Verfahrens hätte gemacht werden *können*, so war es doch um so weniger eine *nothwendige* Voraussetzung für die Zulässigkeit der erhobenen Feststellungsklage, daß dieses geschah und von dem Kläger genau angegeben wurde, welche Strafgelder er beanspruche, als der Beklagte nicht das Recht des Klägers auf den Bezug der Strafgelder für dieses oder jenes bestimmte Delikt bestritten hat, weil dieses nicht unter die in dem Privileg erwähnten Kategorien von Delikten falle, sondern das Recht des Waisenhauses auf den Bezug von Strafgeldern ganz allgemein bestritten hat, weil das Privileg gänzlich erloschen sei. Der Streit der Parteien dreht sich daher um die Frage, ob das durch das Privileg von 1718 begründete Recht zum Bezuge von Strafgeldern überhaupt noch besteht oder nicht.

Nicht richtig ist es, wenn der B.R. geltend macht, es liege auf der Hand, daß eine Anerkennung des Privilegs, wie sie von dem Kläger begehrt worden, eine praktische Bedeutung überall nicht haben würde, vielmehr erst in einem zweiten nachfolgenden Rechtsstreite das eigentliche Rechtsverhältniß zwischen den Parteien festgestellt werden könne und müsse. Denn wenn durch das in der Sache ergehende Urtheil festgestellt wird, daß das Recht des Waisenhauses zu Clausthal zum Bezuge von Strafgeldern, wie der Kläger es beantragt hat, besteht, so braucht nicht in einem zweiten Rechtsstreite eine weitere Feststellung des unter den Parteien bestehenden Rechtsverhältnisses zu erfolgen, sondern es handelt sich nur darum, ob eine von dem Kläger erhobene Forderung auf Zahlung der für ein bestimmtes Delikt eingegangenen Strafgelder begründet ist, ob also dieser Anspruch unter das Privileg, dessen fortdauernde Gültigkeit festgestellt ist, fällt."

63. **Die Feststellungsklage auf Anerkennung der Zahlungspflicht nicht fälliger Koupons ist unzulässig** (§ 231 der C.P.O.). Urth. des I. Civilsenats vom 25. Oktober 1884 in Sachen der Oesterreichischen Elisabeth-Bahn zu Wien, Beklagten und Revisionsklägerin, wider M. W. zu F., Kläger und Revisionsbeklagten. Vorinstanz: O.L.G. Frankfurt a. M. Aufhebung und Theilung im Kostenpunkt wegen Zuvielforderung des Klägers.

„Es handelt sich nur um die Frage, ob die getroffene Entscheidung auch insoweit gerechtfertigt ist, als sie die Beklagte auch zur Zahlung des Betrages für die Schuldverschreibungen, die erst nach Fällung des Urtheils erster Instanz fällig geworden sind, unter Auferlegung der entsprechenden Kosten verurtheilt hat. Hier konnte nun der Auffassung des B.G. nicht beigetreten werden, daß der betreffende Anspruch, wie er in erster Instanz erhoben worden, ein Feststellungsanspruch im Sinne des § 231 der R.C.P.O. gewesen wäre. Der Kläger hatte vielmehr gerade ein Urtheil begehrt, aus welchem er sofort nach Eintritt der Fälligkeit durch Zwangsvollstreckung die Zahlung erlangen konnte. Im Thatbestande des Urtheils erster Instanz heißt es ausdrücklich: „es sei für ihn — Kläger — eine unbillige Belästigung, wenn er nach der Fälligkeit genöthigt werden sollte, die einzelnen Obligationen einzeln einzuklagen; Beklagte solle daher schon jetzt für schuldig erkannt werden, dieselben am 1. Januar 1884 zurückzubezahlen." Auch hatte Kläger vorläufige Vollstreckbarkeitserklärung des ganzen Urtheils beantragt. Die Erhebung eines solchen Anspruches auf Zahlung zur Zeit der Fälligkeit war trotz der Notorietät der Weigerung der Beklagten, die Einlösung zu dem der süddeutschen Währung entsprechenden Umrechnungsbetrage der deutschen Währung vorzunehmen, vor eingetretener Fälligkeit nicht zulässig. Dies ergiebt sich insbesondere aus der Bestimmung des Inhaberpapiers. Wenn auch nicht geleugnet werden kann, daß schon in Folge der Ausgabe eines solchen und schon vor seiner Fälligkeit rechtliche Beziehungen zwischen dem Aussteller und dem Inhaber des Papiers entstehen, welche im Interesse der Klarstellung oder Sicherung des Rechts für das Papier, daß sein Präsentant zur Fälligkeitszeit Zahlung erhält — ein Interesse, welches jeder Inhaber des Papiers auch vor der Fälligkeit hat — zur Geltendmachung von Ansprüchen vor der Fälligkeit führen können, so wird doch eine wirkliche Schuld, eine Zahlungspflicht nur gegenüber demjenigen, der Inhaber und Präsentant zur Zeit der Fälligkeit ist, begründet. Der Anspruch eines Inhabers vor der Fälligkeit, ihm zur Zeit der Fälligkeit zu zahlen, hat daher keinen anderen Inhalt als den, daß der Emittent verurtheilt werden solle, ihm zu zahlen, sofern er zur Zeit der Fälligkeit Inhaber und Präsentant sein werde. Solche hypothetische Ansprüche können nicht Gegenstand eines auf Zwang der Erfüllung abzielenden Urtheils sein. Nun sind aber während der Berufungsinstanz allerdings die Schuldverschreibungen fällig geworden, und es ist unbestritten, daß Kläger zur Zeit der Fälligkeit Inhaber derselben gewesen ist.

Hier kommt der Grundsatz zur Anwendung, daß, wenn der erst noch nicht verfolgbar gewesene Anspruch noch während des Schwebens des Prozesses verfolgbar wird, und der Gegner, ohne hierdurch in seiner Vertheidigung beschränkt zu werden, ihn aus unzutreffenden Gründen bestreitet, nun kein Anlaß mehr vorliegt, den Anspruch behufs sofortiger Anstellung eines neuen Prozesses in diesem Prozesse abzuweisen. Vgl. Urth. des R.G. in Sachen Kaschau-Oderberger Eisenbahngesellschaft wider Horwitz vom 3. Januar 1883" (Annalen Bd. VII S. 277; Foerster (Eccius), Preuß. Privatrecht I S. 287 N. 12; Dernburg, Preuß. Privatrecht I § 133; Gruchot, Bd. 26 S. 381; in Bezug auf altes Prozeßrecht: Entsch. des R.G. Bd. I S. 425). „Ob die Aenderung nach der Klageerhebung bereits vor Fällung des Urtheils erster Instanz oder erst in der Berufungsinstanz erfolgt ist, erscheint unerheblich."

64. **Unzulässigkeit der Feststellungsklage zur Entscheidung der Frage, daß ein Handelsgesellschafter unbefugt Darlehen aufgenommen habe** (§ 231 der C.P.O.). Urth. des I. Civilsenats vom 17. September 1884 in Sachen C. P. zu N., Beklagten und Revisionsklägers,

wider L. B. das., Kläger und Revisionsbeklagten. Vorinstanz: O.L.G. Naumburg. Aufhebung und Klagabweisung (zu dem hier streitigen Punkt).

Der Kläger beabsichtigt die Anstrengung einer Feststellungsklage im Sinne des § 231 der C.P.O. Das „Anerkennen", zu welchem nach der Wortfassung des betreffenden Klagantrages der Beklagte für schuldig erklärt werden soll, ist nicht eine Leistung, auf welche der Kläger als Gesellschafter des Beklagten ein von Letzterem nicht befriedigtes Recht besäße, deren Schuldigkeit durch das Urtheil bestimmt, deren Verwirklichung erforderlichen Falles auf Grund des Urtheils erwirkt werden soll. Es ist vielmehr mit den Worten des Klagantrages: „für schuldig zu erklären, anzuerkennen" nur beantragt, mit der bindenden Kraft eines verurtheilenden Erkenntnisses festzustellen, es seien zwei Darlehnsaufnahmen seitens des Beklagten im Namen der Firma P. & Co. ohne Zustimmung des Klägers unberechtigte gewesen.

„Abgesehen von seinem hier nicht in Betracht kommenden, auf Urkunden sich beziehenden Theile normirt der § 231 der C.P.O. die Feststellungsklage als Klage auf Feststellung des Bestehens oder Nichtbestehens eines Rechtsverhältnisses; während die Zulässigkeit einer solchen Klage daran geknüpft ist, daß der Kläger ein rechtliches Interesse an der alsbaldigen Feststellung des Rechtsverhältnisses habe. An sich ist nach diesen Normen die Klage eines Gesellschafters einer offenen Handelsgesellschaft gegen seinen Mitgesellschafter auf Feststellung, daß zwischen ihnen das Rechtsverhältniß bestehe, daß der Beklagte nur mit Genehmigung des Klägers Darlehne im Namen der zwischen den Parteien bestehenden offenen Gesellschaft aufnehmen dürfe, eine Feststellungsklage. Auch dürfte (falls zwischen den Parteien eine Verschiedenheit der Auffassung ihres Rechtsverhältnisses in dieser Beziehung zu Tage getreten wäre, bei der drohenden Gefahr, daß in jedem Augenblick das Interesse des Klägers als Gesellschafters durch die Bethätigung der bezüglich der Führung der Gesellschaftsgeschäfte von dem Beklagten prätendirten, von dem Kläger bestrittenen Ausdehnung der Befugnisse des Ersteren geschädigt werde) eine solche Feststellungsklage nicht (wegen Mangels eines rechtlichen Interesse des Klägers an der alsbaldigen Feststellung des Bestehens des Rechtsverhältnisses der Parteien als Gesellschafter in der von ihm behaupteten, von der Gegenseite dagegen unter Prätension eines abweichenden Inhalts geleugneten Gestaltung) für unzulässig zu erachten sein. Dagegen enthält die Feststellung, daß einzelne, in der Vergangenheit von dem beklagten Gesellschafter namens der zwischen ihm und dem Kläger bestehenden offenen Handelsgesellschaft gethätigte Darlehnsaufnahmen unberechtigte gewesen seien, gar keine Feststellung der Existenz oder Nichtexistenz eines Rechtsverhältnisses. Wollte man übrigens (an sich zu

Unrecht) das Gegentheil annehmen, so würde doch jedenfalls die Zulässigkeit der Feststellungsklage, anstatt der Erhebung der Klage auf diejenige Leistung, auf welche dem Kläger gegen den Beklagten etwa durch die betreffenden Akte des Letzteren ein Anspruch erwachsen wäre, durch die (in dem vorliegenden Falle mangelnde) Klarlegung eines rechtlichen Interesse des Klägers an der alsbaldigen Feststellung der Existenz des Rechtsverhältnisses bedingt erscheinen."

65. **Unzulässigkeit der Parteivereinbarung, daß ein einzelner Rechtsbehelf unentschieden bleiben solle** (§§ 272 ff. der C. P. O.). Urth. des I. Civilsenats vom 4. Oktober 1884 in Sachen F. in L., Beklagten und Revisionsklägers, wider C. Th. & Co. in T., Klägerin und Revisionsbeklagte. Vorinstanz: O. L. G. Hamburg. Aufhebung und Zurückverweisung.

„Es ist nicht zulässig, eine Aenderung des gesetzlichen Ganges des Verfahrens dadurch herbeizuführen, daß die Parteien vereinbaren, daß ein einzelner Rechtsbehelf im vorliegenden Prozesse unentschieden bleiben, die Entscheidung in Ermangelung einer gütlichen Vereinbarung einem künftigen Prozesse vorbehalten und also das im vorliegenden Prozesse mit Vorbehalt ergehende Urtheil einer entsprechenden Ergänzung beziehungsweise Aenderung in einem künftigen Prozesse unterliegen solle."

66. **Die Berichtigung des Thatbestandes** (§ 291 der C. P. O.) **hat eine Aenderung des übrigen Theiles des Urtheils nicht zur Folge.** Urth. des II. Civilsenats vom 3. Oktober 1884 in Sachen Allg. Unf.-Vers.-B. in L., Beklagten und Revisionsklägerin, wider H. in W., Kläger und Revisionsbeklagten. Vorinstanz: O. L. G. Dresden. Aufhebung und Zurückverweisung.

„Der Thatbestand des B. U. ist durch einen Satz berichtigt worden, dessen Inhalt dem erkennenden Gerichte zu Erwägungen Anlaß bieten konnte. Daß die Zeugen S. und T. gar nicht abgehört werden würden, läßt sich jedenfalls nicht ohne weiteres voraussetzen. Allerdings ist ihr Zeugniß nachträglich, im Berichtigungsbeschlusse, als einflußlos bezeichnet worden. Hierauf kann es jedoch nicht ankommen. Die Berichtigung des Thatbestandes hat eine Aenderung des übrigen Theiles des Urtheils nicht zur Folge (§ 291 Abs. 5 der C. P. O.), und wenn das Berufungsgericht im Berichtigungsbeschlusse auf die dem Urtheile beigegebenen Gründe, insbesondere den Schlußpassus im ersten Absatze verweist, aus denen sich ergäbe, daß auch die Bestätigung dessen, wofür die Zeugen S. und T. benannt sind, an der Beurtheilung des Beweisergebnisses etwas nicht ändern könnte, so steht eben dieser Satz nicht im Urtheile — ganz abgesehen davon, ob er richtig sein würde. Für einen Theil des Streitstoffes fehlt es demnach an Entscheidungsgründen (§ 513 Ziff. 7 der C.P.O.), und schon deshalb muß die Entscheidung selbst als auf Gesetzesverletzung beruhend angesehen werden."

67. **Einem außergerichtlichen Geständniß kann volle Beweiskraft beigelegt werden** (§§ 38, 405 der C.P.O.). Urth. des II. Civilsenats vom 24. Oktober 1884 in Sachen F. D. in A., Beklagten und Revisionsklägers, wider J. H. und Gen. in G., Kläger und Revisionsbeklagte. Vorinstanz: O.L.G. Colmar. Verwerfung.

„Es muß zwar der Ausführung beigepflichtet werden, daß die Bestimmungen des Landesrechts über das außergerichtliche Geständniß neben der C.P.O. keine Geltung mehr haben; denn die, eine Beweisbeschränkung enthaltende Vorschrift des Art. 1355 des B.G.B. ist durch § 14 Ziff. 2 des Einf.Ges. zur C.P.O. beseitigt, und eine besondere Erwähnung des außergerichtlichen Geständnisses als Beweismittel (Art. 1354 des B.G.B.) war nicht erforderlich, weil die C.P.O. den Richter im allgemeinen anweist, nicht nur aus dem Ergebnisse der Beweisaufnahme, sondern aus dem gesammten Inhalte der Verhandlungen seine Ueberzeugung zu schöpfen. Demnach kann auch (vergl. noch §§ 381, 405) einem außergerichtlichen Geständnisse unter Berücksichtigung aller Umstände, unter welchen dasselbe abgelegt worden ist, volle Beweiskraft beigelegt werden." (Vergl. u. A. Annalen: Bd. VII S. 81, 381; Busch, Zeitschrift für die C.P.O. Bd. II S. 311.)

68. **Grund zur Ablehnung des Sachverständigen** (aus § 371 der C.P.O.), **wenn der Sachverständige ständiger Bücherrevisor einer Aktiengesellschaft ist, deren Verwaltungsrathsvorsitzender Beklagter ist.** Beschluß des I. Civilsenats vom 20. September 1884 in Sachen H. zu K, Klägers, wider J. M. zu Ch., Beklagten. Vorinstanz: Kammerger. Berlin. Aufhebung des Beschlusses, durch welchen das Ablehnungsgesuch des Sachverständigen W. verworfen wurde, und Zurückverweisung.

„War der Beklagte M. in Ch. zu der Zeit, als der von dem Kammergericht zugezogene Sachverständige W. vernommen wurde, bzw. sein schriftliches Gutachten erstattete, noch Vorsitzender des Aufsichtsrathes der Berlin-Kölnischen Feuerversicherungsgesellschaft in Liqu., so muß die Thatsache, daß der Bücherrevisor W. bei dieser Gesellschaft als ständiger Revisor funktionirte gegen ein Gehalt, welches ihm durch Kündigung seiner Stelle entzogen werden kann, mit Rücksicht auf den Gegenstand seiner Vernehmung allerdings als ein Grund angesehen werden, welcher geeignet ist, Mißtrauen gegen die Unparteilichkeit des Sachverständigen zu rechtfertigen. Denn wenn auch W. von den Liquidatoren der Gesellschaft angestellt und von denselben zu entlassen ist, so liegt die Annahme nahe, daß ein ungünstiges Gutachten über das Gebahren des Vorsitzenden des Aufsichtsrathes Anlaß dazu bieten könnte, daß dieser seinen Einfluß auf die Liquidatoren oder seine Verbindung mit denselben dazu gebraucht, um eine Kündigung herbeizuführen."

69. **Der Flüchtige, dessen Vermögen beschlagnahmt wird** (§ 332 der Str. P. O.), **verliert mit der Prozeßfähigkeit auch die Eidesfähigkeit** (§§ 435, 51 der C. P. O.). Beschluß des IV. Civilsenats vom 22. September 1884 in Sachen J. N. zu G., Klägers, wider die Relikten des J. S. zu D., Beklagte. Vorinstanzen: L. G. Insterburg, O. L. G. Königsberg. Aufhebung der zweiten, Wiederherstellung der ersten Entscheidung.

„Nach § 435 Abs. 1 der C. P. O. bestimmt sich die Fähigkeit, zugeschobene Eide zu leisten, im allgemeinen nach der Prozeßfähigkeit, und die im Abs. 2 daselbst nachgelassene Ausnahme hängt von dem Antrage des Gegners sowie von der Genehmhaltung seitens des Prozeßrichters ab. Ueber die Prozeßfähigkeit aber entscheidet nach § 51 der C. P. O. regelmäßig die Fähigkeit, sich durch Verträge zu verpflichten. Diese Fähigkeit braucht keine absolute zu sein, sie kann bei der nämlichen Person bezüglich gewisser Vermögenskreise vorhanden sein, bezüglich anderer hingegen fehlen. Nur soweit sie vorhanden ist, besteht auch die Fähigkeit der Prozeßführung. Nun hat der Kläger durch die in Gemäßheit des § 332 der Str. P. O. erfolgte Beschlagnahme seines im Deutschen Reiche befindlichen Vermögens das Recht, über dies Vermögen unter Lebenden zu verfügen, verloren, und es ist die Nothwendigkeit der Einleitung einer Güterpflege eingetreten (§ 334 der Str. P. O.). Damit hat der Kläger auch die Prozeßfähigkeit hinsichtlich dieses Vermögens, über welches er durch Verträge nicht disponiren kann, eingebüßt, weil die Prozeßführung gleichfalls als ein Akt der Verfügung über eben dieses Vermögen anzusehen ist. Zur Prozeßführung aber gehört jede von der Partei als solcher vorzunehmende prozessuale Handlung, also auch die Leistung eines zugeschobenen Eides, weshalb es dahingestellt bleiben kann, ob hierin für sich ein Akt der Verfügung über das Streitobjekt zu finden ist. Da nun die im Streite befangene Forderung des Klägers zweifellos zu dem inländischen Vermögen desselben gehört, bezüglich dessen der Kläger die Dispositionsbefugniß unter Lebenden verloren hat, so ist derselbe nach Vorstehendem nicht mehr fähig, den ihm, als damals prozeßfähiger Partei, vom Gegner zugeschobenen Eid zu leisten, und die erste Instanz hat mit Recht den Fall des § 433 der C.P.O. für gegeben erachtet. Der vorliegende Fall steht dem der Entmündigung einer Partei wegen Verschwendung, welcher ebenfalls den Verlust der Handlungs- und Prozeßfähigkeit zur Folge hat, rechtlich ganz gleich. Die Bemerkung des Beschwerdegerichts, daß die in Frage stehende Beschlagnahme nur die Bedeutung eines Gestellungsmittels habe, entbehrt der Erheblichkeit, weil hier nicht der Zweck dieser Maßregel, sondern deren im Gesetze klar bestimmte vermögensrechtliche Wirkungen in Betracht kommen, welche — wie die Materialien der Str.P.O. ergeben — gerade deshalb so einschneidend normirt sind, um dem flüchtig gewordenen Angeklagten einen starken Antrieb zur Gestellung zu bieten."

70. **Das Urtheil, welches einen Eid für verweigert erklärt, ist ein Zwischenurtheil, daher keine Berufung gegen dasselbe zulässig** (§§ 472, 474, 430, 248 der C.P.O.). Urth. des I. Civilsenats vom 18. Oktober 1884 in Sachen O. B. & Co. in L., Klägerin und Revisionsklägerin, wider E. in L.P., Beklagten und Revisionsbeklagten. Vorinstanz: O.L.G. Hamburg. Aufhebung und Bestätigung des Urtheils des L.G. Hamburg.

„Der Antrag der Revisionsklägerin ist begründet, weil das B.G. eine unzulässige Berufung zugelassen hat. Die C.P.O. § 472 beschränkt die Berufung auf Endurtheile; § 474 fügt in Betreff der Versäumnißurtheile eine weitere Beschränkung hinzu. Versäumnißurtheile, welche sowohl Endurtheile als Zwischenurtheile sein können, sind mithin nur dann durch Berufung anfechtbar, wenn sie Endurtheile oder den Endurtheilen hinsichtlich der Rechtsmittel gleichgestellte Zwischenurtheile sind und außerdem die Erfordernisse des § 474 vorliegen. Das B.G. hat die Zulässigkeit der gegen das L.G.-Urth. vom 19. Februar 1884 eingelegten Berufung nach § 474 geprüft und in dieser Hinsicht mit Recht bejaht. Die Zulässigkeit derselben war aber nach § 472 zu prüfen und in dieser Hinsicht zu verneinen. Das mit der Berufung angefochtene L.G.-Urth. vom 19. Februar 1884, welches den Einspruch gegen das Versäumnißurtheil vom 11. Januar 1884 verwirft oder, mit anderen Worten, das Versäumnißurtheil aufrecht erhält, enthält, wie letzteres, gemäß § 430 der C. P. O. lediglich den Ausspruch, daß der Eid des Beklagten als verweigert anzusehen sei. Ein solches Urtheil hat, wie die Motive zu §§ 302, 413 des Entwurfs der C. P. O. hervorheben, die Eigenschaft eines Zwischenurtheils über die Frage, ob der Eid als verweigert anzusehen sei; es bildet die Grundlage für das weitere Urtheil, durch welches nach Ablauf der Einspruchsfrist oder Verwerfung des Einspruches nach weiterer Verhandlung die Folgen der Eidesweigerung ausgesprochen werden. Wäre im vorliegenden Falle letzteres bereits geschehen, nämlich auf Grund der Eidesweigerung des Beklagten die Einrede der Unzuständigkeit des Gerichts verworfen worden, so würde dieses Urtheil nach § 248 Abs. 2 der C. P. O. durch Berufung anfechtbar und vermittelst dieser Berufung nach § 473 auch das Urtheil vom 19. Februar 1884 angreifbar gewesen sein. An sich dagegen ist letzteres ein Zwischenurtheil, welches nicht zu denjenigen gehört, welche in Ansehung der Rechtsmittel den Endurtheilen gleichgestellt sind.“

71. **Begriff der Worte „insofern eine weitere Verhandlung derselben erforderlich ist“ im § 500 der C. P. O. Sie bedeuten: „insofern nicht schon die zweitinstanzliche Entscheidung die Sache beendigt“, muß die Sache an die erste Instanz zurückverwiesen werden.** Urth. des II. Civilsenats vom 14. Okt. 1884 in Sachen des Erzgeb. Steinkohlenaktienvereins zu Sch., Beklagten und Revisionsklägers, wider Sch. in N., Kläger und Revisionsbeklagten. Vorinstanzen: L. G. Zwickau, O. L. G. Dresden. Aufhebung. Der Rechtsweg wird für zulässig erklärt. Zurückverweisung in die erste Instanz.

„Nach § 500 Abs. 1 Z. 2 der C. P. O. hat das B. G. die Sache, insofern eine weitere Verhandlung derselben erforderlich ist, an das Gericht erster Instanz zurückzuverweisen, wenn durch das angefochtene Urtheil nur über prozeßhindernde Einreden entschieden ist. Vorliegenden Falles war von dem erstinstanzlichen Urtheile lediglich über die prozeßhindernde Einrede der Unzulässigkeit des Rechtsweges (zum Vortheile des Beklagten) entschieden worden. Das B. U. hob diese Entscheidung auf. Nunmehr mußte dasselbe die Sache zurückverweisen. Die Worte: „insofern eine weitere Verhandlung derselben erforderlich ist“ bedeuten lediglich soviel: „insofern nicht schon die zweitinstanzliche Entscheidung die Sache beendigt“; nicht aber drücken sie schlechthin den Satz aus: „insofern es einer weiteren Verhandlung noch bedarf“. Es darf nicht übersehen werden, daß die Bestimmungen des § 499 der C. P. O. über die Wirkungen der Devolution des Rechtsstreites durch den § 500 der R. C. P. O. wesentlich eingeschränkt sind. Wenn die erste Instanz nur über prozeßhindernde Einreden erkannt hat, erwächst die Sache auch nur rücksichtlich dieser Einreden und (vergl. § 500 Abs. 2) etwaiger anderer prozeßhindernder Einreden zur zweiten Instanz. Es ist gleichgültig, ob die erste Instanz bereits in der Sache selbst verhandelt hat. Nicht auf die Verhandlung, sondern auf die Entscheidung der ersten Instanz kommt es an. Die Motive zu § 500 der C. P. O. besagen dies übrigens ausdrücklich. Sie heben hervor: „Ein Urtheil (des B. G.) über prozeßhindernde Einreden, ohne Unterschied, ob das B. G. die den Einwand verwerfende Entscheidung des ersten Richters bestätigt oder den in erster Instanz für begründet angenommenen Einwand unter Abänderung des angefochtenen Urtheils verwirft, hat sich mit der Sache selbst noch nicht befaßt. Es würde, wenn das Urtheil des B. G. sich auf andere Streitpunkte, als die in erster Instanz entschiedenen, erstreckte, Gegenstand des Rechtsstreites in zweiter Instanz ein anderer sein, als in erster Instanz." Wenn das vorige Urtheil hiergegen auf § 499 der C. P. O. verweist, aus welchem hervorgehe, daß der Umstand, daß ein Urtheil sich mit einem bestimmten Streitpunkt nicht befaßt habe, in vielen Fällen kein Hinderniß für die Devolution dieses Streitpunktes an die höhere Instanz bilde, so ist eben nicht beachtet, daß der § 500 Ausnahmen von der Regel des § 499 aufstellt. In den im § 500 erwähnten fünf Fällen soll, sofern nicht die Entscheidung der zweiten Instanz die Sache erledigt, eine Zurückverweisung an die erste Instanz unbedingt stattfinden, selbst dann, wenn in erster Instanz bereits über die Sache verhandelt wurde."

72. **Eine nicht gegen ein Berufungsurtheil eingewendete Revision kann vom R. G. ohne mündliche Verhandlung durch Beschluß zurückgewiesen werden** (§ 507 der C. P. O.). Beschluß des III. Civilsenats vom 26. September 1884 in Sachen der Gräfin v. Hutten-Czapka, Beklagten und Revisionsklägerin, wider den Großherzog von Hessen, Kläger und Revisionsbeklagten. Vorinstanz: O. L. G. Darmstadt. Die Präsidialverfügung vom 10. August 1884, durch welche Termin zur Verhandlung der Revision bestimmt worden war, wird zurückgenommen.

„Die Anberaumung eines Verhandlungstermins in dieser Sache durch Beschluß des Vorsitzenden des Feriensenats des R. G. vom 10. August d. J. erfolgte gemäß § 193 der C. P. O. auf Grund einer in der üblichen Form vollzogenen Revisionseinlegung unter der selbstverständlichen Voraussetzung, daß die Revision gegen ein von dem O. L. G. Darmstadt in der Berufungsinstanz erlassenes Endurtheil (§ 507 der C.P.O. und Kaiserl. Verordnung vom 26. Sept. 1879, betreffend „die Uebertragung Hessischer Rechtssachen auf das R.G.") gerichtet sei. Diese Voraussetzung hat sich durch die eigenen Behauptungen des Vertreters der Beklagten in dem Schriftsatze vom 25. d. Mts. als hinfällig erwiesen. Es steht nunmehr fest, daß das anzufechtende Urtheil von dem genannten O.L.G. in erster Instanz erlassen worden ist. Gegen ein solches Erkenntniß ist das Rechtsmittel der Revision schlechthin unzulässig, und es bedarf, um diese Rechtsfolge auszusprechen, keines nach vorgängiger mündlicher Verhandlung zu erlassenden Urtheils des R.G.; vielmehr mußte, so wie geschehen, die Terminsbestimmung durch Gerichtsbeschluß ohne weiteres zurückgezogen werden."

73. **Es liegt kein „neuer selbständiger Beschwerdegrund"** (im Sinne des § 531 der C.P.O.) **vor, wenn die zweite Instanz denselben Beschluß anders begründet, als die erste.** Beschluß des III. Civilsenats vom 19. September 1884 in Sachen der Eheleute S. in B., Beklagten, wider verw. E. das., Klägerin. Vorinstanz: O.L.G. Darmstadt. Verwerfung der weiteren sofortigen Beschwerde.

„In Erwägung: daß der angefochtene Beschluß die sofortige Beschwerde der Beklagten gegen den Kostenfestsetzungsbeschluß des L.G. Gießen v. 22. April 1884 als unbegründet zurückgewiesen hat, hiernach aber zwei übereinstimmende Entscheidungen der Vorinstanzen vorliegen, gegen welche nach § 531 Abs. 2 der C.P.O. eine weitere Beschwerde nicht statthaft ist; daß hierbei insbesondere der Umstand, daß die zweite Instanz bei der Verwerfung der verfolgten Beschwerde von anderen Erwägungen ausging, als die erste Instanz für die Festsetzung der Anwaltsgebühren geltend gemacht hatte, für sich allein einen neuen selbständigen Beschwerdegrund nicht abzugeben vermag."

74. **Begriff der „Gegenseitigkeit" in § 661 der C.P.O. Eine in Folge eines den Ausländer verurtheilenden ausländischen Urtheils von diesem geleistete Zahlung ist nach Abänderung dieses Urtheils in höherer ausländischer Instanz nicht als „widerrechtlich abgenöthigt" zu betrachten.** Urth. des IV. Civilsenats vom 30. Oktober 1884 in Sachen F. H. zu B., Beklagten und Revisionsklägers, wider A. G. zu M., Klägerin und Revisionsbeklagte. Vorinstanzen: L.G. I und Kammerger. Berlin. Aufhebung und Zurückverweisung.

„Zunächst ist die Beantwortung der Frage erheblich, ob ein deutsches Gericht auf Grund eines rechtskräftigen Urtheils eines ausländischen Gerichts ein Vollstreckungsurtheil eines inländischen Gerichts nach § 660 der C.P.O. erlassen darf. Ein solches soll nach § 661 Nr. 5 a. a. O. nicht erlassen werden, „wenn die Gegenseitigkeit nicht verbürgt ist.“ Diese Voraussetzung fehlt: unstreitig besteht zwischen Deutschland bezw. Preußen und Rußland keine entsprechende Vereinbarung. Eine Verbürgung der Gegenseitigkeit ist zwar — wie in der Reichstagskommission konstatirt wurde (Struckmann und Koch, Kommentar 2. Aufl. S. 561 Note 10) — nicht allein dann anzunehmen, wenn die Gegenseitigkeit durch Staatsvertrag vereinbart oder durch ein Gesetz des ausländischen Staates außer Zweifel gestellt ist, sondern auch dann, wenn in der minder feierlichen Form von Deklarationen die Gegenseitigkeit zugesagt ist oder auch wenn die ausländischen Gerichte thatsächlich die deutschen Urtheile vollstrecken. Klägerin hat aber nicht behauptet, daß überhaupt ein derartiges Verhältniß zwischen Rußland und Deutschland sich gebildet habe.

Mußte mithin nach Bestimmung des § 661 a. a. O. die Vollstreckung des in Rußland ergangenen Urtheils abgelehnt werden, so ist es zwar nicht unzulässig, daß über dasselbe Rechtsverhältniß, über welches dort bereits ein Urtheil gesprochen worden ist, von einem an sich zuständigen deutschen Gerichte selbständig erkannt werde. Für eine solche Entscheidung fehlt aber im Streitfalle das erforderliche thatsächliche Material. In der Klage und in dem richterlichen Thatbestande wird nur angegeben, daß der Erblasser der Klägerin auf Grund einer Patentrechtsverletzung durch das russische Urtheil erster Instanz zur Zahlung der in Frage stehenden Summe verurtheilt worden sei. Zwar sind mit der Klage unbeglaubigte deutsche Uebersetzungen der von den russischen Gerichten gesprochenen Urtheile überreicht und in der Berufungsinstanz zufolge Beschlusses des Berufungsgerichts die übrigen bereits erwähnten konsularisch beglaubigten Abschriften. Es erhellt aber weder aus der Klage, noch aus dem Thatbestande, noch aus den vorbereitenden Schriftsätzen, daß die Klägerin auf der Grundlage der in den russischen Urtheilen erörterten Thatsachen eine selbständige Entscheidung von dem zuständigen deutschen Gerichte beansprucht.

Der B.R. stellt sich jedoch auf einen anderen rechtlichen Standpunkt. Er gründet seine den Beklagten verurtheilende Entscheidung lediglich auf die Bestimmung des § 207 Th. I Tit. 16 des Preuß. Allgem. L.R., lautend: „Was dem Geber widerrechtlich abgenöthigt wird, muß demselben zurückgegeben werden.“ Eine solche Abnöthigung findet der B.R. darin, daß von dem Erblasser der Klägerin auf Grund eines gegen ihn in erster Instanz erlassenen verurtheilenden Urtheils im Wege der Zwangsvollstreckung der jetzt streitige Betrag beigetrieben und an den Beklagten gezahlt, dieses Urtheil aber in zweiter Instanz aufgehoben und der Beklagte (damalige Kläger) zur Zurückzahlung verurtheilt worden ist. Das vormalige Preuß. Ob. Trib. hat zwar in mehreren Fällen, wo Jemand nicht freiwillig aus Irrthum, sondern zufolge von Exekutionsverfügungen Zahlungen geleistet hatte, zu welchen er nicht verpflichtet war, angenommen, daß darin eine Abnöthigung im Sinne des § 207 a. a. O. zu finden sei (Erk. vom 20. November 1846: Entsch. Bd. 14 S. 12; Erk. vom 13. Mai 1871: Striethorst, Archiv Bd. 82 S. 166; Erk. vom 15. Dezember 1870: Striethorst, Archiv Bd. 83 S. 1; Erk. vom 23. März 1836: Koch, Schles. Archiv Bd. 1 S. 407). Denselben Grundsatz hat das vormalige R. O. H. G. in dem Erk. vom 24. Januar 1874 (Entsch. Bd. 12 S. 246) angenommen. In allen diesen Fällen handelt es sich um Entscheidungen preußischer Gerichte.

Wird von einem inländischen Gerichte in erster Instanz die Verurtheilung zu einer Zahlung erkannt und auf Grund vorläufiger Vollstreckbarkeit durch Zwangsvollstreckung diese Zahlung bewirkt, so ist es allerdings unbedenklich, daß nach einer nachfolgenden abweisenden Entscheidung der höheren Instanz der Zahlende die Rückzahlung verlangen kann; die jüngste Entscheidung ergiebt dann immerhin eine Vermuthung für die Widerrechtlichkeit der erzwungenen Zahlung. Jedenfalls steht der in der höheren Instanz obsiegenden Partei die Rechtskraft zur Seite. Anders steht die Sache, wenn die Richtersprüche im Auslande erfolgt sind, wie dies im jetzigen Prozesse der Fall ist, wo der in Deutschland domizilirende Beklagte in erster Instanz als Kläger die Verurtheilung eines russischen Unterthans durch Urtheil eines russischen Gerichts erlangte und auf Grund vorläufiger Vollstreckbarkeit die Zahlung des erstrittenen Betrages erzielte. Die durch das abändernde und abweisende Urtheil des russischen höheren Gerichts, dessen Rechtskraft der jetzige B. R. auf Grund der russischen C. P. O. unanfechtbar feststellt, getroffene Entscheidung hat jedoch als rechtskräftige Entscheidung eine vollstreckbare Wirkung nur in Rußland und würde gegen den jetzigen Beklagten nur vollstreckt werden können, wenn er in Rußland lebte. Da er in Deutschland wohnt, in einem Lande, bezüglich dessen die Gegenseitigkeit mit Rußland nicht verbürgt ist, so hat die Rechtskraft bei der Lage der Sache für die Klägerin keinen Werth. Was die Frage der widerrechtlichen Abnöthigung betrifft, über welche sich der § 207 Th. I Tit. 16 des Preuß. Allgem. L. R. verhält, so kann die Widerrechtlichkeit der durch Vollstreckung des damals vollstreckbaren erstrichterlichen Urtheils erzielten Zahlung nicht ohne weiteres aus der Nichtübereinstimmung der beiden Urtheile russischer Gerichte gefolgert werden. Der § 207 a. a. O. könnte nur dann im jetzigen Prozesse die Verurtheilung des Beklagten zur Zurückzahlung begründen, wenn es feststünde, daß dem Erblasser der Klägerin die Zahlung, ohne einen rechtlichen Anspruch auf dieselbe zu besitzen, abgenöthigt worden wäre. Ob eine solche Widerrechtlichkeit besteht, würde sich nur auf Grund einer eingehenden Würdigung des in den russischen Urtheilen enthaltenen thatsächlichen und rechtlichen Materials beantworten lassen. Von einer solchen Würdigung ist in den Entscheidungsgründen des B.R. nichts zu finden. Auch ergiebt sich weder aus denselben noch aus dem Thatbestande, daß der B.R. überhaupt von der Annahme ausgegangen sei, die Klägerin wolle ihre Klage auf die aus den Urtheilen der russischen Gerichte sich ergebende spezielle Sach- und Rechtslage gründen."

75. **Alle im Zwangsvollstreckungsverfahren vorkommenden richterlichen Verfügungen müssen mit der sofortigen Beschwerde angefochten werden** (§ 701 der C.P.O.). Beschluß des I. Civilsenats vom 8. November 1884 in Sachen R. zu B., Schuldners, wider die verw. K. das., Gläubigerin. Vorinstanz: O.L.G. Hamburg. Verwerfung.

„Die sofortige Beschwerde ist im Sinne der C.P.O. nicht etwa ein besonderes, von der gewöhnlichen Beschwerde verschiedenes Rechtsmittel, so daß gegebenen Falles diese beiden Rechtsmittel der betroffenen Partei zur Auswahl stehen könnten, sondern die Eigenschaft der Beschwerde als „sofortiger" ist nur eine für gewisse Fälle vorgesehene Qualifikation des einen Rechtsmittels der Beschwerde, welche immer da eintritt, wo überhaupt nach besonderer Vorschrift der C.P.O. die sofortige Beschwerde stattfindet, gleichviel ob im einzelnen Falle zugleich auch schon nach der allgemeinen Vorschrift des § 530 eine Beschwerde gegeben sein würde. Dies wird ganz klargestellt dadurch, daß in § 229 der C.P.O. für den Fall der Ablehnung eines Gesuches um Aussetzung des Verfahrens die sofortige Beschwerde gegeben wird, was bei Zugrundelegung der entgegengesetzten Auffassung deshalb zwecklos sein würde, weil in diesem Falle unzweifelhaft auch schon nach § 530 vergl. mit § 225 das. die Beschwerde Platz greift. Für den gegenwärtigen Fall könnte man mithin nur unter der Voraussetzung dazu gelangen, von der zweiwöchigen Nothfrist der sofortigen Beschwerde abzusehen, wenn man annähme, daß ein Beschluß, wodurch nicht etwa auf Beschwerde einer Partei materiell etwas in Ansehung der Zwangsvollstreckung verfügt, sondern nur eine im Zwangsvollstreckungsverfahren erhobene Beschwerde als unzulässig verworfen wird, nicht zu denjenigen Entscheidungen gehörte, welche im Sinne des § 701 der C. P. O. „im Zwangsvollstreckungsverfahren ohne vorgängige mündliche Verhandlung erfolgen können.“ Dann würde allerdings hier überhaupt nicht die sofortige Beschwerde, sondern nur die gewöhnliche Beschwerde auf Grund des § 530 der C. P. O. in Frage kommen. Zu einer so engen Auslegung des § 701 liegt aber kein genügender Anlaß vor. Es behält daher sein Bewenden dabei, daß alle im Zwangsvollstreckungsverfahren überhaupt vorkommenden Beschwerden als sofortige zu behandeln sind.“

76. **Nach Ablauf der Frist des § 809 Abs. 2 der C. P. O. erlischt die Arrestanordnung von selbst.** Beschluß des I. Civilsenats vom 29. Oktober 1884 in Sachen W. G. zu B., Arrestklägers, wider H. R. zu N., Arrestbeklagten. Vorinstanz: O. L. G. Hamburg. Verwerfung der Beschwerde.

„Es spricht viel dafür, daß die Aufhebung eines durch Beschluß angeordneten Arrestes durch einen anderweiten Beschluß des Arrestgerichts selbst, sowie überhaupt die Aufhebung eines angeordneten Arrestes auf den eignen Antrag des Arrestklägers in einem auf der Grundlage der C. P. O. sich bewegenden Verfahren niemals vorkommen könne. Indessen brauchen diese Fragen hier nicht entschieden zu werden, weil unter allen Umständen dem O. L. G. darin beizustimmen sein würde, daß eine solche Aufhebung jedenfalls dann nicht auszusprechen ist, wenn, wie für den vorliegenden Fall von dem Arrestkläger und Beschwerdeführer selbst anerkannt wird, die Arrestanordnung vor ihrer Vollstreckung dadurch, daß die zweiwöchige Frist des § 809 Abs. 2 der C. P. O. unbenutzt verstrichen ist, bereits jede praktische Bedeutung verloren hat. Der Arrestkläger sucht freilich trotzdem sein Interesse an einer ausdrücklichen Aufhebung darin, daß er auf Grund einer solchen ohne weiteres die von ihm als Sicherheit nach Maßgabe des § 801 Abs. 2 der C. P. O. bei der Kasse des L. G. zu Hamburg hinterlegten 1200 ℳ würde wieder erheben können. Es ist indessen nicht abzusehen, inwiefern in dieser Beziehung durch einen Aufhebungsbeschluß etwas geändert werden sollte. Die Möglichkeit von Schadensansprüchen des Arrestbeklagten auf Grund der einmal erlangten Arrestanordnung, für welche das hinterlegte Geld als Sicherheit zu dienen bestimmt ist, würde, falls sie überhaupt als bestehend anzuerkennen und in ihr ein Grund, das hinterlegte Geld nicht ohne Zustimmung des Arrestbeklagten oder ein dieselbe ersetzendes Urtheil zurückzugeben, zu finden sein sollte, durch einen die Aufhebung des Arrestes aussprechenden Gerichtsbeschluß nicht beseitigt werden. Wie in Beziehung auf die Rückerhebung der hinterlegten Sicherheit zu verfahren sein möchte, steht gegenwärtig nicht zur Erörterung."

8. Rechtsanwaltsordnung.

77. **Durch Ueberführung eines vormaligen Rechtsanwalts in die Strafhaft wird dessen bisheriger Wohnsitz** (am Sitze des Landgerichts, vgl. § 18 der R. Anw. O.) **nicht aufgehoben.** Urth. des IV. Civilsenats vom 23. Oktober 1884 in Sachen des früheren Justizraths, Rechtsanwalts und Notars J. O. H., z. Z. in Plötzensee, Beklagten und Revisionsklägers, wider uxorem, Klägerin und Revisionsbeklagte. Vorinstanz: Kammerger. Berlin. Verwerfung.

„Der § 568 der C. P. O. erklärt für Rechtsstreitigkeiten, welche die Trennung einer Ehe zum Gegenstande haben, das L. G. für zuständig, bei welchem der Ehemann seinen allgemeinen Gerichtsstand hat, und der allgemeine Gerichtsstand einer Person wird durch den Wohnsitz derselben bestimmt (§§ 12, 13 a. a. O.). Der B. R. stellt nun fest, daß der Beklagte bis zu seiner am 9. Juni 1882 erfolgten Ueberführung in die Strafanstalt zu Plötzensee, zu einer noch jetzt fortdauernden Strafverbüßung bei dem L. G. I Berlin als Rechtsanwalt zugelassen war und daselbst auch das Amt als Notar ausgeübt hat. Der Beklagte hatte daher — und darüber ist auch kein Streit — bis zu jenem Zeitpunkte seinen Wohnsitz in Berlin (§ 18 der R. Anw. O.). Es kann sich daher nur fragen: ob durch die Ueberführung des Beklagten in die Strafanstalt zu Plötzensee zur Strafvollstreckung der Wohnsitz desselben in Berlin aufgehoben und nach Plötzensee — unter die Gerichtsbarkeit des L. G. II in Berlin — verlegt worden ist? Diese Frage ist aber — mit dem B. R. — unbedingt zu verneinen.

Der Beklagte mag gegenwärtig seine Wohnung, d. h. den häuslichen Raum, in welchem er lebt, in Plötzensee haben; seinen Wohnsitz aber hat er dort nicht. Unter Wohnsitz versteht das Gesetz den Ort, welcher für eine Person den Mittelpunkt ihres bürgerlichen Lebens und ihrer Geschäfte bildet, und ein Wohnsitz in diesem Sinne bestand für den Beklagten — in seiner Eigenschaft als Rechtsanwalt und Notar — in Berlin (§ 18 der R. Anw. O.; § 92 Th. II Tit. 10 des Allg. Preuß. L. R.). Nach Verlust dieser öffentlich-rechtlichen Eigenschaft durch rechtskräftige Strafverurtheilung hörte zwar die Pflicht des Beklagten, in Berlin zu domiziliren, auf, so daß er — ungebunden durch ein Amt — an sich nicht verhindert war, seinen Wohnsitz von Berlin nach einem anderen Orte zu verlegen. Allein von dieser Freiheit und Befugniß hat der Beklagte keinen Gebrauch gemacht; denn die durch die Staatsgewalt erzwungene Abführung des Beklagten an den Strafverbüßungsort begründete für denselben nicht einen freiwillig gewählten Aufenthalt an dem Orte der Strafanstalt. Die Begründung eines neuen Wohnsitzes setzte aber nicht blos einen faktischen Aufenthalt, d. i. die körperliche Anwesenheit an einem bestimmten Orte voraus, sondern den — ausdrücklich oder stillschweigend — erklärten Willen, den bisherigen Wohnsitz aufzugeben und an jenem Orte den neuen Wohnsitz aufzuschlagen (§ 24 Einl. zum Allgem. L. R.; §§ 9 ff., 16 Th. I Tit. 2 der Allgem. Gerichtsordnung). Und diesen Willen, also die Absicht, den Mittelpunkt seines bürgerlichen Lebens und seiner Geschäfte von Berlin nach Plötzensee zu verlegen, hier seinen dauernden Aufenthalt zu nehmen, hat der Beklagte in keiner Weise zu erkennen gegeben. Derselbe hat zwar am 1. Januar 1882 seine bis dahin innegehabte Wohnung in Berlin aufgegeben; allein seine Familie ist auch nach seiner Abführung in die Strafanstalt in Berlin verblieben, so daß auch in diesem Wohnungswechsel ein auf Domizilverlegung gerichteter Wille nicht erkennbar ist. Wenn daher der Berufungsrichter aus der Gesammtheit dieser Thatsachen die rechtliche Folgerung zieht, daß der Beklagte seinen Wohnsitz in Berlin nicht aufgegeben hat, so ist von ihm das Gesetz nicht verletzt, sondern richtig angewendet."

9. Gebührenordnung für Rechtsanwälte.

78. **Der § 52 der Geb.O. ist auf die Berufungsinstanz in Patentstreitsachen nicht anwendbar.** Beschluß des I. Civilsenats vom 20. September 1884 in der Patentstreitsache S. zu J., Nichtigkeitsbeklagten, wider K. in G., Nichtigkeitskläger. Kostenfestsetzung.

„Der nur auf die Revisionsinstanz bezügliche § 52 der Geb.O. findet auf die Berufungsinstanz in Patentstreitsachen entsprechende Anwendung nicht. Nur gemäß den §§ 9, 13 Ziff. 1 u. 2 berechneten Betrag hat Berufungskläger zu erstatten, wenn auch vertragsmäßig eine Vergütung von 200 ℳ gezahltworden ist (§ 94 der Geb.O.)" *).

*) Im übrigen wird, wie in dem oben Fall 57 S. 108 mitgetheilten Fall die Auslage für einen Patentanwalt für unerstattbar erklärt.

79. **Schreibgebühren für Konzepte sind unerstattbar** (§ 76 der Geb. O.). Beschluß des V. Civilsenats vom 8. November 1884 in Sachen R. zu K. und Genossen, Kläger, wider W. das., Beklagten. Vorinstanz: O.L.G. Marienwerder. Verwerfung der Beschwerde.

„Für das Konzept der Klage können Schreibgebühren nicht erstattet verlangt werden, weil es eben ein Konzept ist, auch wenn es der Rechtsanwalt zu seiner Bequemlichkeit, statt es in angemessener Form selbst zu schreiben, von einem Andern schreiben läßt; denn nach dem auch für die Auslagen der Rechtsanwalte gültigen § 80 des G.K.G. sind Schreibgebühren nur für die zu fertigenden Ausfertigungen und Abschriften zu zahlen."

Gemeines Recht.

80. **Quellwasser, ehe es zum öffentlichen Flusse wird, ist pars agri, der freiesten Verfügung des Grundstückeigenthümers unterworfen.** Urth. des III. Civilsenats vom 3. Oktober 1884 in Sachen B. in H., Klägers und Imploranten, wider die Aktiengesellschaft Fr.'er Quellwasserleitung in Liq. zu F., Beklagte und Imploratin. Vorinstanz O.L.G. Cassel. Verwerfung.

„Die auf der Erdoberfläche zu Tage tretende Quelle ist, ebenso wie die unterirdische Wasserader, nach Römischem Rechte pars agri und steht im Eigenthum des Grundeigenthümers. Fließt das Quellwasser nach seinem Hervortreten in einem natürlichen oder künstlichen Rinnsale ab, so ist zwar an der fließenden Wasserwelle Eigenthum nicht möglich, das Wasser steht jedoch zur freiesten Verfügung des Grundeigenthümers, welcher es abfließen lassen oder zurückhalten und ganz verbrauchen kann. Wann der Privatbach zum öffentlichen Flusse wird, muß im einzelnen Falle nach den thatsächlichen Verhältnissen festgestellt werden. In vorliegender Sache besteht nach der eigenen Darstellung des Klägers kein Zweifel darüber, daß die Anlagen der Beklagten nicht in den als öffentliche Flüsse angenommenen Nebengewässern der Kinzig errichtet sind, vielmehr durch jene Anlagen unmittelbar die Quellen selbst abgefangen und gesammelt werden, bevor dieselben in jene Nebengewässer fließen. Hiermit hält die Beklagte sich ganz innerhalb der ihr nach Römischem Rechte als Grundeigenthümerin zustehenden Befugnisse. Daß das heutige Gemeine Recht jenen Römischen Rechtsgrundsatz modifizirt habe und, wenn es auch nicht die Quellen eines öffentlichen Flusses für ein öffentliches Gewässer gelten lasse, so doch zu Gunsten bestehender Mühlenanlagen den Eigenthümer des Quellwassers Beschränkungen in der Benutzung unterwerfe, ist in keiner Weise zu begründen. Die Rechtsprechung der früheren Höchstgerichte im gemeinrechtlichen Gebiete spricht entschieden gegen die Annahme einer Modifikation des Römischen Rechtsgrundsatzes. Die volle Geltung des letzteren ist überall anerkannt, und den Mühlenbesitzern, welche auf das bisherige ungehinderte Abfließen des Quellwassers den Anspruch auf Wiederherstellung des früheren Zustandes hatten gründen wollen, ist wiederholt entgegengehalten, daß jener frühere Zustand auf der Willkür des Grundeigenthümers beruht habe und der thatsächlich bisher genossene Vortheil für sich allein trotz aller Länge der Zeit ein Recht nicht habe geben können."

81. **Belästigung durch Bienen. Analogie von Rauch. Negatorienklage ist nur beim Eindringen der Bienen in ungewöhnlicher Menge gegeben.** Vis (als Hinderniß der Ersitzung) **liegt schon im Zuwiderhandeln gegen ein formloses Verbot. Der Wille der Rechtsausübung der Ersitzung.** Urth. des III. Civilsenats vom 23. September 1884 in Sachen G. in B., Beklagten und Revisionsklägers, wider W. das., Kläger und Revisionsbeklagten. Vorinstanz: O.L.G. Braunschweig. Verwerfung.

„Der Bienenhalter, welcher seine Bienen frei fliegen läßt, macht sich hierdurch für den Gebrauch, welchen die Bienen ihrem Instinkte gemäß von der ihnen gegebenen Freiheit machen, als eine von ihm vorauszusehende und deshalb ihm anzurechnende Folge seiner Handlungsweise verantwortlich, ganz ebenso wie derjenige, welcher auf seinem Grundstücke Rauch aufsteigen läßt, dessen durch den Luftzug bewirktes Eindringen in ein fremdes Grundstück als eine *von ihm selbst* vorgenommene Immission anzurechnen ist. Würde demnach bei Anwendung der vollen Konsequenzen des Eigenthumsbegriffs schon darin, daß eine einzige Biene des Beklagten in das Grundstück des Klägers eingedrungen sei, ein die Anstellung der negatorischen Klage begründender Eingriff des Beklagten in das Eigenthum des Klägers gefunden werden müssen, so wird dies nur durch die wegen der Gleichheit des maßgebenden Gesichtspunkts gerechtfertigte Heranziehung der in den Quellen für die *Immission von Rauch* erörterten, den *nachbarlichen Verhältnissen* billige Rechnung tragenden Rechtsgrundsätze *dahin beschränkt*, daß zur Begründung der angestellten Klage ein in *ungewöhnlicher* Menge stattgefundenes Eindringen der Bienen des Beklagten, wie solches von der Vorinstanz für bewiesen erachtet worden, zu erfordern ist. Die von dem Beklagten bestrittene Anwendbarkeit dieser Rechtsgrundsätze auf den vorliegenden Fall ist somit auch dem Beklagten keineswegs nachtheilig, sondern nur günstig.

Zur Begründung der Ersitzungseinrede hat Beklagter in zweiter Instanz behauptet, daß er seit 1868 jährlich mehr als 100 Bienenstöcke in seiner Lagd gehabt habe, andererseits aber zugestanden, daß der Kläger seit Jahren gegen die Einwirkung dieser Bienenwirthschaft auf sein Grundstück protestirt habe. Zur Ersitzung einer Servitut ist erforderlich, daß das Recht während der ganzen Dauer der Ersitzungszeit non vi, non clam, non precario ausgeübt worden sei (l. 10 pr. D. de serv. 8, 5). Als vis im Sinne der Grundsätze über Besitzfehler und Servitutenersitzung ist der richtigen Ansicht nach (vergl. Entsch. Bd. I S. 104) auch anzusehen die gegen ein, wenngleich blos formlos und außergerichtlich ausgesprochenes Verbot vorgenommene Einwirkung auf ein fremdes Grundstück. Hiernach hat die Vorinstanz die von dem Beklagten behauptete Rechtsausübung in Anbetracht seines gedachten Zugeständnisses mit Recht als vitiös und somit zur Begründung der Ersitzung nicht geeignet bezeichnet.

Die Ersitzungseinrede erscheint aber auch außerdem noch deswegen als hinfällig, weil es dem Beklagten bei der Vornahme seiner in Rede stehenden Handlungen gefehlt hat an dem zur Ersitzung einer Servitut nothwendigen Willen der Rechtsausübung. Dieser Wille braucht zwar nicht nothwendig auf die Ausübung einer Servitut gerichtet zu sein; vielmehr sind, wie das R.G. bereits in seinen Entsch. Bd. IV S. 135 erkannt hat, auch solche Verfügungen über eine fremde Sache, welche in der Meinung, Eigenthümer derselben zu sein, vorgenommen worden sind, geeignet, zur Ersitzung einer entsprechenden Servitut an derselben zu führen. Allein es kann doch immer nur der Wille in Betracht kommen, welcher sich auf Ausübung eines dinglichen Rechts an derjenigen Sache, an welcher die Servitut ersessen sein soll — der angeblich dienenden — gerichtet hat. Im vorliegenden Falle hat nun aber der Beklagte bei dem Betriebe seiner Bienenwirthschaft dergestalt, daß seine Bienen in ihrem freien Fluge auch in die Nachbargrundstücke kommen mußten und kamen, sich offenbar nicht von der Absicht leiten lassen, hierdurch ein dingliches Recht an den Nachbargrundstücken, besonders an demjenigen des Klägers, ausüben zu wollen; er hat sich vielmehr zu diesem Betriebe nur deswegen für berechtigt gehalten, weil er eine solche Befugniß aus seinem Eigenthum an seinen Grundstücken, auf welchem er die Bienenstöcke hielt und welches er jetzt in seiner Ersitzungseinrede als das herrschende angesehen haben will, glaubte herleiten zu können."

82. **Mit Wegfall des Mühlenzwanges ist auch die Matte** (die feste Begrenzung des Müllerlohnes) **weggefallen, außer wo eine bestimmte geringere Matte als Reallast auf einer Mühle geruht hat.** Urth. des III. Civilsenats vom 3. Oktober 1884 in Sachen A. u. Gen. zu B., Provokaten und Revisionskläger, wider die Besitzer der Mühle das. (verw. B. & Gen.), Provokanten und Revisionsbeklagte. Vorinstanz: Oberlandeskulturgericht Berlin. Verwerfung.

„Die in dem Mühlenzwang erhaltene Verpflichtung der Bewohner eines bestimmten Bezirks, ihr Korn in einer bestimmten Mühle mahlen zu lassen, schloß für den Müller das Recht in sich, als Müllerlohn eine bestimmte Matte zu nehmen. Dies Recht war aber insofern ein beschränktes, als das Maß der Matte ein für alle Mal, sei es durch die ursprünglich ertheilte Konzession, sei es durch Herkommen, festgestellt war. Aus der Natur dieses Rechtsverhältnisses folgt nun unmittelbar, daß mit der Aufhebung des Mühlenzwanges das korrespondirende Recht des Müllers auf eine bestimmte Matte und damit zugleich auch die Beschränkung dieses Rechts, nämlich nicht mehr an Matte zu nehmen, als ihm zur Zeit des Mühlenzwanges herkömmlich oder nach der Konzession gestattet war, von selbst in Wegfall kam.

Nun ist zwar den Revisionsklägern zuzugeben, daß eine Verpflichtung des Müllers, für eine bestimmte geringere Matte die Mahlbedürfnisse eines bestimmten Gutes oder bestimmter Personen zu befriedigen, als Reallast auf einer Mühle geruht haben kann und daß in solchem Fall die Reallast nicht ohne weiteres mit der Aufhebung des Mühlenzwanges erlischt (vergl. z. B. Reskript des Schleswigschen Ministeriums vom 18. Dezember 1852 in der chronol. Sammlung S. 190); allein diese Möglichkeit wird auch vom B.G. nicht verkannt. Dasselbe gelangt indeß auf Grund der Auslegung des Vertrages vom 30. August 1752 zu dem Ergebniß, daß im vorliegenden Falle die Paciscenten nicht die Begründung dauernder und vertragsmäßiger Privatrechte, also nicht die Konstituirung einer Reallast, sondern nur bezweckt hätten, die einmal bestehende herkömmliche Müllertaxe nicht bloß für die Veräußerer, sondern für die sämmtlichen Zwangsgäste aufrechtzuerhalten. Bei solcher Auslegung des Vertrages, welche nicht rechtsirrthümlich erscheint und im übrigen einer Nachprüfung in der Revisionsinstanz nicht unterliegt, kann dem B.G. mit Grund nicht vorgeworfen werden, daß es die rechtliche Natur der Reallast verkannt habe, da von einer Reallast nicht die Rede sein kann, wenn, wie hier festgestellt ist, die Absicht der Veräußerer bei der Normirung der Matte nicht dahin gegangen ist, dadurch für sich vertragsmäßige Privatrechte zu erwerben, sondern lediglich darauf gerichtet war, alle Zwangsgäste durch die Festsetzung einer bestimmten Matte zu sichern, mithin das Zwangsrecht des Müllers zu beschränken."

83. **Das Zurückhaltungsrecht der Gegenleistung des aus einem zweiseitigen Vertrage Verpflichteten muß im Verhältniß zu dem durch die exceptio non rite adimpleti contractus von ihm bezifferten Schaden geübt werden. Eine Ueberschreitung dieser Grenze verletzt die bona fides.** Urth. des III. Civilsenats vom 30. September 1884 in Sachen F. B. zu N., Beklagten und Imploranten, wider F. D. zu D., Kläger und Imploraten. Vorinstanz: Frankfurt a. M. Verwerfung.

„Wenn auch im allgemeinen dem Beklagten das Recht zusteht, der Klage aus einem zweiseitigen Vertrage gegenüber die Einrede des nicht oder nicht gehörig erfüllten Vertrages entgegenzusetzen und seine eigene Leistung so lange zurückzuhalten, bis der Kläger seinerseits vollständig erfüllt hat, so findet doch dies Recht seine Schranken in der auch dem vertragsbrüchigen Gegner gegenüber zu beobachtenden bona fides. Als eine Verletzung derselben ist es aber anzusehen, wenn der Beklagte, welcher eine Geldleistung schuldet, unter den obwaltenden Umständen die ganze Leistung zurückhalten will. Das Interesse, welches der Beklagte an der vollständigen Vertragserfüllung hat, wird in einem Falle, wie er hier vorliegt, wo es sich um Abhilfe von Mängeln handelt, die, wie der zweite Richter annimmt, ihrer Natur nach ebensogut von dritten Personen, wie vom Kläger selbst beseitigt werden können und überdies nur nebensächliche Theile der vom Beklagten in Benutzung genommenen Gesammtleistung betreffen, vollständig gewahrt, wenn er einen Theil seiner Geldleistung retinirt, welcher ausreichend ist, ihn vor jedem Schaden zu bewahren, welchen er durch eine anderweitige Ausbesserung der Mängel erleiden kann."

84. **Der Schiedsvertrag des Gemeinen Rechts bezweckt im Zweifel ein arbitrium boni viri, nicht ein arbitrium merum.** Urth. des III. Civilsenats vom 3. Oktober 1884 in Sachen der Londoner Ph. Feuer-Assekuranz-Sozietät, Beklagter und Revisionsklägerin, wider J. S. zu D., Kläger und Revisionsbeklagten. Vorinstanz: O.L.G. Kiel. Verwerfung.

„Daß ein Vertrag, durch welchen die Parteien die Feststellung eines für ihre Rechtsverhältnisse erheblichen Punktes der Bestimmung eines Dritten überlassen, die Bedeutung haben kann, daß dieser Dritte frei nach Willkür bestimme und die Parteien seinen Ausspruch in derselben Weise anzuerkennen haben, wie den Ausspruch des Schiedsrichters bei schiedsrichterlicher Entscheidung einer schwebenden Rechtsstreitigkeit, ist unbestreitbar. Andererseits ist im Zweifel nach Gemeinem Rechte ein derartiges Abkommen dahin aufzufassen, daß die Parteien nur auf das billige Ermessen des Dritten haben zurückgreifen wollen und stillschweigend vorausgesetzt haben, daß der Ausspruch nicht eine offenbare Unbilligkeit enthalten und einen der Betheiligten schwer verletzen werde. Daß das zur Frage stehende Abkommen nur im Sinne eines arbitrium merum aufgefaßt werden könne, ist der Beklagten nicht zuzugeben. Wenn auch die Erklärung der Parteien, daß das übereinstimmende Urtheil der Sachverständigen, eventuell das des Obmannes als unbedingt bindend und maßgebend für die Parteien gelten solle, in Verbindung mit dem gleichzeitigen Ausschlusse aller und jeder Einrede gegen das Resultat der Schätzung mehr für ein arbitrium merum als für ein arbitrium boni viri spricht, so fordert der gewählte Ausdruck diese Auffassung doch nicht mit Nothwendigkeit; die mildere Auffassung ist durch den Ausdruck nicht ausgeschlossen, und ergeben die begleitenden Umstände, daß es nicht in der Absicht der Kontrahenten gelegen haben kann, die Höhe des Schadens in die willkürliche Schätzung der Sachverständigen oder des Obmannes zu verstellen, oder lassen dieselben auch nur erhebliche Zweifel an der Annahme einer solchen Absicht aufkommen, so ist jene Erklärung in dem Sinne aufzufassen, daß die Schätzung, soweit sie sich in den Grenzen des arbitrium boni viri bewegt, unter Ausschluß aller und jeder Einrede unbedingt bindend sein soll. Hat nun der B. R. vorliegend in thatsächlicher, aus den Umständen des Falles entnommener Begründung festgestellt, daß die Kontrahenten nicht beabsichtigt haben, für die Ausmittelung des Schadens die Willkür des Obmannes gelten zu lassen, so ist jene Erklärung der Kontrahenten in dem eben erwähnten Sinne zu verstehen. Will die Beklagte in ihrem Geschäftsverkehre Vereinbarungen mit den Beschädigten über die Feststellung des Schadens durch Sachverständige nur unter der Voraussetzung treffen, daß die Schätzung wie ein Schiedsspruch gelten und nicht anders als ein Schiedsspruch anfechtbar sein soll, so kann es nicht schwer fallen, einen dieser Absicht entsprechenden und jeden Zweifel ausschließenden Ausdruck zu finden. Daß die Schätzung von arbitratores auch schon wegen hoher Unbilligkeit und schwerer Verletzung eines der Betheiligten angefochten und richterlich verbessert werden kann, ist außer Streit. Wann eine schwere Verletzung eines Betheiligten vorliegt, ist im wesentlichen Thatfrage."

85. **1) Das vom Vater vertretene Hauskind kann in eigener, vom Vater** (als Vertreter) **geführten Sache nicht Zeuge sein. 2) Beweist die verletzende Handlung selbst einen Mangel an Vorsicht** (Erfahrung, Geschicklichkeit oder Kraft), **so bedarf es nach der lex Aquilia weiter keines Beweises eines besonderen Verschuldens des Beklagten.** Urth. des III. Civilsenats vom 24. Oktober 1884 in Sachen J. H. zu H. (für sich und seinen minderjährigen Sohn H. H.), Klägers und Revisionsklägers, wider den minderjährigen S. zu W., Beklagten und Revisionsbeklagten. Vorinstanzen: L. G. Verden, O.L.G. Celle. Aufhebung und Bestätigung des Urtheils I. Instanz.

Zu 1. Das L.G. hat den verletzten Sohn des Klägers unbeeidigt als Zeugen vernommen und dieses Zeugniß bei der Beweiswürdigung verwerthet. Der B.R. erachtet dagegen die Heranziehung des klägerischen Sohnes als Zeugen für unzulässig. Die Revision rügt die Zurückweisung des Zeugnisses und hält den Richter jedenfalls für berechtigt, die in der thatsächlich vorliegenden Zeugenaussage gegebene Erkenntnißquelle für seine Ueberzeugung zu benutzen. Der Kläger will Liberirung von gewissen Verpflichtungen, welche ihm aus dem seinem Sohne zugestoßenen Unfalle erwachsen sind; er fordert ferner für seinen Sohn ein Schmerzensgeld und den entgangenen Arbeitsgewinn, auch die Feststellung, daß der Beklagte die etwa in Zukunft noch aus dem Unfalle erwachsenden Heil- und sonstigen Kosten sowie Einnahmeverluste zu erstatten habe.

„Soweit Kläger Liberirung von Verpflichtungen fordert, klagt er in eigenem Namen; soweit er aber entgangenen Arbeitsgewinn u. s. w. fordert, handelt er in Vertretung des Sohnes, wenn auch die erhobenen Ansprüche zu den Adventicien zu rechnen sind. Das Auftreten des paterfamilias für den Haussohn beruht schon nach dem Römischen Rechte nicht auf dem väterlichen Nießbrauche, sondern auf dem damit verbundenen Administrationsrechte, wodurch von selbst ausgeschlossen ist, daß der Vater selbstberechtigte Partei ist. Noch weniger kann nach heutigem Rechte eine selbständige Parteistellung des Vaters in Prozessen seiner minderjährigen Haussöhne angenommen werden. Denn es haben sich trotz der Rezeption des Römischen Rechts die Grundsätze des älteren Deutschen Rechts über das väterliche Mundium in der Weise erhalten, daß der Vater in vormundschaftlicher Stellung seine minderjährigen Hauskinder vertritt. Das vertretene Hauskind kann aber selbstverständlich in seiner eigenen, vom Vertreter geführten Sache nicht Zeuge sein. Es ist auch im vorliegenden Falle für die Zeugnißfähigkeit des klägerischen Sohnes nicht zwischen den Ansprüchen, welche der Vater in eigenem Namen, und denjenigen, welche er in Vertretung des minor filiusfamilias geltend macht, zu unterscheiden, weil sämmtliche Ansprüche sich aus demselben Grunde, der dem Sohne widerrechtlich zugefügten Verletzung, herleiten. Der Sohn des Klägers war daher nicht als Zeuge zu vernehmen, und bedarf es keiner weiteren Ausführung, daß ein gegen das Gesetz gefordertes und erlangtes Zeugniß keine Erkenntnißquelle für den Richter sein kann. Insoweit war daher dem B.R. beizutreten."

Zu 2. Es liegt folgender Thatbestand vor. Der klägerische Sohn leitet den mit Steinen beladenen, mit zwei Pferden bespannten Wagen seines Dienstherrn auf der Chaussee, an der linken Seite des Wagens gehend. An einer Biegung der ansteigenden Chaussee begegnet ihm zuerst der Dienstknecht D. mit einem leeren, mit vier Pferden bespannten Wagen. Beide biegen rechts aus und kommen auf der $4^1/_2$ Meter breiten Chaussee gut an einander vorbei. In geringer Entfernung hinter D. kommt der vom Sohne des Beklagten vom Wagen aus geleitete, mit zwei Pferden bespannten leere Wagen dem klägerischen Sohne entgegen. Bei der Begegnung der Wagen wird der Sohn des Klägers überfahren. Der Kläger behauptet, daß sein Sohn durch die Fahrlässigkeit des beklagtischen Sohnes von dessen Wagen überfahren worden sei; der Beklagte leugnet und behauptet seinerseits, daß der Sohn des Klägers in Folge seiner eigenen Fahrlässigkeit von seinem eigenen Wagen überfahren wurde. Der B.R. sieht nun zwar als erwiesen an, daß der klägerische Sohn vom Wagen des Beklagten überfahren worden ist, erachtet aber, „daß der Kläger den ihm obliegenden Beweis, daß der Unglücksfall gerade durch die Schuld des Beklagten herbeigeführt worden ist, nicht erbracht hat." Nach einer weiteren Ausführung, daß die Einzelheiten des Vorganges nicht zu ermitteln gewesen, bemerkt er, „daß dieser Sachlage gegenüber die Möglichkeit einer Erfassung H.'s von den Rädern des gegnerischen Wagens in Folge eigenen Verschuldens selbst dann nicht ausgeschlossen sei, wenn die Kollision der Wagen auf überwiegendes Verschulden des Beklagten zurückzuführen sein sollte, weil mit einer Kollision der Wagen eine Beschädigung der Person des H. nicht nothwendig gegeben gewesen sei."

„Diese Erwägung ist rechtsirrthümlich. Denn wenn ein Verschulden vorliegt, auf welches bei gewöhnlichem Verlaufe der angerichtete Schaden zurückzuführen ist, so darf nicht in Frage gestellt werden, ob im unerschöpflichen Gebiete der Möglichkeiten auch noch Raum gegeben sei für die Möglichkeit, daß dennoch nicht das Verschulden die Beschädigung verursacht habe. Es kann jedoch dahingestellt bleiben, ob angenommen werden darf, daß die Entscheidung auf jener Erwägung beruht, da sie schon aus einem anderen Grunde, nämlich wegen unrichtiger Anwendung der für die Klage aus der lex Aquilia geltenden Grundsätze aufgehoben werden muß.

Es steht fest, daß der Kläger H. H. durch den vom Beklagten geleiteten Wagen überfahren worden ist. Es liegt somit eine positive Handlung des Beklagten vor, durch welche die Beschädigung herbeigeführt worden ist. Nun hat zwar die Klage aus der lex Aquilia stets eine culpa zur Voraussetzung. Aber, wie die Quellen an verschiedenen Beispielen zeigen (cf. §§ 5—8 Dig. 4, 2; l. 8 pr. und § 1, l. 27 §§ 8—9, l. 31 Dig. 9, 2), bedarf es in dem Falle, wo in der Handlung selbst sich ein Mangel an Vorsicht manifestirt, nicht des Nachweises eines besonderen Verschuldens, sondern es hat dann der Beklagte den Nachweis zu übernehmen, daß er doch ohne Schuld sei (vergl. v. Wächter, Pandekten I S. 452). Dies aber trifft unter den festgestellten Umständen für die erwiesene Handlung des Beklagten, das ist das Ueberfahren des Klägers, vollständig zu. Denn wenn der Lenker eines leeren Wagens beim Begegnen eines mit Steinen beladenen Wagens den neben diesem gehenden Führer überfährt, so ist dies regelmäßig auf Mangel an Vorsicht oder auf Ungeschicklichkeit oder auf Mangel an Kraft zurückzuführen, da er bei Anwendung der erforderlichen Vorsicht rechtzeitig entweder weit genug hätte ausweichen oder seine Pferde zum Stehen hätte bringen müssen, um dem Führer des beladenen Wagens Zeit zum Ausweichen zu lassen. Mangel an Erfahrung, Geschicklichkeit oder Kraft lassen aber die Quellen nicht als ausreichende Exkulpationsgründe gelten. Bei dieser Beurtheilung der Sache erscheint die Klage ihrem Grunde nach liquid, da Beklagter keine Momente erwiesen hat, die er für seine Schuldlosigkeit etwa hätte geltend machen können. Dann aber ist auch Beklagter durch das erste Urtheil, welches seine Verurtheilung noch von einem, vom Kläger zu schwörenden Eide abhängig macht, nicht beschwert. Demnach war unter Aufhebung des angefochtenen Urtheils die Berufung des Beklagten zurückzuweisen."

86. **Der Anspruch auf Edirung eines eidlich zu bestärkenden Inventars ist ein** (neben der Erbschaftsklage) **selbständig bestehender.** Urth. des III. Civilsenats vom 4. November 1884 in Sachen verw. H. in W., Klägerin und Revisionsklägerin, wider Geschwister H., Beklagte und Revisionsbeklagte. Vorinstanz: O.L.G. Kiel. Aufhebung und Verurtheilung wie beim L.G. (Altona.)

Die Abweisung der Klage seitens des B.G. beruht auf der Auffassung, daß der Inventarieneid lediglich den Zweck habe, dem Erbschaftskläger den Beweis von dem Vorhandensein eines Nachlasses und dessen Umfang zu erleichtern, und die Klage auf den Eid daher nur in Verbindung mit der Erbschaftsklage selbst angestellt werden könne.

„Diese Erwägung ist rechtsirrthümlich. Es handelt sich hier nicht blos um eine Klage auf den Inventarieneid, und kann es dahingestellt bleiben, ob eine solche bei stattgehabter außergerichtlicher Edirung eines Inventars zuzulassen sein würde. Der Klaganspruch ist vielmehr gerichtet auf die Edirung eines eidlich zu bestärkenden Inventars. Dieser Anspruch muß aber, insoweit er überhaupt begründet ist, als ein selbständiger aufgefaßt werden. Wenn auch die verlangte Edirung eines Inventars regelmäßig bezweckt, eine Klage auf Herausgabe gewisser Vermögenswerthe vorzubereiten, so ergiebt sich doch die Selbständigkeit dieses Anspruches aus der Erwägung, daß derselbe nicht bedingt ist von dem Vorhandensein eines materiellen Klaganspruches. Wenn beispielsweise der Pflichttheilsberechtigte nach der Praxis fordern kann, daß ihm von den besitzenden Erben ein Inventar über den Nachlaß edirt werde, so wird ihm nicht zugemuthet werden können, die Klage auf Ergänzung des Pflichttheils anzustellen, solange er sich nicht darüber vergewissert hat — und diese Gewißheit soll ihm erst durch das Inventar verschafft werden —, daß eine Verletzung seines Pflichttheils vorliegt."

87. **Die Wirksamkeit letztwilliger Verfügungen des Vaters den Gläubigern des Sohnes gegenüber reicht nicht weiter, als das Gesetz den Gläubigern die Befriedigung aus dem Hinterlassenen versagt** (§ 749, 3 der C.P.O.). **Begriff des „nothdürftigen Unterhalts."** Urth. des I. Civilsenats vom 4. Oktober 1884 in Sachen A. M. in F., Klägerin und Revisionsklägerin, wider M. G. in F. und Gen., Beklagte und Revisionsbeklagte. Vorinstanz: O.L.G. Frankfurt a. M. Aufhebung und Zurückverweisung.

„Aus den Quellen läßt sich die Ansicht nicht begründen, der Testator habe zugleich sein Vermögen oder einen Theil desselben seinem Erben oder Vermächtnißnehmer zuwenden und durch eine Bestimmung über die Verwendung der Einkünfte oder des Genusses im Interesse des Bedachten erreichen können, daß das Vermögen für die Gläubiger des Bedachten unangreifbar sei. Wenn solche Bestimmungen soweit aufrecht erhalten werden, als Mittel gegeben werden, um den Willen des Bedachten zu zwingen, so folgt daraus gar nichts darüber, ob der Testator im Stande sei, die den Gläubigern kraft des Gesetzes zustehenden Rechte einzuengen.

Der Erblasser will für seinen Sohn, Bruder, Pflegling sorgen und ordnet deshalb an, der Erbe solle ihm eine Summe zahlen, damit er sich ein Grundstück kaufe. Hier ist der Bedachte soweit eingeschränkt, daß er das Vermächtniß nur bekommen soll, damit er ein Grundstück zu seinem Unterhalt habe und behalte. Der Erbe kann deshalb von ihm eine Kaution fordern, daß er das vermachte Geld zum Ankauf eines Grundstückes verwende und das angekaufte Grundstück nicht wieder veräußere (l. 71 pr. D. de conditionibus 35. 1). Allein anzuordnen, daß dieses Grundstück von den Gläubigern des Sohnes nicht angegriffen werden dürfe, während es dem Sohne allein gehört und verbleibt, liegt weder in der Macht des Erblassers, noch ist dem Erben ein Weg eröffnet, dies Resultat zu erreichen. Denn die Verfügungsfreiheit des Testators reicht nicht soweit, daß er neue Rechtssätze schafft. Der Testator mag seinem Sohne ein Kapital oder ein Grundstück unter der Resolutivbedingung hinterlassen, daß, wenn in dasselbe von einem Gläubiger die Exekution gesucht wird, das Kapital oder Grundstück aufhört, dem Bedachten zu gehören, vielmehr definitiv an eines seiner Geschwister verfällt. Der Testator mag eine Stiftung errichten und anordnen, daß die Administratoren der Stiftung, wenn es ihnen beliebt, an seinen Sohn, dessen Nachkommen u. s. w. eine gewisse Summe zu zahlen haben. Allein wenn er den Sohn definitiv und dauernd zum alleinigen Inhaber eines Vermögensrechts macht, so hat der Erblasser nicht darüber zu bestimmen, wie weit die Gläubiger des Sohnes aus diesem Vermögen ihre Befriedigung suchen dürfen, sondern allein das Gesetz. Die Bestimmungen über die Zulässigkeit der Zwangsvollstreckung sind eben publici juris in dem Sinne, daß durch Privatverfügungen daran nichts zu ändern ist. Die Wirksamkeit der väterlichen Verfügung den Gläubigern des Sohnes gegenüber reicht also nicht weiter, als das Gesetz den Gläubigern die Befriedigung aus dem Hinterlassenen versagt. In dieser Beziehung bestimmt nun jetzt die C.P.O. im § 749 Abs. 3: „Der Pfändung sind nicht unterworfen die fortlaufenden Einkünfte, welche ein Schuldner auf Grund der Fürsorge eines Dritten bezieht, insoweit der Schuldner zur Bestreitung des nothdürftigen Unterhalts dieser Einkünfte bedarf.“ Nothdürftiger Unterhalt ist aber der Gegensatz zum standesgemäßen Unterhalt (vergl. Glück, Pandekten Bd. 28 S. 58; Preuß. Allgem. L.R. §§ 251—253 Th. II Tit. 2 § 15, Th. II Tit. 3). Soweit die Revenüen aus dem Vermögen von J. G. zu dessen nothdürftigem Unterhalt dauernd erforderlich sind, hatten die Beklagten allein ein Recht, auf Grund der ihnen durch das Testament des Vaters übertragenen Verwaltung dem Anspruch der Klägerin auf Befriedigung aus der Ueberweisung zu widersprechen. Darüber hinaus würden sie etwa dem J. G., wenn er klagte, einen Widerspruch entgegenzusetzen vermögen, sie sind aber dazu gegenüber den Gläubigern desselben, welche aus den Erträgnissen ihre Befriedigung suchen, nicht befugt.“

88. 1) Pfändbarkeit österreichischer Bahnwagen trotz des Abschlusses eines Verstaatlichungsvertrages der betr. Bahn mit dem österr.

Staate. 2) Schadensersatzpflicht des fictus possessor wegen Nichtachtung des Pfändungsbeschlusses. 3) Keine Kompensation von Standgeldern und Strafmiethen mit diesem Schädenanspruch. Urth. des I. Civilsenats vom 8. November 1884 in Sachen der Hessischen Ludwigs-Eisenbahn-Gesellschaft, Beklagter und Revisionsklägerin, und der K. K. Oesterr. Direktion für Staatseisenbahnbetrieb in Wien, Nebenintervenientin und Revisionsklägerin, wider L. M. in Frankfurt a. M., Kläger und Revisionsbeklagten. Vorinstanz: O.L.G. Frankfurt a. M. Verwerfung.

Zu 1. Gegen den zunächst erhobenen Klaganspruch auf Herausgabe der Wagen wendet die Beklagte ein: Wenn man auch das Recht der Prioritätsgläubiger der Kaiserin-Elisabeth-Bahn-Gesellschaft anerkenne, die Zwangsvollstreckung in das Vermögen dieser Gesellschaft zu erwirken, so handele es sich doch nicht um Pfändung der Wagen selbst, sondern des angeblichen Anspruches auf Herausgabe der Wagen. Ein solcher Anspruch aber stehe der gedachten Gesellschaft gegen die Beklagte nicht zu, weder ein obligatorischer noch ein Vindikationsanspruch. Des Rechts, die Wagen zu vindiziren, habe die Gesellschaft durch das mit dem österreichischen Staate getroffene Uebereinkommen vom 24. Dezember 1880 und 28. Januar 1881 (Oesterr. Reichsgesetzbl. von 1881 Nr. 52) sich begeben, in erster Linie dem österreichischen Staate gegenüber, in zweiter Linie aber auch dem Dritten gegenüber, welcher in Folge des dem österreichischen Staate überlassenen Bahnbetriebes, mit der Verpflichtung zur Rückleitung nach Oesterreich, in den Besitz der Wagen gelangte. Die Beklagte würde daher berechtigt sein, der Kaiserin-Elisabeth-Bahn-Gesellschaft, wenn diese die Wagen vindiziren wollte, eine exceptio doli entgegenzusetzen. Ein stärkeres Recht aber, als der gedachten Gesellschaft selbst zustehe, habe auch einem Gläubiger derselben nicht zur Einziehung überwiesen werden können.

„Diese Einwendungen sind bereits in der gleichartigen Sache M. wider die Preuß. Eisenbahndirektion Frankfurt a. M. durch Urtheil des I. Civilsenats des R. G. v. 1. Dezember 1883" (Annalen Bd. IX S. 185) „als unbegründet zurückgewiesen worden. Der Gerichtshof beharrt auch nach abermaliger Prüfung der Sache bei dieser Entscheidung. Unter Verweisung auf die Entscheidungsgründe des gedachten, beiden Theilen bekannten, auch in der Frankfurter Rundschau von 1884 (S. 53) veröffentlichten Urtheils, ist hier aus Anlaß der dawider erhobenen Einwendungen nur einiges hinzuzufügen.

Der Anspruch auf Herausgabe der Wagen, welchen Kläger auf Grund des Ueberweisungsbeschlusses vom 27. November 1883 verfolgt, gründet sich auf das Eigenthum der Kaiserin-Elisabeth-Bahn-Gesellschaft an diesen Wagen. Die Beklagte bestreitet, daß der Gesellschaft die Eigenthumsklage zustehe, und behauptet eventuell, daß dieselbe wegen des Betriebsüberlassungsvertrages gegen die Beklagte nicht verfolgt werden könne. Weder in der ersteren noch in der letzteren Richtung erscheint der Einwand begründet. Wie immer das durch diesen Vertrag geschaffene Rechtsverhältniß aufzufassen sein mag, bezüglich dessen die in Betreff der gleichartigen Verträge des preußischen Staates aufgestellten Annahmen einer Verpachtung, eines dinglichen Nutzungsrechtes oder eines Verkaufes der künftigen Bahnerträgnisse in Frage kommen könnten, so steht jedenfalls fest, daß durch denselben weder eine Veräußerung des Eigenthums der Gesellschaft an den Eisenbahnen und dem Betriebsmaterial noch eine Abtretung der Eigenthumsklage stattgefunden hat. Der österreichische Staat, welcher den Betrieb des Unternehmens für eigene Rechnung gegen eine von ihm zu leistende Jahresrente übernimmt, soll die bisher von der Gesellschaft betriebenen Eisenbahnen, insolange deren Einlösung durch den Staat nicht erfolgt, im Namen der Kaiserin-Elisabeth-Bahn-Gesellschaft innehaben (§ 2 Abs. 2), welche Eigenthümerin (§ 4 Abs. 1) und Besitzerin (§ 4 Abs. 1) der für sie im Eisenbahnbuch einverleibten Eisenbahnanlagen und des zum Betriebe derselben gehörigen festen und beweglichen Materials bleibt, insoweit dasselbe als Bestandtheil der bücherlichen Einheit den Prioritätsgläubigern zu haften hat, also auch des Fahrbetriebsmaterials gemäß § 5 des Gesetzes vom 19. Mai 1874 (Oesterr. Reichsgesetzbl. 1874 Nr. 10). Der Gesellschaft ist demnach bezüglich dieser Gegenstände mit dem Eigenthum auch das Recht verblieben, sich der Eigenthumsklage zu bedienen.

Allerdings ist die Gesellschaft bezüglich der Ausübung ihres Eigenthumsrechtes beschränkt durch die Verpflichtungen, welche sie durch den Betriebsüberlassungsvertrag gegenüber dem Staate übernommen hat. Sie hat sich verpflichtet, Bestandtheile ihres Eigenthums nicht ohne Zustimmung des k. k. Handelsministeriums zu veräußern oder zu verpfänden (§ 3 Abs. 4), und hat dem Staate alle diejenigen Verfügungen über ihr Eigenthum gestattet, welche der Betrieb ihres Unternehmens mit sich bringt (§ 1). Aber durch diese Vertragsbestimmungen sind nur obligatorische Rechtsbeziehungen zwischen den Vertragschließenden begründet, keine gegen dritte, dem Vertragsverhältniß fremde Personen wirkenden dinglichen Schmälerungen des Eigenthums. Es würde daher die Beklagte, wenn sie als Besitzerin der Wagen auf Herausgabe derselben von der Kaiserin-Elisabeth-Bahn-Gesellschaft mit der Eigenthumsklage belangt wäre, sich gegenüber dieser Klage nicht der Einrede bedienen können, daß Klägerin durch Anstellung der Klage ihre Vertragspflichten gegenüber dem österreichischen Staate verletze.

Hieran vermag auch der Umstand nichts zu ändern, daß die Beklagte in Folge des dem österreichischen Staate überlassenen Bahnbetriebes in den Besitz der Wagen gelangt ist. Hieraus folgt nicht, daß die Beklagte in Vertretung des österreichischen Staates belangt und deshalb die dem Letzteren zustehenden Einreden vorzuschützen berechtigt sei; vielmehr ist sie als Besitzerin der Wagen im eigenen Namen belangt. Aus dem gegen sie anhängig gemachten Rechtsstreite könnte sich zwar unter Umständen ein Rechtsstreit zwischen dem Kläger und dem österreichischen Staate entwickeln, in Folge einer Hauptintervention desselben (§ 61 der C.P.O.) oder einer Benennung des Vormanns seitens der Beklagten (§ 73 der C.P.O.); aber solche Umstände liegen nicht vor, da die k. k. österreichische Direktion für Staatseisenbahnbetrieb nur als Nebenintervenientin zur Unterstützung der Beklagten aufgetreten ist. Es handelt sich daher nur um die Frage, ob die Beklagte der Eigenthumsklage der Kaiserin-Elisabeth-Bahn-Gesellschaft aus eigenem Recht die Einrede entgegensetzen könnte, daß sie den Besitz der Wagen von dem österreichischen Staate ableite, diesem gegenüber aber die Gesellschaft die Vindikation anzustellen durch den Betriebsüberlassungsvertrag gehindert sei. Diese Frage aber muß verneint werden. Die von der Beklagten als exceptio doli bezeichnete Einrede ist nichts anderes als die Behauptung, daß die Gesellschaft durch Anstellung der Eigenthumsklage sich einer bewußten Vertragswidrigkeit schuldig machen würde; von einer Vertragswidrigkeit aber kann gegenüber der Beklagten, mit welcher die Gesellschaft nicht im Vertragsverhältnisse steht, keine Rede sein. Uebrigens würde, wenn nicht schon dieser Grund durchgreifend wäre, die Einrede auch deshalb verworfen werden müssen, weil der Beklagten ein Einwand auf keinen Fall in weiterem Umfange zustehen könnte als dem österreichischen Staate selbst, diesem aber die Berufung auf den Betriebsüberlassungsvertrag nichts nützen könnte, wenn es sich um Befriedigung von Prioritätsgläubigern der Gesellschaft handelt, in deren rechtlichen Verhältnissen der gedachte Vertrag (§ 4 Abs. 2, § 11) keine Aenderung herbeigeführt hat."

Zu 2. Das B.G. erklärt für den Fall, daß die Wagen selbst nicht herausgegeben werden, die Beklagte für verpflichtet, dem Kläger den Werth zu erstatten, welchen die Wagen am 29. Juli 1882, an dem Tage der Zustellung des Pfändungsbeschlusses, hatten. Als Grund wird zunächst angeführt, daß die Beklagte, nachdem ihr durch amtsgerichtlichen Beschluß vom 29. Juli 1882 die Herausgabe der Wagen an den Schuldner ausdrücklich untersagt und sie aufgefordert worden war, dieselben dem Gerichtsvollzieher zu überliefern, bei eigener Verantwortlichkeit verpflichtet war, dieser richterlichen Verfügung Folge zu leisten, und durch die diesem Verbot zuwiderlaufende Zurückleitung der Wagen nach Oesterreich ersatzpflichtig wurde. Sodann wird als zweiter Grund hinzugefügt, daß Beklagte nach den Grundsätzen des Gemeinen Rechts als fictus possessor dem Eigenthumskläger für den vollen Sachwerth aufzukommen habe.

„Es bedarf keiner Prüfung des zweiten Grundes, insbesondere der Vorfrage, ob in dieser Hinsicht die Grundsätze des Gemeinen Rechts oder des österreichischen Rechts in Anwendung kommen. Denn schon der erste Grund rechtfertigt die Entscheidung des Berufungsgerichts. Ganz abgesehen davon, ob der dem Kläger überwiesene Eigenthumsanspruch den eventuell erhobenen Werthersatzanspruch in sich schließt, steht letzterer dem Kläger schon deswegen zu, weil die Zuwiderhandlung gegen die von dem Cedenten des Klägers erwirkte amtsgerichtliche Verfügung vom 29. Juli 1882 die Verpflichtung zur Wiederherstellung des rechtswidrig veränderten Zustandes, mithin, wenn die Wagen selbst nicht wieder herbeigeschafft werden, die Verpflichtung zum Ersatze des damaligen Werthes derselben begründet. Die amtsgerichtliche Verfügung gab der Beklagten auf, die Wagen nicht mehr an den Schuldner herauszugeben, dieselben vielmehr an den von dem Gläubiger beauftragten Gerichtsvollzieher zu überliefern. Mag man eine derartige Verfügung dahin verstehen, daß dadurch schlechthin die Verpflichtung zur Herausgabe an den Gerichtsvollzieher begründet wurde, oder mit dem I. Strafsenat des R.G." (Annalen Bd. VII S. 10; Entsch. in Strafsachen Bd. VII S. 297) „dahin, daß Beklagte die Wagen auch im Besitze behalten konnte, ohne dem richterlichen Befehl zuwider zu handeln: so war jedenfalls in der Herausgabe der Wagen an einen Anderen als den vom Gläubiger beauftragten Gerichtsvollzieher eine Zuwiderhandlung gegen die ergangene amtsgerichtliche Verfügung enthalten. Durch diese wissentliche und durch nichts entschuldigte Zuwiderhandlung gegen den richterlichen Befehl wurde — gleichviel ob darin ein Vergehen gegen § 137 des R.Str.G.B. enthalten war, welcher nach der Ansicht des R.G." (a. a. O.) „nicht blos bei der Pfändung von Sachen, sondern auch bei der Pfändung von Ansprüchen auf eine Sache Anwendung findet — ein Vergehen im civilrechtlichen Sinne begangen, welches gegenüber dem dadurch beschädigten Gläubiger die Verpflichtung zum Schadensersatze begründet. Der hierzu erforderliche Dolus, welcher schon in dem Bewußtsein der Widerrechtlichkeit des Verfahrens enthalten ist, wird durch den von der Beklagten behaupteten Rechtsirrthum, wie das Berufungsgericht mit Recht annimmt, nicht ausgeschlossen. Wenn Beklagte glaubte, der richterliche Befehl bestehe nicht zu Recht, so schloß doch dieser Irrthum — dessen Erheblichkeit in strafrechtlicher Hinsicht der II. Strafsenat des R.G." (Annalen Bd. X S. 205; Entsch. Bd. X S. 431) „angenommen hat — den eventuellen Dolus für den in der That eingetretenen Fall nicht aus, daß eine Aufhebung des formell zu Recht bestehenden Befehles nicht erfolgte."

Zu 3. „Auch die Verwerfung der Kompensationseinrede der Beklagten, gegen welche ohnehin ein besonderer Angriff der Revisionsklägerinnen nicht gerichtet worden ist, stellt sich nicht als rechtsirrthümlich dar. Die Beklagte will von dem eventuell eingeklagten Betrage Wagenstandgelder und Strafmiethen in Abzug bringen, welche möglicherweise von ihr hätten gefordert werden können, wenn sie dem amtsgerichtlichen Befehle gemäß im Besitze der Wagen geblieben wäre. Dieser Anspruch scheitert, von allen sonstigen Mängeln der Begründung abgesehen, schon daran, daß kein Rechtsgrund ersichtlich ist, welcher die Verbindlichkeit des Klägers erzeugte, der Beklagten den Schaden zu vergüten, welcher ihr dadurch entstand, daß Kläger oder sein Cedent zur Beitreibung einer ihm zustehenden Forderung im Wege der Zwangsvollstreckung eine rechtmäßige Pfändung erwirkte. Es ist daher weder eine Retentionseinrede gegenüber dem in erster Linie erhobenen Eigenthumsanspruch, noch eine Kompensationseinrede gegenüber dem eventuell erhobenen Werthersatzanspruch begründet. Wenn es sich um Zahlungsverbindlichkeiten handelte, für welche die Wagen als Pfand hafteten, so könnte bei der Abmessung des Werthersatzes das auf den Wagen haftende Pfandrecht in Betracht kommen. Um ein Pfandrecht an den Wagen aber handelt es sich weder bei dem Wagenstandgeld, welches auf Grund der §§ 11 und 13 des Regulativs für die gegenseitige Wagenbenutzung im Bereiche des Vereins deutscher Eisenbahnverwaltungen vom 1. Januar 1881 an wegen Ueberschreitung der Benutzungsfrist von der betheiligten Eisenbahnverwaltung etwa gefordert werden könnte, noch bei der Wagenstrafmiethe, zu deren Zahlung die Beklagte auf Grund des § 60 des Betriebsreglements in Verbindung mit dem Lokalgütertarif der Hessischen Ludwigsbahn Th. II S. 16 gegenüber Frachtinteressenten unter Umständen verpflichtet sein könnte."

Partikularrecht.

1. Preußisches Recht.

89. **Verschiedenheit der Vertragspflichten des Verkäufers und der Leistungen zur Erfüllung derselben, je nachdem eine bestimmte Sache oder ein nur generisch bestimmtes Quantum verkauft wird** (§§ 319, 325 Th. I Tit. 5; §§ 192, 198 Th. I Tit. 11 des Allgem. L.R.).

Urth. des I. Civilsenats vom 17. September 1884 in Sachen S. J. B. in H., Beklagten und Revisionsklägerin, wider G. & M. in L., Klägerin und Revisionsbeklagte. Vorinstanz: O.L.G. Breslau. Aufhebung und Klagabweisung in der Hauptsache (wegen Lieferung von 22 Ctr. Wolle).

Nach dem Thatbestande des landgerichtlichen Urtheils ist unter den Parteien unstreitig, daß Gegenstand des Kaufes circa 22 Ctr. Schurlocken waren, welche damals die verkaufende beklagte Firma auf dem Güterboden in Breslau lagern hatte, und außerdem noch 6 Ctr. Die im Thatbestand in Bezug genommene Aussage des Zeugen C. geht dahin: „Verkauft sei ein Quantum von circa 28 Ctr. Wolle. Hierin sollte zunächst die auf dem Güterboden in Breslau lagernde Wolle der Beklagten, von der die Probe genommen war, inbegriffen sein." Das B.U. tritt in seinen Entscheidungsgründen der Annahme des erstinstanzlichen Urtheils bei, daß der streitig gewordene Handel bezüglich der zur Zeit des Abschlusses auf dem Güterboden der Eisenbahn zu Breslau lagernden Wolle nach Probe geschlossen sei.

„Hiernach handelte es sich bezüglich eines Quantums von 22 Ctr. nicht um eine generische Verpflichtung der Beklagten, es war vielmehr ein individuell bestimmter Gegenstand, diejenige Wolle verkauft, welche damals die Beklagte auf dem Güterboden zu Breslau lagern hatte. Nun kann zwar auch ein individuell bestimmter Gegenstand so verkauft werden, daß Verkäufer bestimmte Eigenschaften desselben verspricht (§§ 319, 325 Th. I Tit. 5; §§ 192, 198 Th. I Tit. 11 des Allgem. L.R.), und dieses Versprechen kann auch in der Form abgegeben werden, daß die Sache nach einem vorgezeigten Muster verkauft wird. Aber die Folgen eines solchen Versprechens sind andere, wenn ein bestimmter Gegenstand verkauft wird, und andere, wenn ein nur generisch bestimmtes Quantum verkauft wird. Jene individuell bestimmte Sache hat die Eigenschaften, welche sie eben hat. Wenn das Quantum von circa 22 Ctr., welches auf dem Bahnhof zu Breslau lag, abweichend von dem Muster, nach welchem, wie Klägerin behauptet, Beklagte bestritten hat, verkauft ist, Futterstücke (Southdownvließe), Schmutzlocken in ziemlich bedeutender Menge enthielt, so mögen diese Stücke ausgelesen und es mag durch Sortiren eine Waare hergestellt werden können, welche dem Muster entspricht. Jedenfalls vermindert sich dadurch das Quantum; die Beklagte kann also, wenn jener Sachverhalt vorliegt, den verkauften Gegenstand in jenem Gewicht und von einer dem Muster entsprechenden Beschaffenheit nicht liefern. Weicht der verkaufte Gegenstand in solcher Weise von der Zusage ab, so kann Klägerin so weit nicht schlechthin Erfüllung, sondern nur Schadensersatz fordern. Wäre aber ein generisch bestimmtes Quantum verkauft, so würde Verkäuferin schlechthin auf Erfüllung verurtheilt werden dürfen.

Wie sich hiernach die Sache für den zwischen den Parteien verhandelten Streitpunkt probemäßiger Lieferung praktisch anders gestaltet, je nachdem ein nur generisch bestimmtes Quantum oder eine individuell bestimmte Sache verkauft wird, so ist der Inhalt der dem Verkäufer obliegenden Verpflichtung in dem einen Falle von vornherein ein anderer als in dem anderen Falle. Klägerin, welche nach dem vorgetragenen Thatbestande nur Lieferung der Wolle, welche damals auf dem Güterboden zu Breslau für Beklagte lag, und, soweit diese dem Muster entsprechend nicht geliefert werden konnte, Schadensersatz fordern durfte, hat mit der Forderung von „circa 22 Ctr. Schurlocken nach dem Muster" nicht mehr gefordert, so daß die Verurtheilung auf den verkauften individuell bestimmten Gegenstand eingeschränkt werden durfte: sie hat etwas anderes gefordert, als was sie fordern durfte. Die Verurtheilung zu dieser Leistung und zum Schadensersatz wegen Verspätung dieser Leistung entspricht dem Gesetze nicht. Das B.U. war deshalb soweit aufzuheben und die Klage soweit abzuweisen, ohne daß auf die zwischen den Parteien bezüglich dieses Gegenstandes verhandelten Streitfragen einzugehen war."

90. **Durch eine formgültige Cession wird der Formmangel des Kausalvertrages nicht geheilt** (§§ 146 ff., 156 ff. Th. I Tit. 5; §§ 7—9 Th. I Tit. 2; §§ 376, 377 ff. Th. I Tit. 11 des Allgem. L.R.). Urth. des IV. Civilsenats vom 18. September 1884 in Sachen K. in S., Beklagten und Revisionsklägers, wider die verehel. G. zu B., Klägerin und Revisionsbeklagte. Vorinstanz: O.L.G. Stettin. Verwerfung.

„Die Cession ist zwar ein formell selbständiges, mit eigenen Rechtswirkungen, insbesondere mit der Wirkung der Forderungsübertragung ausgestattetes Rechtsgeschäft, welches zu seiner Gültigkeit eines anderweiten, vorgängigen oder gleichzeitigen Vertrages nicht bedarf. Allein der Bestand ihrer Wirkungen ist in mannigfachen Beziehungen abhängig von ihrem Rechtsgrunde oder dem rechtlichen Zwecke, zu welchem sie erfolgt ist, und in diesem Sinne ist sie — ebenso wie die Tradition und Auflassung — ein materiell unselbständiges Geschäft, welches nach Maßgabe oder wegen Mängel des zu Grunde liegenden Geschäfts rückgängig gemacht werden kann. Zu diesen Mängeln des letztgedachten Geschäfts gehört zweifellos auch der Mangel der gesetzlich vorgeschriebenen Form, und wenn derselbe auch den Eintritt der Wirkungen einer auf Grund des mangelhaften Geschäfts gehörig erfolgten Cession nicht hindert, so gewährt er doch demjenigen Cedenten, welcher sich mit Erfolg auf ihn berufen darf, unter geeigneten Umständen einen persönlichen Anspruch auf Rückgewähr der abgetretenen Forderung oder des Werthes derselben nach Maßgabe der einschlägigen Gesetzesvorschriften.

Wie sich im einzelnen dies Verhältniß gestaltet, hängt in erster Reihe von der Beschaffenheit des Rechtsgrundes der Cession ab, welcher ein verschiedenartiger sein kann. Vorliegend handelt es sich um den, vom Preuß. L. R. (§§ 376, 377, 381 Th. I Tit. 11) als Normalfall der Cession angesehenen Fall, daß der Cession ein zweiseitiger (nach der Terminologie des Allgem. L. R. Th. I Tit. 5 § 7 lästiger) Vertrag zwischen dem Cedenten und dem Cessionar zu Grunde liegt. In diesem Falle kann die Cession selbst, wie allseitig anerkannt wird, im Verhältniß zu dem unterliegenden Vertrage nur die Funktion einer Erfüllungshandlung, und zwar einer einseitigen Erfüllung des Cedenten haben, da sich die für den Begriff des lästigen Vertrages wesentliche Leistungspflicht des Cessionars nicht in der bloßen Annahme der Cessionserklärung erschöpfen kann (§§ 376, 377 Th. I Tit. 11 des Allgem. L. R.).

Ist nun aber — wie im gegenwärtigen Falle — der zu Grunde liegende Vertrag wegen Mangels der gebotenen Schriftform für beide Theile unverbindlich, so vermag die zwecks Erfüllung desselben erfolgte Cession auf dessen Konvaleszenz grundsätzlich keine andere Wirkung zu äußern, als der einseitigen Erfüllung überhaupt zukommt. Ueber das Maß dieser Wirkung entscheiden die diesbezüglichen Vorschriften des Th. I Tit. 5 des Allgem. L. R. Danach wird der der gesetzlichen Form ermangelnde Vertrag der Anfechtung wegen dieses Mangels nur dann entrückt, wenn derselbe über bewegliche Sachen (zu welchen in der Regel auch Rechte gehören: §§ 7—9 Th. I Tit. 2 cit.) geschlossen und von beiden Seiten vollständig erfüllt ist (§ 146 Th. I Tit. 5 cit.). Anderenfalls greifen die Bestimmungen der §§ 156 ff. daselbst Platz, wonach, mit alleiniger Ausnahme des Falles, wo Handlungen den Hauptgegenstand des Vertrages bilden und sämmtlich geleistet sind (§ 165 cit.), jedem Theile der Rücktritt von dem noch nicht abgemachten Geschäfte freisteht.

Allerdings hat der IV. Senat des vormaligen Preuß. Ob. Trib. in anscheinend gleichförmiger Rechtsprechung diesen allgemeinen Vorschriften des Gesetzes die Anwendung auf den in Frage stehenden Fall versagt und in einer Reihe von veröffentlichten Entscheidungen den Grundsatz ausgesprochen, daß durch eine formgültige Cession der Formmangel des Kausalvertrages dergestalt geheilt werde, daß nicht nur der Cedent des ihm in Gemäßheit der §§ 156 ff. Th. I Tit. 5 cit. offenstehenden Rücktrittes verlustig, sondern auch der Cessionar durch die Annahme der Cession zur Gewährung der mündlich versprochenen Gegenleistung verpflichtet werde. Allein dieser Ansicht, welche in der Doktrin des Preuß. Rechts so gut wie ohne Zustimmung geblieben ist, kann auch diesseits nicht beigetreten werden. Zur Begründung derselben ist in einem Falle (Striethorst, Archiv Bd. 32 S. 103 ff.) die Auffassung verwerthet, daß die Cession eine Handlung und daher jedes pactum de cedendo ein Vertrag über Handlungen im Sinne des § 165 Th. I Tit. 5 des Allgem. L. R. sei, welcher durch deren wirkliche Leistung unanfechtbaren Bestand gewinne. Die Unrichtigkeit dieser Auffassung unterliegt indeß keinem erheblichen Bedenken. Denn bei der Cession kommt nicht die zur Herstellung des Rechtsgeschäfts erforderliche körperliche Thätigkeit des Cedenten, sondern die Rechtsfolge derselben, nämlich die substanzielle Uebertragung eines Rechts — also einer Sache in dem weiteren Sinne des Preuß. L. R. — in das Vermögen des Cessionars in Betracht. Sie ist demnach in gleicher Weise wie die Tradition körperlicher Sachen eine Sachleistung. (Vergl. Entsch. des Preuß. Ob. Trib. Bd. 48 S. 60; Entsch. des R. O. H. G. Bd. 11 S. 18; Dernburg, Preuß. Privatrecht 3. Aufl. Bd. II S. 60). Es tritt hinzu, daß das gesetzgeberische Motiv für die Vorschrift des § 165 cit. die Erwägung gewesen ist, daß Handlungen nicht ungeschehen gemacht und in den wenigsten Fällen richtig geschätzt werden könnten (Bornemann, Systematische Darstellung 2. Aufl. Bd. II S. 286). Beides trifft auf die Rechtsübertragung offenbar nicht zu.

Im übrigen ist aus der sehr knappen Motivirung der gedachten Entscheidungen (Entsch. des Ob. Trib. Bd. 21 S. 357; Striethorst's Archiv Bd. 8 S. 149, Bd. 50 S. 292, Bd. 55 S. 217) nur zu entnehmen, daß theils auf die Wirkung, theils auf die Form der Cession ein dem positiven Rechte nicht entsprechendes Gewicht gelegt ist. Denn wenn in ersterer Beziehung unter Allegirung des § 393 Th. I Tit. 11 des Allgem. L. R. geltend gemacht wird, daß durch eine formgerechte, ernstlich gemeinte Cession, auch in Ermangelung eines verpflichtenden Kausalvertrages, das Eigenthum des abgetretenen Rechts auf den Cessionar übergehe, so steht dieser Umstand, welcher in der oben hervorgehobenen formalen Selbständigkeit und der abstrakten Natur des Cessionsaktes seine Erklärung findet, dem auf das unterliegende materielle Rechtsverhältniß gegründeten persönlichen Anspruch auf Rückgängigmachung der eingetretenen Rechtsveränderung so wenig entgegen, daß er sogar eine nothwendige Voraussetzung für die Entstehung dieses Anspruches im Gegensatz zur dinglichen Rechtsverfolgung bildet. Sonst würde man diesen Anspruch (die Kondiktion) auch in den Fällen ausschließen müssen, in welchen körperliche Sachen auf Grund eines unverbindlichen mündlichen Veräußerungsvertrages übergeben sind, weil auch in diesen Fällen, ungeachtet der Mangelhaftigkeit des Titels, beim Vorhandensein der entsprechenden Absicht anerkanntermaßen das Eigenthum auf den Empfänger übertragen wird. Es besteht aber ein Zweifel darüber nicht, daß hier der Eigenthumsübergang der Kondiktion nicht hinderlich ist.

Ebensowenig vermag die Form der Cession, als welche stets die Schriftform unterstellt ist, den Formmangel des zu Grunde liegenden lästigen Vertrages zu decken. Denn diese Form gehört zur Perfektion des Cessionsgeschäfts selbst und macht dasselbe geeignet, als Erfüllung des vorangegangenen Vertrages zu dienen. Eine *inhaltliche* Beziehung zu diesem Vertrage aber hat die Cessionsurkunde, *als solche*, gemäß §§ 377, 393 Th. I Tit. 11 des Allgem. L.R. nicht, da sie an sich nur die erfolgte Rechtsabtretung und nicht deren Rechtsgrund beurkundet. Soweit sie in einem gegebenen Falle den Inhalt des letzteren in sich aufgenommen hat, ist sie mehr als bloßes Cessionsinstrument, und ihre Fassung entscheidet darüber, ob ihr von dem Gesichtspunkte des Anerkenntnisses aus eine den Formmangel des Grundvertrages ergänzende Bedeutung beizulegen ist (§§ 185 ff. Th. I Tit. 5 des Allgem L.R.). Selbstverständlich kann jedoch aus Fällen dieser Art, welche nach anderen rechtlichen Gesichtspunkten zu entscheiden sind, nicht die der Cessionsurkunde als solcher vom Obertribunal beigelegte Bedeutung hergeleitet werden. Nach diesem allem hätte es einer positiven Gesetzesvorschrift, wie sie der § 10 des Gesetzes vom 5. Mai 1872 für die Auflassung enthält, bedurft, um der Cession die gleiche Kraft der Heilung von Formmängeln des ihr zu Grunde liegenden Vertrages zu geben. An einer solchen fehlt es aber."

91. **Der § 441 Th. II Tit. 1 des Allgem. L.R. befreit nicht von der Befolgung des § 115 Th. I Tit. 12. Der Nachdruck im § 441 liegt auf dem Worte „Aufnahme"** (im Gegensatz zur Uebergabe eines Erbvertrages). Urth. des IV. Civilsenats vom 25. September 1884 in Sachen der verw. H. zu K., Beklagte und Revisionsklägerin, wider die verehel. P. zu B., Klägerin und Revisionsbeklagte. Vorinstanz: O.L.G. Naumburg. Verwerfung.

„Die Beklagte beruft sich auf § 441 Th. II Tit. 1 des Allgem. L.R., wonach die gerichtliche Aufnahme eines Erbvertrages unter Eheleuten nur alsdann nothwendig ist, wenn die Frau dadurch an den nach den Gesetzen ihr zukommenden Rechten etwas verlieren soll. Das Ob.Trib. hat in konstanter Praxis angenommen, daß in § 441 der Nachdruck auf dem Worte „Aufnahme" im Gegensatze zur Uebergabe eines Erbvertrages ruht und im übrigen an den Erlaß der Beobachtung der bei Testamenten erforderlichen Form nicht gedacht worden ist (s. die Erk. v. 22. Oktober 1851 und 11. Juli 1864: Entsch. Bd. 21 S. 204, Bd. 53 S. 67), und dieser Annahme sowie ihrer Begründung, welche auf den Wortlaut des § 441 und den Zweck der Erledigung eines aus § 198 Th. II Tit. 1 des Allgem. L.R. entstehenden Zweifels Bezug nimmt, muß beigetreten werden. Hierfür spricht auch der folgende § 442 ebenda, wonach bei Aufhebung eines Erbvertrages unter Eheleuten durch gegenseitige Bewilligung die Einwilligung der Frau, sobald sie im Verhältniß zu den im Vertrage ihr zugesicherten Rechten etwas verlieren soll, gerichtlich erklärt werden muß. Dieser Paragraph betrifft augenscheinlich nur die Frage, ob die gerichtliche Erklärung oder nur die gerichtliche Uebergabe der Einwilligung der Frau im gedachten Falle eines Verlustes an den ihr zugesicherten Successionsrechten erforderlich ist, und berührt nicht, erläßt also auch nicht die sonstigen vorgeschriebenen Testamentsförmlichkeiten. Die Aufhebung der Verträge bedarf in der Regel derselben Form wie ihre Errichtung (§§ 385—390 Th. I Tit. 5 des Allgem. L.R.) und ist jedenfalls nicht mit einer Erschwerung der Form verbunden, so daß zu folgern ist, daß auch im § 441 nicht beabsichtigt ist, abgesehen von der gerichtlichen Aufnahme im Gegensatz zur gerichtlichen Uebergabe die Paciscenten von der Beobachtung der Testamentsform zu entbinden. Der § 441 befreit daher nicht von der Befolgung des § 115 Th. I Tit. 12 des Allgem. L.R."

92. **Vermuthung für die erschöpfende Darlegung des Vertragswillens in Vertragsurkunden. Zulässigkeit und Beweislast von Nebenabreden neben der Vertragsurkunde.** Urth. des I. Civilsenats vom 8. November 1884 in Sachen C. & P. zu D., Beklagten und Revisionsklägerin, wider S. zu G., Kläger und Revisionsbeklagten. Vorinstanz: O.L.G. Marienwerder. Aufhebung und Zurückverweisung.

„Der Ausführung des B.R. ist in dem Sinne beizutreten, daß aus der Nichtaufnahme einer mündlich getroffenen Abrede in die nachher aufgenommene Vertragsurkunde in der Regel der Schluß zu ziehen ist, die Vertragschließenden seien davon abgegangen (vergl. Entsch. des R.O.H.G. Bd 3 S. 204, Bd. 6 S. 191, Bd. 10 S. 103, Bd. 13 S. 239), daß jedoch diese Schlußfolgerung im einzelnen Falle durch entgegenstehende Umstände ausgeschlossen sein kann (vergl. ebenda Bd. 2 S. 187, Bd. 25 S. 306) und daß die Darlegung solcher Umstände demjenigen obliegt, welcher sich gegen den Wortlaut der Vertragsurkunde auf eine vorausgegangene mündliche Abrede beruft. Nicht beizutreten ist dagegen der Annahme des B.G., daß solche Umstände im vorliegenden Falle nicht dargelegt seien."

93. **Durch die Erlaubniß des Ehebruches wird das Recht des schuldlosen Ehegatten, Scheidung wegen Ehebruches zu verlangen, nicht aufgehoben** (§§ 720, 719 Th. II Tit. 1 des Allgem. Preuß. L.R.). Urth. des IV. Civilsenats vom 22. September 1884 in Sachen H. S. in P., Beklagten, Widerklägers und Revisionsklägers, wider uxorem das., Klägerin, Widerbeklagte und Revisionsbeklagte. Vorinstanz: Kammerger. Berlin. Verwerfung.

Dem die Trennung der Ehe der Parteien wegen Ehebruches des Ehemannes aussprechenden Urtheile des B.G. liegt die Feststellung zu Grunde, daß der Ehemann mit der unverehel. M. K. Ehebruch getrieben habe. Der Scheidungsklage wegen Ehebruches hatte der Beklagte die Einrede entgegengesetzt, daß die Klägerin den Ehebruch im voraus genehmigt habe. Das B.G. hat die Einrede für nicht begründet erachtet und eine im Urtheile erster Instanz enthaltene, auf die Einrede bezügliche Eidesauflage beseitigt.

„Den gegen die Verwerfung der Einrede gerichteten Angriffen des Beklagten ist der Erfolg zu versagen. Die im Gemeinen Eherechte bestrittene Frage, ob durch die Erlaubniß zum Ehebruch die Scheidungsklage wegen Ehebruches elidirt werde, ist im Preuß. Rechte durch eine positive Rechtsnorm nicht ausdrücklich entschieden. Der Beklagte spricht für die in Frage stehende angebliche Aeußerung der Klägerin als einer im voraus erklärten Verzeihung des Ehebruches auf Grund des § 720 Th. II Tit. 1 des Allgem. L.R. Rechtswirksamkeit an. Das B.G. verwirft diese Auffassung, da dem Begriffe der Verzeihung als eines Verzichtes auf die Verfolgung erlittenen Unrechtes die Beziehung auf eine künftige Thatsache widerstreite. Der Ansicht des B.G. ist beizutreten. Die Erklärung, welche der Beklagte in der fraglichen Aeußerung der Klägerin gefunden wissen will, sich künftige Handlungen des Beklagten, in denen an sich ein Ehescheidungsgrund zu finden sein würde, gefallen zu lassen, kann unter den Begriff der Verzeihung nicht gebracht werden. Die Auffassung des Beklagten widerstrebt der hergebrachten Bedeutung dieses Wortes, nach welcher der § 720 Th. II Tit. 1 des Allgem. L.R. auszulegen ist.

Der Beklagte will die Aeußerung aber auch unter den Gesichtspunkt des § 719 a. a. O. gebracht wissen, nach welcher Bestimmung die Scheidungsklage nicht stattfindet, wenn der auf die Scheidung dringende Ehegatte den anderen, welcher die Ehe fortsetzen will, zu denjenigen Vergehungen, worauf die Klage gegründet wird, durch sein unsittliches Betragen selbst veranlaßt hat. Das B.G. bezeichnet die vom Beklagten behauptete Erlaubniß der Klägerin zum Ehebruche zwar als unsittlich; es spricht aber aus, daß ein unsittliches Betragen, durch welches der Beklagte zum Ehebruche veranlaßt worden sei, in dem Verhalten der Klägerin, insbesondere in den zum Eide gestellten Aeußerungen nicht gefunden werden könne. In dieser Annahme, mit welcher das Vorhandensein des zur Anwendung des § 719 erforderlichen Thatbestandes verneint wird, soweit dabei das Betragen der Ehefrau als Veranlassung des Ehebruches in Frage kommen soll, ist die Verletzung einer Rechtsnorm nicht zu erkennen. Die gedachte Vorschrift ist vielmehr richtig angewendet. Hiernach kann die Frage, ob die Anwendung des § 719 auch darum ausgeschlossen ist, weil der Beklagte seinerseits ebenfalls die Ehescheidungsklage angestellt hat, auf sich beruhen. Und da die Einrede der Genehmigung des Ehebruches auch von einem anderen rechtlichen Gesichtspunkte aus als begründet nicht angesehen werden kann, so bleibt der festgestellte Scheidungsgrund des Ehebruches als solcher bestehen."

94. **Die Entstehung der Preußischen Grundschuld, des Klage- und Liquidationsrechtes aus derselben** (Gesetz vom 5. Mai 1872; Subhastationsordnung). Urth. des V. Civilsenats vom 9. Juli 1884 in Sachen der verehel. P. und Gen., Beklagten und Revisionskläger, wider S. zu W. und Gen., Kläger und Revisionsbeklagte.

„Der Rechtsauffassung des Vorderrichters in Ansehung der Entstehung der Grundschuld und des Klage- und Liquidationsrechtes aus derselben und der daraus gemachten, die Vorentscheidung lediglich begründenden Schlußfolgerungen kann nicht beigepflichtet werden, und der dagegen gerichtete Revisionsangriff ist gerechtfertigt. Die Entstehung der Grundschuld ist nach dem klaren Ausdrucke der §§ 18, 19 des Gesetzes vom 5. Mai 1872 an die auf Grund der Bewilligung des Eigenthümers (oder der bezeichneten Surrogate der Bewilligung) erfolgte Eintragung geknüpft, dagegen erlangt nach § 20 daselbst der Grundschuldgläubiger das Verfügungsrecht über die Grundschuld erst durch die Aushändigung des Grundschuldbriefes an ihn. Das Verfügungsrecht fällt nicht mit dem Rechte aus der Grundschuld, dem Gläubigerrechte überhaupt zusammen, erschöpft dasselbe nicht, sondern setzt einen Gläubiger und ein Gläubigerrecht voraus, und der Mangel des ersteren beschränkt das letztere nur in seiner Wirksamkeit. Durch die Aushändigung des Briefes wird daher nicht ein die Grundschuld erst hervorbringender „Vertrag vollendet", sondern ein der Vollwirksamkeit des geschaffenen Rechts entgegenstehendes Hinderniß beseitigt. Allerdings kann die Aushändigung des Briefes für die Beurtheilung einer streitigen Frage, ob die Grundschuld wegen fehlenden Konsenses von Gläubiger und Schuldner hinfällig sei, erheblich sein, aber ein zur Herstellung oder Vollendung des desfallsigen Einverständnisses nothwendiges Element ist sie nicht.

Dementsprechend ist im § 37 des angeführten Gesetzes bestimmt, daß die dingliche Klage für den Gläubiger durch die Eintragung begründet wird, und im § 38, in welchem Maße Einreden gegen die so begründete Klage zulässig sind. Wenn daher der Vorderrichter bemerkt, daß die Klage dadurch hinfällig wird, daß der Beklagte die mangelnde beiderseitige Einwilligung in Entstehung des der Grundschuld zu Grunde liegenden Geschäfts, d. h. zur Entstehung der Grundschuld nachweist, so ist dies mit der sich aus § 38 ib. ergebenden Beschränkung richtig; aber damit steht die Folgerung in keinem Zusammenhange, daß, wenn bei der Liquidation aus den Kaufgeldern in der Subhastation der eingetragene Gläubiger die Grundschuld liquidirt, ohne im Besitze des Dokuments zu sein, er die an ihn seitens des Eigenthümers — Bestellers der Grundschuld — erfolgte Aushändigung der Urkunde beweisen müsse und schon der Mangel dieses Nachweises ihn sachfällig mache. Die Liquidation aus den Kaufgeldern ist, wie die Klage, die Geltendmachung des eingetragenen dinglichen Rechts; das letztere ist auch bei nicht vorhandenem Dokumente aus den Kaufgeldern zu liquidiren; der Mangel des Dokuments verhindert nur die Auszahlung bis zur Beibringung desselben — §§ 14, 64, 65—66, 81 des Subhastationsgesetzes —, und die nicht erfolgte Aushändigung des Briefes begründet nur die Einrede, daß das Verfügungsrecht nicht übertragen worden, nicht aber die, der Entstehungsgrund der Grundschuld leide an einem Gebrechen, das jedes Klage- und Liquidationsrecht aufhebe, was auch, wie der Vorderrichter annimmt, der in Anspruch genommene Schuldner zu beweisen hat. Allerdings steht auch der Mangel des Verfügungsrechts dem Auszahlungsverlangen des Gläubigers entgegen, aber dies hindert nicht, daß derselbe dem Gegner auf Grund des vorangegangenen Rechtsgeschäfts die Verpflichtung zur Herausgabe des Schuldbriefes nachweist, die Ausantwortung des von demselben produzirten Dokuments erzwingt, dadurch jenes Hinderniß beseitigt und sich als vollberechtigter Gläubiger legitimirt. Der Vorderrichter hat aber den Beklagten diesen Nachweis abgeschnitten, indem er, solange von ihnen nicht der Beweis der Aushändigung der Urkunde durch die Eigenthümer erbracht ist, jede Erörterung des der Grundschuld unterliegenden Rechtsverhältnisses für entbehrlich erklärt, den aufgenommenen Beweis nur in Bezug auf diese Aushändigung geprüft und gewürdigt und die Folgerung gezogen hat, daß die Beklagten überhaupt kein Gläubigerrecht erworben haben.

Nach der Sachlage haben die Kläger der Liquidation der Grundschuld widersprochen und in der Klage die darauf gefallene Hebung mit der Behauptung beansprucht, die Grundschuld sei „nur wegen Kreditschwächung" des klagenden früheren Eigenthümers eingetragen, der Schuldbrief sei gar nicht ausgehändigt, die Schuld ohne Wissen der Vormünder der Beklagten konstituirt worden — sie sei simulirt. Der Grundschuldbrief ist von dem mitklagenden Nachgläubiger produzirt; die Beklagten haben ihr und der Vormünder Einverständniß mit Bestellung der Grundschuld, Empfang und widerrechtliche Entfremdung des Schuldbriefes durch Kläger in ausführlicher Darlegung der Thatsachen eingewendet; beide Theile haben Beweis über ihre Angaben angetreten. Das Streitverhältniß beruhte daher in der Anfechtung der Existenz der Grundschuld gegen die liquidirenden Gläubiger — §§ 70, 72, 73 des Subhastationsgesetzes — und in dem streitigen Rechte auf den Besitz des Schuldbriefes und nicht blos in der bestrittenen Aushändigung des letzteren. Die Annahme des Richters, daß es bloß auf die letztere Frage ankomme und ihre Beantwortung auch über die Existenz der Grundschuld entscheide, erscheint nach dem Gesagten als rechtsirrthümlich."

95. **Der § 3 des Gesetzes vom 21. Juli 1846 bezieht sich nur auf Erweiterungsbauten.** Urth. des IV. Civilsenats vom 27. Oktober 1884 in Sachen der Schulsocietät O., Klägerin und Revisionsklägerin, wider den landesherrlichen Fiskus, Beklagten und Revisionsbeklagten. Vorinstanz: O.L.G. Königsberg. Aufhebung und Zurückverweisung.

„Der § 3 des Gesetzes vom 21. Juli 1846 bezieht sich nur auf eigentliche Erweiterungsbauten, bestimmt für diese allein die Beitragspflicht nach dem Verhältniß, in welchem sie zu dem bestehenden Schul- und Küsterhause stehen, und beläßt dem § 37 volle und ausschließliche Geltung bezüglich der Reparaturen und Neubauten, welche das bisherige Schul- und Küsterhaus betreffen, respektive über dessen bisherigen Umfang nicht hinausgehen und einen Erweiterungsbau nicht ausmachen. Von dieser Auffassung geht auch der B.R. aus. Wenn aber der § 3 sich allein auf Erweiterungsbauten bezieht, so bietet er überhaupt keine Handhabe zur Erledigung des Streites der Parteien über die Frage, von wem die Kosten des Neubaues innerhalb des Umfanges des bisherigen Schul- und Küsterhauses zu tragen sind, und er ist aus diesem Grunde hier unanwendbar, nicht aber aus dem Grunde, weil er nicht für den vorliegenden Fall der nachträglichen Vereinigung der Präcentorwohnung mit dem ursprünglichen Schulhause gilt."

96. **Die Verordnung für Schleswig-Holstein vom 7. August 1867 enthält kein revisibles Recht.** Urth. des III. Civilsenats vom 23. September 1884 in Sachen des Feuerassekuranzvereins zu A., Klägers und Revisionsklägers, wider den Preuß. Fiskus, Beklagten und Revisionsbeklagten. Vorinstanz: O.L.G. Kiel. Verwerfung.

„Wie das R.G. bereits in einem früheren Falle (in Sachen der Spar- und Darlehnsbank zu Altona wider Preuß. Steuerfiskus, durch Urtheil vom 27. Februar 1883) ausgesprochen hat, enthält die für die Provinz Schleswig-Holstein erlassene Verordnung vom 7. August 1867 kein revisibles Recht. Die Verordnung erstrebt zwar als Ziel hinsichtlich der Erhebung von Stempelabgaben einen möglichst gleichförmigen Rechtszustand in den älteren Provinzen und in Schleswig-Holstein. Sie hat jedoch zu diesem Zweck nicht ein in den älteren oder anderen Preußischen Provinzen bestehendes Gesetz in ein neues Geltungsgebiet eingeführt, sondern sie enthält eine selbständige Zusammenstellung der einzelnen bezüglichen Rechtsnormen unter Berücksichtigung und theilweise Erhaltung lokaler Verhältnisse. Die Verordnung, sowie der angehängte Tarif bilden deshalb, trotz der wörtlichen Uebereinstimmung einzelner Vorschriften, ein neues Gesetz, welches, da der örtliche Geltungsbezirk sich nicht über den Bezirk des B.G. hinaus erstreckt, gemäß § 511 der C.P.O. und der Kaiserlichen Verordnung vom 28. September 1879 der Revision nicht unterliegt."

2. Mecklenburgisches Recht.

97. **Das Vorrecht** (in Gemäßheit des § 13 des Einf.-Gesetzes zur R.Konk.O. u. des § 54, 5 der R.Konk.O.) **der Mecklenburgischen Ausf.-Verordnung zur R.Konk.O.** (gesetzliche Hypothek der Kinder am väterlichen Vermögen) **erstreckt sich auch auf die aus Staaten anderen Rechtes nach Mecklenburg verzogenen Väter und Kinder.** Urth. des I. Civilsenats vom 1. Oktober 1884 in Sachen D. & Co. in B., Beklagten und Revisionsklägerin, wider M. T. das., Kläger und Revisionsbeklagten. Vorinstanz: O.L.G. Rostock. Verwerfung.

„Unstreitig ist die Forderung des Klägers auf das Muttergut im Königreich Sachsen begründet. Dort ist nach dem Tode der Mutter die Erbauseinandersetzung zwischen ihm und seinen Geschwistern, für welche sämmtlich ein Spezialvormund bestellt war, einerseits und ihrem Vater andererseits ergangen, allein der Vater ist, während der Kläger sich noch in seiner väterlichen Gewalt befand, nach dem Großherzogthum Mecklenburg-Strelitz verzogen. Der Kläger hat auch, nachdem die väterliche Gewalt demnächst aufgehoben worden ist, seine unbefriedigt gebliebene Forderung, deren Betrag auch in diesem Verfahren nicht streitig ist, gegen seinen Vater gerichtlich geltend gemacht, er hat aber, nachdem der Vater die Forderung anerkannt und Zahlung im Jahre 1878 versprochen hat, den Anspruch nicht weiter verfolgt. Er würde danach weder nach dem Reichskonkursrechte noch nach Königlich Sächsischem Partikularrecht, wie dies in dem oberlandesgerichtlichen Urtheil nachgewiesen ist, ein Vorzugsrecht in dem 1883 eröffneten Konkurse haben. Nun hat aber die in dem oberlandesgerichtlichen Urtheile angezogene Mecklenburgische Ausführungsverordnung vom 26. Mai 1879 in Gemäßheit des Einf.-Ges. zur R. Konk. O. § 13 den Kindern, welche nach Gemeinem Rechte wegen des in der Verwaltung ihres Vaters befindlichen Muttergutes eine gesetzliche Hypothek haben, das Vorrecht im Range der in der R. Konk. O. § 54 ^{5} erwähnten Forderungen eingeräumt. Streitig ist zwischen den Parteien zunächst die Frage, ob dies Mecklenburgische Gesetz auf die Forderung des Klägers anzuwenden ist. Diese Frage ist aber mit dem B. U. zu bejahen. Das Landesgesetz, welches die rechtlichen Verhältnisse zwischen Vater und Kindern, den Umfang der väterlichen Gewalt sowohl in Beziehung auf die Person wie in Beziehung auf das Vermögen der Kinder, die Rechte der Kinder gegen den Vater ordnet, wird im Zweifel die Bedeutung haben, daß es die Verhältnisse aller der Väter und Kinder ordnen will, welche in dem Lande, für welches das Gesetz erlassen ist, leben und somit den Gesetzen dieses Landes unterworfen sind. Es ist nicht anzunehmen, daß es diese Verhältnisse noch ferner beherrschen will, wenn Vater und Kinder aus dem Lande verziehen; es ist auch nicht anzunehmen, daß es die Verhältnisse derjenigen Väter und Kinder nicht beherrschen will, welche in dem Lande, für welches das Gesetz gilt, leben, aber früher einmal in einem anderen Lande gelebt haben. Dem Sinne des Deutschen Gesetzgebers kann es nicht entsprechen, diese Verhältnisse mit seinem Gesetze auch ferner beherrschen zu wollen, wenn Deutsche Staatsangehörige nach anderen Welttheilen auswandern; ebensowenig wenn sie aufhören, Angehörige des bisherigen Staates zu sein, für welchen das Gesetz erlassen ist, und Angehörige eines anderen Deutschen Staates werden. Das Sächs. Bürgerl. G.B. § 15 läßt die väterliche Gewalt nach den Gesetzen des Staates beurtheilen, dessen Unterthan der Vater ist. Es würde also selbst bezüglich dieser Verhältnisse auf einen früheren Unterthan, wenn er nun Mecklenburgischer Unterthan geworden ist, nicht angewendet werden wollen. Umgekehrt ist nicht in Zweifel zu ziehen, daß, wenn im Großherzogthum Mecklenburg ein neues Gesetz erlassen würde, welches die Verhältnisse der väterlichen Gewalt, den Umfang der Verwaltungsrechte am Vermögen der Kinder und andererseits die Sicherstellung der Rechte der Kinder neu regelte, dieses Gesetz nicht erst auf die nach seinem Erlaß neu ins Leben getretenen Fälle der väterlichen Gewalt, also den nun erst geborenen Kindern gegenüber anzuwenden sein würde; vielmehr würde dasselbe auf alle Kinder, wie sie zur Zeit des Gesetzes in väterlicher Gewalt stehen, sofort anzuwenden sein. Ebenso ist aber das bestehende Recht nicht auf die Fälle väterlicher Gewalt zu beschränken, welche unter dessen Herrschaft überhaupt erst neu ins Leben getreten sind, es ergreift auch die zugezogenen Väter und Kinder, welche damit, daß sie ihren Wohnsitz in Mecklenburg genommen haben, unter die Herrschaft des Mecklenburgischen Gesetzes getreten sind. Es ist völlig unbedenklich, anzunehmen, daß Kläger, welcher, als er mit seinem Vater in Sachsen wohnte, eine gesetzliche Hypothek an dessen Vermögen nicht hatte, diese Hypothek an dem von dem Vater nach Mecklenburg gebrachten Vermögen sofort erwarb, als sich der Vater mit ihm dort niederließ, wie sich denn diese Hypothek auch auf das später von dem Vater in Mecklenburg erworbene Vermögen erstreckte. Hatte aber der Kläger die gesetzliche Hypothek, so kommt ihm das Vorrecht der Mecklenburgischen Ausführungsverordnung zur R.Konk.O. zu."

3. Rheinisches Recht.

98. **Der Gesellschafter kann keine Vergütung für seine Dienste beanspruchen** (Art. 1852 und 1986 des Bürgerl. G.B.). Urth. des II. Civilsenats vom 23. September 1884 in Sachen B. zu M., Klägers und Revisionsklägers, wider G. das., Beklagten und Revisionsbeklagten. Vorinstanz: O.L.G. Köln. Aufhebung und Zurückverweisung.

Auf die Hauptberufung hat das B.G. dem Beklagten für seine Geschäftsführung einen Betrag von 810 ℳ zugebilligt, weil es keinem begründeten Zweifel unterliegen könne, daß besondere Dienstleistungen eines Gesellschafters, welche in Gegendienstleistungen des anderen Gesellschafters nicht das geringste oder doch kein annäherndes Aequivalent finden, besonders zu vergüten seien, was im vorliegenden Falle besonders deshalb zutreffe, weil dem Kläger die technischen Kenntnisse zum Betriebe eines Steinbruches fehlen und von den Sachverständigen die Leistung einer besonderen Vergütung als den örtlichen Verhältnissen und der Billigkeit entsprechend anerkannt werde.

„Dieser Entscheidungsgrund läßt zweifelhaft, ob der Richter die Lohnforderung als eine gesetzlich begründete bezeichnen oder die Rechtmäßigkeit der Forderung aus den besonderen Verhältnissen des Einzelfalles und der vermuthbaren Absicht der Parteien begründen wollte. Die erstere Annahme müßte als rechtsirrthümlich bezeichnet werden; denn nach Art. 1852 des Bürgerl. G.B. hat der Gesellschafter nur in Rücksicht der ausgelegten Summen, der eingegangenen Verbindlichkeiten und der von der Geschäftsführung unzertrennlichen Nachtheile eine Klage wider die Gesellschaft. Dagegen kann weder nach Französischem noch Gemeinem Rechte neben dem Gewinne auch eine Vergütung für die der Gesellschaft geleisteten, den gemeinsamen Vortheil bezweckenden Dienstleistungen gefordert werden, was für Handelsgesellschaften durch den hier allerdings nicht anwendbaren Art. 93 des H.G.B. ausdrücklich ausgesprochen wird. Der Gesellschafter steht in dieser Beziehung dem Mandatar gleich, welcher nach Art. 1986 des Bürgerl. G.B. in Ermangelung einer besonderen Uebereinkunft seine Dienste unentgeltlich leistet. Der Anspruch auf Vergütung für die Geschäftsführung bedarf daher zu seiner Begründung der Feststellung der Vertragsabsicht, für welche die angeführten Momente in Verbindung mit dem Umstande, daß auch die Fuhrdienste des Klägers besonders bezahlt worden sind, entscheidend sein können."

99. 1) **Die natürliche Verbindlichkeit hat nur die Wirkung, daß das Geleistete nicht zurückgefordert werden kann** (art. 1131, 1235 des Code civil). 2) **Eine Klage aus dem verschuldeten Abbruche eines Liebesverhältnisses giebt es nicht.** 3) **Unter gewöhnlichen Verhältnissen bildet eine Schwängerung kein einseitiges Verschulden des Schwängerers und begründet keine Klage** (art. 1382 des Code civil). Urth. des II. Civilsenats vom 1. November 1884 in Sachen L. in S., Beklagten und Revisionsklägers, wider unverehel. F. und Gen. aus K., Klägerin und Revisionsbeklagte. Vorinstanz: O.L.G. Köln. Aufhebung und Klagabweisung.

Zu 1. Nach dem von dem B.R. bezogenen Thatbestande der landgerichtlichen Entscheidung wird die Klage auf die Behauptung gestützt, daß Beklagter der Vater des von der Klägerin außerehelich geborenen Kindes sei und daß er wiederholt, insbesondere durch das vorgelegte Schreiben vom 6. März 1883 versprochen habe, für dasselbe zu sorgen. Das L.G. hält das Versprechen für klagbar, weil die eigentliche Causa der Verpflichtung in der unterstellten Vaterschaft liege und daher auf einem gültigen Rechtsgrunde beruhe.

„Dieser Entscheidungsgrund kann als zutreffend nicht anerkannt werden; denn wenn auch zugegeben werden wollte, daß aus der außerehelichen Vaterschaft eine natürliche Verbindlichkeit zur Alimentation entstehe, so könnte doch einerseits die von dem Beklagten geleugnete Vaterschaft nach Art. 340 des Bürgerl. G.B. wider dessen Willen nicht festgestellt werden, anderseits aber auch die bloße natürliche Verbindlichkeit als Verpflichtungsgrund im Sinne des Art. 1131 des Bürgerl. G.B. nicht gelten und das einfache Erfüllungsversprechen nicht klagbar machen. Wie nämlich das R.G. wiederholt anerkannt hat" (Urth: Armenrath Zell wider Neher, Annalen Bd. VII S. 410, Entsch. Bd. VIII S. 314; und Urth. vom 11. Dezember 1883 in Sachen Herder wider Komanns), „legt der Code civil der natürlichen Verbindlichkeit nur die einzige Wirkung bei, daß sie die Zurückforderung des freiwillig Geleisteten ausschließt (Art. 1235)."

Zu 2. Das B.G. läßt die Richtigkeit des Entscheidungsgrundes der ersten Instanz dahingestellt, gelangt aber zu der Annahme, daß in dem Briefe vom 6. März 1883 nicht sowohl das bloße Anerkenntniß einer aus der außerehelichen Vaterschaft entspringenden natürlichen Alimentationsverbindlichkeit, als vielmehr ein neugeschaffener Rechtstitel, nämlich ein selbständiges Versprechen zur Unterhaltung des Kindes vorliege, welches den gesetzlich erforderten Verpflichtungsgrund in genügender Weise in sich trage. Dieser Brief enthalte nämlich das Versprechen der Alimentationspflicht als Ersatzleistung für den von dem Beklagten verschuldeten Abbruch des Liebesverhältnisses, und in dieser anerkannten Verschuldung liege ein ausreichender selbständiger Verpflichtungsgrund.

„Es kann dahingestellt bleiben, ob das Berufungsgericht durch diese Ausführung nicht etwa der Klage in unzulässiger Weise einen neuen Klagegrund unterlegt; denn der Abbruch eines Liebesverhältnisses könnte doch nur dann als ein Verschulden aufgefaßt werden, wenn auf die Fortsetzung desselben ein nach dem Civilrechte gültiger Anspruch bestände. Ein solcher Anspruch kann aber weder aus dem Gesetze hergeleitet, noch durch Vertrag begründet werden."

Zu 3. Bei der mündlichen Verhandlung wurde zur Aufrechterhaltung des Klagegrundes ausgeführt, schon die Schwängerung einer Frauensperson stelle ein Verschulden dar, aus welchem ein erheblicher Schaden erwachse; es sei daher nicht unzulässig, im Wege des Vergleiches, wie im vorliegenden Falle geschehen, die Schadensersatzpflicht vertragsmäßig zu begründen.

„Allerdings ist anzuerkennen, daß die Schwängerung den Charakter einer die Schadensersatzpflicht erzeugenden unerlaubten Handlung im Sinne des Art. 1382 des Bürgerl. G.B. haben kann. Im vorliegenden Falle sind nun aber Umstände (wie z. B. Entführung, Gewalt, Arglist 2c.), welche eine besondere Verschuldung des Schwängerers im Sinne des Art. 1382 des Bürgerl. G.B. begründen könnten, gar nicht behauptet, und in Ermangelung solcher bildet der außereheliche Beischlaf eine gemeinsame Handlung, aus welcher der Klägerin ein Klagrecht nicht erwachsen kann, da sie dabei als mitschuldiger Theil erscheint. — Das Alimentationsversprechen hat demnach den Charakter einer Schenkung und ist nicht klagbar, weil es der in Art. 931 vorgeschriebenen Form entbehrt."

100. **Die Bestimmung des art. 1794 des** Code civil (nach welcher derjenige, der einen Werkverdingungsvertrag in Bausch und Bogen — marché à forfait — schließt, vorbehaltlich seiner Entschädigungspflicht gegen den Unternehmer für Arbeit, Auslagen und entgangenen Gewinn, nach Belieben vom Vertrag zurücktreten kann) **ist auf beide Fälle des Art. 1787 anzuwenden** (d. h. sowohl dann, wenn der Unternehmer lediglich seine Arbeit oder seinen Gewerbefleiß hergiebt, wie dann, wenn er auch den Stoff liefert). Urth. des II. Civilsenats vom 9. Dezember 1884 in Sachen der Aktiengesellschaft Chemische Fabrik C. zu M., Beklagte und Revisionsklägerin, wider S. & D. in K. (Maschinenfabrik), Klägerin und Revisionsbeklagte. Vorinstanzen: L.G. und O.L.G. Köln. Aufhebung und Klagabweisung.

„Der art. 1794 des Code civil, um dessen Anwendung es sich handelt, steht im III. Abschnitt des Kap. 3 Tit. 8 vom Miethvertrage unter Ueberschrift des devis et marchés, welche nach art. 1779 Abs. 3 eine Unterart der louage d'ouvrage bilden. Nach Vorschrift des art. 1787, welcher den genannten Abschnitt eröffnet, kann der Werkverdingungsvertrag in der Weise geschlossen werden, daß der Unternehmer lediglich seine Arbeit oder seinen Gewerbfleiß hergiebt, oder auch zugleich den Stoff liefert, und die daran sich anschließenden art. 1788—1799 bestimmen, welche rechtlichen Folgen unter der einen und anderen Voraussetzung im Falle des Unterganges der Sache eintreten. Nachdem dann in den folgenden Artikeln — art. 1791 bezüglich der nach Stück oder Maß zu liefernden Arbeiten, art. 1792 und 1793 in Betreff der Unternehmung von Bauten besondere Regeln gegeben werden, folgt der art. 1794, welcher bestimmt, daß Derjenige, welcher einen Werkverdingungsvertrag in Bausch und Bogen (marché à forfait) geschlossen hat, nach Belieben den Vertrag auflösen kann, wenn er den Unternehmer für alle seine Arbeit, seine Auslagen und den zu erzielenden Gewinn entschädigt. Der Grund dieser Bestimmung ist der, daß der Besteller nicht an den Vertrag gebunden sein soll, wenn er an dessen Ausführung kein Interesse mehr hat, z. B. weil der Gegenstand desselben nicht weiter für ihn von Nutzen ist, weil ihm vielleicht unter veränderten Verhältnissen die Mittel zur Zahlung fehlen u. s. w. (vergl. Pothier, louage Nr. 441; Laurent, Bd. XXVI Nr. 17); das Gesetz gestattet ihm deshalb den freien Rücktritt, während es andererseits das Interesse des Unternehmers dadurch wahrt, daß es den Besteller zur vollständigen Schadloshaltung auch für den entgangenen Gewinn verpflichtet.

Wenn es sich nun fragt, ob die bezogene Gesetzesvorschrift auf beide Fälle des art. 1787 cit. anzuwenden, oder wie das O.L.G. annimmt, auf den Fall, wo der Unternehmer lediglich seine Arbeit hergiebt, zu beschränken sei, so müssen die Gründe, welche für die erstere Annahme sprechen, als überwiegend erachtet werden. Zunächst ist unbedenklich, daß der art. 1794 nach seinem allgemeinen Wortlaute — und darauf weist auch die Stellung desselben hin — den einen wie den anderen Fall des art. 1787 cit. umfaßt, und sodann trifft nicht minder der angeführte Grund des Gesetzes auch in dem Falle, wenn der Unternehmer zugleich den Stoff liefert, im vollen Maße zu. Dem gegenüber macht das O.L.G. nun geltend, und darauf beruht wesentlich die restriktive Ausführung desselben, daß zwischen den beiden Fällen des art. 1787 ein rechtlicher Unterschied bestehe, daß nämlich der Vertrag in dem zuletzt genannten Falle, wo derselbe sich als Lieferungsvertrag charakterisire, wie das von dem ersten Richter auf Grund des art. 1711 und der Entstehungsgeschichte des art. 1787 zutreffend ausgeführt worden, nach den Grundsätzen von dem Kaufe zu beurtheilen sei, und daß bei synallagmatischen Verträgen der einseitige Rücktritt eines Kontrahenten prinzipiell ausgeschlossen erscheine (art. 1184). Dabei ist nun aber nicht außer Acht zu lassen, daß ein Vertrag der fraglichen Art, bei dem es sich immerhin nur von dem Kaufe einer erst anzufertigenden, also künftigen Sache handelt, und die Perfektion desselben sowie der Eigenthumsübergang erst mit der Annahme der fertig gestellten Sache eintritt, einen aus Werkmiethe und Kauf gemischten Charakter hat, und daher kein rechtliches Hinderniß besteht, die Auflösung eines solchen Vertrages auf Grund des art. 1794 cit., wie der Wortlaut und Grund des letzteren es gestatten, zuzulassen (vergl. übereinstimmend Aubry & Rau, Bd. IV S. 525 Note 2 und S. 528 Note 2; Laurent, Bd. XXVI Nr. 19; Duvergier, louage Bd. II Nr. 335; Duranton, Bd. XVI Nr. 257; Colmet de Santerre ad art. 1794 S. 360; A. M. Troplong, louage Nr. 1030; Marcadé ad art. 1794 Nr. 2; Masse & Vergé, Bd. IV S. 710 Note 24 a. E.; Dalloz, louage d'ouvrage Note

168; Clamageran, louage d'industrie Nr. 28). Ist nun nach Vorstehendem die Anwendung des art. 1794 cit. auf den gegenwärtigen Fall begründet, so stand der Klägerin kein Recht zu, nach der Rücktrittserklärung der Beklagten die Maschine fertig zu stellen und die Zahlung des eingeklagten Kaufpreises zu fordern."

101. **Ein Cessionsvertrag unter in Gütergemeinschaft des Rheinischen Rechts lebenden Ehegatten entbehrt der Gültigkeit** (Art. 1595 des Bürgerl. G.B.) **und Fähigkeit, das cedirte Recht zu übertragen, und daher auch der Anfechtbarkeit aus dem Reichs-Anfechtungsgesetz.** Urth. des II. Civilsenats vom 10. Oktober 1884 in Sachen der Eheleute B. zu K., Beklagter und Revisionskläger, wider verw. S. zu K., Klägerin und Revisionsbeklagte. Vorinstanz: O.L.G. Köln. Aufhebung und Zurückverweisung.

„Die Beurtheilung der rechtlichen Wirkungen des Cessionsvertrages hängt wesentlich von der Feststellung der zwischen den Eheleuten B. bestehenden güterrechtlichen Verhältnisse ab. Bestand zwischen denselben die gesetzliche Gütergemeinschaft, wofür die Vermuthung spricht, so konnte ein dem Art. 1595 des B.G.B. entsprechender, rechtlich wirksamer Vertrag über Forderungen des Ehemannes nicht abgeschlossen werden, da ja eine der Ehefrau cedirte Forderung doch wieder Bestandtheil der Gemeinschaft geworden bezw. geblieben wäre; es fehlte daher an der nothwendigen Voraussetzung für die Anwendbarkeit des Anfechtungsgesetzes, nach welchem der Gläubiger nur die Rückgewähr derjenigen Vermögensobjekte fordern kann, welche durch die anfechtbare Handlung aus dem Vermögen des Schuldners veräußert worden sind."

102. **Der § 4 der Städteordnung für die Rheinprovinz ist eine lex cogens, kann also durch Privatdisposition nicht abgeändert werden.** Die vertragsmäßige Befreiung der Rheinischen Eisenbahn von der Theilnahme an den Gemeindelasten der rheinischen Städte ist daher unzulässig und rechtsungültig (art. 6, 1131, 1133 des Code civil). Urth. des II. Civilsenats vom 14. Oktober 1884 in Sachen der Rhein. Eisenb.-Gesellsch., Kassationsklägerin, wider die Stadtgemeinde Crefeld, Kassationsbeklagte. Vorinstanz: O.L.G. Köln. Verwerfung*).

*) Ein im wesentlichen gleiches Urtheil hat am nämlichen Tage derselbe Senat in Sachen der Stadt Geldern wider die Rheinische Eisenbahn gefällt.

„In Erwägung, daß der § 4 der Städteordnung für die Rheinprovinz in seinem ersten Absatze bestimmt, daß alle Einwohner des Stadtbezirks zur Theilnahme an den städtischen Gemeindelasten nach den Vorschriften dieses Gesetzes verpflichtet sind, und dies nach Abs. 3 und 4 des § 4 cit. auch für juristische Personen, welche innerhalb des Stadtbezirks Grundeigenthum besitzen oder ein stehendes Gewerbe betreiben, bezüglich derjenigen Lasten gilt, welche auf den Grundbesitz oder das Gewerbe oder auf das aus jenen Quellen fließende Einkommen gelegt sind; daß nun der Annahme des O.L.G. beizupflichten ist, daß die bezogenen Bestimmungen als dem öffentlichen Rechte angehörige, zwingende Gesetzesvorschriften aufzufassen sind; daß das O.L.G. diese seine Annahme aus dem Wortlaute und der Entstehungsgeschichte des § 4 cit. zutreffend begründet hat, in Uebereinstimmung mit den Ausführungen, mit welchen von dem vormaligen Preuß. Ob.Trib. in dem bezogenen Urth. vom 12. März 1878 bezüglich des gleichlautenden § 4 der Städteordnung für die sechs östlichen Provinzen der Monarchie die nämliche Auffassung motivirt worden ist (Entsch. Bd. 81 S. 270); daß, wenn das O.L.G. bei der Entstehungsgeschichte des § 4 cit. darauf hingewiesen hat, daß ein gleiches Prinzip bezüglich der Staatssteuern schon durch das Finanzedikt vom 27. Oktober 1810 ausgesprochen sei, letzteres damit keineswegs als gegenwärtig geltende, für den vorliegenden Fall maßgebende Norm angerufen, vielmehr nur als ein historisches Moment für den Entwicklungsgang des fraglichen Prinzips herangezogen ist, eine Gesetzesverletzung daher hier dem Appellationsrichter nicht zur Last fällt.

In Erwägung, daß nach dem Entwickelten auch die weitere Annahme desselben sich rechtfertigt, daß der streitige Vertrag vom 26. Februar bzw. 29. Dezember 1862, durch welchen der Vorschrift des § 4 Abs. 1 zuwider zu Gunsten der Kassationsklägerin eine Befreiung von der Kommunal-Einkommensteuer stipulirt ist, als nichtig und rechtlich wirkungslos sich darstellt (Art. 6, 1131 und 1133 des Code civil), und hieran auch der Umstand nichts zu ändern vermag, daß die Bewilligung dieser Befreiung mit Genehmigung der Königlichen Regierung zu Düsseldorf stattgefunden hat; daß es demgegenüber auch auf das Motiv des Vertrages sowie die Frage der Gegenleistung nicht ankommt und ebenso nicht weiter zu prüfen ist, ob der Zweck des Vertrages auf einem anderen Wege, z. B. durch Bewilligung einer bestimmten Kapitalzahlung, habe wirksam erreicht werden können, da immerhin durch die Erlaubtheit des Zweckes das gewählte rechtlich unzulässige Mittel nicht legalisirt werden kann; daß die thatsächliche

Annahme der Rekursschrift, daß die fragliche Steuerbefreiung nur die Stelle einer solchen Kapitalzahlung vertrete, in dem angegriffenen Urtheile keine Stütze findet, im übrigen auch schon von dem O.L.G. darauf hingewiesen ist, daß der erlassene Betrag der dreißigjährigen Einkommensteuer, welcher von der künftigen Entwickelung des bezüglichen Einkommens der Kassationsklägerin abhing, zur Zeit des Vertragsabschlusses auch nicht annähernd bestimmbar war; daß, wenn ferner das O.L.G. die eventuelle Vereinbarung der Parteien, daß im Falle der Steuernachlaß höheren Ortes beanstandet werden möchte, die Stadt Crefeld den erhobenen Betrag aus der Gemeindekasse zu ersetzen verpflichtet sein solle, als eine direkte Umgehung des Gesetzes enthaltend und deshalb rechtlich unwirksam erachtet hat, diese Annahme auf einer zutreffenden juristischen Auffassung beruht."

4. Badisches Recht.

103. **Auch ein unter aufschiebender Bedingung geschlossener Vertrag ist bindend** (L.R.Sätze 1125, 1304, 1311, 1176, 1184). Urth. des II. Civilsenats vom 4. November 1884 in Sachen der S. und Gen., Beklagten und Revisionskläger, wider Z. in L., Kläger und Revisionsbeklagten. Vorinstanz: O.L.G. Karlsruhe. Aufhebung und Zurückverweisung.

Das B.G. legt den Vertrag vom 23. Juni 1883 dahin aus, daß derselbe ein Vergleich und nach der gemeinsamen Absicht der Kontrahenten von Einholung und Ertheilung der staatsanwaltschaftlichen Genehmigung bedingt sein sollte. Der im zweiten Rechtszuge nachgebrachten Bestätigung des Staatsanwaltes hat das B.G. Beachtung versagt, weil es sich nicht um die Auflösung eines bereits perfekten Vertrages handele, sondern der Vergleich wegen Mangels der vollständigen Einwilligung als nicht zu Stande gekommen erscheine und daher aus diesem Grunde dem Gegenkontrahenten der Rücktritt offen gestanden habe und die Voraussetzungen zur Anwendung des Landrechtssatzes 1184 nicht gegeben gewesen seien.

„Hierdurch ist aber der Rechtsgrundsatz verletzt, daß auch ein Vertrag unter einer aufschiebenden Bedingung ein bindender ist, so daß kein Theil einseitig von demselben zurücktreten darf, vielmehr jeder abzuwarten hat, ob die Bedingung eintrete oder nicht. Betreffs der Zeit, wann die Bedingung als fehlgeschlagen zu gelten hat, ist L.R.S. 1176 maßgebend. Wenn, wie im gegebenen Falle, zur Erfüllung der Bedingung die Handlung eines der Kontrahenten erforderlich ist, so kann allerdings der andere Theil die Auflösung des Vertrages beantragen (L.R.S. 1184), wenn vertragsmäßig sofort Schritte zur Erfüllung der Bedingung zu geschehen hatten. Fehlt es an dieser Voraussetzung, so muß es auch für zulässig erachtet werden, daß dem säumigen Kontrahenten eine angemessene Frist zum Handeln gesetzt werde, nach deren Ablauf die Auflösung des Vertrages begehrt werden könnte, wie denn auch Kläger in dieser Richtung Beweise erboten hat. Keinesfalls aber ist ein Recht des Rücktritts aus dem Grunde, weil der Vertrag mangels der vollständigen Einwilligung als nicht zu Stande gekommen erscheine, im Gesetze begründet.

Sollte diese Begründung sich darauf beziehen, daß wegen der Minderjährigkeit der Beklagten noch die Genehmigung des Vergleiches durch die Staatsanwaltschaft erforderlich war, so wären damit die L. R. Sätze 1125, 1304, 1311 verletzt. Das Rechtsgeschäft eines Minderjährigen, zu welchem noch die Erfüllung einer vom Gesetze vorgeschriebenen Förmlichkeit hinzuzutreten hat, ist nämlich wegen Mangels dieser Form nicht nichtig, sondern nur anfechtbar, und diese Anfechtbarkeit kann blos vom Minderjährigen, nicht auch von anderen Kontrahenten geltend gemacht werden."

104. Der Vorbehalt desjenigen, was bereits übertragen ist, ist unzuläßig.

Urth. des II. Civilsenats vom 7. November 1884 in Sachen des D'schen Konkurses in M., Beklagten und Revisionsklägers, wider H. & Co. in O., Klägerin und Revisionsbeklagte. Vorinstanz: O. L. G. Karlsruhe. Aufhebung und Zurückverweisung.

Die Klage ist lediglich darauf gestützt, daß inhaltlich der Urkunde vom 25. Mai 1882 der Kaufvertrag unter der aufschiebenden Bedingung des Eigenthumsvorbehaltes abgeschlossen und deshalb das Eigenthum an den gekauften Gegenständen nicht auf den Käufer bezw. dessen Konkursmasse übergegangen sei. Das B. G. stellt nun nicht fest, daß der Eigenthumsvorbehalt bereits beim Abschlusse des Kaufvertrages, ob er vor oder nach der Tradition beigefügt, ob er als aufschiebende oder als auflösende Bedingung vereinbart worden sei. Eine Feststellung nach diesen Richtungen war ihm auch entbehrlich, weil es selbst eine nach abgeschlossenem Kaufe und nach bereits erfolgter Uebergabe getroffene Vereinbarung des Eigenthumsvorbehaltes überhaupt für rechtlich wirksam erklärt.

„Dadurch verletzt das B. G. den Rechtsgrundsatz, daß ein Vorbehalt desjenigen, was bereits übertragen worden, rechtlich nicht möglich ist (vergl. O. App. G. Lübeck in Seuffert's Archiv Bd. VII Nr. 151). Hat der Käufer das Eigenthum bereits erworben, so kann sich der Verkäufer solches nicht nachträglich vorbehalten, sondern es ist, wie das B. G. selbst andeutet, nur eine Rückübertragung oder die nachfolgende Beifügung einer auflösenden Bedingung denkbar. Auf einen Rückkauf ist die Klage nicht gestützt, und ob der Vertrag vom 25. Mai 1882 dahin aufzufassen sei, daß nachträglich eine Resolutivbedingung vereinbart worden, und ob diese schon vor Eröffnung des Konkursverfahrens eingetreten sei — in welchem Falle allerdings der § 21 der R. Konk. O., welcher sich nur auf die Auflösung in Folge des Konkurses bezieht, keine Anwendung fände —, hat das B. G. ebenfalls nicht geprüft. Dessen Bezugnahme auf das constitutum possessorium läßt vielmehr darauf schließen, daß es keine auflösende Bedingung annahm, bei welcher der Käufer vorerst Eigenthümer geblieben wäre und in eigenem Namen besessen hätte, daß es vielmehr unterstellt, der Verkäufer sei nachträglich wieder Eigenthümer geworden. Letzteres konnte aber, wie bereits ausgeführt, durch einen nach dem Vertragsabschlusse verabredeten Eigenthumsvorbehalt nicht bewirkt werden. Die mit dem sog. constitutum possessorium gegebene Möglichkeit, einen seither in eigenem Namen ausgeübten Besitz als Innehabung in fremdem Namen fortzusetzen, ist für die hier allein zu entscheidende Frage, ob letzteres auf Grund eines gültigen Rechtsgeschäfts geschehen, ohne Bedeutung."

Ausländisches Recht*).

Oesterreichisches Recht.

105. **Oesterreichische Verstaatlichungsverträge mit österr. Privatbahnen stehen der Pfändbarkeit der Bahnwagen der letzteren für deren Schulden nicht entgegen.** S. o. Fall 88 S. 140.

---

*) Die Rubrik „Civilrechtliches aus den Straffenaten" fällt diesmal aus, da der Abdruck der nachstehenden Generalia eilte.

Generalia des Reichsgerichts.

A. Die Geschäftsvertheilung bei den Civilsenaten des Reichsgerichts

für das Geschäftsjahr 1885 (vom 1. Januar an).

Nach Oberlandesgerichts-Bezirken alphabetisch zusammengestellt *).

Abkürzungen:

Bankſachen = Streitigkeiten aus § 50 des Bankgesetzes vom 14. März 1875.

Flößereiabgaben-Ablösungssachen = Streitigkeiten aus § 2 des Flößereigesetzes vom 1. Juni 1870.

Haftpflichtsachen = Streitigkeiten aus dem Reichsgesetz vom 7. Juni 1871 und aus § 120 der R. Gew. O. von 1878.

Handelssachen = Streitigkeiten im Sinne des § 13 Ziff. 1 und 3 und Abs. 2 des Gesetzes vom 12. Juni 1869.

Patentsachen = Streitigkeiten aus den §§ 32 und 37 des Patentgesetzes vom 25. Mai 1877.

Rechtshilfe = Streitigkeiten im Sinne des § 160 des G.V.G.

Rechtsweg = Streitigkeiten im Sinne des § 17 des G.V.G. in Verbindung mit § 17 des Einführungsgesetzes zur Gerichtsverfassung.

Seesachen = Streitigkeiten im Sinne von § 101 Ziff. 3g des G.V.G.

Strandungssachen = Streitigkeiten aus § 44 der Strandungsordnung vom 17. Mai 1874.

Urheberrecht, Schutz von Photographien, Marken u. s. w. = Streitigkeiten aus den Reichsgesetzen vom 11. Juni 1870, 30. November 1874, 9. Januar 1876.

Versicherungssachen = Rechtsstreitigkeiten aus dem Geschäftsbetriebe der Versicherungsgesellschaften auf Gegenseitigkeit.

Vorentscheidung bei Civilansprüchen gegen Beamte = Streitigkeiten und Anträge im Sinne des § 11 des Einführungsgesetzes zum G.V.G.

Wechselsachen = Streitigkeiten aus § 101 Abs. 2 des G.V.G.

Zuständigkeitssachen = Streitigkeiten und Anträge aus § 36 der C.P.O. und § 9 des Einführungsgesetzes zur C.P.O.

---

*) Nach einer Verfügung des Präsidenten Dr. Simson vom 16. November 1884. Für Heft 1, welches seit Mitte November im Druck war, zu spät.

In Civilsachen aus dem Oberlandesgerichtsbezirk:	Entscheidender Senat:
Augsburg.	
1. Flößereiabgaben-Ablösungssachen, Bergungssachen, Banksachen, Strandungssachen, Seesachen, Patentsachen . .	I. C. S.
2. Urheberrecht, Schutz von Photographien, Marken, Mustern und Modellen	II. "
3. Zuständigkeits-Sachen, Vorentscheidung bei Civilansprüchen gegen Beamte, Rechtsweg, Rechtshülfe	IV. "
4. Sachen nach dem Reichsgesetz v. 15. März 1881 § 1 Ziff. 1—11 . . .	V. "
5. Alle übrigen Civilsachen	II. "
Bamberg wie Augsburg.	
Berlin.	
(Kammergericht u. Geheimer Justizrath.)	
1—4 wie bei Augsburg.	
5. Handels-, Versicherungs- und Wechselsachen . .	I. "
6. Haftpflichtsachen . . .	III. "
7. Schadensersatz aus unerlaubten Handlungen oder außerkontraktlichen Gründen und Anfechtung von Rechtshandlungen in und außerhalb des Konkurses, Bergrecht	V. "
8. Sachenrecht, Ablösungs- und Enteignungssachen	V. "
9. Die nach § 2 der Verordnung vom 26. September 1879 dem R. G. übertragenen Preuß. Sachen	IV. "
10. Alle übrigen Civilsachen	IV. "

In Civilsachen aus dem Oberlandesgerichtsbezirk:	Entscheidender Senat:
Braunschweig.	
1—4 wie bei Augsburg.	
5. Alle übrigen Civilsachen	III. C. S.
Breslau wie Berlin, nur urtheilt in Haftpflichtsachen der . . .	V. "
Cassel.	
1—4 wie bei Augsburg.	
5. Bergrecht	V. "
6. Alle übrigen Civilsachen	III. "
Celle wie Cassel.	
Cöln wie Augsburg.	
Colmar wie Augsburg.	
Darmstadt.	
I. **Landgerichtsbezirk Mainz** wie Augsburg.	
II. **Landgerichtsbezirke Darmstadt und Gießen** wie Braunschweig.	
Dresden wie Augsburg.	
Frankfurt a. M.	
I. **Landgerichtsbezirk Frankfurt a. M., soweit derselbe mit dem Bezirke des vormaligen Appellationsgerichts Frankfurt a. M. (Stadt und Kreis Frankfurt a. M.) zusammenfällt.**	
1—4 wie bei Augsburg.	
5. Bergsachen	V. "
6. Alle übrigen Civilsachen	I. "
II. **Landgerichtsbezirke Hechingen, Limburg, Neuwied, Wiesbaden und die übrigen Theile des Landgerichtsbezirks Frankfurt a. M.**	
1—4 wie bei Augsburg.	

In Civilsachen aus dem Oberlandesgerichtsbezirk:	Entscheidender Senat:
5. Bergsachen	V. C.S.
6. Alle übrigen Civilsachen	III. =
Hamburg.	
1—4 wie bei Augsburg.	
5. Urheberrecht, Schutz von Photographien, Marken, Mustern und Modellen	I. =
6. Alle übrigen Civilsachen (mit Ausnahme der aus dem Fürstenthum Lübeck)	I. =
7. Alle übrigen Civilsachen aus dem Fürstenthum Lübeck	III. =
Hamm wie Berlin.	
Jena.	
1—4 wie bei Augsburg.	
5. Handels-, Versicherungs- und Wechselsachen . .	I. =
6. Alle übrigen Civilsachen	III. =
Karlsruhe wie Augsburg.	
Kiel wie Cassel.	
Königsberg wie Breslau.	
Marienwerder wie Breslau.	
München wie Augsburg.	
Naumburg.	
I. **Thüringische und Anhaltische Landestheile.**	
1—4 wie bei Augsburg.	
5. Handels-, Versicherungs- und Wechselsachen . .	I. =
6. Sonstige Civilsachen .	III. =
II. **Preußische Landestheile.**	
1—4 wie bei Augsburg.	
5. Handels-, Versicherungs- und Wechselsachen . .	I. =
6. Haftpflichtsachen . . .	V. =

In Civilsachen aus dem Oberlandesgerichtsbezirk:	Entscheidender Senat:
7. Bergrecht, Schadensersatz aus unerlaubten Handlungen oder außerkontraktlichen Gründen und Anfechtungen von Rechtshandlungen in und außerhalb des Konkurses	V. C.S.
8. Sachenrecht	V. =
9. Die nach § 2 der Verordnung vom 26. September 1879 dem R.G. übertragenen Preuß. Sachen	IV. =
10. Alle übrigen Civilsachen	IV. =
Nürnberg wie Augsburg.	
Oldenburg wie Braunschweig.	
Posen wie Breslau.	
Rostock wie Hamburg.	
Stettin wie Breslau.	
Doch treten hier für den L.G.-Bezirk Greifswald folgende Spezialbestimmungen ein:	
1. Handels-, Wechsel-, Versicherungs-, See-, Strandungs-, Flößerei-, Bank-, Patentsachen. .	I. =
2. Urheberrecht, Schutz von Photographien, Marken, Mustern und Modellen	I. =
3. Alle übrigen Civilsachen	III. =
Stuttgart.	
1—4 wie Augsburg.	
5. Alle übrigen Civilsachen	III. =

In Civilsachen aus dem Oberlandesgerichtsbezirk:	Entscheidender Senat:	In Civilsachen aus dem Oberlandesgerichtsbezirk:	Entscheidender Senat:
Zweibrücken wie Augsburg.		5. Handels- und Wechselsachen	I. C. S.
Konsularbezirke. 1—4 wie Augsburg.		6. Haftpflichtsachen . . .	V. "
		7. Alle übrigen Civilsachen	IV. "

Anmerkungen. Die Angelegenheiten des § 2 der Verordnung vom 26. September 1879 in Hessischen und Waldeck'schen Sachen gehören vor den III. Civilsenat.

Die durch Kaiserliche Verordnung dem R. G. zugewiesenen Rechtssachen, für welche in zweiter Instanz das Revisions-Kollegium in Berlin zuständig ist, gelten im Sinne der vorstehenden Bestimmungen als Rechtssachen aus denjenigen O. L. G.-Bezirken, in welchen die von dem Verfahren betroffenen Grundstücke belegen sind.

Die dem III. Civilsenat neu überwiesenen Sachen gehen schon vor dem 1. Januar 1885 auf denselben über, sowie sie anhängig werden; auch hat der III. Civilsenat vom V. Civilsenat die schon anhängigen Haftpflichtsachen aus den O. L. G.-Bezirken Berlin und Hamm sogleich zu übernehmen, insoweit in diesen Sachen die Verhandlungstermine über den 31. Januar 1885 hinaus angesetzt sind.

B. Die persönliche Zusammensetzung der Civilsenate des Reichsgerichts im Jahre 1885.

a) Hinsichtlich der Führung des Vorsitzes in den einzelnen Senaten und den Vereinigten Civilsenaten ist es bei der bisherigen Einrichtung belassen *).

b) Als Mitglieder sind zugeordnet:

dem I. Civilsenate:

die Reichsgerichtsräthe Dr. von Hahn, Dr. Gallenkamp, Dr. Boisselier, Dr. Schlesinger, Dr. Wiener, Dr. von Meibom, Dr. Hambrook, Dr. Bolze;

dem II. Civilsenate:

die Reichsgerichtsräthe Dr. von Wernz, von Gmelin, Dr. Puchelt, Rüger, Wulfert, Dr. Dreyer, Derscheid, Iser;

dem III. Civilsenate:

die Reichsgerichtsräthe Peterssen, von Streich, Hullmann, Buff, Dähnhardt, Maßmann, Dr. Agricola;

dem IV. Civilsenate:

die Reichsgerichtsräthe Hennecke, Hartmann, Lesser, Welst, Schlomka, Meischeider, Wienstein;

dem V. Civilsenate:

die Reichsgerichtsräthe Werner, Rappold, Langerhans, von Forcade de Biaix, Meyer, Rassow, Paris.

c) Es vertreten sich untereinander:

die Mitglieder des I. und II. Civilsenats,
sowie die des IV. und V. Civilsenats.
Die Mitglieder des III. Civilsenats werden von den Mitgliedern des I. Civilsenats vertreten.

Dabei wird das jüngere Mitglied vor dem älteren zur Vertretung herangezogen.

---

*) Zu vergl. Annalen des R.G. Bd. I S. 1 ff., S. 18 ff., S. 333; Bd. III S. 122—126; Bd. V S. 105—110; Bd. VII S. 99 ff.; Bd. IX S. 288, S. 473 ff.

Reichsrecht.

1. Handelsrecht.

106. **1) Die Liquidation einer Gesellschaft kann auch nach Aufhebung des Konkurses zu ihrem Vermögen verlangt werden** (Art. 133 des H.G.B.). **2) Das Recht des Gesellschafters auf Theilung des Gesellschaftsvermögens beginnt erst nach Befriedigung aller Gesellschaftsgläubiger** (Art. 137). **3) Kein Miteigenthum des Kommanditisten am Gesellschaftsvermögen** (Art. 252, 265 des H.G.B.). Urth. des I. Civilsenats vom 24. November 1884 in Sachen N. B. und Genossen in B., Beklagten und Widerkläger, bezw. Nebeninterventienten, jetzt Revisionskläger, wider O. St. und Genossen das., Kläger und Widerbeklagte, jetzt Revisionsbeklagte. Vorinstanz: Kammerger. Berlin. Aufhebung. Bestätigung der Prima.

Zu 1. „Der Satz, daß nach Auflösung einer Handelsgesellschaft die Liquidation eintritt, spricht aus, daß nach Auflösung der Gesellschaft, wenn und soweit die bisherigen Gesellschafter nichts anderes vereinbart haben oder vereinbaren, jeder Gesellschafter dem oder den Mitgesellschaftern gegenüber verlangen kann, daß nach den im Buch II Tit. 1 Abschn. 5 des H.G.B. aufgestellten Bestimmungen verfahren werde. Dies Recht setzt die freie Verfügung der bisherigen Gesellschafter über das Geschäftsvermögen voraus. Es besteht nicht, wenn über das Gesellschaftsvermögen Konkurs erkannt ist, sei es daß dies geschieht zu einer Zeit, zu welcher die Gesellschaft noch besteht und daß dadurch die Auflösung derselben erfolgt, sei es daß die Gesellschaft aus irgend einem Grunde bereits aufgelöst war und sich nachträglich die Insuffizienz des Gesellschaftsvermögens ergiebt. Wird der Konkurs aufgehoben und ist noch ungetheiltes Gesellschaftsvermögen vorhanden, ist also die Dispositionsbefugniß der früheren Gesellschafter über das Gesellschaftsvermögen wieder hergestellt, so tritt mit der vorhandenen Voraussetzung auch der Satz, daß jeder Gesellschafter die Liquidation verlangen kann, wieder in Kraft. Es würde also irrig sein, den Art. 133 des H.G.B. so aufzufassen, daß die Liquidation nach den Bestimmungen des H.G.B. nur dann verlangt werden könne, wenn die Gesellschaft aus anderen Gründen als wegen Erkennung des Gesellschaftskonkurses aufgelöst ist. (Siehe auch Entsch. des R.O.H.G. Bd. XVI S. 289.)"

Zu 2. „Ein wesentliches, zur Liquidation gehörendes Geschäft ist die Erfüllung der Verpflichtungen der aufgelösten Gesellschaft, die Zahlung der Gesellschaftsschulden aus den Gesellschaftsaktiven (Art. 137 des H.G.B.). Der einzelne bisherige Gesellschafter hat also dem Mitgesellschafter gegenüber das Recht, zu verlangen, daß die Gesellschaftsaktiven hierzu verwendet werden. Ein Recht auf Theilung des Gesellschaftsvermögens hat der Gesellschafter erst, wenn nach Befriedigung der Gesellschaftsgläubiger nur reines Aktivvermögen vorhanden ist. Im vorliegenden Fall kann also der Kläger als ehemaliger Gesellschafter ein Recht auf Auszahlung eines Theiles des vom Konkursverwalter hinterlegten Betrages nicht geltend machen, solange noch Ansprüche eines Gesellschaftsgläubigers in Höhe dieses Betrages ungetilgt vorhanden sind. Solche Ansprüche sind geltend gemacht."

Zu 3. „Nach Art. 252 des H.G.B. wird der Inhaber des Handelsgewerbes Eigenthümer der Einlage des stillen Gesellschafters. Nach Art. 251 betreibt der Inhaber des Handelsgewerbes die Geschäfte unter seiner Firma. Der stille Gesellschafter ist also weder von Anfang an, noch wird er im Verlauf des Bestehens der stillen Gesellschaft Subjekt eines Theiles des Handelsvermögens. Er erwirbt nur einen obligatorischen Anspruch gegen den Komplementar auf Auszahlung des Gewinns und nach Auflösung der stillen Gesellschaft auf Berichtigung seiner aus der Auseinandersetzung sich ergebenden Forderung in Geld (Art. 265 des H.G.B.). Hierbei ist es völlig gleichgültig, ob der Komplementar ein Einzelkaufmann oder eine Handelsgesellschaft ist. Im letzteren Falle hat die Forderung des stillen Gesellschafters keine andere Natur wie die eines sonstigen Gesellschaftsgläubigers. Einen Antheil am Vermögen der Handelsgesellschaft hat er nicht. Dieses sein Rechtsverhältniß zur Handelsgesellschaft ändert sich auch nicht dadurch, daß über die Handelsgesellschaft Konkurs erkannt wird. Die vom B.R. wiederholt ausgesprochene Annahme, daß L. als stiller Gesellschafter Miteigenthümer des vom Konkursverwalter deponirten Betrages sei, beruht daher auf einem Rechtsirrthum. Dieser Betrag bildet ein Aktivum des Gesellschaftsvermögens der aufgelösten Handelsgesellschaft B. & R, Rechtssubjekte desselben sind also allein die ehemaligen Handelsgesellschafter. Bestimmt aber ist dieses Aktivum zunächst zur Befriedigung der Gesellschaftsgläubiger, und keiner der Handelsgesellschafter hat vor dieser Befriedigung einen Anspruch auf einen Theil desselben."

107. 1) **Die Verjährung des Art. 146 des H. G. B. läuft auch dann, wenn die Forderung gegen die vormalige Handelsgesellschaft schon eingeklagt war, wenn nur aus dem gegen die Gesellschaft ergangenen Urtheil nicht unmittelbar Exekution genommen werden kann, sondern nun erst die actio judicati angestellt werden muß. 2) Im Antrag auf Ableistung des Manifestationseides liegt keine Unterbrechung der Verjährung. 3) Die Frage, durch welche Handlungen die Verjährung unterbrochen werde** (insbesondere durch Theilzahlungen), **ist nach Landesrecht zu beurtheilen. 4) Eine dem Anerkenntniß des Zahlenden beigefügte Beschränkung entzieht dem Anerkenntniß nicht die die Verjährung unterbrechende Wirkung.** Urth. des I. Civilsenats vom 19. November 1884 in Sachen B. zu B., Beklagten und Revisionsklägers, wider L. zu S., Kläger und Revisionsbeklagten. Vorinstanz: Kammerger. Berlin. Verwerfung.

Die Gesellschaft B. & H. ist im Jahre 1877 aufgelöst, und am 27. August 1877 ist die Firma im Handelsregister gelöscht worden. Die purificatoria im Vorprozeß ist ergangen am 18. Juli 1876. Die vorliegende Klage ist erhoben und zugestellt im Jahre 1883, also mehr als 5 Jahre nach der Auflösung der Gesellschaft.

Zu 1. „Der Thatbestand des Art. 146 des H. G. B. liegt also vor; denn die angestellte Klage ist „eine Klage gegen einen Handelsgesellschafter aus einem Anspruche gegen die Handelsgesellschaft", ein Anspruch aus Gesellschaftsgeschäften, ein Anspruch gegen einen Gesellschafter als solchen. Daß die Forderung gegen die Gesellschaft schon eingeklagt ist, ist gleichgültig, sobald nur, was das R. G. annimmt, aus dem gegen die Gesellschaft ergangenen Urtheil nicht unmittelbar gegen den einzelnen Gesellschafter Exekution genommen werden kann, sondern nun actio judicati angestellt werden muß. Der B. R. läßt diese Frage dahingestellt und durfte dies auch, da er Unterbrechung der Verjährung annimmt."

Zu 2. „Der erste Richter findet schon im Antrage auf Ableistung des Manifestationseides eine Unterbrechung der Verjährung. Dies ist nicht begründet, da dieser Antrag im Verfolg der Zwangsvollstreckung aus dem gegen die Gesellschaft erwirkten Urtheil in das Vermögen des Beklagten gestellt wurde, diese unmittelbare Zwangsvollstreckung aber nicht zulässig ist, wie dies auch vom B. R. in jenem Fall anerkannt wurde. Der B. R. im vorliegenden Rechtsstreit läßt diesen Punkt dahingestellt."

Zu 3. „Allein er findet eine Unterbrechung darin, daß der Beklagte „schon vorher im Jahre 1880 Zahlungen an den Kläger geleistet habe und dabei ausdrücklich zugebe, daß er diese Zahlungen als Abschlagszahlungen auf die Forderung des Klägers gegen die Firma B. & H. geleistet habe." Es ist nun mit Recht ausgeführt, daß für die Frage, durch welche Handlungen die Klagverjährung des Art. 146 des H.G.B. unterbrochen werde, das Landesrecht maßgebend ist (Entsch. Bd. II Nr. 5 S. 12), ferner daß in dem Geben und Nehmen von Abschlagszahlungen ein gegenseitiges Anerkenntniß des Rechts enthalten sei, welches nach § 562 des Allg. Preuß. L.R. Th. I Tit. 9 eine Unterbrechung der Verjährung bewirkt."

Zu 4. „Es ist aber auch ohne rechtliche Bedeutung, wenn der Kläger bestreitet, die Abschlagszahlung, welche er auf die Forderung gegen die Gesellschaft geleistet hat, „in eigenem Namen" geleistet, „eine eigene persönliche Schuld als Gesellschafter anerkannt zu haben." Die Forderung gegen die Gesellschaft ist identisch mit der Forderung gegen die einzelnen Gesellschafter, und diese begriffliche Identität wird dadurch nicht berührt, daß durch die prozessuale Feststellung der Forderung gegenüber den zur Gesellschaft verbundenen Gesellschaftern die Forderung nicht auch sofort den einzelnen Gesellschaftern gegenüber festgestellt und folglich aus deren Privatvermögen exigibel erklärt wird. Erklärt der einzelne Gesellschafter, eine Forderung zwar als gegen die Gesellschaft, nicht aber als gegen ihn persönlich begründet anzuerkennen, so kann diese Erklärung die Bedeutung haben, daß die an sich gegen ihn begründete Forderung wegen eines besonderen Grundes gegen ihn nicht geltend gemacht werden könne. Möglicherweise kann auch in der Erklärung und Annahme eines solchen Anerkenntnisses die Vereinbarung eines pactum de non petendo enthalten sein. Besteht aber ein solcher besonderer Grund nicht oder ist er nicht als neu vereinbart anzusehen, so ist die Beschränkung der Erklärung bedeutungslos; denn sie enthält nur die Negirung eines Rechtssatzes, dessen Bestehen und Wirksamkeit vom Willen des Erklärenden unabhängig ist. Die dem Anerkenntniß des Beklagten beigefügte Beschränkung kann daher dem Anerkenntniß die Wirkung, die Verjährung aus Art. 146 des H. G. B. zu unterbrechen, nicht entziehen."

108. **Für die Anwendbarkeit des Abs. 3 des Art. 163 des H. G. B.** (beschränkte Haftung des Kommanditisten, wenn dem Dritten, auch ohne Eintragung im Handelsregister, seine beschränkte Betheiligung bei der Gesellschaft bekannt war) **ist es gleichgültig, ob der Dritte**

die Höhe der Vermögensbetheiligung des Kommanditisten kannte oder nicht, und auf welche Weise der Dritte Kenntniß von der Kommanditisteneigenschaft des Beklagten erlangt hat. Urth. des III. Civilsenats vom 11. November 1884 in Sachen K. G. in L., Klägers und Revisionsklägers, wider F. L. in B., Beklagten und Revisionsbeklagten. Vorinstanz: O.L.G. Oldenburg. Verwerfung.

Nach der thatsächlichen Feststellung des B.R. war es dem Kläger vor Abschluß des fraglichen Lieferungsgeschäftes bekannt, nicht nur daß unter der Firma „Holzschneidewerk von O., L. & Co." eine Kommanditgesellschaft mit dem Sitze zu B. Geschäfte betreibe und die Kaufleute O. und L. die persönlich haftenden Gesellschafter seien, sondern auch daß der Beklagte nur als Kommanditist bei jener Gesellschaft betheiligt sei.

„Unter diesen Umständen haftet der Beklagte für die eingeklagte Forderung nur mit seiner Einlage. Denn nach Art. 163 des H.G.B. hat ein Kommanditist, welcher es versäumte, die vertragsmäßige Beschränkung seiner Haftung in das Handelsregister eintragen zu lassen, dritten Personen gegenüber für die Verbindlichkeiten der Gesellschaft dann nicht aufzukommen, wenn er beweist, daß denselben seine beschränkte Betheiligung bei der letzteren bekannt war. Diese Wissenschaft des Dritten braucht sich nach dem klaren Wortlaute des Gesetzes *nicht auf die Höhe der Vermögenseinlage* des Kommanditisten zu erstrecken, und es ist auch rechtlich unerheblich, *auf welche Weise* der Dritte von dem Umstand Kenntniß erlangte, daß der Kommanditist vertragsmäßig nur beschränkt haften solle, ob durch die Gesellschafter selbst oder auf anderem Wege; es genügt vielmehr, wenn dem Dritten vor oder bei dem Kontrahiren die Eigenschaft des Gesellschafters als Kommanditisten wirklich bekannt war und diese Thatsache von dem, gleich einem persönlich haftenden Gesellschafter in Anspruch genommenen Kommanditisten nach den gewöhnlichen Regeln dargethan wird."

109. **Die Betheiligung des stillen Gesellschafters am Verlust bildet die Regel** (Art. 250 des H.G.B.). **Die Ausschließung dieser Regel macht die Einlage des Kommanditisten noch nicht zu einem bloßen Darlehen, aber den Beweis nöthig, daß die Parteien trotz dieser Ausschließung zu einer stillen Gesellschaft zusammentreten wollten.** Urth. des I. Civilsenats vom 24. November 1884 in Sachen J. L. zu B., Klägers und Revisionsklägers, wider L. R. das. und Gen., Beklagte und Revisionsbeklagte. Vorinstanz: Kammerger. Berlin. Aufhebung und Zurückverweisung.

„Wenngleich mit der Entscheidung des III. Civilsenats des R.G. vom 3. Nov. 1880 (*Entsch.* Bd. III S. 8) anzunehmen ist, daß eine Vereinbarung, welcher zufolge ein stiller Gesellschafter mit seiner Vermögenseinlage nur an dem Gewinne, nicht an dem Verluste des Betriebes Theil nimmt, weder gesetzlich unzulässig, noch an sich mit dem Wesen einer stillen Gesellschaft unvereinbar ist, so ist doch bei der Frage, ob eine stille Gesellschaft als vorliegend anzunehmen sei, zunächst immer davon auszugehen, daß die Theilnahme des stillen Gesellschafters am Verluste zu den regelmäßigen Voraussetzungen für das Vorhandensein einer stillen Gesellschaft gehört. Es ist daher, wenn Streit darüber besteht, ob eine stille Gesellschaft oder ein Darlehnsverhältniß vorliegt, in erster Linie zu prüfen, ob diese regelmäßige Voraussetzung der stillen Gesellschaft vorliegt, ob also nach dem erkennbaren Willen der Betheiligten derjenige, welcher eine Geldsumme in das Handelsgewerbe eines Andern einschießt, auch an dem Verluste betheiligt sein soll. Wenn es an dieser Voraussetzung fehlt, wenn also festgestellt wird, daß der Einlegende nach dem Willen der Betheiligten an dem Verluste nicht Theil nehmen soll, dann ist zwar das Vorbringen, daß dennoch eine stille Gesellschaft gewollt sei, nicht ohne weiteres sofort zu verwerfen; es kann aber eine stille Gesellschaft nur dann angenommen werden, wenn unzweideutige Momente dafür vorgelegt werden, daß ungeachtet des Fehlens der regelmäßigen Voraussetzungen einer stillen Gesellschaft dennoch eine Ausnahme von der gesetzlichen Regel, also eine stille Gesellschaft mit Ausschließung einer Theilnahme des stillen Gesellschafters am Verluste gewollt sei. Mit dieser Auffassung des Gesetzes tritt die Argumentation des B.R. in Widerspruch."

110. **Durch Art. 281 des H.G.B. ist die Frage nicht verüberflüssigt, ob im einzelnen Fall, nach dem Wortlaut seiner Verpflichtung, der Bürge auf die Vorausklage** (gegen den Hauptschuldner) **habe verzichten wollen.** Urth. des I. Civilsenats vom 19. November 1884 in Sachen M. G. in H., Beklagten und Revisionsklägers, wider J. T. das., Kläger und Revisionsbeklagten. Vorinstanz: O.L.G. Hamburg. Aufhebung und Zurückverweisung.

„Wenn A. dem B. nicht erklärt: „Ich leiste Bürgschaft für die Schuld des C. an Dich", sondern: „Ich will Dir für den Eingang etwaiger Differenzen aus Deinem Rechtsverhältnisse zu C. haften", so spricht die Fassung letzterer Erklärung nach der gewöhnlichen sprachlichen Bedeutung der gebrauchten Worte eher dafür, daß A. nur dafür dem B. einstehen wolle, daß der Letztere nicht wegen der Insolvenz des C. durch die Nichtbeitreibbarkeit etwaiger dem B. aus dem Rechtsverhältnisse zu C. entstehender Differenzen Schaden erleide, als dafür, daß A. dem B. das Recht habe einräumen wollen, den A. mit Uebergehung des C. unmittelbar wegen der Forderung des A. an C. in Anspruch zu nehmen. — Wenn der Art. 281 des H. G. B. vorschreibt, daß dem Bürgen, wenn die Schuld aus einem Handelsgeschäft auf Seiten des Hauptschuldners hervorgehe oder wenn die Bürgschaft ein Handelsgeschäft sei, die Einrede der Vorausklage nicht zustehe, so wird dadurch die Untersuchung der Frage nirgendwie zum Nachtheil des sich Verpflichtenden beeinflußt, ob in dem konkreten Fall (nach dem Ausdrucke des Willens, haften zu wollen, und den begleitenden Umständen) der sich Verpflichtende, welcher nicht einfach erklärt hat, Bürgschaft leisten zu wollen, ein Recht des Gläubigers eines Dritten, ihn mit Uebergehung des Dritten wegen der Forderung an diesen verklagen zu dürfen, habe konstituiren oder nur dafür habe Garantie leisten wollen, daß der Gläubiger nicht durch die Insolvenz seines Schuldners den Schaden des effektiven Verlustes des realen Werthes seiner Forderung erleide, d. h. daß der sich Verpflichtende eine Verpflichtung im Sinne der Dig. XLV Tit. 1 l. 116 übernommen habe. (Vergl. das Urth. des R. O. H. G. vom 22. April 1874: Entsch. des R. O. H. G. Bd. XIII. Nr. 62.)"

111. 1) **Haftbarkeit des Verkäufers für von ihm vermuthete verborgene Mängel aus Art. 282 des H. G. B.** (s. u. Fall 150 S. 250 sub 2). 2) **Begriff der „Einreden" des Art. 349 Abs. 3. Es sind nur Einreden gegen die aus dem Kaufgeschäfte geltend zu machenden Ansprüche gemeint** (s. u. Fall 150 S. 250 sub 3).

112. **Die Mängelanzeige des Art. 347 des H. G. B. muß genügend substantiirt sein, damit der Verkäufer die Art und den Umfang des Mangels erkennen kann.** Urth. des I. Civilsenats vom 12. November 1884 in Sachen J. y S. in M., Beklagten, Widerklägerin und Revisionsklägerin, wider W. S. in B., Klägerin, Widerbeklagte und Revisionsbeklagte. Vorinstanz: Kammerger. Berlin. Verwerfung.

„Der Angriff wegen Verletzung des Art. 347 des H. G. B. trifft nicht zu. Die Mängelanzeige im Sinne dieser Gesetzesstelle muß genügend substantiirt sein, damit der Verkäufer die Art und den Umfang des Mangels erkenne. Bei einzelnen Waaren kann dazu schon eine einzige Bezeichnung genügen, bei anderen ist eine nähere Ausführung erforderlich. Keinenfalls kann daraus, daß (wie im vorliegenden Falle) gerügt wird, es sei der verabredete Höchstpreis der Kostüme im Sortiment überschritten, dieselben seien auch nicht geschmackvoll ausgewählt, entnommen werden, es werde gerügt, daß die Kostüme in Folge schlechter Verpackung ramponirt seien."

113. **Der Käufer ist nicht verpflichtet, dem Verkäufer unaufgefordert eine Nachfrist zu gewähren** (Art. 356 des H. G. B.). Urth. des I. Civilsenats vom 3. Dezember 1884 in Sachen S. & N. zu H., Klägerin und Revisionsklägerin, wider K. & S. das., Beklagte und Revisionsbeklagte. Vorinstanz: O. L. G. Naumburg. Aufhebung und Zurückverweisung.

Das B. G. hat das Anführen der Klägerin darüber, was im Holzverkehr unter Frühjahrslieferung verstanden werde, deswegen für unerheblich erklärt, „weil selbst in dem Fall, daß sich die klägerische Behauptung als richtig erwiesen hätte und die Lieferung bis zum 15. Mai erfolgen müßte, ein Verzug auf Seiten der Beklagten nicht vorliegen würde; denn die Klägerin hätte in diesem Fall versäumt, der Beklagten eine dem Art. 356 des H. G. B. entsprechende Nothfrist nach dem 15. Mai 1883 zu gewähren."

„Diese Auffassung läuft der in einem Plenarbeschluß des R. O. H. G. (Entsch. des R. O. H. G. Bd. VIII S. 127) ausgeführten und vom R. G. adoptirten Auslegung des Art. 356 des H. G. B. zuwider. Es genügt, daß, wenn der Verkäufer nicht rechtzeitig erfüllt, der Käufer demselben anzeigt, entweder daß er Schadensersatz wegen Nichtlieferung fordere, oder daß er vom Vertrag abgehe. Unaufgefordert dem Verkäufer alsbald eine Nachfrist zu setzen, ist der Käufer nicht verpflichtet. Am säumigen Verkäufer ist es, sich Nachfrist zu erbitten."

2. Wechselrecht.

114. **1) Aus der Hingabe eines vollkommen ausgefüllten, vom Begebenden als Aussteller und Giranten gezeichneten Wechsels, welcher an der Stelle des Domizils die Worte „zahlbar b/d" enthält, folgt noch nicht, daß der Nehmer zu einer von der Regel** (Art. 4, 8 der A. D. W. O.) **abweichenden Domizilirung ermächtigt worden sei. 2) Ein im Wechselprozesse geleisteter Eid behält auch nach Umleitung der Sache in das ordentliche Verfahren die im § 428 der C. P. O. vorgesehene Bedeutung. 3) Begriff des „Streites" im Sinne des § 331 der C. P. O.** Urth. des I. Civilsenats vom 22. November 1884 in Sachen M. O. in B., Beklagten und Revisionsklägers, wider J. M. in A., Kläger und Revisionsbeklagten. Vorinstanz: Kammerger. Berlin. Verwerfung.

Zu 1. Der Beklagte ist durch die Vorinstanzen zur Zahlung von 5000 fl. ö. W. nebst Zinsen verurtheilt. Der Kläger behauptet, daß der Beklagte bei der

Begebung ihn zur Domizilirung (der Wechsel war beim Kläger in Aussig domizilirt und ist dort protestirt) ermächtigt habe. Dies ist zwar vom Beklagten bestritten, aber von den Richtern beider Vorinstanzen festgestellt. Dagegen ist der erste Revisionsangriff gerichtet. Der B. R. führt aus: der Beklagte habe, indem er dem Kläger die Wechsel vollkommen ausgeschrieben und von ihm als Aussteller und Giranten unterschrieben und an der für Domizilvermerke bestimmten Stelle mit dem geschriebenen Zusatze „zahlbar b/d" versehen zusandte, durch letzteren Vermerk dem Kläger in unzweideutiger Weise zu erkennen gegeben, daß er ihn zur Bestimmung eines Domizils ermächtige.

„Es ist zuzugeben, daß Beklagter dem Kläger die Ermächtigung zur Domizilirung auch ohne ausdrückliche Erklärung durch konkludentes Verhalten ertheilen konnte. Bedenklich erscheint aber die Annahme des B. G., daß diese Ermächtigung schon daraus allein zu folgern sei, daß Beklagter dem Kläger die Wechsel mit dem unvollständigen Vermerk „zahlbar b/d" versehen zugeschickt habe, da nicht feststeht, wer diesen Vermerk auf die Wechsel geschrieben hat, und jener Vermerk auch noch eine andere Auslegung zuläßt und es daher unsicher ist, anzunehmen, daß Beklagter dadurch den Kläger zu einer, eine Ausnahme von der Regel enthaltenden Domizilirung habe ermächtigen wollen. Das Bedenken wird aber dadurch gehoben, daß der B. R. die Gründe des ersten Richters auch adoptirt und der Letztere konkret ausgeführt hat, daß es allerdings gerade im vorliegenden Falle als dargethan anzusehen sei, daß Beklagter den Kläger wirklich zu der fraglichen Domizilirung habe ermächtigen wollen."

Zu 2. Der Beklagte hat gegen die im Wechselprozeß erhobene Klage exzipirt, daß die eingeklagte Wechselforderung dadurch getilgt sei, daß Kläger statt der eingeklagten fünf Wechsel fünf andere Wechsel von gleichem Betrage an Zahlungsstatt angenommen habe, weshalb er die älteren Wechsel, die jetzt eingeklagten, dem Beklagten habe zurückgeben müssen. Er nahm zum Beweise auf drei Briefe Bezug und deferirte dem Kläger den Eid. Das Prozeßgericht ordnete durch Beschluß an, daß von dem Kläger der Eid, nach Vorlegung der drei Briefe an denselben, durch Requisition des Oesterreichischen Gerichts zu Aussig erhoben werden solle. In dem zur Eidesleistung vor dem requirirten Gerichte bestimmten Termine erschien der Beklagte und gestellte zwei Zeugen, welche bekunden sollten, daß die Einredethatsache richtig sei, und protestirte gegen die Erhebung des Eides. Das requirirte Gericht vernahm sofort die beiden Zeugen nicht-eidlich; darauf erklärte sich Kläger wiederholt bereit, den Eid zu leisten, worauf dieser vom Kläger abgeleistet ist. Hierauf erklärte Kläger vor dem Prozeßgericht, daß er von dem Urkundenprozesse gemäß § 559 der C. P. O. in der Weise Abstand nehme, daß der Rechtsstreit im ordentlichen Verfahren anhängig bleibe. Der Erste Richter nahm in seinem Endurtheil den Einwand des Beklagten als durch die Eidesleistung widerlegt an. In zweiter Instanz hat dann der Beklagte Zeugenbeweis über das vom Kläger abgeschworene Einredevorbringen benannt und auszuführen gesucht, daß dies nach Ueberleitung des Wechselprozesses in das ordentliche Verfahren zulässig sei, da der geleistete Eid für das ordentliche Verfahren keine Bedeutung mehr habe. Das B. G. hat aber angenommen, daß der im Wechselverfahren geleistete Eid auch nach Umleitung der

Sache in das ordentliche Verfahren die im § 428 der C.P.O. vorgesehene Bedeutung behalte.

„Der hiergegen erhobene Revisionsangriff ist für begründet nicht zu erachten. Es ist den Vorinstanzen darin beizupflichten, daß ein gesetzmäßig erhobener Eid auch nach Umleitung des Wechselverfahrens in das ordentliche Verfahren seine volle gesetzliche Bedeutung behält, und es kann nicht, wie der Revisionskläger will, aus § 562 der C.P.O. abgeleitet werden, daß ein im vorhergegangenen Wechselverfahren in Folge Beschlusses des Prozeßgerichts (§ 558 Abs. 4 der C.P.O.) geleisteter Eid für das spätere Ordinarium gar keine Bedeutung hätte. Der § 562 hat zunächst den Fall zum Gegenstande, wenn im Wechselprozesse unter Vorbehalt der Ausführung der Rechte des Beklagten erkannt ist. Aber eben so wenig in diesem, wie im vorliegenden Falle verliert der im Wechselprozesse gesetzmäßig geleistete Eid die ihm im § 428 der C.P.O. beigelegte Bedeutung."

Zu 3. „Wäre der Eid unter Verletzung eines Gesetzes geleistet, so würde derselbe unter Umständen als nicht geleistet zu behandeln sein. Es fragt sich daher, ob etwa das A.G. in Aussig den Eid unter Verletzung der Vorschriften der Deutschen C.P.O. erhoben hat; denn daß in dieser Beziehung die Vorschriften dieser C.P.O., nicht diejenigen der Oesterreichischen Gesetze maßgebend sind, kann nicht zweifelhaft sein. Es bestimmt nun der § 331 der C.P.O.: „Erhebt sich bei der Beweisaufnahme vor einem beauftragten oder ersuchten Richter ein Streit, von dessen Erledigung die Fortsetzung der Beweisaufnahme abhängt und zu dessen Entscheidung der Richter nicht berechtigt ist, so erfolgt die Entscheidung durch das Prozeßgericht". Wenn also anzunehmen wäre, daß vor dem requirirten A.G. in Aussig sich ein Streit im Sinne des § 331 darüber erhoben hätte, ob der Eid zu erheben sei oder nicht, dann hätte das A.G. die Erhebung des Eides aussetzen und die Akten dem Prozeßgericht zur Entscheidung des Streites vorlegen müssen, und der dem zuwider erhobene Eid wäre als nicht geleistet zu behandeln. Es kann aber nach Lage der Sache nicht angenommen werden, daß in dem zur Eidesleistung vor dem requirirten A.G. stattgehabten Termin ein Streit im Sinne des § 331 cit. entstanden und daß es die Absicht des Beklagten gewesen sei, daß durch das Prozeßgericht über diesen Streit vor der Erhebung des Eides entschieden werden sollte. Vielmehr spricht die Fassung des Protokolls für die Annahme, daß, ebenso wie nach dem Beschlusse des Prozeßgerichts vor der Eidesleistung die drei erwähnten Briefe dem Beklagten vorgelegt werden sollten, um seinem Gedächtniß zu Hilfe zu kommen und sein Gewissen zu schärfen, es auch die Absicht des Beklagten war, daß die beiden Zeugen, welche Beklagter zum Termin mitgebracht hatte, vor dem A.G. zu gleichem Zwecke sofort vernommen werden sollten. Dies ist geschehen und damit der Zweck des Beklagten erreicht. Da aber Kläger dadurch nicht davon überzeugt wurde, daß er den Eid nicht mit gutem Gewissen leisten konnte, so durfte das A.G. den Eid vom Kläger erheben."

3. Reichs-Beamtengesetz.

115. **Gegen die Entscheidung der Verwaltungsbehörde darüber, ob und von welchem Zeitpunkt an ein Beamter einstweilig oder definitiv in den Ruhestand zu versetzen sei, ist der Rechtsweg unzulässig** (§§ 149, 155 des Reichs-Beamtengesetzes). Urth. des II. Civilsenats vom 14. November 1884 in Sachen Roller zu Straßburg in E., Klägers und Revisionsklägers, wider den Landesfiskus von Elsaß-Lothringen, Beklagten und Revisionsbeklagten. Vorinstanz: O.L.G. Colmar. Verwerfung.

„Der § 149 des Reichs-Beamtengesetzes erklärt den Rechtsweg über vermögensrechtliche Ansprüche der Beamten aus ihrem Dienstverhältnisse „mit den in den nachfolgenden Paragraphen enthaltenen Maßgaben" für statthaft. In dem § 155 wird sodann die Entscheidung der Verwaltungsbehörde darüber, ob und von welchem Zeitpunkte an ein Beamter einstweilig in den Ruhestand zu versetzen sei, für die Beurtheilung der vor dem Gerichte geltend gemachten vermögensrechtlichen Ansprüche für maßgebend erklärt. Der klare, unzweideutige Wortlaut dieser Bestimmung, welche zu den „Maßgaben" gehört, auf welche der § 149 verweist, führt nun zu der Auslegung, daß damit den Gerichten die Nachprüfung darüber entzogen ist, ob die Verwaltungsbehörde aus zureichendem gesetzlichen Grunde und auf genügend festgestellte Thatsachen hin den Beamten aus seinem Amte entfernt, einstweilig oder definitiv in den Ruhestand versetzt habe; denn maßgebend für die Beurtheilung der geltend gemachten vermögensrechtlichen Ansprüche sind die gedachten Entscheidungen nur, wenn für eben diese Beurtheilung die Thatsache, daß der Beamte, wie im gegebenen Falle, einstweilig in den Ruhestand versetzt sei, mit der rechtlichen Folge unanfechtbar feststeht, daß nur darnach, d. h. also nur auf der Grundlage, daß es sich um vermögensrechtliche Ansprüche eines einstweilig in den Ruhestand versetzten Beamten handele, der Umfang dieser Ansprüche richterlich bestimmt werden soll.

Bei der anderen Auslegung, welche in den Kreis der gerichtlichen Erwägung auch die Prüfung der Rechtmäßigkeit des Ausspruches der Verwaltungsbehörde zieht, wodurch der Beamte in einstweiligen Ruhestand versetzt worden ist, nach welcher also das Gericht auch zuständig wäre, die vermögensrechtlichen Ansprüche auf der entgegengesetzten Grundlage festzusetzen, daß der Beamte mangels der rechtlichen oder thatsächlichen Voraussetzungen nicht in den einstweiligen Ruhestand habe versetzt werden dürfen, wäre der Ausspruch der Verwaltungsbehörde für die Beurtheilung der vermögensrechtlichen Ansprüche offenbar nicht maßgebend. Schon an diesem Zusammenhange der §§ 149 bis 155 und an der aus dem klaren Wortlaute sich nothwendig ergebenden Folgerung muß jeder Versuch scheitern, dem § 155 eine die richterliche Zuständigkeit erweiternde Auslegung zu geben.

Es kann zwar die Unterscheidung zwischen dem privatrechtlichen und dem staatsrechtlichen Theile des Dienstverhältnisses, wie solche bereits in den Motiven zum Preußischen Gesetze vom 24. Mai 1861 über die Erweiterung des Rechtsweges, dessen §§ 1 und 5, die §§ 149, 155 des Reichs-Beamtengesetzes nachgebildet sind, gemacht worden ist, als theoretisch richtig, und es kann ferner zugegeben werden, daß die vermögensrechtlichen Ansprüche des Staatsbeamten, insbesondere auf Besoldung, Pension oder Wartegeld, zur privatrechtlichen Seite gehören; aus dieser Unterscheidung folgt jedoch noch nicht nothwendig, daß der Gesetzgeber die Gerichte für zuständig erklären mußte, die vermögensrechtlichen Ansprüche der Beamten ganz unabhängig und losgelöst von der durch die Verwaltungs- oder Exekutivbehörde innerhalb ihrer Zuständigkeit geschaffenen Sachlage zu beurtheilen. Bei der Auslegung des gegebenen Gesetzes bleibt vielmehr immer noch zu prüfen, ob der Wille des Gesetzgebers dahin gehe, daß die Gerichte die privatrechtlichen Ansprüche der Beamten nach der thatsächlich gegebenen öffentlich-rechtlichen Stellung derselben (ob aktiv, ob zur Ruhe gesetzt, ob befördert, ob disziplinar bestraft oder nicht) zu beurtheilen haben — wie solche ihnen von der hierzu kompetenten Behörde durch Verleihung, Entziehung des Amtes und der Funktionen gegeben worden ist —, oder ob es der Wille des Gesetzgebers sei, daß für die Beurtheilung der vermögensrechtlichen Ansprüche diejenige Stellung des Beamten maßgebend sei, welche demselben bei einer nach der Auffassung des Gerichts rechtmäßigen Ausübung der Aemterhoheit oder der Disziplinargewalt hätte verliehen oder belassen werden sollen.

Nach dem bereits Ausgeführten lassen aber die §§ 149, 155 cit. keine andere Auslegung zu, als die, daß der Gesetzgeber den ersteren und nicht den zweiten Standpunkt eingenommen und seinem dahin gehenden Willen bestimmten Ausdruck gegeben habe. In dieser Richtung kann insbesondere nicht die Unterscheidung gebilligt werden, welche auch den vom Revisionskläger angerufenen Urtheilen des ehemaligen Preuß. Ob.-Trib. vom 4. Februar und 9. Juli 1869 (Entsch. Bd. 62 S. 230 und 244) zu Grunde liegt, daß die Entziehung der Funktionen, die Entfernung des Beamten von seinem Dienste, also die von der Verwaltungsbehörde geschaffene staatsrechtliche Stellung desselben unangetastet bleibt, wenn sich auch das Gericht bei Beurtheilung des vermögensrechtlichen Anspruches auf einen, dieser thatsächlichen Sachlage entgegengesetzten Standpunkt gestellt hat.

Um diese Unterscheidung zu begründen, müßte man den § 155 dahin auslegen, daß die darin aufgeführten Entscheidungen der Disziplinar- und Verwaltungsbehörden deshalb und nur deshalb für die vor dem Gerichte geltend gemachten vermögensrechtlichen Ansprüche für maßgebend erklärt worden sind, um den Gerichten die Zuständigkeit abzusprechen, auch darüber zu entscheiden, ob ein Beamter in seinen amtlichen Funktionen zu belassen sei, obgleich ihm solche von der Dienstbehörde vorübergehend oder dauernd entzogen worden sind. Eine solche Auslegung ist aber unmöglich; denn sie ist mit dem Wortlaute des Gesetzes unvereinbar und würde dem Gesetzgeber den Vorwurf der Wiederholung desjenigen zuziehen, was sich bereits aus § 149 ergiebt, welcher den Rechtsweg nur über die vermögensrechtlichen Ansprüche des Beamten gestattet, damit also den Gerichten bereits diejenige Befugniß entzieht bezw. nicht verleiht, welche ihnen nach jener Auslegung des § 155 noch ausdrücklich entzogen werden sollte. Daraus folgt aber auch, daß dieser § 155 überhaupt keine Bedeutung hätte, wenn man ihn nicht dahin versteht, daß er den Richter bei Beurtheilung der privatrechtlichen Ansprüche an die von den Disziplinar- und Verwaltungsbehörden geschaffene öffentlich-rechtliche Lage des Beamten binden will. Daraus, daß das Königl. Preuß. Ob.-Trib. den § 5 des obenerwähnten Gesetzes vom 24. Mai 1861 zu Gunsten einer weitergehenden gerichtlichen Zuständigkeit ausgelegt hat und daß dieser § 5 mit einer für die vorliegende Frage unerheblichen Aenderung als § 155 in das Reichsgesetz aufgenommen worden ist, kann nicht, wie der Vertreter des Revisionsklägers ausführt, auf den Willen des Gesetzgebers geschlossen werden, daß auch dieser § 155 im Sinne jener Entscheidungen des Obertribunals auszulegen sei.

Es kann zugegeben werden, daß bei der hier als allein richtig gebilligten Auslegung des Gesetzes die Tragweite des § 149 eingeschränkt und dem Beamten die Möglichkeit entzogen wird, vor den Gerichten wenigstens nach der vermögensrechtlichen Seite hin Abhilfe gegen eine seiner Ueberzeugung nach ungerechtfertigte Entfernung vom Amte oder Versetzung in den Ruhestand zu erlangen. Abgesehen jedoch davon, daß wirkliche oder scheinbar harte Konsequenzen eines Gesetzes nicht zu einer Auslegung desselben berechtigen, welche mit seinem klaren Wortlaute unvereinbar ist, bleibt immerhin noch ein großes Gebiet für die Anwendung des § 149 übrig. Der Beamte hat durch denselben gerichtlichen Schutz nicht nur gegen etwaige willkürliche Entziehung oder Schmälerung seines Diensteinkommens, Pension oder Wartegeld, wie ihm solche bei seiner von der Verwaltungsbehörde anerkannten Stellung gebühren, sondern auch gegen eine dem Gesetze nicht entsprechende Berechnung seiner Bezüge, wie denn auch über solche Streitpunkte zahlreiche gerichtliche Entscheidungen vorliegen. Nach dem Ausgeführten lag kein Grund vor, von der bereits in einem analogen Falle" (Annalen Bd. I S. 537; Entsch. Bd. I S. 34) „vom R.G. angenommenen Auslegung des § 155 abzugehen, und die in Entsch. Bd. III S. 91" (Annalen Bd. III S. 82) „mitgetheilte Entscheidung, welche einen von dem vorliegenden wesentlich verschiedenen Fall betrifft, kann hier nicht in Betracht kommen. Ist aber für den ersten Klaganspruch der Rechtsweg unstatthaft, so mußte die Revision insoweit ohne Prüfung des materiellen Sachverhaltes zurückgewiesen werden."

4. Reichsgesetz vom 23. Februar 1874.

116. 1) Die Entschädigungssätze des Reichsgesetzes vom 23. Februar 1874 (insbesondere des § 1 Abs. 2 und des § 2 Nr. 1) **finden auch auf solche Gemeinden Anwendung, welche schon vor Erlaß des Reichsgesetzes** (z. B. aus der Preuß. Instruktion vom 8. Januar 1854) **einen Anspruch auf Gewährung des Servis hatten** (Gemeinden in Festungen). **Auch sie können daher in maximo nur das Doppelte der Servisvergütung des Gesetzes beanspruchen** (§ 1 Abs. 2). **2) Die „Feststellung" der Ansprüche der Vergütung durch die oberen Verwaltungsbehörden gemäß § 3 hat nur einen administrativen Charakter, schafft nicht unanfechtbar formelles Recht.** Urth. des II. Civilsenats vom 2. Dezember 1884 in Sachen der Stadtgemeinde Köln, Beklagter und Revisionsklägerin, wider den Reichsfiskus, Kläger und Revisionsbeklagten. Vorinstanz: O.L.G. Köln. Verwerfung.

Zu 1. „Das Reichsgesetz vom 23. Februar 1874 wollte, wie es im § 1 und in den Motiven desselben klar ausgesprochen ist, für die auf Grund des Gesetzes vom 11. Mai 1851 in Anspruch genommenen Kriegsleistungen, welche überhaupt nicht bezw. nur zum Theil zu vergüten waren, nachträglich eine Entschädigung bewilligen. Dies galt vor allem für die Gewährung von Naturalquartier', welches nach § 3 Abs. 1 des zuletzt genannten Gesetzes während der Dauer der Mobilmachung ohne Anspruch auf Entschädigung geleistet werden mußte, und es bestimmte deshalb das Reichsgesetz in § 2 Nr. 1, daß für die Gewährung von Naturalquartier die Vergütung nach dem dem Bundesgesetze vom 25. Juni 1868 beigefügten Servistarife erfolgen solle.

Weiter hatte dann der Entwurf in Abs. 2 den Bundesrath ermächtigt, ausnahmsweise einzelnen Gemeinden, welche durch andauernde Belegung mit Truppen nachweislich zu Baaraufwendungen genöthigt gewesen, deren Betrag sich auf mehr als das Doppelte der einfachen Servisvergütungen belaufe, eine höhere Vergütung — äußersten Falles jedoch nur bis zum Doppelten der Tarifsätze und nur für die über das Doppelte der tarifmäßigen Friedens-Servisvergütung gemachten Baaraufwendungen zu gewähren. Voraussetzung für die höhere Vergütung war also, daß eine Gemeinde nachweislich einen das Doppelte der einfachen Servisvergütung übersteigenden Aufwand zu dem angegebenen Zwecke zu machen gehabt hatte, in welchem Falle dann eine Vergütung des Mehraufwandes, aber wieder nur bis zur Höhe der einfachen Servisvergütung eintrat, so daß das Doppelte der gesetzlichen Tarifsätze das Maximum der Vergütung bildete. In diesem Sinne ist denn auch die bezogene Bestimmung des Entwurfes in den Motiven und bei dem Beginne der Berathungen desselben von dem Bundeskommissar erläutert worden (Reichstag 1874, Drucksachen Bd. III S. 108, Verhandlungen Bd. I S. 17).

Bei der zweiten Berathung des Entwurfes ist sodann, auf den Antrag des Abgeordneten Grumbrecht, welcher den Gemeinden einen von der Bewilligung des Bundesrathes unabhängigen Anspruch auf die fragliche Mehrvergütung gewähren und zugleich die erschwerenden Bedingungen des Entwurfes beseitigen wollte, der Abs. 2 in der Fassung, wie er gegenwärtig im Gesetze lautet, angenommen worden. Der genannte Abgeordnete hob dabei hervor, daß er sich, was das Maß der Vergütung angehe, der Regierungsvorlage anschließe und aus finanziellen Gründen von der

Stellung weitergehender Anträge, namentlich auch von einem Antrage auf Streichung des Zwischensatzes „jedoch höchstens bis zum Betrage der einfachen Servisvergütung" — der übrigens auch nach der vorgelegten Aufstellung nur für zwei Städte, Düsseldorf und Köln, welche verhältnißmäßig noch um soviel mehr ausgegeben hätten, von Interesse sei — Abstand nehme. In diesem Sinne hat dann die Annahme des Abs. 2 stattgefunden, so daß über die Bedeutung desselben ein begründeter Zweifel nicht obwalten kann (Reichstagsverhandlungen l. cit. S. 50—51).

Zu den Gemeinden, welchen die bezogene Bestimmung zu gute kam, gehörten namentlich, wie das auch in den Motiven hervorgehoben worden, Gemeinden in Festungen, welche für die Beschaffung von Naturalquartier erhebliche Aufwendungen gemacht hatten. Diesen stand ausnahmsweise nach § 2 litt. d. der Ausführungs-Instruktion vom 8. Januar 1854 (Ministerialbl. für die Verwaltung des Innern von 1874 S. 61 ff.) für die in Naturalquartier liegenden immobilen Truppen, welche planmäßig die Besatzung der Festung bildeten, ein Anspruch auf Gewährung des Servis zu, und es trat also für dieselben, wenn die Voraussetzung des Abs. 2 cit. vorlag, eine Erhöhung der Entschädigung ein, welche sich bis zum Maximum des Doppelten der ihnen nach der bezogenen Vorschrift zustehenden einfachen Servisvergütung steigern konnte.

Hiernach erscheint es als eine irrige Auffassung, wenn die Beklagte, auf den Wortlaut des § 1 des Reichsgesetzes sich stützend, gegen die Annahme des O.L.G. geltend macht, daß die Voraussetzung desselben im gegenwärtigen Falle nicht zutreffe, da dieses Gesetz nur bestimmt sei, für diejenigen Kriegsleistungen eine Vergütung zu gewähren, welche nach den bisher bestehenden Vorschriften auf eine solche keinen Anspruch hatten, daß daher die Entschädigungssumme, welche der Beklagten auf Grund der Instruktion vom 8. Januar 1854 gezahlt worden, durch das Reichsgesetz nicht berührt werde und bei Bemessung der durch letzteres gewährten Vergütung nicht in Anrechnung gebracht werden dürfe. Bei dieser Argumentation ist nun aber übersehen, daß der Ausdruck „ohne gesetzlichen Anspruch auf Entschädigung erfolgte Kriegsleistungen" in den Motiven des allerdings nicht sehr präzis redigirten Gesetzes seine vorangeführte Erläuterung findet, und sodann ferner, daß das Gesetz für die Bemessung der Entschädigung den gesammten von einer Gemeinde für die Beschaffung von Naturalquartier gemachten Aufwand zur Grundlage nimmt und — ohne einen Unterschied in der Richtung zu statuiren, ob im gegebenen Falle bereits ein Anspruch auf die einfache Servisvergütung bestand oder nicht — als das unter allen Umständen nicht zu überschreitende Maximum der Entschädigung das Doppelte der letzteren festsetzt, womit dann jeder weitergehende Anspruch, namentlich auch der auf das Triplum, ausgeschlossen erscheint. Endlich ist auch dabei außer Acht gelassen, daß die Argumentation der Beklagten zu der Konsequenz führen müßte, daß, wenn die Voraussetzung des Reichsgesetzes nicht zuträfe, sie auch auf die durch Abs. 2 des § 1 desselben gewährte Mehrvergütung einen Anspruch überhaupt nicht erheben könnte. Ohne Gesetzesverletzung ist daher nach Vorstehendem vom O.L.G. angenommen worden, daß die Stadtgemeinde Köln den eingeklagten Betrag ohne Rechtsgrund gezahlt erhalten hat."

Zu 2. „Nach art. 1376 des Code civil ist der Empfänger einer ihm nicht gebührenden Zahlung zur Rückerstattung an den irrthümlich Zahlenden verpflichtet. Diese gesetzliche Regel findet, wie es keiner Ausführung bedarf, auch in dem Falle Anwendung, wenn eine solche Zahlung von Seiten des Staates aus Irrthum geleistet ist. Die Beklagte hat nun der erhobenen Rückforderungsklage, welche nach Vorstehendem an sich begründet sein würde, den Einwand entgegengesetzt, daß die Feststellung der Königl. Regierung zu Köln, auf welcher die streitige Zahlung beruht, als eine endgültige, jeder Anfechtung, sei es im Verwaltungswege, sei es vor dem ordentlichen Richter, entzogene anzusehen ist. Ohne Rechtsirrthum ist aber dieser Einwand von dem O. L. G. verworfen worden.

Der § 3 des Reichsgesetzes vom 23. Februar 1874, welcher dahin lautet: „Die Ansprüche auf Vergütung werden von den oberen Verwaltungsbehörden, bei denen sie zu liquidiren sind, nach dem Ergebnisse der stattgehabten Ermittelungen festgestellt", kann nach Wortlaut und Zusammenhang zunächst nur von der Feststellung des Umfanges der Entschädigungen verstanden werden. Die weitergehende Auffassung der Beklagten, nach welcher den genannten Behörden auch die Entscheidung über die Rechtsfrage zusteht und deren Feststellung keiner Kontrolle, auch nicht der des Rechnungshofes unterworfen ist, legt dem Worte „feststellen" eine intensive Bedeutung bei, welche dasselbe ohne weiteren Zusatz nach juristischem Sprachgebrauch regelmäßig nicht hat (vergl. die Ausdrucksweise der Instruktion vom 8. Januar 1854 §§ 9 und 10), und steht auch sachlich mit den Vorschriften der letzteren, auf welche im Art. 1 der Ausführungsbestimmungen des Landrathes

(Centralblatt 1874 S. 131) im allgemeinen hingewiesen ist, nicht im Einklange. Nach dieser Auslegung enthält der § 3 cit. eine exzeptionelle Bestimmung, deren Annahme den unzweideutigen Ausdruck des dahin gerichteten gesetzgeberischen Willens voraussetzt. An dem Ausdrucke eines solchen Willens fehlt es nun aber im Gesetze durchaus, und es bieten dafür auch die Entstehungsgeschichte desselben, ebenso die Ausführungsbestimmungen keinen ausreichenden Anhalt. Alles, was die Beklagte in dieser Beziehung anführt: daß es sich hier um ein Gelegenheits- und Gnadengesetz handele, dessen Wesen und Zweck erfordere, daß die fraglichen Ansprüche von sachverständigen Behörden unter freier Würdigung endgültig festgestellt würden, daß in diesem Sinne auch der Abgeordnete Grumbrecht, der Urheber der Vorschrift des § 3, bei den Reichstagsverhandlungen sich erklärt habe, daß endlich dafür auch der Umstand spreche, daß im Gesetze ein Instanzenzug nicht bestimmt sei, — reicht immerhin nur soweit, übereinstimmend mit dem B.R. die Annahme zu begründen, daß der Gesetzgeber den Feststellungen jener Behörden, soweit es sich um das administrative Gebiet handelt, einen definitiven Charakter beilegen und eine Nachprüfung im Verwaltungswege habe ausschließen wollen, vermag aber nicht — und diesen Unterschied hat das O.L.G. zutreffend hervorgehoben — die weitergehende Folgerung der Beklagten zu stützen, daß auch, was die rechtliche Grundlage einer solchen Feststellung betrifft, ein Gleiches zu gelten habe und die Verwaltungsbehörden berufen sein sollten, durch ihre Feststellungen, gleich als wenn es sich um einen letztinstanzlichen richterlichen Spruch handelte, unanfechtbar formelles Recht zu schaffen. Wenn die Beklagte in dieser Richtung versucht, den in Rede stehenden Feststellungen die Eigenschaft einer verwaltungsgerichtlichen Entscheidung zu vindiziren, so erscheint dies mangels der für eine solche Annahme erforderlichen Voraussetzungen verfehlt. Auch der von der Beklagten betonte Art. 4 der Ausführungsbestimmungen, welcher die feststellenden Verwaltungsbehörden mit dem Rechnungshofe in Beziehung setzt und dieselben verpflichtet, ihre Feststellungen dessen Erinnerungen gegenüber zu vertreten, berührt, wie das O.L.G. zutreffend angenommen hat, das Verhältniß zwischen den liquidirenden Gemeinden und dem Reichsfiskus nicht, und es erscheint willkürlich, aus der bezogenen Vorschrift, beim Schweigen des Gesetzes, die Folgerung zu ziehen, daß dieser den Gemeinden gegenüber an die Feststellungen jener Behörden gebunden sei und seinerseits nur die Verantwortlichkeit der letzteren in Anspruch nehmen könne.

Für die Auslegung des § 3 kommt endlich auch noch der Umstand in Betracht, daß in Entschädigungsgesetzen ähnlicher Art, welche an den letzten Krieg sich knüpfen, die ausdrückliche Bestimmung enthalten ist, daß die nach Vorschrift derselben ernannte Kommission über die zu gewährende Vergütung endgültig entscheidet. (Vergl. Reichsgesetz vom 14. Juni 1871, betr. den Ersatz von Kriegsschäden und Kriegsleistungen, Art. 3; Reichsgesetz vom nämlichen Tage, betr. die Entschädigung der deutschen Rhederei, § 5 Art. III: Reichsgesetzbl. von 1871 S. 247 und 250; ebenso Elsaß-Lothringisches Gesetz vom 10. Juni 1872 über die Entschädigung der Inhaber verkäuflicher Stellen, Art. 12: Elsaß-Lothringisches Gesetzbl. von 1872 S. 171.) Wenn demgegenüber die Beklagte auf das Reichsgesetz vom 14. Dezember 1871 (Reichsgesetzbl. S. 407), betr. den Ersatz der den bedürftigen Familien einberufener Reserve- und Landwehrmannschaften gewährten Unterstützungen, und die dazu erlassene Ausführungsbestimmung (Protokolle des Bundesrathes von 1871 S. 408) Gewicht legt, nach welcher letzteren die zu erstattenden Unterstützungsbeträge für jeden Bundesstaat von dessen Regierung festzustellen und in der näher angegebenen Weise bei dem Reichskanzleramte zu liquidiren sind, so ist von derselben übersehen, daß bei diesem Gesetze wesentlich andere Voraussetzungen vorliegen und daß dasjenige, was dort von der Feststellung der Unterstützungsbeträge durch eine Bundesregierung gilt, nicht ohne weiteres auf den völlig verschiedenen Fall des § 3 des hier in Frage stehenden Gesetzes übertragen werden kann."

5. Reichs-Patentgesetz.

117. **Erneute Begründung der reichsgerichtlichen Ansicht, daß die Abhängigkeitserklärung des einen Patentes von dem anderen vor die ordentlichen Gerichte gehört** (zu vgl. Annalen Bd. X S. 500). Urth. des I. Civilsenats vom 24. November 1884 in Sachen H. zu B., Beklagten und Berufungsklägers, wider die Sächs. Webstuhlfabrik zu Ch., Klägerin und Berufungsbeklagte. Vorinstanz: Kaiserl. Patentamt. Aufhebung und Klagabweisung wegen Unzuständigkeit des Patentamtes.

Das Patentamt hat durch Entscheidung vom 24. April 1884 gemäß dem Antrage der Klägerin das dem Beklagten ertheilte deutsche Patent Nr. 25338 für abhängig von dem der Klägerin gehörigen Patente Nr. 12975 erklärt. Gegen diese Entscheidung ist vom Beklagten Berufung eingelegt und beantragt worden, die angefochtene Entscheidung aufzuheben, indem er, wie schon in erster Instanz, geltend macht, daß dem Patentamt die Befugniß zur Abhängigerklärung überhaupt und insbesondere auf dem Wege des Nichtigkeitsverfahrens nicht zustehe.

„Es mußte dem Antrage des Berufungsklägers stattgegeben werden. Das R.G. hat bereits öfters ausgesprochen, daß die Entscheidung darüber, ob die Benutzung eines ertheilten Patentes von der Erlaubniß des Inhabers eines bestehenden älteren Patentes abhängig sei, nicht dem Patentamte, sondern den ordentlichen Gerichten zusteht. Die Meinung des Patentamtes, daß bezüglich dieser Frage von verschiedenen Senaten des R.G. widersprechende Erkenntnisse ergangen seien, ist bereits in der Entscheidung vom 9. Juni 1884 in Sachen Mücke wider Teinert" (Annalen Bd. X S. 500) „als unrichtig bezeichnet worden. Auch die Ausführungen in den Gründen der jetzt angefochtenen Entscheidung und in der Berufungsbeantwortung geben keinen Anlaß, anders als bisher zu erkennen.

Unerörtert muß bleiben, ob, wie Berufungsbeklagter ausführt, der Geist der Patentgesetzgebung und das Interesse des Patentwesens es wünschenswerth erscheinen lasse, die Beurtheilung der gedachten Frage dem Patentamte zuzuweisen, weil dasselbe zur Erkennung und Feststellung der Abhängigkeit eine geeignetere Behörde sei,' als die ordentlichen Gerichte. Nicht auf diese vom gesetzgeberischen Standpunkte zu beurtheilende Frage kommt es hier an, sondern lediglich darauf, was die bestehenden Rechtsnormen bestimmen. Entscheidend ist § 13 des G.V.G., wonach die bürgerlichen Rechtsstreitigkeiten vor die ordentlichen Gerichte gehören, wenn nicht für dieselben entweder die Zuständigkeit von Verwaltungsbehörden oder Verwaltungsgerichten begründet ist, oder reichsgesetzlich besondere Gerichte bestellt oder zugelassen sind. Zu den bürgerlichen Rechtsstreitigkeiten gehören auch die Streitigkeiten über die aus Patenten entspringenden Privatrechte, insbesondere auch Streitigkeiten darüber, ob die Benutzung eines später ertheilten Patentes eine Verletzung des aus einem früher ertheilten Patente entspringenden Rechtes enthalte. Hätten diese Streitigkeiten den ordentlichen Gerichten entzogen und vor das Patentamt gewiesen werden sollen, so hätte es einer diese Ausnahme festsetzenden gesetzlichen Bestimmung bedurft. Eine solche findet sich aber weder im Patentgesetz vom 25. Mai 1877 noch anderswo. Das Patentgesetz weist (§ 13) dem Patentamt nur die Ertheilung, die Erklärung der Nichtigkeit und die Zurücknahme der Patente zu, nicht aber den Schutz der Rechte aus Patenten. In Patentsachen, welche vor die Gerichte gehören, ist das Patentamt (§ 18) verpflichtet, auf Ersuchen der Gerichte Gutachten abzugeben, nicht aber befugt, selbst zu entscheiden. Es liegt keinerlei Grund vor, anzunehmen, daß es sich anders verhalte, wenn zwischen den Inhabern eines älteren und eines jüngeren Patentes darüber gestritten wird, ob Letzterer die Erlaubniß des Ersteren bedürfe, weil sein Patent nur eine Neuerung bezüglich der dem Ersteren patentirten Erfindung betreffe und ohne Benutzung derselben nicht benutzt werden könne. Die Verhandlungen im Reichstage bei der Berathung des Patentgesetzes, auf welche der Berufungsbeklagte hinweist, nämlich die Streichung des dem § 11 Nr. 2 beigefügten Zusatzes: „Daß die Ertheilung der Erlaubniß im öffentlichen Interesse geboten sei, ist namentlich dann anzunehmen, wenn ein Patent für eine andere Erfindung ertheilt ist, deren Benutzung von der Ertheilung der Erlaubniß abhängt" (vergl. Reichstagsverhandlungen von 1877 S. 931—938, Drucksachen Nr. 144 und 179; Grothe, Das Patentgesetz 1877 S. 86 ff.), beweisen nur, daß die Benutzung eines sogenannten Verbesserungspatentes durch dessen Inhaber von der Erlaubniß des Inhabers des sogenannten Hauptpatentes abhängig sein soll; dagegen ist bei diesen Verhandlungen die Frage unberührt geblieben, von welcher Behörde und in welchem Verfahren entschieden werden soll, ob und in welchem Umfang ein ertheiltes Patent die Eigenschaft eines Verbesserungspatentes bezüglich eines früheren Patentes habe.

Das Patentamt glaubt daraus, daß ihm die Nichtigerklärung übertragen ist, den Schluß ziehen zu dürfen, daß ihm auch die Abhängigerklärung zusteht. Es findet den Grund darin, daß die Abhängigkeitserklärung und die theilweise Nichtigkeitserklärung ihrem Wesen nach identisch seien, insofern beide eine — nach Umfang und Art allerdings verschiedene — Beschränkung der Befugnisse des Patentinhabers in sich schließen. Diese Ansicht muß als unrichtig bezeichnet werden. Die sogenannte Abhängigkeitserklärung ist ihrem Wesen nach mit einer Theilnichtigkeitserklärung so wenig identisch, daß beide vielmehr einen Gegensatz bilden und sich gegenseitig ausschließen. Die Nichtigkeitserklärung verneint die Rechtsgültigkeit des ertheilten Patentes; die Abhängigkeitserklärung hat die Rechtsgültigkeit desselben zur nothwendigen Voraussetzung, da ein nicht zu Recht bestehendes Patent auch nicht von einem andern abhängig sein kann. Demgemäß sind sowohl die Voraussetzungen als die Wirkungen bei der Abhängigkeitserklärung wesentlich andere, als bei der Nichtigkeitserklärung. Die erstere setzt ein früheres Patent voraus, zu welchem das spätere in einer gewissen, die Abhängigkeit begründenden Beziehung steht, während es für die Nichtigkeitserklärung gleichgültig ist, ob die frühere Erfindung, wegen deren Veröffentlichung oder offenkundigen Benutzung der patentirten späteren Erfindung die Neuheit abgesprochen wird, patentirt war oder nicht. Die Wirkung beider besteht freilich in einer Beschränkung der Befugnisse des Patentinhabers, aber Art und Umfang derselben ist, wie auch das Patentamt nicht verkennt, eine durchaus verschiedene. Während die Nichtigkeitserklärung, soweit sie sich erstreckt, das Patent und das daraus entspringende Recht völlig und mit Wirkung gegen Jedermann beseitigt, läßt die Abhängigkeitserklärung, indem sie nur eine Beschränkung des Patentinhabers in der Ausübung des aus dem Patent entspringenden Rechts gegenüber dem Inhaber des früheren Patentes als vorhanden anerkennt und feststellt, das für abhängig erklärte Patent und das daraus entspringende Recht in Bestand, so daß letzteres gegenüber anderen Personen, als dem Inhaber des früheren Patents und dessen Rechtsnachfolgern, geltend gemacht werden kann und durch das Erlöschen des früheren Patents von jeder Beschränkung frei wird. Die Abhängigkeitserklärung verhält sich daher zur Nichtigkeitserklärung nicht so, daß erstere als das Mindere in letzterer als dem Mehr mitenthalten ist, sondern so, daß beide einen ganz verschiedenen Inhalt haben. Daher kann nicht angenommen werden, daß in der Uebertragung der Befugniß zur Nichtigkeitserklärung die Uebertragung der Befugniß zur Abhängigkeitserklärung mitenthalten sei.

Auf einem anderen Wege, als das Patentamt, versucht die Berufungsbeklagte die Befugniß desselben zur Abhängigkeitserklärung zu rechtfertigen, indem sie von den Pflichten ausgeht, welche dem Patentamte bei der Ertheilung von Patenten obliegen. Das Patentamt, führt sie aus, habe die Verpflichtung, bestehende Patentrechte zu respektiren; daher dürfe es keine Patente ertheilen, welche ein bestehendes Patentrecht verletzen; es sei daher befugt, das zu ertheilende Patent von einem bestehenden früheren Patente abhängig zu erklären; hieraus folge, daß ihm auch nach Ertheilung des Patentes im Nichtigkeitsverfahren dieselbe Befugniß zustehen müsse. An dieser Ausführung ist nur das richtig, daß die Prüfung, welche dem Patentamte im Nichtigkeitsverfahren obliegt, dieselbe ist, welche schon im Ertheilungsverfahren stattzufinden hat. Dagegen mißkennt die Berufungsbeklagte den Umfang der im Ertheilungsverfahren von dem Patentamte anzustellenden Prüfung. Diese erstreckt sich nach §§ 1—3 des Patentgesetzes nur darauf, ob eine patentfähige Erfindung vorliegt und ob die angemeldete Erfindung nicht von einem, Einspruch erhebenden Dritten ohne dessen Einwilligung entlehnt ist, keineswegs aber darauf, ob die angemeldete Erfindung bereits patentirt ist. In dieser Hinsicht dem Patentamte eine Pflicht aufzuerlegen und ihm die

Befugniß zur Versagung des angemeldeten Patentes wegen eines entgegenstehenden Patentrechts beizulegen, lag keine Veranlassung vor. Wie in früherer Zeit, vor Einführung einer Patentgesetzgebung, Privilegien, durch welche ausschließliche Gewerbeberechtigungen verliehen wurden, auch ohne einen ausdrücklichen deshalbigen Vorbehalt als unbeschadet der bestehenden Rechte Anderer ertheilt galten, so ist auch seit der gesetzlichen Regelung des Patentwesens bei den nunmehr auf Grund des Gesetzes ertheilten Patenten ein solcher Vorbehalt selbstverständlich. Die Ertheilung des Patentes, als Akt einer Verwaltungsbehörde, ist weder dazu bestimmt, noch im Stande, bestehende Privatrechte aufzuheben oder zu beschränken. Kommt im Ertheilungsverfahren zur Sprache, daß bezüglich des Gegenstandes der Patentanmeldung ein Patent bereits ertheilt ist, so ist dieser Umstand nur bezüglich der Frage, ob die Erfindung als neu anzusehen sei, von Erheblichkeit; dagegen giebt, wenn die Neuheit im Sinne des § 2 des Patentgesetzes anzunehmen ist, das Vorhandensein des früheren Patentes keinen Grund ab, das angemeldete Patent zu versagen oder auf den von dem früheren Patente nicht berührten Theil der Anmeldung zu beschränken oder die Benutzung des Patentes von der Erlaubniß des Inhabers des früheren Patentes abhängig zu erklären. Ebenso verhält es sich im Nichtigkeitsverfahren. Auch hier beschränkt sich die Prüfung nach § 10 darauf, ob die Erfindung nicht patentfähig oder entlehnt war; der Umstand, daß sie früher schon patentirt war, ist nur insofern erheblich, als er bei der Frage der Neuheit der Erfindung in Betracht kommt. Liegen die Voraussetzungen des § 10 Nr. 1 u. 2 nicht vor, so kann weder das Patent deshalb, weil es ein bestehendes Patentrecht verletze, für nichtig erklärt" (vergl. Entsch. des R.G. vom 14. Februar 1880 im Patentblatt 1880 S. 64, vom 25. Januar 1881 das. 1881 S. 105, vom 28. April 1882 in Entsch. des R.G. in Civilsachen Bd. VII S. 62), „noch die Benutzung desselben durch eine Abhängigkeitserklärung an die Erlaubniß des Inhabers des früheren Patents gebunden werden. Vielmehr hat der Letztere zum Schutze seines vermeintlich verletzten Rechts vor den ordentlichen Gerichten den Rechtsweg zu betreten."

6. Reichs-Konkursordnung.

118. **Mit der vorbehaltlosen Anerkennung eines Absonderungsrechts verzichtet der Konkursverwalter auf dessen Anfechtbarkeit** (R.Konk.O. § 23, 2). Urth. des I. Civilsenats vom 15. November 1884 in Sachen des Vorschußvereins zu R., Beklagten und Revisionsklägers,

wider den F.'schen Konkurs, Kläger und Revisionsbeklagten. Vorinstanz: O. L. G. Rostock. Aufhebung und Zurückverweisung.

„Hätte der Konkursverwalter bezüglich der Pfändungspfandrechte des Beklagten eine Anerkennung dahin abgegeben, daß er ein Absonderungsrecht des Beklagten ausdrücklich und vorbehaltlos anerkenne, so kann solche Erklärung in keinem Falle mit dem Berufungsurtheil dahin eingeschränkt werden, daß sie sich blos auf die Begründung des Absonderungsrechts und nicht auf dessen Unanfechtbarkeit beziehe. Es geht nicht an, eine Art Mentalreservation in dem Sinne zuzulassen, daß sich der Erklärende hierbei die Entschließung über die Anfechtung vorbehält. Vielmehr wirkt jede Erklärung so weit, wie ihr erkennbarer Sinn reicht. Kommt einmal der Bestand eines Absonderungsrechts zwischen dem Konkursgläubiger, welcher dasselbe für sich in Anspruch nimmt, und dem Konkursverwalter, welchem gegenüber es in Anspruch genommen wird, zur Sprache, und der Konkursverwalter erkennt ohne Einschränkung und ohne Vorbehalt das Absonderungsrecht des Gläubigers an, so hat das den uneingeschränkten Sinn, das Absonderungsrecht stehe dem Gläubiger als ein voll wirksames zu. Ohne allen Einfluß ist der Umstand, daß der Konkursverwalter das Anfechtungsrecht innerhalb eines Jahres ausüben könnte. Wo ein Anlaß besteht, sich über die Zuständigkeit des Anfechtungsrechts auszusprechen, ist aus dem derzeitigen Verhalten des Anfechtungsberechtigten darauf zu schließen, ob er das Anfechtungsrecht ausüben will oder nicht."

119. **Auch Pfändungen, die aus einer gemäß § 702, 5 der C. P. O. sofort vollstreckbaren Urkunde vorgenommen wurden, sind aus § 23, 2 der R. Konk. O. anfechtbar.** Urth. des III. Civilsenats vom 28. November 1884 in Sachen S. zu S., Beklagten und Revisionsklägers, wider H. zu H. (Konkursverwalter), Kläger und Revisionsbeklagten. Vorinstanz: O. L. G. Stettin. Verwerfung.

„Mit Recht hat das O. L. G. angenommen, daß dem Kläger durch die in Frage stehende Pfändung eine Sicherheit gewährt worden sei, welche er im Sinne des § 23 Ziff. 2 der R. Konk. O. nicht zu beanspruchen hatte." (Vergl. Urtheil der Vereinigten Civilsenate des R. G. vom 6. Dezember 1883: Annalen Bd. IX S. 159; Entsch. Bd. X S. 33.) „Die Ausführung des Revisionsklägers, daß die dieser Entscheidung zu Grunde liegende Ansicht dann nicht zutreffe, wenn die Pfändung auf Grund einer Urkunde erfolgt sei, in welcher der Schuldner der sofortigen Zwangsvollstreckung sich unterworfen habe (§ 702 Ziff. 5 der C. P. O.), ist nicht für richtig zu erachten. Wie auch aus den Entscheidungsgründen des gedachten Urtheils hervorgeht, gehört nicht allein die behufs Vollstreckung eines rechtskräftigen Urtheils bewirkte Pfändung zu den im § 23 Ziff. 2 der R. Konk. O. erwähnten Rechtshandlungen, durch welche einem Konkursgläubiger eine Sicherung gewährt wird, die er nicht oder nicht in der Art oder nicht zu der Zeit zu beanspruchen hatte, sondern auch die auf Grund eines der übrigen im § 702 der C. P. O. erwähnten Vollstreckungstitel, insbesondere auch der vollstreckbaren Schuldurkunden erwirkte Pfändung."

7. Reichs-Civilprozeßordnung.

120. **Nach § 37 Abs. 2 der C.P.O. ist ein gemäß § 36 gefaßter Beschluß auch dann unanfechtbar, wenn die Anfechtung rechtsirrige Anwendung des § 36 rügt.** Urth. des V. Civilsenats vom 15. November 1884 in Sachen A. v. H. und Gen. zu T., Beklagten und Revisionskläger, wider G. M. zu K., Kläger und Revisionsbeklagten. Vorinstanz: O.L.G. Königsberg. Verwerfung.

„Die Revision konnte keinen Erfolg haben: der § 37 Abs. 2 der C. P. O. steht ihr entgegen. Der Auffassung des B. R. von der Bedeutung dieses Paragraphen war beizutreten. Die Ansicht des Ersten Richters steht im Widerspruch mit der Ausdrucksweise des Gesetzes und dem Sinne desselben. Drei Punkte sind es nur, welche für die im angezogenen § 36 vorgesehene Bestimmung des zuständigen Gerichts besonders hervortreten und für das Gericht in Frage kommen, dem die Bestimmung zugewiesen ist: 1) die Feststellung der betreffenden gesetzlichen Voraussetzung für die Bestellung des zuständigen Gerichts; 2) die Feststellung des Kreises der konkurrirenden Gerichte, aus welchem zu bestimmen ist — wenn man nämlich der Revision zugeben will, daß das Gesetz (namentlich für den hier vorliegenden Fall, § 36 Nr. 3 a. a. O.) eine örtliche Begrenzung gegeben habe, obwohl es dafür an einer ausdrücklichen Vorschrift fehlt; 3) die Auswahl selbst nach Maßgabe von Zweckmäßigkeitsgründen.

Geht man nun von der vom Ersten Richter adoptirten Sarwey'schen Ansicht aus, welche die im § 37 Abs. 2 ausgeschlossene Anfechtung zulassen will, wenn das bestimmende höhere Gericht rechtlich gefehlt hat — Punkt 1 und 2 —, so würde man zu der Annahme gezwungen sein, Zweck des Gesetzes sei nur die Anfechtung bei Punkt 3, also nur wegen thatsächlich unzweckmäßiger Wahl auszuschließen. Nach dieser Richtung hin hätte es aber einer solchen Vorschrift überhaupt nicht bedurft, weil sie selbstverständlich, also überflüssig sein würde. Denn von der Zuweisung einer Auswahl eines bestimmten individuellen Gegenstandes kann für denjenigen nicht die Rede sein, dessen Bestimmung nach der Seite ihrer Angemessenheit der unbeschränkten Nachprüfung eines Anderen unterliegt. Denn dann ist der Letztere derjenige, welcher wählt. Wenn also im § 36 a. a. O. gesagt wird: „Die Bestimmung des zuständigen Gerichts erfolgt durch das im Instanzenzug höhere Gericht", so ist damit zugleich gesagt, es habe kein anderes Gericht die Wahlbestimmung zu treffen; es würde daher die Ausschließung der Anfechtung in der ihr vom Ersten Richter gegebenen Beschränkung nur eine Wiederholung des bereits Vorgeschriebenen enthalten.

Schon aus diesem Grunde gelangt man zu dem Schlusse, daß mit der Bestimmung des Abs. 2 des § 37 auch die Anfechtung wegen rechtlichen Verstoßes gegen die Voraussetzungen des § 36 hat ausgeschlossen sein sollen. Mit Recht macht aber der Berufungsrichter auch auf den Widerspruch aufmerksam, in welchen die Ansicht des Ersten Richters mit der in dem C.P.O. für den Rechtszug bestehenden Grundsatze geräth, daß über die Entscheidung des dem Instanzenzuge nach höheren Gerichts das niedere nicht zu befinden habe. Es ist das Rechtsmittel der Beschwerde gegen den im § 37 Abs. 2 vorgesehenen Beschluß auch nach der Sarwey'schen Ansicht unbedingt ausgeschlossen. Denn nach § 530 a. a. O. findet dasselbe nur statt in den in der C.P.O. besonders hervorgehobenen Fällen und gegen solche Entscheidungen, durch welche ein das Verfahren betreffendes Gesuch zurückgewiesen ist, und keine dieser beiden Voraussetzungen ist bezüglich des in Frage stehenden Beschlusses vorliegend. Ueber denselben würde also, wenn er gleichwohl anfechtbar sein sollte, in erster Linie das Gericht unterer Instanz zu entscheiden haben. Dann aber träte eine neue Absonderlichkeit darin ein, daß in der höheren Instanz dasselbe Gericht, dessen Beschluß von der unteren Instanz für unzulässig erklärt worden, nun selbst darüber zu befinden haben würde, ob durch seinen Beschluß das Gesetz verletzt worden sei oder nicht. Wenn das Gesetz solche ihm fremdartige Verhältnisse hätte zulassen wollen, so würde die Erwartung berechtigt sein, eine ausdrückliche Regelung derselben an der betreffenden Stelle des Gesetzes zu finden."

121. **Erstattungsfähigkeit der Reisekosten von Referendaren** (als Substituten von Rechtsanwälten; § 87 der C.P.O.). S. u. Fall 129 S. 206.

122. **Das Gericht muß im Festsetzungsbeschluß bestimmen, wieviel jeder der unterliegenden Streitgenossen von den Prozeßkosten zu tragen habe** (§§ 92, 95, 98, 99 der C.P.O.). Beschluß des V. Civilsenats vom 13. Dezember 1884 in Sachen des F. R. G. zu B., Klägers, wider die verehel. W. zu L. und Genossen, Beklagte, auf die weitere Beschwerde der W. Vorinstanz: Kammerger. Berlin. Aufhebung und Zurückverweisung.

Durch den angefochtenen Beschluß ist die Beschwerde der verehel. W. über den Kostenfestsetzungsbeschluß vom 22. September 1884 als unzulässig verworfen, weil das unterm 14. Juni 1884 verkündete Urtheil des L.G. Landsberg a. W. in Abweichung von den Entscheidungsgründen die Beklagten zur Kostentragung ohne Festsetzung der Betheiligung der einzelnen Beklagten verurtheile, damit aber ein Theil der Entscheidung des Kostenpunktes übergangen sei, welchem Mangel nur durch Ergänzung des Urtheils gemäß § 292 der C.P.O. abgeholfen werden könne.

„In Erwägung daß die Beschwerde als zulässig anzusehen ist, weil in der Verurtheilung der Beklagten zur Kostentragung ohne weitere Festsetzung kein Uebergehen des Kostenpunktes zu erblicken ist, vielmehr die danach ausstehende Vertheilung der Kosten auf die einzelnen Beklagten bei der nach § 98 der C.P.O. stattfindenden Festsetzung der zu erstattenden Kosten in Gemäßheit des § 95 daselbst zu bewirken und dadurch ein zur Zwangsvollstreckung gegen die einzelnen Beklagten geeigneter Titel herzustellen ist (vergl. § 91 des G.K.G.); daß die nach § 99 a. a. O. gegen den Festsetzungsbeschluß stattfindende Beschwerde daher mit Recht die Bestimmung des auf die Beschwerdeführerin treffenden Kostenbetrages vermißt."

123. **Die C.P.O. kennt keine „Beurkundungen" im Urtheilssatz** (§ 146). Urth. des II. Civilsenats vom 20. November 1884 in Sachen W. & Co. in D., Beklagten und Revisionsklägerin, wider A. L. in L., Klägerin und Revisionsbeklagte. Vorinstanz: O.L.G. Zweibrücken. Aufhebung und Zurückverweisung.

„Die C.P.O. kennt keine „Beurkundungen" im Urtheilssatze, vielmehr haben, soweit Beurkundungen nöthig sind, dieselben im Sitzungsprotokolle (§ 146) oder im Thatbestande zu erfolgen. Am wenigsten erscheint es den Prinzipien der C.P.O. entsprechend, Eideszuschiebungen und Eidesannahmen im Urtheilssatze zu beurkunden, wie dies im vorliegenden Falle geschehen ist. Wenn Beurkundungen dieser Art im Französischen Prozesse gebräuchlich sind, so findet dies seine Erklärung darin, daß nach der früheren, im Gebiete des Französischen Rechtes herrschenden Ansicht der Entscheidungseid als eine Art Vergleich betrachtet wurde, so daß sich die Eideszuschiebung als Vergleichserbieten und die Eidesannahme als

Vergleichsannahme darstellte. Diese schon von der neueren französischen Praxis wesentlich modifizirte Ansicht hat aber gar keine Berechtigung mehr unter Herrschaft der C.P.O., welche den Parteieid nur als Beweismittel auffaßt. Beurkundungen der fraglichen Art erscheinen daher nicht blos als unnütz, sondern geradezu als ungehörig und dem Geiste der C.P.O. widersprechend."

124. Begriff der „Erwachsenen" im § 166 der C.P.O. Keine Heilung etwaiger Mängel der Ersatzzustellung durch den Beweis, daß das zuzustellende Schriftstück in die Hände des Adressaten gelangt sei. Urth. des I. Civilsenats vom 12. November 1884 in Sachen H. zu B., Klägers und Revisionsklägers, wider die Erben K. zu B., Beklagte und Revisionsbeklagte. Vorinstanz: O.L.G. Breslau. Verwerfung.

Der vom Kläger erhobenen Wechselklage ist von den Beklagten vor allem die Einrede der Verjährung entgegengesetzt worden, deren Beurtheilung nach der unstreitigen Sachlage nur davon abhängt, ob die gegenwärtige Klage der Mitbeklagten, Wittwe K., für sich selbst und als Vormünderin ihrer Kinder gültig zugestellt ist, insofern dann durch diese Klagerhebung die Verjährung unterbrochen sein würde. Das B.G. hat, in Uebereinstimmung mit dem Gerichte erster Instanz, diese Frage verneint, weil die Zustellung, da die Wittwe K. von dem Gerichtsvollzieher in ihrer Wohnung nicht angetroffen wurde, für sie an ihren elfjährigen Sohn G. erfolgt ist. Der Kläger hat diese Entscheidung aus dem doppelten Grunde angegriffen, weil der Knabe G. als ein „erwachsenes" Familienmitglied der Wittwe K. im Sinne des § 166 der C.P.O. hätte gelten müssen und weil die vom Kläger unter Beweis gestellte Behauptung, daß die zugestellte Klagschrift alsbald oder doch jedenfalls vor dem Ablaufe der Verjährungsfrist in die Hände der Wittwe K. gelangt sei, mit Unrecht als unerheblich behandelt sei.

„Was den ersten Punkt anlangt, so hat der Kläger nicht sowohl die Annahme des B.G. bemängeln wollen, daß der elfjährige Knabe kein „Erwachsener" sei, wenn man dieses Wort, im Sinne des gemeinen Lebens, von der durch das Lebensalter bedingten körperlichen Entwicklung versteht — in welcher Annahme einen Rechtsirrthum aufzuzeigen auch wohl schwerlich denkbar sein möchte —, als vielmehr diese ganze Auffassung der gesetzlichen Bestimmung als zu wörtlich und äußerlich angegriffen, indem es nur darauf ankomme, daß dasjenige Familienglied, an welches die Zustellung erfolge, nach dem Ermessen des zustellenden Beamten so weit in der Entwicklung vorgeschritten sei, daß es die Bedeutung des Aktes verstehe und man ihm die richtige Weiterbesorgung des zugestellten Schriftstückes zutrauen dürfe. In Wirklichkeit ist aber gerade diese, allerdings auch in der Literatur nicht unvertretene, freiere Auslegung unhaltbar· denn sie ist nicht nur dem klaren Wortlaute des § 166 der C.P.O.

gegenüber ganz willkürlich, sondern auch in ihren praktischen Ergebnissen wegen der großen Unbestimmtheit des für maßgebend erklärten Merkmals sehr bedenklich; endlich steht ihr insbesondere noch der Umstand entgegen, daß in § 166 Abs. 1, wie auch in den ähnlichen Vorschriften des § 679 und des § 771 Abs. 2 der C. P. O., nicht blos die erwachsenen Familienglieder, sondern auch die erwachsenen Dienstboten gedanklich den unerwachsenen entgegengesetzt werden, während doch unter den Dienstboten kaum solche vorausgesetzt werden könnten, welchen die Eigenschaft der „Erwachsenheit" in dem soeben besprochenen uneigentlichen Sinne nicht zukäme, und während daher bei dieser Auffassung die besondere Hervorhebung des erwähnten Erfordernisses für die in Betracht kommenden Dienstboten als überflüssig erscheinen würde.

In Ansehung der Frage sodann, ob Mängel der sogenannten Ersatzzustellung als solcher dadurch geheilt werden, daß das zugestellte Schriftstück in Folge der Zustellung doch schließlich in die Hände des Adressaten gelangt, kann darauf kein Gewicht gelegt werden, daß in der C. P. O. nicht, wie in der Französischen Gesetzgebung, die Nichtigkeit der Zustellung ausdrücklich als Folge von Verstößen gegen die die Form derselben regelnden Vorschriften angedroht ist. Vielmehr ist im allgemeinen in Ermangelung besonderer Gegengründe daraus, daß im Gesetze die Zustellung als ein in einer gewissen bestimmten Weise erfolgender Akt beschrieben und definirt ist, zu folgern, daß ein in anderer Weise sich abwickelnder Vorgang eben keine Zustellung im Sinne des Gesetzes ist, mögen auch bei der Berathung des Gesetzentwurfes hierüber abweichende Vorstellungen in unklarer Art zu Tage getreten sein. Daher geht denn auch die durchaus vorherrschende Ansicht der Ausleger der C. P. O. dahin, daß von genauer Beobachtung der im Gesetze für die Zustellung gegebenen Formvorschriften die Gültigkeit des Aktes abhängt. Wenn daneben einzelne dieser Ausleger, wie außer dem schon vom O. L. G. angeführten Petersen auch Struckmann und Koch, es gerade mit den Besonderheiten der sogenannten Ersatzzustellung weniger streng nehmen wollen, so lassen sich für diese Unterscheidung kaum plausible Gründe anführen, und jedenfalls sprechen ganz überwiegende Gründe dagegen. Hierher ist die Betrachtung zu rechnen, daß nach jener Ansicht wenigstens im regelmäßigen Laufe der Dinge der ausbleibende Gegner, zu dessen Gunsten das Gericht sich zunächst an die offen vorliegenden Fehler der Zustellung halten müßte, besser gestellt sein würde, als der erschienene, der diese Fehler etwa selbst geltend machen wollte, aber zugeben müßte, daß das zugestellte Schriftstück ihm doch zu Händen gekommen sei; ferner der Umstand, daß nach dem System der jetzigen C. P. O. durch die Zustellung in gewissen Fällen die Rechtsmittelfrist in Lauf gesetzt wird, für welche doch ein von vorn herein feststehender, sicher erkennbarer Anfangspunkt legislativ durchaus gewünscht werden muß; endlich der Schluß vom Gegentheile, der daraus zu entnehmen ist, daß in § 165 Abs. 2 und § 171 Abs. 4 der C. P. O. für gewisse Ausnahmsfälle die „Gültigkeit" der Zustellung besonders verordnet wird."

125. **Der im Wechselprozesse geleistete Eid behält auch für das Ordinarium seine im § 428 der C. P. O. vorgesehene Bedeutung** (§ 462). **Begriff des „Streites" im Sinne des § 331 der C. P. O.** (S. o. Fall 114 unter 2 u. 3, S. 181 f.)

126. **Zulässigkeit des Verlangens eines Theil-Versäumnißurtheils** (§ 504 der C. P. O.). Beschluß des V. Civilsenats vom 26. November 1884 in Sachen der verw. S. zu F., Klägerin und Berufungsbeklagten, wider H. zu Sch. und Gen., Beklagte und Berufungskläger. Vorinstanz: O. L. G. Marienwerder. Aufhebung (auf sofortige Beschwerde der Klägerin).

Die Beklagten sind in erster Instanz nach dem Klageantrage verurtheilt, haben dagegen Berufung erhoben, sind aber im Termine zur mündlichen Verhandlung über dieselbe nicht erschienen. Die anwesende Berufungsbeklagte hatte deshalb Erlaß des Versäumnißurtheils nach dem besonderen Antrage verlangt: „Das Anerkenntniß der Klägerin festzusetzen, daß die Beklagten ihr am 1. Juli 1884 Zahlung von 150 ℳ geleistet haben, und unter Zurückweisung der Berufung im übrigen das Versäumnißurtheil der ersten Instanz in früherer Höhe nach Abzug der am 1. Juli 1884 gezahlten 150 ℳ aufrecht zu erhalten." Das B. G. hat diesen Antrag zurückgewiesen: denn der erste Theil desselben könne nicht zum Gegenstand der Feststellung durch Urtheil gemacht werden, und der fernere Theil sei unzulässig, weil darüber ohne materielle Prüfung nicht verhandelt werden könne.

„Die dagegen eingelegte Beschwerde mußte für begründet erachtet werden. Der B. R. hält es für zulässig — und es kann auch darüber nicht wohl ein Zweifel herrschen, daß das Gesetz es nicht untersagt —, ein Theilversäumnißurtheil zu verlangen, wenn im übrigen die gesetzlichen Erfordernisse für den Erlaß eines Versäumnißurtheils vorhanden sind. Abweichend von der Ansicht des B. R. war aber in dem Antrage der Berufungsbeklagten auch ein Anderes als ein solcher Antrag nicht zu erkennen. Er verlangt lediglich ein Geringeres, nicht ein Anderes als das, wozu die Berufungsbeklagte berechtigt war, und es bedurfte keiner vorgängigen materiellen Prüfung und Verhandlung der Sache, wenn von diesem Gesichtspunkte aus dem Verlangen der Berufungsbeklagten, soweit es die

Zurückweisung der Berufung befaßt, entsprochen worden wäre durch Zurückweisung der Berufung gegen das erstinstanzliche Urtheil, soweit dieselbe mehr als einen am 1. Juli 1884 auf die Klagforderung gezahlten Betrag von 150 ℳ befaßt. Anlangend den ersten Theil des oben mitgetheilten Antrages, so ist dem B. R. darin beizupflichten, daß die C. P. O. eine solche Feststellung, wie sie bezüglich des Anerkenntnisses der Klägerin gefordert wird, im Urtheil nicht kennt. Aber die Feststellung kann im Thatbestande des Urtheils erfolgen als Erläuterung des Antrages auf nur theilweise Zurückweisung der Berufung."

127. **Die Verbürgung der Gegenseitigkeit der Rechtshilfe** (insbes. der Zwangsvollstreckung aus jenseitigen Urtheilen) **zwischen Deutschland und Oesterreich wird durch Versagung der Zwangsvollstreckung in einzelnen Fällen** (z. B. wegen Unzuständigkeit Deutscher Gerichte nach Oesterreichischem Prozeßrecht, aus Kouponsprozessen u. s. w.) **nicht erschüttert** (§ 661 Ziff. 5 der C. P. O.). Urth. des II. Civilsenats vom 18. November 1884 in Sachen v. H.-W., Beklagten und Revisionsklägers, wider J. in W., Kläger und Revisionsbeklagten. Vorinstanz: O. L. G. Köln. Verwerfung.

„Wenn Urtheile Deutscher Gerichte, obgleich deren Zuständigkeit begründet war, in Oesterreich nicht zum Vollzug gebracht worden sind, so kann dies ohne Verletzung des Grundsatzes der Gegenseitigkeit und zwar möglicherweise deshalb geschehen sein, weil nach Oesterreichischem Recht die Zuständigkeit jener Deutschen Gerichte nicht begründet erschien (vergl. § 661 Ziff. 3 der C. P. O.). Es mag hierbei hervorgehoben werden, daß das Oesterreichische Recht den Gerichtsstand des Vertrages nicht in dem Umfang, wie die C. P. O. (§ 29), und den Gerichtsstand des § 24 der C. P. O. überhaupt nicht kennt. Die unter Beweis gestellte Thatsache wäre daher nicht ohne weiteres geeignet, den von der Revision daraus gezogenen Schluß zu rechtfertigen, daß der von der Oesterreichischen Gesetzgebung sanktionirte Grundsatz, wonach die Gegenseitigkeit als verbürgt erscheint, thatsächlich nicht in Uebung bestehe. Sollte übrigens Beklagter gemeint gewesen sein, zu behaupten, daß die österreichischen Gerichte ihrem Gesetze zuwiderhandelnd die Vollstreckung der fraglichen Urtheile in Kouponsprozessen versagt haben, so wäre gleichwohl in der Ablehnung des Beweisantrages eine Gesetzesverletzung nicht enthalten. Wenn nämlich auch in einzelnen, besonders gearteten Fällen ausnahmsweise der Grundsatz der Gegenseitigkeit thatsächlich in Oesterreich nicht beobachtet worden sein sollte, so würde sich doch nur fragen, ob im

Wege der Retorsion in Fällen ähnlicher Art den Urtheilen Oesterreichischer Gerichte in Deutschland die Vollstreckung zu versagen wäre. Um einen Fall solcher Art handelt es sich jedoch hier nicht, und wenn das O.L.G., davon ausgehend, daß die Vollstreckung Deutscher Urtheile in Oesterreich die feste Regel bilde, für den vorliegenden Streit dies für entscheidend, die behauptete Ausnahme aber für unerheblich erachtet, so kann hierin eine Verkennung des Begriffes der Gegenseitigkeit und eine Verletzung des § 661 Ziff. 5 der C.P.O. nicht gefunden werden."

128. **Die Anschlußpfändung wird in allen Fällen** (auch denen der Abs. 2 u. 3 des § 727 der C.P.O.) **durch die bezügliche protokollarische Erklärung des Gerichtsvollziehers „bewirkt"** (d. h. wirksam vollzogen). Urth. des II. Civilsenats vom 22. November 1884 in Sachen C. W. in C., Beklagten, Widerklägers und Revisionsklägers, wider den Konkurs W. & R. zu N., Kläger, Widerbeklagten und Revisionsbeklagten. Vorinstanz: O.L.G. Köln. Verwerfung.

„Zunächst kann zwar, was die Anschlußpfändung betrifft, der Auslegung, welche das O.L.G. dem § 727 der C.P.O. giebt, nicht beigepflichtet werden. Der bezogene Paragraph bestimmt im ersten Absatze, daß die Pfändung bereits gepfändeter Sachen durch die in das Protokoll aufzunehmende Erklärung des Gerichtsvollziehers, daß er die Sachen für seinen Auftraggeber pfände, bewirkt wird, und schreibt dann in Abs. 2 und 3 vor, daß, im Fall ein anderer Gerichtsvollzieher die erste Pfändung bewirkt hat, diesem eine Abschrift des Protokolls zuzustellen und der Schuldner von den weiteren Pfändungen in Kenntniß zu setzen ist. Nach dem Wortlaute des Gesetzes geschieht also die Anschlußpfändung durch die bezügliche protokollarische Erklärung des Gerichtsvollziehers; mit dieser Erklärung ist dieselbe „bewirkt", das heißt in der Sprache der C.P.O. wirksam vollzogen. In gleichem Sinne heißt es im § 730 Abs. 3, daß die Pfändung einer Geldforderung mit der Zustellung des gerichtlichen Beschlusses an den Drittschuldner als „bewirkt" anzusehen ist, und ebenso lautet der § 712 Abs. 1 dahin, daß die Pfändung der im Gewahrsam des Schuldners befindlichen Sachen durch die Inbesitznahme derselben seitens des Gerichtsvollziehers „bewirkt" wird.

Die Absätze 2 und 3 des § 727 enthalten reglementarische Vorschriften, welche die Mittheilung von der erfolgten Anschlußpfändung an die interessirten Personen, den erstpfändenden Gerichtsvollzieher, auf welchen der Auftrag des zweiten Gläubigers zur weiteren Vollstreckung kraft Gesetzes (§ 728) übergeht, und den Schuldner, dessen Kenntniß namentlich auch für die Begründung seiner strafrechtlichen Verantwortlichkeit von Bedeutung ist, zum Gegenstande haben (vergl. § 712 Abs. 3). Diese Vorschriften sind für den Gerichtsvollzieher obligatorisch (vergl. § 84 der Preuß. Geschäftsanweisung vom 24. Juli 1879), und ihre Nichtbeobachtung macht denselben für die Folgen verantwortlich; die Wirksamkeit der Pfändung ist aber ebensowenig durch die Zustellung an den erstpfändenden Gerichtsvollzieher (Abs. 2), als durch die Mittheilung an den Schuldner (Abs. 3) bedingt.

Den Motiven zu § 675 des Entwurfs (Hahn S. 456), auf welche das O. L. G. seine entgegengesetzte Auffassung, daß im Falle der Voraussetzung des Abs. 2 des § 727 cit. die Entstehung des Pfändungspfandrechtes an die dort vorgeschriebene Zustellung geknüpft sei, stützt, kann eine maßgebende Bedeutung nicht beigelegt werden. Dieselben sind ersichtlich aus dem Entwurfe von 1871 zu § 641 desselben herübergenommen. Der letztere lautet: „Die Pfändung bereits gepfändeter Sachen wird dadurch bewirkt, daß der Gerichtsvollzieher dem Gerichtsvollzieher, welcher die erste Pfändung bewirkt hat, erklärt, er pfände die Sachen für seinen Auftraggeber, oder, wenn er selbst die erste Pfändung bewirkt hat, diese Erklärung zu Protokoll feststellt. Dem anderen Gerichtsvollzieher, welcher die erste Pfändung bewirkt hat, ist eine Abschrift des aufgenommenen Protokolls zuzustellen und der Schuldner von der Pfändung in Kenntniß zu setzen". In dem Entwurfe von 1872 ist aber die Fassung der entsprechenden Bestimmung (§ 662) geändert, und stimmt letzterer dem Wortlaute nach mit dem § 727 der C. P. O. überein. Die so erfolgte Aenderung hat nun die sachliche Bedeutung, daß für die Anschlußpfändung das Erforderniß der Erklärung an den erstpfändenden Gerichtsvollzieher beseitigt ist und nunmehr dieselbe in allen Fällen durch die vorgeschriebene protokollarische Erklärung des damit beauftragten Gerichtsvollziehers bewirkt, das heißt wirksam vollzogen wird. Dieser Aenderung gegenüber können die Motive, welche sich an den § 641 des Entwurfes von 1871 anschließen und offenbar aus Versehen unverändert herüber genommen sind, für die Auslegung des § 727 cit. nicht maßgebend sein. (Vergl. Wilmowski und Levi zu § 727 Note 2; Petersen, 2. Ausg. S. 1012; Gaupp, Bd. III S. 296; Endemann, Bd. III S. 236; A. M. Struckmann und Koch zu § 727 Note 2; Sarwey, Bd. II S. 207; von Bülow zu § 727 Note 1; Seuffert,

2. Ausg. zu § 727 Note 2. Eine dritte Auffassung bei Fitting, 4. Ausg. S. 345—346 Note 16.)

Tritt man aber auch bezüglich des § 727 cit. der Ansicht des O.L.G. nicht bei, so ist das doch für die Entscheidung der vorliegenden Sache ohne Einfluß, da der ganze Anschlußpfändungsakt, von dem es sich hier handelt, wie das angegriffene Urtheil ohne Rechtsirrthum angenommen hat, der Anfechtung aus § 23 Nr. 2 der R.Konk.O. unterliegt."

8. Rechtsanwaltsordnung.

129. **Erstattungsfähigkeit der Reisekosten von Referendaren** (als Substituten von Rechtsanwälten. § 25 Abs. 3 der R.Anw.O., § 78 der Geb.O., § 87 der C.P.O.). Beschluß des I. Civilsenats vom 22. November 1884 in Sachen v. P. zu H., Klägers, wider B. das., Beklagten. Vorinstanz: O.L.G. Hamburg. Verwerfung der Beschwerde des Beklagten.

„Die Frage, ob dem R.Anw. S. für die Reisen nach M. ein Anspruch auf Gebühren, Diäten und Fuhrkosten nach Maßgabe der Geb.O. für R.Anw. zustehe, obgleich nicht er selbst, sondern zwei Referendarien als seine Vertreter die Termine wahrgenommen haben, mußte mit dem O.L.G. gegen den Beklagten entschieden werden. Es handelt sich hier um die im § 25 Abs. 3 der R.Anw.O. vorgesehene Vertretung des Rechtsanwaltes durch solche im Justizdienste befindliche Rechtskundige, welche mindestens zwei Jahre im Vorbereitungsdienste beschäftigt worden sind. In der in den Entsch. Bd. X S. 379 ff. abgedruckten Entscheidung des IV. Civilsenats des R.G. ist es offen gelassen, ob im Falle einer solchen Vertretung die Geb.O. für R.Anw. zu Gunsten des vertretenen Rechtsanwaltes Anwendung finde; doch legt die Fassung der Gründe einen Schluß vom Gegentheil auf die bejahende Ansicht ziemlich nahe. Es war aber auch jetzt diese bejahende Meinung zu billigen, und zwar aus denjenigen Gründen, welche in der im angefochtenen Beschlusse angezogenen früheren Entscheidung des Hanseatischen O.L.G. (Hanseatische Gerichtszeitung, Jahrg. 1883 S. 109 ff., und Seufferts Archiv Bd. XXXVIII Nr. 260) entwickelt worden sind."

9. Gebührenordnung für Rechtsanwälte.

130. **Voraussetzung der Gebühr des § 13 Nr. 4 ist der Beginn des Beweisverfahrens.** Beschluß des III. Civilsenats vom 28. November 1884 in Sachen M. K. zu D., Klägers, wider uxorem, Beklagte. Vorinstanz: O.L.G. Stuttgart. Verwerfung der Beschwerde des Klägers.

„Die Beweisgebühr des § 13 Nr. 4 der Geb.O. für R.Anw. ist nicht dadurch bedingt, daß eine Beweisaufnahme stattgefunden hat und daß der Anwalt in dem Beweiserhebungstermine anwesend gewesen ist. Aber sie setzt zum mindesten voraus, daß das Beweisverfahren begonnen und der Anwalt in demselben seine Thätigkeit entwickelt hat. Vorliegenden Falles ist zwar das Beweisverfahren damit eingeleitet worden, daß Beweisbeschluß gefaßt und ein Zeuge seitens des Gerichts geladen wurde; das weitere Verfahren hat jedoch seine Erledigung dadurch gefunden, daß der Zeuge vor dem Gerichtsschreiber die Erklärung abgab, sein Zeugniß verweigern zu wollen, und daß die Mittheilung hievon den Parteianwälten in dem Termine gemacht wurde, in welchem die mündliche Verhandlung der Sache fortgesetzt worden ist. In der einfachen Entgegennahme dieser das Beweisverfahren abschließenden Eröffnung kann eine die Beweisgebühr rechtfertigende Thätigkeit des klägerischen Anwalts nicht erblickt werden."

131. **Der Prozeßbevollmächtigte hat keinen Anspruch auf die Gebühr für Nachsuchung des Armenrechtes** (§§ 23 Ziff. 1, 29 der Geb.O.). Beschluß des III. Civilsenats vom 28. November 1884 in Sachen der Erben B. in O., Kläger, wider S. das., Beklagten. Vorinstanz: O.L.G. Darmstadt. Aufhebung auf Beschwerde der Kläger. Wiederherstellung des Beschlusses des L.G. Darmstadt.

„Die dem Anwalte in § 23 der Geb.O. für R.Anw. zugebilligte Gebühr von drei Zehntheilen der in den §§ 13—18 ibid. bestimmten Gebührensätze kann nach dem klaren Wortlaute des § 23 Ziff. 1, verglichen mit § 29 Abs. 1 und 2 Ziff. 6 ibid., nur dann gefordert werden, wenn sich in Ansehung eines für die Partei eingereichten Gesuches um Zulassung zum Armenrecht (§ 47 Ziff. 2 des G.K.G.) die Thätigkeit des Anwalts auf die Nachsuchung des Armenrechts beschränkt, nicht aber auch in dem Falle, wenn der Prozeßbevollmächtigte der Instanz die Ertheilung des Armenrechts betreibt. Demgemäß würde dem R.Anw. Dr. S. als Vertreter des Beklagten in zweiter Instanz die gesetzliche Gebühr für das Gesuch um Zulassung seiner Partei zum Armenrecht für die Revisionsinstanz zunächst nur unter der Voraussetzung zugebilligt werden können, daß demselben von der Partei der besondere Auftrag zur Einreichung jenes Gesuches beim R.G. ertheilt wurde — ein Mandat, das nach dem eigenen Anführen des genannten Anwalts nicht gegeben worden ist."

132. **Nur im Falle des § 744 der C.P.O. ist für die Mittheilung an den Schuldner von dem Bevorstehen einer Pfändung eine Gebühr** (nach § 23 Ziff. 2 der Geb.O.) **zu erheben.** Beschluß des V. Civilsenats vom 19. November 1884 in Sachen v. L. zu B., Klägers, wider die verw. C. das., Beklagte. Vorinstanz: O.L.G. Posen. Verwerfung der Beschwerde des Klägers.

„Die Beschwerde betrifft die Frage, ob eine Gebühr gefordert werden dürfe für eine Mittheilung des Gläubigers an den Schuldner, daß eine Pfändung bevorstehe, deren Gegenstand nicht eine Forderung bildet. Hier war der Entscheidung des angegriffenen Beschlusses beizutreten. Die C.P.O. kennt eine solche Mittheilung nur für den Fall der Pfändung einer Forderung und legt ihr im § 744 unter gewissen Umständen die Wirkung eines Arrestes bei. Diese singuläre Vorschrift läßt eine analoge Anwendung auf Pfändungen anderer Objekte nicht zu, und deshalb kann auch nicht anerkannt werden, daß das betreffende Mittheilungsschreiben zur zweckentsprechenden Rechtsverfolgung dienlich gewesen ist."

Gemeines Recht.

133. **Wirkungen und Erfordernisse der Anerkennung anfechtbarer und nichtiger letztwilliger Verfügungen.** Urth. des I. Civilsenats vom 26. November 1884 in Sachen der verw. W. in B., Beklagten und Revisionsklägerin, wider P. und Gen. das., Kläger und Revisionsbeklagte. Vorinstanz: O.L.G. Hamburg. Aufhebung und Zurückverweisung.

„Ohne jede Erörterung darüber, welcher Art die von der Beklagten behauptete Ungültigkeit des Testaments ihres verstorbenen Ehemannes sein würde — ob Nichtigkeit, ob Anfechtbarkeit —, und ohne jede Erörterung darüber, welcher Art die angenommene Anerkennung sein soll, legt das B.U. der Anerkennung schlechthin, selbst ohne Feststellung, daß diese Anerkennung in Kenntniß der behaupteten Ungültigkeit erklärt worden sei, die Wirkung bei, daß die Beklagte mit der Geltendmachung dieser Ungültigkeit nicht mehr gehört werden dürfe. Einen solchen Rechtssatz giebt es im Gebiet des Gemeinen Rechts nicht.

Man hat zunächst von den besonderen Bestimmungen des Römischen Rechts abzusehen, welche die querela inofficiosi testamenti bei einer, wenn auch ohne Kenntniß der Anfechtbarkeit abgegebenen Anerkennung ausschließen. Diese auf singulärem Grunde beruhenden Bestimmungen sind auf die Fälle anderer Ungültigkeitsgründe nicht auszudehnen. Im übrigen herrscht darin allseitige Uebereinstimmung, daß sowohl hinsichtlich der Wirkungen, wie hinsichtlich der Erfordernisse zwischen anfechtbaren und nichtigen letztwilligen Verfügungen zu unterscheiden ist.

Bezüglich nichtiger Erbeinsetzungen wirkt eine vertragsmäßige Anerkennung, mindestens unter den Kontrahenten verpflichtend wie ein Vergleich. Läßt der Intestaterbe es nicht auf den Prozeß ankommen, sondern vergleicht er sich ohne Prozeß mit dem in dem nichtigen Testament berufenen Erben oder erklärt er, einen Streit nicht erheben, vielmehr seinerseits den von dem Erblasser berufenen Erben als solchen anerkennen zu wollen, und wird hierüber zwischen ihm und dem so berufenen Erben ein Vertrag geschlossen, so ist er diesem Erben gebunden, den erhobenen Erbschaftsanspruch zu befriedigen, und behindert, ihn weiter zu bestreiten. (Fromcke, Kommentar über den Pandektentitel de h. pet. S. 128, 129; Bähr, Die Anerkennung, 2. Aufl., § 51 S. 213 bei Note 3a; Sintenis, Civilrecht Bd. III § 180 Anm. 2 u. 3 S. 469 der 2. Auflage; Vangerow, Bd. II § 457; Windscheid Bd. III § 566; Kohler, Gesammelte Abhandlungen S. 115.) Ist der Vertrag in Irrthum abgeschlossen, so kann dem Anerkennenden daraus ein Anfechtungsrecht in Ansehung des Vertrages erwachsen.

Wie die vertragsmäßige Anerkennung, kann die thatsächliche Annahme von Zuwendungen aus nichtigen Testamenten die Erhebung des Erbschaftsanspruches gegen denjenigen ausschließen, von welchem der den Anspruch Erhebende die Zuwendung angenommen hat. Die exceptio doli greift indessen hier nur Platz, wenn eine manifesta calumnia auf Seiten des den Anspruch Erhebenden vorliegen würde; daher soll gesehen werden auf die persönlichen Verhältnisse des zur Erbschaft Berufenen, sein Alter u. s. w. Hat er angenommen, ohne seine Erbberechtigung, die Ungültigkeit des Testaments zu kennen, so steht ihm die exceptio doli nicht entgegen. Mehr läßt sich aus den oft besprochenen zwei Stellen des Paulus nicht ableiten. Die Frage, ob ein Dolus oder eine Kalumnia vorliegt, ist aus allgemeinen Grundsätzen zu beantworten. (L. 5 § 1. D. de his quae indignis auferuntur 34, 9; l. 43 D. de her. pet. 5, 3. Vergl. das Urth. des vormal. O. App. G. Oldenburg „Bönig gegen Willers" im Archiv f. Oldenburger Recht Bd. VII S. 297.) Die einseitige Anerkennung des Testaments, welche nur etwa dem eingesetzten Erben gegenüber erklärt ist, ohne daß indessen ein Anerkennungsvertrag über dessen Erbanspruch abgeschlossen ist, hat lediglich die Wirkung, welche der in jener Anerkennung liegende Verzicht auf das Intestaterbrecht hat. Daher ist sie nur von Wirkung, wenn sie in Kenntniß der Ungültigkeit des Testaments erfolgt ist, und derjenige, welcher den Verzicht für sich geltend macht, hat eben diese Kenntniß zu behaupten und zu beweisen (Francke im Archiv f. civil. Praxis Bd. XIX S. 191; Bähr a. a. O. S. 214; Vangerow a. a. O.; Sintenis a. a. O.; Windscheid a. a. O.). In der neueren Literatur ist vereinzelt die weitergehende Ansicht aufgestellt worden, daß die in Kenntniß der Ungültigkeit erklärte einseitige Anerkennung sich nicht auf die Wirkung eines Verzichts beschränke, vielmehr sei ihr die positive Wirkung beizulegen, daß nun auch das Testament zu Gunsten der in demselben Bedachten aufrecht erhalten werde, was durch actiones utiles zu erreichen sei (Dedekind, Die Anerkennung ungültiger letztwilliger Anordnungen S. 55 ff.). Allein der Urheber dieser Ansicht gesteht selbst zu, daß es ihm nicht gelungen ist, direkte Quellenzeugnisse für dieselbe aufzufinden, die von ihm gewollte Analogie läßt sich aber bei den von ihm angezogenen l. 17 D. de injusto rupto . . 28, 3 und l. 14 D. de transactionibus 2, 15 nicht rechtfertigen.

Endlich steht die Anerkennung rescissibler letztwilliger Verfügungen seitens des zur Anfechtung berechtigten Intestaterben unter den allgemeinen Regeln, daß die Anfechtung durch Anerkennung ausgeschlossen, das Testament also voll wirksam wird. Nur ist eine ohne Kenntniß der Anfechtbarkeit erklärte Anerkennung ohne Wirkung (Sintenis a. a. O.; Vangerow a. a. O.). Weiter geht nach ihrem Wortlaut in Bezug auf ungültige Vermächtnisse die l. 16 § 1 C. de testamentis . . 6, 23. Ohne Unterscheidung zwischen nichtigen und anfechtbaren Verfügungen giebt sie den allgemeinen Satz wieder: „Illud adjiciendum est, ut qui ex testamento vel ab intestato heres exstiterit, etsi voluntas defuncti circa legata seu fideicommissa seu libertates legibus non sit subnixa, tamen si sua sponte agnoverit, implendi eam necessitatem habeat." Es sind zwar mehrfache Versuche gemacht, die hier der Anerkennung beigelegte Wirkung auf die vertragsmäßige Anerkennung, ein dem Bedachten abgegebenes klagbares Versprechen einzuschränken so in der Glosse, von Donellus im Kommentar des Codex zu dieser Stelle und, wiewohl mit Zweifeln, von Bähr, Die Anerkennung, 2. Ausg. § 51 Note 31 und 3a. Allein solcher Einschränkung stehen die Worte: „seu libertates" im Wege. Immerhin wird man die Stelle nur von dem mit Vermächtnissen belasteten, den Erblasser repräsentirenden Erben, verstehen dürfen, welcher den Willen des Erblassers, dem aus irgend einem Grunde die gesetzliche Wirksamkeit versagt ist, durch seine Genehmigung ergänzt und damit die Verpflichtung auf sich nimmt, jenen Willen auszuführen. Ohne Kenntniß des Ungültigkeitsgrundes wird auch solche Genehmigung nicht wirksam."

134. **Eine als Reallast bestehende Reallastberechtigung kann von dem Eigenthümer des berechtigten Grundstückes nicht einseitig von letzterem abgetrennt und auf ein anderes Rechtssubjekt** (insbesondere eine Person) **übertragen werden**. Urth. des III. Civilsenats vom 10. Oktober 1884*) in Sachen S. und Genossen in O., Beklagten und Revisionskläger, wider die Allodialerben des Grafen v. M. zu O., Kläger und Revisionsbeklagte. Vorinstanz: O.L.G. Oldenburg. Aufhebung und Klagabweisung.

„Nach der Behauptung der Kläger ist die pflichtige Bauernstelle vormals an das gedachte, zu Elsfleth belegene adlige Gut bemeiert gewesen, und der weitere Klagvortrag kann nur dahin verstanden werden, daß das Recht auf den Bezug der jetzt eingeklagten Gefälle aus diesem meierrechtlichen Verbande sich hergeschrieben hat. Daraus folgt, daß diese Gefälle an das Gut — nicht an den zeitweiligen Gutsherrn für dessen Person — zu entrichten waren. Es handelt sich also um eine Reallastberechtigung, welche vermöge des ihr unterliegenden gutsherrlichen Verhältnisses an das Gut als Realrecht geknüpft war, und es ist sonach über die Rechtsfrage zu entscheiden, ob eine als Realrecht bestehende Reallastberechtigung durch den Eigenthümer des berechtigten Grundstückes einseitig von dem letzteren abgetrennt und auf ein anderes Rechtssubjekt, insbesondere eine Person übertragen werden kann. Diese Frage muß mit Friedlieb, Reallasten S. 342; Wächter,

*) Dem Herausgeber erst am 31. Dezember 1884 zugegangen.

Württemb. Privatrecht II §§ 50 u. 18; Dernburg, Preuß. Privatrecht I § 305 a. E.; Stobbe, Deutsch. Privatrecht II § 103 Nr. II; Gerber, Deutsch. Privatrecht § 170 a. E., verneint werden. Das Wesen eines Realrechts besteht in der Verknüpfung der Berechtigung mit einem bestimmten Grundstücke, und ein Realrecht kann daher nur fortbestehen als Recht desjenigen Grundstückes, welchem es durch seine Entstehung angehört. Folglich ist die Uebertragung eines Realrechts auf ein anderes Rechtssubjekt — nicht blos auf eine Person, sondern auch auf ein anderes Grundstück — unter Erhaltung der Identität des Rechts überhaupt unausführbar; sie ist nur in dem Sinne und in der Weise rechtlich möglich, daß unter Aufhebung des bisherigen Realrechts zugleich zum Ersatze desselben eine andere, auf dieselbe Leistung sich richtende, personelle oder reale Reallastberechtigung neu konstituirt wird. Deshalb kann aber eine solche Rechtsumwandlung nicht durch einseitige Verfügung des Eigenthümers des berechtigten Grundstücks, sondern nur nach Maßgabe der über die Begründung und Aufhebung von Reallasten geltenden Grundsätze bewerkstelligt werden. Dieser Auffassung steht die von der Vorinstanz angeführte, in Seuffert's Archiv Bd. XXXV Nr. 302 mitgetheilte Entscheidung des R.G. nicht entgegen. In dem dortigen Falle handelte es sich um das einem adligen Gute gegen früher gutsangehörige Besitzungen zuständige Recht auf Unterhaltung der Gutswege; als von dem Gute eine Hofstelle abgetrennt und veräußert wurde, wurde derselben auch dies Realrecht, soweit es die dem Hofe zugelegten Wege betraf, übertragen. Diese dort gebilligte Uebertragung muß auch dem Obigen nach als rechtlich statthaft erscheinen, weil das Realrecht seinem Inhalte nach als nicht sowohl mit dem ganzen Gute, sondern nur mit dem Areal der Wege verknüpft zu betrachten und somit bei der Uebertragung des Rechts an den dies Areal befassenden Hof das Subjekt des Rechts unverändert geblieben war. Im vorliegenden Falle wollen die Kläger ihre Aktivlegitimation daraus herleiten, daß ihr Erblasser bei der Veräußerung des realberechtigten Gutes den Anspruch auf die fraglichen Gefälle sich für seine Person und seine Familie vorbehalten hat. Da dieser nun streitige Vorbehalt eine Uebertragung des Rechts von dem Gute auf die Person des klägerischen Erblassers nicht zu bewirken vermochte, so ist die erhobene Klage wegen Mangels der Aktivlegitimation abzuweisen."

135. Die Theilungsklage kann auch auf Theilung der Nutzungen des gemeinschaftlichen Eigenthums gehen. Pflichten des Theilungsrichters.

Zulässigkeit eines blos die Theilungsmodalität regelnden Urtheils; hierbei ist der Richter an den Klagantrag nicht gebunden. Urth. des III. Civilsenats vom 22. November 1884 in Sachen der Geschwister B. in B., Klägerinnen und Revisionsklägerinnen, wider R. B. in L., Beklagten und Revisionsbeklagten. Vorinstanz: O.L.G. Braunschweig. Aufhebung und Zurückverweisung.

„Die vorliegend angestellte, die Herbeiführung einer Verpachtung des den Klägerinnen, dem Beklagten und ihrem Bruder C. B. zu gleichen Theilen gehörigen Gutes bezweckende Klage ist, da eine von den Miteigenthümern vorgenommene Verpachtung von selbst zur Folge haben wird, daß der Anspruch auf die Pachtgelder einem jeden derselben antheilig zusteht, von der Vorinstanz mit Recht als eine Theilungsklage (act. communi dividendo) angesehen worden. Man muß der Vorinstanz auch darin beipflichten, daß die Theilungsklage in dieser Beschränkung auf das Verlangen einer Theilung der Nutzungen des gemeinschaftlichen Eigenthums für rechtlich statthaft zu erachten ist. In den Quellen ist zwar die Statthaftigkeit der act. communi dividendo zum Zwecke der bloßen Theilung von Nutzungen nur in Betreff eines gemeinschaftlichen Nutzungs- oder Gebrauchsrechts bezeugt (l. 7 § 10, l. 10 § 1 D. comm. div. 10, 3), und im Wege einer analogen Anwendung dieser Gesetzesvorschriften würde man freilich nur dahin zu gelangen haben, daß auch die Klage auf Theilung der Nutzungen eines gemeinschaftlichen Eigenthums in den Fällen für statthaft erachtet werden müsse, in welchen die Theilung des Eigenthums selbst aus irgend einem rechtlichen Grunde dauernd oder zeitweilig nicht beansprucht werden kann. Allein man kann, zumal in Anbetracht der eigenthümlichen, aus Funktionen der streitigen und der freiwilligen Gerichtsbarkeit sich zusammensetzenden Natur des Theilungsprozesses, keinen Anstand nehmen, in Uebereinstimmung mit dem in Seuffert's Archiv Bd. IV Nr. 38 mitgetheilten oberstrichterlichen Erkenntnisse einem Miteigenthümer allgemein die Befugniß zuzusprechen, sich der Theilungsklage auch behufs der richterlichen Schlichtung einer Differenz über die fernere Verwaltung und Nutzung der gemeinschaftlichen Sache zu bedienen, während er von seinem Rechte, die Theilung der Sache selbst zu verlangen, zur Zeit noch keinen Gebrauch machen will. Auch bei einer auf Theilung des Eigenthums gerichteten Klage kann der Richter in die Lage kommen, wenn die Theilung nicht sofort ausführbar ist, zum Zwecke der Vorbereitung derselben für die Zwischenzeit eine Anordnung in Betreff der Verwaltung und Nutzung der Sache zu treffen. Und da der Richter gesetzlich darauf angewiesen ist, einem übereinstimmenden Willen der sämmtlichen Prozeßparteien Folge zu geben (l. 21 D. eod.: Judicem in praediis dividundis quod omnibus utilissimum est vel quod malint litigatores, sequi convenit), so würde er, wenn die Prozeßparteien im Verlaufe des Theilungsprozesses darüber einig werden, daß der von ihnen theilungshalber beabsichtigte Verkauf der Sache noch einstweilen, etwa in Hoffnung auf bessere Preiskonjunkturen, ausgesetzt bleiben und zur Zeit nur eine richterliche Regulirung der gemeinschaftlichen Nutzung beantragt werden solle, diesem Einverständnisse nachzugeben haben. Ganz ebenso kann es aber auch einem einzelnen Miteigenthümer nicht versagt werden, schon einseitig seinen Klagantrag, bei seiner Absicht, daß die Eigenthumsgemeinschaft noch fortzubestehen habe, auf das Verlangen einer Theilung der Nutzungen zu beschränken. Der beklagte Theil wird durch die Zulassung dieser Klage nicht benachtheiligt, weil es nur von ihm abhängt, ob er sich auf eine bloße Theilung der ferneren Nutzungen einlassen oder dem Klagantrage durch einen, bei der Duplizität des Theilungsprozesses zulässigen Gegenantrag auf Theilung des Eigenthums begegnen will.

Hiernach kommt es für die Beurtheilung der erhobenen Klage nicht an auf die — von dem Beklagten in der Berufungsverhandlung bestrittene, von der Vorinstanz aber unerörtert gelassene — Gültigkeit der letztwilligen Bestimmung des Großvaters der Parteien, daß das fragliche Gut seinen Kindern und Kindeskindern, sowie seiner ferneren Nachkommenschaft ungetheilt verbleiben solle. Die Berechtigung des Anspruches der Klägerinnen auf eine einstweilige richterliche Theilung der Nutzungen des Gutes ist schon dadurch gegeben, daß beide Parteien, indem sie laut des erstrichterlichen Thatbestandes übereinstimmend vorgetragen haben, daß eine Wiederverpachtung des mit dem 1. April 1884 aus der bisherigen Pacht fallenden Gutes anzubahnen sei, über die fernere Fortsetzung ihrer Eigenthumsgemeinschaft einverstanden gewesen sind.

Die Gründe, aus welchen die Vorinstanz dennoch zur Reprobirung des erstrichterlichen Urtheils und zur Abweisung der Klage gelangt ist, sind rechtsirrthümlich. Die Vorinstanz zieht aus dem richtigen Rechtssatze, daß die Aufgabe des Theilungsrichters in der Vollziehung der Theilung besteht, die Schlußfolgerung, daß das von dem Theilungsrichter abzugebende Urtheil nur und unmittelbar die Festsetzung und Zuerkennung der den einzelnen Prozeßbetheiligten zukommenden Antheile auszusprechen habe, weswegen, wenn behufs der Theilung eine öffentliche Versteigerung oder Verpachtung der Sache vorgenommen werden solle, diese Maßregel schon vor Abgabe des Urtheils, folglich aber unter Aussetzung des Zuschlages bis nach rechtskräftig entschiedener Sache ausgeführt werden müsse. Daß bei einer solchen Aussetzung des Zuschlages auf einen ferneren und ungewissen Zeitpunkt kein annehmbares Gebot zu erwarten sein und somit ein solches Urtheil wahrscheinlich erfolglos bleiben würde, wird auch von der Vorinstanz nicht verkannt. Der von ihr gezogene Schluß ist aber auch falsch. Aus der gedachten Aufgabe des Theilungsrichters folgt weder, daß nicht zunächst ein nur auf die rechtskräftige Festsetzung der Theilungsmodalität sich richtendes Urtheil abgegeben werden dürfe, noch auch daß nicht hiernach die Abgabe des die Theilung selbst vollziehenden Urtheils durch außergerichtliche Auseinandersetzung der Parteien erübrigt werden könne. Und da eine öffentliche Versteigerung oder Verpachtung der Sache wegen der hierbei zugelassenen Konkurrenz dritter Personen nicht eher vorgenommen werden kann, als bis die Befugniß zur Vornahme dieses Rechtsgeschäfts endgültig feststeht, so ist die vorgängige Anordnung dieser Maßregeln durch eine der Rechtskraft fähige Entscheidung erforderlich. Einer ausdrücklichen Feststellung der den Prozeßparteien von dem Erlöse eines Verkaufes oder einer Verpachtung zukommenden Antheile wird es bei dem Feststehen der Quoten, mit welchen dieselben an der bisherigen Gemeinschaft betheiligt sind, in der Regel nicht bedürfen. Wenn aber später hierüber oder in einer sonstigen Beziehung — z. B. über Differenzen der Parteien wegen der Zuschlagsertheilung oder in Betreff der im Falle einer Erfolglosigkeit der angeordneten Theilungsmaßregel zu treffenden anderweiten Anordnungen — noch eine fernere gerichtliche Entscheidung erforderlich wird, so ist dieselbe, in Fortsetzung des Theilungsprozesses, durch Antrag der einen oder anderen Partei zu veranlassen.

Indem die Vorinstanz wegen der vermeintlich der Ausführung einer Verpachtung entgegenstehenden Schwierigkeiten Anstand nimmt, diese Theilungsmaßregel ohne weiteres anzuordnen, weist sie die Klage ab, weil sie durch die nur auf eine Verpachtung sich richtende Fassung des Klagantrages behindert sei, in eine Ermittelung darüber einzutreten, welche Theilungsart — ob Verpachtung im ganzen oder im einzelnen? ob Administration durch einen Sequester? ob Zuweisung der Nutzung des Ganzen an Einen der Miteigenthümer oder an jeden zu reellen Theilen? — die beste sei. Dieser Entscheidungsgrund geht in doppelter Beziehung fehl, indem er nämlich verkennt, einmal daß der Theilungsrichter in Betreff der von ihm anzuordnenden Theilungsmodalitäten nicht an den Klagantrag gebunden ist, und zweitens daß derselbe dagegen, wie schon erwähnt, gesetzlich angewiesen ist, hierbei vor allem dasjenige anzuordnen, worüber unter den Parteien Einverständniß besteht."

136. Begriff des dictum. Nicht blos die Zusicherung bestimmter Eigenschaften der veräußerten Sache, auch Angaben über sonstige, diese Sache berührende thatsächliche Verhältnisse, welche für den Entschluß des Käufers wichtig sind, fallen unter den Begriff des dictum. Urth. des III. Civilsenats vom 5. Dezember 1884 in Sachen W. in H., Beklagten und Revisionsklägers, wider Ehel. E. in E., Kläger und Revisionsbeklagte. Vorinstanz: O. L. G. Kiel. Verwerfung.

Nach der Meinung des Revisionsklägers ist die Klage rechtlich unbegründet, weil es sich hier nach den thatsächlichen Feststellungen der Vorderrichter nicht um ein dictum promissum im Rechtssinne, nicht um die Zusage, daß die veräußerte Sache gewisse Eigenschaften habe, sondern um die lediglich irrthümliche, nicht wider besseres Wissen abgegebene Erklärung des Beklagten handele, daß bis dahin die fraglichen Häuser gewisse Miethen eingebracht und gewisse Lasten getragen hätten. Hierin liege keine Garantie pro futuro, sondern nur eine Garantie für die Wahrheit dieser Thatsachen; darauf lasse sich aber keine Gewährleistungsklage stützen.

„Diese Auffassung erscheint unrichtig. Ein dictum braucht nicht nothwendig in der Zusicherung einer bestimmten Eigenschaft der veräußerten Sache zu bestehen; auch die Angaben über sonstige die fragliche Sache berührende thatsächliche Verhältnisse, welche geeignet sind, auf den Entschluß des Käufers, eine gewisse Sache für einen gewissen Preis zu kaufen, bestimmend einzuwirken, fallen unter diesen Begriff. Wenn z. B. in den Quellen (l. 19 § 1 de aed. edict. 21, 1) die Zusicherung des Verkäufers eines Sklaven, aleatorem non esse, furem non esse, ad statuam non confugisse, als ein dictum bezeichnet wird, für welches der Verkäufer einzustehen habe, so wird damit nicht eine Garantie pro futuro, sondern nur für die Wahrheit der damit bekundeten Thatsachen, soweit sie der Vergangenheit angehören, übernommen. Für die Wahrheit dieser Angaben aber hat der Verkäufer einzustehen, wenn sie nicht erkennbar als leere Anpreisungen erscheinen (l. 19 § 3 l. c.). Hiervon ausgegangen, erscheint es nicht rechtsirrthümlich, wenn das B.G. die Angaben des Beklagten über den bisherigen Miethsertrag der fraglichen Häuser und die von denselben bisher zu entrichtenden Steuern und Abgaben als wahre dicta aufgefaßt hat, für deren Wahrheit der Beklagte unter den obwaltenden thatsächlichen Verhältnissen die Garantie übernommen habe. In solchem Fall haftet aber ein Verkäufer selbst dann, wenn er diese Versicherung nicht wider besseres Wissen abgegeben hat, auf das

Interesse. Dem Käufer stehen zur Geltendmachung desselben sowohl die Kontraktsklage (l. 6 pr. § 4, l. 13 § 3 de act. emt. vend. 19, 1; l. 45 de contr. emt. 18, 1), als die Klagen aus dem ädilitischen Edikt (l. 1 § 2, l. 18 pr., l. 38 § 10 de aed. edict. 21, 1) zu Gebote. Daß es sich im vorliegenden Fall nicht um einen Kauf, sondern um einen Tausch handelt, ist unerheblich, da in dieser Beziehung die für den Kauf geltenden Grundsätze auch auf den Tauschvertrag Anwendung finden (l. 2 Dig. de rer. permut. 19, 4; l. 19 § 5 de aed. edict. 21, 1)."

137. **Actio institoria** (jetzt direkte Kontraktsklage), **wenn der dritte Kontrahent die Vollmacht eines Vertreters dazu ausnutzte, um mit diesem als solchem ein Geschäft abzuschließen, von welchem er wußte, daß es den Absichten des Geschäftsherrn zuwiderlaufe.** Urth. des I. Civilsenats vom 22. November 1884 in Sachen v. B. & W. zu H., Kläger und Revisionskläger, wider A. O., Beklagten und Revisionsbeklagten. Vorinstanz: O.L.G. Hamburg. Verwerfung.

„Hat der dritte Kontrahent die Vollmacht eines Vertreters dazu ausgenutzt, um mit demselben in dieser seiner Eigenschaft ein Geschäft abzuschließen, von welchem er speziell weiß, daß es den Absichten des Geschäftsherrn zuwiderläuft, so steht dem daraus etwa von ihm erhobenen Anspruche schon nach allgemeinen civilrechtlichen Grundsätzen eine Einrede der Arglist entgegen. Im Römischen Rechte wird für den Fall, daß der Geschäftsherr dem Dritten ausdrücklich mitgetheilt hätte, er wolle nicht, daß Letzterer mit dem institor ein solches Geschäft abschließe, eine exceptio gegen die actio institoria zugelassen (l. 17 § 4 D. de inst. act. 14, 3), ein Fall, der wohl von demjenigen zu unterscheiden ist, wo wegen Beschränkung der Vollmacht als solcher die actio institoria von vornherein ausgeschlossen ist (arg.: l. 11 §§ 2—4 eod.; l. 47 pr. D. de pec. 15, 1). Dem ersteren Falle muß nun aber selbstverständlich ein solcher völlig gleichgeachtet werden, wo dem dritten Kontrahenten aus Vorverhandlungen, die er selbst mit dem Geschäftsherrn geführt hat, auf andere Weise genau bekannt geworden ist, daß der Letztere dieses Geschäft nicht wolle. Dabei kommt nichts darauf an, daß nach heutigem Rechte aus den von einem Bevollmächtigten im Namen des Geschäftsherrn abgeschlossenen Verträgen gegen den Letzteren nicht mehr eine Klage von adjektizischer Natur, wie die actio institoria, sondern die direkte Kontraktsklage stattfindet (vergl. Entsch. Bd. II S. 167); denn diejenigen Umstände, welche die Einrede der Arglist begründen, werden durch diesen Unterschied nicht berührt."

138. **Zu den Voraussetzungen der actio de in rem verso utilis gehört der Hinweis beim Vertragsschluß, daß das Geschäft die Angelegenheiten des wegen Bereicherung in Anspruch zu Nehmenden betreffe.** Urth. des I. Civilsenats vom 3. Dezember 1884 in Sachen B. & K. zu H., Kläger und Revisionskläger, wider D. in B., Beklagten und Revisionsbeklagten. Vorinstanz: O. L. G. Rostock. Verwerfung.

„Was den eventuell erhobenen Anspruch aus der angeblichen Bereicherung des Beklagten betrifft, so schließt sich auch das R. G. in der vielverhandelten Streitfrage über die Voraussetzungen der actio de in rem verso utilis nach Gemeinem Rechte der von Ihering (Jahrbücher für die Dogmatik des Privatrechts Bd. I S. 339ff.) und Windscheid (Pandektenrecht Bd. II. Aufl. 5 § 483 Anm. 5 S. 823 f.) vertretenen Ansicht an, wonach zu denselben ein beim Vertragsabschlusse vorgekommener Hinweis darauf gehört, daß das Geschäft die Angelegenheiten des jetzt wegen Bereicherung in Anspruch zu Nehmenden betreffe. Daß diese Voraussetzung hier versagt, steht außer Zweifel."

139. **Nach Gemeinem Recht ist der Rechtsweg für Klagen auf Rückforderung zu Unrecht erhobener Steuern nicht ausgeschlossen, auch nicht wenn die Befreiung auf Verjährung gegründet wird.** Urth. des III. Civilsenats vom 11. November 1884 in Sachen M. und Gen. zu Lage, Kläger und Revisionskläger, wider den Magistrat daselbst, Beklagten und Revisionsbeklagten. Vorinstanz: O. L. G. Celle (für Lippe). Aufhebung; Erklärung, daß der Rechtsweg zulässig sei; Zurückverweisung.

Nach § 5 der Städteordnung für das Fürstenthum Lippe „übt die Regierung das Recht der Oberaufsicht über das städtische Gemeinwesen, entscheidet auch, *insoweit keine Privatrechte in Frage kommen*, über die in Verfassungs- und Verwaltungsangelegenheiten etwa entstehenden Irrungen und Meinungsverschiedenheiten." Die von den Klägern eingezogenen Bürgereinkaufsgelder, deren Rückerstattung gefordert wird, sind nach der auf § 35 des Lager-Ortsstatuts gestützten Annahme des B. R. im öffentlichen Rechte wurzelnde Kommunalabgaben; die zitirte Bestimmung der Städteordnung aber ist dahin ausgelegt, daß die Entscheidung der Regierung nur bei solchen Ansprüchen Einzelner gegen die Stadt oder der Stadt gegen Einzelne ausgeschlossen ist, *welche auf privatrechtlichem Rechtstitel beruhen*. Demgemäß erachtet der B. R. „sowohl aus § 5 cit. als auch nach der allgemeinen Regel, daß der Regel nach der Rechtsweg über die Frage der Verpflichtung zur Entrichtung öffentlicher Abgaben ausgeschlossen ist, die gerichtliche Geltendmachung der hier fraglichen Ansprüche auf Rückzahlung angeblich zu Unrecht eingezogener Abgaben für unzulässig."

„Die vom B. R. angenommene Regel, daß der Rechtsweg ausgeschlossen ist, wenn es sich darum handelt, ob eine von allen oder von einer gewissen Klasse von Staatseinwohnern beanspruchte Abgabe gesetzlich oder zur Ungebühr erhoben ist, besteht nicht. Ansprüche gegen den Staat oder die Gemeinde, welche darauf begründet werden, daß seitens der Staats- oder Kommunalbehörden Beträge als Abgaben eingezogen sind, welche als Abgaben nach dem geltenden Rechte überall nicht geschuldet werden, sei es daß die gesetzlichen Voraussetzungen für die Erhebung fehlen, sei es daß eine Befreiung durch Vertrag, Zahlung, Verjährung u. s. w. eingetreten ist, gehören an sich nach allgemeinen staatsrechtlichen Grundsätzen dem Gebiete der Justiz an und sind Privatrechte; der durch die ungerechtfertigte Einziehung Verletzte ist berechtigt, die Forderung auf Rückerstattung der ihm ohne gesetzlichen Grund entzogenen Vermögensbeträge gegen den Staat bezw. die Gemeinde als Vermögenssubjekt in gerichtlichem Wege geltend zu machen, soweit nicht der Rechtsweg durch eine positive gesetzliche Bestimmung ausgeschlossen ist. Hiernach ist, ganz abgesehen von dem zweiten Klaggrunde, für den erhobenen, auf Verzicht, Verjährung und Beseitigung der Abgabe qu. durch das Freizügigkeitsgesetz gestützten Anspruch der Rechtsweg an sich zulässig, und mag in Ansehung der Verjährung darauf hingewiesen werden, daß nach den im größten deutschen Staate geltenden, den Rechtsweg im Gebiete des Abgabenwesens sehr beschränkenden Vorschriften der Rechtsweg nicht verschlossen ist, wenn die Befreiung auf Verjährung begründet wird.

Es kann sich daher allein noch um die Frage handeln, ob der B. R. in bindender Weise festgestellt hat, daß der § 5 der Lippe'schen Städteordnung den Rechtsweg für den vorliegenden Anspruch ausschließt. Diese Frage ist aber zu verneinen. Abgesehen davon, daß der B. R. nach dem Zusammenhange der Gründe zu seiner Entscheidung über den Inhalt des Partikulargesetzes wohl kaum gelangt sein würde, wenn er nicht von der angenommenen Regel der Ausschließung des Rechtsweges ausgegangen wäre, so beruht die Entscheidung auf einer Verwechselung der in § 5 cit. gedachten „Privatrechte" mit Ansprüchen, „welche auf privatrechtlichem Rechtstitel beruhen". Es ist nicht etwa ausgeführt und festgestellt, daß bei Irrungen und Meinungsverschiedenheiten in Verfassungs- und Verwaltungsangelegenheiten der Rechtsweg allein für die auf privatrechtlichem Rechtstitel beruhenden Ansprüche, mit Ausschluß sonstiger privatrechtlicher Verhältnisse, gestattet sein solle; vielmehr sind unter „Privatrechten" eben überhaupt nur die auf privatrechtlichem Rechtstitel beruhenden Ansprüche verstanden. Hierin zeigt sich ein die Entscheidung beherrschender Rechtsirrthum, weil der

Kreis der Privatrechte sich keineswegs mit dem Kreise der auf privatrechtlichem Rechtstitel beruhenden Ansprüche deckt. Erinnert sei in dieser Beziehung nur an die Gehaltsansprüche der öffentlichen Beamten, welche zweifellos Privatrechte sind, jedoch nicht auf privatrechtlichem Rechtstitel beruhen. Hiernach ist die Entscheidung über den Inhalt des Partikulargesetzes für das Revisionsgericht nicht bindend. Bei der freien Prüfung des § 5 cit. aber ergiebt sich kein Grund, die Bestimmung „insoweit keine Privatrechte in Frage kommen" nicht nach ihrem Wortsinne auszulegen. Hiernach sind Privatrechte, also alle nach allgemeinen Grundsätzen dem Gebiete der Justiz angehörenden bürgerlichen Rechtssachen dem Rechtswege nicht entzogen. Daß aber der zur Frage stehende Anspruch auf Rückerstattung zu Unrecht erhobener Abgaben privatrechtlicher Natur ist, ist oben gezeigt."

140. **Norm für den Umfang des Anspruches der Ehegatten auf Leistung der ehelichen Pflicht, insbesondere mit Rücksicht auf das Alter der Ehegatten.** Urth. des I. Civilsenats vom 15. November 1884 in Sachen der Frau W. zu H., Beklagten, Widerklägerin und Revisionsklägerin, wider maritum, Kläger, Widerbeklagten und Revisionsbeklagten. Vorinstanz: O.L.G. Hamburg. Verwerfung.

Der Widerbeklagte, welcher zugiebt, seit einiger Zeit, möglicherweise seit Anfang 1880, der Widerklägerin nicht mehr ehelich beigewohnt zu haben, behauptet nicht seine Unfähigkeit zur Vollziehung des Beischlafes, hält aber die Versagung der ehelichen Pflicht, abgesehen von den Gründen, auf welche er den Anspruch auf Scheidung von Tisch und Bett stützt, schon wegen seines Alters für gerechtfertigt.

„Als Norm für den Umfang des Anspruches der Ehegatten auf Leistung der ehelichen Pflicht erscheint im Kanonischen Recht der Ausspruch Gratian's in can. 3 C. 32 qu. 2, welcher, als auf die apostolische Lehre (1. Kor. 7, 3 ff.) gegründet und weil mit der katholischen Lehre von der Sakramentsnatur der Ehe nicht zusammenhängend, auch im protestantischen Eherecht Geltung hat. Dieser Norm zufolge kann die Erfüllung der ehelichen Pflicht nicht maßlos bis zu den äußersten Grenzen der physischen Möglichkeit, sondern nur in mäßigem Umfang begehrt werden. Das Maß der zu leistenden ehelichen Pflicht, insbesondere der Zeitpunkt, von welchem ab die Leistung derselben überhaupt nicht mehr begehrt werden kann, ist nur im einzelnen Falle nach den Umständen desselben, nicht nach einer allgemeinen Regel zu bestimmen. Diesen Grundsatz hat das B.G., wenn auch nicht ausgesprochen, doch in Anwendung gebracht, indem es erklärt, daß unter den Umständen des vorliegenden Falls, da die Ehe der Parteien schon seit 1869 besteht, die Ehefrau im 45. und der Ehemann schon im

63. Lebensjahre sich befindet, von einem Rechte der Ehefrau, vom Ehemann gerichtlich die Erfüllung der ehelichen Pflicht zu fordern, nimmermehr die Rede sein könne. Diese Entscheidung kann weder als mangelhaft begründet nach § 513 Nr. 7 der C.P.O., noch als rechtsirrthümlich angefochten werden."

141. 1) **Die Ehescheidungsstrafe ist nur von dem Vermögen zu entrichten, welches der schuldige Ehegatte zur Zeit der Ehescheidung besitzt, nicht von künftigem Vermögenserwerb, seitens des Beamten daher nicht von seinem künftig fälligen Gehalt. 2) Kein Anspruch der geschiedenen Ehefrau auf Alimentation.** Urth. des III. Civilsenats vom 7. November 1884 in Sachen der geschiedenen v. d. L. in O., Klägerin und Revisionsklägerin, wider gesch. maritum, Beklagten und Revisionsbeklagten. Vorinstanz: O.L.G. Frankfurt a./M. Verwerfung.

Zu 1. „Die Ehescheidungsstrafe ist nur von dem Vermögen, welches der schuldige Ehegatte im Zeitpunkte der Ehescheidung besitzt, zu entrichten; ein späterer Vermögenserwerb desselben wird durch die Strafe nicht betroffen. Das Gehalt aber, welches ein Beamter zu beziehen hat, so lange er das Amt bekleidet, ist, insoweit es nicht schon zur Zeit der Ehescheidung fällig war, ein künftiger Erwerb. Und der mit der Anstellung für die Zeitdauer des Amtes gewährte Anspruch auf Fortbezug des Gehalts bildet keinen Bestandtheil des Vermögens des Beamten."

Zu 2. „Daß einer geschiedenen Ehefrau ein Anspruch auf Alimentation gegen ihren gewesenen Ehemann überhaupt nicht zusteht, ist von dem R.G. bereits in dem" (in den Annalen Bd. VII S. 501; Entsch. Bd. VIII S. 184 mitgetheilten) „Urtheil vom 13. März 1883 ausgeführt worden."

Partikularrecht.

1. Preußisches Recht.

142. **Der Rechtserwerb erfolgt für den Machtgeber so, wie er sich in der Person des Bevollmächtigten vollzogen hat** (Gesetz vom 5. Mai 1872 § 38). Urth. des V. Civilsenats vom 26. November 1884 in Sachen J. R. in O., Klägerin und Revisionsklägerin, wider die

Eheleute B., Beklagte und Revisionsbeklagte. Vorinstanz: O.L.G. Königsberg. Verwerfung.

„Wie das R.O.H.G. (Entsch. Bd. VI S. 403 ff.) für das Gemeine Recht und für das Handelsrecht, und ebenso das frühere Preuß. Ob. Trib. (Entsch. Bd. 76 S. 200; Striethorst, Archiv Bd. 83 S. 268) überzeugend nachgewiesen haben, besteht das durch den Bevollmächtigten begründete Rechtsverhältniß so, wie es in der Person des Bevollmächtigten entstanden ist, für den Machtgeber. Es können deshalb die ihm aus der Person des Bevollmächtigten anhaftenden Mängel — Irrthum, Zwang, Betrug, mala fides — gegen den Machtgeber geltend gemacht werden. Zutreffend sagt das R.O.H.G. (a. a. O. S. 407): Die Handlung des Vertreters wird dem Vertretenen so zugerechnet, als wäre sie seine eigene. Kontrahent ist der Vertreter, aber dessen Kontrahiren ist vom Prinzipal gewollt, und es treffen daher die Rechtswirkungen dieses fremden Kontrakts nach dem Willen aller Betheiligten unmittelbar und lediglich den Prinzipal.

Der aufgestellte Rechtsgrundsatz gilt nicht blos von dem Verhältniß der beiden Kontrahenten zu einander, hier also der Klägerin und ihrer Cedentin, sondern findet ebenmäßig Anwendung auf das Rechtsverhältniß des Erwerbers zum Hypothekenschuldner. Denn auch die rechtliche Lage des Letzteren hängt nach § 38 cit. von der Kenntniß einer dem persönlichen Schuldverhältniß entgegenstehenden Thatsache ab. Es läßt sich nicht denken, daß der Erwerber eines Rechts eine die Wirkungen des Erwerbsaktes beeinträchtigende Kenntniß nur gegenüber demjenigen, von welchem er sein Recht ableitet, besitzt und nicht auch gegenüber demjenigen, dessen Rechtslage durch die Kenntniß oder Nichtkenntniß derselben Thatsache bedingt ist. Der B.R. hat deshalb die Regel, daß der Rechtserwerb für den Machtgeber so erfolgt, wie er sich in der Person des Bevollmächtigten vollzogen hat, zutreffend auch hier angewendet und mit Recht ausgesprochen, daß Klägerin, wenn dem L. die Zahlung bei der Cession bekannt war, sich mit der Unkenntniß dieser Thatsache gegenüber den Beklagten nicht schützen kann."

143. **Die Bürgschaft für das unkonsentirte Darlehen eines Subalternoffiziers ist ein rechtsgültiges Geschäft** (§ 254 Th. I Tit. 14 des Allgem. L.R.). **Durch Zahlung der Strafe des § 684 Th. I Tit. 11 des Allgem. L.R. an den Fiskus wird der Bürge der Forderung des Gläubigers gegenüber nicht befreit.** Urth. des IV. Civilsenats vom

24. November 1884 in Sachen F. zu B., Klägers und Revisionsklägers, wider v. K. zu R., Beklagten und Revisionsbeklagten. Vorinstanzen: L. G. I und Kammerger. Berlin. Aufhebung und Verurtheilung.

„Seit und noch vor dem Plenarbeschluß des ehemaligen Ob. Trib. vom 18. Februar 1856 (Entsch. Bd. 32 S. 1) ist die Bürgschaft für das unkonsentirte Darlehen eines Subalternoffiziers von der preußischen Judikatur als ein rechtsgültiges Geschäft erachtet, und die Schriftsteller haben sich in überwiegender Zahl dieser Meinung angeschlossen. Die große Zweifelhaftigkeit des hiernach angenommenen Rechtssatzes ist nicht zu verkennen. Derselbe steht aber seit einer langen Zeitperiode in unbestrittener Uebung, und um von ihm gegenwärtig wieder abzugehen, dazu bedürfte es unbedenklich durchgreifender, jedem Zweifel begegnender Gründe. An solchen Gründen ermangelt es, und es muß der Begründung, welche für die bisherige Meinung spricht, der Vorzug gegeben werden.

Festgestellt ist, daß der Beklagte in dem Schein vom 1. August 1859 für ein vom Cedenten des Klägers gegebenes Darlehen des Lieutenants v. K. im Betrage von 1500 Thaler nebst Zinsen Bürgschaft geleistet hat. Der hauptsächliche Grund des Plenarbeschlusses des Ob. Trib. besteht darin, daß die verbürgte Darlehensschuld des Lieutenants v. K. wegen der persönlichen Eigenschaft des Schuldners ungültig und deshalb der § 254 Th. I Tit. 14 des Allgem. L. R. auf die Bürgschaft des Beklagten anwendbar sei, und dem ist beizupflichten. Die von dem Lieutenant v. K. kontrahirte Darlehensschuld ist nach § 684 Th. I Tit. 11 a. a. O. wegen mangelnden Konsenses des Regimentschefs null und nichtig; sie ist im Sinne des § 251 Th. I Tit. 14 ebenda eine „ganz ungültige" Schuld. Jener § 684 fügt hinzu, daß, falls die Einwilligung des Chefs ermangelt, der Darlehnsgläubiger niemals die geringste Wiederbezahlung zu hoffen hat und das wirklich Gegebene zur Strafe unwiderruflich der Invalidenkasse anheimfällt. Der § 684 ist der Kabinetsordre vom 25. September 1789 (v. Kamptz Jahrbuch Bd. 41 S. 40) entnommen, und diese schließt sich einer Reihe wiederholter und geschärfter Edikte gegen das Schuldenmachen der Subalternoffiziere aus den Jahren 1726, 1744, 1746, 1755 und zuletzt vom 2. Dezember 1766 an, welche das Geldleihen an Subalternoffiziere ohne Konsens des Chefs auf das Ernsteste und Eindringlichste verbieten, den Darleiher seiner Forderung verlustig erklären und ihm außer der Konfiskation eine besondere Geld- event. Gefängnißstrafe androhen. Das von jeher in den Gesetzen ausgedrückte Verbot und die im § 684 ausgesprochene

Nichtigkeit und Strafandrohung führen nothwendig dahin, die unkonsentirte Darlehensschuld eines Subalternoffiziers für einen in den Gesetzen ausdrücklich gemißbilligten Vertrag zu erachten, wie solcher im § 252 Th. I Tit. 14 des Allgem. L.R. gemeint ist; und wenn nur die §§ 251 und 252 desselben Titels in Betracht kämen, so würde die Bürgschaft des Beklagten als eine unverbindliche anzusehen sein.

Der später folgende § 254 macht aber von der Regel, daß die Ungültigkeit der Hauptschuld die Unverbindlichkeit der Bürgschaft nach sich zieht, eine Ausnahme für den Fall, wenn die Ungültigkeit des Hauptvertrages blos aus der persönlichen Eigenschaft des Verpflichteten entsteht, und läßt in diesem Falle den Bürgen dem Gläubiger ebenfalls als Hauptschuldner haften. Der § 252 handelt ebenso wie der § 251 von ungültigen Verträgen und beabsichtigt nicht, eine Kategorie von Verträgen aufzustellen, welche nicht zu den ungültigen Verträgen gerechnet werden sollen. Er schärft nur dasjenige, was für letztere gilt, zur besonderen Beobachtung für die in den Gesetzen ausdrücklich gemißbilligten Verträge ein und verlangt für diese dieselbe Behandlung der Bürgschaft wie für jene. Das Gesetz macht in den §§ 251 und 252 keinen Unterschied in der Beurtheilung und Bestimmung der Wirkungen zwischen den dort bezeichneten Verträgen, und wenn nun § 254 ganz allgemein von ungültigen Verträgen spricht, ohne hierbei einen Unterschied oder eine Ausnahme zu machen, so muß ihm die Bezugnahme auf die kurz vorher ohne rechtliche Unterscheidung neben einander gestellten ungültigen Verträge untergelegt werden, ohne daß es gestattet ist, von seiner Anwendung die im § 252 bezeichneten ungültigen Verträge auszuschließen. Er trifft daher auch die letzteren, insofern seine sonstigen Voraussetzungen vorliegen.

Vom Revisionsbeklagten ist in Uebereinstimmung mit dem B.R. die Anwendbarkeit des § 254 für den vorliegenden Fall geleugnet, weil der dort angeführte Entstehungsgrund der Ungültigkeit des Hauptvertrages nicht vorliege. Der Revisionsbeklagte stützt seine Meinung darauf, daß die unkonsentirten Darlehen unter Umständen nach §§ 687, 688 Th. I Tit. 11 des Allgem. L.R. gültig seien, daß sie dem Schuldner eine Zahlungspflicht jedenfalls gegen den Fiskus auferlegten und auch durch Anerkenntniß nach § 713 eod. Gültigkeit erlangen könnten, sodaß die Fähigkeit zur Eingehung von Darlehensverträgen vom Gesetze den Subalternoffizieren nicht allgemein abgesprochen sei. Dieses Argument ist unzutreffend. Der § 254 verlangt nicht die vollständige, uneingeschränkte oder auch nur grundsätzliche

Unfähigkeit des Hauptschuldners zu derjenigen Art von Verträgen, zu welcher der von ihm geschlossene Vertrag gehört, sondern allein für den konkreten Fall die auf einer persönlichen Eigenschaft beruhende Unfähigkeit zum Abschluß des Vertrages, und ebenso setzt der § 251 nicht die Ungültigkeit der Vertragskategorie überhaupt, zu welcher der zu beurtheilende Vertrag gehört, sondern nur die des letzteren speziell für sich allein voraus, indem er auch nur für den konkreten Fall die Ungültigkeit der Forderung eines bestimmten Gläubigers an einen bestimmten Hauptschuldner im Auge hat. Die Forderung des klägerischen Cedenten an den Lieutenant v. K. ist so, wie sie in Wirklichkeit konstituirt worden, unzweifelhaft eine ungültige, und wenn für ihre Ungültigkeit der Grund des § 254 besteht, so ist sie auch unter diesen § 254 zu subsumiren; es kann daher nicht darauf ankommen, daß eine ganz allgemeine Unfähigkeit der Subalternoffiziere zur Kontrahirung von Darlehensschulden nicht existirt, daß hypothetisch der Fall hat eintreten können, die Forderung an den Lieutenant v. K. durch Anerkenntniß zu einer gültigen zu machen, und daß der Letztgenannte in Folge der Konfiskation sich der Zahlung des Empfangenen an den Fiskus nicht hat entziehen dürfen.

Der B. R. sieht mit Unrecht den Entstehungsgrund der Ungültigkeit der Darlehensforderung nicht in einer persönlichen Eigenschaft des Hauptverpflichteten, sondern in einem Verstoße gegen das im Interesse des Militärdienstes erlassene Verbotsgesetz. Das Verbotsgesetz ist eben und bedeutet die Ungültigkeitserklärung seitens des Gesetzes und ist aus der durch das Dienstinteresse gebotenen Rücksicht auf die Dienststellung der Subalternoffiziere, d. i. eine persönliche Eigenschaft, welche an diesen Personen haftet, erlassen. Das Dienstinteresse ist daher nur der Beweggrund, aus welchem an die Stellung der Subalternoffiziere, an deren persönliche Eigenschaft die Ungültigkeit der von ihnen ohne Konsens kontrahirten Darlehensschulden geknüpft ist, und nicht jener Beweggrund, sondern die persönliche Eigenschaft der Schuldner bildet den Entstehungsgrund für diese Ungültigkeit. Hiernach ist vorliegend der Fall für die Anwendung des § 254 gegeben. Aus den im Plenarbeschluß des Ob. Trib. in Bezug genommenen Aeußerungen von Suarez resp. des Justizministers v. Goldbeck kann irgend ein Moment zur Entscheidung der Streitfrage nicht entnommen werden. Die Bemerkung bei der revisio monitorum beruht auf dem früheren Standpunkt der Gesetzgebungsarbeiten, wonach den unkonsentirten Darlehen der Offiziere nur die Klagbarkeit abgesprochen war, sie also nicht unter den § 252 fielen (Th. II Abth. II Tit. 8 §§ 529, 530 des gedruckten Entwurfes des

Allgem. G.B.), und die späteren Bemerkungen im amtlichen Schlußbericht haben keinen Bezug auf die Bürgschaften dritter Personen und lassen sich für diese nicht verwerthen.

Ist die Bürgschaft des Beklagten gemäß § 254 für eine gültige zu erachten, so handelt es sich nur noch um den Einwand der Zahlung. Der B.R. ist auf eine Erörterung desselben nicht eingegangen; nach dem Thatbestande ist aber die Sache zur Endentscheidung reif, und hat diese erfolgen müssen. Nimmt man zu Gunsten des Beklagten auch die Thatsache für festgestellt an, daß für den Lieutenant v. K. die behauptete Zahlung von 1500 Thaler an den Fiskus gemäß § 684 Th. I Tit. 11 des Allgem. L.R. stattgefunden habe, so ist hierdurch einestheils die Tilgung der Darlehensforderung nicht erfolgt und der Bürge nicht befreit. Denn eine Forderung des Darlehensgebers an den Darlehensnehmer ist nicht entstanden und auf den Fiskus nicht durch Cession oder sonstwie übergegangen. Fiskus hat nur sein Recht auf eine gesetzliche Strafe, nicht auf eine Darlehensforderung geltend gemacht, und nicht eine Forderung der letzteren Art ist durch die Zahlung der Strafe getilgt. Beklagter kann daher nicht die Zahlung seitens oder für Rechnung des Hauptschuldners einwenden. Andererseits macht der hier anwendbare § 254 Tit. 14 den Beklagten zum Hauptschuldner des Darlehensgebers, und da diesem gegenüber die Schuld noch nicht berichtigt ist, liegt kein Grund vor, aus dem sich Beklagter der Erfüllung seiner Verbindlichkeit als Hauptschuldner entziehen könnte. Der Umstand, daß dem klägerischen Cedenten das Forderungsrecht gegen den Darlehensnehmer genommen ist, verändert nicht sein Recht gegenüber dem Beklagten als seinem Hauptschuldner. Ob der Gesetzgeber sich der Wirkung bewußt gewesen ist, daß der Darlehensgeber, obwohl er zur Strafe jedes Rechtes gegen den Hauptschuldner entbehrt, sich dafür bei dem Bürgen erholen kann, ist schwer zu bestimmen; ebensowenig ist aber die entgegengesetzte Absicht des Gesetzgebers nachweisbar, und die Frage nach dieser Absicht trägt zur Beantwortung der Streitfrage nichts bei. Der Einwand der Zahlung ist daher aus rechtlichen Gründen unerheblich."

144. Die Kollation findet auch bei testamentarischer Erbfolge statt. Urth. des IV. Civilsenats vom 8. Dezember 1884 in Sachen W. W. zu B., Beklagten, Widerklägers und Revisionsklägers, wider F. W. zu E., Kläger, Widerbeklagten und Revisionsbeklagten. Vorinstanz: O.L.G. Naumburg. Verwerfung.

„Die Frage: ob die Kollation bei der testamentarischen Erbfolge überhaupt stattfindet? ist eine streitige; dieselbe ist aber zu bejahen.

Das Allg. L. R. Th. II Tit. 2 § 378 bestimmt in unmittelbarem Anschluß an die Lehre von der gesetzlichen Erbfolge der Abkömmlinge: „Von vorstehenden Gesetzen über die Erbfolge der Kinder und weiteren Abkömmlinge (§§ 300 bis 376) können die Eltern durch letztwillige Verfügungen abweichen." Damit ist hinreichend klar ausgedrückt, daß im Allg. L. R. die testamentarische Erbfolge als Ausnahme aufgestellt ist, daß es also bei der gesetzlichen Erbfolge verbleibt, nicht allein wenn die Eltern eine Abweichung von derselben überhaupt nicht bestimmt haben (d. h. wenn sie überhaupt nicht testirt haben), sondern auch soweit sie eine Abweichung letztwillig nicht angeordnet haben. Nach § 384 daselbst können die Eltern in der letztwilligen Verfügung die Kollation ausschließen und beschränken; nach § 385 den Werth, zu welchem das Konferendum anzurechnen ist, bestimmen; nach § 386 das Kind verpflichten, sich auch solche Gelder, Sachen oder auf dasselbe verwendete Kosten auf sein Erbtheil anrechnen zu lassen, auf welche sonst nach der gesetzlichen Erbfolge keine Rücksicht genommen wird. Alles dies weist darauf hin, daß, soweit die Eltern dergleichen Anordnung nicht treffen, die Vorschriften über die Kollationspflicht der durch das Gesetz zur Erbfolge berufenen Abkömmlinge zur Anwendung kommen sollen. Diese Paragraphen handeln augenscheinlich von der letztwilligen Abweichung von einer Regel, und diese Regel kann nur in den Rechtssätzen gefunden werden, welche in § 303 ff. für die gesetzliche Erbfolge aufgestellt sind. Auf diese Regel weist auch § 386 ausdrücklich mit den Worten „bei der gesetzlichen Erbfolge" hin. Daraus folgt aber, daß, soweit der Testator keine Ausnahme von der Regel anordnet, er den Ausschluß der Regel nicht, sondern vielmehr die Anwendung der zitirten Paragraphen will und daß also diese Paragraphen auch vom Richter anzuwenden sind.

An diese Bestimmungen über die Befugniß der Eltern zur Anordnung eines solchen Ausschlusses der gesetzlichen Regel schließt sich der § 390 unmittelbar an und faßt das in den vorhergehenden Paragraphen erkennbare Prinzip dahin zusammen: „Was in der letztwilligen Verordnung der Eltern nicht bestimmt ist, muß nach den Regeln der gesetzlichen Erbfolge beurtheilt werden." Diese Satzung ist allerdings nicht blos bei der Kollation anwendbar; aber der Umstand, daß der Gesetzgeber dieselbe gerade in unmittelbarem Anschluß an die Regelung der Kollationspflicht durch letztwillige Verfügung hinstellt, weist darauf hin, daß sie vorzugsweise für die Kollation gegeben ist. Der § 390 hat eine so allgemeine Fassung, daß er nicht blos (wie Förster, Theorie und Praxis IV § 374, erste Ausgabe S. 330, will) eine Regel für die Auslegung des letzten Willens ist, sondern zugleich ausdrückt, daß eine Abweichung von den Grundsätzen der gesetzlichen Erbfolge nur eintreten soll, soweit eine dahin gehende Absicht des Testators in dem letzten Willen zum Ausdruck gekommen ist. Daß es andere gesetzliche Bestimmungen (z. B. § 521 des Allg. L. R. Th. I Tit. 12) giebt, welche sich mit ausdrücklichen Worten lediglich als für die Ergänzung des letzten Willens bestimmt bezeichnen, schließt nicht aus, daß der § 390 sowohl zur Auslegung, als auch (in dem obigen Sinne) zur Ergänzung des letzten Willens dienen soll. Ist aber der § 390 nicht blos Auslegungsregel, so kann nicht entgegengesetzt werden, daß durch die Anwendung der Vorschriften über die Kollation auf die testamentarische Erbfolge in unzulässiger Weise durch Auslegung etwas ganz Neues in das Testament hineingetragen werde.

Da hiernach das Allg. L.R. hinreichende Anhaltspunkte für die Beantwortung der streitigen Frage giebt, so bedarf es des Zurückgehens auf Novelle 18 Kap. 6 und der Erörterung der Frage nicht: ob der in derselben angegebene Grund des Gesetzes ein unjuristischer ist? Dasjenige, was in der Note zu § 251 des gedruckten Entwurfs zur Rechtfertigung der Abweichungen des Allg. L. R. in der Materie der Kollation von den Grundsätzen des Römischen Rechts gesagt ist (Koch, Kommentar zum Allg. L.R. Th. II Tit. 2 § 303), giebt kein Argument für die entgegengesetzte Meinung. Es wird zwar hier als der natürlichen Billigkeit gemäß bezeichnet, „daß für die mögliche Gleichheit unter den Kindern, sobald die Eltern weder unter Lebendigen, noch von Todeswegen ein anderes disponirt haben, durch das Gesetz gesorgt werde.“ Man muß aber das Wort „sobald“ in diesem gesetzlichen Motiv in der Bedeutung von „soweit“ verstehen. Denn sonst würde der Gesetzgeber für den Fall, daß der Vater auch nur bei der Hingabe einer einzelnen Schenkung an ein Kind (also unter Lebendigen) die Kollation angeordnet, damit auch bei der Intestaterbfolge jede anderweite Kollation ausschließen. Offenbar entspricht es aber auch der Billigkeit nicht, die Kollation weiter auszuschließen, als die Eltern sie ausgeschlossen haben. In der vierten, von Eccius herausgegebenen Auflage (IV S. 662) ist dann auch die Ansicht Försters aufgegeben und die oben entwickelte Beantwortung der Frage als auf Willensinterpretation beruhend bezeichnet.

Die obige Ausführung entspricht demjenigen, was Bornemann (System VI S. 293), Dernburg (III S. 676 § 242) und Hinschius (in der Juristischen Wochenschrift von 1836 S. 408) für die entwickelte Ansicht geltend machen, und auch das Ob.Trib. (Striethorst Bd. 17 S. 270) hat dieselbe wesentlich ebenso begründet. Die Schriftsteller, welche die entgegengesetzte Ansicht vertraten (Witte, Intestaterbrecht S. 232; Koch, Erbrecht § 102 S. 1010 Nr. 4 und S. 1019 ff.), stellen, abgesehen von Förster, nur den einfachen Satz hin, ohne ihn zu begründen. Damit stimmen auch die Gesetzrevisoren überein, ohne aber die Ansicht näher zu motiviren."

145. Eine Gewerkschaft setzt verliehenes Bergwerkseigenthum voraus. Urth. des V. Civilsenats vom 12. November 1884 in Sachen der Gewerkschaft Germania, Klägerin und Revisionsklägerin, wider die Erben W., Beklagte und Revisionsbeklagte. Vorinstanz: O.L.G. Naumburg. Verwerfung.

„Durch die von dem Erblasser der Beklagten W. auf das diesfällige Angebot des Hôtelbesitzers S. abgegebene Erklärung, daß er vier Antheile an dem von diesem gemutheten Bergwerke für 12000 Mark übernehmen wolle, wurde W. nicht, wie der Erste Richter annimmt, Mitbetheiligter und nicht auf Grund des Allg. Berggesetzes vom 24. Juni 1865 § 94 Mitgewerke. Vorbedingung für das Entstehen einer Gewerkschaft ist verliehenes Bergwerkseigenthum, und die Verleihung hat erst am 8. Mai 1877 stattgefunden. Wenn der § 94 Abs. 1 bestimmt: „Zwei oder mehrere Mitbetheiligte eines Bergwerks bilden eine Gewerkschaft," so wird ferner vorausgesetzt, daß diese Mitbetheiligung sich auf Eigenthumsrechte gründet. Das Allg. Berggesetz konservirt „die Gewerkschaft als dasjenige spezifisch bergrechtliche Gemeinschafts- und Gesellschaftsverhältniß, welches sich auf deutschem Boden mit dem Bergbau entwickelt und den eigenthümlichen Zuständen und Bedürfnissen des letzteren angepaßt hat" (Motive zur Regierungsvorlage S. 17, 67; vergl. Klostermann, Lehrb. S. 214; Oppenhoff, Berggesetz Note 533, und das Erk. des V. Civilsenats des R.G. vom 11. März 1882 V 828/81). Nach Gemeinem Bergrecht ist es unzweifelhaft, daß die Gewerkschaft Eigenthum am Bergwerk voraussetzt (Karsten, Grundriß der Deutschen Bergrechtslehre § 239; Hake, Kommentar über das Bergrecht §§ 223, 224). Dasselbe gilt nach dem Preuß. Allg. L.R. Th. II Tit. 16 §§ 264, 268 und nach dem Preuß. Gesetze vom 12. Mai 1851 § 1 (Gesetz-Samml. S. 265).

Nach dem Thatbestande war W. auch nicht Mitbetheiligter an der S.schen Muthung. Wäre dies aber auch der Fall gewesen, so bilden die Mitbetheiligten an einer Muthung nicht eine Gewerkschaft; denn das Recht aus der Muthung ist nicht ein bedingtes Bergwerkseigenthum. Das Bergwerkseigenthum entsteht erst durch die Verleihung (Allg. Berggesetz vom 24. Juni 1865 §§ 50, 54, 32, 34; Gesetz über den Erwerb ꝛc. des Grundeigenthums vom 5. Mai 1872 § 68 Nr. 1; vergl. Achenbach, Das Gemeine Deutsche Bergrecht Bd. I S. 428; Achenbach in Brasserts Zeitschr. Bd. X S. 98; Oppenhoff in Brasserts Zeitschr. Bd. X S. 412; Oppenhoff, Das Allg. Berggesetz, Note 173; Dernburg, Preuß. Privatrecht, 4. Aufl., Bd. I § 264 S. 670 bei Note 5; Förster (Eccius), 4. Aufl., Bd. I § 99 S. 733 und Note 78 — abweichend Klostermann in der Uebersicht der Entsch. des Ob.Trib. Bd. I S. 107). Auch in wiederholten Erkenntnissen des R.O.H.G. ist davon ausgegangen, daß eine Gewerkschaft verliehenes Bergwerkseigenthum voraussetzt (Entsch. Bd. XVIII S. 262; Bd. XXI S. 269; Bd. XXIII S. 318; Bd. XXV S. 361).

Als durch die am 8. Mai 1877 erfolgte Verleihung an S. (Allg. Berggesetz § 34, Nr. 1) dieser Eigenthümer des Bergwerks geworden und als solcher im Grundbuche eingetragen war (Ges. über den Eigenthumserwerb ꝛc. vom 5. Mai 1872 § 68 Nr. 1), überkam er die Verpflichtung, in Erfüllung seines mit W. getroffenen Abkommens den Erben desselben, die inzwischen an W.'s Stelle getreten waren, die vier ideellen Antheile an dem zur Existenz gelangten Bergwerke aufzulassen. Zwar ist das Bergwerkseigenthum kein Sacheigenthum, sondern eine Berechtigung (vergl. die diesfällige Ausführung im Erk. des Ob.Trib. vom 21. Februar 1874, Entsch. Bd. LXXI S. 289, und die Allegate daselbst); dasselbe wird aber zu den unbeweglichen Sachen gerechnet (Allg. Berggesetz § 50), unterliegt bezüglich der Veräußerung den allgemeinen für das Grundeigenthum geltenden Vorschriften (§ 52 a. a. O.; Motive S. 56), und es ist nicht die Cession die Veräußerungsform, sondern es war dies früher der Veräußerungsvertrag und die Uebergabe (Plenarbeschluß des Ob.Trib. vom 7. Juli 1851: Entsch. Bd. XXI S. 10 und bei Antheilen S. 17), und es ist dies gegenwärtig die Auflassung (Gesetz vom 5. Mai 1872 § 1). Dies gilt namentlich auch für die Veräußerung ideeller Antheile, wenngleich durch diese Veräußerung eine Gewerkschaft entsteht, deren Antheile (Kuxe) alsdann die Eigenschaft beweglicher Sachen haben (Allg. Berggesetz §§ 94, 101; vergl. Achenbach, Das Französische Bergrecht und die Fortbildung desselben durch das Preuß. Berggesetz S. 258, auch abgedruckt in Brasserts Zeitschr. Bd. VIII S. 261; Oppenhoff, Das Allg. Berggesetz, Note 317).

Nur unter allen diesen — nicht behaupteten — Voraussetzungen würden die W.'schen Erben mit S. in ein Gewerkschaftsverhältniß getreten sein. Es würde aber eine so entstandene Gewerkschaft in ihrer juristischen Persönlichkeit nichts mit der gegenwärtig klagenden Gewerkschaft gemein haben. Das Wesen einer juristischen Person wird durch ihre Verfassung bestimmt. Für die zwischen S. und den W.'schen Erben möglicher Weise aus dem Gesetze entstandene Gewerkschaft würde lediglich diejenige Verfassung maßgebend sein, welche das Berggesetz in den §§ 94 ff. aufstellt (vergl. § 133). Zwar stand dieser lediglich auf dem Gesetze beruhenden Gewerkschaft die Befugniß zu, ihre besondere Verfassung durch ein notariell oder gerichtlich zu errichtendes Statut zu regeln. Dies konnte aber nur in einer Gewerkenversammlung geschehen, die nach den maßgebenden Vorschriften im Berggesetz von der zuständigen Bergbehörde (bei noch nicht vorhandenen Repräsentanten: § 122) zu berufen war und in der alle Mitgewerken anwesend oder gehörig geladen waren. Dieser Weg ist nicht eingeschlagen worden. Im Gegentheil haben nach der Feststellung des B. R. in der notariellen Verhandlung vom 20. März 1877 S. und drei andere Personen, von denen gesagt wird, daß S. sie als Theilnehmer an dem bezeichneten Bergwerksunternehmen aufgenommen habe, unter sich ein Statut vereinbart, ohne Zuziehung der W.'schen Erben und ohne deren angebliche Mitbetheiligung auch nur zu erwähnen. Diese vier Personen haben sodann einen Vorstand gewählt, und in den von diesem ausgeschriebenen folgenden Gewerkenversammlungen ist schließlich das Statut vom 16. April 1879, oberbergamtlich bestätigt am 5. Mai 1879, zu Stande gekommen, welches gegenwärtig für die Klägerin gilt. Zutreffend vermißt der B. R. jeden Rechtsgrund, aus welchem die beklagten Erben verbunden sein können, ihre Zugehörigkeit als Mitgewerken zu einer Gewerkschaft anzuerkennen, deren Verfassung ohne ihre Zuziehung vereinbart worden ist und die nach erfolgter Konsolidation mit andern Bergwerken überdies noch ein ganz anderes Objekt umfaßt."

146. **Anspruch des Freikuxberechtigten auf aufbereitete Mineralien gegen antheilige Erstattung der Aufbereitungskosten. Unterscheidende Merkmale von Aufbereitungsanstalten und Hüttenwerken. Zugehörigkeit der ersteren zum Bergwerk. Gleichberechtigung der Freikuxbesitzer betreffs der Qualität der Ausbeute mit den übrigen Gewerken.** Urth. des V. Civilsenats vom 12. November 1884 in Sachen der Gewerkschaft Samuelsglück, Beklagte und Revisionsklägerin, wider E. F. zu B., Kläger und Revisionsbeklagten. Vorinstanz: O. L. G. Breslau. Verwerfung.

Nach den von der beklagten Gewerkschaft bei Verwaltung ihres Blei- und Zinkbergwerkes getroffenen Anordnungen werden die gewonnenen Erze nicht verkauft und es wird die Ausbeute den Gewerken nicht in Gelde gewährt. Es werden die Mineralien unter die Gewerken in Natur vertheilt, nachdem sie zuvor in der auf der Grube befindlichen, von den Gewerken erbauten Aufbereitungsanstalt (Wäsche) auf mechanischem Wege zermalmt, gewaschen und gereinigt worden sind. Die Beklagte will dem Kläger die auf seine Freikuxe fallenden Mineralien nur in rohem Zustande und unaufbereitet, so wie sie aus der Grube gefördert werden, verabfolgen, während der Kläger, unter dem Erbieten antheiliger Kostenerstattung, die Mineralien in gleichem aufbereiteten Zustande verlangt, wie dieselben den anderen Gewerken gewährt werden. Der B.R. hat die Beklagte diesem Verlangen des Klägers gemäß verurtheilt.

„Die von der Beklagten erhobene Revision ist nicht begründet. Wenn nach der von der Beklagten eingeführten Verwaltung die Ausbeute in Natur vertheilt wird, so besteht die Realberechtigung, welche die früheren Gesetze (Schlesische Bergordnung vom 5. Juni 1769 Kap. 31 §§ 1, 2; Korn, Ediktensammlung Bd. XI S. 89 ff., S. 117; Allg. L. R. Th. II Tit. 16 §§ 117 ff., 134) und die deklaratorische Bestimmung in § 224 Abs. 2 des Allg. Berggesetzes vom 24. Juni 1865 dem Grundkuxberechtigten gewähren, in einem Anspruche auf einen verhältnißmäßigen Antheil an den durch den Bergbau gewonnenen Produkten, belastet mit der Verpflichtung zur antheilsweisen Erstattung der Gewinnungskosten (vergl. Erk. des V. Civilsenats des R.G. vom 4. November 1882: Entsch. Bd. VIII S. 220, 223). Es ist eine irrige Auffassung der Beklagten, daß mit der Förderung der Mineralien aus der Grube der Bergwerksbetrieb beendet ist, daß die zu Tage geförderten Mineralien, verbunden mit Gestein und Erden, die schließlichen Produkte des Bergbaues sind und daß die Aufbereitung dieser Produkte, die Trennung der Steine und Erden von den Erzen, die Reinigung, die Sonderung des Guten vom Schlechten nicht mehr einen Akt des Bergwerksbetriebes ausmache, sondern eine eigene gewerbliche Thätigkeit, das Anfangsstadium der Verwerthung und des Verhüttens der Bergwerksprodukte bilde.

Die Freikuxberechtigung haftet auf dem Bergwerkseigenthum. Inhalt dieses Eigenthums sind nicht blos die im § 54 des Allg. Berggesetzes angegebenen Befugnisse. Es ist in demselben auch dem Bergwerkseigenthümer die Berechtigung ertheilt, die zur Aufbereitung seiner Bergwerkserzeugnisse erforderlichen Anstalten zu errichten und zu betreiben (§ 58). Die im § 58 erwähnten Aufbereitungsanstalten sind ein Zubehör des Bergwerks. Dem Bergwerkseigenthümer ist für sie im Verhältniß zum Grundeigenthümer das bergrechtliche Expropriationsrecht eingeräumt (§ 135). Sie unterstehen der Aufsicht der Bergbehörden (§§ 59, 196 letzter Absatz), nicht der der gewöhnlichen Verwaltungsorgane. Die in ihnen beschäftigten Arbeiter sind Mitglieder der Knappschaftsvereine (§ 165). Nun sind allerdings die Grenzen zwischen den Aufbereitungsanstalten und den Hüttenwerken schwankend (vergl. Bergmännisches Wörterbuch von Dannenberg und Frantz S. 21; Hüttenmännisches Wörterbuch von Frantz und Dannenberg S. 13). Die Verwaltungsbehörden verstehen unter Aufbereitungsanstalten im Sinne von § 58 des Allg. Berggesetzes solche Anlagen, durch welche die Bergwerksprodukte auf mechanischem Wege gereinigt, zerkleinert und im Gehalte an nutzbaren Theilen konzentrirt werden (Ministerialerlaß vom 21. Februar 1876; Brassert, Zeitschr. Bd. XVII S. 115), im Gegensatz zu solchen Anlagen, in welchen unter chemischer Einwirkung ein neues Produkt geschaffen wird. Jedoch ist dieser Gegensatz nicht immer streng aufrecht erhalten. In den Ministerialerlassen vom 23. Dezember 1872 und 1. Februar 1882 (Brassert, Zeitschr. Bd. XIII S. 562, Bd. XXIII S. 273) werden Verkokungsanstalten am Gewinnungsorte der Kohlen, und in dem Ministerialerlasse vom 8. März 1882 (Brassert, Zeitschr. XXIII S. 273) Glühöfen zur Aufbereitung spatheisensteinhaltiger Zinkblende zu den bergbaulichen Aufbereitungsanstalten gerechnet.

Unbedenklich müssen als Aufbereitungsanstalten (§ 58) die Poch-, Quetsch- und Mahlwerke angesehen werden, welche dazu dienen, das Erz vom Gestein zu trennen und zu zerstoßen; ferner die Wäschen, in denen die gepochten Erze zur Vollendung der Scheidung gewaschen werden, bei denen es also nur auf eine Sonderung des nutzbaren Erzes vom tauben Gestein ankommt (vergl. das inzwischen durch § 244 des Allg. Berggesetzes aufgehobene Gesetz über die Kompetenz der Oberbergämter vom 10. Juni 1861 §§ 6, 12; den Bericht der Kommission des Abgeordnetenhauses für die Berathung des Allg. Berggesetzes, Sitzung 1865 Nr. 183 S. 96 zu 196; Achenbach, Das Gemeine Deutsche Bergrecht S. 183, 199 u. Note 2; Oppenhoff, Das Allg. Berggesetz, Noten 391—395; Klostermann, Das Allg. Berggesetz, Note 288; Klostermann, Lehrbuch des Preuß. Bergrechts S. 163, 164, 389). Die gegenwärtig in Frage stehende Aufbereitungsanstalt, welche die Gewerken auf der Grube errichtet haben und in welcher auf mechanischem Wege die eigenen Erze zermalmt, gewaschen und gereinigt werden, ist eine zum Bergwerk Samuelsglück gehörige Aufbereitungsanstalt. Die Beklagte befindet sich beim Betrieb derselben in der Ausübung ihres Bergwerkseigenthums, und die hierbei gewonnenen Erze sind diejenigen bergbaulichen Erzeugnisse, auf welche der freikuxberechtigte Kläger ein antheiliges Recht hat. Die Werbungskosten fallen ihm antheilig zur Last (Allg. L.R. Th. II Tit. 16 §§ 122, 277, 304, 305). Er hat sich auch wiederholt zur

Erstattung bereit erklärt. Die Entscheidungsgründe des B. R. beruhen, im Anschluß an die Ausführungen des Ersten Richters, ebenfalls hauptsächlich auf der Zugehörigkeit der Aufbereitungsanstalt zum Bergwerk.

Das Verlangen des Klägers erscheint aber auch noch von einem anderen Gesichtspunkte aus gerechtfertigt. Die Freikuxberechtigten sind nicht Miteigenthümer am Bergwerk, sie haben schon seit dem Gesetze vom 12. Mai 1851 über die Verhältnisse der Miteigenthümer eines Bergwerks § 5 (Gesetzsamml. S. 265) kein Stimmrecht in gewerkschaftlichen Angelegenheiten und dürfen sich in die Verwaltung nicht einmischen, selbstverständlich unbeschadet ihres Rechts, solche Maßregeln der Gewerkschaft anzufechten, welche zu einer Verkümmerung ihrer Freikuxberechtigung führen würden (vergl. Erk. des Ob. Trib. vom 21. Januar 1878: Entsch. Bd. LXXXI S. 187, 196, und das unter den gegenwärtigen Parteien ergangene Erk. des Ob. Trib. vom 11. Juli 1879). Abgesehen hiervon, stehen sie aber bezüglich der geschlossenen Ausbeute den gewerkschaftlichen Kuxeigenthümern zwar nicht in der Größe ihrer Quote gleich (Allg. Berggesetz § 224 Abs. 3), wohl aber bezüglich der Qualität des Objekts, und die Gewerkschaft darf ihnen bei der in Natur zu gewährenden Ausbeute nicht Erze von anderer Beschaffenheit zuweisen, als den Mitgewerken. Mit der Annahme geht der B. R. freilich zu weit, daß die Beklagte überhaupt nicht berechtigt sei, dem Kläger andere, ihr nicht verliehene, wenngleich mit den verliehenen verbundene Mineralien zuzutheilen. Dieser Grund ist aus den Rechten des gegenwärtig nicht betheiligten Grundeigenthümers entnommen, von dessen Entschließung es allein abhängt, ob er von der Beklagten die Herausgabe von dergleichen beibrechenden Mineralien gegen Erstattung der Gewinnungs- und Förderungskosten verlangen will (Allg. Berggesetz § 57 Abs. 2). Auch dürfte die vollständige, reine Scheidung des verliehenen Minerals von nicht verliehenem durch bloße Aufbereitungsarbeiten nicht möglich sein."

147. Klagbarkeit des Anspruches des Pfarrgenossen auf bestimmungsgemäße Benutzung des der Kirchengesellschaft gehörigen Kirchhofes für sich und seine derselben Parochie angehörenden Familienglieder gegen die Kirchengesellschaft im Rechtswege. Urth. des IV. Civilsenats vom 4. Dezember 1884 in Sachen A. H. zu B., Klägers und Revisionsklägers, wider die katholische Kirchengemeinde B., Beklagte und Revisionsbeklagte. Vorinstanz: O. L. G. Hamm. Aufhebung und Zurückverweisung.

Das L. G. hat den Klaganspruch aus dem Grunde abgewiesen, weil derselbe durch die vom Kläger getroffene, einen thatsächlichen Verzicht in sich schließende

Wahl eines anderen Begräbnißplatzes erloschen sei. Das O.L.G. hat diesen Entscheidungsgrund verworfen, gleichwohl aber die Berufung des Klägers zurückgewiesen, weil demselben das beanspruchte Recht, welches sich nur auf seine Eigenschaft als Mitglied der beklagten Kirchengemeinde und nicht auf einen speziellen Erwerbstitel gründe, als ein im Wege des Civilprozesses verfolgbares gegen die Beklagte überhaupt nicht zustehe, solches vielmehr nur durch Beschwerde bei den kirchlichen und staatlichen Aufsichtsbehörden geltend gemacht werden könne.

„Dieser Ansicht konnte nicht beigetreten werden.

Nach § 13 des G.V.G. gehören vor die ordentlichen Gerichte alle bürgerlichen Rechtsstreitigkeiten, für welche nicht entweder die Zuständigkeit von Verwaltungsbehörden oder Verwaltungsgerichten begründet ist, oder reichsgesetzlich besondere Gerichte bestellt oder zugelassen sind. Das Gesetz enthält weder eine Definition des Begriffes „bürgerliche Rechtsstreitigkeiten", noch eine Abgrenzung der Kompetenz der ordentlichen Gerichte gegenüber der Zuständigkeit der Verwaltungsbehörden und Verwaltungsgerichte. In dieser Hinsicht ist daher, soweit nicht andere Reichsgesetze Bestimmungen getroffen haben, auf die in Geltung gebliebenen Landesrechte zurückzugehen. Für Preußen kommt vor allem der § 1 der Einleitung zur Allgem. Ger. O. in Betracht, welcher in Wissenschaft und Praxis stets als oberster Grundsatz über die Zulässigkeit des Rechtsweges angesehen ist. Hiernach müssen, in Ermangelung eines gütlichen Uebereinkommens, „alle Streitigkeiten über Sachen und Rechte, welche einen Gegenstand des Privateigenthums ausmachen, durch richterlichen Ausspruch entschieden werden." Daß in dieser Vorschrift unter den Gegenständen des *Privateigenthums* nicht blos die Objekte des eigentlichen Eigenthums oder der *Vermögensrechte* überhaupt, sondern alle Gegenstände *privater Berechtigung* im Gegensatze sowohl zu den Befugnissen des öffentlichen Rechts als auch zu denjenigen Bethätigungen des Willens, welche ihrer Natur nach nicht den Inhalt eines subjektiven Rechts zu bilden vermögen, haben verstanden werden sollen, unterliegt keinem Zweifel und ist in der Praxis des vormaligen Preuß. Ob. Trib. stets anerkannt worden (vergl. *Entsch.* desselben Bd. VII S. 137). Prüft man von diesem Gesichtspunkte aus den vorliegenden Klaganspruch, so gelangt man zu dem Ergebniß, daß derselbe einen Gegenstand des Privatrechts in dem eben angegebenen Sinne betrifft.

Der Klagantrag bezweckt die Verurtheilung der beklagten Kirchengemeinde, das ehrliche Begräbniß der Leiche des Referendars W. H. (eines Sohnes des Klägers) auf dem katholischen Kirchhofe zu B. — in der Reihe — zu gestatten. Derselbe richtet sich nicht auf die Einräumung einer konkret bestimmten, sondern auf die Gewährung einer Grabstätte überhaupt an der für die Beerdigung der Gemeindeglieder regelmäßig dienenden Stelle (so sind die Worte „in der Reihe" offenbar zu verstehen) unter Ausschließung aller das Andenken des Verstorbenen herabsetzenden Ausnahmemaßregeln, ohne daß jedoch andererseits eine kirchliche Mitwirkung bei der Bestattung begehrt würde. Gegründet ist der Klaganspruch auf die unstreitigen Umstände, daß der fragliche Kirchhof im Eigenthume der Beklagten steht und Kläger Mitglied der letzteren ist, sowie auf die streitig gebliebene Behauptung, daß der Verstorbene bei seinem Ableben in der väterlichen Gewalt des Klägers sich befunden, mithin gemäß § 272 Th. II Tit. 11 des Allgem. L.R der Parochie des Vaters angehört habe. Nach § 183 Th. II Tit. 11 des Allgem. L.R. stehen die zu den einzelnen Kirchen gehörigen Kirchhöfe und Begräbnißplätze der Regel nach — wie dies auch vorliegend der Fall ist — im Eigenthum der betreffenden Kirchengesellschaften und bilden alsdann einen Theil des Kirchenvermögens (§ 160 das.). Unter den Kirchengesellschaften, als juristischen Personen und Subjekten des Kirchenvermögens, versteht aber das Allgem. L.R. anerkanntermaßen die lokalen, korporativ organisirten Kirchengemeinden, nicht die Gesammtkirche der betreffenden Konfession. Jene bestehen aus geistlichen und weltlichen Mitgliedern (§ 58 das.), und die letzteren haben das Recht, sich der Anstalten der Gesellschaft zu ihren Religionshandlungen nach Maßgabe der bei dieser Gesellschaft eingeführten Ordnungen und Verfassungen zu bedienen, wogegen sie auch, nach eben diesen Verfassungen, zur Unterhaltung der Anstalten beizutragen haben (§§ 108—110 das.). Dem entsprechend bestimmt denn auch § 761 das., daß die Unterhaltung der Begräbnißplätze, als gemeine Last, Allen obliegt, „die an dem Kirchhofe Theil zu nehmen berechtigt sind" (§§ 183 ff.).

Hieraus ergiebt sich, daß jeder Eingepfarrte, als Mitglied der Kirchengesellschaft, ein Recht auf die bestimmungsmäßige Benutzung des derselben gehörigen Kirchhofs für sich und seine der nämlichen Parochie angehörenden Familienglieder hat, wie er andererseits zu den Unterhaltungskosten beizutragen verbunden ist, und demgemäß stellt denn auch der § 453 a. a. O., allerdings zunächst zum Zweck der Regelung des Anspruches auf die Stolgebühren, aber doch immerhin in ersichtlicher Anerkennung des korrespondirenden Rechts, den Grundsatz auf, daß jeder Eingepfarrte der Regel nach in seiner Parochie begraben werden müsse. Das hiernach aus der Gemeindemitgliedschaft entspringende Theilnahmerecht ist, wie bereits das vormalige Preuß. Ob.Trib. zutreffend dargelegt hat (vergl. Striethorst's Archiv Bd. 65 S. 110 ff., Bd. 86 S. 114 ff.), wesentlich verschieden von dem etwa auf § 189 Th. II Tit. 11 des Allgem. L. R. gegründeten Anspruche eines außerhalb der Gemeinde Stehenden auf Gewährung eines Begräbnisses; es gehört nach der für alle Korporationen aufgestellten Regel des § 72 Th. II Tit. 6 des Allgem. L. R. in Verbindung mit § 4 Th. II Tit. 17 des Allgem. L. R. zu den besonderen Rechten der einzelnen Mitglieder und stellt sich auch seinem Gegenstande wie seinem Inhalte nach als eine private Berechtigung dar, insofern es nicht der Ordnung des Gemeinwesens dient, sondern — wenigstens in erster Reihe — dem Einzelnen zur Befriedigung eines individuellen Bedürfnisses gewährt ist (vergl. Schulze, Das Preußische Staatsrecht Bd. II S. 359; Unger, System des Oesterreichischen Privatrechts Bd. I S. 2—4). Zu einem wesentlichen Theile wird dies Recht sogar in den meisten Fällen als ein vermögensrechtliches zu qualifiziren sein, da derjenige, welchem die Sorge für die Bestattung des Verstorbenen und die Bestreitung der dadurch erwachsenden Kosten obliegt, an der Gewährung der ihm gebührenden Grabstätte auch ein beachtungswerthes pekuniäres Interesse zu haben pflegt und in dieser Gewährung zugleich das Aequivalent für seinen Beitrag zu den Unterhaltungskosten des gemeinsamen Begräbnißplatzes empfängt. Indeß kommt es hierauf nicht entscheidend an, da auch andere als Vermögensinteressen, sofern sie überhaupt rechtliche Anerkennung gefunden haben und dem Bereiche des Privatrechts angehören, den Schutz der ordentlichen Gerichte genießen.

Der demzufolge, in Anwendung des an die Spitze gestellten Grundsatzes, gebotenen Anerkennung des streitigen Rechts als eines im Wege des Civilprozesses verfolgbaren steht auch nicht entgegen, daß der Gegenstand desselben in gewisser Hinsicht — keineswegs absolut — dem bürgerlichen Verkehr entzogen ist. Denn so wenig diese Eigenschaft der Kirchhöfe das Vorhandensein privaten Eigenthums (sei es der Kirchen- oder politischen Gemeinden oder Einzelner) an denselben ausschließt, ebenso wenig hindert dieselbe das Bestehen solcher Nutzungsrechte an ihnen, welche ihrer Bestimmung nicht zuwiderlaufen, und dies gilt sicherlich von dem in Frage stehenden Beerdigungsrechte. So ist denn auch der Erwerb von persönlichen, Erb- und Familien-Begräbnißstätten in verbreiteter und rechtlich geschützter Uebung (vergl. Entsch. des Preuß. Ob. Trib. Bd. 61 S. 219, Bd. 66 S. 200; Förster-Eccius, Theorie 2c. Bd. I S. 119; Dernburg, Preuß. Privatrecht, 4. Aufl., Bd. I S. 146), und man wird kaum anstehen, auch den auf die §§ 685, 591 Th. II Tit. 11 des Allgem. L. R. gestützten Ansprüchen auf unentgeltliche Anweisung von Begräbnißplätzen die Natur klagbarer Ansprüche beizulegen.

Wenn gleichwohl der B.R. dem Anspruche des Klägers diese Anerkennung versagt hat, so beruht dies in erster Reihe auf der Annahme, daß die Mitglieder einer öffentlich-rechtlichen Korporation (welches die Beklagte zweifellos ist) gegen dieselbe klagbare Ansprüche auf Theilnahme an dem Korporationsvermögen aus ihrer Mitgliedschaft allein nicht herleiten könnten, hierzu vielmehr noch eines weiteren (speziellen) Erwerbstitels bedürften. Allein ein allgemeiner Grundsatz dieses Inhalts ist dem Preuß. Rechte fremd. Aus dem bereits angezogenen § 72 Th. II Tit. 6 des Allgem. L.R. geht im Gegentheil hervor, daß das Anrecht jedes Korporationsmitgliedes an dem der Benutzung der Mitglieder unterworfenen Korporationsvermögen zu dessen besonderem Vermögen gehört und demgemäß wie gegen Jedermann so auch gegen die Korporation selbst im Rechtswege geltend gemacht werden kann, und es ist nicht zweifelhaft, daß diese Vorschrift, wie alle einschlägigen Bestimmungen des gedachten Titels, grundsätzlich auch auf die Korporationen des öffentlichen Rechts anzuwenden sind (vergl. Entsch. des Preuß. Ob.Trib. Bd. 47 S. 316 ff., Bd. 48 S. 258 ff., Bd. 57 S. 308 ff.; Striethorst's Archiv Bd. 51 S. 141 ff., Bd. 78 S. 41 ff.). Für die Kirchengesellschaften sind in dieser Beziehung abweichende Festsetzungen nicht nur nicht getroffen, sondern es ist sogar im Tit. 11 Th. II des Allgem. L.R. an einer Reihe von Stellen (§§ 193, 218, 365, 555, 620, 940) auf die entsprechenden Vorschriften des VI. Titels und namentlich bezüglich des Vermögens der Kirchengesellschaften (im § 193 cit.) speziell auch auf den § 72 Th. II Tit. 6 verwiesen und dadurch deutlich zu erkennen gegeben, daß es eines weiteren Titels für das Theilnahmerecht an dem kirchlichen Vermögen nach Maßgabe und mit der Wirkung der im § 72 cit. aufgestellten Regel, als der Mitgliedschaft an der berechtigten Gesellschaft nicht bedarf. Endlich fehlt es auch an jedem aus der Natur des Rechtsverhältnisses zu entnehmenden Grunde, welcher es rechtfertigen könnte, den Korporationsmitgliedern die prozessuale Geltendmachung ihres in Frage stehenden Rechts zwar gegen dritte Personen, nicht aber gegen die Korporation selbst zu gestatten, wiewohl doch die letztere nicht minder ein von ihren Mitgliedern gesondertes Rechtssubjekt ist.

An dem Ergebnisse der bisherigen Erörterung ändert es nichts, daß das Begräbnißwesen in anderen und, wie man zugeben kann, überwiegenden Beziehungen dem öffentlichen Recht angehört und deshalb Gegenstand auch solcher Vorschriften geworden ist, welche nur der Rücksicht auf das Gemeinwohl ihre Entstehung verdanken. Dahin gehören zweifellos die Vorschriften der §§ 184, 186 Th. II Tit. 11

des Allgem. L. R., welche die Beerdigung von Leichen in den Kirchen und in bewohnten Gegenden der Städte untersagen, bezw. solche an anderen Orten als den öffentlichen Kirchhöfen von einer vorgängigen Anzeige an die geistlichen Oberen abhängig machen, und seiner vornehmlichen Tendenz nach auch der § 188 das., wonach ohne Erkenntniß des Staates Niemandem das ehrliche Begräbniß auf dem öffentlichen Kirchhofe versagt werden soll. Denn die letztgedachte Vorschrift läßt nicht die von dem Vertreter des Revisionsklägers versuchte Deutung zu, daß über die Versagung des ehrlichen Begräbnisses nur im ordentlichen Rechtswege zu entscheiden sei, sondern ist mit dem B. R. dahin zu verstehen, daß sie im Interesse der öffentlichen Ordnung die Anwendung jener, als kirchliches Strafmittel anzusehenden Maßregel nur dann gestattet, wenn auf dieselbe (was nach dem damals geltenden Rechte in gewissen Fällen zulässig war) von dem bürgerlichen Richter erkannt war. Dies schließt jedoch nicht aus, daß der § 188 cit., insofern er eine für alle Begräbnisse gültige Bestimmung trifft, auch für denjenigen, welcher auf die Gewährung eines Begräbnißplatzes einen prozessualisch verfolgbaren Anspruch hat, eine für den Umfang und die Modalitäten des letzteren maßgebende Bedeutung hat und demzufolge in dem hierfür geordneten Wege geltend gemacht werden darf, da das Privatrecht in so gearteten Fällen von dem Ermessen der Polizeibehörde und der hierfür entscheidenden Betheiligung des öffentlichen Interesses unabhängig sein muß.

Nun ist zwar richtig, daß in den vom B. R. angeführten Spezialgesetzen (von welchen übrigens nur noch das Gesetz vom 23. Juli 1847, betreffend die Verhältnisse der Juden, in Geltung ist) Streitigkeiten der Mitglieder politischer bezw. der Synagogen-Gemeinden über ihr Theilnahmerecht an dem Korporationsvermögen und dessen Benutzung völlig oder doch beim Mangel eines anderweiten besonderen Titels dem Rechtswege entzogen und der endgültigen Entscheidung der staatlichen Verwaltungsbehörden überwiesen sind, und eine gleichartige Bestimmung findet sich im § 45 der Städteordnung für die Rheinprovinz vom 15. Mai 1856. Auch hat der Preußische Gerichtshof für die Entscheidung der Kompetenzkonflikte für den Bereich der politischen (Stadt- wie Land-) Gemeinden den allgemeinen Satz aufgestellt, daß, selbst in Ermangelung positiver Gesetzesvorschriften, über Ansprüche der Gemeindeglieder auf Benutzung des Kommunalvermögens, welche sich lediglich auf die Mitgliedschaft gründeten, der Rechtsweg nicht stattfinde, solche vielmehr, als eine innere Kommunalangelegenheit betreffend, nur im administrativen Wege zu erledigen seien, und dies selbst dann, wenn einzelne Gemeindeglieder für ihre Person durch Beschlüsse des Vorstandes von der Mitbenutzung ausgeschlossen worden (vergl. Preuß. Justizministerialbl. von 1861 S. 153 und die dort angeführten älteren Erkenntnisse; Justizministerialbl. von 1866 S. 251). Es kann indeß vorliegend dahin gestellt bleiben, ob dieser weit greifende, mit der Rechtsprechung des Preuß. Ob. Trib. (vergl. dessen Entsch. Bd. 47 S. 316) schwerlich zu vereinigende Satz dem geltenden Rechte entspricht. Denn nach obigen Ausführungen ist nicht zu bezweifeln, daß die erwähnten positiven Satzungen (welche übrigens in jüngster Zeit durch die Zulassung des Verwaltungsstreitverfahrens — §§ 49, 164 bezw. §§ 18, 34, 54 der Zuständigkeitsgesetze vom 26. Juli 1876 und 1. August 1883 — eine erhebliche Modifikation erlitten haben) nicht Ausflüsse einer ihnen entsprechenden allgemeinen Norm, sondern Ausnahmen von einer solchen entgegengesetzten Inhalts sind, und die Rechtsstellung der dem Staatswesen unmittelbar eingegliederten politischen Gemeinden ist von derjenigen der Kirchengesellschaften dergestalt verschieden, daß eine Uebertragung der auf die Verhältnisse jener sich beziehenden Rechtssätze auf diese nicht ohne weiteres angängig ist. Und dies um so weniger, als verschiedene Angelegenheiten, welche zweifellos als innere Angelegenheiten der Kirchengesellschaften anzusehen, durch ausdrückliche Vorschriften des Gesetzes der richterlichen Entscheidung überwiesen sind, insbesondere Streitigkeiten über das Stimmrecht bei Pfarrwahlen (§ 362 Th. II Tit. 11 des Allgem. L.R.) sowie über die kirchlichen Baulasten (§§ 709, 759, 760 das.), und auch in anderen Angelegenheiten des kirchlichen Gemeinwesens trotz ihrer zweifellosen Beziehung zum öffentlichen Recht auf die Zulässigkeit des Rechtsweges hingewiesen ist (vergl. §§ 129, 239, 240, 313, 577, 1086 das.).

Was im übrigen der B.R. zur Begründung seiner Auffassung beigebracht hat, ist nicht von Gewicht. Daß einzelne von den auf die Benutzung der Begräbnißplätze bezüglichen Vorschriften polizeilicher Natur sind, erscheint unerheblich, da nach obigen Ausführungen der Klaganspruch nicht auf ihnen beruht. Ebensowenig kann ein Argument gegen die Zulässigkeit des Rechtsweges daraus entnommen werden, daß sich die Mitglieder der Kirchengesellschaft bei der Benutzung des kirchlichen Vermögens zu ihren gottesdienstlichen Handlungen (zu welchen im Sinne der betreffenden Vorschriften zweifellos auch das Begräbniß gehört) gemäß §§ 109, 253 Th. II Tit. 11 des Allgem. L.R. den bei der Gesellschaft eingeführten Ordnungen und Verfassungen zu unterwerfen haben und daß die Verwaltung des Vermögens der katholischen Kirchengemeinden nach dem Gesetze vom 20. Juni 1875 (Gesetzsamml. S. 241) den gewählten Kirchenvorständen unter Aufsicht der vorgesetzten Staats- und Kirchenbehörden gebührt. Denn daß „jene Ordnungen oder Verfassungen" der beklagten Kirchengemeinde die prozessuale Verfolgung des Klaganspruches ausschlössen, ist nicht festgestellt; aus der Verwaltungsbefugniß des Vorstandes aber folgt, in Ermangelung positiver Gesetzesbestimmungen, nicht dessen Befugniß, über die Individualrechte der Mitglieder mit Ausschluß des Rechtsweges zu entscheiden, und die angeordnete Aufsicht der vorgesetzten Behörden steht der gerichtlichen Geltendmachung dieser Rechte gleichfalls nicht entgegen, da beide Sicherungsmittel einer gehörigen Verwaltung sehr wohl neben einander bestehen können und die behördliche Aufsicht es mehr mit dem Schutze des öffentlichen Interesses als dem der Einzelberechtigungen zu thun hat. Wenn endlich der B. R. gegen die Zuständigkeit eines klagbaren Privatrechts auf Gewährung einer Grabstelle noch geltend macht, daß nicht ersichtlich sei', aus welchem Grunde gerade der Kläger ein vielleicht seinem Sohne zustehendes derartiges Recht solle verfolgen dürfen, so hätte diese Erwägung höchstens zur Verneinung der Aktivlegitimation oder zu der Annahme, daß das fragliche Recht mit dem Tode des Sohnes erloschen sei, nicht aber dahin führen können, dem streitigen Anspruche überhaupt die Eigenschaft der Klagbarkeit abzusprechen. Die Erwägung ist aber auch an sich nicht zutreffend, da der Kläger nicht ein auf ihn vererbtes Recht seines Sohnes, sondern ein eigenes Recht auf die Benutzung des Kirchhofes seiner Parochie verfolgt, wozu er nicht nur als Haupt der Familie, welcher der Verstorbene angehörte, sondern auch kraft der ihm als Erben desselben erwachsenen Berechtigung und Verpflichtung zu dessen Bestattung zweifellos legitimirt ist (§§ 455, 456 Th. II Tit. 11, § 470 Th. I Tit. 11, § 435 Th. II Tit. 1 des Allgem. L.R.; Koch, Recht der Forderungen, 2. Aufl., Bd. III S. 75 ff.).

Was schließlich die bisherige Rechtsprechung anlangt, so hat sich dieselbe, soweit bekannt geworden ist, speziell mit der vorliegenden Streitfrage nicht beschäftigt. Indeß hat der Preußische Gerichtshof zur Entscheidung der Kompetenzkonflikte im allgemeinen Streitigkeiten über Eigenthum und Besitz an Begräbnißplätzen, sowie über die daraus herzuleitenden Dispositionsbefugnisse, namentlich auch bezüglich der Versagung eines bestimmten konfessionellen Begräbnißritus für zur gerichtlichen Entscheidung geeignet erklärt — selbstverständlich unter Ausschluß des Possessoriums gegenüber polizeilichen Verfügungen (vergl. Urtheil vom 3. Juni 1854 im Preuß. Ministerialbl. 1854 S. 392, und vom 10. März 1860 im Justizministerialbl. 1861

S. 200). Und das Preuß. Ob.Trib. hat Streitigkeiten zwischen einer Kirchengemeinde, als Eigenthümerin des Kirchhofes, und einem Mitgliede derselben bezw. einer anderen Privatperson über die Befugniß, ein Grab mit einem Stein zu belegen, solches auszumauern oder mit Denkmälern oder Einfriedigungen zu versehen, unbeanstandet zum Rechtswege zugelassen (vergl. Striethorst's Archiv Bd. 44 S. 25, Bd. 51 S. 248).

Ist nach diesem allen dem vorliegenden Streit der Charakter einer gemäß § 13 des G.V.G. durch die ordentlichen Gerichte zu entscheidenden bürgerlichen Rechtsstreitigkeit nicht zu versagen und erscheint mithin der alleinige Entscheidungsgrund des B.R. unhaltbar, so kann nur noch in Frage kommen, ob gleichwohl die getroffene Entscheidung aus anderen, in der Sache selbst liegenden Gründen gerechtfertigt ist. Dies ist jedoch nach der derzeitigen Lage der Sache zu verneinen. Daß der Klaganspruch an sich begründet und der Kläger zu dessen Geltendmachung berechtigt ist, ergeben die obigen Ausführungen. Auch unterliegt es keinem Zweifel, daß der verstorbene Sohn des Klägers, als im Vorbereitungsdienste stehender Referendar, sich noch in väterlicher Gewalt befand und also — gemäß § 272 Th. II Tit. 11 des Allgem. L.R. — der Parochie des Klägers angehörte. Erheblich ist dagegen der auch von dem Vertreter der Revisionsbeklagten geltend gemachte Einwand, daß der Klaganspruch jedenfalls durch die bereits in B. erfolgte Beerdigung der Leiche des klägerischen Sohnes seine Erledigung gefunden habe und es sich gegenwärtig um ein Begräbniß im Sinne der §§ 453 ff. Th. II Tit. 11 des Allgem. L.R. gar nicht mehr handle. Denn wenn dieser Umstand auch für die Frage nach der Zulässigkeit des Rechtswegs ohne Bedeutung ist, weil er nicht die Natur des erhobenen Anspruches verändert, sondern dessen materielle Begründetheit betrifft, und wenn auch dem B.R. zuzugeben ist, daß die feststehenden Thatsachen die Annahme eines Verzichts des Klägers auf den eingeklagten Anspruch nicht zu rechtfertigen vermöchten, so handelt es sich doch hierbei nicht um einen Verzicht seitens des Klägers, sondern um die Erschöpfung seines Rechts durch die gemäß §§ 455 ff. Th. II Tit. 11 des Allgem. L.R. getroffene Wahl eines Begräbnißplatzes, von welcher der Kläger nicht ohne weiteres wieder abgehen kann. Hiermit würde es sich indeß anders verhalten, wenn, wie der Kläger behauptet hat, die Bestattung in B. nur eine durch die angeführten Umstände veranlaßte provisorische gewesen wäre, da durch eine solche sein Anrecht an dem Kirchhofe seiner Parochie nicht alterirt sein würde. Die Feststellung aber, inwieweit diese Behauptung der Wahrheit entspreche, kann nicht vom Revisionsgerichte getroffen werden."

2. Fürstlich Lippe'sches Recht.

148. **Der § 5 der Lippe'schen Städteordnung schließt den Rechtsweg für Klagen auf Rückforderung zu Unrecht erhobener Gemeindeabgaben oder -Steuern nicht aus.** (S. o. Fall 139 S. 218.)

3. Rheinisches Recht.

149. **Das Bett eines nicht schiff- und flößbaren Flusses steht nicht im Privateigenthum und ist, solange es von Wasser bedeckt ist, dem Verkehr entzogen. Die Ersitzung einer Servitut an demselben ist grundsätzlich ausgeschlossen.** Urth. des II. Civilsenats vom 20. November 1884 in Sachen der verw. F. zu E., Klägerin und Revisionsklägerin, wider die Königl. Regierung zu Trier, Beklagte und Revisionsbeklagte. Vorinstanz: O.L.G. Köln. Verwerfung.

Die Klägerin hat ihr Recht an dem streitigen Wehre auf Ersitzung gestützt. Ihr steht anerkanntermaßen an der Stelle des Prüm-Flusses, wo jenes Wehr sich befindet, das Eigenthum der beiderseitigen Ufergrundstücke zu. Es handelt sich lediglich darum, ob die Klägerin durch Ersitzung ein Recht erwerben konnte, in dem genannten Flusse das streitige Wehr, welches, aus festem Steinwerk errichtet, die ganze Breite desselben einnimmt, zu haben.

„Es steht also eine Ersitzung an dem Körper des Flußbettes selbst, durch welche ein die natürliche Beschaffenheit desselben alterirender Zustand legalisirt werden soll, in Frage. Für die Beantwortung der letzteren ist aber die Entscheidung der Vorfrage, welches Rechtsverhältniß an den nicht schiff- und flößbaren Flüssen unter Herrschaft des Code civil besteht, maßgebend und daher zuvörderst in die Prüfung dieser äußerst bestrittenen Vorfrage einzutreten (vergl. die Litteratur-Nachweise bei Dalloz, repert. „eaux" Note 208 ff., 213 und 214; Sirey, Code annoté 3. Ausg. ad art. 538 Note 46 ff.; Demolombe Bd. X Note 130).

Hier kommt nun vor allem die von zahlreichen Rechtslehrern, namentlich auch von Laurent, Bd. VI Note 15 ff., vertretene Annahme, daß die Uferbesitzer als Eigenthümer des Bettes und Wasserlaufes der genannten Flüsse anzusehen, in Betracht. Dieser Annahme tritt aber von vornherein das Bedenken entgegen, daß begrifflich das Bett, welches von dem Flusse gebildet und beherrscht wird, als ein Accessorium desselben und nicht der Ufergrundstücke sich darstellt, solange dasselbe vom Wasser bedeckt wird, einer Aneignung nicht fähig ist und erst, wenn es trocken gelegt, hervortritt, als selbständige Sache Gegenstand des rechtlichen Verkehrs wird, der Wasserlauf in seiner Kontinuität aber als Gegenstand des Eigenthums, das heißt der ausschließlichen Herrschaft eines Einzelnen, nicht gedacht werden kann. Die Annahme eines den Uferbesitzern zustehenden Flußeigenthums läßt sich denn auch aus den einschlagenden gesetzlichen Bestimmungen nicht herleiten.

Während das Römische Recht alle flumina perennia als res publicae, welche dem öffentlichen Gebrauche dienten, betrachtete (Windscheid § 146), wurden unter Herrschaft des älteren Französischen Rechts in Folge des Einflusses der Lehnsverfassung die schiff- und flößbaren Flüsse als Eigenthum des Königs, die nicht schiff- und flößbaren dagegen als den seigneurs haut-justiciers gehörend angesehen. Nachdem nun die Lehnsverfassung mit den daran sich knüpfenden Rechten durch die Revolutions-Gesetzgebung aufgehoben war, fiel das Eigenthum der Flüsse überhaupt, namentlich auch der letzteren, der Nation — dem domaine national — zu. Die legislativen Gewalten der Zeit des Zwischenrechts sind nun nicht dazu gelangt, dieses Eigenthum näher zu bestimmen und zu reguliren — es kam nur zu Entwürfen, in welchen aber der öffentlich-rechtliche Charakter der nicht schiff- und flößbaren Flüsse anerkannt war (vergl. Demolombe Bd. X Note 136 und 137; Revue critique Bd. III S. 329, 975 ff., Bd. XXX S. 497 und 498). Angesichts dieses bisherigen Rechtszustandes bedarf es nun, um annehmen zu können, daß der Code civil das Eigenthum der genannten Flüsse den Uferbesitzern zugewiesen habe, eines bestimmten und unzweideutigen Ausdrucks des dahin gerichteten gesetzgeberischen Willens. An einem solchen Ausdrucke fehlt es aber im Gesetze durchaus, und auch in den legislatorischen Vorarbeiten ist ein ausreichender Anhalt für das Vorhandensein eines solchen Willens nicht zu finden. Das Gesetz hat den Uferbesitzern einzelne bestimmte Gebrauchs- und Nutzungsrechte an den nicht schiff- und flößbaren Flüssen verliehen, aber das alles so, daß sowohl mit Rücksicht auf die Art, wie dasselbe in verschiedenen einzelnen Bestimmungen die Rechtsstellung der Uferbesitzer normirt, als auch nach dem Inhalte und der Entstehungsgeschichte dieser Bestimmungen die Annahme eines Eigenthums derselben ausgeschlossen erscheint.

Zunächst gewähren die Art. 556 und 557 leg. cit. dem Uferbesitzer das Recht auf die Alluvion. Hierbei handelt es sich aber nicht um eine Accession des Flußbettes, sondern um einen Zuwachs der Ufergrundstücke, beruhend auf dem natürlichen Prinzipe, daß bei der Chance, in welcher die Adjazenten sich befinden, ihr Eigenthum durch den Wasserlauf vermehrt oder gemindert zu sehen, der Vortheil demjenigen zukommt, welcher auch dem Schaden ausgesetzt war (vergl. Locré, Code civil Bd. VIII S. 164 und 184).

Sodann weisen die Art. 560 und 561 leg. cit. die Inseln, welche in dem Bette der schiff- und flößbaren Flüsse sich bilden, respektive in den nicht schiff- und flößbaren Flüssen entstehen, und zwar die ersteren dem Staate, diese dagegen den Uferbesitzern zu. Die Bestimmung des Art. 560 cit. weicht vom Römischen Rechte, welches die insula in flumine nata, ohne einen Unterschied zu machen, als Eigenthum der Uferbesitzer anerkannte, ab. Bei der Berathung dieses Artikels im Staatsrathe motivirte Regnaud de St. Jean d'Angély — an die Aeußerung von Treilhard anknüpfend, daß nach der Annahme des Conseil das Bett der schiff- und flößbaren Flüsse zum domaine national gehöre, daher nothwendig die Inseln das Loos der Hauptsache theilen müssen — die Vorschrift des Entwurfs als durch die Bestimmung der genannten Flüsse für die Schiffahrt und Flößerei, welche von Privateigenthümern solcher Inseln beeinträchtigt werden könnten, geboten, indem er hinzufügt: „mais le Conseil a constamment décidé, que la necessité d'établir la flottaison donnait à la nation la libre disposition de tout ce que renferment les rivières flottables et navigables". Trouchet, dem Grundsatze des Artikels zustimmend, hob dabei hervor, daß, was die Inseln in den nicht schiff- und flößbaren Flüssen angehe, letztere Objekte von so geringer Bedeutung seien, „qu'il n'y a peutêtre aucun interêt à les disputer aux particuliers". Im Sinne von Regnaud sprechen sich denn auch der Berichterstatter im Tribunal und der Redner vor dem gesetzgebenden Körper aus. Der von Treilhard angeführte Grund war unzutreffend, weil einerseits an den Gegenständen, welche zum domaine public gehören, der Staat ein Eigenthum im privatrechtlichen Sinne nicht hat, ihm vielmehr kraft seines Hoheitrechtes das régime und die Verwaltung derselben zusteht (Aubry und Rau Bd. II § 169; Proudhon, dom. publ. I Nr. 201 ff.), andererseits die Inseln, welche in den schiff- und flößbaren Flüssen sich bilden, zum domaine privé des Staates gehören, d. h. fiskalisches Eigenthum sind (Aubry und Rau l. cit. § 170). Hiernach entbehrt der Schluß, welchen man aus den genannten Gesetzesvorschriften ziehen will, daß, weil nach Art. 560 der Eigenthümer des Flußbettes Eigenthümer der Inseln sei, der Art. 561 aber den Uferbesitzern das Eigenthum der Inseln in den nicht schiff- und flößbaren Flüssen zuweise, die Annahme sich rechtfertige, daß das Gesetz denselben auch das Eigenthum an dem Flußbette zuschreibe, jeder ausreichenden Grundlage. Von keiner Seite ist denn auch bei der Berathung im Staatsrathe eine Aenderung gemacht, welche darauf deutete, daß die Bestimmung des Art. 561 l. cit. auf der Annahme eines den Uferbesitzern am Flußbette zustehenden Eigenthums beruhe. Damit zerfällt aber ein für letztere wesentliches, auch von der Klägerin hervorgehobenes Argument.

Während der Code civil (Art. 641 und 643) denjenigen, welcher auf seinem Grundstücke eine Quelle hat, als Eigenthümer derselben bezeichnet und ihn berechtigt erklärt, dieselbe nach Belieben zu benützen — user à sa volonté —, so heißt es in Art. 644, daß der Angrenzer eines fließenden Wassers sich dessen zur Berieselung seiner Grundstücke bedienen kann — peut s'en servir — und der Eigenthümer eines von einem solchen Wasser durchflossenen Grundstückes dasselbe bei seinem Vorbeilaufe benützen darf — peut même en user —, unter der Verpflichtung, das Wasser, wo sein Grundstück aufhört, dem regelmäßigen Laufe zurückzugeben und die für den Lauf und die Benutzung desselben bestehenden polizeilichen Verordnungen zu beobachten. Hier tritt der Gegensatz zwischen dem Rechte des Grundeigenthümers an einer Quelle und dem Rechte desselben an dem fließenden Wasser klar hervor, so daß letzteres sowohl nach dem Wortlaute als dem Inhalte der gesetzlichen Bestimmungen als ein beschränktes, der Konkurrenz anderer Uferbesitzer und dem polizeilichen Regime unterworfenes Benutzungsrecht sich darstellt. Ueber den unklaren Satz des Art. 645: „doivent concilier l'interêt de l'agriculture avec le respect dû à la propriété“ vergl. Demolombe l. cit. pag. 109 und Revue critique III pag. 982.

Wenn sodann das Staatsraths-Gutachten vom 30. Pluviose des Jahres XIII das Recht der Fischerei in den nicht schiff- und flößbaren Flüssen, welches auch von den Gemeinden in Anspruch genommen war, den Uferbesitzern unter der Verpflichtung, sie nach den gesetzlichen Vorschriften und den bestehenden örtlichen Reglements auszuüben, zugewiesen hat, so ist das nicht etwa in Anerkennung eines den Uferbesitzern zustehenden Flußeigenthums geschehen, sondern aus Billigkeitsgründen, weil letztere die Inkonvenienzen, welche sich an die Nähe eines solchen Flusses knüpfen, sowie die Lasten der Reinigung und Unterhaltung zu tragen haben, wobei ausdrücklich hervorgehoben wird, daß ihre Befugniß aufhört, wenn ein derartiger Fluß für schiffbar erklärt wird, wie denn auch das Gesetz vom 22. Januar 1808 in diesem Falle den Uferbesitzern eine Entschädigung nur für die Anlage des Leinpfades zuspricht. Hierher gehört denn auch, daß sowohl nach Französischem Rechte Art. 103 des Gesetzes vom 3. Frimaire III — als nach § 8 des Preuß. Gesetzes vom 21. Januar 1839 das Flußbett grundsteuerfrei ist.

Durchaus unvereinbar mit der Annahme eines Eigenthums des Uferbesitzers ist endlich der art. 563 des Code civil, welcher abweichend vom Römischen Rechte bestimmt, daß, wenn ein Fluß, sei er schiff- und flößbar oder nicht, sein bisheriges Bett verläßt und ein neues bildet, den Eigenthümern der okkupirten Grundstücke das verlassene Flußbett je nach Verhältniß als Entschädigung zufällt, vergleiche Locré l. cit. p. 129: l'équité milite surtout pour ceux, que le changement de cours du fleuve dépouille de leur propriété. Hätte der Gesetzgeber die Angrenzer des verlassenen Flußbettes als Eigenthümer desselben gedacht, so konnte er die Bestimmung des Art. 536 cit. — ohne daß dieselben nicht wenigstens anderweit entschädigt wurden — unmöglich treffen.

Was endlich die Argumentation betrifft, welche Laurent l. cit. Note 16 und 21 an die Art. 537—539, 713, 714 ff. knüpft, so ist in dieser Beziehung Folgendes hervorzuheben. Der Art. 538 cit., welcher den Art. 2 des § 1 des Gesetzes über die National-Domänen vom $\frac{\text{22. November}}{\text{1. Dezember}}$ 1790 fast wörtlich wiedergiebt, zählt allerdings nur die schiff- und flößbaren Flüsse zu den Gegenständen des domaine public. Daraus folgt aber nicht — ebensowenig wie es bei der zuletzt genannten Gesetzesbestimmung der Fall war —, daß der Gesetzgeber den Gedanken gehabt habe, daß mit dem Art. 538 cit. die nicht schiff- und flößbaren Flüsse stillschweigend dem Privateigenthum der Uferbesitzer zugewiesen sein sollten. Dazu hätte es doch wohl, wie bereits bemerkt, einer ausdrücklichen Gesetzesvorschrift bedurft. Daß der Art. 714, von welchem weiter unten die Rede ist, nur die Substanz des Art. 538 wiedergebe, will nicht einleuchten; wenn man aber mit Laurent davon ausgeht, daß mit Rücksicht auf die von ihm bezogenen Bestimmungen und deren Stellung im Code die Annahme begründet erscheine, daß alles dasjenige, was nicht Gegenstand des Privateigenthums sei oder sein könne, zum domaine public des Staates oder der Gemeinden gehöre, so drängt sich der Schluß auf, daß dann auch jene Flüsse — und es ist das eine namentlich auch von den Belgischen Gerichten vertretene Ansicht — zum domaine public gerechnet werden müssen.

Nach der bisherigen Ausführung erscheint die Annahme des O.L.G., daß unter Herrschaft des Code civil den Uferbesitzern an den nicht schiff- und flößbaren Flüssen kein Eigenthum zusteht, begründet. Was aber die positive Konstruktion des bezüglich derselben bestehenden Rechtsverhältnisses betrifft, so ist diese, wie es auch in der Rheinisch-Französischen Jurisprudenz geschieht, auf den Art. 714 leg. cit. zu stützen. Hiernach gehören die genannten Flüsse zu den Sachen, welche in Niemandes Eigenthum stehen und dem allgemeinen Gebrauche dienen. Da nun an diesen Flüssen, zu welchen ganz ansehnliche Wasserläufe gehören, nicht nur die Eigenthümer der unmittelbar anstoßenden Grundstücke ein Interesse haben, vielmehr an dieselben auch die berechtigten Interessen eines weiteren Kreises von Personen, von denen sie zu Zwecken der Kommunikation, der Bewirthschaftung ihres Eigenthums u. s. w. benutzt werden, sich knüpfen, so erscheint das System des Code, welcher den Uferbesitzern nicht das Eigenthum, sondern nur bestimmte Nutzungsrechte an den bezeichneten Flüssen verleiht und dieselben im übrigen dem allgemeinen Gebrauche überläßt, auch vom legislatorischen Standpunkte aus wohl gerechtfertigt.

Die im Vorstehenden entwickelte Auffassung, welche auch die Autorität einer Anzahl angesehener Rechtslehrer für sich hat, ist wie in der Rechtsprechung der Rheinischen Gerichte, so auch in der Französischen Judikatur, namentlich auch der des Pariser Kassations-Hofes, durchaus vorherrschend. (Vergl., außer den Citaten in dem angegriffenen Urtheile *), die Anführungen bei Gilbert, suppl. ad art. 538 Note 15; Sirey, Code annoté 3. Ausg. ad art. 538 Note 51; Dalloz, repert. „eaux" Note 213 und 214; Demolombe Bd. 10 Note 130; Dalloz Bd. 69, 2, 53 und Note, Bd. 73, 1, 85; Sirey 1881 Abth. III S. 9 und Note 3.)

Wenn hiernach das O.L.G. davon ausgegangen ist, daß das Bett eines nicht schiff- und flößbaren Flusses nicht im Privateigenthum steht und, so lange es vom Wasser bedeckt wird, dem Verkehre entzogen ist, so stellt sich diese

---

*) Citirt waren: Rheinisches Archiv Bd. 27, 2A S. 26; Bd. 31, 2A S. 38; Bd. 51, 1 S. 235; Bd. 55, 1 S. 93; Bd. 55, 1 S. 99; Bd. 56, 2A S. 38; Bd. 62, 1 S. 37; Bormann und Daniels Bd. 2 S. 236 und 368.

Annahme als rechtlich zutreffend dar, und es muß von der daraus gezogenen Folgerung, daß die Ersitzung einer Servitut an demselben grundsätzlich ausgeschlossen ist — soweit nicht etwa, worauf aber hier nicht näher einzugehen, durch gesetzliche Bestimmung eine Ausnahme begründet wird —, ein Gleiches gelten. (Vergl. Rheinisches Archiv Bd. 41 S. 70, Bd. 51, 2 A S. 33, Bd. 56 S. 226; Dalloz 73, 1, 85.) Wenn demgegenüber die Klägerin für die Zulässigkeit der in Frage stehenden Ersitzung auf das Beispiel der Bewässerungsanlagen sowie die Art. 641—644 des Code civil sich beruft, so erscheint das verfehlt, da der vorliegende Fall dem Gebiete der letzteren fremd ist."

150. 1) Art. 1645 des Code civil trifft nur den wissentlichen Verkauf einer fehlerhaften Sache. 2) Schadensersatzpflicht des Verkäufers für blos vermuthete Fehler, wenn eine kontraktliche Pflicht zu deren Prüfung bestand (art. 1135, 1646 des Code civil; Art. 282 des H. G. B.). **3) Erforderniß der Liquidität bei der Kompensation. Compensation légale und judiciaire** (art. 1291, 1290, 1281 des Code civil). Urth. des II. Civilsenats vom 25. November 1884 in Sachen W. & Co. in London, Klägerin, Widerbeklagte und Revisionsklägerin, wider W., C. & Co. in B., Beklagte, Widerkläger und Revisionsbeklagte. Vorinstanz: O. L. G. Cöln. Aufhebung. Abweisung der Widerklage.

Die Klage auf Zahlung des Kaufpreises für Waaren ist abgewiesen, weil diese Waaren durch verborgene Fehler werthlos waren. Der Widerklage auf Entschädigung der Beklagten hat das O. L. G. stattgegeben. Diese Entscheidung ist von der Klägerin mit der Revision angefochten. Da die Käufer von Zahlung des Kaufpreises der beanstandeten Lieferungen bereits in der Entscheidung über die Hauptklage entlastet sind, so handelt es sich in der Widerklage um eine reine Entschädigungsforderung, d. h. um Ersatz des Schadens, welcher den Klägern in Folge der Verwendung der fehlerhaften Gummifäden zur Herstellung von Geweben entstanden ist.

„Da im vorliegenden Falle die Waare angenommen und verbraucht worden ist, zudem ein verborgener Mangel in Frage steht, so kann kein Zweifel bestehen, daß die Bestimmungen in art. 1641 ff. des Code civil zur Anwendung zu kommen haben. Es frägt sich nun zunächst, ob nach Maßgabe der art. 1645 und 1646 des Code civil unter den gegebenen Umständen von einem Anspruche auf Schadensersatz überhaupt die Rede sein könne."

Zu 1. „Der Ansicht des O. L. G., es sei Art. 1645 cit. anwendbar, weil gemäß desselben der Verkäufer auch dann für Schadensersatz hafte, wenn er hinreichend Grund habe, das Dasein der Fehler zu vermuthen, kann nicht beigepflichtet werden. Seinem klaren Wortlaute, sowie seinem mit art. 1151 des Code civil übereinstimmenden Inhalte nach trifft art. 1645 nur den Fall, wo der Verkäufer beim Verkaufe die Mängel der Sache kannte, also wissentlich eine fehlerhafte Sache verkaufte. Auch kann kein Zweifel bestehen, daß diese Kenntniß im Sinne des art. 1645 zu erweisen, also nie zu vermuthen ist. Es wäre reine Willkür, Fälle, in denen nur von einem Mangel an Sorgfalt bei Prüfung der Waare oder einem sonstigen einfachen Verschulden die Rede sein kann, unter die Bestimmung des art. 1645 cit. zu ziehen."

Zu 2. „Hieraus folgt aber keineswegs, daß in Fällen dieser Art eine Verpflichtung zu Schadensersatz nie eintreten könne. Wenn art. 1646 des Code civil bestimmt, daß der Verkäufer, welcher die Mängel der Sache nicht kannte, nur verpflichtet sei, den Preis (ganz oder theilweise) zurückzuerstatten und die dem Käufer durch das Kaufgeschäft verursachten Kosten zu ersetzen, so hat er nur die gewöhnlichen Fälle im Auge, bei denen allerdings weitere Verpflichtungen nicht wohl in Frage kommen können. Der Verkäufer hat nämlich in der Regel nicht die Verpflichtung, im Interesse des Käufers seine Waare genau zu untersuchen, um diesen auf etwa vorhandene Mängel aufmerksam zu machen; es ist daher in der Regel auch kein vertretbares Verschulden des Verkäufers, vorhandene Mängel nicht entdeckt zu haben. Kann jedoch ausnahmsweise (nach art. 1135 des Code civil und Art. 282 des H.G.B.) eine kontraktliche Pflicht der bezeichneten Art angenommen werden, z. B. in dem von Pothier (de la vente A. III. Nr. 214) bezeichneten Falle, wo ein Handwerker von ihm selbst verfertigte Waaren verkauft, also (der Regel nach) die Folgerung berechtigt ist, daß er entweder die Mängel gekannt oder bei einiger Sorgfalt hätte kennen müssen, und steht fest, daß dieser kontraktlichen Verpflichtung schuldhaft zuwidergehandelt ist: so treten unzweifelhaft die allgemeinen Prinzipien ein, gemäß deren jeder Kontrahent wegen solcher Zuwiderhandlungen schadensersatzpflichtig ist. Bezüglich des Umfanges dieser Schadensersatzpflicht ist in gewöhnlichen Sachen art. 1150 des Code civil, in Handelssachen Art. 283 des H.G.B. maßgebend. Von diesem Gesichtspunkte aus ist jedoch im vorliegenden Falle die Sachlage nicht gewürdigt, deshalb auch keine genügende thatsächliche Feststellung gegeben, weshalb Grund vorliegt, die Entscheidung wegen Verletzung des art. 1645 cit. aufzuheben."

Zu 3. „Hiernach wäre die Sache an das B.G. zurückzuverweisen; jedoch bedarf es dessen nicht, da die Aufhebung der Entscheidung auch aus einem anderen Gesichtspunkt geboten erscheint, welcher zugleich zur Entscheidung in der Sache selbst führt. Die in Frage stehende Gegenforderung der Beklagten ist nämlich als verjährt zu erachten.

Wenn in Art. 349 Abs. 3 des H.G.B. bestimmt ist, daß die Einreden wegen Mängel bestehen bleiben, falls die Mängelanzeige innerhalb sechs Monaten nach der Ablieferung erfolgt ist, so hat das Gesetz hier offenbar nur Einreden gegen die aus dem fraglichen Kaufgeschäfte geltend zu machenden Ansprüche im Auge, nicht aber den Fall, wo der aus der Mangelhaftigkeit der Waare sich ergebende Anspruch kompensationsweise einer aus irgend einem anderen Rechtsverhältnisse entstandenen Forderung gegenüber geltend gemacht werden soll. Nach den Kommissionsverhandlungen, sowie nach dem Zwecke des Gesetzes ist nicht anzunehmen, daß auch Fälle letzterer Art getroffen werden sollten, daß etwa das Gesetz davon ausgehe, es komme lediglich darauf an, ob der betreffende Anspruch im Wege der Einrede oder im Wege der Klage geltend gemacht werde, was dazu führen würde, daß selbst mit Forderungen bezeichneter Art, die erst nach Ablauf der sechsmonatigen Frist fällig wurden oder entstanden, nach Jahren noch kompensirt werden könnte (vergl. Entsch. des R.O.H.G. Bd. XV. Nr. 42).

Wenn nun auch Abs. 3 des Art. 349 cit. in besagter Weise beschränkt aufzufassen ist, so könnte sich dennoch fragen, ob nicht aus anderen Gründen Kompensationen der bezeichneten Art auch nach Ablauf von sechs Monaten nach der Ablieferung der Waare noch berücksichtigt werden können, vorausgesetzt, daß sie solchen Forderungen gegenüber geltend gemacht werden, die innerhalb jener Frist bereits bestanden und fällig waren. Um diese Frage zu beantworten, ist auf die Grundsätze, welche in dem maßgebenden Französischen Rechte betreffs der Kompensation gelten, näher einzugehen.

Nach den Prinzipien des Französischen Rechts ist die Liquidität der zur Kompensation zu bringenden Ansprüche nicht lediglich ein prozessuales, sondern ein materiell-rechtliches Erforderniß der Kompensation. Der art. 1291 des Code civil sagt ausdrücklich: „La compensation n'a lieu qu'entre deux dettes, qui sont également liquides et exigibles“. Es ist daher in Doktrin und Praxis unstreitig, daß die Kompensation, von welcher art. 1290 des Code civil spricht, welche von Rechtswegen (de plein droit, par la seule force de la loi) eintritt und gleich einer Zahlung wirkt, nur stattfinden könne, wenn beide in Betracht kommende Forderungen liquid sind.

Allerdings erkennt man neben dieser Kompensation, welche als „compensation légale“ bezeichnet wird, auch noch eine „compensation judiciaire“ an, zufolge deren auch illiquide Gegenforderungen zur Kompensation gebracht werden können; allein in solchen Fällen tritt die Kompensation nicht von Rechtswegen ein, vielmehr handelt es sich dabei nur um die Möglichkeit, illiquide Gegenforderungen dadurch, daß sie im Laufe des Prozesses liquidirt werden, zur Kompensation tauglich zu machen.

Es mag nun dahingestellt bleiben, ob nicht in Fällen der gesetzlichen Kompensation, wo die Kompensation von Rechtswegen eintritt und als Zahlung wirkt (art. 1290 und 1291 des Code civil), trotz des Ablaufs besagter sechsmonatlicher Frist, die Einrede, daß eine eingeklagte Forderung im Wege der Kompensation getilgt sei, auf Gegenansprüche aus Mängeln der Waare gegründet werden könne; jedenfalls erscheint unzweifelhaft, daß in Fällen, welche sich blos zur compensation judiciaire eignen, nach Erlöschen des Rechts, aus jenen Gegenansprüchen zu klagen, auch nicht mehr davon die Rede sein kann, sie zur Kompensation zu bringen. Es handelt sich hier in der That um Geltendmachung eines Klagerechts im Sinne von Art. 349 Abs. 2 des H.G.B.

Was nun vorliegenden Fall betrifft, so kann kein Zweifel obwalten, daß die in Frage stehende Entschädigungsforderung ein vollkommen illiquider Anspruch im Sinne von art. 1291 cit. sei. Nach der Geschichte der Entstehung dieses Artikels ist unzweifelhaft, auch von Doktrin und Praxis einstimmig anerkannt, daß die Illiquidität, welche das Gesetz hier im Auge hat, sowohl dadurch begründet wird, daß betreffs der Forderung Streit besteht, als dadurch, daß deren Betrag nicht bestimmt ist und von einer Schätzung abhängt. Wenn man nun auch, der Ansicht von Pothier folgend, annimmt, daß auch in Fällen, wo der betreffs einer Forderung erhobene Streit kein ernstlicher ist oder sofort geschlichtet werden kann, die gesetzliche Kompensation Platz greife, so kann doch im vorliegenden Falle, wo nicht blos über den Grund des Anspruches ein sehr ernstlicher, keineswegs auf Chikane beruhender Streit bestand, der umständliche Beweiserhebung nothwendig machte, sondern es sich auch um einen Schadensersatz handelt, dessen Betrag jetzt noch ungewiß und streitig ist, nicht der geringste Zweifel obwalten, daß die Gegenforderung, welche zur Kompensation gebracht werden will, im Sinne des art. 1291 cit. eine völlig illiquide sei. Hiernach hat das O.L.G. den Art. 349 cit. verkannt, wenn es annahm, es sei der in Frage stehende Gegenanspruch der Beklagten nicht verjährt, und war das angefochtene Urtheil, soweit es über diesen Gegenanspruch zu Gunsten der Beklagten sowie betreffs der Kosten erkannte, aufzuheben und aus den entwickelten Gründen der Gegenanspruch der Beklagten vollständig abzuweisen."

Ausländisches Recht.

Oesterreichisches Recht.

151. **Das Oesterreichische Recht kennt den Gerichtsstand des Vertrages** (§ 29 der Deutschen C.P.O.) **nicht in dem Umfang, wie die C.P.O., und den Gerichtsstand des § 24 der C.P.O. gar nicht.** (S. o. Fall 127 S. 203.)

Civilrechtliches aus den Strafsenaten des R.G.

5. **Die Reichsverfassung** (Art. 3), **das Reichsgesetz über Doppelbesteuerung** (vom 13. Mai 1870) **und die R.Gew.O. stehen der Besteuerung des landfremden Reichsbürgers, der in einem anderen Staate auch nur vorübergehend Geschäfte betreibt, nicht entgegen.** Urth. des I. Strafsenats vom 18. Dezember 1884 wider R. in Hanau wegen Zuwiderhandlung gegen die Hessische Gewerbesteuerordnung. Vorinstanz: L.G. Gießen. Aufhebung und Zurückverweisung auf Revision der Staatsanwaltschaft.

Der Angeklagte ist von dem ihm zur Last gelegten Vergehen gegen die Gewerbesteuer-Verordnung des Großherzogthums Hessen freigesprochen worden, und es rügt die Revision des Staatsanwaltes, daß dieser Freisprechung eine unrichtige Anwendung des Art. 3 der Reichsverfassung und des § 3 des Reichsgesetzes wegen Beseitigung der Doppelbesteuerung zu Grunde gelegt worden sei. Das Urtheil des L.G. findet nach den Vorschriften dieser Gesetze die Freisprechung des Angeklagten darum gerechtfertigt, weil er in seinem Wohnsitze zu Hanau im Königreich Preußen eine Gewerbeniederlage als Bauunternehmer besitze und daselbst auch dieses Gewerbe im Jahre 1884 versteuert habe, daß er aber in dem Großherzogthum Hessen keine Gewerbsanlage habe und er darum auch in Hessen nicht zur Gewerbesteuer zugezogen werden dürfe, obwohl er daselbst im Jahre 1884 als Bauunternehmer den Bau einer Zuckerfabrik in Stockheim habe ausführen lassen.

„Jedenfalls steht nun dieser Rechtssatz im Widerspruch mit der Großherzogl. Hessischen Gesetzgebung. Denn durch die Art. 27, 28 des Gesetzes vom 4. Dezember 1860, bezw. die Art. 29, 30 des Gesetzes vom 8. Juli 1884 wird ausdrücklich festgestellt, daß diejenigen Ausländer und Angehörigen eines anderen Bundesstaates, welche weder Gewerbsanlagen noch Niederlassungen in dem Großherzogthum besitzen und daselbst ein Gewerbe — namentlich auch das Gewerbe eines Bauunternehmers — betreiben wollen, gleichfalls steuerpflichtig sein sollen. Nur insoweit hat diese Bestimmung durch die mit landständischer Einwilligung erlassene Verordnung vom 18. Mai 1872 eine Beschränkung erlitten, als außerhalb des Großherzogthums ansässige Handwerker und Fabrikanten — gleichviel ob Angehörige des Deutschen Reiches oder Ausländer —, welche im Großherzogthum, ohne daselbst eine Gewerbsanlage zu errichten, Arbeiten ihres Handwerks- oder Fabrikgewerbes auf Bestellung ausführen, wegen dieses Gewerbebetriebes zur Gewerbesteuer nicht zugezogen werden sollen, sofern in dem Staate ihres Wohnortes der gleiche Gewerbebetrieb im Großherzogthum ansässiger Gewerbetreibender steuerfrei zugelassen werde. Daß diese Anordnung vorliegend zur Anwendung gebracht werden müsse, hat das landgerichtliche Urtheil nicht angenommen, und es kann sich darum nur fragen, ob sich etwa die vorerwähnte Hessische Gesetzgebung im Widerspruch mit der Reichsgesetzgebung befinde. Das ist jedoch nicht der Fall.

Nach Art. 3 der Verfassung des Deutschen Reiches besteht zwar ein gemeinsames Indigenat mit der Wirkung, daß der Angehörige eines jeden Bundesstaates in jedem anderen Bundesstaat als Inländer zu behandeln und demgemäß insbesondere auch zum Gewerbebetrieb unter denselben Voraussetzungen wie Einheimische zuzulassen ist. Sonach würden allerdings Bestimmungen der Großherzogl. Hessischen Gesetzgebung, durch welche etwa dem nicht-hessischen Angehörigen des Deutschen Reiches hinsichtlich seines Gewerbebetriebes in Hessen eine nachtheiligere Stellung zugewiesen werden sollte wie dem Einheimischen, nicht aufrecht erhalten bleiben können. Allein vorliegend handelt es sich auch nicht um eine derartige Benachtheiligung Deutscher Reichsangehöriger in Hessen, sondern lediglich um eine Besteuerung, von welcher gleichmäßig auch die Einheimischen betroffen werden.

Was sodann die Gewerbeordnung des Deutschen Reiches vom 21. Juni 1869 in der Fassung des Reichsgesetzes vom 1. Juli 1883 anbelangt, so kennt dieselbe nur den Gegensatz zwischen dem stehenden Gewerbebetrieb und dem Gewerbebetrieb im Umherziehen. Zu dem letzteren kann nach § 55 des Gesetzes der Gewerbebetrieb des Angeklagten nicht gerechnet und es muß darum derselbe als ein stehender Gewerbebetrieb angesehen werden. Für den stehenden Gewerbebetrieb eines Bauunternehmers ist aber im Gesetze nirgends vorgeschrieben, daß er eine gewerbliche Niederlassung oder auch nur einen bestimmten Wohnsitz des Gewerbetreibenden zur nothwendigen Voraussetzung habe, und es wird vielmehr nur bezüglich der in § 24 Abs. 2 des Gesetzes bezeichneten Gewerbetreibenden ein Lokal für ihren Gewerbebetrieb verlangt. Auch aus § 42 des Gesetzes kann nicht entnommen werden, daß von dem Betriebe des stehenden Gewerbes eines Bauunternehmers nicht geredet werden dürfe, wenn derselbe nicht zugleich eine gewerbliche Niederlassung besitze. Denn es bezieht sich dieser Paragraph, wie auch seine Ueberschrift in den Motiven „Der stehende Gewerbebetrieb; insbesondere auf öffentlichen Wegen, Straßen, Plätzen oder von Haus zu Haus" zu erkennen giebt, nur auf das Aufkaufen und Aufsuchen von Bestellungen auf Waaren, welches, im Falle es zum Zwecke eines stehenden Gewerbebetriebes auch außerhalb des Gemeindebezirkes einer gewerblichen Niederlassung geschieht, nicht als ein Gewerbebetrieb im Umherziehen gelten soll. Ist aber hiernach zum Betriebe eines stehenden Gewerbes eine Gewerbsanlage nicht erforderlich, so findet die Meinung des landgerichtlichen Urtheils, der Angeklagte könne in dem Großherzogthum Hessen sein Gewerbe als Bauunternehmer nicht betrieben haben und darum hierfür auch nicht steuerpflichtig sein, weil er daselbst keine Gewerbsanlage besitze, auch in der Reichs-Gewerbeordnung keine Begründung. Einen Einfluß auf die Besteuerung der Gewerbe will dieselbe überhaupt nicht ausüben.

Ebensowenig kann die Richtigkeit dieser Meinung aus dem Reichsgesetze vom 13. Mai 1870 wegen Beseitigung der Doppelbesteuerung hergeleitet werden. Der § 3 dieses Gesetzes sagt mit keinem Worte, daß das Gewerbe nur in demjenigen Bundesstaate betrieben werde, in welchem sich die Gewerbeniederlassung befinde oder doch der Gewerbetreibende seinen Wohnsitz habe, und auch nicht daß, im Falle das Gewerbe hier versteuert worden sei, es in jedem anderen Bundesstaate steuerfrei betrieben werden dürfe. Vielmehr kann dieser Paragraph nur dahin verstanden werden, daß derjenige Bundesstaat zur Veranlagung von Grund- und Gewerbesteuer sowie zur Besteuerung des aus diesen Quellen herrührenden Einkommens nicht berechtigt sei, in welchem der Grundbesitz nicht liege und das Gewerbe nicht betrieben werde. Daß bereits zur Zeit der Entstehung dieses Gesetzes überall in Deutschland der einzelne Bundesstaat nur den in seinem Gebiet gelegenen Grundbesitz und nur das innerhalb seines Gebietes betriebene Gewerbe besteuert hatte, wird von den Motiven anerkannt, und sie wollen in dieser Richtung nur die Möglichkeit einer Abänderung des schon geltenden Grundsatzes beseitigen. Anders aber verhielt es sich mit dem aus diesen Quellen fließenden Einkommen, welches nach der Gesetzgebung der meisten Bundesstaaten sowohl in demjenigen Bundesstaate, in welchem sich dieselben befanden, als auch in demjenigen Bundesstaate der Besteuerung unterlag, welcher das Einkommen des Grundbesitzers oder Gewerbetreibenden im Ganzen besteuerte, wenn sie sich auch nicht in demselben befanden. Und gerade darin besteht die Neuerung des Gesetzes, daß fernerhin nur dem ersteren dieser Bundesstaaten die Besteuerung des fraglichen Einkommens zustehen solle. Daß das Gesetz, im Falle sich ein Gewerbetreibender in mehreren Bundesstaaten Quellen des Einkommens aus seinem Gewerbe eröffnet habe, auch die Besteuerung des in dem anderen Bundesstaate erzielten Einkommens demjenigen Bundesstaat überwiesen habe, in welchem sich die Gewerbeniederlassung oder der Wohnort des Gewerbetreibenden befinde, ist von ihm nicht ausgesprochen worden, und noch weniger kann aus seiner Tendenz, die mehrfache Besteuerung des nämlichen Objekts auszuschließen, entnommen werden, daß dem ersteren dieser Bundesstaaten hier auch nicht einmal die Erhebung einer Gewerbesteuer für den innerhalb seines Gebietes ausgeübten gewinnbringenden Gewerbebetrieb gestattet sein solle. Denn abgesehen davon, daß die Motive selbst anerkennen, die Beseitigung der Doppelbesteuerung habe durch das Gesetz nicht in vollem Umfange, sondern nur nach Möglichkeit bewerkstelligt werden können, so handelt überhaupt der § 3 des Gesetzes nicht von der Besteuerung des Gewerbes, sondern von der Besteuerung des Betriebes des Gewerbes. Ein in mehreren Bundesstaaten stattfindender und zur Besteuerung in einem jeden dieser Bundesstaaten herangezogener Gewerbebetrieb aber ist nicht Gegenstand einer doppelten Besteuerung, weil derselbe, wie erwähnt, schon vor dem Erlaß des Gesetzes von dem einzelnen Bundesstaat gerade nur so weit besteuert wurde, als er sich auf seinem Gebiete bewegte, und auch fernerhin nach dem Gesetze nicht über seine Grenze hinaus besteuert werden darf. Wenn in dem Großherzogthum Hessen für die Höhe des Steuersatzes die Anzahl der bei dem Gewerbebetriebe im Inland verwendeten Gehilfen maßgebend ist, so ist nicht einzusehen, warum, im Falle das Gewerbe auch in einem anderen Bundesstaat mit einer anderweiten Anzahl von Gehilfen betrieben wird, der letztere von der Besteuerung ganz ausgeschlossen sein soll. Wäre wirklich die Steuerpflicht eines Gewerbetreibenden lediglich nach dem Orte seiner gewerblichen Niederlassung oder seinem Wohnsitze zu bemessen, so würde es sehr fraglich sein, ob er nicht auch in jedem anderen Bundesstaate zum steuerfreien Gewerbebetrieb zugelassen werden müßte, wenn auch nur in seinem eigenen Bundesstaate dieses Gewerbe einer Besteuerung nicht unterläge. Keinesfalls würde es ohne weiteres begreiflich sein, warum, im Falle nach dem Reichsgesetz vom 13. Mai 1870 das Gewerbe nur einmal zu versteuern wäre, der Gewerbetreibende dennoch an jedem Orte, an welchem er eine Niederlassung für dieses nämliche Gewerbe gründete, steuerpflichtig werden sollte. Denn durch die Gründung mehrerer Gewerbsanlagen wird das nämliche Gewerbe nicht nothwendig zu einem andersartigen oder mehrfachen gestaltet.

Daß die Besteuerung eines in mehreren Bundesstaaten betriebenen Gewerbes — gleichgültig, ob für dasselbe eine besondere Niederlassung besteht oder nicht — durch einen jeden dieser Bundesstaaten von § 3 des Gesetzes wegen Beseitigung der Doppelbesteuerung nicht ausgeschlossen werde, ist auch bei der Verhandlung des Gesetzes im Reichstage in dem Antrage des Abgeordneten Fries hervorgetreten, und es ergiebt dieselbe keinerlei Anhaltspunkte, durch welche seine Auslegung als unrichtig nachgewiesen würde. Nun wird es ja kaum als im Geiste der Reichsverfassung gelegen anzunehmen sein, wenn der Angehörige eines Bundesstaates, der in einem angrenzenden Bundesstaat einmal eine geringfügige Gewerbehandlung ausübte, daselbst sofort mit Gewerbesteuer belegt werden sollte. Aber derartige Mißstände können nur durch entsprechende Vereinbarungen unter den Bundesstaaten beseitigt werden, die ja auch vielfach zu diesem Zwecke bereits getroffen worden sind. Das Reich selbst aber konnte sich bei der Vielgestaltigkeit der deutschen Gewerbesteuerverhältnisse zum Erlaß einer Bestimmung, daß das einmal in dem einen Bundesstaat besteuerte Gewerbe in jedem anderen Bundesstaat steuerfrei betrieben werden dürfe, überhaupt nicht berufen fühlen, wenn es sich nicht zugleich mit der Herstellung einer Einheit innerhalb dieser Gesetzgebung befassen wollte."

6. **Mit Eintritt einer Zwangsvollstreckung scheidet die Anwendbarkeit des § 288 des R.Str.G.B. aus.** Urth. des I. Strafsenats vom 15. Dezember 1884 wider M. und Gen. Vorinstanz: L.G. Amberg. Aufhebung und Freisprechung.

„Als drohend kann nur eine bevorstehende, vom Gläubiger in Aussicht genommene Zwangsvollstreckung verstanden werden. Mit dem wirklichen Eintritte einer vom Gläubiger erwirkten Zwangsvollstreckung scheidet die Anwendbarkeit des § 288 auf Veräußerung oder Beiseiteschaffung von Vermögensbestandtheilen zur Vereitelung der Befriedigung des Gläubigers aus. Es folgt dies aus der gesetzlichen Fassung des Thatbestandes, welcher lediglich die vor dem Beginne der Zwangsvollstreckung vorgenommenen benachtheiligenden Handlungen des Schuldners unter Strafe stellt und die nach Beginn der Zwangsvollstreckung, nach erfolgter Beschlagnahme und vollzogener Pfändung (Bayerische Subhastationsordnung vom 23. Februar 1879 Art. 7) unternommenen schädigenden Handlungen des Schuldners schon nach dem Wortlaute der Norm nicht treffen will. Die Motive zu § 284 des Entwurfs des R. Str. G. B., nun § 288, verweisen auch darauf, daß die Entziehung einer bereits abgepfändeten Sache vom § 135, im Gesetze § 137, mit Strafe bedroht sei. Es ist demnach eine Auslegung der Vorschrift des § 288 ausgeschlossen, welche etwa dahin ginge, daß die Zwangsvollstreckung so lange für den Schuldner drohende Wirkungen äußere, als nicht durch Beendigung des Vollstreckungsverfahrens die Möglichkeit einer Entziehung der zur Befriedigung des Gläubigers in Angriff genommenen Vermögensgegenstände abgeschnitten werde."

Reichs-Gewerbeordnung von 1878 und 1883.

7. **Verbot der Kinderarbeit. 1) „Jugendliche Arbeiter"** im Sinne von § 135 Abs. 1 der R. Gew. O. von 1878 **sind solche bis zu 16 Jahren. 2) Begriff der „Gewerbetreibenden". Keine Abwälzung ihrer Verantwortlichkeit auf Aufseher u. s. w. 3) Begriff der „Beschäftigung" der Kinder in Fabriken.** Urth. des II. Straffenats vom 12. Dezember 1884 wider Hammer. Vorinstanz: Strafkammer Sorau. Aufhebung auf Revision der Staatsanwaltschaft.

In der dem Angeklagten und seinem Bruder gehörigen, von beiden gemeinschaftlich geleiteten Tuchfabrik zu F. arbeitet der Tuchmachergeselle S. gegen stückweise Bezahlung. Die noch nicht 12 Jahre alte Tochter desselben E. S. hat seit Sommer 1883 bis März 1884 dem Vater fast täglich das Mittagsessen in die Fabrik gebracht und ist dann fast immer bis 8 Uhr Abends in der Fabrik geblieben, in welcher sie für ihren Vater die Pfeifen aufsteckte. Während der Schulzeiten war sie nicht in der Fabrik, kam aber dann wieder und setzte die Arbeit fort, ging dann ab und zu auch vor 8 Uhr nach Hause. Nach einer am 24. Oktober 1883 stattgehabten polizeilichen Revision der Fabrik verbot der Angeklagte dem S. das fernere Mitbringen seiner Tochter mit den Worten: „er wolle das nicht haben; wenn etwas passire, würde er für nichts aufkommen." Die E. S. blieb dann auch einige Zeit fort, kam aber wieder und arbeitete weiter. Der Vorderrichter erachtet zwar für erwiesen, „daß die E. S. im Sommer 1883 bis März 1884 zu F. in der Hammer'schen Fabrik zeitweise ihrem Vater auf dessen Wunsch in der Arbeit geholfen hat, und zwar durch Anknüpfen von Fäden und Einpacken von Pfeifen", dagegen für nicht erwiesen, „daß der Angeklagte das Alter der E. S. gewußt und daß *er* ihr überhaupt *Beschäftigung in seiner Fabrik zu F. gegeben* hat." Im weiteren erklärt der Vorderrichter: „Es sei Sache des Werkführers E. gewesen, so oft er Mädchen, von deren Alter er sich nicht überzeugt, in der Fabrik arbeitend betraf, das Verbot zu arbeiten auszusprechen. Ihn treffe daher eigentlich die Schuld des Unterlassens des Verbots an die E. S. und deren Vater; denn er (E.) sei, wie aus dem ganzen Vorfalle hervorgehe, der Fabrik als Aufseher und Werkführer vorgesetzt gewesen, während der Angeklagte als Fabrikherr unmöglich in der Lage sich befinde, selbst wenn er dies wollte, tagtäglich, ja stündlich die Fabrik zu diesem Zwecke zu untersuchen und zu revidiren, zumal der dieses Verbot enthaltende Anschlag in den Fabrikräumen zu Jedermanns Kenntniß angebracht sei. Außerdem stehe aber fest, daß der Angeklagte dem S. das Mitbringen, beziehentlich Arbeiten seiner Tochter geradezu untersagt habe, ohne daß er ihr Alter, wohl aber wußte, daß sie noch schulpflichtig war ... Habe aber der Angeklagte der E. S. Beschäftigung im Sinne des § 146 Abs. 1 Nr. 2 der R. Gew. O. nicht gegeben, so könne er, selbst wenn der Vorfall, den die E. S. angebe, richtig gewesen wäre, dafür nicht gestraft werden.

„Die so begründete Freisprechung des Angeklagten beruht in mehrfacher Beziehung auf Rechtsirrthum."

Zu 1. „Der § 135 der R. Gew. O. enthält in Abs. 1 das allgemeine Verbot, daß Kinder unter 12 Jahren in Fabriken nicht beschäftigt werden dürfen, und gestattet in den folgenden Absätzen in Ansehung der Kinder unter 14 Jahren und der jungen Leute zwischen 14 und 16 Jahren, welche beide Kategorien der § 136 unter der Bezeichnung „jugendliche Arbeiter" zusammenfaßt, sowie in Ansehung der Wöchnerinnen die Beschäftigung in Fabriken nur unter gewissen, durch § 136 noch erweiterten Beschränkungen. In § 146 Abs. 1 Nr. 2 werden mit Strafe bedroht: „Gewerbetreibende, welche den §§ 135, 136 zuwider Arbeiterinnen oder jugendlichen Arbeitern Beschäftigung geben." Es kann nun zunächst keinem Zweifel unterliegen, daß diese Straffatzung auch auf das in § 135 Abs. 1 enthaltene Verbot betreffs der Kinder unter 12 Jahren sich bezieht und daß darin der Ausdruck „jugendliche Arbeiter" nicht in dem beschränkten Sinne des § 136, sondern in dem weiteren Sinne von Personen bis zu 16 Lebensjahren verstanden ist."

Zu 2. „Mit der Strafe sind bedroht vorab Gewerbetreibende, d. h. nach dem Sprachgebrauche der Gew. O. die Personen, welche das Gewerbe selbständig betreiben und daher durch den Betrieb des Gewerbes die in Beziehung darauf gesetzlich begründeten Verpflichtungen überkommen haben. Gewerbetreibender im Sinne des § 146 Abs. 1 Nr. 2 ist vorliegend daher der Angeklagte und dessen Bruder, als Inhaber der Tuchfabrik, die sie auf ihren Namen und für ihre Rechnung betreiben, nicht der Werkführer E., wenn derselbe auch von jenen der Fabrik „als Aufsichter und Werkführer" vorgesetzt war. Der Letztere erhielt dadurch namentlich nicht die Eigenschaft eines Stellvertreters im Sinne der §§ 45, 151 der R. Gew. O., sondern blieb ein Gehilfe in dem von dem Angeklagten und dessen Bruder betriebenen Gewerbe" (Annalen Bd. II S. 408, Bd. V S. 327; Entsch. in Strafsachen Bd. II S. 321, Bd. IV S. 307). „Deshalb konnte sich E. des Vergehens gegen den gedachten § 146 Abs. 1 Nr. 2 als Thäter oder Mitthäter nicht schuldig machen, sondern nur wegen Anstiftung oder Beihilfe strafbar sein, wenn die Voraussetzungen der §§ 48 oder 49 des R. Str. G. B. vorlagen und daher insbesondere das Delikt von dem Gewerbetreibenden dolos begangen wurde. Die Verantwortlichkeit des Angeklagten und seines Bruders für die Erfüllung der auf den Betrieb der Fabrik bezüglichen gesetzlichen Verpflichtungen bestand nach der Bestellung des E. zum „Aufsichter und Werkmeister" im ganzen Umfange fort. Dieselben waren und blieben verpflichtet, dafür zu sorgen, daß in ihrer Fabrik dem gesetzlichen Verbote, wonach Kinder unter 12 Jahren darin nicht beschäftigt werden durften, nicht zuwider gehandelt wurde, und machten sich strafbar, wenn sie vorsätzlich oder fahrlässig — das Gesetz hat beide Arten der Verschuldung im Auge — unterließen, dem Verbote Geltung zu schaffen. Es ist daher die Ausführung des Vorderrichters, daß es Sache des Werkführers E. gewesen sei, der E. S. und deren Vater das Arbeiten der Ersteren zu verbieten, und daß den E. eigentlich die Schuld des Unterlassens des Verbotes treffe, sofern damit die Verantwortlichkeit des Angeklagten ausgeschlossen oder eingeschränkt werden soll, rechtlich unzutreffend, und auch die weitere Ausführung, daß der Angeklagte als Fabrikherr unmöglich sich in der Lage befinde, selbst wenn er dies wollte, tagtäglich, ja stündlich die Fabrik in Rücksicht auf die Zulässigkeit der darin arbeitenden Personen zu untersuchen und zu revidiren, wird durch den Rechtsirrthum beherrscht, als habe der

Angeklagte durch die Bestellung des E. zum „Aufsichter und Werkmeister" seinen gesetzlichen Obliegenheiten in Ansehung der Zulassung jugendlicher Arbeiter genügt. Die letztere Ausführung enthält keine den konkreten Thatsachen entnommene Feststellung, daß der Angeklagte in Beziehung auf die Beschäftigung der E. S. weder dolos noch auch fahrlässig gehandelt hat. Vorliegend kam es darauf an, das Verhalten des Angeklagten nach den konkreten Umständen zu prüfen, insbesondere daher zu prüfen, was der Angeklagte bezüglich der ihm obliegenden Aufsicht über die Fabrik gethan hat, welche Anordnungen und Vorkehrungen zur Verhütung der Beschäftigung unzulässiger jugendlicher Arbeiter getroffen waren und ob diese und die sonstigen Umstände zu der Annahme führen, daß dem Angeklagten die fortgesetzte Beschäftigung der nicht 12 Jahre alten E. S. in der Fabrik, wenn er um dieselbe nicht wußte, doch ohne daß ihn der Vorwurf der Fahrlässigkeit trifft, habe verborgen bleiben können" (Annalen Bd. V S. 327; Entsch. in Strafsachen Bd. IV S. 307). „In dieser Beziehung ist der die Bestimmungen über die Beschäftigung jugendlicher Arbeiter enthaltende Aushang in den Fabrikräumen, welchen das Gesetz unter besonderer Strafandrohung vorschreibt (§§ 138, 149 Nr. 7 der R. Gew. O.), ohne Bedeutung, und wenn der Angeklagte nach der am 24. Oktober 1883 geschehenen polizeilichen Revision der Fabrik dem S. auch das Mitbringen seiner Tochter E. und deren Beschäftigung untersagt hat, so kommt doch die lange Zeit der trotzdem bald wieder aufgenommenen, bis in den März 1884 fortgesetzten Beschäftigung der E. S., sowie der Umstand in Betracht, daß der Angeklagte, soviel bis jetzt erhellet, das Verbot nur dem S. gegenüber erklärt und den Werkführer E. demgemäß zu instruiren unterlassen hat. Wenn der Vorderrichter hervorhebt, daß der Angeklagte zur Zeit jenes Verbotes das Alter der E. S. nicht kannte, wohl aber wußte, daß sie noch schulpflichtig war, so blieb zu erwägen, ob nicht auch des Angeklagten Nichtkenntniß, daß die S. noch nicht 12 Jahre alt war, auf Fahrlässigkeit beruht. Denn nach § 137 a. a. O. in der Fassung des Gesetzes vom 22. Juli 1878 ist die Beschäftigung eines Kindes in Fabriken, soweit sie nach § 135 überhaupt zulässig, also eines Kindes von 12—14 Jahren nicht gestattet, wenn dem Arbeitgeber nicht zuvor für dasselbe eine (Jahr und Tag der Geburt enthaltende) Arbeitskarte der Ortspolizeibehörde eingehändigt ist, und nach Art. 15 (vergl. Art. 13) des Gesetzes vom 1. Juli 1883, betreffend Abänderung der Gewerbeordnung (Reichsgesetzbl. S. 159), gilt vom 1. Januar 1884 ab das Gleiche auch hinsichtlich der noch zum Besuche der Volksschule verpflichteten jungen Leute zwischen 14 und 16 Jahren. Es kann daher davon nicht die Rede sein, daß der Angeklagte ohne Verletzung der ihm gesetzlich obliegenden Pflichten über das Alter der E. S. hätte im Unklaren bleiben können."

Zu 3. „Wenn der Vorderrichter aber die Freisprechung des Angeklagten ferner darauf stützt, daß derselbe der E. S. Beschäftigung in seiner Fabrik überhaupt nicht gegeben habe, so geht auch dieser Entscheidungsgrund nicht minder rechtlich fehl. Kinder unter 12 Jahren dürfen in Fabriken nicht beschäftigt werden. Beschäftigung giebt diesen der Fabrikbesitzer, welcher ihre Beschäftigung in der Fabrik und für deren Zwecke, sei es vorsätzlich oder fahrlässig, zuläßt. Es ist gleichgültig, ob der Fabrikbesitzer selbst mit denselben in ein Vertragsverhältniß tritt und ihnen Lohn zahlt oder ob ein Arbeiter der Fabrik dieselben zu seiner Hilfe bei den von ihm in der Fabrik und für die Fabrik zu leistenden und ihm zu lohnenden Arbeiten annimmt" (vergl. Annalen Bd. VIII S. 410; Entsch. in Strafsachen Bd. IX S. 102, und das Urtheil vom 21. Oktober 1882 in den Annalen Bd. VI S. 452 und in Rechtspr. Bd. IV S. 753): „Das Verbot, daß Kinder unter 12 Jahren in Fabriken nicht beschäftigt werden dürfen, beruht auf einer Vorsorge des Gesetzgebers für deren Wohl und Gedeihen und richtet sich gerade gegen den Inhaber der Fabrik (den Gewerbetreibenden), der, wie er allein dazu in der Lage, so auch verpflichtet ist, die Beschäftigung solcher Kinder in der Fabrik zu hindern, und sich strafbar macht, wenn er vorsätzlich oder fahrlässig ihre Beschäftigung in der Fabrik zuläßt und ihnen damit Beschäftigung giebt. Es ändert darin auch nichts, daß vorliegend die E. S. von ihrem Vater zu seiner Hilfsleistung in der Fabrik bei seinen Akkordlohnarbeiten herangezogen ist. Eine solche Disposition des Vaters über die Arbeitskraft seines nicht 12 Jahr alten Kindes verbietet das Gesetz, und es war gerade Sache des Angeklagten als Mitinhabers und Leiters der Fabrik, die Beschäftigung des Kindes in der Fabrik nicht zuzulassen und zu gewähren."

Tabaksteuergesetz vom 16. Juli 1879.

8. **1) Es ist zulässig, daß mehrere Tabakpflanzer die ihnen** (nach den §§ 3, 4, 24, 32, 34) **obliegende Anmeldung in einem gemeinsam unterzeichneten Schriftstück machen. 2) Eine Verletzung der Ausführungsvorschriften zum Gesetz** (insbesondere des § 1 der Bekanntmachung des Reichskanzlers vom 25. März 1880) **begründet nicht die Defraudationsabsicht.** Urth. des IV. Straffenats vom 12. Dezember 1884 wider K. Vorinstanz: L. G. Schneidemühl. Verwerfung der Revision des Provinzialsteuerdirektors.

Das V. G. verneint das Vorhandensein einer Tabaksteuerdefraudation aus zwei selbständigen Gründen, und zwar einerseits deshalb, weil der Angeklagte bereits am 12. Juli 1882 seine mit Tabak bebaute Fläche nach Größe und Lage der Steuerbehörde angemeldet und damit der Vorschrift der §§ 3, 24 des Gesetzes, betreffend die Besteuerung des Tabaks, vom 16. Juli 1879 (Reichsgesetzbl. S. 245) genügt habe, wenn auch die Anmeldung vom Angeklagten nicht in einer besonderen Schrift, sondern mit Anderen gemeinsam erfolgt sei, andererseits deshalb, weil nachgewiesen sei, daß der Angeklagte eine Defraudation nicht beabsichtigt hat, die Anwendung der §§ 32 und 34 des cit. Gesetzes aber ein doloses Handeln voraussetze. Nach den Feststellungen des angefochtenen Urtheils hat der Angeklagte nämlich in Gemeinschaft mit den übrigen Tabakpflanzern der Gemeinde P. an das Steueramt zu Deutsch Krone zum Zwecke der Erhebung der Tabaksteuer ein von ihm mitvollzogenes Schreiben gerichtet, in welchem die von dem Angeklagten im Jahre 1882 mit Tabak bepflanzte Grundstücksfläche nach ihrer Lage und Größe richtig angegeben war und welches am 12. Juli 1882 bei der Steuerbehörde eingegangen ist.

Zu 1. „Wenn auf Grund dieser Feststellungen der Vorderrichter das Vorhandensein einer Tabaksteuerdefraudation im Sinne des § 32 Abs. 2 Nr. 1 und des § 34 des Tabaksteuergesetzes verneint, so läßt sich hierin ein Rechtsirrthum nicht erkennen. Zwar führt die Revision aus, die §§ 3 und 24 des Gesetzes könnten nur so verstanden werden, daß die dort vorgeschriebenen Anmeldungen von jedem Pflanzer für sich mittels eines besonderen Schriftstückes zu erfolgen haben. Allein diese Ausführung findet weder in den Worten noch in der erkennbaren Absicht des Gesetzes eine Unterstützung. Nach dem Wortlaut des § 3 des Gesetzes vom 16. Juli 1879, welcher im wesentlichen mit dem § 3 des Gesetzes, betreffend die Besteuerung des Tabaks, vom 26. Mai 1868 (Bundesgesetzbl. S. 319) übereinstimmt, geht die Verpflichtung des Tabakpflanzers nur dahin, „der Steuerbehörde des Bezirkes bis zum Ablaufe des 15. Juli die bepflanzten Grundstücke einzeln nach ihrer Lage und Größe genau und wahrhaft schriftlich anzugeben". Diese Angaben erachtet das Gesetz, wie die §§ 4 ff. ergeben, für nöthig, aber auch für ausreichend, um der seitens der Steuerbehörde vorzunehmenden Prüfung und der demnächstigen Feststellung der Steuer als Grundlage zu dienen. Ueber die Form, in welcher die schriftlichen Angaben zu machen sind, enthält das Gesetz selbst keine weiteren Vorschriften. Namentlich ist eine gesetzliche Bestimmung nicht vorhanden, nach welcher es unstatthaft erscheinen könnte, daß mehrere Tabakpflanzer die ihnen obliegenden Anmeldungen in einem gemeinschaftlichen, von allen unterschriebenen Schriftstücke bewirken, sofern nur in diesem Schriftstücke die von jedem einzelnen bepflanzten Grundstücke einzeln nach ihrer Lage und Größe genau und wahrhaft bezeichnet sind."

Zu 2. „Es kann sich danach nur noch fragen, ob der Angeklagte sich einer Tabaksteuerdefraudation dadurch schuldig gemacht, daß er bei der Anmeldung der von ihm bepflanzten Flächen die zu dem Tabaksteuergesetze ergangenen Ausführungsvorschriften, insbesondere den § 1 der Bekanntmachung des Reichskanzlers vom 25. März 1880 (Centralblatt für das Deutsche Reich S. 153) nicht nach allen Richtungen befolgt hat. Diese Frage muß indessen verneint werden. Während nach § 40 des Tabaksteuergesetzes mit einer Ordnungsstrafe bis zu 150 ℳ nicht blos die Uebertretung der Bestimmungen des Gesetzes selbst, sondern auch die Uebertretung der dazu erlassenen Verwaltungsvorschriften zu ahnden ist, wird in den §§ 32—34 a. a. O. der Verwaltungsvorschriften nicht gedacht, vielmehr durchweg ein Zuwiderhandeln gegen Bestimmungen des Gesetzes vorausgesetzt. Wenn namentlich der für den vorliegenden Fall in Betracht kommende § 32 in Abs. 2 Nr. 1 bestimmt, daß der Tabaksteuerdefraudation sich schuldig macht, wer es unterläßt, die im § 3 und im Abs. 1 des § 24 vorgeschriebene Anmeldung hinsichtlich aller oder einzelner mit Tabak bepflanzter Grundstücke rechtzeitig zu bewirken, so kann es für die Frage nach dem Vorhandensein der Defraudation nur darauf ankommen, ob der Pflanzer die ihm nach den §§ 3 und bez. 24 obliegenden Verpflichtungen erfüllt hat, nicht aber darauf, ob hierbei auch den zu dem Gesetze ergangenen Verwaltungsvorschriften genügt worden ist. Soweit durch diese Vorschriften die gesetzliche Verpflichtung des Pflanzers erweitert, also etwa die nach dem Gesetze statthafte Kollektivanmeldung für unstatthaft erklärt oder für die Anmeldung neben der Angabe der Lage und der Größe der Grundstücke die Angabe des Aufbewahrungsortes des Tabaks gefordert ist, kann eine Nichtbefolgung der Verwaltungsvorschriften zwar gemäß § 40 des Gesetzes eine Ordnungsstrafe, aber nicht nach §§ 32 Abs. 2 [1] und 34 die Defraudationsstrafe nach sich ziehen. Der Revision kann endlich auch darin nicht beigetreten werden, daß als eine „genaue"

Angabe im Sinne des § 3 des Gesetzes nur diejenige gelten könne, welche den nachträglich zu dem Gesetze erlassenen Ausführungsvorschriften, namentlich auch bezüglich der Angabe des Aufbewahrungsortes in der Anmeldung entspricht. Denn das Gesetz darf nicht nach den Ausführungsvorschriften, sondern nur aus sich selbst heraus ausgelegt werden und kann danach nur die Bedeutung haben, daß in der Anmeldung die Lage und Größe der einzelnen bepflanzten Grundstücke genau und wahrhaft angegeben sein muß."

Markenschutzgesetz.

9. **Der Schutz ausländischer Firmen in Deutschland ist nur an die Gegenseitigkeit geknüpft,** nicht an die Voraussetzungen der Ziffern 1—3 des § 20 des Markenschutzgesetzes, die nur für Waarenzeichen gelten. **Zwischen Deutschland und Frankreich ist die Gegenseitigkeit** durch Art. 11 der Zusatzübereinkunft vom 12. Oktober 1871 zum Frankfurter Frieden vom 10. Mai 1871 und durch die Deklaration vom 8. Oktober 1873 **gewährleistet.** Urth. des I. Strafsenats vom 15. Januar 1885 wider Hecht und Gen. Vorinstanz: L.G. Würzburg. Aufhebung und Zurückverweisung auf Revision der Nebenklägerin.

Der von den Nebenklägern Deutz und Geldermann in A. gestellte Strafantrag ist vom L.G. wegen Verspätung als unwirksam erklärt worden. Die Strafkammer läßt nicht den 16. März 1884, an welchem Tage die Nebenkläger mit Datum vom 15. März beim Königl. Staatsanwalte am L.G. Würzburg Strafantrag stellten und anzeigten, daß der Weinhändler Ignaz Hecht zu Würzburg auf den von ihm für verkaufte Champagnerweine verwendeten Etiketten die Firma Deutz & Geldermann widerrechtlich gebraucht habe, sondern erst den 4. April als Tag der Antragstellung gelten. Die Entscheidungsgründe des Urtheils stützen sich hierbei auf die Ausführung, es habe sich der Strafantrag vom 15./16. März auf den angeblichen Mißbrauch des Waarenzeichens der genannten Firma beschränkt, diese sei indessen durch Entschließung des Staatsanwaltes vom 17. März bedeutet worden, daß von einer Verfehlung gegen geschützten Gebrauch des Waarenzeichens der Firma nicht die Rede sein, eine Einschreitung wegen Mißbrauches der Firma aber nur erfolgen könne, wenn den Voraussetzungen des § 20 des Markenschutzgesetzes genügt sein werde. In Folge dieser Weisung habe die Firma am 4. April ein Zeugniß der Gerichtsschreiberei des A.G. Leipzig vom 31. März 1884 vorgelegt, aus welchem ersichtlich sei, daß die Firma Deutz & Geldermann im Zeichenregister daselbst eingetragen sei. Erst mit der Vorlage des Zeugnisses sei die Strafverfolgung wegen Mißbrauches der Firma beantragt worden.

„Das Gesetz vom 30. November 1874 gewährt in gesonderter und durchweg zu unterscheidender Weise einerseits den Schutz gegen widerrechtlichen Gebrauch von Waarenzeichen und andererseits gegen Mißbrauch des Namens oder der Firma eines Produzenten. Nach § 20 des angezogenen Gesetzes kommt unter der Voraussetzung der Gegenseitigkeit des Schutzes nach beiderlei Richtungen den ausländischen Produzenten oder Handelstreibenden der Schutz des Gesetzes zu. Ausschließlich hinsichtlich der Waarenzeichen werden vom § 20 a. a. O. Bestimmungen unter Ziff. 1—3 getroffen, von welchen die Schutzgewährung als abhängig erklärt ist und welche sich auf die Anmeldung des Waarenzeichens bei dem A.G. Leipzig beziehen, sowie die Wirksamkeit der Anmeldung auf die Dauer des Schutzes für das bestimmte Waarenzeichen im Auslande beschränken. Hinsichtlich des Schutzes für die Namen oder die Firmen von

Ausländern sind solche besondere maßgebende Vorschriften nicht vorgezeichnet. Es bestand daher für die Staatsanwaltschaft keine Veranlassung, durch die Verfügung vom 17. März 1884 das strafrechtliche Einschreiten wegen Mißbrauches der Firma der Strafantragstellenden von dem Nachweise der Erfüllung der im § 20 des Markenschutzgesetzes bezeichneten Voraussetzungen abhängig zu machen. Die von der Staatsanwaltschaft vermißte Begründung der Aktivlegitimation der Antragsteller war durch die Vorlage des Zeugnisses des Gerichtsschreibers des Handelsgerichts zu Reims über den Eintrag der als Handelsgesellschaft seit dem 1. Januar 1876 zu Ay gebildeten Firma Deutz & Geldermann vom 29. Februar 1884 und der von den Inhabern dieser Firma für deren den Antrag stellenden Vertreter M. unter dem 20. Februar 1884 ausgestellten Vollmacht bereits als gegeben anzusehen. Die für das Bestehen der Gegenseitigkeit des Schutzes deutscher Waarenzeichen, Namen und Firmen in Frankreich nach § 20 a. a. O. als entscheidend in Betracht kommende Bekanntmachung im Reichsgesetzblatte liegt in der dort S. 365 enthaltenen Deklaration des Art. 11 der zusätzlichen Uebereinkunft vom 12. Oktober 1871 zu dem Friedensvertrage vom 10. Mai 1871 zwischen Deutschland und Frankreich vom 8. Oktober 1873 vor. Die Erläuterung spricht aus, daß alle Bestimmungen, welche in den vor dem Kriege zwischen einem oder mehreren deutschen Staaten einerseits und Frankreich andererseits abgeschlossenen Verträgen über den Schutz der Fabrik- und Handelszeichen getroffen sind, durch Art. 11 der gedachten Uebereinkunft wieder in Kraft gesetzt worden sind. Nach dem Wortlaute dieser wieder in Kraft getretenen, im Art. 28 des zwischen dem Zollvereine und Frankreich am 2. August 1862 abgeschlossenen Handelsvertrages (Bayerisches Regierungsblatt 1865 S. 655 und Beil. S. 37) enthaltenen Bestimmungen ist aber den Unterthanen eines jeden der vertragschließenden Staaten in dem anderen derselben der Schutz, wie ihn die Inländer genießen, nicht nur für die Fabrik- und Handelszeichen, sondern auch für die Bezeichnung oder Etikettirung der Waaren gesichert und unter letzterer Bezeichnung ohne Zweifel der Schutz der Namen und Firmen mitbegriffen. Für diesen war der Eintrag des Waarenzeichens der Firma Deutz & Geldermann in das Zeichenregister keine Voraussetzung und Gewährung und der Umstand, daß die Firma auch einen Bestandtheil des Waarenzeichens derselben bildet, ohne rechtliche Bedeutung."

Reichsrecht.

1. Privatfürstenrecht.

152. **Das fürstliche Recht des Großherzogs von Hessen, in den durch den § 5 des Einf. Ges. zur C.P.O. nicht berührten Sachen nur vor einem von ihm selbst bestimmten Gerichte Recht zu nehmen** (Hessisches Gesetz vom 7. Juni 1879). **Berufungs- und Revisionsinstanz in solchem Falle. Das Gericht erster Instanz darf kein Ausnahmegericht sein. Es ist zuständig, gleichviel ob der Großherzog Kläger oder Beklagter ist, wenn es sich um personen-(ehe-)rechtliche Fragen handelt, die ihn berühren. Maßgebende Vorschrift des § 569 Abs. 3 der C.P.O. für die Rolle der Staatsanwaltschaft in einem solchen Eheprozesse.** Urth. des III. Civilsenats vom 12. Dezember 1884 in Sachen der morganatischen Gemahlin des Großherzogs von Hessen, Gräfin Alexandrine v. Hutten-Czapska, Beklagten und Revisionsklägerin, wider Se. Königl. Hoheit den Großherzog Ludwig IV. zu Hessen und bei Rhein, Kläger und Revisionsbeklagten. Vorinstanz: der auf Grund des Hessischen Gesetzes vom 7. Juni 1879 zusammengetretene Berufungssenat des O.L.G. Darmstadt. Verwerfung.

Am 30. April 1884 schloß Se. Königl. Hoheit der Großherzog Ludwig IV. von Hessen und bei Rhein eine morganatische Ehe mit der Gräfin Alexandrine v. Hutten-Czapska. Bald nach der Eheschließung traten Verhältnisse ein, welche es dem Großherzoge wünschenswerth erscheinen ließen, eine Auflösung der Ehe dem Bande nach herbeizuführen. Unterm 30. Mai 1884 kam zu Berlin zwischen den Bevollmächtigten der Ehegatten eine Vereinbarung zu Stande, inhaltlich deren die Gräfin v. Hutten-Czapska darein willigte, daß der Großherzog die gerichtliche Trennung der Ehe unter Geltendmachung eines gesetzlich wirksamen Scheidungsgrundes, jedoch mit Wahrung der Ehre und des Rufes der Gemahlin, betreibe. Der § 2 dieses Vertrages lautet wörtlich: „Zum Zwecke der Durchführung des prozessualischen Verfahrens wird die Frau Beklagte gegen die Kompetenz des von Sr. Königl. Hoheit zu diesem Behufe für die Entscheidung des Prozesses bestimmten

Gerichtes keinen Einwand erheben, einen Zustellungsbevollmächtigten in der Person ihres gegenwärtigen Sachwalters bestellen und alle diejenigen sonstigen Vollmachten resp. Urkunden ausstellen, welche den ungehinderten Fortgang des Prozesses und dessen schleunigste Beendigung sichern. Das Urtheil, in welchem jedoch keiner der prozeßführenden Theile für schuldig erklärt werden darf, wird von beiden Theilen acceptirt und auf Einlegung der Berufung gegen dasselbe verzichtet werden, dergestalt, daß dasselbe sofort nach der Verkündigung rechtskräftig wird. In dem Termine zur mündlichen Verhandlung, sowie in den zur Abhaltung der Sühne anzuberaumenden Terminen wird die Frau Beklagte nicht erscheinen; es wird vielmehr auf Grund des § 573 der C.P.O. die Dispensation von dem persönlichen Erscheinen nachgesucht werden." Gegen Ende des Monats Juni 1884 erhob darauf der Vertreter des Herrn Klägers die Scheidungsklage, indem er als Ehescheidungsgrund in erster Reihe gegenseitige Einwilligung nach den Grundsätzen des Deutschen Privatfürstenrechts und eventuell geltend machte, daß bald nach Eingehung der Ehe zwischen beiden Ehegatten ein unheilbarer Unfriede zu Tage getreten sei, welcher die Fortsetzung der Ehe als unmöglich erscheinen lasse.

Die Sache kam am 9. Juli 1884 bei einem besonders konstituirten Civilsenate des Großherzogl. Hessischen O.L.G. Darmstadt zur Verhandlung. Bereits unterm 5. Juni 1884 hatte nämlich Se. Königl. Hoheit der Großherzog eine von dem Staatsminister kontrasignirte Kabinetsordre folgenden Inhalts erlassen: „Nachdem Wir auf Grund Unserer Rechte als Souverän und auf Grund des für die ehemals landesherrlichen und reichsständischen, nunmehr souveränen Familien geltenden Herkommens, unter ausdrücklichem Vorbehalte aller Unserer Rechte im übrigen, beschlossen haben, in Unserer Ehestreitigkeit mit der Uns morganatisch vermählten Gräfin Alexandrine v. Hutten-Czapska, betreffend die Trennung dieser Ehe, vor Unserem Oberlandesgerichte Recht zu nehmen und zu suchen, so berufen Wir vermöge gegenwärtiger Verordnung Unser Oberlandesgericht, um in einem von dem Präsidium desselben besonders zu bildenden Senate von fünf Mitgliedern, gemäß den einschlägigen Bestimmungen der Deutschen Civilprozeßordnung bezüglich des Verfahrens vor den Landgerichten, insbesondere in Ehesachen, über Unsere Ehestreitigkeit mit der obengenannten Gräfin v. Hutten-Czapska nach den Gesetzen, insbesondere nach den in dem Privatfürstenrechte anerkannten Grundsätzen über das Eherecht der souveränen Familien zu entscheiden." Diese an das „O.L.G. Darmstadt" gerichtete Verordnung wurde von dem Großherzogl. Staatsministerium am 14. Juni 1884 dem Präsidenten jenes Gerichtshofes mit dem Ersuchen übersendet, zu veranlassen, daß das Präsidium des Gerichts baldthunlichst zur Bildung des Senats schreite, der über die erwähnte Ehestreitigkeit zu entscheiden haben werde. Das Präsidium des O.L.G. entsprach diesem Ersuchen, und es verhandelten demnächst, unter Zuziehung des Großherzogl. Oberstaatsanwalts und nachdem auf Antrag des Herrn Klägers die Oeffentlichkeit ausgeschlossen worden war, die Vertreter der Parteien in dem vorerwähnten Termine mündlich zur Sache. Die Beklagte ließ erklären, daß sie dem Klaggesuche keinen Widerspruch entgegensetze. Noch an demselben Tage — 9. Juli 1884 — verkündigte der Präsident des Gerichtshofes öffentlich das Urtheil, in dessen entscheidendem Theile von dem „besonders hierzu berufenen Senate des Großherzogl. O.L.G. Darmstadt" die Trennung der Ehe vom Bande zwischen beiden Theilen ausgesprochen wurde.

Die Entscheidungsgründe motiviren dieses Erkenntniß rücksichtlich der Zuständigkeitsfrage im wesentlichen damit: „Die Kompetenz des angegangenen

Gerichts, die von Amtswegen zu prüfen sei, unterliege keinem Bedenken. Das Hessische Gesetz vom 7. Juni 1879, erlassen in Folge der Vorschrift des § 5 des Einf. Ges. zur C. P. O., unterwerfe den Großherzog zwar bezüglich der sein Privatvermögen oder die Civilliste betreffenden Rechtsstreitigkeiten, nicht aber auch bezüglich seiner persönlichen Verhältnisse dem O. L. G. Vor der Reichsjustizgesetzgebung habe anerkanntermaßen keine Jurisdiktion der Gerichte des Großherzogthums für bürgerliche Rechtsstreitigkeiten des Großherzogs bestanden; sie habe nur durch die freiwillige Erklärung des Landesherrn, vor einem Gerichte des Landes Recht zu nehmen, geschaffen werden können. Dieses Verhältniß bestehe heute für die persönlichen Angelegenheiten des Landesherrn noch fort; derselbe könne also für solche selbständig ein Gericht und am geeignetsten das höchste Gericht des Landes delegiren, das diese Jurisdiktion schon in beschränkter Weise ausübe. Hierzu sei auch die Einwilligung der Stände nicht erforderlich, da der Großherzog in Ausübung eines ihm höchstpersönlich zustehenden Souveränitätsrechts verfüge. Ueberdies habe die Beklagte bei dem Mangel eines Widerspruches gegen die Entscheidung des angegangenen Gerichts dessen Zuständigkeit stillschweigends anerkannt."

Gegen jenes Urtheil legte die **Beklagte** die **Berufung** ein, und es kam diese, nachdem der **Stellvertreter des Präsidenten des O.L.G. auf Grund des Hessischen Gesetzes vom 7. Juni 1879 einen Berufungssenat von sieben Mitgliedern** gebildet hatte, am 18. Oktober 1884 vor diesem Senate zur mündlichen Verhandlung. Der Vertreter des Klägers und der Staatsanwalt verwahrten sich gegen den Zusammentritt und die Verhandlung des Berufungsgerichts, bezw. gegen dessen Zuständigkeit. Der Staatsanwalt verlas und überreichte hierbei ein auf den bis dahin unbekannten Vertrag der Streitparteien bezugnehmendes Promemoria, „welches die bei Erlaß der Verordnung vom 5. Juni 1884 maßgebend gewesenen Intentionen des durch die Gegenzeichnung der Verordnung für deren Inhalt allein verantwortlichen Staatsministeriums enthalte." Nachdem die Verhandlung zuvor durch Gerichtsbeschluß auf die prozeßhindernde Einrede beschränkt worden war, verkündete der Gerichtshof an demselben Tage — 18. Oktober 1884 — in öffentlicher Sitzung (die Verhandlung war auf Antrag Klägers geheim) das Urtheil, durch welches die eingelegte Berufung, „insoweit der auf Grund des Gesetzes vom 7. Juni 1879 konstituirte Berufungssenat zu deren Entscheidung angegangen worden", **wegen Unzuständigkeit dieses Senats** zurückgewiesen wurde.

Dieses Erkenntniß beruht auf folgenden Erwägungen: „Das zur Ausführung der reichsgesetzlichen Vorschriften (§§ 5 der Einf. Gess. zur C. P. O. und zum G. V. G.) erlassene Hessische Gesetz vom 7. Juni 1879 regele den Gerichtsstand und das gerichtliche Verfahren in Ansehung des Landesherrn und der Mitglieder des Großherzogl. Hauses und zwar dahin, daß der Landesherr nur in bürgerlichen Rechtsstreitigkeiten, welche dessen Privatvermögen oder die Civilliste betreffen, bei dem O. L. G. Recht nehmen werde (Art. 1), während die Mitglieder des Großherzogl. Hauses in bürgerlichen Rechtsstreitigkeiten jeder Art (Art. 2), auch in Ehe- und Entmündigungssachen (Art. 3), bei dem O. L. G. ihren persönlichen Gerichtsstand haben sollten. Letzteres entscheide in den im Gesetze angeführten Fällen in erster Instanz sowie in der Berufungs- und Beschwerdeinstanz, dort durch einen mit fünf, hier durch einen mit sieben Mitgliedern besetzten Senat. Danach sei das O. L. G. für die Verhandlung und Entscheidung von Ehesachen des Landesherrn nicht zuständig, weil diese Zuständigkeit auf die in Art. 1 des Gesetzes cit. erwähnten Rechtsstreitigkeiten beschränkt sei. Eine weitere für die Entscheidung maßgebende Bestimmung sei die Verordnung vom 5. Juni 1884. Dieselbe enthalte keine Ergänzung des Gesetzes vom 7. Juni 1879, bilde vielmehr eine selbständige landesherrliche Verfügung, deren Wortlaut klar sei, über deren Absicht kein Zweifel bestehe und welche zunächst nur aus sich selbst interpretirt werden könne. Im Gegensatze zum angeführten Gesetze sei in der Verordnung keine Berufungs- und Beschwerdeinstanz angeordnet worden, und es habe auch die Zulassung einer solchen nicht in der Absicht gelegen. Denn inhaltlich des zwischen den streitenden Theilen am 30. Mai 1884 zu Stande gekommenen Vertrages sei vereinbart worden, daß das zu erlassende Urtheil des zur Entscheidung zu bestimmenden Gerichts von beiden Theilen acceptirt und auf Einlegung der Berufung gegen dasselbe verzichtet werde, dergestalt, daß es sofort nach der Verkündigung rechtskräftig werde. Jeder etwaige Zweifel über den Inhalt jener Verordnung werde durch diesen Vertrag, der als ein wesentliches Interpretationsmittel der Verordnung erscheine, beseitigt. Die Verordnung habe aus dem Vertrage ihre Entstehung genommen, sei zur Ausführung desselben erlassen worden, und es hätten beide Theile intendirt, den aus dem O.L.G. zu berufenden Senat für die vorliegende Ehesache als ausschließlichen Gerichtshof (forum extraordinarium) zu konstituiren. Demgemäß habe die Verordnung vom 5. Juni 1884 die einzige Grundlage zum Erlasse der Entscheidung vom 9. Juli 1884 für das O.L.G. gebildet, und es sei nicht zweifelhaft, daß der auf Grund des Gesetzes vom 7. Juni 1879 angerufene Senat nicht zuständig sein könne, als Berufungsinstanz über ein Erkenntniß zu befinden, welches völlig außerhalb der Anwendbarkeit jenes Gesetzes erlassen worden sei."

Gegen dieses Erkenntniß hatte die Beklagte Revision eingelegt. Auf Antrag des Vertreters des Klägers schloß der Präsident des III. Civilsenats des R.G. gemäß § 171 des G.V.G. die Oeffentlichkeit der Verhandlung aus und verfügte, daß letztere zunächst auf die Frage der Kompetenz des Reichsgerichts zur Entscheidung über die eingelegte Revision zu beschränken sei. Die Ausführungen der Parteivertreter zu dieser Frage erhellen aus dem nachstehenden Urtheil des R.G. Der Kaiserl. Oberreichsanwalt schloß sich den Ausführungen und dem Antrage der Klagseite an. Der Gerichtshof zog sich zur Berathung zurück, und verkündigte hiernächst der Präsident den Beschluß: „daß die prozeßhindernde Einrede der Unzuständigkeit des R.G. zu verwerfen und in die Verhandlung der Sache selbst einzutreten sei." Die hierauf seitens der Parteivertreter und der Reichsanwaltschaft gestellten Anträge und deren Begründung erhellen aus dem nachstehenden Urtheil des R.G.

„I. Der von dem Vertreter des Herrn Klägers erhobene Einwand gegen die formelle Statthaftigkeit der Revision ist nicht begründet. Der Erste Richter hat zwar nach dem Eingange seines Urtheils vom 9. Juli 1884 als „besonders hierzu berufener Senat des Großherzogl. O.L.G. Darmstadt" erkannt; der Zweite Richter ist dagegen von der Beklagten auf Grund des Art. 4 des Hessischen Gesetzes vom 7. Juni 1879 als Berufungsinstanz angegangen worden und hat nach ausdrücklicher Feststellung im Tenor des jetzt angefochtenen Erkenntnisses vom 18. Oktober 1884 auch in seiner Eigenschaft „als Berufungssenat" geurtheilt. Da nun die auf Antrag des Großherzogthums Hessen gemäß § 3 Abs. 2 des

Einf. Ges. zum G.V.G. erlassene Kaiserl. Verordnung vom 26. September 1879, betreffend „die Uebertragung Hessischer Rechtssachen auf das R.G.", die Verhandlung und Entscheidung über das Rechtsmittel der Revision in allen bürgerlichen Rechtsstreitigkeiten, welche nach dem erwähnten Landesgesetze zur Zuständigkeit des O.L.G. Darmstadt gehören, dem R.G. überwiesen hat, so ist das R.G. ebenso berechtigt als verpflichtet, auf die Revisionsbeschwerde der Beklagten eingehend, darüber zu befinden, ob sich die Vorinstanz mit Recht oder Unrecht für inkompetent erklärt hat.

Eine ganz andere Frage ist die, welche der Vertreter des Herrn Klägers in den Vordergrund stellt, ob, unter welchen Voraussetzungen und innerhalb welcher Grenzen die reichsgesetzlich angeordneten ordentlichen oder die unter Zulassung der Reichsgesetzgebung landesrechtlich bestellten besonderen Gerichte überhaupt oder im Instanzenzuge zur Aburtheilung der vorliegenden Ehestreitigkeit zuständig seien. Hierüber kann nur durch sachliche Prüfung der erhobenen Revisionsbeschwerde entschieden werden, eine Erörterung und Entscheidung, welche das R.G. auch dann hätte vornehmen müssen, wenn etwa das B.G., statt seine Unzuständigkeit auszusprechen, umgekehrt seine Kompetenz angenommen hätte.

II. In der Sache selbst mußte jedoch die Revision der Beklagten zurückgewiesen werden. Wie bereits bemerkt, handelt es sich in der gegenwärtigen Instanz ausschließlich um die Zuständigkeit des Vorderrichters. Die Entscheidung hierüber nach Maßgabe der für die Revision geltenden Grundsätze hängt, von den besonderen Revisionsangriffen zunächst abgesehen, wesentlich von der Beantwortung der Fragen ab: ob der Großherzog von Hessen nach den Gesetzen seines Landes in persönlichen — nicht vermögensrechtlichen — Angelegenheiten von der Gerichtsbarkeit der Landesgerichte befreit ist und ob, wenn ein solcher Rechtssatz besteht, derselbe auch zur Folge hat, daß ein besonderer Gerichtshof oder doch ein besonders hierzu berufener Senat des Großherzogl. O.L.G. Darmstadt zur Entscheidung über die von Sr. Königl. Hoheit gegen seine morganatische Gemahlin erhobene Klage auf Trennung der Ehe durch landesherrliche Entschließung niedergesetzt werden durfte?

Nach § 5 des Einf. Ges. zum G.V.G. finden in Ansehung der Landesherren die Bestimmungen des G.V.G. nur insoweit Anwendung, als nicht besondere Vorschriften der Hausverfassungen oder der Landesgesetze abweichende Bestimmungen enthalten. Der § 5 des Einf Ges. zur C.P.O. wiederholt im ersten Satze diese Vorschrift, fügt aber hinzu: „Für vermögensrechtliche Ansprüche Dritter darf die Zulässigkeit des Rechtsweges nicht von der Einwilligung des Landesherrn abhängig gemacht werden." In § 3 des Einf. Ges. zum G. V. G. ist bestimmt, daß die Gerichtsbarkeit in bürgerlichen Rechtsstreitigkeiten, für welche besondere Gerichte zugelassen sind, durch die Landesgesetzgebung den ordentlichen Landesgerichten auch nach anderen als den im G. V. G. vorgeschriebenen Zuständigkeitsnormen und, was die Gerichtsbarkeit letzter Instanz angeht, auf Antrag des betreffenden Bundesstaates mit Zustimmung des Bundesrathes durch Kaiserl. Verordnung dem R. G. übertragen werden könne.

Aus diesen Vorschriften, in Zusammenhalt mit den Motiven der Gesetzesentwürfe und den Kommissionsverhandlungen, ergeben sich mehrere für die Entscheidung über die eingelegte Revision wichtige Folgesätze.

Die Sonderstellung, welche die Deutschen Landesherren bis zur Einführung der Reichsjustizgesetzgebung nach der Rechtsentwickelung mehrerer Bundesstaaten in Ansehung der Exemtion von der Gerichtsbarkeit der eigenen Landesgerichte eingenommen hatten, ist im allgemeinen aufrecht erhalten. Nur hinsichtlich vermögensrechtlicher, also solcher Ansprüche, welche im Gegensatze zu Statussachen auf einen Geldwerth zurückgeführt werden können, ist der Ausschluß des Rechtsweges für unzulässig erklärt, mithin die Zuständigkeit der Gerichte an sich ausgesprochen worden.

Ferner kann die Landesgesetzgebung in Ansehung der ausgenommenen, den Personenstand oder die Familienverhältnisse der Landesherren betreffenden Angelegenheiten nicht blos die Zuständigkeitsnormen ändern oder ein von den Reichsjustizgesetzen abweichendes Verfahren anordnen, sondern es auch bei dem bestehenden Zustande des Ausschlusses des Rechtsweges, der Niedersetzung oder Bezeichnung eines besonderen Gerichtshofes und sonstiger Beschränkungen der Klagerhebung belassen oder andere Normen dafür einführen. Bestanden jedoch vor dem 1. Oktober 1879 landesgesetzliche Vorschriften über die Exemtion der Landesherren nicht oder werden solche nicht nach diesem Zeitpunkte neu eingeführt, so finden auch auf die Klagen aus persönlichen Verhältnissen der Landesherren die Bestimmungen der Reichsjustizgesetze, die in diesen angeordneten Gerichtsstände Anwendung.

Unter Landesgesetzen im Sinne der §§ 5 cit. sind Rechtsnormen jeder Art zu verstehen. Dies ergiebt sich sowohl aus § 12 des Einf. Ges. zur C. P. O., als aus der Gegenüberstellung von „Hausverfassungen" und „Landesgesetzen". Deshalb begründet es auch keinen Unterschied, ob sich die einschlagenden Sonderbestimmungen im

Gemeinen Rechte — dem Römischen Rechte und dem Deutschen Privatrechte — oder im sogenannten Privatfürstenrechte finden und ob sie auf ausdrücklicher gesetzlicher Anordnung beruhen oder gewohnheitsrechtlich — durch Observanz oder Herkommen — eingeführt sind (§ 512 der C.P.O., vergl. mit § 511).

Soweit das Reichsgericht mit den in den §§ 5 cit. erwähnten Angelegenheiten befaßt ist, gehören diese Sachen nach § 13 des G.V.G. in letzter Instanz zur ordentlichen Gerichtsbarkeit. Das Revisionsgericht hat in allen solchergestalt an dasselbe gelangenden Rechtsstreitigkeiten nach Maßgabe der C.P.O. zu befinden. Obgleich daher die dem Landesherrn eingeräumten Vorrechte nur innerhalb des eigenen Landes, nicht außerhalb desselben gelten, so ist damit keineswegs ausgesprochen, daß nur die eigenen Landesgerichte dieselben zu beachten hätten; vielmehr muß das R.G. bei der Beurtheilung einer gegen das Erkenntniß eines besonderen Landesgerichts zweiter Instanz eingelegten Revision die einschlagenden Partikulargesetze gerade so anwenden, wie wenn dieses Rechtsmittel gegen ein von einem ordentlichen Gerichte zweiter Instanz erlassenes Urtheil verfolgt worden wäre.

Im Großherzogthum Hessen ist nun aus Anlaß der Einführung der Reichsjustizgesetze durch Landesgesetz vom 7. Juni 1879 der Gerichtsstand und das gerichtliche Verfahren in Ansehung des Landesherrn und der Mitglieder des Großherzogl. Hauses dahin geregelt worden, daß der Landesherr und seine Nachfolger in bürgerlichen Rechtsstreitigkeiten, welche deren Privatvermögen oder die Civilliste betreffen, bei dem O.L.G. zu Darmstadt Recht zu nehmen haben (Art. 1), daß dagegen die Mitglieder des Großherzogl. Hauses ihren persönlichen Gerichtsstand in bürgerlichen Rechtsstreitigkeiten jeder Art bei demselben Gerichte haben (Art. 2), während es nach Art. 3 in Ehe- und Entmündigungssachen, welche ein Mitglied des Großherzogl. Hauses betreffen, zur Einleitung eines gerichtlichen Verfahrens der vorgängigen Zustimmung des Großherzoges bedarf.

Das B.G. folgert aus diesen Vorschriften, in Verbindung mit den Bestimmungen über das Verfahren (Art. 4), daß die Zuständigkeit des O.L.G. zu Darmstadt in Rechtsangelegenheiten des Landesherrn selber auf die in Art. 1 erwähnten Streitigkeiten beschränkt, dasselbe also für die Verhandlung und Entscheidung von Ehesachen des Landesherrn inkompetent sei. Bei dieser negativen Feststellung behält es jedoch nicht sein Bewenden; denn der B.R., indem er die von Sr. Königl. Hoheit dem Großherzoge ausgegangene, als „Verordnung" bezeichnete Verfügung vom 5. Juni 1884 heranzieht und auslegt, nimmt zugleich der Sache nach (implicite) die Befugniß des

Landesherrn zum Erlasse einer solchen Verordnung nach Hessischem Partikularrechte an und erwägt thatsächlich, daß hierdurch mit Einwilligung der Beklagten ein aus dem O.L.G. zu berufender Senat als ausschließlicher Gerichtshof zur Aburtheilung dieser Sache habe niedergesetzt werden sollen.

Diese Erwägungen enthalten keine Verletzung einer revisibelen Rechtsnorm im Sinne des § 511 der C.P.O. Denn hiernach kann die Revision nur darauf gestützt werden, daß die angefochtene Entscheidung auf der Verletzung eines Reichsgesetzes oder eines Gesetzes, dessen Geltungsbereich sich über den Bezirk des B.G. hinaus erstreckt, beruhe. Es ist mithin die thatsächliche Würdigung des Vorbringens einer Partei der Thätigkeit des Revisionsgerichts ebenso entzogen, wie die Prüfung der Frage, ob das B.G. partikuläre Rechtsnormen richtig ausgelegt hat. In ersterer Beziehung insbesondere sind nach § 524 der C.P.O. die in dem angefochtenen Urtheile festgestellten Thatsachen, in letzterer Beziehung ist nach § 525 ibid. die Entscheidung des B.G. über das Bestehen und den Inhalt der Partikulargesetze für das auf die Revision ergehende Erkenntniß maßgebend.

Zur Ergänzung der Entscheidungsgründe des angefochtenen Erkenntnisses mag übrigens hervorgehoben werden, daß aus den Motiven zu Art. 1 des Landesgesetzes vom 7. Juni 1879 sich ergiebt, daß der Gesetzgeber in Betreff der persönlichen Angelegenheiten des Landesherrn das bestehende Recht aufrecht erhalten wollte. Einleitend wird dort bemerkt, daß ein förmliches Hausgesetz für das Großherzogl. Haus im Großherzogthum nicht ergangen, auch sonstige Bestimmungen über den Gerichtsstand der Mitglieder dieses Hauses, abgesehen von einer das Personal- und Realforum der Prinzen 2c. regelnden Verordnung vom 30. Januar 1808, nicht erlassen worden seien. Und es wird sodann konstatirt, daß seither in Hessen der Grundsatz befolgt worden sei, daß der Regent aus Privatrechtsverhältnissen vor den Gerichten seines Landes nur mit seiner Einwilligung habe belangt werden können und daß es ihm freigestanden habe, das Gericht zu bestimmen, dem er sich unterwerfen wolle. In gleicher Weise hat das vormalige O.App.G. zu Darmstadt in seiner Rechtsprechung, und zwar sowohl in erster wie in zweiter (der sog. Revisions-) Instanz, die Exemtion des Landesherrn von den Gerichten des Landes mehrfach anerkannt. (Vergl. die von dem Vertreter des Herrn Revisionsbeklagten angezogenen Erkenntnisse aus den Jahren 1816—1835 im Archiv für praktische Rechtswissenschaft, N. F. Bd. VI S. 428, Bd. VIII S. 429, und bei Seuffert, Archiv 2c.

Bd. VIII Nr. 297). Zwar beruhen diese Entscheidungen im wesentlichen auf der Auslegung und Anwendung allgemeiner Rechtsnormen, insbesondere der — ihrem Sinne nach bestrittenen und einander widersprechenden — Vorschriften des Römischen Rechts in l. 31 Dig. de leg. (1, 3); l. 23 Dig. de legat. XXXII; l. 4 Cod. de leg. (1, 14); l. 3 Cod. de test. (6, 23) und Nov. 105 cap. 2 § 4, nach welchen, wie jener Gerichtshof annahm, das Staatsoberhaupt nur dann den Landesgerichten unterworfen sei, wenn es sich aus freiem Antriebe bereit erklärte, vor denselben Recht zu nehmen. Gleichwohl entziehen sich dieselben in dem gegenwärtigen Prozesse der Nachprüfung in der Revisionsinstanz, da sie nur als Belege für die partikuläre Rechtsbildung in Betracht kommen.

Der Vertreter der Revisionsklägerin räumt denn auch ein, daß der Großherzog nach Gesetz und Herkommen in Ansehung seiner Familienverhältnisse den Gerichten seines Landes nicht unterstehe. Er rügt aber, daß der B.R. bei der Anwendung dieses Rechtssatzes gegen allgemeine Rechtsnormen verstoßen habe, und er führt aus, daß sich die Exemtion des Staatsoberhauptes der Natur der Sache nach auf die Gerichtspflichtigkeit, also den Fall beschränke, wenn der Regent als Beklagter in Anspruch genommen werde, daß sie jedoch keineswegs die Befugniß des Souveräns in sich begreife, die Entscheidung über einen Ehestreit, in welchem er, der Landesherr, als Kläger auftrete, einer von ihm niedergesetzten Behörde oder einem besonders zu diesem Zwecke berufenen und zusammengesetzten Gerichte zu übertragen. Es muß zugegeben werden, daß die Bestellung eines reichs- oder landesgesetzlich nicht zum voraus zugelassenen Gerichtshofes, eines sog. Ausnahmegerichts, nach § 16 des G.V.G. unstatthaft und daß die Zulässigkeit der Einsetzung eines außerhalb der gerichtsverfassungsmäßig angeordneten Kompetenzverhältnisse stehenden außerordentlichen Gerichtshofes, eines Ehegerichtshofes ad hoc, in Ermangelung sowohl positiver Vorschriften des Hessischen Partikularrechts als von Präzedenzfällen im Hessischen Fürstenhause, höchst bedenklich gewesen wäre. Zur Zeit des ehemaligen Deutschen Reiches, von der Reformation und dem Westphälischen Frieden an, waren weder die Reichsgerichte noch die eigenen weltlichen oder geistlichen Landesgerichte zuständig, über Ehestreitigkeiten evangelischer Fürsten, sobald solche die Auflösung der Ehe betrafen, zu erkennen. Nur hielten die Reichsgerichte darauf, daß die Landesherren sich nicht zu Richtern in eigener Sache aufwarfen, und nöthigten dieselben in vorkommenden Fällen dazu, ihre Eheirrungen im Rechtswege, sei es durch Schiedsgerichte, sei es durch Konsistorien oder mittels Aktenversendung, austragen zu lassen, auch, wenn erforderlich, für Eröffnung einer weiteren Instanz zu sorgen. (Vergl. Konzept der Kammergerichtsordnung v. 1570 Th. II Tit. 1 § 3 bei Selchow, Konzepte III, 6; Pfeffinger, corp. jur. publ. tom. III p. 290—312; Hellfeld-Struve, jurisprud. heroica pars IV p. 223 squ.; Pütter, Erörterungen zum Deutschen Staats- und Fürstenrechte Bd. II S. 150 ff.; Zöpfl, Grundsätze des Gemeinen Deutschen Staatsrechts § 268.) Allein nach dem Untergange des Deutschen Reiches hat sich die Rechtsentwickelung in den einzelnen Deutschen Staaten bezüglich der Kompetenz der Landesgerichte in Ehesachen der regierenden Häuser verschieden gestaltet, und es behaupten namhafte Rechtslehrer (wie Heffter, Sonderrechte der souveränen Häuser, 1871, §§ 24, 28, 37 und 70), daß seitdem die Ehestreitigkeiten auch der Souveräne bei den ordentlichen Landesgerichten nach den gewöhnlichen Prozeßgrundsätzen zum Austrage zu bringen seien und ein Landesherr nur in denjenigen Ländern, in welchen er rücksichtlich der eigenen rein persönlichen Angelegenheiten fortdauernd eine exzeptionelle Stellung eingenommen habe, und nur soweit dies der Fall sei, sich entweder einem schon bestellten Gerichte unterwerfen oder ein anderes unparteiisches Gericht außerordentlich bestellen müsse. Wie dem sein mag, als Inhalt des heutigen, innerhalb der korporativen Genossenschaft des hohen deutschen Adels geltenden Gemeinen Deutschen Privatfürstenrechts kann es nicht angesehen werden, daß ein Souverän behufs Entscheidung einer Eheirrung eine besondere Behörde — einen Familienrath, ein Agnatengericht, ein Gericht von Ebenbürtigen, ein Schiedsgericht, eine Kommission — niedersetzen oder einen sonstigen Spezialgerichtshof beliebig zusammensetzen dürfe. Die Befugniß zur Bestellung eines außerordentlichen Gerichtshofes ist den Deutschen Souveränen bereits in dem Reichsgesetze vom 6. Februar 1875, betreffend „die Beurkundung des Personenstandes und die Eheschließung", (§ 72) nur unter der Voraussetzung gewahrt worden, daß nach Hausgesetzen oder Observanzen besondere Bestimmungen über eine derartige Gerichtsbarkeit bestehen. Im Großherzogthum Hessen sind aber, wie erwähnt, hausgesetzliche Vorschriften überhaupt nicht erlassen worden, und das in den Motiven zum Landesgesetze vom 7. Juni 1879 angeführte, durch die Rechtsprechung des früheren obersten Landesgerichtshofes sanktionirte Herkommen geht ersichtlich nur dahin, daß der Großherzog ein staatlich bestehendes Gericht zu bezeichnen habe, bei dem er Recht nehmen und suchen wolle. Im Zweifel muß dies auch auf die Entscheidung einer den Regenten betreffenden Ehesache bezogen werden.

Der erhobene Revisionsangriff scheitert indessen an der Thatsache, daß sich Se. Königl. Hoheit der Großherzog inhaltlich der Verfügung vom 5. Juni 1884 an ein reichsgesetzlich zugelassenes und landesgesetzlich angeordnetes Gericht gewendet hat, welches, wie der Erste Richter zutreffend betont, schon eine beschränkte Kompetenz in vermögensrechtlichen Angelegenheiten des Regenten ausübt. Die Befugniß zu einer solchen Uebertragung der Gerichtsbarkeit in der obschwebenden Eheirrung kann dem Landesherrn mit Rechtsbestand vor allem aus dem Grunde nicht bestritten werden, weil jener Erlaß die Zusammensetzung eines besonderen, aus fünf Mitgliedern des O.L.G. zu Darmstadt bestehenden Senats durch das Präsidium dieses Gerichtshofes befohlen habe. Denn diese Anordnung und deren Vollzug hat nur Bedeutung für die Bildung des Senats, nicht für die Zuständigkeit des angegangenen Gerichts selber; sie ist um so weniger zu beanstanden, als es für den anhängig zu machenden Rechtsstreit an einem nach dem Gesetze vom 7. Juni 1879 zur Entscheidung berufenen Senate fehlte.

Aber auch der aus der Parteirolle des Herrn Klägers entnommene Einwand ist nicht begründet. Zwar hat die Beklagte als morganatische Ehefrau keinen Antheil an den Prärogativen des fürstlichen Gemahls; sie würde daher, von Dritten belangt, den besonderen Gerichtsstand der Art. 1 ff. des Landesgesetzes vom 7. Juni 1879 nicht für sich beanspruchen können, vielmehr den ordentlichen, durch die Reichsjustizgesetzgebung angeordneten Gerichten unterworfen sein. Allein hier verlangt der fürstliche Gemahl die Trennung der mit der Beklagten geschlossenen Ehe dem Bande nach, und dieser hat gemäß der §§ 5 der Einf. Gess. zum G.V.G. und zur C.P.O. einen von den Vorschriften der Reichsjustizgesetze unabhängigen (befreiten) Gerichtsstand. Diesem Gerichtsstande folgt die Beklagte nach allgemeinen Grundsätzen und vermöge des dem § 568 der C.P.O. zu Grunde liegenden gesetzgeberischen Gedankens nach. Bei dem untrennbaren Zusammenhange, in welchem die Familienverhältnisse des Staatsoberhauptes mit dessen Person stehen, kann eine Ehesache desselben nur einheitlich entschieden werden; und da für Klagen gegen die Ehefrau wegen Trennung der Ehe nach § 568 cit. immer nur dasjenige Gericht zuständig ist, welches für solche Klagen gegen den Ehemann kompetent erscheint, so konnte auch für die Gemahlin des Landesherrn ein Gerichtsstand in dieser Sache nur durch landesherrliche Entschließung begründet werden. Daß der von der Revisionsklägerin angezogene § 12 der C.P.O. für Ehestreitigkeiten unanwendbar ist, bedarf bei der Ausschließlichkeit des in § 568 ibid. angeordneten Gerichtsstandes keiner weiteren Ausführung.

Eine besondere Beschwerde findet die Beklagte darin, daß die Verordnung vom 5. Juni 1884 nach der Auslegung, welche ihr von dem B. R. gegeben worden sei, *keinen Instanzenzug* eröffnet habe. Die Interpretation jenes persönlichen Willensaktes des Souveräns ist jedoch thatsächlicher Natur und mit der Revision nicht anfechtbar, während die Ausschließung eines weiteren Rechtsweges durch die — unbestritten erfolgte — *freiwillige und vertragsmäßige Unterwerfung der Beklagten* unter die ausschließliche Gerichtsbarkeit des angerufenen Senats des O. L. G. gerechtfertigt wird. Würde die Beklagte ihre Einlassung auf die Klage davon abhängig gemacht haben, daß ihr gegen das von jenem Gerichtshofe zu erlassende Erkenntniß der Instanzenzug nicht abgeschnitten werde, so würde sich bei dem B. G. die Frage erhoben haben, welche Wirkung dem im Vertrage vom 30. Mai 1884 zum voraus erklärten Verzichte auf Einlegung eines Rechtsmittels nach den Bestimmungen der C. P. O. oder nach dem bürgerlichen Rechte beizulegen sei (vergl. § 475 der C. P. O. und l. 40 § 1 Dig. de pactis 2, 14). Da eine solche Erklärung vor dem erkennenden Gerichte nicht abgegeben worden ist, so konnte sie weder vor dem B. R., noch kann sie jetzt noch vor dem Revisionsgerichte nachgeholt werden.

III. Anlangend die besonderen, seither noch nicht gewürdigten Revisionsangriffe, so ist es

1. unerfindlich, aus welchem Grunde der B. R. verhindert gewesen sein sollte, die Zuständigkeit des durch die landesherrliche Verfügung vom 5. Juni 1884 berufenen Gerichtshofes nach anderen rechtlichen oder thatsächlichen Gesichtspunkten zu prüfen und festzustellen, als dieser Senat selber geltend gemacht habe. Weder die Vorschriften der C. P. O., noch die Natur der Sache stehen dieser Behauptung des Vertreters der Revisionsklägerin zur Seite. Ueberdies ist die Auffassung beider Vorinstanzen über den Sinn und die Tragweite jener Verordnung in allen wesentlichen Punkten die gleiche, sobald man sich an die Sache und nicht an die gebrauchten Worte, namentlich nicht an die Verschiedenheit des Begriffes hält, welchen das frühere Gemeine Prozeßrecht mit dem Ausdrucke: „delegirter" und „außerordentlicher" Gerichtsstand (forum delegatum und forum extraordinarium) verbunden hatte. Denn die erste Instanz sowohl, wie das B. G. gehen übereinstimmend davon aus, daß der Großherzog in Ausübung der ihm landesrechtlich zustehenden und reichsgesetzlich gewährleisteten Prärogative in dem angerufenen Senate des O. L. G.

einen ausschließlichen Gerichtshof zur Entscheidung über seinen Ehestreit mit der Beklagten eingesetzt habe und habe niedersetzen dürfen.

2. Ob (zur zweiten prozessualischen Rüge) der Vertrag vom 30. Mai 1884 bei der Verhandlung vor dem B.G. zum mündlichen Vortrage gekommen ist, läßt sich aus dem — ohnehin dürftigen und mit den gesetzlichen Anforderungen nur schwer in Einklang zu bringenden — Thatbestande des B.U. nicht entnehmen. Einer besonderen Verlesung desselben bedurfte es jedoch nicht, da inhaltlich des Sitzungsprotokolls der Vertreter der Berufungsklägerin die Erklärung abgegeben hat: „daß in jenem Vertrage vereinbart worden sei, es solle das ergehende Urtheil alsbald rechtskräftig werden." Durch dieses Geständniß über die Bedeutung des § 2 des Vertrages vom 30. Mai 1884 erledigt sich zugleich die Behauptung der Revisionsklägerin, daß das B.G. der Uebereinkunft über den Verzicht auf Einlegung eines Rechtsmittels eine Auslegung gegeben habe, welche dem klaren Wortlaute der Vertragsurkunde widerstreite. Die Vorschriften über die Wirkung des gerichtlichen Geständnisses (§ 261 der C.P.O.) leiden freilich auf das Verfahren in Ehesachen keine Anwendung (§ 577 ibid.); dies hindert aber nicht, daß der Richter auch in solchen Rechtsstreitigkeiten die Zugeständnisse einer Partei nach freiem Ermessen (§ 259 der C.P.O.) berücksichtige. Das Bedenken endlich, daß der Verzicht einer Partei auf Verfolgung eines Rechtsmittels nur zur Zurückweisung desselben als unzulässig oder unstatthaft, nicht aber zu einer Inkompetenzerklärung des ungeachtet der Entsagung angegangenen Oberrichters führen könne, wird durch die Erwägung beseitigt, daß die Vorinstanz ihre Unzuständigkeit schon aus dem Inhalte der Verordnung vom 5. Juni 1884 folgert.

3. Revisionsklägerin sucht ferner nachzuweisen, daß der Vertreter des Herrn Klägers durch den Antrag auf Ausschließung der Oeffentlichkeit gemäß § 171 des G.V.G. anerkannt habe, daß die Vorschriften dieses Reichsgesetzes auf die Verhandlung des gegenwärtigen Prozesses anwendbar seien, obwohl dasselbe in der Verordnung vom 5. Juni 1884 nicht aufgeführt werde. Es kann dahingestellt bleiben, ob in dem erwähnten Antrage ein derartiges, rechtlich zu beachtendes Anerkenntniß zu finden ist. Denn selbst wenn dies im allgemeinen der Fall wäre, so würde daraus noch kein Zugeständniß folgen, daß die ordentlichen Gerichte im geordneten Instanzenzuge zur Aburtheilung dieser Sache kompetent seien. Zu den ordentlichen Gerichten im Sinne des G.V.G. und der C.P.O. gehören weder die im Partikulargesetze vom 7. Juni 1879 angeordneten Gerichte erster und zweiter Instanz, noch gehört dahin der von dem

Großherzoge angerufene Senat des O.L.G., wohl aber sind gerade in dem Einf.Ges. zum G.V.G. (§ 5, vergl. mit § 13 des G.V.G.) diese befreiten Gerichtsstände zugelassen worden. Durch Bezugnahme auf das G.V.G. hat der Vertreter des Herrn Klägers dieses seinem ganzen Inhalte nach und im Zusammenhange mit den übrigen Reichsjustizgesetzen für sich angerufen.

4. Nach § 569 Abs. 1 der C.P.O. ist die Staatsanwaltschaft zur Mitwirkung in Ehesachen befugt; sie hat jedoch nach Abs. 3 nicht die Stellung und Rechte einer Partei; sie ist namentlich nicht mit neuen Thatsachen und Beweisen, welche die Trennung einer Ehe zu fördern geeignet sind, zu hören. Diese seine Stellung und Befugnisse hat der Großherzogl. Oberstaatsanwalt am O.L.G. verkannt, als er sowohl in einer an das R.G. gerichteten schriftlichen Eingabe, wie bei der mündlichen Verhandlung auf die Vereinbarung der Parteien vom 30. Mai 1884 zu dem Zwecke sich berief, um die Inkompetenzerklärung des R.G. und damit die rechtskräftige Scheidung der Ehe dem Bande nach zu bewirken. Die hiernach vorliegende Verletzung des Gesetzes kann indessen zu einer Aufhebung des angefochtenen Urtheils um deswillen nicht führen, weil dasselbe nicht auf jenem Mangel des Verfahrens beruht (§§ 511 und 527 der C.P.O.). Das O.L.G. stützt nämlich seine Entscheidung wesentlich auf den Inhalt der landesherrlichen Verfügung vom 5. Juni 1884 und zieht nur zur Unterstützung seiner Interpretation dieses Erlasses die von dem Großherzogl. Oberstaatsanwalte neu vorgebrachte Thatsache heran."

2. Handelsrecht.

153. **Die Art. 37 und 40 des H.G.B. begründen blos eine prozessuale Editionspflicht.** (S. u. Fall 178 S. 305.)

154. **Durch den seitens des Kunsthändlers dem Photographen ertheilten Auftrag der Herstellung und Vervielfältigung photographischer Negativplatten erwirbt der Verleger nicht ohne weiteres das Eigenthum dieser Platten** (Art. 279 des H.G.B.; § 920 Th. I Tit. 11 des Allgem. L.R.). Urth. des V. Civilsenats vom 14. Januar 1885 in Sachen der Erben des Photographen K. in B., Beklagten und Revisionskläger, wider F. S. & Co. daselbst, Kläger und Revisionsbeklagte. Vorinstanz: Kammerger. Berlin. Aufhebung und Zurückverweisung.

Durch das angefochtene Urtheil ist die Berufung der Beklagten gegen das sie nach der Klage verurtheilende und mit der Widerklage abweisende erste Urtheil zurückgewiesen. In den Gründen ist davon ausgegangen, daß zwischen dem Erblasser der Kläger und andererseits dem Photographen K., dem Erblasser der Beklagten, und Letzteren selbst eine Geschäftsverbindung bestand der Art, daß Ersterer den Letzteren Kupferstiche, Photographien und Figuren zur Herstellung photographischer Abzüge übergab, die er dann in den Handel brachte, während er nur die Originale zurücknahm, die Negativbilder aber bei den Photographen beließ und nach Bedürfniß fernere Abzüge davon machen ließ. Sodann ist angenommen, daß jede solche Bestellung — Auftrag — des Kunstverlagshändlers bei dem Photographen ihrer rechtlichen Natur nach die Absicht ausdrücke, daß Ersterer Eigenthümer schon der Negativbilder, als Mittel der Vervielfältigung der Originale, werde, weil nur die unbeschränkte Verfügung über jene Bilder dem Besteller die durch sein Geschäft bedingte Möglichkeit beliebiger Vervielfältigung sichere, daß daher der Vertragswille beider Theile bei der Bestellung zunächst auf Fertigung der Negativbilder gerichtet und die Photographen bei dem entstandenen Rechtsverhältnisse Mittelspersonen und Hilfsarbeiter gewesen sind, um die Negativbilder den Bestellern zu verschaffen, und daß die Ersteren, wenn sie auch das Glas zu den Bildern als Nebensache aus eigenen Mitteln anschafften, doch das Eigenthum der Bilder den Bestellern durch deren Herstellung erwarben. Der Beweisantritt mit Berufung auf Sachverständige, daß die Ablieferung der Negativplatten hätte verabredet werden müssen, ist für unzulässig erklärt.

„Nach Obigem ist das von den Klägern beanspruchte Eigenthum an photographischen Negativbildern aus der rechtlichen Natur des vom Kunstverlagshändler dem Photographen ertheilten Auftrages zur Herstellung und Vervielfältigung von Photographien nach gegebenen Vorbildern deshalb gefolgert, weil ein solcher Auftrag auch auf Herstellung der Negativbilder gerichtet, das dazu verwendete Glas Nebensache sei, der Photograph nur Werkzeug, um dem Besteller die Bilder zu verschaffen, sei, Letzterer das Interesse habe, sich unabhängig vom Willen des Beauftragten die Vervielfältigung auch für die Zukunft zu sichern, und weil das aus einem solchen Geschäftsverkehr entstehende Rechtsverhältniß sich auch dadurch charakterisire, daß der Photograph das Eigenthum der Negativbilder für den Kunsthändler erwerbe. Hiermit ist eine Wirkung aus der rechtlichen Natur derartigen Geschäftsverkehrs abgeleitet, diese rechtliche Natur selbst aber nicht bestimmt; auch ist nicht von bestimmten Verabredungen der Betheiligten ausgegangen und aus ihnen auf den Vertragswillen durch Interpretation geschlossen, sondern es ist vielmehr gerade der Laut der dem stattgefundenen Geschäftsverkehr zu Grunde liegenden Verträge dahingestellt gelassen. Aus der rechtlichen Natur eines solchen in Bestellung von Photographien bestehenden Verkehrs allein läßt sich aber die Folgerung, daß der Photograph die zur Ausführung der Bestellung erforderlichen Negativplatten für den Besteller anschaffe und das Negativbild sofort dessen Eigenthum werde, nicht ziehen; das Interesse an der Möglichkeit von Nachbestellungen rechtfertigt dies so wenig, wie die Beschaffenheit der Leistung des Photographen, namentlich wenn der Preis thatsächlich nur für die Photographien bestimmt und bezahlt ist; es ist dies keine dieser Gattung von Geschäften —

§§ 920 ff. Th. I Tit. 11 des Allgem. L.R. — selbstverständlich zukommende Eigenthümlichkeit. Andererseits steht dem Richter unzweifelhaft die Beurtheilung zu, welchen Sinn die hier in Betracht kommenden Geschäfte nach dem Willen der Betheiligten haben; es liegen aber Handelsgeschäfte vor, und bei der Auslegung ist daher auf das in dem derartigen Verkehre Gebräuchliche und Gewöhnliche Rücksicht zu nehmen (Art. 278 des H.G.B.). Daraus ergiebt sich, daß der Beweisantritt der Beklagten darüber, daß in dem die Bestellung von Photographien betreffenden Verkehre zwischen Verlagshändler und Photographen der Uebergang der Negativplatten auf den Ersteren von besonderen Verabredungen abhängig sei, mit Unrecht als unstatthaft erachtet ist."

155. **Der** (dem redlichen Erwerber von Eigenthum oder Pfandrecht an Inhaberpapieren gewährte) **Schutz des Art. 307 des H.G.B. ist auf den Retentionsberechtigten nicht auszudehnen. Der weitergehende Schutz des Art. 308 kommt nach § 47 Th. I Tit. 15 des Preuß. Allg. L.R. dem Inhaber, dessen Pfandrecht erloschen ist, nicht zu.** Urth. des I. Civilsenats vom 14. Januar 1885 in Sachen der C.'er Kreditanstalt zu C., Beklagten und Revisionsklägerin, wider A. S. zu T., Kläger und Revisionsbeklagten. Vorinstanz: O.L.G. Hamm. Verwerfung.

„In Betreff der Annahme, daß der erhobenen Eigenthumsklage die Eigenschaft der in Rede stehenden Papiere als Inhaberpapiere nicht entgegensteht, liegt ein Verstoß gegen Rechtsgrundsätze nicht vor. Auf Art. 307 des H.G.B. kann die Beklagte sich nicht berufen, weil, wie man mit dem vormaligen R.O.H.G. (Entsch. Bd. 15 S. 422) annimmt, der hierdurch dem redlichen Erwerber von Eigenthum oder Pfandrecht an Inhaberpapieren gewährte Schutz auf den Retentionsberechtigten nicht auszudehnen ist. Die Revisionsklägerin, welche dies nicht bestreitet, behauptet dagegen, der durch Allgem. L.R. Th. I Tit. 15 § 47 gewährte, über die Bestimmungen des H.G.B. hinausgehende, daher gemäß Art. 308 des H.G.B. noch anwendbare Schutz sei mit Unrecht versagt worden. Diese Rüge ist nicht für begründet zu erachten. Nach den durch § 47 auf Inhaberpapiere ausgedehnten Vorschriften der §§ 45, 46 a. a. O. findet die Klage des Eigenthümers auf Herausgabe nur gegen den unredlichen Besitzer und denjenigen redlichen Besitzer, welcher die Sache unentgeldlich überkommen hat, statt. Das B.G. nimmt an, daß die Beklagte, wenngleich sie die Papiere in gutem Glauben von der Firma W. D. & Co. als Pfand überkommen hat, doch seit dem Erlöschen des Pfandrechts sowohl als unredliche, als auch als unentgeldlich innehabende Besitzerin derselben anzusehen sei, und zwar um so mehr, als es in dieser Beziehung dem Vindikanten gegenüber nicht ausschließlich auf den Zeitpunkt des Besitzerwerbs, sondern namentlich auf die Zeit der Anstellung der Klage ankomme. Es ist unnöthig, den letzteren Grund des B.G. zu prüfen, da der erstere für sich allein die Entscheidung rechtfertigt. Wer aus einem gültigen Titel besitzt, welcher nur unter gewissen Voraussetzungen oder nur für eine gewisse Zeitdauer ein Besitzrecht gewährt, ist ein unredlicher Besitzer im Sinne des § 11 Th. I Tit. 7 des Allgem. L.R. und folglich der §§ 45, 47 Th. I Tit. 15, wenn er ohne diese Voraussetzungen oder nach Ablauf dieser Zeit besitzt, was insbesondere von demjenigen gilt, welcher ein Pfand ungeachtet des Erlöschens des Pfandrechts in Besitz behält, ohne durch einen sonstigen Titel zur Fortsetzung des Besitzes berechtigt zu sein. Ist aber die Beklagte nach §§ 45, 47 zur Herausgabe verpflichtet, so kommt es nicht darauf an, ob sie auch dann, wenn sie redliche Besitzerin im Sinne dieser Paragraphen wäre, dennoch wegen der Unentgeldlichkeit des Besitzes nach dem Erlöschen des Pfandrechts zur Herausgabe verpflichtet sein würde.

Als unrichtig ist endlich auch nicht die Annahme zu erachten, daß Beklagte nicht berechtigt ist, die Herausgabe der in Rede stehenden Papiere an den Kläger als Eigenthümer derselben wegen des ihr gegen die Firma W. D. & Co. nach Art. 313, 314 des H.G.B. zustehenden Zurückbehaltungsrechts zu verweigern. Gegenüber dem Kläger, bezüglich dessen Beklagte selbst nicht behauptet, daß er ihr Schuldner sei, sind die Voraussetzungen des Zurückbehaltungsrechts nicht vorhanden. Es ist daher nur die Frage aufzuwerfen, ob in der Person des Klägers ein Hinderniß besteht, durch die Eigenthumsklage auf Herausgabe der Papiere die Beklagte daran zu verhindern, vermittelst des ihr gegen die Firma W. D. & Co. zustehenden kaufmännischen Zurückbehaltungsrechts auf dem durch Art. 315 des H.G.B. vorgezeichneten Wege sich wegen ihrer Forderung an die gedachte Firma Befriedigung zu verschaffen. Beklagte ist der Ansicht, daß Kläger durch Anstellung dieser Klage wider Treu und Glauben handele, weil er nach seiner eigenen Angabe die Papiere zu dem Zwecke, der Beklagten damit wegen einer von ihr durch Aval zu übernehmenden Kaution Sicherheit zu bestellen, der Firma W. D. & Co. geliehen, mithin zu der Verpfändung der Papiere und der Besitzübertragung, ohne welche die Verpfändung nicht möglich war, seine Zustimmung ertheilt und hierdurch in die Rechtsfolgen nicht allein der Verpfändung, sondern auch der Uebertragung des Besitzes auf die Beklagte, also auch in den Eintritt des kaufmännischen Zurückbehaltungsrechts unter den Voraussetzungen der Art. 313, 314 des H.G.B. eingewilligt habe. Es mag dahingestellt bleiben, ob dieser Ausführung beizustimmen und die Einrede der Arglist gegenüber der Eigenthumsklage für begründet zu erachten sein würde, wenn Kläger die Papiere der Firma W. D & Co. zu völlig freier Verfügung überlassen hätte. Unter den obwaltenden Umständen, da Kläger die Papiere der gedachten Firma lediglich zu einem bestimmten Zwecke, nämlich zur Verpfändung wegen eines bestimmten Anspruches der Beklagten, geliehen hat, kann nicht angenommen werden, daß Kläger zu einer Verwendung der Papiere zu einem sonstigen Zwecke, namentlich zur Befriedigung oder Sicherung der Beklagten wegen einer sonstigen Forderung der Beklagten, seine Zustimmung ertheilt habe. Eine Zustimmung oder anderweite Mitwirkung des Klägers an den Abmachungen zwischen der Beklagten und der Firma W. D. & Co., welche sich aus der vorgelegten Korrespondenz ergeben und auf einen über die Sicherstellung für die Kaution der Beklagten hinausgehenden weiteren Umfang des Pfandrechts beziehen sollen, ist nicht behauptet, weshalb die Behauptungen der Beklagten bezüglich dieser Abmachungen mit Recht für unerheblich erklärt worden sind. Man kann demnach nicht sagen, daß Kläger durch Anstellung der gegenwärtigen Klage sich mit seinem früheren Verhalten in Widerspruch gesetzt und somit wider Treu und Glauben verfahren habe. Daß Beklagte von der Firma W. D. & Co. hinsichtlich ihrer Befugniß, über die Papiere zu verfügen, arglistig getäuscht und dem Kläger eine Betheiligung an dieser Arglist zur Last zu legen sei, ist gar nicht behauptet worden, wodurch der vorliegende Fall von dem sonst ähnlichen Falle in den Entsch. des R.O.H.G. Bd. 18 S. 22 sich unterscheidet."

156. 1) **Wenn der Destinationsort nicht bestimmt ist, liegt kein Fixgeschäft vor** (Art. 357 des H.G.B.). 2) **Zur Rechtfertigung des Selbsthilfeverkaufs** (Art. 343) **genügt Annahmeverzug. Zahlungsverzug** (Art. 354) **ist nicht erforderlich**. Urth. des I. Civilsenats vom 31. Dezember 1884 in Sachen M. S. in B., Beklagten und Revisionsklägers, wider F. A. S's. Sohn & Co. in W., Klägerin und Revisionsbeklagte. Vorinstanz: Kammerger. Berlin. Verwerfung.

Zu 1. „Der Vertrag sollte erfüllt werden durch Absendung der Waare („ab Waggon Liesing", der Niederlassung des Verkäufers). Der Destinationsort war nicht bestimmt, und die für die Aprilrate gegebene Ordre zeigt, daß die Bestimmung desselben dem Käufer vorbehalten blieb. Daß für solche Verträge die Bestimmungen des Art 357 des H G. B. nicht gegeben sind, zeigt die Fassung dieses Art. und ist auch vom R O. H. G. (Entsch. Bd. VI S. 227) anerkannt worden. Hieraus folgt, daß der B.R. durch die Annahme, es liege kein Fixgeschäft vor, nicht rechtsgrundsätzlich geirrt hat."

Zu 2. „Die Klägerin hatte, indem sie nicht volle 100 Zentner Waare absandte, nicht erfüllt. In der sofortigen Anzeige der schleunigen Nachlieferung des Restes liegt die Bitte um Gewährung einer Nachfrist, und die Nachlieferung ist, wenn vielleicht auch nicht gleichzeitig mit der Ankunft des ersten Postens, so doch jedenfalls innerhalb einer Frist erfolgt, welche als angemessene Nachfrist erscheint. Der Beklagte gerieth also durch Verweigerung der Annahme beider Sendungen in Annahmeverzug. Das genügt zur Rechtfertigung des Selbsthilfeverkaufs (Art. 343 des H.G.B.), und es braucht nicht untersucht zu werden, ob durch die Verweigerung der Honorirung der Tratte über den Kaufpreis durch sein Bankhaus der Beklagte auch in Zahlungsverzug (Art. 354 des H.G.B.) kam."

157. **Der Zwangslootse gehört nicht zur Schiffsbesatzung** (Art. 451, 740 des H.G.B.). Beschluß des I. Civilsenats vom 10. Januar 1885 in Sachen A., Klägers, wider die Hamburg-Amerikanische Packetfahrt-Aktiengesellschaft, Beklagte. Vorinstanz: O.L.G. Hamburg. Verwerfung der Beschwerde des Klägers.

Der Kläger beansprucht in Vertretung seines minderjährigen Sohnes von der beklagten Rhederei eine lebenslängliche Rente. Die Klage ist darauf gestützt, daß der klägerische Sohn in der Nacht des 28. August 1883 auf dem im Hamburger Hafen liegenden Ewer des Schiffers T., auf welchem er als Knecht fuhr, durch einen Zusammenstoß des der Beklagten gehörigen Dampfschiffes „Frisia" mit dem Ewer schwere körperliche Verletzungen erlitten habe, in Folge deren ihm der linke Arm habe amputirt werden müssen, und daß dieser Zusammenstoß durch Verschulden der Besatzung des beklagtischen Dampfschiffes herbeigeführt sei. Das L.G. hat abgewiesen. Das Gesuch des Klägers, das ihm in erster Instanz gewährte Armenrecht ihm auch für die Berufungsinstanz zu bewilligen, ist vom O.L.G. unter Hinweisung auf Art. 740 des H.G.B. wegen Aussichtslosigkeit der klägerischen Berufung durch den angefochtenen, näher bezeichneten Beschluß abgelehnt. In der Rechtfertigung seiner Beschwerde bestreitet der Kläger nicht mehr, daß die „Frisia" sich zur Zeit der Kollision unter der Führung des Hafenlootsen W. befunden hat und daß die Hafenlootsen Zwangslootsen im Sinne des Art. 740 des H.G.B. sind. Er vermeint aber, daß die Bestimmung des letzteren hier nicht anwendbar sei, weil es sich nicht um die Beschädigung eines Schiffes oder dessen Ladung, sondern um die Beschädigung eines freien Menschen handele.

„Es kann dahingestellt bleiben, ob der Art. 740 des H.G.B. in der That direkt nur auf den durch den Zusammenstoß den betreffenden Schiffen und deren Ladung erwachsenden Schaden zu beziehen ist. Denn jedenfalls ergiebt sich aus demselben soviel, daß das H.G.B. die Zwangslootsen der Besatzung des Schiffes gegenüberstellt und sie zu derselben nicht rechnet. Nach

Art. 451 des H. G. B. ist aber der Rheder nur für den Schaden verantwortlich, welchen eine Person der Schiffsbesatzung einem Dritten durch ihr Verschulden in Ausführung ihrer Dienstverrichtungen zufügt, und auch nach dem allgemeinen bürgerlichen Rechte existirt keine ausgedehntere Haftung des Rheders für außerkontraktliches Verschulden dritter Personen."

158. **Welche Rechte nach Art. 649 des H. G. B. durch Uebergabe des Ordrekonnossements** (als gleichbedeutend mit der „Uebergabe der Güter") **übertragen gelten, ist nach Landesrecht zu beurtheilen.** S. u. Fall 187 sub 2 S. 320.

159. **Bei der Seeversicherung kann** (außer dem Eigenthumsinteresse) **jeder durch die Seegefahr veranlaßte sonstige Schade versichert werden** (Art. 782 ff. des H. G. B.). Urth. des I. Civilsenats vom 11. Dezember 1884 in Sachen F. K. zu H., Beklagten und Revisionsklägers, wider J. R. zu G., Kläger und Revisionsbeklagten. Vorinstanz: O. L. G. Hamburg. Verwerfung.

„Der B. R. ist mit Recht und in Uebereinstimmung mit der Behauptung der Parteien davon ausgegangen, daß die fragliche Versicherung für eigene Rechnung des Klägers genommen ist. Der Beklagte behauptet, es fehle an einem der genommenen Versicherung entsprechenden Interesse, die Versicherung sei deswegen unwirksam. Da „das Gut" schlechthin versichert war, so war das Eigenthumsinteresse versichert. Es fragt sich also, ob der Kläger ein solches Interesse an dem Gut gehabt habe, genauer: ob er daran, daß das Gut die Seegefahr bestehe, ein Interesse gehabt habe, wie es an sich, das heißt abgesehen von sonstigen auf das Gut sich beziehenden Rechtsverhältnissen, der Eigenthümer hat; mit anderen Worten: ob sein Interesse bestehe im Werthe der Güter in unbeschädigtem Zustande, beziehentlich ob es diesem Werthe gleich sei, ob also, wenn die Güter untergehen, ihm ein Schaden erwächst in Höhe dieses Werthes, wenn sie beschädigt werden, sein Schaden bestehe in der Differenz zwischen den Werthen der unbeschädigten und der beschädigten Güter. So ist das sogenannte Eigenthumsinteresse aufzufassen. Gleichgültig ist, ob der Versicherte Eigenthümer im rechtlichen Sinne ist oder nicht. Im Gegensatz zu diesem Interesse steht das Interesse, welches eine Person am Bestehen der Seegefahr deswegen hat, weil sie, wenn das Gut die Seegefahr nicht oder nicht unbeschädigt besteht, einen sonstigen Schaden (mit Einschluß des entgangenen Gewinns) erleidet, sei es, daß das Bestehen der Seegefahr Voraussetzung der Entstehung oder Realisirung einer Forderung oder

der Sicherung einer Forderung, z. B. einer Kaufpreisforderung, bildet. Ein solches Interesse kann dem sogenannten Eigenthumsinteresse gleich, das heißt gleichwerthig sein; es ist aber darum nicht identisch mit demselben, kann daher auch nicht unter demselben begriffen werden.

Im vorliegenden Fall war nun, als die Versicherung genommen (die betreffende Deklaration durch den Spediteur abgegeben) wurde, das Gut vom Kläger bereits abgeladen worden. War damit nach Art. 345 Abs. 1 des H. G. B. die Gefahr auf den Käufer der Waare übergegangen, so hatte der Kläger (einerlei, ob er noch Eigenthümer war oder nicht) am Gut kein aktuelles Eigenthumsinteresse (wenigstens kein zweifelloses) mehr. Ist nun aber ein solches zweifelloses und aktuelles Interesse nothwendig, um die Versicherung wirksam zu machen? Der B. R. nimmt mit Recht das Gegentheil an. Weder durch allgemein-rechtliche noch durch besondere assekuranz-rechtliche Grundsätze würde sich eine solche Beschränkung der Möglichkeit der Versicherung rechtfertigen lassen.

Verpflichtet sich der Eigenthümer einer über See zu versendenden oder bereits schwimmenden Sache, diese einem Andern (schenkweise oder gegen Entgelt) zu Eigenthum zu übergeben, unter einer Bedingung, die noch während der Dauer des Transports zur Entscheidung kommen wird, so ist für den eventuellen Eigenthümer ein bedingt versicherungsfähiges Eigenthumsinteresse vorhanden. Ebenso kann von zwei Personen, welche darüber prozessiren, wer der Eigenthümer einer bestimmten Waare sei, und beschließen, dieselbe über See zu senden, jeder das Eigenthumsinteresse versichern. Wirksam wird die Versicherung im ersten Fall mit der Erfüllung der Bedingung, im zweiten Fall mit der Entscheidung des Rechtsstreites für denjenigen, zu dessen Gunsten entschieden wird. Bis dahin ist die Frage nach der Wirksamkeit in suspenso. Das Gleiche gilt, wenn es zweifelhaft ist, ob das Eigenthumsinteresse beim Absender oder beim Empfänger ist, oder wenn das Interesse des einen oder des andern ein bedingtes ist. Eine solche Zweifelhaftigkeit kann insbesondere dann vorhanden sein, wenn zur Erfüllung eines Genuskaufes der Verkäufer Waare an den Käufer absendet. Nach Art. 345 des H. G. B. geht, wenn der Verkäufer nicht etwa die Waare an den Ort, wohin der Transport geschieht, zu liefern hat, die Gefahr der Waare mit der Uebergabe an die mit der Besorgung oder Ausführung des Transports betraute Person auf den Käufer über — die Gefahr „der Waare", das heißt der vertragsmäßig beschaffenen oder vom Käufer als vertragsmäßig anerkannten Waare. Nicht vertragsmäßig beschaffene, beziehentlich als vertragsmäßig beschaffene vom

Käufer mit Grund nicht anerkannte Gegenstände sind nicht „die Waare“, das heißt das Kaufobjekt; die Gefahr dieser Gegenstände bleibt also beim Verkäufer, dieser hat mithin an denselben Eigenthumsinteresse. Ist die Vertragsmäßigkeit der als Erfüllung abgeladenen Gegenstände unter den Parteien streitig, so ist bis zur Entscheidung dieses Streites der Uebergang der Gefahr und damit das Vorhandensein des Eigenthumsinteresses beim Verkäufer in suspenso.

Die Möglichkeit der Versicherung des eventuellen Eigenthumsinteresses ist aber auch nicht ausgeschlossen für den Fall, daß die Eventualität im Abschluß eines das versicherte Gut betreffenden Rechtsgeschäfts oder der Vornahme einer einseitigen Rechtshandlung durch den Versicherten besteht. In gleicher Weise wie die Versicherung „einer zu verschiffenden“ Waare, von welcher es noch dahinsteht, ob sie „verkauft oder unverkauft abgeladen werden wird“, für Rechnung, wen es angeht, statthaft ist, wie sich also die Person des Versicherten erst durch ein vom Versicherten nach Eingehung der Versicherung abgeschlossenes Rechtsgeschäft bestimmt (J. F. Voigt, Das deutsche Seeversicherungsrecht § 4 S. 31), kann der Verkäufer, welchem nach Abladung des Gutes kein aktuelles Eigenthumsinteresse mehr zusteht, für den Fall Versicherung nehmen, daß der Kauf durch ein mit dem Käufer abzuschließendes Rechtsgeschäft rückgängig werden sollte oder daß der Verkäufer durch einen Vergleich die Beanstandung der Waare wegen nicht vertragsmäßiger Lieferung als begründet zugeben und damit anerkennen würde, daß die Gefahr von Anfang an nicht auf den Käufer übergegangen, das Eigenthumsinteresse also beim Verkäufer geblieben sei. Ebenso ist die Möglichkeit der Versicherung des Eigenthumsinteresses an der abgeladenen Waare durch den Verkäufer für den Fall möglich, daß die Voraussetzungen des § 36 der Konk.O. eintreten und der Verkäufer von dem Rechte der Zurückforderung Gebrauch machen sollte.

Es könnte noch die Frage aufgeworfen werden, ob der Versicherungsnehmer nicht verpflichtet sei, bei Abschluß der Versicherung anzugeben, daß das zu versichernde Interesse ein zweifelhaftes oder ein aktuelles sei. Allein diese Frage ist zu verneinen; denn überall ist es das Eigenthumsinteresse, welches versichert wird, kein anderes, und die Lage des Versicherers wird dadurch, daß das Interesse des Versicherten ein unbestimmtes oder eventuelles ist, keine schwerere, als sie es beim Vorhandensein eines bestimmten und aktuellen Eigenthumsinteresses ist. Ueber die Erwägungen aber, welche den Versicherten zur Eingehung der Versicherung bestimmt haben, ist derselbe dem Versicherer keine Rechenschaft schuldig. Der Verkäufer ist also durch die für eigene Rechnung schlechthin auf die Güter genommene Versicherung für die behandelten Fälle gedeckt.

Das Gleiche gilt aber auch bei Versicherung des Eigenthumsinteresses für fremde, oder für eigene oder fremde Rechnung (für Rechnung, wen es angeht), vorausgesetzt natürlich, daß diese Versicherungen in verbindlicher Weise genommen sind (Art. 786 des H.G.B.), auch für denjenigen, für welchen der Versicherungsnehmer Versicherung genommen hat. Dies ist, obgleich es sich im vorliegenden Falle nur um eine Versicherung für eigene Rechnung handelt, den Ausführungen des Revisionsklägers gegenüber zu betonen; denn gerade die entwickelte Auffassung ist es, welche es ermöglicht, durch eine Versicherung das aktuelle und eventuelle Eigenthumsinteresse des Verkäufers und des Käufers, beziehentlich das ungewisse Interesse des einen oder des andern zu decken, während nach der Auffassung des Revisionsklägers dazu immer zwei Versicherungen erforderlich sind, von welchen jedenfalls die eine wegen mangelnden Interesses des betreffenden Versicherten schließlich sich als ungültig herausstellt. Irrthümlich ist auch die Annahme des Revisionsklägers, daß der Verkäufer in einem solchen Falle für die Gesammtheit seiner Rechte und Forderungen aus dem Kaufkontrakte Versicherung zu nehmen habe. Gegenstand der Versicherung ist vielmehr, wie oben ausgeführt ist, auch in diesem Falle das Eigenthumsinteresse an der Waare und nur dieses.

Der Versicherer ist auch durch die entwickelte Auffassung nicht benachtheiligt; denn durch die Annahme des Versicherungsantrages für Rechnung, wen es angeht, hat er ja von vorn herein erklärt, daß er auf die Persönlichkeit des Versicherten kein Gewicht lege, sondern daß er als Versicherten anerkenne entweder den Versicherungsnehmer oder denjenigen, in dessen Auftrag die Versicherung genommen ist, und Voigt hat a. a. O. mit Recht ausgeführt, daß die Annahme des R.O.H.G. (Entsch. Bd. XIV S. 129), „es müsse immer schon bei dem Abschluß des Versicherungsvertrages ein individuell bestimmter, wenngleich nicht nothwendig gekannter Versicherter vorhanden sein“, insofern zu weit gefaßt sei, als auch durch eine nach Abschluß der Versicherung eintretende Thatsache die Person des Versicherten bestimmt werden könne. Diese Auffassung führt auch nicht etwa zur Anerkennung der bei den Berathungen des H.G.B. verworfenen Versicherung lediglich des objektiven Interesses, das heißt der zu Gunsten der beliebigen Person, welcher zur Zeit des Unfalls das versicherte Interesse zusteht, genommenen Versicherung; denn welche Personen überhaupt als Versicherte in Betracht kommen können, muß ja auch nach dieser Auffassung gemäß Art. 786 des H.G.B. feststehen.

Eine andere Frage kann entstehen, wenn das Eigenthumsinteresse, welches schon auf den Käufer übergegangen war, infolge eines Rechtsgeschäfts auf den versicherten Verkäufer zurückkommt oder wenn der Verkäufer den Streit darüber, ob die verunglückte Waare auf seine oder auf des Käufers Gefahr stand, durch das Zugeständniß, daß er die Gefahr zu tragen habe, beilegt. In einem solchen Falle kann es sich fragen, ob der Versicherer geltend machen könne, es sei dies infolge einer Kollusion mit dem Käufer geschehen, um auf diese Weise die Versicherungssumme zu gewinnen. Allein diese Frage kann hier unerörtert gelassen werden, weil, wie der B. R. ausdrücklich festgestellt hat, eine dahin gehende Behauptung nicht aufgestellt ist."

3. Wechselrecht.

160. **Der Wechselbürge geht durch rechtskräftige Verurtheilung des Acceptanten der Einrede, daß das Accept gefälscht sei, nicht verlustig** (Art. 81 der D. W. O.). Urth. des IV. Civilsenats vom 26. Januar 1885 in Sachen der verehel. K. zu D., Beklagten und Revisionsklägerin, wider H. L. in G., Kläger und Revisionsbeklagten. Vorinstanz: O. L. G. Breslau. Theilweise Aufhebung und Zurückverweisung.

In erster Instanz hat die Beklagte die Wechselforderungen des Klägers an sich nicht bestritten, vielmehr nur Fristbewilligung eingewendet. In zweiter Instanz aber hat sie die Echtheit der Wechsel, die Unterschrift des Acceptanten, ihres Ehemannes, bestritten. Der B. R. hat daher durch Schriftvergleichung Beweis erhoben und auf diesem Wege die Echtheit von sieben Wechseln festgestellt. Bezüglich der beiden anderen Wechsel erachtet er die Feststellung der Richtigkeit des Acceptes des Ehemannes der Beklagten für nicht erforderlich, weil diese Wechsel von dem Kläger gegen den Letzteren bereits erfolgreich ausgeklagt seien und es sich hiernach nur um den Rest einer Judikatforderung aus diesen Wechseln handele.

„Dieser Gedanke verkennt die Rechtsstellung der Beklagten als Bürgin und verletzt die Grundsätze über die Rechtskraft richterlicher Urtheile. Die Beklagte hat als Bürgin ein selbständiges Einrederecht der Hauptschuld gegenüber, und dieses Einrederecht konnte nur eingeschränkt und beseitigt werden durch ihre Zuziehung zu dem Prozesse gegen ihren Ehemann oder durch die Verbürgung für dasjenige, wozu der Hauptschuldner rechtskräftig verurtheilt werden würde (§§ 310 ff. Th. I Tit. 14 des Allgem. Preuß. L. R.). Keine dieser Voraussetzungen liegt vor. Durch die rechtskräftige Verurtheilung des Ehemannes ist daher der von der Beklagten gegen die Echtheit jener beiden Wechsel erhobene Einwand nicht erledigt und nicht beseitigt. Die Parteien — auf Seiten des Beklagten — sind in beiden Prozessen verschieden, und ein Successionsverhältniß für die jetzt beklagte Ehefrau ist nicht vorhanden."

4. Reichs-Genossenschaftsgesetz.

161. **Unfähigkeit der Vorstandsmitglieder einer Eingetr. Genossenschaft, in Prozessen der letzteren als Zeugen aufzutreten** (§ 22 des Reichs-Genossenschaftsgesetzes). S. u. Fall 177 S. 304 ff.

5. Reichs-Haftpflichtgesetz.

162. **Der Grundsatz, daß die Einrede der Selbstverschuldung** (§ 1 des Reichs-Haftpflichtgesetzes) **unzulässig sei, wenn der Arbeiter ein von der Bahnverwaltung erlassenes Verbot unter Duldung oder Gestattung seiner Vorgesetzten überschreitet, ist auch auf Bahnmeister anwendbar.** Urth. des III. Civilsenats vom 3. Januar 1885 in Sachen des Preuß. Eisenbahnfiskus, Beklagten und Revisionsklägers, wider die verw. R. zu L. und Gen., Kläger und Revisionsbeklagte. Vorinstanz: O.L.G. Hamm. Verwerfung.

„Der B.R. hat thatsächlich festgestellt, daß von den Vorgesetzten des Erblassers der Kläger und namentlich von dem Baurath B. zu Emden gestattet worden sei, daß die Bahnmeisterwagen durch Segelkraft fortbewegt wurden, sowie daß diese Art der Bewegung das Aufsitzen der Arbeiter, welche den Wagen begleiten, nothwendig mache. Wenngleich nun dieses Aufsitzen von Arbeitern und eben damit auch die Anwendung von Segeln zur Fortbewegung von Bahnmeisterwagen gegen die Verfügung des Eisenbahnbetriebsamtes vom 13. Juni 1881 verstoßen hat, so ist doch nach den Grundsätzen des R.G. daraus die Einrede der Selbstverschuldung auf Seiten des Verunglückten nicht abzuleiten, weil sein Verfahren auf die thatsächliche Duldung und Gestattung seiner Vorgesetzten zurückzuführen ist und hierdurch gedeckt wird. Daß es sich im vorliegenden Falle nicht um einen Arbeiter oder einen der untersten Funktionäre des Eisenbahndienstes, sondern um einen Bahnmeister handelt, kann der Anwendung der gedachten Grundsätze nicht im Wege stehen. Das denselben zu Grunde liegende Prinzip, daß ein von den leitenden Behörden erlassenes Verbot seine Bedeutung verliert, wenn auf Aufrechterhaltung desselben nicht geachtet wird, beschränkt sich keineswegs auf die niedersten Kategorien des Dienstes, es trifft auch auf weitere Kreise zu und muß ohne Zweifel zur Geltung kommen, wenn, wie im gegenwärtigen Falle, ein das Verhalten der Bahnmeister innerhalb einer gewissen

Bahnlinie regelndes, von dem vorgesetzten Betriebsamt erlassenes Verbot allgemein und unter thatsächlicher Billigung der aufsichtsführenden Beamten außer Acht gelassen worden ist." (Annalen Bd. VIII S. 502.) „Es hat deshalb der vorige Richter mit Recht dem Verunglückten einen Vorwurf daraus nicht gemacht, daß er sich eines Segels bedient und das Sitzen der Arbeiter auf dem Bahnmeisterwagen gestattet hat; er hat aber auch weiter angenommen, daß ihn der Vorwurf einer übertriebenen Beschleunigung der Bewegung des Wagens nicht treffe."

163. **Die Rente soll dem Schaden des Verletzten entsprechen** (§ 7 des Reichs-Haftpflichtgesetzes). **Daher entspricht die Zuerkennung einer vierteljährlich im voraus zahlbaren Rente, wenn der Arbeitslohn wöchentlich postnumerando gezahlt wurde, an sich nicht dem Gesetz.** Urth. des III. Civilsenats vom 3. Januar 1885 in Sachen A. P. in N., Beklagten und Revisionsklägers, wider J. St. in Th., Klägerin und Revisionsbeklagte. Vorinstanz: O.L.G. Kiel. Verwerfung.

Der Revisionskläger beschwert sich darüber, daß auf eine in vierteljährlichen Vorauszahlungen zu leistende Rente, anstatt auf eine solche in wöchentlichen Nachzahlungen erkannt sei.

„Die Rente repräsentirt den Ersatz des Schadens, welchen der Verletzte durch den Unfall erlitten hat. Daraus folgt, daß, wenngleich das Gericht nach § 7 des Gesetzes vom 7. Juni 1871 unter Würdigung aller Umstände über die Höhe des Schadens nach freiem Ermessen zu erkennen hat, es doch nicht auf mehr erkennen darf, als der Schaden des Verletzten beträgt. Dies würde aber zweifellos dann der Fall sein, wenn ein Arbeiter, der bisher seinen Lohn wöchentlich postnumerando empfangen hat, nach dem seine Arbeitsunfähigkeit bewirkenden Unfall denselben Lohn vierteljährlich praenumerando ausgezahlt erhalten würde. Wenn daher auch die Gründe, welche das B.G. für die Zuerkennung der Rente in vierteljährlichen Raten geltend macht, als richtig nicht anzuerkennen sind, so ist doch die getroffene Entscheidung selbst nicht zu beanstanden. Der minimale Vortheil, welcher der Klägerin aus der Vorauszahlung erwächst, hat, im gegebenen Fall, nicht dahin geführt, daß ihr mehr zuerkannt ist, als der ihr entstandene Schaden beträgt. Denn der Klägerin ist, in Uebereinstimmung mit dem von ihr gestellten Antrage, der jährliche Ausfall im Wochenlohn nicht nach einem Jahr zu 52 Wochen, sondern nur nach einem solchen von 50 Wochen berechnet. Auch unter Berücksichtigung der im Laufe eines Jahres fallenden etwa 6—8 Festtage muß daher angenommen werden, daß die Klägerin durch die Zuerkennung der Rente in vierteljährlichen Vorausbezahlungen nicht mehr erhält als zur Ausgleichung des erlittenen Schadens nothwendig ist."

164. **Der § 9 des Reichs-Haftpflichtgesetzes bezieht sich nur auf Unfälle, welche bei dem Betriebe der in den §§ 1 und 2 genannten Anlagen entstehen** (also z. B. nicht beim Gebrauch landwirthschaftlicher Maschinen zum eigenen Betrieb). Urth. des V. Civilsenats vom 17. Dezember 1884 in Sachen M. H. in W., Beklagten und Revisionsklägers, wider M. in T., Kläger und Revisionsbeklagten. Vorinstanz: O. L. G. Posen. Verwerfung.

Der B. R. hat thatsächlich festgestellt, der Kläger habe bei der ihm vom Beklagten aufgetragenen Bedienung einer dem Letzteren gehörigen landwirthschaftlichen Maschine eine Verletzung erlitten, durch welche er arbeitsunfähig geworden und welche dadurch verursacht worden sei, daß der Beklagte unterlassen habe, der Maschine die durch besondere Polizeiverordnung vorgeschriebene Bekleidung zu geben. Auf Grund dieser Feststellung hat der B. R. den Beklagten verurtheilt, dem Kläger eine dem gewöhnlichen Arbeitsverdienst desselben entsprechende Entschädigung von täglich 75 Pf. vom 1. April 1881 ab zu zahlen, indem er die Einrede der Verjährung verwirft, auf Grund welcher der Erste Richter abgewiesen hatte.

„Der Beklagte rügt, es greife hier die zweijährige Verjährungsfrist des § 8 des Reichs-Haftpflichtgesetzes vom 7. Juni 1871 Platz, welche durch § 9 daselbst allgemeine Anwendung erhalten habe. Diese Ansicht konnte als richtig nicht anerkannt werden. Der § 9 a. a. O. lautet: „Die Bestimmungen der Landesgesetze, nach welchen außer in den in diesem Gesetz vorgesehenen Fällen der Unternehmer einer in den §§ 1 und 2 bezeichneten Anlage oder eine andere Person, insbesondere wegen eines eigenen Verschuldens, für den bei dem Betriebe der Anlage durch Tödtung oder Körperverletzung eines Menschen entstandenen Schaden haftet, bleiben unberührt; die Vorschriften der §§ 3, 4, 6—8 finden auch in diesen Fällen Anwendung . . . . ." Daß „diese Fälle" im zweiten Absatze des § 9 nur den Betrieb der in den §§ 1 und 2 des Gesetzes bezeichneten Anlagen befassen, ergiebt sich für den „Unternehmer" im ersten Absatz sofort durch die unmittelbar folgenden Worte. Aber auch „die andere Person" ist in gleicher Weise bestimmt durch die Worte „bei dem Betriebe der Anlage"; denn daß unter „der Anlage" wiederum nur eine der in demselben Absatze bezeichneten Anlagen (§§ 1 und 2 des Gesetzes) gemeint sein kann, folgt aus dem Gebrauche des bestimmten Artikels „der" vor dem Worte „Anlage" (vergl. Eger, Reichs-Haftpflichtgesetz zu § 9 Anm. 135 S. 599 Aufl. II). Ist sonach die Anwendung des § 9 beschränkt auf Unfälle, entstanden beim Betriebe von Anlagen, wie sie in §§ 1 und 2 des Gesetzes bezeichnet sind, so darf er hier nicht Platz greifen, wo es sich um den Gebrauch einer landwirthschaftlichen Maschine für den eigenen Bedarf handelt."

6. Reichs-Personenstandsgesetz.

165. **Erneutes Urtheil des R. G., daß der § 77 des Personenstandsgesetzes vom 6. Februar 1875 bei Ehestreitigkeiten von Ausländern auch dann anwendbar sei, wenn die Auflösung der Ehe durch Landesgesetz dem im Heimathland des Ehemannes geltenden Rechte unterstellt ist, dieses aber nur die beständige Trennung der Ehegatten von Tisch und Bett nachläßt.** Urth. des II. Civilsenats vom 9. Januar 1885 in Sachen der verehel. St. zu G., Klägerin und Revisionsklägerin, wider maritum, Beklagten und Revisionsbeklagten. Vorinstanzen: L. G. Bautzen, O. L. G. Dresden. Aufhebung und Scheidung vom Bande*).

Die Parteien haben sich am 9. Juni 1872 geehelicht. Der Beklagte ist Oesterreicher und bekennt sich zur katholischen Religion. Die Klägerin gehört der evangelisch-lutherischen Kirche an. Bis zum Mai 1879 haben die Parteien in B. gewohnt, und dann sind sie nach G. (Sachsen) gezogen. Am 18. Juni 1879 hat der Beklagte die Klägerin verlassen. Seitdem ist nichts wieder von ihm gehört worden. Die Klägerin hat wegen böslicher Verlassung bei dem L. G. Bautzen auf Trennung der mit dem Beklagten abgeschlossenen Ehe, eventuell auf beständige Scheidung von Tisch und Bett geklagt. Der Beklagte, öffentlich geladen, erschien nicht. Das L. G. hat die Klage auf Trennung der Ehe vom Bande abgewiesen, dagegen die Parteien auf Lebenszeit von Tisch und Bett geschieden. Die Klägerin legte Berufung ein. Sie wiederholte den ersten Klagantrag. Der Beklagte war abermals, der erlassenen öffentlichen Vorladung ungeachtet, ausgeblieben. Das O. L. G. hat die Berufung zurückgewiesen. In den Gründen des Urtheils wird ausgeführt: Nach § 13 des Sächs. Bürgerl. G. B. seien die Bestimmungen des Oesterr. Bürgerl. G. B. für den gegenwärtigen Streitfall maßgebend. Letzteres gestatte, wenn beide Ehegatten oder einer derselben der katholischen Religion angehören, wegen der einem Ehegatten zur Last fallenden böslichen Verlassung des anderen nicht die Trennung der Ehe vom Bande, sondern nur die lebenslängliche Scheidung der Ehegatten von Tisch und Bett. Die Vorschrift in § 77 Abs. 1 des Reichsgesetzes vom 6. Februar 1875 leide auf Ehen von Ausländern, deren Heimathsrecht die Auflösung des Ehebandes verbiete, keine Anwendung. Mit Recht sei daher die Klage auf Trennung vom Bande zurückgewiesen worden.

„Das R. G. hat bereits wiederholt" (Annalen Bd. III S. 208, Bd. VIII S. 155; Entsch. Bd. III S. 28 ff., Bd. XI S. 29 ff.)

---

*) Ein gleiches Urtheil ist am nämlichen Tage gegen dieselben Vorinstanzen in Sachen der Eheleute E. erlassen worden.

„die Ansicht befolgt, daß § 77 Abs. 1 des Reichsgesetzes vom 6. Februar 1875 selbst in dem Falle Anwendung finde, wenn die Auflösung der Ehe durch Landesgesetz den im Heimathlande des Ehemannes geltenden Gesetzen unterstellt ist, diese aber nur die immerwährende Trennung der Ehegatten von Tisch und Bett gestatten. Hierbei war auch in der vorliegenden Sache stehen zu bleiben. Die Erwägungen des B.G. enthalten nichts, was nicht schon in jenen früheren Entscheidungen besprochen worden wäre. Auf letztere kann daher gegenwärtig verwiesen werden. Das B.U. verletzt sonach die angezogene Vorschrift des Reichsgesetzes vom 6. Februar 1875, nicht minder die §§ 568 und 592 der C.P.O., wenn es den Antrag auf Trennung vom Bande abweist und statt dessen die beständige Scheidung der Ehe von Tisch und Bett anordnet. Dasselbe war darum aufzuheben."

7. Reichs-Patentgesetz.

166. Formelle Erfordernisse der Berufungsschrift in Patentsachen (Kaiserl. Verordnung vom 1. Mai 1878 § 2 Abs. 2). Beschluß des I. Civilsenats vom 7. Januar 1885 in Sachen W. & Gl. zu B., Nichtigkeitskläger, wider A. F. das., Nichtigkeitsbeklagten. Vorinstanz: Kaiserl. Patentamt. Aufhebung.

„In Erwägung, daß die Berufungsschrift des Beklagten zwar keinen selbständigen Antrag, aber eine Bezugnahme auf die Beantwortung der Klageschrift enthält, worin Beklagter die kostenpflichtige Abweisung des Klägers beantragt hat; daß hierin eine Wiederholung dieses Antrages als Berufungsantrag um so mehr gefunden werden kann, da der sonstige Inhalt der Berufungsschrift außer Zweifel stellt, daß die Berufung des Beklagten die Abweisung der Nichtigkeitsklage herbeizuführen bezweckt; daß daher dem rechtzeitig gestellten Antrage des Beklagten, seine Berufung gemäß § 2 Abs. 2 der Kaiserl. Verordnung vom 1. Mai 1878 für zulässig zu erklären, zu entsprechen ist."

8. Reichs-Konkursordnung.

167. Nach § 39 Abs. 2 der R.Konk.O. steht der Art. 554 des Code de commerce in fortdauernder Gültigkeit. S. u. Fall 201 S. 339.

168. Eine behufs Abwendung der Zwangsvollstreckung im Wechselprozesse zur Sicherung des Klägers geleistete Einzahlung beim Prozeßgericht dient dem Wechselkläger als vertragsmäßiges Faustpfand und

zur abgesonderten Befriedigung im Konkurs des Deponenten (§§ 40, 41, 3 Abs. 2 der R. Konk. O.; §§ 101, 709 der C. P. O.). Urth. des III. Civilsenats vom 5. Dezember 1884 in Sachen J. H. P. in A. (Konkurs), Beklagten und Revisionsklägers, wider R. in Ph., Kläger und Revisionsbeklagten. Vorinstanz: O. L. G. Jena. Verwerfung.

In dem vorausgegangenen Wechselprozesse wurde der beklagten Firma J. H. P. gestattet, die vorläufige Vollstreckung des auf Zahlung von 3000 ℳ nebst Accessorien lautenden L. G. Urth. durch Sicherheitsleistung abzuwenden, und letztere durch Hinterlegung einer auf 3200 ℳ bestimmten Baarsumme bei der Kassenverwaltung des Prozeßgerichts bewirkt.

„Mit Recht nimmt die Vorinstanz an, daß unter solchen Umständen die hinterlegte Kautionssumme dem Kläger für die eventuelle Zahlung der Wechselsumme als vertragsmäßiges Faustpfand verhaftet sei und, nachdem der ursprüngliche Schuldner und Deponent in Konkurs verfallen, zur abgesonderten Befriedigung diene.

Die Frage, welche materielle Bedeutung einer prozessualischen Sicherheit beizulegen sei, welche durch Hinterlegung in baarem Gelde zum Zwecke der Abwendung der vorläufigen Vollstreckung eines Urtheils geleistet wird, ist weder in der C. P. O. noch in der R. Konk. O. entschieden und muß nach dem geltenden bürgerlichen Rechte beantwortet werden. Im vorliegenden Falle kommt das Gemeine Recht und das im Herzogthum Sachsen-Altenburg geltende partikuläre Privatrecht zur Anwendung. Nach Römischem Rechte mußte eine Realkaution ordnungsmäßig durch Bürgen (satisdatio) geleistet werden; die italienische und deutsche Praxis hat jedoch schon seit der Glossatorenzeit auf Grund der l. 7 Dig. de stipul. praet. (46, 5) und anderer für bestimmte Fälle gegebenen Vorschriften auch die Kautionsleistung durch Pfandbestellung eingeführt und die Hinterlegung der Sicherheit bei dem Gläubiger oder an dessen Stelle bei dem zuständigen Prozeßgerichte als eine Unterart der Verpfändung betrachtet, gleichviel ob die Hinterlegung durch nicht vertretbare Sachen oder durch baares Geld erfolgte. (Vergl. von Wächter, Württemb. Privatrecht Bd. II § 50 S. 345 ff.; Schläger in der Gießener Zeitschrift N. F. Bd. IX S. 198 ff.; von Wetzell, Civilprozeß 3. Aufl. § 30 zu Note 68 ff.) Daß insbesondere baares Geld, selbst wenn es unverschlossen (zugezählt) deponirt wird, als ein der Verpfändung fähiger Gegenstand erscheint, ist nicht zu bezweifeln (Dernburg, Pfandrecht Bd. I S. 429 ff.; Windscheid, Pandekten § 226a Note 1). Diese Grundsätze sind unbedenklich auf Fälle der vorliegenden Art zu erstrecken. Es entspricht dem Zwecke einer solchen

Hinterlegung, daß die dem Gläubiger dadurch gewährte Sicherheit nicht durch die Dazwischenkunft Dritter oder durch die Eröffnung des Konkurses über das Vermögen des Schuldners vereitelt werde. Wenn das Gesetz einerseits dem Schuldner gestattet, durch Hinterlegung einer Baarsumme die drohende Zwangsvollstreckung abzuwenden, und andererseits den Gläubiger zwingt, sich statt der Zahlung mit einer bloßen Sicherheitsleistung zu begnügen, so muß dem Letzteren nothwendig ein stärkeres Recht an dem Gegenstande der Kaution zugestanden werden, als ein blos persönlicher Anspruch. Auf keinen Fall kann sich der Schuldner, welcher durch Leistung der geforderten Kaution eine ihm obliegende Verbindlichkeit erfüllt, dem Gläubiger gegenüber darauf berufen, daß es nicht in seiner Absicht gelegen habe, ein Pfandrecht an der hinterlegten Baarsumme zu bestellen; sein Verpfändungswille wird vom Gesetze unterstellt und wirkt zu Gunsten des Gläubigers auch gegen Dritte. Eine solche Kaution ist weder ein irreguläres Depositum, noch hat der Gläubiger daran ein bloßes Retentionsrecht. Von dem gewöhnlichen Faustpfande unterscheidet sich jenes Pfandrecht nur insofern, als dabei kein Verkauf des Pfandobjektes stattfindet, die Realisirung des Rechtes des Gläubigers vielmehr dadurch erfolgt, daß nach Erledigung der Sache zu Gunsten des Letzteren diesem die hinterlegte Summe zum Zwecke seiner Befriedigung durch gerichtliche Verfügung überwiesen wird. Ein Rückforderungsrecht des Deponenten mittels der Pfandklage tritt jedenfalls nur unter der Voraussetzung ein, daß der Deponent entweder im Prozesse obsiegt oder den Anspruch, zu dessen Sicherheit die Kaution dient, befriedigt (l. 9 § 3 Dig. de pignor. act. 13, 7). Ein Bedenken gegen die Annahme eines vertragsmäßigen Faustpfandes läßt sich endlich daraus nicht herleiten, daß die Kautionssumme dem Gerichte eingezahlt wurde. Denn das Prozeßgericht handelte hier für den Gläubiger, indem es als (gesetzlicher) Stellvertreter desselben die eingezahlte Sicherheitssumme in Besitz und Verwahrung nahm. Ein solcher Fall steht demjenigen, in welchem dem Gläubiger unmittelbar der Besitz der Geldsumme übertragen wird, in Ansehung seiner Wirkungen vollkommen gleich (vergl. Entsch. des R. O. H. G. Bd. 21 S. 398). Zu demselben Ergebnisse gelangt denn auch — in Anschluß an die Motive und die Kommissionsverhandlungen zu den §§ 101 und 709 der C. P. O. und zu den §§ 40 und 41 der R. Konk. O. — die überwiegende Mehrzahl der Kommentatoren, obwohl dieselben zum Theile von einem durch die Hinterlegung der Sicherheitssumme begründeten, dem Vertragspfande „gleichstehenden" oder ähnlichen Rechte reden. (Vergl. u. a. Wilmowsky-Levy, Sarwey, Petersen in den Kommentarien zur C. P. O. ad §§ 101 und 709 und zur R. Konk. O. ad § 41; Gaupp, Seuffert, Struckmann-Koch in den Kommentarien zur C. P. O. ad §§ 101 und 709; Stieglitz und Völderndorf in den Kommentarien zur R. Konk. O. ad § 41.)

Das Bestehen eines Faustpfandrechts nach den Vorschriften des Gemeinen Rechtes würde indessen nach den §§ 14 und 16 des Einf. Ges. zur R. Konk. O. dem Kläger noch kein Absonderungsrecht im Sinne des § 40 der R. Konk. O. gewähren, wenn das partikuläre Civilrecht für den Erwerb eines solchen Pfandrechts strengere Erfordernisse aufgestellt hätte, als die Erlangung und Fortsetzung des Gewahrsams der hinterlegten Baarsumme durch das Prozeßgericht. In dieser Beziehung erwägt nun die Vorinstanz, daß das Altenburger Landesrecht weitere Voraussetzungen für den Erwerb eines Faustpfandrechts, als der § 40 der R. Konk. O. erfordere, nicht kenne. Nach dieser mit der Revision nicht angreifbaren Feststellung kann der Kläger seine Befriedigung aus dem hinterlegten Geldbetrage unabhängig von dem Konkursverfahren gemäß § 3 Abs. 2 der R. Konk. O. verfolgen."

169. **Maßgebende Gesichtspunkte der „Zahlungseinstellung"** (§ 94 der R. Konk. O.) **bei kleineren Gewerbtreibenden.** Urth. des I. Civilsenats vom 22. Dezember 1884 in Sachen M.'s Konkurs zu M., Klägers und Revisionsklägers, wider S. zu H., Beklagten und Revisionsbeklagten. Vorinstanz: O. L. G. Hamburg. Aufhebung und Zurückweisung der Berufung des Beklagten.

M., der Gemeinschuldner, hatte, was speziell sein Schuldverhältniß gegen den Beklagten anlangt, zwei Wechsel unbezahlt gelassen, einen über 2149 ℳ, der schon am 29. Dezember 1882 fällig geworden und damals gegen ihn protestirt worden war, und einen über 3895,16 ℳ, der am 15. März 1883 fällig geworden und gegen ihn protestirt worden war. Beide Wechsel waren gegen ihn eingeklagt worden, und es waren verurtheilende Erkenntnisse gegen ihn ergangen. Die Pfändung auf Grund des ersten Wechsels wendete M. dadurch ab, daß er seine Ledervorräthe unmittelbar vor der Pfändung nach auswärts verkaufte und den Erlös aus diesem Verkaufe dem bereits mit der Pfändung beauftragten Gerichtsvollzieher M. am 19. März 1883 einhändigte, übrigens, wie der Gerichtsvollzieher bezeugt hat, da dieser Erlös zur Deckung noch nicht völlig hinreichte, sich noch etwas hinzuborgte. Hierauf verkaufte M. noch den Rest dessen, was er an Materialien für sein Gewerbe besaß, nämlich sämmtliche in seinen Gerbergruben befindlichen Rohhäute, nach auswärts, ließ sie fortschaffen und erregte bei Gläubigern, insbesondere auch bei solchen, die, wie er, in M. wohnten, den Verdacht, daß er mit dem Erlöse flüchtig werden würde. Deshalb wurde für Beklagten und zwei andere Gläubiger, S. und K., ein Arrest ausgebracht. Bei der Pfändung am 21. März 1883 wurden in der That im Geschäftslokale pfandbare Objekte von irgend welcher Erheblichkeit nicht vorgefunden. Aus dem Erlöse der Häute mit 11 524 ℳ bezahlte M. an andere Gläubiger soviel, daß, als der Gerichtsvollzieher am 22. März 1883 denselben antraf, dieser hiervon nur noch 7000 ℳ hatte und hergeben mußte, welche zur Deckung der unterdessen zur Pfändung reif gewordenen zweiten Wechselforderung und der Arrestforderungen nicht ausreichten. Bei dieser Sachlage hat das B.G. den Eintritt einer Zahlungseinstellung vor dem Augenblicke der Wegnahme jener 7000 ℳ deshalb verneint, weil die bloße Thatsache der Nichtzahlung der beiden Wechsel zur Zeit der Fälligkeit bei dem Berufe des M. als eines einfachen Lohgerbers noch keine Zahlungseinstellung enthalten habe, M. sich sodann zwar durch den Verkauf des ganzen Lagers in zwei Partien die Fortsetzung seines Geschäftes unmöglich gemacht, dies aber gethan habe, um seine Zahlungen fortsetzen zu können, die er auch fortgesetzt haben würde, wenn nicht der unvorhergesehene Arrest wegen der nicht fälligen Forderungen dazwischen gekommen wäre.

„Diese Begründung berücksichtigt zu Unrecht blos die fälligen Forderungen des Beklagten, während, wenn M. seine gesammten Vorräthe verkaufte, also, wie das B.G. selbst annimmt, sein Geschäft liquidirte, er doch auf alle seine Gläubiger, auch diejenigen, deren Forderungen noch nicht fällig waren, bei Verwendung des Verkaufserlöses Rücksicht nehmen mußte. Unpünktlichkeiten in den Zahlungen sind bei einem Gewerbetreibenden geringerer Art allerdings nicht wie bei einem Großkaufmann aufzufassen. Als Verkehrssitte und Gebot der Redlichkeit muß es aber auch für den kleinen Gewerbetreibenden erachtet werden, daß er sein Gewerbevermögen als die Sicherheit für alle seine Gewerbsschulden betrachtet und die Realisirung desselben nicht blos dazu benutzt, um die augenblicklich drängenden Schulden zu bezahlen. Woraus das B.G. die Annahme schöpft, es würde M. nach Aufgabe seines Geschäfts und Verwendung des Geschäftsvermögens für die augenblicklich fälligen Schulden doch noch die später fällig werdenden zur Zeit ihrer Fälligkeit haben bezahlen können, ist nicht ersichtlich. Es beruht aber die ganze Verneinung eines früheren Zeitpunktes der Zahlungseinstellung auf einer zu engen Auffassung dieses Begriffs, indem das Verhalten des M. blos im Hinblick darauf, ob damit nicht die Zahlung der einzelnen fälligen Schuld gerade beabsichtigt wurde, gewürdigt worden ist, nicht aber im Hinblick auf seine Wirkung auf die Gesammtheit der Schulden und mit Rücksicht auf den Eindruck, den das Verhalten des M. nach der Verkehrssitte auf das geschäftstreibende Publikum zu machen geeignet war.

M. hat aber nicht blos die beiden fälligen Wechsel zur Zeit ihrer Fälligkeit nicht bezahlt, sondern sich wegen derselben verklagen und verurtheilen lassen und beide Male erst unmittelbar vor der bevorstehenden Pfändung sich Geld durch Enbloc-Verkäufe großer Theile seiner Bestände an Materialien, so daß er mit dem zweiten Verkaufe sich seiner gesammten Gewerbevorräthe entäußert hatte, verschafft. Daß bei solchem Verfahren des Verkaufs ganzer großer Bestandspartien in einer Nothlage kein angemessener Preis zu erzielen war, lag auf der Hand. Irgend eine Vorkehrung dafür, daß der Erlös gleichmäßig allen Gläubigern zu Gute kam, wurde nicht getroffen. Auch erfolgte der Verkauf unter Umständen, welche den Verdacht der Beiseiteschaffung der Bestände erregen mußten, indem M. nicht etwa kundgab, daß er zum Zwecke der Zahlung seiner Schulden sein Gewerbsvermögen liquidire, vielmehr unmittelbar vor der zu erwartenden Pfändung seine letzten Bestände zum Transport nach auswärts fortbringen ließ. Bei solchem Verfahren lag es nahe, daß, wenn auch M. den Erlös derselben nicht bei Seite schaffen wollte, doch dieser zufällig gerade demjenigen seiner Gläubiger zufiel, der zuerst infolge solchen Verhaltens auf seine Sicherung bedacht gewesen war. Ein fortgesetztes Verharren bei der Nichtzahlung fälliger Schulden, verbunden mit einem solchen Verhalten, bei welchem immer bis zum Augenblicke des Eintrittes unvermeidlichen Zwanges gewartet wurde, um nun zu versuchen, sich durch Verkauf entsprechender großer Partien der Geschäftsbestände aus der Verlegenheit zu helfen, und zwar in einer Weise, daß diese Bestände zunächst fortgeschafft wurden, ehe der Preis erhoben und zur Zahlung verwendet wurde, enthält allerdings eine Zahlungseinstellung. Es ist damit, abgesehen von der unleugbaren Nichtzahlung der fälligen Schulden, nach außen kundgegeben, daß ein geordneter Zustand des Schuldners, der ihn befähigte, seinen Verbindlichkeiten der Verkehrssitte gemäß gerecht zu werden, nicht mehr existirt. Es soll nicht behauptet werden, daß immer, insbesondere wenn es sich um einen Gewerbetreibenden geringerer Art handelt, Zahlungseinstellung vorliege, wenn der Schuldner seine Schulden nur durch Verkauf des gesammten Geschäfts zu tilgen im Stande ist. Es muß aber alsdann nach den getroffenen Veranstaltungen der Verkauf vor Mißdeutungen geschützt und die Absicht, zum Zwecke solcher Liquidirung des Geschäfts zu verkaufen, ausreichend kundgegeben sein, während im vorliegenden Falle die Nichtzahlung und Fortschaffung der Häute nach dem Bahnhöfe gerade jeden Gläubiger, dem an seiner Sicherung gelegen war, zur Ergreifung von Sicherheitsmaßregeln veranlaßte. Zum mindesten mit dieser Fortschaffung der Häute erfolgte die Zahlungseinstellung."

170. **Die Zulässigkeit der Zwangsvollstreckung in inländisches Vermögen ausländischer Gemeinschuldner ist jedem Schuldner gegenüber gegeben, ohne Rücksicht auf alle entgegenstehende ausländische Gesetzgebung** (§ 207 Abs. 1 der R. Konk. O.). Urth. des I. Civilsenats vom 11. Dezember 1884 in Sachen S. & S. zu London, Beklagten und

Revisionskläger, wider P., Rh. & Co. zu Singapore, Kläger und Revisionsbeklagte. Vorinstanz: O.L.G. Hamburg. Verwerfung.*)

„Die Zuständigkeit des Hamburgischen Gerichtes ist von den Klägern nach § 24 der C.P.O. in Anspruch genommen, weil sich in Hamburg Vermögen der im Deutschen Reiche nicht wohnhaften Beklagten befinde. Die Letzteren haben die Zuständigkeit nur aus dem Grunde bestritten, weil nach der für ihren Konkurs maßgebenden Englischen Bankruptcy Act von 1869 ihr gesammtes Vermögen und mithin auch die in Hamburg befindlichen Theile desselben dem Eigenthumsrechte nach mit der Konkurseröffnung auf den Konkursverwalter übergegangen seien. Mit Recht ist diese Einwendung für hinfällig erachtet worden. Es handelt sich bei dem fraglichen Uebergange des Vermögens auf den Konkursverwalter nur um die von der Englischen Gesetzgebung gewählte formelle rechtliche Konstruktion der konkursprozessualischen Einrichtung, daß das Vermögen des Gemeinschuldners keinen Sondervollstreckungen zu Gunsten einzelner Gläubiger mehr ausgesetzt sein, sondern nur noch zum Besten der Gesammtheit der Konkursgläubiger in einheitlicher Weise verwaltet und verwerthet werden soll; eine materiell-rechtliche Bedeutung wohnt diesem sogenannten Eigenthumsrechte des Konkursverwalters nicht bei. Nun ergiebt sich aber schon aus dem § 207 Abs. 1 der R. Konk. O., daß die Deutsche Gesetzgebung die im Deutschen Reiche, abgesehen von einem im Auslande eröffneten Konkurse, gegen den Kridar zulässige Rechtsverfolgung durch ausländische konkursrechtliche Bestimmungen dieser Art nicht einschränken lassen will. Wenn „die Zwangsvollstreckung in das inländische Vermögen" zulässig ist, so muß dieses inländische Vermögen eben wirklich noch als Vermögen des Kridars angesehen werden, weil die Zwangsvollstreckung in ein einem Dritten gehörendes Vermögen ein Unding sein würde. Dann muß dieses Vermögen folgerichtiger Weise aber auch im Sinne des § 24 der C.P.O. noch als Vermögen des Gemeinschuldners selbst gelten, wie auch schon in dem in den Verhandlungen des gegenwärtigen Prozesses mehrfach angezogenen Urtheile des III. Civilsenats des R.G." (Annalen Bd. V S. 448; Entsch. Bd. VI S. 407) „beiläufig bemerkt ist. Ganz grundlos aber ist offenbar die von den Beklagten vertretene Auffassung des § 207 der R. Konk. O., wonach die Zwangs-

*) Ein gleiches Urtheil ist am nämlichen Tage vom nämlichen Senat in Sachen der nämlichen Beklagten wider M. N. & Co. zu Hamburg erlassen, ein verwandtes vom II. Senat am 13. Januar 1885 in Sachen H. K. in C. wider die fallirte Firma L. W. zu Venlo.

vollstreckung in das inländische Vermögen dort nur in dem Sinne für „zulässig" erklärt sein sollte, daß die Deutsche Gesetzgebung ihrerseits nichts gegen eine solche Zwangsvollstreckung einzuwenden habe, insofern nach den Einrichtungen des betreffenden fremden Staates der dortige Konkurs die in Deutschland befindlichen Vermögenstheile des Kridars gar nicht mitergreifen solle. Wäre dies die Meinung des Deutschen Gesetzes, so müßte natürlich in dem § 207 die entsprechende Unterscheidung ausdrücklich gemacht und nicht schlechtweg jedem Schuldner gegenüber, über dessen Vermögen irgendwo im Auslande ein Konkursverfahren eröffnet worden, die Zwangsvollstreckung in sein inländisches Vermögen für zulässig erklärt sein. Das würde selbst dann erforderlich sein, wenn im übrigen, wie die Beklagten behauptet haben, Gründe für die möglich engste Auslegung des § 207 Abs. 1 der R. Konk. O. vorlägen. Solche sind aber übrigens auch gar nicht vorhanden. Mit Unrecht haben die Beklagten für ihre Ansicht sich auf den § 11 der R. Konk. O. berufen, insofern im § 207 nur eine singuläre Ausnahme von der Bestimmung jenes Paragraphen festgesetzt sei. Wenn nämlich § 11 während der Dauer des Konkursverfahrens Arreste und Zwangsvollstreckungen zu Gunsten einzelner Konkursgläubiger ausschließt, so spricht er überhaupt nur von der Wirkung deutscher, nicht auch ausländischer Konkurse; denn es versteht sich von der R. Konk. O., als einem Prozeßgesetze, von selbst, daß sie im allgemeinen und soweit nicht ausnahmsweise das Gegentheil besonders gesagt ist, nur die inländischen Konkurse zu ihrem Gegenstande hat. Der § 207 enthält also nicht eine Ausnahme von der Bestimmung des § 11, sondern einen reinen Gegensatz zu derselben."

9. Reichs-Gewerbeordnung von 1878.

171. **Schon aus dem Dienstmiethvertrag des Gewerbeunternehmers mit seinen Arbeitern folgt dessen Verpflichtung und Verantwortlichkeit, die für deren Sicherheit und Leben erforderlichen Vorkehrungen zu treffen. Ihn trifft daher auch die Beweislast, daß er dieser Verpflichtung durch geeignete Einrichtungen nachgekommen sei** (§ 120 der R. Gew. O.). Urth. des III. Civilsenats vom 9. Januar 1885 in Sachen des Gesellen F. G. zu H., Klägers und Revisionsklägers, wider Maurermeister M. daselbst, Beklagten und Revisionsbeklagten. Vorinstanz: O. L. G. Braunschweig. Verwerfung.

„Der Gewerbeunternehmer hat allerdings vermöge des Dienstmiethvertrages, den er mit seinen Arbeitern schließt, die kontraktliche

Pflicht, die für die Sicherheit von Gesundheit und Leben derselben erforderlichen Einrichtungen und Vorkehrungen zu treffen und dafür, daß dies geschehen, die Verantwortung zu übernehmen. Diese schon aus den gemeinrechtlichen Grundsätzen über die Dienstmiethe folgende Verpflichtung ist durch § 120 der R.Gew.O. ausdrücklich anerkannt und wiederholt worden. Demgemäß lag vorliegenden Falls dem Beklagten, welcher durch seine Gesellen bei dem Neubau eine hohe Giebelwand aufführen ließ, die Pflicht ob, ihnen das dazu unentbehrliche Gerüste in einem solchen Zustande zu liefern, daß sie durch das Besteigen desselben keinen Schaden an Leben oder Gesundheit zu leiden hatten. Hieraus folgt aber weiter, daß, wenn die Arbeiter dennoch in Folge des Bruches des Gerüstes zu Schaden gekommen sind, der Beklagte so lange für denselben verantwortlich zu erachten war, bis er den Nachweis führte, daß ihn bei Stellung des Gerüstes ein Verschulden nicht treffe. Dieser Nachweis liegt ihm ob, nicht aber trifft den Kläger die Last des Nachweises eines Verschuldens des Beklagten, da er seinen Anspruch nicht aus einer außerkontraktlichen Schuld des Letzteren herleitet, sondern Erfüllung des Vertrages resp. Schadenersatz für Nichterfüllung fordert — ein Anspruch, von dem sich der Beklagte, da der Vertrag feststeht, nur durch den Nachweis, seiner Verpflichtung gehörig nachgekommen zu sein, freimachen kann."

172. **Der § 120a der R.Gew.O. findet keine Anwendung auf Verpflichtungen, die erst nach Auflösung des Arbeitsverhältnisses vertragsmäßig zu leisten sind.** Urth. des II. Civilsenats vom 16. Januar 1885 in Sachen R. zu W., Klägers und Revisionsklägers, wider F. zu D., Beklagten und Revisionsbeklagten. Vorinstanz: O.L.G. Köln. Aufhebung und Zurückverweisung.

„Es kann unerörtert bleiben, ob durch den Vertrag vom 19. Januar 1881 ein Arbeitsverhältniß im Sinne des § 120a der R.Gew.O. zwischen den Parteien begründet worden ist. Jedenfalls ist, wenn dies unterstellt wird, nicht eine Leistung aus diesem Arbeitsverhältniß im Streit; es handelt sich vielmehr um eine selbständige Verpflichtung, welche der Beklagte neben den ihm durch das Arbeitsverhältniß auferlegten Verpflichtungen für die Zeit nach Auflösung dieses Verhältnisses übernommen hat. Auf einen Streit, welcher eine Verpflichtung dieser Art zum Gegenstande hat, findet die Vorschrift des § 120a keine Anwendung. Die gegentheilige Annahme des O.L.G. beruht, wie das R.G. bereits in einem früheren ähnlichen Falle ausgesprochen hat" (Annalen Bd. III S. 511, Bd. IX S. 433),

„auf einer Auslegung des § 120a, welche um so weniger gebilligt werden kann, als dieses Gesetz singulärer Natur und deshalb strikt zu interpretiren ist, überdies aber auch die Entstehungsgeschichte des Gesetzes entschieden dagegen spricht. Im § 108 der R. Gew. O. vom 21. Juni 1869 war nämlich bestimmt: „Streitigkeiten ..., die sich auf den Antritt, die Fortsetzung oder Aufhebung des Arbeitsverhältnisses, die gegenseitigen Leistungen während der Dauer desselben beziehen, sind, soweit für diese Angelegenheiten besondere Behörden bestehen, bei diesen zur Entscheidung zu bringen ...". An Stelle dieses § 108 ist infolge der Novelle vom 17. Juli 1878 der jetzige § 120a getreten, welcher nach der Absicht des Gesetzgebers dazu bestimmt ist, mit redaktionellen Abänderungen die Bestimmung des § 108 wiederzugeben; die Abänderung der Worte „die gegenseitigen Leistungen während der Dauer desselben" in „die gegenseitigen Leistungen aus demselben" ist lediglich deshalb erfolgt, weil der in der Praxis entstandene Zweifel, ob rückständige, nach Ausscheiden des Arbeiters aus dem Arbeitsverhältniß erhobene Ansprüche der Bestimmung des § 108 unterliegen, beseitigt werden wollte."

10. Reichs-Civilprozeßordnung.

173. **Jedes inländische Vermögen des ausländischen Kridars ist pfändbar und begründet das Forum des § 24 der C. P. O.** (S. o. Fall 170 S. 298 ff.)

174. **Die Revisionssumme mehrerer Streitgenossen berechnet sich nach deren gemeinsamem Prozeßinteresse** (§§ 58, 59 der C. P. O.). Beschluß des V. Civilsenats vom 14. Januar 1885 in Sachen F. S. und Gen., Revisionskläger, wider den Königl. Preuß. Forstfiskus, Revisionsbeklagten. Vorinstanz: Generalkommission Merseburg. Verwerfung der sofortigen Beschwerde der Revisionskläger.

„Die gegen das Kontumazialerkenntniß vom 25. Januar 1878 seitens des F. S. für sich und seine Mündel, Geschwister R., im August 1878 eingelegte Appellation war, gemäß § 108 des Gesetzes vom 18. Februar 1880, nach den früher geltenden Gesetzen bezüglich der summa appellabilis zu beurtheilen, und es war insbesondere der § 14a Th. I Tit. 14 der Allgem. G.O. maßgebend, wonach bei Berechnung dieser Summe auch die Antheile der nicht appellirenden, aber gleichberechtigten Streitgenossen mit in Betracht kamen. Bei dieser Berechnung ergab sich für die Besitzer von 15 betheiligten Stellen, denen eventuell jedem — nach der Behauptung des S. — eine

Mehrabfindung von 52,33 Mark zustehen würde, ein appellabeles Objekt. Für die nach dem Eintritt der Gesetzeskraft des Gesetzes vom 18. Februar 1880 (1. April 1880) am 12. Juni 1884 eingelegte Revision gelten jene Vorschriften der Allgem. G. O. nicht mehr. Nach der jetzt maßgebenden C. P. O. bestimmt sich der Werth des Beschwerdegegenstandes nur nach dem Interesse der das Rechtsmittel einlegenden Streitgenossen (§§ 58, 59 der C. P. O.). Auch aus den nebenher noch geltenden Vorschriften der Landeskulturgesetze — Gesetz vom 18. Februar 1880 § 1; Verordnung vom 20. Juni 1817 §§ 82—84; Verordnung vom 22. November 1844 § 17 — läßt sich für den vorliegenden Fall eine andere Ansicht nicht gewinnen."

175. **Voraussetzung der Hauptintervention ist die Identität des Streitgegenstandes in der Haupt- und in der Interventionsklage** (§ 61 der C. P. O.). Urth. des II. Civilsenats vom 9. Januar 1885 in Sachen J. O. und Gen. zu K., Haupt-Intervenienten und Revisionskläger, wider J. W., Kläger, und H. K., Beklagten, Beide Revisionsbeklagte. Vorinstanz: O. L. G. Köln. Verwerfung.

„Die C. P. O. hat das gemeinrechtlich anerkannte Institut der Haupt-Intervention als ein geeignetes Mittel, um zu einer Minderung der Prozesse und zur Vermeidung widersprechender Urtheile zu führen (Motive S. 84), beibehalten. Nach § 61 leg. cit. setzt dieselbe voraus, daß Jemand die Sache oder das Recht, worüber zwischen anderen Personen ein Rechtsstreit anhängig geworden ist, ganz oder theilweise für sich in Anspruch nimmt, also, wie es in den Motiven S. 86 heißt, einen die Rechte der Hauptparteien auf den Streitgegenstand ausschließenden Anspruch verfolgt. An dieser Voraussetzung der Identität des Streitgegenstandes in der Haupt- und in der Interventionsklage fehlt es aber hier, wie vom O. L. G. zutreffend angenommen worden ist. Gegenstand der Hauptklage ist Eigenthum und Besitz der fraglichen Grundstücke, welche durch die klägerischerseits beantragte Auflösung der bezüglichen Kaufverträge verfolgt werden; das von den Haupt-Intervenienten in der Berufungsinstanz allein gestellte Petitum geht aber lediglich dahin, sie für berechtigt zu erklären, die ihnen von dem Beklagten K. eingeräumten Hypothekar-Rechte an den genannten Grundstücken nach wie vor auszuüben. Dieselben machen also weder ein konkurrirendes Resiliationsrecht geltend, noch nehmen sie Eigenthum und Besitz der Grundstücke ganz oder theilweise für sich in Anspruch; sie verlangen nur die Anerkennung ihrer Hypothekarrechte, wobei es ihnen gleichgültig ist, ob die angestellte Auflösungsklage mit ihren rechtlichen

Folgen für das Eigenthum und den Besitz jener Grundstücke zugesprochen wird oder nicht. Ist aber über Eigenthum oder Besitz einer Sache Streit, so kann die Verfolgung eines dinglichen Rechts an derselben, z. B. einer Servitut, eines Hypothekarrechts, da nach Rheinisch-Französischem Rechte die actio hypothecaria einen Anspruch auf den Besitz der Sache nicht gewährt, im Wege der Haupt-Intervention nicht stattfinden (vergl. Sarwey, C.P.O. S. 127; Weißmann, Haupt-Intervention § 8)."

176. **Die bei Gericht** (im Wechselprozeß) **eingezahlte Sicherheit dient dem Kläger als vertragsmäßiges Faustpfand zur abgesonderten Befriedigung** (§§ 101, 709 der C.P.O). S. o. Fall 168 S. 293 ff.

177. **Auch die Vorstandsmitglieder einer Eingetr. Genossenschaft, welche in die Lage kommen können, namens der Genossenschaft Eide leisten zu müssen, können in Prozessen der Genossenschaft nicht als Zeugen verwendet werden** (§§ 356 ff. der C.P.O.). Urth. des I. Civilsenats vom 22. Dezember 1884 in Sachen v. T. in D., Beklagten und Revisionsklägers, wider die Gewerbebank in D., Klägerin und Revisionsbeklagte. Vorinstanz: O.L.G. Marienwerder. Aufhebung und Zurückverweisung.

„Allerdings möchte ein allgemeiner Satz des Inhalts kaum zutreffend sein, daß, weil die Handlungen des Vertreters einer nicht prozeßfähigen Partei, insbesondere die des Vorstandes einer Aktiengesellschaft oder Genossenschaft, als Handlungen der Partei gelten, überall, wo von der Stellung einer bestimmten Person als Partei das Gesetz Rechtsfolgen abhängig macht, als solche Person der Vertreter, namentlich wenn die vertretene Person nur kraft solcher Vertretung besteht, in Betracht komme. Allein durchaus zutreffend ist es, daß diejenigen Personen, deren Eidesleistungen kraft gesetzlicher Anordnung als Eidesleistungen der Partei gelten, nicht zugleich in dem betreffenden Prozesse der Partei als auskunftspflichtige Dritte angesehen werden können. Mit voller Absichtlichkeit ist bei der Herstellung der C.P.O. es unterlassen worden, die Partei durch Auferlegung einer umfassenden Auskunftspflicht unter Eideszwang zu einem Mittel der Erforschung materieller Wahrheit zu machen (vergl. Motive zum Entwurf der C.P.O. von 1874 S. 275), und es ist bei dem Parteieneid geblieben. Es ist daher in das Gewissen der Partei gelegt, ob sie nach dem, was sie über den Sachverhalt weiß, sich im Stande erachtet, über von der Gegenpartei oder vom Richter bestimmt formulirte Thatsachen einen Eid zu leisten. Wenn nun für

Personen, die nicht selbst zur Eidesleistung fähig sind, das Gesetz eine Vertretung schafft, vermöge deren das Verhalten bestimmter physischer Personen in Bezug auf die Eidespflicht der vertretenen als deren Verhalten gilt, so würde der Zweck dieser Vertretung hierdurch vereitelt werden, wenn man diese Vertreter doch als auskunftspflichtige Zeugen behandeln wollte. In diesem Sinne hat auch bereits der II. Civilsenat des R.G. in dem Urtheile vom 1. Oktober 1880 (Annalen Bd. II S. 508; Entsch. Bd. II S. 400) in Betreff des Vorstandes einer Aktiengesellschaft erkannt. Der Vorschrift des Art. 232 des H.G.B. entspricht für Genossenschaften der § 22 des Gesetzes vom 4. Juli 1868. Ob das Zeugniß von der vertretenen Partei selbst oder, wie hier, von deren Gegner angerufen wird und ob von der Klägerin ein ausdrücklicher Widerspruch gegen die Zeugenvernehmung erklärt worden ist, kann für die Entscheidung keinen Unterschied machen. Es handelt sich um objektive Rechtsnormen, welche der Privatdisposition der Parteien entzogen sind."

178. **1) Auf die §§ 387, 394 der C.P.O. kann keine selbständige Editionsklage gestützt werden. 2) Auch die Art. 37, 40 des H.G.B. begründen nur eine prozessuale Editionspflicht.** Urth. des II. Civilsenats vom 30. Dezember 1884 in Sachen G. M. und Gen. zu K., Kläger und Revisionskläger, wider D. & Co. das., Beklagte und Revisionsbeklagte. Vorinstanz: O.L.G. Köln. Verwerfung.

Zu 1. „Was die Sache selbst und zwar zunächst das auf Vorlage gewisser Urkunden bezw. beglaubigter Abschriften derselben gerichtete Begehren betrifft, so ist vor allem hervorzuheben, daß es sich nicht etwa um einen im Laufe eines Rechtsstreites gestellten Editionsantrag, sondern um eine selbständige Editionsklage handelt. Zwar ist es ausgesprochene Absicht der Kläger, die vorzulegenden Urkunden in einem bereits anhängigen Theilungsprozesse zu benützen; allein in jenem Prozesse ist das Editionsbegehren, soweit es erhoben war, zurückgewiesen worden. Die Kläger müssen daher darthun, daß ihnen ein mit selbständiger Klage verfolgbarer Anspruch auf Vorlage fraglicher Urkunden zustehe. Sie glauben, diesen Anspruch zunächst auf die §§ 387 Ziff. 2 und 394 der C.P.O. stützen zu können, und rügen Verletzung dieser Gesetzesbestimmungen.

Diese Rüge erscheint aber unbegründet.

Der § 387 a. a. O. erkennt eine Editionspflicht an: 1) in den Fällen, wo sie nach Civilrecht auch außerhalb des Prozesses besteht; 2) bei gemeinschaftlichen Urkunden. Das Gesetz stellt hier, ebenso wie die Preuß. P.O. (Tit. 10 §§ 91 und 93), der civilrechtlichen eine prozessuale Editionspflicht gegenüber, und seine Bestimmungen lassen nicht den mindesten Zweifel, daß die Pflicht zur Vorlegung gemeinschaftlicher Urkunden, soweit sie nicht schon civilrechtlich besteht, vielmehr nur durch die C. P. O. begründet wird, eine rein prozessuale Bedeutung hat, d. h. nur eintritt, sofern zum Zwecke der Beweisführung in einem anhängigen Prozesse die Vorlage der Urkunden nöthig ist. Nur für die prozessuale Editionspflicht wollte die C. P. O. einheitliches Recht schaffen; an den civilrechtlichen Prinzipien, d. h. betreffs des Rechtes, auch außerhalb eines anhängigen Prozesses, durch selbständige Klage, Edition von Urkunden zu verlangen, wollte sie nichts ändern. Letzteres wäre sogar dann anzunehmen, wenn die Worte „auch außerhalb des Prozesses“ in Ziff. 1 des § 387 fehlen würden, wie dies in dem sonst ganz gleichlautenden Art. 386 Abs. 2 der Bayerischen P. O. von 1869 der Fall ist, da die Vermuthung dafür spricht, daß ein Prozeßgesetz nur prozessuale Bestimmungen geben, nicht aber Prinzipien des Civilrechts abändern wolle.

Was nun den § 394 der C. P. O. anbelangt, welcher bestimmt, daß Dritte aus denselben Gründen, wie der Gegner des Beweisführers, zur Vorlegung einer Urkunde verpflichtet sind, so erscheint nach Fassung und Zweck dieser Bestimmung klar, daß sie nichts weiter bezweckt, als die Grundsätze, welche in § 387 a. a. O. für Urkunden, die sich in Händen des Prozeßgegners befinden, gegeben sind, auch auf Urkunden, die sich im Besitze Dritter befinden, auszudehnen, daß also auch Dritten gegenüber, soweit nicht nach Civilrecht eine Editionspflicht besteht, nur eine prozessuale Editionspflicht begründet werden sollte. Unmöglich konnte es Absicht des Gesetzes sein, in Widerspruch mit § 384 Dritten gegenüber eine civilrechtliche Editionspflicht zu begründen oder überhaupt Dritten die Editionspflicht in größerem Umfange aufzuerlegen als dem Prozeßgegner.

Hat demgemäß die Pflicht zur Vorlegung gemeinschaftlicher Urkunden, soweit sie sich auf die Bestimmungen in den §§ 387 Ziff. 2 bezw. 394 der C. P. O. gründet, lediglich prozessuale Bedeutung, so folgt hieraus, daß sie nur unter der Voraussetzung wirksam wird, daß Beweis mittels der betreffenden Urkunde erboten und vom Prozeßgerichte zugelassen wird. Nach § 386 der C. P. O. wird, falls die Urkunde sich in Händen des Gegners befindet, der Beweis durch den Antrag, dem Gegner die Vorlegung aufzugeben, angetreten, und nach § 393 der C. P. O. erfolgt, falls die Urkunde sich in Händen eines Dritten befindet, die Beweisantretung durch den Antrag, zur Herbeischaffung der Urkunde eine Frist zu bestimmen. Nach den

§§ 390 u. 396 hat das Prozeßgericht in dem einen wie in dem anderen Falle zu prüfen, ob der Antrag gerechtfertigt sei, und entsprechend zu beschließen bezw. zu entscheiden. Je nachdem das Prozeßgericht dem Antrage stattgiebt oder ihn abweist, erscheint für den gegebenen Fall die prozessuale Editionspflicht begründet oder nicht. Ohne Belang erscheint es, daß dem Dritten gegenüber die Vorlegung der Urkunde durch besondere Klage begehrt wird (§ 394 der C. P. O.), und es ist irrig, wenn seitens der Revisionskläger hieraus gefolgert wird, das Gesetz habe hier eine selbständige, ohne Rücksicht auf den Hauptprozeß einzuleitende und durchzuführende Klage im Auge. Wie aus den Motiven zu den §§ 380—383 des Entwurfes hervorgeht, wurde fragliche Bestimmung gegeben, weil man es nicht geeignet fand, nach dem Vorgange des Französischen und Preußischen Rechts, der Hannoveranischen (§ 320) und der Württembergischen (Art. 642) Prozeßordnung die Entscheidung über solche Editionsanträge dem Gerichte des Hauptprozesses zu übertragen und in dieser Weise den Dritten seinem ordentlichen Richter zu entziehen. Es handelt sich also um Bezeichnung des Weges, wie die Edition von Dritten zu erwirken sei; an dem Wesen der Editionspflicht wurde hierdurch nichts geändert.

Auch bei den Verhandlungen zu Hannover wurde viel darüber gestritten, ob es zweckmäßiger sei, den Dritten zum Hauptprozesse beizuladen, oder aber, dem Bayerischen Prozeßentwurfe folgend, die Belangung des Dritten vor seinem zuständigen Richter anzuordnen; allein darüber bestand kein Zweifel, daß im einen wie im anderen Falle lediglich ein Inzidentpunkt des Hauptprozesses in Frage stehe. Aus den Verhandlungen über den Norddeutschen Entwurf ist hervorzuheben, daß (S. 954) vorgeschlagen war, die Beiladung des Dritten von Amtswegen anzuordnen, da es sich um eine Beweisaufnahme handele, wogegen erwidert wurde, es bestehe kein Grund, von den allgemeinen Prinzipien abzuweichen; es handele sich um einen Nebenprozeß, der in das Hauptverfahren gezogen werde. Sowie nun im Falle einer Beiladung des Dritten in den Hauptprozeß kein Zweifel obwalten kann, daß diese Beiladung nur stattzufinden hat, wenn sie durch eine gerichtliche Verfügung veranlaßt ist, und daß sie, sowie der ganze Zwischenstreit, gegenstandslos wird, wenn der Hauptprozeß sich erledigt bezw. Beweis nicht weiter zu führen ist, so muß dies auch von der gesonderten Klage gelten. Sie erzeugt nur einen Nebenprozeß, bedarf zu ihrer Begründung des Nachweises, daß im Hauptprozesse bezüglicher Beweis zugelassen d. h. zur Herbeischaffung der Urkunde nach § 396 Abs. 1 a. a. O. Frist bestimmt ist, und verliert ihren Gegenstand, wenn es aus einem Grunde auf diese Beweisführung nicht mehr ankommt."

Zu 2. „Die Kläger glauben ihre Ansprüche auf Edition ferner auf die Art. 37 und 40 des H. G. B. gründen zu können. Allein auch in dieser Beziehung kann die Revision keinen Erfolg haben, da nach den bezeichneten Gesetzesbestimmungen ebenfalls nur eine prozessuale Editionspflicht in Frage steht, zudem aber alles ins Ermessen des Richters gestellt ist und das O. L. G. erklärt, es finde keinen Anlaß, die Vorlage zu verordnen."

179. **Bei der Eideszuschiebung an eine juristische Person braucht der gesetzliche Vertreter nicht ausdrücklich als derjenige bezeichnet zu werden, dem der Eid zugeschoben wird; dagegen muß erkennbar sein, welche der Vertreter der juristischen Person Wissenschaft von der bestrittenen Thatsache haben sollen** (§ 435 Abs. 1 der C. P. O.). Urth. des I. Civilsenats vom 3. Januar 1885 in Sachen C. K. zu D., Klägers und Revisionsklägers, wider die Westdeutsche Versicherungs-Aktienbank zu E., Beklagte und Revisionsbeklagte. Vorinstanz: O. L. G. Hamm. Verwerfung.

Der Kläger hat geltend gemacht, das O. L. G. habe dadurch prozessualisch verstoßen, daß es den von ihm über eine Replik zugeschobenen Eid für unbeachtlich erklärt habe. Dieser Eid war darüber zugeschoben, daß der Beklagten beim Abschlusse des Versicherungsvertrages die früher von ihrem Agenten H. mit dem Kläger geführten Verhandlungen (in welchen der Kläger dem H. angegeben hatte, einmal Brandschaden erlitten zu haben und von einer Versicherungsgesellschaft dafür entschädigt worden zu sein) bekannt gewesen seien, sie auch speziell gewußt habe, daß der Kläger bereits von Brandschaden betroffen gewesen und hierfür von einer anderen Versicherungsgesellschaft entschädigt worden sei.

„Es läßt sich nicht leugnen, daß die Gründe, aus welchen das B. G. diese Eideszuschiebung sowohl für unstatthaft als auch für unerheblich erklärt hat, nicht zutreffen. Zuvörderst darf man nicht aus § 435 Abs. 1 der C. P. O. für die Eideszuschiebung an eine juristische Person wie eine Aktiengesellschaft das Formerforderniß ableiten, daß der gesetzliche Vertreter derselben ausdrücklich als Derjenige bezeichnet sein müßte, welchem der Eid zugeschoben werde, d. h. welcher den Eid eventuell zu leisten haben werde; vielmehr versteht es sich von selbst, daß eine solche Eideszuschiebung in diesem Sinne gemeint ist, in welchem sie allein gemeint sein kann. Was sodann den Gegenstand des Eides betrifft, so ist es allerdings richtig, daß dieser in der Eideszuschiebung, wie sie hier vorgenommen war, nicht genau genug bezeichnet war. Wenn auch die behauptete Wissenschaft der verklagten Aktiengesellschaft zur Zeit des Vertragsschlusses ohne weiteres zu verstehen war als die Wissenschaft derjenigen Person oder derjenigen Personen, welche damals den Vorstand der Gesellschaft gebildet haben, so fehlte es doch an der Benennung derjenigen Personen, welche nach der Behauptung des Klägers dies damals gewesen sein sollten, während doch eine solche Angabe zur thatsächlichen Substantiirung wesentlich erfordert wurde. Allein dieser Mangel berechtigte das Gericht noch nicht, die Eideszuschiebung ganz bei Seite zu setzen, da er auf dem in § 130 Abs. 1 der C. P. O. vorgezeichneten Wege möglicherweise noch gehoben werden konnte."

180. **Ein neuer selbständiger Beschwerdegrund** (im Sinne von § 531 Abs. 2 der C. P. O.) **liegt vor, wenn die erste Instanz aus sachlichen Gründen abweist, die zweite sich unzuständig erklärt.** Beschluß des V. Civilsenats vom 17. Dezember 1884 in Sachen L. D. zu W., Klägers, wider E. R. zu G., Beklagten. Vorinstanz: O. L. G. Naumburg. Verwerfung der Beschwerde des Klägers.

„Die Zulässigkeit der weiteren Beschwerde ist vom R. G. angenommen. Denn der Erste Richter (das Prozeßgericht) weist den Antrag des Klägers aus sachlichen Gründen zurück. Der Zweite Richter verneint dagegen die Zuständigkeit des Prozeßgerichts und damit auch seine eigene Zuständigkeit zu einer sachlichen Entscheidung. Hierin ist ein neuer selbständiger Entscheidungsgrund im Sinne des § 531 Abs. 2 der C. P. O. zu finden."

181. **1) Das völlige Uebergehen ausdrücklich geltend gemachter Beschwerdegründe ist ein neuer besonderer Beschwerdegrund** (im Sinne des § 531 Abs. 2 der C. P. O.). **2) Der § 774 der C. P. O. ist nur anwendbar, wenn die Handlung thatsächlich allein vom Schuldner abhängt** (nicht bei Herausgabe von Sachen oder wenn zur Vornahme der betr. Handlung weitere Mittel, insbesondere Beschaffung von Geld, Pfändern und Bürgen gehören). Beschluß des III. Civilsenats vom 2. Dezember 1884 in Sachen M. S. in B. und Gen., Kläger, wider F. S. das., Beklagten. Vorinstanzen: L. G. Gießen, O. L. G. Darmstadt. Aufhebung und Zurückverweisung an das L. G. zur Entscheidung über Art und Größe der vom Kläger geforderten Kaution.

Zu 1. „Es kann dahingestellt bleiben, ob in dem Umstande allein, daß die Vorinstanz die beiden Anträge des Beklagten ohne Anführung von Gründen in den Motiven des angefochtenen Beschlusses übergangen hat, ein neuer selbständiger Beschwerdegrund im Sinne des § 531 Abs. 2 der C. P. O. zu finden ist. Die C. P. O.

enthält keine Vorschrift darüber, daß den Beschlüssen (einfachen Entscheidungen) der Gerichte Entscheidungsgründe beizufügen seien; man könnte deshalb als Regel aufstellen, daß ein Mangel an Gründen weder an sich noch insbesondere in dem Falle einen Beschwerdegrund bilde, wenn erhelle, daß das Gericht, gegen dessen Verfügung eine Beschwerde verfolgt wird, einen bestimmten Antrag habe verwerfen wollen. Allein diese Regel erleidet der Natur der Sache nach alsdann eine Ausnahme, sobald, wie dies hier geschehen ist, das im Wege der Beschwerde angegangene Gericht einen selbständigen Antrag und Beschwerdepunkt offenbar übersehen hat, während es denselben bei dem Eingehen auf solchen für begründet hätte erachten müssen. Denn in einem solchen Falle trifft die Verwerfung der Beschwerde im Tenor des ergangenen Beschlusses nach den eigenen Erwägungen des Vorderrichters die übergangenen Beschwerdepunkte nicht, und es darf somit davon ausgegangen werden, daß in Bezug auf letztere in Wirklichkeit keine zwei übereinstimmenden Entscheidungen der Vorinstanzen vorliegen."

Zu 2. „Die sofortige Anwendung des § 774 der C. P. O. setzt ihrem klaren Wortlaute nach voraus, daß eine geschuldete, nicht vertretbare Handlung thatsächlich allein von de Willen des Schuldners abhängig ist. Sie versagt aber, sobald es sich entweder um die Herausgabe von Sachen handelt oder zur Vornahme der betreffenden Handlung noch weitere Mittel, insbesondere die Beschaffung von Geldmitteln, Pfändern und Bürgen gehören. Nur dann hätte gemäß § 774 cit. gegen den Beklagten vorgeschritten werden können, wenn die Kläger von vornherein ausdrücklich erklärt hätten, daß sie sich mit einer promissorischen Sicherstellung (Verbalkaution) begnügen wollten, während im übrigen keine Art der Realkaution unter jene Vorschrift fällt."

182. **Vor jedem Deutschen Gericht kann ein Prozeß durch Vergleich erledigt werden. Der Prozeß schwebt, bis das zuständige Gericht entscheidet, daß durch den Vergleich der Prozeß erledigt sei** (§§ 702, 268, 266, 662 der C. P. O.). Beschluß des V. Civilsenats vom 13. Dezember 1884 in Sachen K. L. zu G., Klägers, wider F. S. zu H., Beklagten. Vorinstanz: O.L.G. Naumburg. Verwerfung der Beschwerde des Klägers.

„Der § 702 der C. P. O. bestimmt, es finde die Zwangsvollstreckung statt „aus Vergleichen, welche nach Erhebung der Klage zur Beilegung des Rechtsstreites seinem ganzen Umfange nach oder in Betreff eines Theiles des Streitgegenstandes vor einem Deutschen

Gerichte abgeschlossen sind." Schon daraus allein, daß an dieser Stelle, wo es sich lediglich um einen Vergleich in einem anhängigen Prozesse handelt, nicht das Prozeßgericht als dasjenige bezeichnet wird, vor welchem der Vergleich abgeschlossen werden kann, sondern allgemein ein Deutsches Gericht, rechtfertigt sich der Schluß, daß für die Vollstreckbarkeit eines gerichtlichen Vergleiches ein Mehreres nicht habe erfordert werden sollen, als daß das Gericht, vor welchem er errichtet, ein Deutsches gewesen. Der § 268 das. bestimmt blos über die Befugniß des Prozeßgerichts zur Einwirkung auf die Parteien behufs gütlicher Einigung, und die Motive zu dem mit § 266 gleichlautenden § 258 des Entwurfes zur C.P.O. bemerken: „daß ein beauftragter oder ersuchter Richter, auch ohne daß die Parteien an ihn zum Zweck des Sühneversuches verwiesen sind, Vergleichsverhandlungen vornehmen kann — bedurfte als selbstverständlich keiner ausdrücklichen Bestimmung im Gesetze." Dieser Erwägung gegenüber zerfällt der eine Angriff der Beschwerde, es sei der Vergleich, aus welchem die Zwangsvollstreckung gegen den Kläger erfolgt ist, nicht vollstreckbar, weil er vor einem vom Prozeßgericht zur Erledigung eines Beweisbeschlusses ersuchten Richter abgeschlossen worden sei. Wenn die Beschwerde außerdem noch Bezug nimmt auf Nr. 2 § 702 a. a. O., so übersieht sie, daß es sich in diesem Falle, wie die Bezugnahme auf § 471 das. ergiebt, um einen Vergleich vor Erhebung der Klage handelt, während Nr. 1 § 702 ausdrücklich einen Vergleichsabschluß nach Erhebung der Klage voraussetzt. Der andere Angriff der Beschwerde rügt, daß die Vollstreckungsklausel von dem Gerichtsschreiber des B.G. ertheilt worden sei, obwohl solches von dem Gerichtsschreiber des Gerichts erster Instanz hätte geschehen müssen, weil durch Abschluß des Vergleiches der Rechtsstreit aufgehört habe, in der Berufungsinstanz anhängig zu sein (§ 662 a. a. O.). Dabei wird übersehen, daß, wenn — wie hier — der Vergleich vor einem ersuchten Richter geschlossen worden ist, das ersuchende Gericht zu prüfen hatte, ob dadurch der Rechtsstreit und damit die höhere Instanz erledigt sei. Bis dahin, daß diese Prüfung erfolgt war, blieb die Sache in der Berufungsinstanz anhängig, und es erhellt nicht, daß erst nachher die vollstreckbare Ausfertigung des Vergleiches von dem Gerichtsschreiber des B.G. ertheilt worden ist."

11. Gerichtskostengesetz.

183. Die Prozeßkosten sind keine „Kosten" im Sinne der §§ 9 und 13 des G.K.G., sondern Nebenforderungen, und diese gehören, im Gegensatz zu den Prozeßkosten, sammt den Zinsen zum Hauptstamm (Prozeßobjekt). Beschluß des I. Civilsenats vom 17. Januar 1885 in Sachen J. H. & Co. in H., Beklagten und Berufungskläger, jetzt Beschwerdeführer, wider W. R. & Co. in N., Kläger und Berufungsbeklagte. Vorinstanz: O.L.G. Hamburg. Aufhebung. Berechnung der Gebühren nach einem Streitgegenstand von 65 *M*.

In der Kostenrechnung, gegen welche sich die vom O.L.G. verworfene Erinnerung der Beklagten richtete, sind die Gebühren angesetzt unter Zugrundelegung eines Streitgegenstandswerthes von 10 000—12 000 *M*, welcher sich zusammensetzt aus einem Betrage von 65 *M*, der, abgesehen von den Prozeßkosten, als allein noch zwischen den Parteien streitig geblieben den ausschließlichen Gegenstand des letzten Berufungsverfahrens bildete, und dem angenommenen Gesammtbelaufe der Kosten des Rechtsstreites, mit Ausnahme eines Neuntels der Kosten der früheren Revisionsinstanz, als über welches bereits in dem Revisionsurtheile entschieden war. Die Beklagten halten die Berücksichtigung der Prozeßkosten bei der Berechnung des Streitgegenstandswerthes für unvereinbar mit § 9 des G.K.G. (vergl. mit § 4 der C.P.O.) und wollen daher nur jene 65 *M* als den maßgebenden Werth des Streitgegenstandes angesehen wissen; ihre in diesem Sinne erhobene Erinnerung ist jedoch von dem O.L.G. deswegen für unbegründet erklärt worden, weil auch jene 65 *M* nur den Gegenstand einer Nebenforderung im Sinne des § 4 der C.P.O. und des § 13 des G.K.G., nämlich einer Zinsforderung dargestellt hätten, eine von den Nebenforderungen zu unterscheidende Hauptforderung also überall nicht mehr in Frage gekommen wäre und deshalb nach § 13 des G.K.G. auch die in dem fraglichen Berufungsverfahren noch streitig gewesenen Prozeßkosten für die Werthberechnung mit in Ansatz gebracht werden müßten.

„Diese Entscheidung erscheint jedoch aus doppeltem Grunde als unrichtig. Einmal ist aus dem § 13 des G.K.G. überhaupt nicht abzuleiten, daß, sobald irgend welche der im ersten Absatze daselbst erwähnten Nebenforderungen den ausschließlichen Gegenstand eines Prozeßaktes bilden, dann auch der Betrag der Prozeßkosten bei der Werthberechnung mit zu berücksichtigen sei. Vielmehr muß angenommen werden, daß bei den im ersten Absatze neben Früchten, Nutzungen, Zinsen und Schäden aufgeführten „Kosten" überhaupt noch nicht an die Prozeßkosten, sondern an andere Kosten, die den Gegenstand eines *außerprozessualischen* Nebenanspruches bilden können, z. B. an Protestkosten, gedacht ist, und zwar deshalb, weil nicht nur die Prozeßkosten auch den materiellen *Nebenforderungen* gegenüber wiederum nur als eine Nebenforderung zweiter Stufe erscheinen und daher in mehrfacher Beziehung einer ganz besonderen prozessualischen Behandlung unterliegen (vergl. §§ 94 und 279 der C. P. O.), sondern auch im dritten Absatze des § 13 des G. K. G. noch erst eine besondere Bestimmung über solche Akte, welche die Kosten des Rechtsstreites „ohne den Hauptanspruch" betreffen, folgt, und zwar eine solche, welche von der im ersten Absatze getroffenen insofern abweicht, als im Falle des dritten Absatzes der Betrag der Kosten schlechthin maßgebend sein soll, während im Falle des ersten Absatzes der Werth der Nebenforderungen dies nur insoweit sein soll, als er den Werth des Hauptanspruches nicht übersteigt. Eben darum muß im Sinne des dritten Absatzes auch ein an sich blos accessorischer Zinsanspruch dem Kostenpunkte gegenüber schon als „Hauptanspruch" angesehen werden, gerade wie ein solcher zweifellos im Sinne des § 94 der C. P. O. dem Kostenpunkte gegenüber zur „Hauptsache" zu rechnen ist, während allerdings in Abs. 1 des § 13 des G. K. G. der Ausdruck „Hauptanspruch" eine engere Bedeutung hat. Außerdem aber ist es für den vorliegenden Fall ganz irrig, die zuletzt allein noch streitig gewesenen 65 ℳ als den Gegenstand eines Zinsanspruches zu behandeln. Sie sind vielmehr vom Kläger gefordert als wegen thatsächlichen Irrthums an Schadensersatz zu viel gezahlt, weil er unterlassen habe, denjenigen Abzug für eine weitere eindrittelmonatige Benutzung der fraglichen Maschine von Seiten der Beklagten zu machen, zu welchem er nach dem maßgebenden Urtheile des O. L. G. vom 8. Januar 1883 berechtigt gewesen sei; die Beklagten haben nur einredeweise sich darauf berufen, daß der Kläger ihnen noch diesen Betrag an Zinsen schuldig gewesen sei. Es kann also in Wirklichkeit gar nicht die Rede davon sein, daß nur noch eine Nebenforderung den Streitgegenstand gebildet hätte."

Gemeines Recht.

184. Erfordernisse für die ein Gewohnheitsrecht begründende Uebung.
Urth. des IV. Civilsenats vom 8. Januar 1885 in Sachen der Kirchengemeinde der Stadt P., Beklagten und Revisionsklägerin, wider M. und Gen., Kläger und Revisionsbeklagte. Vorinstanz: O. L. G. Stettin. Verwerfung.

„Bekanntlich enthält das Allgem. L. R. über die Erfordernisse einer zum Nachweise eines Gewohnheitsrechts geeigneten Uebung keine

Bestimmung, und es gehen daher Theorie und Praxis auf die vom Gemeinen Recht aufgestellten Erfordernisse zurück. Danach ist aber der von der Revisionsklägerin aufgestellte Satz, „daß es wesentlich nur auf die Feststellung der opinio juris rücksichtlich eines thatsächlich bestehenden Zustandes ankomme", als richtig nicht anzuerkennen. Es wird vielmehr daneben erfordert, daß die Uebung eine gleichmäßige, wiederholte, längere Zeit hindurch erfolgte (longa consuetudo, diuturnus usus) sei. (Puchta, Pand. § 12; Wächter, Pand. § 22; Koch, Lehrbuch §§ 28, 29 III; Förster, Theorie und Praxis § 16; Dernburg, Privatrecht Bd. I § 21; Entsch. des Ob.Trib. Bd. XVII S. 369; Striethorst Bd. 7 S. 348, Bd. 43 S. 90)."

185. **Zulässigkeit des Verzichts auf den durch eine Hypothek gewährleisteten Vorzug.** Urth. des III. Civilsenats vom 25. November 1884 in Sachen G. H. zu H., Klägers und Revisionsklägers, wider die verehel. R. das., Beklagte und Revisionsbeklagte. Vorinstanz: O.L.G. Celle. Aufhebung und Zurückverweisung.

„Die die Grundlage der Ausführungen des B.G. bildenden Sätze, daß der einem Pfandrechte zustehende Rang eine untrennbar mit demselben verbundene Eigenschaft des Pfandrechts bilde und ohne das Pfandrecht, dem er zustehe, nicht erworben werden könne, und daß der Gläubiger im Subhastationsverfahren nur die Wahl habe, entweder gänzlich auf die Geltendmachung seines Pfandrechts zu verzichten oder sein Pfandrecht vollständig auszuüben, daß er aber nicht die Geltendmachung desselben auf bestimmte Hypothekengläubiger beschränken könne, können für zutreffend und im Gemeinen Rechte bestehend nicht anerkannt werden. Sie finden weder ihre Begründung in den Quellen, noch folgen sie aus der Natur des Pfandrechts, stehen auch nicht in Einklang mit allgemeinen Rechtsnormen. Aus der Natur des Pfandrechts als eines accessorischen Rechts folgt zwar, daß eine Hypothek nicht losgelöst von dem Forderungsrechte, für welches sie bestellt ist, übertragen werden kann, nicht aber auch, daß auf das Recht eines Hypothekengläubigers, im Falle der Kollision mit anderen Hypothekengläubigern vor diesen Befriedigung aus dem Erlöse des Pfandes zu verlangen, nicht zu Gunsten eines nachstehenden Hypothekengläubigers verzichtet werden könne. Der Vorrang, welcher einer Hypothek im Kollisionsfalle vor anderen auf demselben Pfandobjekte ruhenden Hypotheken zusteht, welche sämmtlich das Pfandobjekt an sich in gleichem Maße und im Ganzen ergreifen, bestimmt sich nach Eigenschaften des Pfandrechts, mögen diese beruhen auf Privilegien, auf dem Alter oder der Bestellung des Pfandrechts in einer öffentlichen Urkunde. Bilden diese Eigenschaften des Pfandrechts auch die Voraussetzungen für das Vorrecht der Hypothek, so wird doch damit dieses letztere nicht selbst zu einer unzertrennlichen Eigenschaft des Pfandrechts. Auf den Vorrang eines Pfandrechts kann vielmehr, wie auf jedes andere Vorzugsrecht, verzichtet werden. Kommt das Pfandobjekt zur Subhastation, so kann im Subhastationsverfahren der Pfandgläubiger nicht blos völlig auf die Geltendmachung seines Pfandrechts verzichten, sondern er kann auch, ohne sein Pfandrecht aufzugeben, nur auf die Geltendmachung des Vorranges zu Gunsten ihm nachstehender Hypothekengläubiger verzichten, und es hängt lediglich von ihm ab, wie weit er mit dem ihm zustehenden bevorzugten Pfandrechte hinter ihm nachstehende Pfandgläubiger zurücktreten will. Macht er von dieser ihm zustehenden Dispositionsbefugniß durch Nichtgeltendmachung des ihm für seine Pfandforderung gebührenden Vorzugsrechtes Gebrauch, so hat dieses zur Folge, daß die seiner Hypothek nachstehende Hypothek aufrückt und also die Forderung, für welche diese bestellt ist, vor der Hypothekenforderung befriedigt wird, welche ursprünglich den Vorrang hatte. Diese Rechtsfolge tritt natürlich auch dann ein, wenn die Nichtgeltendmachung des Vorranges erfolgt zur Erfüllung einer übernommenen persönlichen Verbindlichkeit. Die Prioritätseinräumung zu Gunsten des nächstfolgenden Hypothekengläubigers ist daher nicht nur ein rechtsgültiges, sondern auch ein völlig rechtswirksames Rechtsgeschäft.

Der aufrückende Pfandgläubiger macht *seine* Forderung geltend, da er jetzt nicht mehr durch das ihm vorgehende und seine Befriedigung ausschließende, beziehungsweise beschränkende Pfandrecht des zurückgetretenen Pfandgläubigers beschränkt ist. Die im Subhastationsverfahren an den infolge der Prioritätscession aufgerückten Gläubiger erfolgte Zahlung ist nicht als eine an den Prioritätscedenten zum Zwecke der Tilgung der *diesem* zustehenden Forderung geschehene anzusehen, sondern sie erfolgt an den Prioritätscessionar infolge Geltendmachung *seiner* Hypothekenforderung zum Zwecke und mit der Wirkung der Tilgung *dieser* Forderung. Der Prioritätscessionar nimmt die auf die Forderung des Cedenten im Subhastationsverfahren fallende Hebung in Höhe seiner Forderung vorweg, indem er *sein* durch das Pfandrecht des Cedenten nicht mehr beschränktes *Pfandrecht* ausübt. Das Pfandrecht des Prioritätscedenten wird hierdurch gegenüber dem Eigenthümer des Pfandobjekts und den hinter dem Cessionar stehenden Realberechtigten nicht erschöpft.

Wenn zur Begründung der entgegenstehenden Ansicht auf die Bestimmungen des Römischen Rechts und namentlich auf die l. 12 pr. D. quib. mod. pign. 20, 6 und l. 12 § 4 Dig. qui. pot. 20, 4 Bezug genommen wird, so findet dieselbe hierin keine Stütze. Paulus und Marcian beschäftigen sich in diesen Stellen nicht mit der hier zu entscheidenden Frage, sondern mit der Frage, welche Bedeutung die Zustimmung des Pfandgläubigers zu einer weiteren Verpfändung der Sache hat. Während Marcian, nachdem er speziell hervorgehoben, daß jedenfalls der zweite Hypothekengläubiger dem ersten vorgehe, auf die Frage eingeht, ob unter allen Umständen in der Bewilligung einer weiteren Verpfändung der Pfandsache durch den Pfandgläubiger ein gänzliches Aufgeben des Pfandrechts gefunden werden dürfe, und diese dahin beantwortet, daß es um eine thatsächliche Frage sich handle, nämlich darum, was ausgemacht worden, ob der Pfandgläubiger bei Bewilligung der Verpfändung von seinem Pfandrechte ganz habe zurücktreten wollen oder ob nur eine Veränderung der Reihenfolge beabsichtigt gewesen sei, läßt Paulus auf diese Frage sich nicht ein, sondern davon ausgehend, daß ein Verzicht auf das Pfandrecht angenommen werden müsse, beantwortet er die Frage, ob dieser Verzicht die Folge haben könne, daß nun derjenige, welchem die neue Hypothek bestellt worden, anderen älteren Pfandgläubigern, die nicht eingewilligt haben, vorgehe. Unerfindlich ist es aber, wie aus dem Ausspruche des Paulus der Satz hergeleitet werden könnte, daß wohl auf das Pfandrecht selbst, nicht aber auf den demselben zustehenden Vorrang zu Gunsten nachstehender Pfandgläubiger verzichtet werden könne; und jedenfalls ergiebt sich aus dem Ausspruche des Marcian, daß ein solcher Verzicht auf den Vorrang keineswegs rechtsungültig war. Auch aus l. 21 Cod. ad Sct. Vellej. 4, 29 geht hervor, daß die Frau, ohne damit überhaupt ihr Pfandrecht selbst aufzugeben, zu Gunsten eines Pfandgläubigers auf das ihr zustehende Vorzugsrecht wirksam verzichten kann. Will man hierin aber auch keine Anerkennung der Gültigkeit der Vereinbarung zweier Hypothekengläubiger über die Abtretung des Vorrangs der Hypothek finden, so kann daraus doch nichts für die vom O.L.G. aufgestellten Sätze gefolgert werden, da es nicht einer ausdrücklichen Anerkennung der Zulässigkeit des Verzichts auf das Vorzugsrecht des vorgehenden Pfandgläubigers bedarf, sondern eine positive Bestimmung der Unzulässigkeit eines solchen Verzichts nothwendig sein würde, weil nach allgemeinen Rechtsnormen auf Vorrechte unbeschränkt verzichtet werden kann, ohne damit das Recht selbst aufzugeben.

Wenn gegen die vorstehend ausgeführte Bedeutung und Wirkung

der Prioritätscession geltend gemacht wird, daß es vielfach im Interesse des Pfandschuldners liegen könne, daß aus dem Erlöse des subhastirten Grundstücks die auf demselben ruhenden Hypotheken in der Reihenfolge befriedigt werden, wie sie durch den ihnen gebührenden Rang bestimmt wird, so ist allerdings zuzugeben, daß ein solches Interesse des Pfandschuldners unter Umständen vorliegen wird. Allein daraus folgt nicht, daß dem Pfandschuldner ein wirksames Widerspruchsrecht gegen eine solche, seine Interessen schädigende Veränderung des Ranges der Hypotheken durch Verzicht eines vorhergehenden Hypothekengläubigers auf sein Vorzugsrecht zustehe oder daß mit Rücksicht auf dieses Interesse des Pfandschuldners der Hypothekengläubiger in der Disposition über sein Vorzugsrecht beschränkt wäre. Ebensowenig wie der Pfandschuldner den Verzicht eines Hypothekengläubigers auf sein Pfandrecht aus dem Grunde verhindern kann, weil er dabei interessirt ist, daß dieser Gläubiger, dem auch noch andere Grundstücke des Pfandschuldners verpfändet sind, aus dem Erlöse des zuerst zum Verkauf gebrachten Grundstücks befriedigt werde, während infolge seines Verzichts Hypothekengläubiger zur Hebung gelangen, welchen anderweite Hypotheken nicht zustehen, ebensowenig kann auch das Interesse des Pfandschuldners ein Widerspruchsrecht gegen die Abtretung des Vorranges einer Hypothek an einen nachstehenden Hypothekengläubiger begründen."

186. **Dem Retentionsrecht steht zwar der Einwand der rechtskräftig entschiedenen Sache nicht entgegen. Das Retentionsrecht schützt aber nur gegen eine unbedingte Verurtheilung. Der Umfang desselben muß ermittelt und der Beklagte zur Leistung, gegen Befriedigung seines festgestellten Gegenanspruches, verurtheilt werden.** Urth. des V. Civilsenats vom 13. Dezember 1884 in Sachen S. in B., Klägers und Revisionsklägers, wider Vers.-Ges. B. in B., Beklagte und Revisionsbeklagte. Vorinstanz: O.L.G. Breslau. Theilweise Aufhebung und Zurückverweisung.

„Darin ist dem B.R. beizutreten, daß, wie er zutreffend und erschöpfend begründet, dem Retentionsanspruch der Einwand der bereits entschiedenen Sache nicht entgegenstehe. Aber die Existenz eines solchen Anspruches durfte, wie die Revision mit Recht rügt, nicht dahin führen, den an sich begründeten Klageanspruch, wenn auch nur zur Zeit, abzuweisen. Es steht dabei zwar dem B.R. die ältere Doktrin zur Seite. In neuerer Zeit wird aber überwiegend für den Bereich des Gemeinen Rechts die Ansicht vertreten (vergl. Goldschmidt, Handelsrecht Bd. I Abth. 2 § 95 S. 981 f.), es schütze das

Retentionsrecht nur gegen eine unbedingte Verurtheilung, es müsse der Umfang desselben ermittelt und der Beklagte zur Leistung gegen Befriedigung des festgestellten Gegenanspruches verurtheilt werden. Dieser Ansicht, welche sich aus der rechtlichen Natur des Retentionsrechtes und der Aufgabe des Richteramtes begründet, war der Vorzug zu geben. Sie hat auch Geltung für das Allgem. L.R. (vergl. Dernburg, Preuß. Privatrecht 4. Aufl. Bd. I § 362 Nr. 13 S. 935), weil dort die gleichen Gründe zutreffen, und sie gebot die Aufhebung der angefochtenen Entscheidung."

187. 1) **Der Käufer erlangt das Eigenthum an den vom Verkäufer einseitig ausgeschiedenen, dem Käufer von anderem Orte übersandten Waaren nicht schon durch deren Annahme, sondern erst durch ausdrückliche oder konkludente Erklärung des Willens, das Eigenthum erwerben zu wollen.** 2) **Die Frage, welche Rechte durch Uebergabe des an Ordre lautenden Konnossements an den legitimirten Empfänger übertragen werden sollen** (nach Art. 649 des H.G.B. „die Uebergabe der Güter"), **ist nach Landesrecht zu beurtheilen.** Urth. des III. Civilsenats vom 19. Dezember 1884 in Sachen A. F. & Co. zu B., Beklagten und Revisionsklägerin, wider Hannov. G.-K.-Comp. zu H., Klägerin und Revisionsbeklagte. Vorinstanz: O.L.G. Celle. Verwerfung.

Zu 1. „Die Frage, wann das Eigenthum an einer von einem anderen Orte dem Käufer übersandten Waare auf den Käufer übergehe, ist in Theorie und Praxis bestritten; es ist jedoch von dem B.G. mit Recht angenommen worden, daß nach den Grundsätzen des Gemeinen Rechts, wenn der Kaufpreis bezahlt oder kreditirt ist, durch die Annahme des von dem Verkäufer einseitig ausgeschiedenen, dem Käufer in Erfüllung eines Kaufvertrages übersandten Kaufgegenstandes allein der Uebergang des Eigenthums auf den Käufer nicht bewirkt wird, daß vielmehr der Wille des Käufers, das Eigenthum an der ihm übersandten Waare erwerben zu wollen, ausdrücklich oder durch konkludente Handlungen erklärt sein müsse. Durch die Tradition wird das Eigenthum an der tradirten Sache nur dann übertragen und erworben, wenn beim Uebergange des Besitzes der Wille beider Theile auf Geben, beziehungsweise auf Erwerben des Eigenthums gerichtet ist. Dieser Wille braucht nicht ausdrücklich erklärt zu werden, sondern kann auch stillschweigend erklärt werden und ist aus der Gesammtheit der die Uebergabe der Sache veranlassenden und begleitenden Umstände zu folgern, insbesondere aus dem der Tradition zu Grunde liegenden Rechtsgeschäfte. Läßt dieses seiner Natur nach auf den

Willen, Eigenthum zu übertragen, beziehungsweise zu erwerben, schließen, so wird in Ermangelung entgegenstehender Umstände anzunehmen sein, daß der Wille auf Uebertragung, beziehungsweise Erwerb des Eigenthums gerichtet ist. Wird auf Grund eines Kaufvertrages von dem Verkäufer die verkaufte Spezies dem Käufer tradirt und der Letztere nimmt sie an, so wird darin die Erklärung des beiderseitigen Willens, Eigenthum zu übertragen, beziehungsweise zu erwerben, gefunden werden müssen. Anders liegt dagegen die Sache, wenn der Gegenstand des Kaufes ein genus ist und der Verkäufer die einseitig von ihm ausgeschiedenen Sachen zum Zweck der Erfüllung des Kaufvertrages dem Käufer übersendet. In Ermangelung besonderer, diesen Willen ausschließender Umstände wird zwar auch in diesem Falle der Wille des Verkäufers, das Eigenthum an der übersandten Waare auf den Käufer zu übertragen, angenommen werden müssen, allein es kann in der Annahme der übersandten Waare durch den Käufer allein nicht der Ausdruck des Willens, das Eigenthum an dieser Waare zu erwerben, gefunden werden. Wenn nicht aus den Erklärungen oder Handlungen des Käufers hervorgeht, daß er die ihm vom Verkäufer übersandte Waare mit der Absicht, Eigenthum daran zu erwerben, in Besitz nehme, so wird in der bloßen Abnahme der Waare von dem mit dem Transporte Beauftragten zunächst nur der Wille des Käufers zum Ausdruck gebracht, die Waare zu detiniren, seiner Verpflichtung zur Abnahme der Waare zu genügen, um zu konstatiren, ob dieselbe vertragsmäßig empfangbar sei. Erklärt der Käufer sofort nach der Ablieferung der Waare oder doch rechtzeitig, daß er die Waare als nicht vertragsmäßige nicht empfangen wolle, und stellt er dieselbe dem Verkäufer zur Disposition, so giebt er damit zu erkennen, daß er nicht den Aneignungswillen habe, sondern daß er die Waare nur detiniren, für den Verkäufer aufbewahren wolle. Die zur Disposition gestellte Waare bleibt in diesem Falle im Eigenthum des Verkäufers. Mit Recht ist zwar geltend gemacht worden, daß die Frage, ob ein Käufer das Recht habe, das ihm vom Verkäufer zum Zweck der Erfüllung des Kaufvertrags übersandte Kaufobjekt zurückzuweisen, und die Frage, ob er Eigenthümer der ihm übersandten Waare geworden sei, von einander unabhängig seien, daß die redhibitorische Klage auch von demjenigen, welcher bereits Eigenthümer geworden sei, angestellt werden könne. Allein es ist nicht richtig, daß die Beanstandung der dem Käufer von dem Verkäufer übersandten Waare den Eigenthumsübergang nicht hindere, daß stets der Käufer das Eigenthum an der ihm übersandten Waare dadurch erwerbe, daß er den körperlichen Besitz derselben erlangt habe, sofern er nicht bei der Besitzergreifung erkläre, daß er das Eigenthum nicht erwerben wolle. Da der Käufer die ihm vom Verkäufer übersandte Waare unter Umständen dem mit deren Transporte Beauftragten abnehmen muß, auch wenn er nicht den Willen hat, das Eigenthum an derselben zu erwerben, so kann nicht angenommen werden, der Käufer habe schon durch die bloße Annahme der Waare den Willen, Besitzer oder Eigenthümer derselben zu werden, bethätigt; es müssen vielmehr Thatsachen nachgewiesen werden, aus denen dieser Wille zu entnehmen ist. Dieser Wille ist aber nicht allein aus der Genehmigung der gelieferten Waare durch den Käufer zu folgern, sondern jede Handlung, durch welche er seinen Willen, den Besitz als Eigenthumsbesitz ausüben zu wollen, dokumentirt, insbesondere jede eigenthumsmäßige Disposition über die Waare macht ihn zum Eigenthümer."

Zu 2. „War daher im vorliegenden Falle daraus allein, daß die Klägerin die ihr von der Beklagten übersandten und von der Eisenbahn ihr abgelieferten Quantitäten Gummi in Besitz genommen hat, nicht zu folgern, daß sie das Eigenthum an denselben erworben habe, vielmehr dieser Eigenthumsübergang dadurch verhindert, daß sie unmittelbar nach der Ablieferung der Waare der Beklagten anzeigte, daß sie dieselbe, weil sie nicht vertragsmäßig sei, nicht empfangen wolle, vielmehr der Beklagten zur Disposition stelle: so würde, wie der B.R. mit Recht angenommen hat, die Sachlage auch dadurch nicht geändert sein, wenn, wie die Beklagte behauptet hat, der Klägerin ein Ordrekonnossement über die fragliche Waare zugesandt und von ihr angenommen wäre. Nach Art. 649 des H.G.B. hat die Uebergabe des an Ordre lautenden Konnossements an denjenigen, welcher durch dasselbe zur Empfangnahme legitimirt wird, sobald die Güter wirklich abgeladen sind, für den Erwerb der von der Uebergabe der Güter abhängigen Rechte dieselben rechtlichen Wirkungen wie die Uebergabe der Güter. Welche Rechte dieses sind, ist im H.G.B. nicht bestimmt, es ist diese Frage vielmehr nach dem in den einzelnen Ländern geltenden Civilrechte, im vorliegenden Falle nach den Grundsätzen des Gemeinen Rechts zu beantworten. Das der Uebergabe des Konnossements zu Grunde liegende Rechtsverhältniß äußert die gleiche rechtliche Wirkung, welche es bei der unmittelbaren Uebergabe der Waare selbst gehabt haben würde. Der Konnossementsinhaber wird daher keineswegs schlechthin Eigenthümer der in dem Konnossemente verzeichneten Waaren mit dessen Uebergabe, sondern er erwirbt bald das Eigenthum, bald den juristischen Besitz, bald auch nur bloße Detention mit den daran sich knüpfenden Rechten, je nachdem er durch die unmittelbare Uebergabe der Waaren das eine oder das andere erlangt haben würde."

188. **Geld und Inhaberpapiere können Gegenstand eines Leihvertrages sein, auch wenn sie behufs Weiterverpfändung geliehen werden. Für ein Darlehen** (gegenüber dem Leihvertrag) **spricht keine Rechtsvermuthung.** Urth. des I. Civilsenats vom 14. Januar 1885. S. o. Fall 155 S. 280.

„Unbegründet ist der Vorwurf, daß die Entscheidung bezüglich der Eigenthumsfrage gegen Rechtsgrundsätze verstoße. Wie nach Gemeinem Recht (l. 4 D. commod. 13, 6) Geld und um so mehr Inhaberpapiere Gegenstand eines Leihvertrages sein können, so ist auch nach Allgem. L.R. Th. I Tit. 21 § 229 dasselbe anzunehmen. Ob im einzelnen Falle die Hingabe solcher Papiere leihweise oder darlehnsweise, also mit dem Willen oder ohne den Willen der Eigenthumsübertragung geschehen sei, hängt von der Vereinbarung der Vertragschließenden ab. Daß bei Inhaberpapieren für letzteres und gegen ersteres eine Rechtsvermuthung streite, kann nicht behauptet werden und ergiebt sich insbesondere nicht aus den von der Revisionsklägerin als verletzt bezeichneten Bestimmungen des Allgem. L.R. Th. I Tit. 11 § 653 und Th. I Tit. 16 § 28. Daß im vorliegenden Falle die Hingabe nicht darlehnsweise, sondern leihweise erfolgt sei, stellt das B.G. ohne Rechtsirrthum fest. Daß die Papiere, was unbestritten ist, der Firma W. D. & Co. zu dem Zwecke geliehen wurden, sie zu einer Verpfändung zu benutzen, steht der Annahme eines Leihvertrages nicht entgegen, was für das Gebiet des Gemeinen Rechts aus l. 5 § 12 D. commod. 13, 6 zu entnehmen und auch von dem vormaligen Ob.Trib. zu Berlin (Striethorst, Archiv Bd. 80 S. 232) anerkannt worden ist."

189. **Die Felonieklage hat die Konsolidation des Lehnsgutes auf Seiten des Lehnsherrn, die Verwirkung und Entziehung des Lehns auf Seiten des Vasallen zur Folge.** Urth. des IV. Civilsenats vom 16. Januar 1885 in Sachen des Grafen zu St., Beklagten und Revisionsklägers, wider die apanagirten Grafen des Hauses St., Kläger und Revisionsbeklagte. Vorinstanz: O.L.G. Naumburg. Verwerfung.

„Hinsichtlich des Rittergutes W. ist mit Recht angenommen, daß dessen Heimfall in der That eingetreten ist. Im Jahre 1868 ist der Domherr v. Sp. rechtskräftig seiner vasallitischen Rechte an diesem Gute nebst Pertinenzien verlustig erklärt und für schuldig erkannt, dieses Gut nebst Früchten an den Beklagten herauszugeben. Dieser Ausspruch auf die mit der rei vindicatio verbundene Felonieklage hat die Konsolidation auf Seiten des Lehnsherrn, die Verwirkung und Entziehung des Lehns auf Seiten des Vasallen als thatsächlich eingetreten festgestellt und hierdurch den Uebergang und das Bestehen des vollen Eigenthums bei dem Beklagten anerkannt, zugleich infolge dessen den Domherrn v. Sp. zur Herausgabe des Gutes verurtheilt (Eichhorn, Deutsches Privatrecht § 241; Beseler, System § 167 S. 689; Gerber, System § 136). Die hiernach eingetretene Konsolidation bildet unzweifelhaft einen Anfall, wie solcher nach der Auslegung des B.R. im § 5 des Primogeniturvertrages gemeint ist. Unerheblich ist es, daß der Beklagte den Besitz des Gutes W. nicht ergriff und nicht ergreifen konnte, weil die Bestandtheile des Lehns und die dem Vasallen zu gewährenden Erstattungen noch nicht bestimmt waren, indem das dieserhalb ergangene Urtheil vom 21. November 1878 die Rechtskraft nicht beschritt. Beklagter hat auch ohne Besitz volles Eigenthum erworben, und der Mangel in der Bestimmtheit der Lehnstheile und der Erstattungen ist unwesentlich, weil es sich hier um Revenuen einer bestimmten Kapitalssumme handelt. Bei W. liegt also ein Anfall vor, welcher den Anspruch der Kläger an den Revenuen der an die Stelle dieses Gutes getretenen Vergleichssumme rechtfertigt."

190. Mantelkinder sind von der Lehnssuccession nicht ausgeschlossen. Urth. des I. Civilsenats vom 13. Dezember 1884 in Sachen v. L. auf G., Klägers und Revisionsklägers, wider v. L. auf D., Beklagten und Revisionsbeklagten. Vorinstanz: O.L.G. Rostock. Aufhebung und Zurückverweisung.

Der Kläger, ein unehelicher, jedoch durch nachfolgende Ehe legitimirter Sohn des im Jahre 1868 verstorbenen C. A. v. L., nimmt das Lehngut L., welches nach dem Tode seines Vaters auf den W. v. L. und nach dessen Tode auf dessen Bruder A. F. v. L. übergegangen ist, nach des Letzteren im Jahre 1883 erfolgtem Ableben auf Grund der sog. Dispositio paterna des H. W. v. L. nach dem Rechte der Erstgeburt als Nachkomme des ältesten Sohnes des im Jahre 1789 verstorbenen Oberhauptmanns G. L. v. L. in Anspruch und hat gegen den von dessen drittem Sohne abstammenden dermaligen Besitzer B. v. L. Klage mit dem Antrage erhoben: „festzustellen, daß er der rechtmäßige Lehenfolger in das Gut L. c. p. sei, demzufolge auch den Beklagten zu verurtheilen, das Gut L. c. p. nebst dem dazu gehörigen Inventar an ihn herauszugeben." Die Vorinstanzen haben abgewiesen.

„Die Revision ist insoweit für begründet zu erachten, als sie sich gegen die Annahme des B.G. richtet, daß nach Gemeinem Deutschen Recht unehelich geborene, aber durch nachfolgende Ehe der Eltern legitimirte Kinder (sog. Mantelkinder) von der Succession in Lehen ausgeschlossen seien. Zwar enthält die Aufzeichnung des in Deutschland als Gemeines Recht geltenden Langobardischen Lehnrechts in II F. 26 § 11 den Ausspruch: „Naturales filii, licet postea fiant legitimi, ad successionem feudi nec soli nec cum aliis admittuntur." Die Legitimirten sind hiernach, ohne Unterschied, ob die Legitimation durch nachfolgende Verheirathung der Eltern oder durch Reskript bewirkt ist, von der Lehnfolge ausgeschlossen. Die in früherer Zeit häufig vertheidigte Meinung, daß nur die durch Reskript Legitimirten oder gar nur die nach dem Tode des Vaters durch Reskript Legitimirten durch den angeführten Ausspruch von der Lehnfolge ausgeschlossen seien, steht mit dem Wortlaute desselben in Widerspruch und kann nicht aufrecht erhalten werden. Ebensowenig ist die in neuerer Zeit aufgestellte Meinung zu billigen, daß unter naturales filii nicht uneheliche, sondern unebenbürtige eheliche Kinder zu verstehen, mithin die Worte „licet postea fiant legitimi" nicht auf Legitimation, sondern auf Standeserhöhung zu beziehen seien (vergl. Dieck in der von Michaelis, Votum über den Reichsgräflich-Bentinck'schen Erbfolgerechtsstreit Heft 4, 1848, S. 1—50, herausgegebenen nachgelassenen Abhandlung). Legt man bei der Auslegung von II F. 26 § 11 den Sprachgebrauch der römischen Rechtsquellen zum Grunde, wozu man vollkommen berechtigt ist, da die in dieser Stelle enthaltene Sammlung von Rechtssätzen unzweideutige Spuren der Bekanntschaft ihres Verfassers mit dem Römischen Rechte enthält (vergl. Dieck, Literärgeschichte des Langobardischen Lehnrechts S. 121), so sind unter naturales uneheliche und zwar mit einer Konkubine erzeugte Kinder zu verstehen. Eine andere Auslegung ergiebt sich aber selbst dann nicht, wenn man den Sprachgebrauch der langobardischen Rechtsquellen zum Grunde legen wollte. Die Edikte der langobardischen Könige (vergl. Edictum Rotharis c. 154 ff. in Monum. Germ. Legg. IV p. 35) setzen die Kinder im Rechtssinne als filii legitimi den Kindern im natürlichen Sinne als filiis naturalibus entgegen und verstehen unter ersteren nicht die unebenbürtigen, sondern die ehelichen Kinder, was sich daraus ergiebt, daß im c. 154 a. a. O. die Worte „filium legitimum" durch den Zusatz „quod est fulborn" erläutert werden, während die Ebenbürtigkeit in den langobardischen Rechtsquellen durch den Ausdruck „wirdiborn" bezeichnet wird (vergl. das Glossarium von Bluhme in Monum. Germ. Legg. IV S. 665 unter fulborn und wirdiborn). Die ehelichen, aber in einer nicht ebenbürtigen Ehe erzeugten Kinder sind demnach nicht naturales, sondern legitimi und werden in II. F. 29 als solche ausdrücklich bezeichnet. Hierbei mag bemerkt werden, daß auch Walter, welcher in der ersten Auflage seiner Deutschen Rechtsgeschichte § 539 Note 6 die in der Ehe mit einer Unebenbürtigen erzeugten Kinder unter den filii naturales des Langobardischen Rechts begreifen wollte (welcher Meinung Kayser in der Zeitschrift für Rechtsgeschichte Bd. 8 S. 467 beistimmt), in der zweiten Auflage § 575 Note 6 nach dem von Wilda in der Zeitschrift für Deutsches Recht Bd. 15 S. 284 erhobenen Widerspruch diese Ansicht aufgegeben hat. Es unterliegt hiernach keinem Bedenken, die in II. F. 26 § 11 ausgesprochene Ausschließung der liberi naturales von der Lehnsfolge auf unehelich im Konkubinat erzeugte Kinder und um so mehr auf sonstige uneheliche Kinder zu beziehen.

Wenn es nun auch keinem Zweifel unterliegt, daß die glossirten privatrechtlichen Rechtssätze der Libri Feudorum als Gemeines Recht mit dem Römischen Recht in Deutschland aufgenommen worden sind, und wenngleich, da die Aufnahme im ganzen erfolgt ist, ein besonderer Beweis der Aufnahme für die einzelnen darin enthaltenen Rechtssätze nicht erforderlich ist, so liegen doch hinsichtlich des Successionsrechts der durch Ehe Legitimirten besondere Gründe vor, anzunehmen, daß der hierauf bezügliche Ausspruch in II. F. 26 § 11 als Gemeines Recht in Deutschland nicht aufgenommen worden ist. Wie das Römische Recht in Deutschland unter Abweichungen aufgenommen worden ist, welche aus dem Kanonischen Rechte stammen, so war auch die Aufnahme des Langobardischen Lehnrechts unter dem Einflusse des Kanonischen Rechts eine beschränkte, und es ist dieser Einfluß insbesondere hinsichtlich des Lehnfolgerechts der durch Ehe Legitimirten erkennbar.

Nach der Entstehung von II. F. 26, welche mit Wahrscheinlichkeit in die erste Hälfte des zwölften Jahrhunderts verlegt wird, beschäftigte sich ein ökumenisches Konzil, das dritte Lateranische von 1179, mit den Wirkungen der Legitimation durch nachfolgende Ehe und stellte den Satz auf, welcher durch eine Dekretale Papst Alexanders III. (c. 6 X. qui filii sint legitimi 4, 17) in die kanonische Quellensammlung übergegangen ist: „Tanta est vis matrimonii (sacramenti lautete der Beschluß des Konzils), ut, qui antea sint geniti, post contractum matrimonium legitimi habeantur.“ Durch diesen Ausspruch der Kirche wurde allerdings, wie das B. G. mit Recht annimmt, nicht ohne weiteres eine für die weltlichen Gerichte bindende Rechtsnorm geschaffen. Denn wenn auch das Kanonische Recht für die Kirche das Recht der Gesetzgebung und die Gerichtsbarkeit nicht blos für geistliche Angelegenheiten (res spirituales), sondern auch für die damit zusammenhängenden weltlichen Angelegenheiten (res spiritualibus annexae) in Anspruch nimmt, so ist doch die Ausdehnung auf letztere, als ein Uebergriff in das weltliche Gebiet, in Betreff der Gesetzgebung so wenig wie in Betreff der Gerichtsbarkeit seitens des Staates anerkannt. Wenn nun auch die Ehe wegen der ihr zugeschriebenen Sakramentsnatur im Mittelalter der kirchlichen Gesetzgebung anheimfiel und dasselbe auch hinsichtlich der Frage, welche Kinder eheliche oder solchen gleich zu achten seien, mindestens insoweit galt, als davon kirchliche Rechtsfolgen, namentlich die Ausschließung von der Ordination wegen irregularitas ex defectu natalium (vergl. Hinschius, Kirchenrecht Bd. I S. 13) abhingen, so gehört doch der Einfluß der Ehe und der ehelichen Geburt auf die Vermögensrechte der Ehegatten oder Kinder ausschließlich dem weltlichen Gebiete an. Erscheint daher ein Ausspruch der Kirche über diesen Gegenstand nicht ohne weiteres als Rechtsnorm für weltliche Gerichte, so kann dies um so weniger von dem Lehnfolgerecht behauptet werden, bei welchem es sich nicht um eine unmittelbar vom Gesetze an die Ehe oder eheliche Geburt geknüpfte Rechtsfolge, sondern um ein aus dem Lehnsvertrage (ex pacto ac providentia majorum) abzuleitendes Recht und um die im Zweifel anzunehmende Bedeutung des Lehnsvertrages handelt.

Es unterliegt jedoch keinem Zweifel, daß die Vorschrift des Kanonischen Rechts über die Legitimation durch nachfolgende Ehe durch ein allgemeines Deutsches Gewohnheitsrecht auch auf dem Gebiete des bürgerlichen Rechts zur Geltung gelangt ist. In Folge dessen ist diese Legitimation nicht blos in den engeren Grenzen, in welchen das Römische Recht sie anerkennt, sondern in dem weiteren Umfange, welchen das Kanonische Recht bestimmt, in Deutschland zu gemeinrechtlicher Geltung gelangt. Hieraus würde ohne weiteres der Schluß zu ziehen sein, daß der Grundsatz des Kanonischen Rechts auch bei der Lehnfolge zur Anwendung komme, wenn es richtig wäre — was behauptet worden ist —, daß der Ausspruch in II F. 26 § 11 sich lediglich als eine Folge des altgermanischen Grundsatzes darstelle, daß die unehelichen Kinder als nicht zur Familie gehörig von aller Erbfolge ausgeschlossen seien und Legitimation derselben nicht stattfinde; mit der Beseitigung dieses Grundsatzes durch die Aufnahme des Römischen und Kanonischen Rechts hinsichtlich der Legitimation würde auch dessen Anwendung auf die Lehnfolge beseitigt erscheinen. Allein diese Behauptung, welche namentlich in einem (auszugsweise in Seuffert's Archiv Bd. X Nr. 72, vollständig in Bopp's Mittheilungen aus den Materialien der Gesetzgebung und Rechtspflege des Großherzogthums Hessen Bd. IV S. 34 ff. mitgetheilten) Erkenntniß des vormaligen O App. G. Darmstadt vom 14. März 1828 aufgestellt ist, kann nicht als richtig anerkannt werden. In Italien waren weder diejenigen liberi naturales, welche unter der Herrschaft des Römischen Rechts standen, noch diejenigen, auf welche das Langobardische Recht Anwendung fand, von der Erbfolge gänzlich ausgeschlossen. Erstere hatten, wenn der Vater weder eine Wittwe noch eheliche Kinder hinterließ, ein beschränktes Erbrecht nach Novv. 18 c. 5, 89 c. 12 und konnten durch Legitimation vermittelst nachfolgender Ehe volles Erbrecht erlangen. Letztere hatten sogar neben liberi legitimi nach den Edikten der langobardischen Könige (Edict. Roth. c. 154 ff.) ein, wenn schon geringeres, Erbrecht. Die Ausschließung derselben von der Lehnfolge in II F. 26 § 11 enthielt also keineswegs die Anwendung eines für die Erbfolge unehelicher Kinder allgemein geltenden Grundsatzes. Vielmehr erklärt sich ihre Ausschließung aus der Reinhaltung des Lehnsverbandes von allen mit einem Ehrenmakel behafteten Personen in Verbindung mit der im Mittelalter herrschenden Meinung, daß Unehelichgeborene in Folge ihrer Abkunft mit einem solchen Makel behaftet seien. Erscheint aber der Satz des § 11 II F. 26 als eine Besonderheit des Lehnsverhältnisses, so kann aus der gewohnheitsrechtlichen Aufnahme der allgemeinen Regel des Kanonischen Rechts nach l. 41 D. de poenis 48, 19 und l. 80 D. de P. J. nicht ohne weiteres die Beseitigung auch jenes besonderen Rechtssatzes hergeleitet werden. Es bedarf daher der Untersuchung, ob Gründe vorhanden sind, anzunehmen, daß die allgemeine Regel des Kanonischen Rechts in Deutschland auch bei der Lehnfolge der Legitimirten zu gewohnheitsrechtlicher Geltung gelangt ist.

Solche Gründe sind aber vorhanden. Einerseits ist nicht zu bezweifeln, daß nach der Absicht der Kirche der Grundsatz des c. 6 X. cit. allgemein gelten, nicht blos die Zugehörigkeit der durch Ehe Legitimirten zur Familie der Eltern begründen, sondern auch ihre Befreiung von jedem Ehrenmakel bewirken und demgemäß auch das Hinderniß ihrer Succession in Lehen beseitigen sollte — was in dem bei der Juristenfakultät Jena eingeholten Urtheil des vormaligen O. App. G. zu Oldenburg in dem Reichsgräflich-Bentinck'schen Successionsstreite vom 20. April 1842 (S. 401 des Abdruckes desselben von 1843) aus Entscheidungen der Rota Romana dargethan ist. Andererseits ist anzunehmen, daß der kanonische Grundsatz bei seiner Aufnahme seitens der weltlichen Gerichte eben in dem Sinne, in welchem er von der Kirche aufgestellt worden, mithin in seinem vollen ebenbezeichneten Umfange zur Geltung gelangt ist. Für die Anwendung desselben auf die Lehnfolge erklärten sich die bei der Aufnahme des fremden Rechts einflußreichsten Faktoren, nämlich, abgesehen von der Geistlichkeit, die Organe des Deutschen Reiches und die rechtsgelehrten Juristen, auf welche die Rechtsprechung nunmehr überging.

Daß die Reichsgerichte die durch Ehe Legitimirten zur Lehnfolge zuließen, bezeugt in Betreff des Reichskammergerichts Mynsinger, Obss. Cent. IV no. 42, und ist in Betreff des Reichshofrathes aus einem bei Moser, Einleitung zum Reichshofrathsprozeß Th. III S. 271 abgedruckten Erkenntniß vom 23. Dezember 1715 in Sachen von Künsperg wider Wolser zu entnehmen, welches — allerdings nur in possessorio unter Vorbehalt des petitorium für die Agnaten — die Kläger als per subsequens matrimonium legitimirt zur Lehnfolge zuläßt. Daß von den Reichsgerichten jemals im entgegengesetzten Sinne erkannt worden sei, ist nicht bekannt. Wenn nun auch die gedachten Erkenntnisse für sich allein nicht genügend sind, die Uebung eines Gewohnheitsrechts darzuthun, so sind sie doch bei der Frage, welche Ausdehnung die an sich feststehende gewohnheitsrechtliche Aufnahme des kanonischen Grundsatzes gehabt habe, von der größten Bedeutung. Die Erheblichkeit derselben wird auch nicht dadurch abgeschwächt, daß dieselben Reichsgerichte die durch nachfolgende Ehe Legitimirten für untauglich zu Richter-, Advokaten- und Prokuratorenstellen bei diesen Gerichten erachteten, indem sie — nicht ohne Widerspruch (vergl. Leyser, Medit. ad Pand. V spec. 298 no. VI) — das in der Reichskammergerichtsordnung von 1555 Th. I Tit. 3 § 2, Tit. 18 § 1 aufgestellte Erforderniß „rechter natürlicher ehelicher Geburt", wie das in der Reichshofrathsordnung von 1654 Tit. 1 aufgestellte Erforderniß „gutes Namens und Herkommens" in dieser Weise auffaßten; denn es handelte sich bei der Zulassung der um solche Stellen sich Bewerbenden oder dazu Präsentirten nicht um richterliche Würdigung eines durch die Legitimation erworbenen Rechts, sondern um eine nach freierem Ermessen vorzunehmende Verwaltungshandlung, bei welcher das Gericht sich bewogen finden konnte, zur Wahrung seines Ansehens der herrschenden Volksansicht bezüglich des Makels der unehelichen Geburt Rechnung zu tragen, was in so ausgedehntem Maße geschah, daß das Reichskammergericht im Jahre 1556 sogar einen Ehelichgeborenen um deswillen zurückwies, weil sein Vater von unehelicher Geburt gewesen sei (vergl. Blume, Processus Cameralis ed. 2, 1677, tit. I § 31).

Während die Rechtsprechung der Reichsgerichte sich für die Zulassung der Mantelkinder zur Lehnfolge entschied, ist aus der Reichsgesetzgebung und der Verwaltungsthätigkeit der Reichsbehörden mindestens nichts zu entnehmen, was dieser Zulassung entgegensteht.

Aus dem Reichsschlusse von 1731 Nr. 11 (Neue Sammlung der Reichsabschiede Bd. IV S. 382), welcher der Ausschließung der Legitimirten von der Aufnahme in Zünfte als einem Handwerksmißbrauch entgegentritt, kann eher der Schluß gezogen werden, daß auch die Ausschließung derselben von Lehen als ein Mißbrauch bezeichnet worden sein würde, wenn die Reichsgesetzgebung sich auf diesen Gegenstand erstreckt hätte. Auch der Umstand, daß Mantelkindern zuweilen kaiserliche Legitimationsreskripte ertheilt worden sind, welche ihnen das Recht, ungeachtet II F. 26 § 11 in Lehen zu succediren, ausdrücklich beilegen, wovon Schilter, Jus. feud. Alem. p. 216 einen urkundlichen Beleg aus dem Jahre 1409 beigebracht hat, beweist nicht, daß ein solches Reskript für nöthig erachtet wurde, um ihnen das Successionsrecht zu verschaffen; denn, wie schon Dieck, Beiträge zur Lehre von der Legitimation S. 31, bemerkt, es ist anzunehmen, daß derartige Reskripte nur vorsorglich erbeten und ertheilt wurden, „zu merer sicherheit", wie die Urkunde von 1409 sagt, um das ohnehin durch die Verheirathung der Eltern begründete Successionsrecht des Legitimirten durch eine kaiserliche Urkunde noch mehr zu sichern.

Was die Ansichten der Rechtslehrer betrifft, so anerkennt das B. G. mit Recht, daß vom 15. bis in das 18. Jahrhundert dieselben so überwiegend den Mantelkindern günstig gewesen sind, daß man in dieser Beziehung von einer fast allgemeinen Rechtsüberzeugung reden darf. Gerade dieser Zeitraum aber ist derjenige, welcher für die Aufnahme des fremden Rechts und die Bestimmung ihrer Grenzen vorzugsweise in Betracht kommt. Das B. G. spricht der Wissenschaft und Praxis der angegebenen Zeit jede Bedeutung für die vorliegende Streitfrage ab, weil sie theils auf eine unrichtige Auslegung des cap. Naturales sich stütze, theils von fehlsamen Anschauungen über die Bedeutung und die Wirksamkeit des Kanonischen Rechts und der ihm zu Grunde liegenden Auffassung von dem Wesen der Ehe ausgehe. Es ist richtig, daß die meisten Vertreter dieser Ansicht die unrichtige Behauptung aufstellen, daß II F. 26 § 11 nur auf die durch Reskript Legitimirten zu beziehen sei. Diese irrige Behauptung dient aber nicht dazu, das Successionsrecht der durch Ehe Legitimirten zu erweisen, sondern lediglich dazu, das gegen Annahme dieses Successionsrechts aus II F. 26 § 11 herzuleitende Bedenken zu beseitigen. Wenn nun auch zur Beseitigung dieses Bedenkens, anstatt des richtigen, aus dem geschichtlichen Verhältniß der betreffenden Rechtsquellen zu entnehmenden Grundes, eine unhaltbare Auslegung von II F. 26 § 11 benutzt worden ist, so beeinträchtigt dies doch nicht die Befolgung des Grundsatzes des c. 6 X, 4, 17, wenn dieselbe an sich gerechtfertigt erscheint. Daß aber die Anwendung dieses Grundsatzes auf die Lehnfolge auf einer unrichtigen Ansicht von der Bedeutung und Wirksamkeit des Kanonischen Rechts oder von dem Wesen der Ehe beruhe, kann dem B.G. nicht zugegeben werden. Wäre diese Meinung richtig, so würde sie zu der Folgerung nöthigen, daß nicht allein in Betreff der Lehnfolge, sondern überhaupt in Betreff der vermögensrechtlichen Wirkungen der Legitimation durch nachfolgende Ehe die Anwendung des kanonischen Grundsatzes als rechtsirrthümlich zu verwerfen wäre; die Unhaltbarkeit dieses Folgesatzes, welcher mit der allgemein anerkannten gewohnheitsrechtlichen Geltung des gedachten kanonischen Grundsatzes auf dem Gebiete des bürgerlichen Rechts in offenbarem Widerspruch stehen würde, beweist die Unrichtigkeit der Annahme, von welcher das B.G. ausgeht. Nicht auf unrichtige Vorstellungen von der verbindenden Kraft kirchlicher Rechtsnormen oder auf das katholische Dogma von der Sakramentsnatur der Ehe, sondern auf die überzeugende Kraft der dem c. 6 X. 4, 17 zum Grunde liegenden sittlichen Anschauung ist es zurückzuführen, daß letztere auch auf dem weltlichen Gebiete vermöge allgemeiner deutscher Gewohnheit als Norm zur Geltung gelangt ist.

Allerdings ist dieses, was die Lehnfolge betrifft, nicht überall in Deutschland geschehen. Abgesehen von den Lehen des hohen Adels, welcher hier außer Betracht bleibt, ist die dem Kanonischen Recht entsprechende Lehnfolgeberechtigung der Mantelkinder in den Gebieten der geistlichen Reichsstände, in welchen auch hinsichtlich des Lehnfolgerechts der Frauen und Kognaten der Grundsatz galt: „Krummstab schleußt niemand aus", mehr durchgedrungen als in den Gebieten der weltlichen Reichsstände, und im Süden und Westen von Deutschland mehr als im Norden und Osten. Wie in letzteren Landestheilen überhaupt die einheimischen Rechtsgewohnheiten gegenüber dem eindringenden fremden Rechte mit größerer Zähigkeit festgehalten wurden, so blieb hier auch der Grundsatz des mittelalterlichen Deutschen Lehnrechts, daß Unehelichgeborene auch nach erfolgter Ehe der Eltern von der Lehnfolge ausgeschlossen sind, in weitem Umfange in Geltung. Während ein späterer Zusatz zum Schwabenspiegel (Art. 377 in der Ausgabe von Laßberg), sowie die von Stobbe (Handbuch des Deutschen Privatrechts Bd. IV § 257 Note 8) angeführten Zusätze und Glossen zum Sachsenspiegel den Mantelkindern das Lehnfolgerecht zuschrieben, gelang es in zahlreichen Territorien den Lehnsbesitzern, den lehnrechtlichen Grundsatz der Sächsischen Rechtsbücher, welche die unehelichen Kinder von der Lehnfolge ausschließen und keine Legitimation kennen (vergl. Homeyer, System des Lehnrechts der Sächsischen Rechtsbücher S. 300, 449), aufrecht zu erhalten und nicht selten eine ausdrückliche Anerkennung dieses Grundsatzes in Landtagsabschieden oder sonstigen landesherrlichen Verordnungen oder Erklärungen zu erwirken. Die höchsten Landesgerichte der betreffenden Territorien waren geneigt, diesen Grundsatz, auch wenn er nicht durch das geschriebene Recht des Landes festgestellt war, als einen gewohnheitsrechtlichen anzuerkennen, und glaubten, ihn unter Berufung auf II F. 26 § 11 als einen gemeinrechtlichen bezeichnen zu dürfen. Dies geschah namentlich durch die vormaligen Oberappellationsgerichte zu Celle (zuerst 1743: Pufendorf, Obss. I obs. 90), Kassel (1826: Pfeiffer, Praktische Ausführungen II S. 313) und Rostock (1840: Sammlung der Entsch. I S. 102). Zieht man aber die oben erwähnten Umstände in Betracht, so ist vielmehr der Ansicht derjenigen höchsten Landesgerichte beizustimmen, welche — zum Theil allerdings aus ungenügenden Gründen — das Lehnfolgerecht der Mantelkinder als die gemeinrechtliche Regel betrachteten und die Ausschließung derselben von der Lehnfolge in Ermangelung einer deshalbigen Bestimmung im Lehnsvertrag nur insoweit anerkannten, als sie in partikularrechtlichen Normen begründet ist. Zu diesen Gerichten gehören die vormaligen Oberappellationsgerichte in Darmstadt (in dem oben angeführten Erkenntniß von 1828) und Oldenburg (in dem oben angeführten, bei der Juristenfakultät Jena eingeholten Erkenntniß vom 20. April 1842), sowie das vormalige Obertribunal zu Stuttgart (Erkenntniß von 1841 in der Zeitschrift für Deutsches Recht Bd. VII S. 331).

Demnach stellt sich für das Gebiet des Gemeinen Deutschen Rechts dasselbe Ergebniß heraus, welches für das Gebiet des Preuß. Allg. L.R. durch die Bestimmung in Th. I Tit. 18 § 361 festgestellt ist und auch für das Gebiet des Oesterreichischen Bürgerlichen Gesetzbuches von dem obersten Gerichtshofe angenommen wird, wenn die deshalbige Mittheilung in Haimerle's Magazin Bd. IX S. 238 ff. richtig ist. Wegen Verletzung des in Rede stehenden gemeinrechtlichen Grundsatzes findet die Revision statt, da die Bestimmung im § 3 der Kaiserl. Verordnung vom 28. September 1879 (Reichsgesetzbl. S. 199), wonach die Revision auf die Verletzung von Grundsätzen des Lehnrechts nicht sollte gestützt werden können, von dem Reichstag nicht genehmigt worden (vergl. Bekanntmachung vom 11. April 1880 im Reichsgesetzbl. S. 102) und hierdurch für die nachher anhängig gemachten Prozesse, mithin auch für den gegenwärtigen Rechtsstreit nach § 6 des Einf.Ges. zur C.P.O. außer Kraft getreten ist."

191. Kein Intestaterbrecht unehelicher Kinder. Urth. des III. Civilsenats vom 16. Januar 1885 in Sachen A. K. in Sch., Klägers und Revisionsklägers, wider verw. G. in F., Beklagte und Revisionsbeklagte. Vorinstanz: O.L.G. Celle. Verwerfung.

„Der Kläger stützt den Anspruch auf Herausgabe eines Sechstheils des von dem verstorbenen B. zu F. hinterlassenen Vermögens auf die Behauptung, daß er ein unehelicher Sohn des B. und als solcher von diesem anerkannt sei. Das B.G. hat jedoch, in Uebereinstimmung mit dem L.G., mit Recht angenommen, daß den unehelichen Kindern ein Intestaterbrecht auf den Nachlaß ihres Vaters nach dem Gemeinen Recht nicht zusteht, und daher die Klage abgewiesen.

Es ist allerdings Jahrhunderte hindurch das Intestaterbrecht der unehelichen Kinder in der Doktrin und Praxis zur Anerkennung gelangt, allein dasselbe kann als ein im Gemeinen Rechte bestehendes nicht anerkannt werden, ist vielmehr nur da zur Anwendung zu bringen, wo es partikularrechtlich, sei es im Wege der Gesetzgebung, sei es im Wege des Gewohnheitsrechts, zur Geltung gelangt ist. Während nach dem älteren Römischen Rechte uneheliche Kinder überhaupt kein gesetzliches Erbrecht an dem Nachlasse ihres Erzeugers hatten, gab Justinian den Konkubinenkindern in Nov. 18 c. 5 und Nov. 89 c. 12 ein Erbrecht auf ein Sechstheil des Nachlasses ihres Vaters, wenn weder eine legitime Ehefrau, noch legitime Kinder vorhanden waren, unter gewissen im Gesetze näher hervorgehobenen Voraussetzungen. Nachdem durch das Kanonische Recht und die Reichsgesetzgebung (R.P.O. 1530 tit. 33, 1548 tit. 25 § 1) das Konkubinat reprobirt und verboten war, konnte das in den Novellen den Konkubinenkindern gewährte Erbrecht nicht fortbestehen, weil es an Personen fehlte, bei welchen die in dem Gesetze aufgestellten Voraussetzungen zutrafen. Trotz der Vorschrift des Kanonischen Rechts hielten die Rechtslehrer in Italien bis zum 16. Jahrhundert fast einstimmig das Erbrecht der Konkubinenkinder aufrecht, indem sie aus verschiedenen Gründen die fortdauernde Gültigkeit der Vorschriften des Römischen Rechts darzulegen suchten. An diese Ansichten schloß die deutsche Jurisprudenz und Praxis der Gerichte sich an, ja sie ging noch weiter, indem sie allen unehelichen Kindern, mit Ausnahme der aus einer an sich unerlaubten Geschlechtsgemeinschaft stammenden, ein Erbrecht an den Nachlaß ihres Erzeugers beilegte, wie es Justinian den Konkubinenkindern gewahrt hatte. Auch in den folgenden Jahrhunderten wurde diese Ansicht vielfach vertreten und in der Praxis zur Anerkennung gebracht, doch treten namentlich seit dem 18. Jahrhundert auch abweichende, das Erbrecht verneinende Ansichten hervor, und es wurde der Widerspruch gegen jene Ansicht am Ende des 18. Jahrhunderts und im 19. Jahrhundert immer lebhafter. Daß es derselben an einer gesetzlichen Grundlage fehlt und alle in älterer Zeit gemachten Versuche, dieselbe zu begründen, verfehlt seien, ist zweifellos und wird jetzt selbst von solchen Schriftstellern anerkannt, welche, gestützt auf die seit Jahrhunderten bestehende Praxis der Gerichte, das Intestaterbrecht der unehelichen Kinder als ein gemeinrechtlich allgemein geltendes vertheidigen. Auf ein Gewohnheitsrecht oder eine konstante Gerichtspraxis kann aber dieses Erbrecht ebensowenig gestützt werden, da ein allgemeiner deutscher Gerichtsgebrauch oder ein allgemeines deutsches Gewohnheitsrecht sich in keiner Weise nachweisen läßt. Wenn auch die deutschen Gerichte vielfach das Erbrecht der unehelichen Kinder in ihren Urtheilen anerkannt haben, so hat es doch schon seit langer Zeit auch nicht an Urtheilssprüchen gefehlt, welche die Existenz eines solchen Erbrechts verneint haben, und es haben namentlich die obersten Gerichtshöfe in Norddeutschland gegen die Geltung dieses Erbrechts sich erklärt."

Partikularrecht.

1. Preußisches Recht.

192. **Durch die Bestimmung des § 19 Th. I Tit. 4 des Allgem. L.R.** (wonach sich Niemand mit der Unkenntniß einer in das Hypothekenbuch eingetragenen Verfügung entschuldigen kann) **können vertragsmäßige Verpflichtungen nicht geändert werden.** Urth. des V. Civilsenats vom 17. Dezember 1884 in Sachen E. S. in F., Beklagten und Revisionsklägers, wider J. O. daselbst, Kläger und Revisionsbeklagten. Vorinstanz: Kammerger. Berlin. Verwerfung.

„Der Beklagte hat eingewendet, daß er die Lasten nicht zu vertreten habe, weil dieselben im Grundbuche eingetragen seien und Kläger sich mit Unkenntniß dieser Eintragung nicht entschuldigen könne. Diesen Einwand hat der B.R. verworfen, weil der § 19 Th. I Tit. 4 des Allgem. L.R., wonach sich Niemand mit der Unwissenheit einer in das Hypothekenbuch eingetragenen Verfügung entschuldigen kann, die vertragsmäßigen Verpflichtungen des Beklagten seinem Mitkontrahenten, dem Kläger, gegenüber nicht ändern könne. Diese Ausführung steht im Einklange mit der Judikatur des Ob.Trib und des R.G. (Plenar-Beschluß des Ob.Trib. vom 18. Mai 1857: Entsch. Bd. 37 S. 1, namentlich 13, 14; Erk. vom 22. Mai 1876: Striethorst, Archiv Bd. 96 S. 112; Erk. des I. Hilfssenats des R.G. vom 24. Januar 1880 Nr. 372/79), auch mit der Ansicht namhafter juristischer Schriftsteller (Förster (Eccius), 4. Aufl. Bd. 1 § 86 S. 578 Note 25; Dernburg, 3. Aufl. Bd. 2 No. 6b), und es konnte der entgegenstehenden Ausführung des Beklagten, welcher sich in der Revision hauptsächlich auf Koch's Kommentar zum Allgem. L.R. Th. I Tit 11 § 183 (8. Aufl. S. 763, 764) bezieht, nicht beigepflichtet werden."

193. **Leihvertrag an Inhaberpapieren und Geld** (Th. I Tit. 21 § 229, Th. I Tit. 11 § 653, Th. I Tit. 16 § 28 des Allgem. L.R.). S. o. Fall 188 S. 321.

194. **Die einjährige Frist der §§ 720, 721 Th. II Tit. 1 des Allgem. L.R.** (zur Stellung des Scheidungsantrages wegen Mißhandlung) **läuft nicht erst vom Sühnetermin an und wird durch Getrenntleben der Ehegatten nicht berührt.** Urth. des IV. Civilsenats vom 2. Januar 1885 in Sachen C. R. zu St., Klägers, Widerbeklagten und Revisionsklägers, wider uxorem, Beklagte, Widerklägerin und Revisionsbeklagte. Vorinstanz: O.L.G. Naumburg. Verwerfung beider Revisionen.

Das B.G. hat die in der mündlichen Verhandlung zweiter Instanz erhobene Widerklage verworfen, weil ihr die Vorschrift der §§ 720, 721 Th. II Tit. 1 des Allgem. L.R. entgegenstehe, da die Ehefrau die Ehe länger als ein Jahr nach den zur Begründung der Widerklage geltend gemachten Mißhandlungen fortgesetzt habe. Die Beklagte hat hiergegen in der gegenwärtigen Instanz geltend zu machen gesucht, das in Rede stehende Jahr müsse von dem Tage des der Scheidungsklage des Ehemannes vorangegangenen Sühneversuches an gerechnet werden.

„Dieser Auffassung ist nicht beizutreten. Nach dem im B.U. in Bezug genommenen Thatbestande des Urtheils erster Instanz ist der vor Anstellung der Ehescheidungsklage stattgehabte Sühnetermin nicht auf Antrag der Beklagten, sondern auf Antrag des Klägers abgehalten worden, und die Beklagte ist in dem Termine nicht erschienen. Die Letztere kann sich also nicht mit Erfolg auf den in Rede stehenden Vorgang zur Ausschließung der Anwendung des § 721 a. a. O. berufen (zu vergl. Präjudiz des vormaligen Preuß. Ob.Trib. Nr. 2102). Der Umstand, daß die Parteien während des in Rede stehenden Jahres von einander getrennt gelebt haben, steht der Anwendung des § 721 ebenfalls nicht entgegen (zu vergl. Präjudiz des Preuß. Ob. Trib. Nr. 499)."

195. **Die Zuständigkeit der Auseinandersetzungsgerichte ist nur gegeben bei Streitigkeiten, deren Regulirung für die Hauptsache** (die Auseinandersetzung) **von Wichtigkeit ist und mit ihr in Zusammenhang steht; die Zuständigkeit ist dagegen nicht vorhanden bei Streitigkeiten der Interessenten mit bei dem Auseinandersetzungsverfahren unbetheiligten Personen** (Gesetze s. im Thatbestand). Urth. des V. Civilsenats vom 10. Januar 1885 in der Separationssache der Feldmark R., Beklagten und Revisionsklägers, wider die Separationsinteressenten von R., Kläger und Revisionsbeklagte. Vorinstanzen: Königl. Generalkommission Frankfurt a. O., Oberlandeskulturgericht Berlin. Aufhebung; Klagabweisung wegen Unzuständigkeit der ersten Instanz.

Es handelt sich im vorliegenden Streite um die Ersatzpflicht eines Vollstreckungsbeamten in Ansehung von demselben eingezogener, von einer anderen Person veruntreuter Abfindungsgelder. In dem Vorderurtel ist die Zuständigkeit der Auseinandersetzungsbehörden zur Entscheidung dieses Streites aus den im Zusammenhange stehenden Vorschriften des § 3 der Verordnung vom 20. Juni 1817, §§ 5 und 6 des Gesetzes vom 7. Juni 1821, § 7 der Verordnung vom 30. Juni 1834 hergeleitet, nach deren weitester Fassung „die Generalkommissionen neben dem Hauptgegenstande der Auseinandersetzung auch alle anderweiten Rechtsverhältnisse, welche bei vorschriftsmäßiger Ausführung der Auseinandersetzung nicht in ihrer bisherigen Lage verbleiben können, reguliren und die dabei vorkommenden Streitigkeiten entscheiden und auch die zu jener Ausführung erforderlichen obrigkeitlichen Festsetzungen treffen sollen", woraus unter Bezugnahme auf Präjudize des Preuß. Ob. Trib. und Kompetenzgerichtshofes die Grundsätze entwickelt sind, daß jene Zuständigkeit sich auf alle Rechtsverhältnisse erstrecke, die entschieden werden müssen, um die Auseinandersetzung zur Ausführung zu bringen, oder von deren Lösung das Ergebniß der Auseinandersetzung irgendwie bedingt werde, sollten dabei auch Personen betheiligt sein, welche bei der Auseinandersetzung nicht interessiren.

„Damit ist aber den bezogenen Vorschriften eine sehr unbestimmbare Tragweite unnöthiger Weise beigelegt. Schon der Wortlaut derselben setzt nicht blos Streitigkeiten voraus, welche von irgend beliebiger Bedeutung für die Ausführung der Auseinandersetzungen sind, sondern solche, welche bei Regulirung von für die Ausführung erheblichen Rechtsverhältnissen vorkommen. In der Rechtsprechung und in Ministerialinstruktionen ist das Gebiet dieser Rechtsverhältnisse und Streitigkeiten dahin abgegrenzt worden, daß es sich dabei um Gegenstände handle, welche in einem nothwendigen Zusammenhange mit der Hauptsache (Auseinandersetzung) stehen und sich nur in Verbindung mit derselben richtig beurtheilen und entscheiden lassen (vergl. die Nachweisung bei Greiff,

Landeskulturgesetze S. 413), und in dem Erk. des Preuß. Ob.Trib. Bd. 47 S. 326 ff. ist umständlich ausgeführt, daß die genannten Vorschriften (von den in § 7 cit. hervorgehobenen Streitigkeiten mit Grenznachbarn und von einer in den Lokalverhältnissen begründeten Nothwendigkeit der Verbindung mit der Hauptsache abgesehen) nicht auf Streitigkeiten der Interessenten mit bei dem Verfahren unbetheiligten Personen zu beziehen seien. Es liegt keine Veranlassung vor, von diesen Grundsätzen, die in der Praxis Geltung gewonnen haben, zu Gunsten eines Ausnahme-Gerichtsstandes abzuweichen, und es kann auf sich beruhen, ob selbst von dem Standpunkte des Vorderrichters nicht die Zuständigkeit der Auseinandersetzungsbehörden im vorliegenden Falle zu verneinen wäre."

196. **Die Steuerbefreiung des § 1 des Preuß. Gesetzes vom 22. Juli** 1861 (betr. die Entrichtung des Stempels von Uebergangsverträgen zwischen Ascendenten und Descendenten) **findet schon Anwendung, wenn es nur zum Vertragsabschlusse zwischen dem Uebertragenden und dem Uebertragsnehmer gekommen ist** (ohne den Beitritt betheiligter Dritter zu dem Vertrage zu erfordern) **und wenn in dem Uebergangsvertrage der Erwerber die Verpflichtung übernommen hat, an andere Descendenten des Uebertragenden Abfindungen zu entrichten** (gleichviel, in welcher Weise diese Verpflichtung zu erfüllen ist). Urth. des IV. Civilsenats vom 12. Januar 1885 in Sachen des Preuß. Steuerfiskus, Beklagten und Revisionsklägers, wider V. v. K., Kläger und Revisionsbeklagten. Vorinstanz: O.L.G. Naumburg. Verwerfung.

„Was den von dem Kapital geforderten Stempel anlangt, so spricht das Gesetz vom 22. Juli 1861 in seiner Ueberschrift von Uebertragsverträgen zwischen Ascendenten und Descendenten und im § 1 von den Verträgen, durch welche Immobilien von Ascendenten auf Descendenten übertragen werden, setzt also nur einen Vertragsabschluß zwischen dem Uebertragenden und dem Uebertragsnehmer voraus und stellt nirgends das Erforderniß auf, daß andere betheiligte Dritte, insbesondere andere mit Abfindungen bedachte Descendenten des Uebertragenden dem Vertrage beigetreten sein müssen, um die die Dritten angehenden Vereinbarungen der vom Gesetze bestimmten Stempelbefreiung theilhaftig werden zu lassen. Das Gesetz tritt in Wirksamkeit, wenn es auch nur unter den erstgenannten beiden Personen zum Vertragsabschlusse gekommen ist, und ein Vertrag zwischen diesen Personen liegt hier vor. Das Gesetz bezeichnet ferner im § 1 des näheren den Vertragsinhalt, welchen die Stempelbefreiung treffen soll, giebt als diesen Inhalt gewisse „von dem Erwerber übernommene Verpflichtungen und Gegenleistungen" an und rechnet hierzu sub 3 die Abfindungen, welche „der Erwerber nach Inhalt des Vertrages an andere Descendenten des Uebertragenden zu entrichten hat". Hiernach ist für die Anwendung des Gesetzes die Thatsache erforderlich, aber auch genügend, daß in dem Uebertragsvertrage der Erwerber die Verpflichtung übernommen hat, an andere Descendenten des Uebertragenden Abfindungen zu entrichten, und auch diese Thatsache ist hier vorliegend. Ebenso wie das Gesetz nur einen zwischen dem Veräußerer und dem Erwerber geschlossenen Vertrag im Auge hat, versteht es unter der Verpflichtung des Erwerbers diejenige, welche derselbe gegenüber seinem Mitkontrahenten, dem Veräußerer, übernommen hat, und verlangt nur das Vorhandensein der Uebernahme der Verpflichtung seitens des Erwerbers gegenüber dem Veräußerer. In welcher Weise, unter welchen Modalitäten diese Verpflichtung konstituirt, ob sie sofort oder in Zukunft zu erfüllen, ob sie einer abändernden Disposition seitens des Ascendenten nicht unterworfen ist und ob letzterer namentlich nicht über die den anderen Descendenten überwiesenen Abfindungen anderweitig disponiren kann, ist unwesentlich und unerheblich, und es sind nicht, wie der Revisionskläger meint, die Abfindungen der anderen Descendenten nur dann von der Anrechnung ausgeschlossen, wenn die Berechtigten darauf ein sofortiges, unbedingtes und unentziehbares Recht erlangt haben. Eine solche Bedingung und Unterscheidung ist im Gesetz nicht aufgestellt und darf in dasselbe nicht hineingetragen werden, und allein entscheidend für seine Anwendbarkeit bleibt die Thatsache, daß Kläger vertragsmäßig sich zur Entrichtung der Abfindungen fest und unbedingt verpflichtet hat."

197. **Durch die §§ 1 ff. des Preuß. Stempelgesetzes vom 5. Mai 1872 wollte der Gesetzgeber nur die bisherigen Stempel sichern, nicht höhere Stempel auferlegen. Die Auflassungserklärung ist dem Werthstempel nicht unterworfen** (§ 2). Urth. des IV. Civilsenats vom 18. Dezember 1884 in Sachen des Preuß. Steuerfiskus, Beklagten und Revisionsklägers, wider G. H. zu C., Kläger und Revisionsbeklagten. Vorinstanz: Kammerger. Berlin. Verwerfung.

Der Revisionskläger stellt den Satz auf: „daß, wenn sich aus den vorgelegten Urkunden ergiebt, daß die Haupturkunde mit einem geringeren Werthstempel versehen war, als derjenige ist, welcher nach der Werthsdeklaration der Interessenten von der Auflassung zu fordern sein würde, der Stempel von der Differenz, als Stempel von der Auflassungserklärung, gerechtfertigt sei."

„Dieser Satz findet indessen in den §§ 1—3 des Gesetzes vom 5. Mai 1872 keine Stütze. Im Gegentheil ergeben die Motive zu § 1 des Gesetzes, daß der legislatorische Grund der §§ 1 ff. die Erwägung war, daß die Bestimmungen der §§ 1 und 2 des Grunderwerbsgesetzes geeignet sind, die Entrichtung der Stempelabgaben von Kauf- und Tauschverträgen in Frage zu stellen. Schon dies weist darauf hin, daß der Gesetzgeber nur die Erhebung der bisherigen Stempelsteuer sichern, aber nicht eine größere Steuerpflicht auflegen wollte. Ganz unzweifelhaft wird dies aber nach den Motiven zu § 2. Dort wird darauf hingewiesen, daß besondere Vorschriften über die Versteuerung der Kauf- und Tauschverträge zwischen Theilnehmern an einer Erbschaft, über lästige Verträge, wodurch Immobilien von Ascendenten auf Descendenten übertragen werden, über Schenkungen an Descendenten und Ascendenten u. s. w. bestehen, und es wird dann wörtlich gesagt: „In diesen Fällen bleibt es den Kontrahenten überlassen, die Urkunde über das Rechtsgeschäft dem Grundbuchamte vorzulegen, und es bewendet alsdann bei der Anwendung der bestehenden Vorschriften wegen Versteuerung (oder Stempelfreiheit) der Urkunde über das Veräußerungsgeschäft; die Auflassung bleibt vom Werthstempel frei." Hierin ist der allgemeine Gedanke des Gesetzgebers ausgedrückt, daß die Vorlegung der in § 2 bezeichneten Urkunde stets die Wirkung hat, daß die Auflassungserklärung dem Werthstempel nicht unterworfen ist. Dem entspricht auch die Fassung des Gesetzes. Dasselbe erfordert nicht einmal, daß der gesetzliche Stempel zu der Urkunde wirklich verwendet sei, sondern nur daß sie in an sich stempelpflichtiger Form ausgestellt sei. Ist der gesetzliche Stempel zu der Urkunde nicht verwendet, so kann nur der Urkunden-, aber nicht der Auflassungsstempel defektirt werden. Dies muß um so mehr gelten, wenn die Urkunde mit dem verwendeten vollen Stempel vorgelegt wird. Dies ist aber vorliegend der Fall."

2. Sachsen-Altenburgisches Recht.

198. **Das Sachsen-Altenburgische Recht kennt für den Erwerb des Faustpfandes keine strengeren Erfordernisse als § 40 der R. Konk. O.** (S. o. Fall 168 S. 293.)

3. Rheinisches Recht.

199. **Der aus dem Vertragsverhältniß als Depositar Belangte kann sich nicht auf Art. 2279 des Code civil berufen.** Urth. des II. Civilsenats vom 5. Januar 1885 in Sachen des Preuß. Fiskus, Beklagten und Revisionsklägers, wider die verehel. S. J. in K., Klägerin und Revisionsbeklagte. Vorinstanz: O.L.G. Köln. Verwerfung.

„Zutreffend ist zunächst von den Vorinstanzen angenommen worden, daß die unbestritten nicht verfallene Kaution nach Art. 2098 des B.G.B., Art. 2 des Gesetzes vom 5. September 1807, Bergisches Dekret vom 12. November 1809 Art. 95 für die von S. J. verschuldeten Kriminalkosten dem Staate nur dann hafte, wenn sie von Seiten desselben bestellt worden ist, beziehungsweise aus dessen Mitteln herrührte. Das B.G. stellt nun aber thatsächlich fest, daß die als Kaution hinterlegten Konsols aus Mitteln des J. J. beschafft und in dessen Auftrage von dem Rechtsanwalt B. und zwar auf den Namen des Letzteren deponirt worden seien, und zieht daraus die Folgerung, daß die Kaution für die fraglichen Gerichtskosten nicht als verhaftet zu betrachten sei. Der gegen diese Annahme aus Art. 2279 des B.G.B. erhobene Angriff erscheint verfehlt. Mit der erhobenen Klage wird nämlich kein Eigenthum oder dingliches Recht geltend gemacht, der Beklagte wird vielmehr aus dem Vertragsverhältniß als Depositar in Anspruch genommen, und gegen eine solche Klage kann er sich nicht auf den Art. 2279 berufen, welcher nur gegen Ansprüche aus dinglichen Rechten schützt. Ebensowenig kann der Klage eine Einrede aus Ansprüchen an den Dritten, für welchen die Kaution geleistet worden ist, entgegengesetzt werden, sofern diese Ansprüche, wie die fraglichen Gerichtskosten, keine solchen sind, zu deren Sicherung die Hinterlegung erfolgt ist."

200. **Der Vermächtnißnehmer hat** (neben dem durch Art. 878 und 2111 des Code civil begründeten Absonderungsrecht) **kein selbstständiges Unterpfandrecht** (keine gesetzliche Hypothek) **auf Grund des Art. 1017** (Art. 2121). Urth. des II. Civilsenats vom 30. Dezember 1884 in Sachen der Eheleute W. in K., Kassationskläger, wider P. zu M. u. Gen., Kassationsbeklagte. Vorinstanz: O.L.G. Köln. Verwerfung.

„In Erwägung, daß dem B.R. nicht beigetreten werden kann, wenn derselbe den Vorrang der beiden Legatare zunächst auf die ihnen angeblich auf Grund des Art. 1017 des B.G.B. zustehende gesetzliche Hypothek stützt; daß nämlich, abgesehen davon, daß die beiden Legatare eine solche Hypothek gar nicht behauptet, auch nicht etwa auf Grund des Art. 1017, sondern lediglich in Gemäßheit der Art. 878 und 2111 Inskription genommen haben, das Bestehen einer solchen gesetzlichen Hypothek zu Gunsten der Vermächtnißnehmer überhaupt zu verneinen ist, da der maßgebende Art. 2121, welcher die gesetzlichen Unterpfandrechte aufzählt, einer solchen Hypothek zu Gunsten der Vermächtnißnehmer nicht erwähnt, der allerdings unklar gefaßte Art. 1017 aber nicht nothwendig dahin aufzufassen ist, daß er eine unterpfändliche Haftung habe feststellen wollen, sondern auch die Deutung zuläßt, daß er eine solche in derselben Weise wie die Art. 871, 872, 1009 und 1012 voraussetze, diese Bestimmung daher nicht genügt, um dem Vermächtnißnehmer neben dem durch Art. 878 und 2111 begründeten Absonderungsrechte ein selbständiges Unterpfandrecht zuzuerkennen, da diesem Absonderungsrechte ähnliche Wirkungen wie dem Unterpfandrechte beigelegt werden, der Art. 1017 daher auch auf dieses Recht bezogen werden kann."

201. **Der art. 551 des Code de commerce hat fortdauernde Gültigkeit** (§ 39 Abs. 2 der R.Konk.O.). **Der Ehefrau steht nur an den Grundstücken des Ehemannes** (der Kaufmann ist) **Legalhypothek zu, die derselbe zur Zeit der Eingehung der Ehe besaß. Durch die im Ehevertrag vereinbarte Gütergemeinschaft wird hieran nichts geändert. Durch Verzicht der Ehefrau auf die Gütergemeinschaft besitzt der Mann solche Güter** (nicht als ein in die Ehe gebrachtes Sondergut, sondern) **als Bestandtheil der in Folge Verzichtes der Ehefrau ihm zugefallenen Errungenschaftsgemeinschaft. Die Legalhypothek der Ehefrau trifft aber auch Liegenschaften, welche zur Gütergemeinschaft gehört haben.** Urth. des II. Civilsenats vom 16. Januar 1885 in Sachen des J. B.'schen Konkurses in W., Beklagten und Widerklägers, jetzt Revisionsklägers, wider die Ehefrau des Kridars und Gen., Klägerin und Widerbeklagte bezw. Nebenintervenienten, jetzt Revisionsbeklagte. Vorinstanz: O.L.G. Darmstadt. Verwerfung.

„Nach den Bestimmungen des art. 551 des Code de commerce, dessen fortdauernde Geltung nicht zu beanstanden ist (§ 39 Abs. 2 der R.Konk.O.), steht der Ehefrau, deren Mann zur Zeit der Eingehung der Ehe Kaufmann war, im Falle des Konkurses desselben eine Legalhypothek nur zu an denjenigen Liegenschaften, welche in diesem Zeitpunkte dem Manne gehörten (qui appartenaient à son mari à l'époque ci-dessus). Letztere Voraussetzung trifft für die in Frage stehenden Liegenschaften zu; denn es ist festgestellt, daß der Ehemann B. dieselben bereits längere Zeit vor Eingehung der Ehe erworben hatte und in diesem Zeitpunkte noch Eigenthümer derselben war. Der Umstand, daß im Ehevertrage der Eheleute B. bestimmt war, es sollten die fraglichen Liegenschaften Eigenthum der vereinbarten Errungenschaftsgemeinschaft sein, ändert hieran nichts. Hieraus ergab sich nur, daß vom Zeitpunkte des Eheabschlusses an die Liegenschaften Eigenthum der von da beginnenden Errungenschaftsgemeinschaft wurden; allein bis zu diesem Zeitpunkte blieben sie Eigenthum des Ehemannes, gehörten ihm also bei Eingehung der Ehe. Auch die Thatsache, daß mit Eingehung der Ehe die Liegenschaften aufhörten, Sondereigenthum des Ehemannes zu sein, vielmehr einen Bestandtheil der Errungenschaftsgemeinschaft bildeten, erscheint ohne wesentliche Bedeutung. Unrichtig ist es allerdings, wenn das O.L.G. meint, durch den von der Ehefrau B. erklärten Verzicht auf die Gütergemeinschaft habe die besagte Klausel des Ehevertrages ihre Wirkung verloren. Ein solcher Verzicht hat nur die Folge, daß mit Rückwirkung auf den Zeitpunkt der Eingehung der Ehe der Ehemann als alleiniger Eigenthümer des gütergemeinschaftlichen Vermögens gilt und die Ehefrau so angesehen wird, als sei sie nie Miteigenthümerin gewesen; an den Stipulationen des Ehevertrages jedoch wird durch denselben nichts geändert, insbesondere nicht bewirkt, daß Vermögen, welches einer der Ehegatten in die Gütergemeinschaft geworfen hat, nunmehr als Sondergut dieses Ehegatten zu gelten hätte, wie dies sofort klar wird, wenn man den Fall unterstellt, es sei die Ehefrau, welche eine ihr zugehörige Liegenschaft der Gütergemeinschaft zugewendet hätte. Es ist daher davon auszugehen, daß der Ehemann B. die in Frage stehenden Liegenschaften nicht als ein in die Ehe gebrachtes Sondergut, sondern als Bestandtheil der in Folge Verzichtes der Ehefrau ihm zugefallenen Errungenschaftsgemeinschaft besitzt.

Dies könnte für die zu lösende Frage von Erheblichkeit sein, wenn als Grundsatz zu gelten hätte, daß die Ehefrau an Liegenschaften, die zur Gütergemeinschaft gehören, nie, also auch nicht im Falle des Verzichtes auf die Gütergemeinschaft eine Legalhypothek beanspruchen könne; allein ein solcher Grundsatz ist nicht anzuerkennen, vielmehr mit der in Doktrin und Praxis herrschenden Ansicht anzunehmen, daß, wenigstens im Falle des Verzichtes auf die Gütergemeinschaft, die Legalhypothek der Ehefrau auch die Liegenschaften, welche zur Gütergemeinschaft gehört haben, trifft" (vergl. Annalen Bd. VIII S. 181; Entsch. Bd. IX Nr. 86). „Steht hiernach einerseits fest, daß Liegenschaften in Frage sind, welche nach allgemeinen Grundsätzen von der Legalhypothek der Ehefrau getroffen werden, und anderseits daß diese Liegenschaften bei Eingehung der Ehe dem Ehemanne gehörten, also die Voraussetzung gegeben ist, unter welcher, nach den Worten des art. 551 a. a. O., die Wirksamkeit der Legalhypothek auch im Falle des Konkurses anerkannt ist: so ergiebt sich von selbst die Richtigkeit der angefochtenen Entscheidung, falls nicht etwa anzunehmen wäre, es entspreche der Wortlaut des Gesetzes nicht dem wirklichen Willen desselben. In dieser Beziehung ist darauf hinzuweisen, daß es sich um Einschränkung der nach allgemeinen Grundsätzen der Ehefrau zustehenden Legalhypothek, also um eine Ausnahmsbestimmung handelt, deren Ausdehnung über den Wortlaut des Gesetzes hinaus nur statthaft sein könnte, wenn klar erkennbar wäre, daß Sinn und Zweck des Gesetzes dies verlangten. Letzteres ist nun nicht nur zu verneinen, sondern im Gegentheile erscheint die dem Wortlaute entsprechende Auslegung zugleich dem Zwecke des Gesetzes, welcher hauptsächlich dahin gerichtet ist, die während des Bestehens der Ehe erworbenen Liegenschaften den Wirkungen der Legalhypothek zu entziehen, vollkommen entsprechend."

4. Badisches Recht.

202. **Der Pflichterbe ist nicht verbunden, etwas von seiner erhaltenen Schenkung herauszugeben, um daraus den Legatar zu befriedigen** (Landrechtssätze 1422, 1438, 1439, 1469, 922). Urth. des II. Civilsenats vom 13. Januar 1885 in Sachen der Eheleute B. in G., Beklagten und Revisionskläger, wider F. B. aus H., Kläger und Revisionsbeklagten. Vorinstanz: O.L.G. Karlsruhe. Theilweise Aufhebung und Zurückverweisung.

„Das B.G. zitirt wegen des Vorempfanges, den der Kläger mit dem zweiten Klagegesuche beseitigen will, lediglich die Landrechtssätze 1422, 1438, 1439, 1469, welche nicht genügen und nicht richtig aufgefaßt worden zu sein scheinen. Es ist vielmehr das Verhältniß bei der väterlichen und mütterlichen Erbschaft zu unterscheiden.

Für die Theilung auf Ableben des Vaters konnte bei der Gemeinschaftstheilung die Aufrechnung des Vorempfanges gegenüber der Mutter in Frage kommen; allein sie war gerade nach Landrechtssätzen 1422, 1438, 1439, 1469 zu verneinen, da es sich um die Ausstattung eines gemeinschaftlichen Kindes handelt und nicht behauptet ist, der Vater habe die Ausstattung für sich allein vorgenommen. Hiernach und da wegen Ungültigkeit des Testaments die Frage der Einwerfungspflicht gegenüber der Mutter als Legatarin hier keiner Prüfung bedarf, ist für den Erbfall vom Jahre 1879 der angebliche Vorempfang ganz bedeutungslos.

Anders verhält es sich bei Beerbung der Mutter. Kläger selbst geht davon aus, daß es sich um Vorempfänge von den Eltern, nicht vom Vater allein (Landrechtssatz 850) handle, daß also die Hälfte davon bei der Beerbung der Mutter in Betracht komme (Landrechtssatz 1438). Mag nun auch mit der herrschenden Meinung (Zachariä, Französisches Landrecht Bd. IV S. 268) anzunehmen sein, daß ungeachtet des Landrechtssatzes 857 der Pflichterbe sich auf Grund von Landrechtssatz 922 gegenüber den Legataren erhaltene Schenkungen auf seinen Erbtheil aufrechnen lassen müsse, so ist der Pflichterbe doch nicht verbunden, etwas von seiner erhaltenen Schenkung herauszugeben, um daraus den Legatar zu befriedigen.

Der Kläger ist nun für 2258,84 ℳ Gläubiger des Nachlasses seiner Mutter, weshalb, in Verbindung mit der anerkannten Forderung der Beklagten von 66,28 ℳ, der mütterliche Nachlaß schon nahezu erschöpft ist. Würde eine weitere Forderung der Beklagten auf den Aktivrest festgestellt, so wäre, da Kläger nichts herauszugeben hat und ihm der Vorempfang auf seine Forderung nicht aufgerechnet worden, das Legat für die Beklagten schon wegen Mangels eines Aktivnachlasses hinfällig, also wiederum die Frage des Vorempfanges unerheblich."

203. **Das Kirchenbauedikt vom 26. April 1808 ist keine revisible Rechtsnorm. Das Anerkenntniß, welches nach diesem Edikt Verbindlichkeiten erzeugt, ist nur nach diesem Edikt und dem damals gültigen Badischen bürgerlichen Recht zu beurtheilen.** Urth. des II. Civilsenats vom 20. Januar 1885 in Sachen der Freiherrl. v. D.'schen Grundherrschaft in E., Beklagten und Revisionsklägerin, wider die Gemeinde E., Klägerin und Revisionsbeklagte. Vorinstanz: O. L. G. Karlsruhe. Verwerfung.

„Die Vorfrage, ob das Kirchenbauedikt vom 26. April 1808 zu den revisibeln Rechtsnormen gehöre, ist zu verneinen. In dem § 7 der Kaiserl. Verordnung vom 28. September 1879, worin die revisibeln Badischen Gesetze bezeichnet sind, wird dasselbe ausdrücklich nicht aufgeführt, und es gehört auch nicht zu den in Nummer XVIII des ersten Einführungsedikts neben dem Landrechte aufrecht erhaltenen

Vorschriften. Es ist darin nicht erwähnt und ist auch keines derjenigen Partikulargesetze, deren Verfügung im wesentlichen in das Landrecht übertragen ist oder welche, wie die Ehe- und Eidesordnung, darin namentlich angezogen sind. Zwar wird im zweiten Absatze des Landrechtssatzes 710dc auf besondere Gesetze verwiesen, welche über Umfang und Anwendung der Last des Beitrages des Zehntens zu Kirchenbaubedürfnissen entscheiden; allein soweit in dieser Beziehung das Kirchenbauedikt (z. B. §§ 7, 8, 11) in Anwendung kommen könnte, steht es hier nicht in Frage; dasselbe ist in seiner Gesammtheit überhaupt nicht durch die Nummer XVIII, sondern durch die Nummer XVII des ersten Einführungsedikts in Kraft erhalten worden. Damit erledigt sich auch das vom Vertreter der Revisionsklägerin aus Landrechtssatz 6b hergeleitete Bedenken.

Dessen weiterer Ausführung, daß jedenfalls der Rechtsbegriff des Anerkenntnisses (Einbekenntnisses) an sich ein revisibler sei, kann auch nicht beigepflichtet werden. Das Badische Landrecht, welches erst nach dem Jahre 1808 eingeführt worden ist, kann nicht zur Anwendung kommen, weil nach ihm (vergl. Landrechtssatz 1337) das Anerkenntniß überhaupt kein Entstehungsgrund für Verbindlichkeiten ist; demnach ist das Anerkenntniß, welchem das erwähnte Bauedikt diese Bedeutung beilegt, nur zu beurtheilen entweder nach diesem Gesetze selbst oder nach dem im Jahre 1808 in Baden geltenden bürgerlichen Rechte. Letzteres ist aber als aufgehobenes Recht nicht revisibel (vergl. letzten Abs. 7 der zitirten Kaiserl. Verordnung)."

Ausländisches Recht.

Englisches Recht.

204. **Die englische Bankruptcy-Act von 1869 steht der Anwendbarkeit des § 24 der C.P.O. und des § 207 Abs. 1 der R.Konk.O. nicht entgegen.** (S. o. Fall 170 S. 298.)

Reichsrecht.

1. Handelsrecht.

205. **1) Gültigkeit formloser Gesellschaftsverträge nach Art. 85 des H.G.B., auch wenn sie Grundeigenthum der Gesellschaft zuführen und Partikulargesetze für Grundstückserwerb besondere Formvorschriften enthalten** (Art. 21 der Reichsverfassung; Bayerisches Notariatsgesetz vom 10. November 1861, Art. 14). **2) Dagegen steht Art. 85 des H.G.B. der Anwendbarkeit der Landesgesetze nicht entgegen betreffs der Frage, ob und welche Förmlichkeiten erforderlich sind, um das Eigenthum einzubringender Liegenschaften an die Gesellschaft zu übertragen.** Urth. des II. Civilsenats vom 20. Februar 1885 in Sachen des Konkurses S. in W., Beklagten und Revisionsklägers, wider den Konkurs V. das., Kläger und Revisionsbeklagten. Vorinstanz: O.L.G. Bamberg. Aufhebung des Urtheils und Verfahrens der Vorinstanz und Zurückverweisung.

Zu 1. Das O.L.G. erklärt auf Grund von Art. 14 des Bayerischen Notariatsgesetzes vom 10. November 1861, welcher bestimmt, daß über Verträge, welche dingliche Rechte an unbeweglichen Sachen betreffen, bei Strafe der Nichtigkeit Notariatsurkunden zu errichten seien, daß der Gesellschaftsvertrag vom 24. November 1882 nichtig sei, weil er die Uebertragung des Miteigenthums am Fabrikwesen des S. an V. zum unmittelbaren Gegenstand habe und diese Uebertragung einen wesentlichen Bestandtheil des Gesellschaftsvertrages bilde.

„Dieser Ausspruch verstößt gegen die Bestimmung in Art. 85 des H.G.B., gemäß deren es zur Gültigkeit des Gesellschaftsvertrages, durch welchen eine offene Handelsgesellschaft begründet wird, der schriftlichen Abfassung oder anderer Förmlichkeiten nicht bedarf. Mit Unrecht meint der B.R., Art. 14 a. a. O. könne als Spezialgesetz vorzugsweise Geltung beanspruchen; denn nachdem in Folge des Reichsgesetzes vom 22. April 1871 das H.G.B. auch für Bayern Reichsgesetz geworden war, hatte Art. 21 der Verfassung des Deutschen

Reiches Maß zu geben, welcher als Grundsatz ausspricht, daß die Reichsgesetze den Landesgesetzen vorgehen. Zufolge dieses Grundsatzes muß die bezeichnete Bestimmung des Art. 85 a. a. O. ihrer vollen, vom Gesetzgeber gewollten Bedeutung nach für ganz Deutschland gelten, und kann diese Geltung durch Landesgesetze weder direkt noch indirekt aufgehoben oder geschmälert werden. Die Bestimmung, daß die Gültigkeit des betreffenden Gesellschaftsvertrages durch die Form des Abschlusses nicht in Frage gestellt werden könne, umfaßt im Sinne des Gesetzes alle Stipulationen, welche der Abschluß des Gesellschaftsvertrages seiner Natur nach mit sich bringt, also insbesondere auch die auf die Einlagen der Gesellschafter sich beziehenden Abreden" (vgl. Annalen Bd. II S. 242, 384; Entsch. Bd. II S. 300). „Es erscheint daher unstatthaft, daß ein Landesgesetz die Gültigkeit von Abreden dieser Art, falls sie Bestandtheil eines die Gründung einer offenen Handelsgesellschaft betreffenden Gesellschaftsvertrages bilden, an Formvorschriften knüpfe, hiermit also indirekt die Gültigkeit gewisser Arten solcher Gesellschaftsverträge, z. B. derjenigen, bei denen die Einlagen ganz oder theilweise in Liegenschaften bestehen, von einer gewissen Form des Abschlusses abhängig mache. Insofern daher, wie festgestellt, auch nicht zu bezweifeln ist, die Anwendung von Art. 14 des Bayerischen Notariatsgesetzes auf den in Frage stehenden Gesellschaftsvertrag zur Folge haben würde, diesen mangels notarischer Beurkundung als nichtig erscheinen zu lassen, muß diese Anwendung im Sinne des Art. 85 a. a. O. ausgeschlossen sein."

Zu 2. „Die Gültigkeit des Gesellschaftsvertrages vorausgesetzt, ist es dann eine andere Frage, ob und welche Förmlichkeiten etwa erforderlich seien, um das Eigenthum einzubringender Liegenschaften an die Gesellschaft zu übertragen; in dieser Beziehung steht Art. 85 a. a. O. der Anwendung der Landesrechte nicht entgegen."

206. **Anwendbarkeit des Art. 224 des H.G.B. für das Stadium der Liquidation.** Urth. des II. Civilsenats vom 6. Februar 1885 in Sachen P. S. in Köln, Klägers und Revisionsklägers, wider W. L. das. (als Liquidator der Aktiengesellschaft V.=B. O.), Beklagten und Revisionsbeklagten. Vorinstanz: O.L.G. Köln. Verwerfung.

„Den in der neueren Rechtslehre und Judikatur fast übereinstimmend anerkannten Grundsatz, daß die Organe der aufgelösten Aktiengesellschaft, wenn nicht eine Aenderung bezüglich derselben stattfinde, z. B. (wie hier) ein ernannter Liquidator an die Stelle des Vorstandes tritt (Art. 244 des H.G.B.), auch während des Liquidationszustandes zum Zwecke der Realisirung des Gesellschaftsvermögens fortbestehen und funktioniren, hat der Revisionskläger nicht bekämpft. (Vergl. Entsch. des R.O.H.G. Bd. XVI S. 284 ff., Bd. XVII S. 45, Bd. XIX S. 163, Bd. XXII S. 137 und 243, Bd. XXIV S. 223; v. Hahn, Bd. I S. 754; Endemann, Handbuch Bd. I S. 652 und 656; Löwenfeld, Aktiengesellschaft S. 514 ff., 555; Goldschmidt, Zeitschrift Bd. VIII S. 26 und Bd. XXIV S. 50; Motive zu § 244 des neuen Aktiengesetzes.) Daraus folgt aber, daß die Vorschrift des Artikels 224 leg. cit., nach welcher die den Aktionären in Angelegenheiten der Gesellschaft zustehenden Rechte von der Gesammtheit derselben in der Generalversammlung ausgeübt werden, grundsätzlich auch für das Stadium der Liquidation Anwendung findet. Zu diesen Angelegenheiten gehört hier vor allem die den gesetzlichen und statutarischen Bestimmungen entsprechende Durchführung der Liquidation, sowie die Rechnungsablegung der Liquidatoren, welche letztere vor der die Decharge ertheilenden Generalversammlung zu geschehen hat (vergl. das citirte Urtheil Bd. XVI S. 286)."

207. **Aus Art. 227 ff. des H.G.B. folgt, daß die Kenntniß eines einzelnen Vorstandsmitgliedes von einem für ein einzelnes Geschäft erheblichen Umstande von der Aktiengesellschaft zu vertreten ist** (auch wenn die Statuten der Gesellschaft den Direktoren nur Kollektivvertretung einräumen). Urth. des IV. Civilsenats vom 2. Februar 1885 in Sachen L. zu L., Beklagter, Widerklägerin und Revisionsklägerin, wider die Genossenschaftliche Grundkreditbank für die Provinz Preußen zu K., Klägerin, Widerbeklagte und Revisionsbeklagte. Vorinstanz: O.L.G. Königsberg. Aufhebung und Zurückverweisung.

Die auf die Wissenschaft des Vorstandsmitgliedes R. bezügliche Beweisantretung der Beklagten ist vom B. R. als unerheblich bei Seite gelassen, weil, wie derselbe unter Billigung der erstrichterlichen Ausführung angenommen hat, die Nichtkenntniß eines Mitdirektors genüge, um „das Nichtvorhandensein einer für die Klägerin verbindlichen Wissenschaft von der fraglichen Gütergemeinschaftsausschließung" darzuthun.

„Allein diese Annahme, welche sich lediglich auf die den Direktoren der klagenden Aktiengesellschaft durch deren Statuten nur eingeräumte gemeinschaftliche Vertretungsbefugniß stützt, erscheint rechtsirrthümlich. Von einer Kollektivvertretung kann der Natur der Sache nach überhaupt nur die Rede sein, soweit ein stellvertretendes Handeln der Vorstandsmitglieder stattfindet, mag solches in der Abgabe von Willenserklärungen oder in der Entgegennahme gegnerischer Erklärungen bestehen, nicht aber da, wo es sich um die, gleichviel woher, erlangte Kenntniß von Thatumständen oder um sonstige für die Willensbestimmung erhebliche innere Zustände handelt, welche als solche nach der Norm des objektiven Rechtes Einfluß auf die Gestaltung eines durch Willenserklärungen begründeten Rechtsverhältnisses haben. Denn nur an den rechtsgeschäftlichen Willen der mehreren Vertreter und dessen Bethätigungen darf vernünftigerweise die Anforderung der Uebereinstimmung in dem Sinne gestellt werden, daß dadurch der Eintritt der dem Geschäfte entsprechenden Rechtsfolgen für die vertretene Gesellschaft bedingt ist, keinesfalls dagegen an das von dem Willen unabhängige Wissen der Vertreter. Hier versagt das Prinzip der Kollektivität, weil es keinen Maßstab dafür abgiebt, ob das Wissen eines mithandelnden Vertreters das Nichtwissen des anderen, der Dolus des Einen den guten Glauben des Anderen überwiegt, oder ob das Umgekehrte der Fall ist.

Ist aber auf diese Verhältnisse die in der Anordnung der Kollektivvertretung liegende Einschränkung der Einzelberechtigung jedes Vorstandsmitgliedes nicht zu beziehen, so ergiebt sich aus den dem Vorstande vom Gesetze (Art. 227 ff. des H.G.B.) zugewiesenen Funktionen, daß jedes mithandelnde Vorstandsmitglied, insoweit es von einem für die Wirkungen des in Frage stehenden Geschäftes erheblichen Umstande Kenntniß hat, als Einzelner mit Nothwendigkeit die Gesellschaft in dem Sinne vertritt, daß seine Kenntniß der Gesellschaft zugerechnet wird, weil es kraft seines Amtes verpflichtet ist, von derartigen Thatumständen Kenntniß zu nehmen und diese bei seiner Geschäftsführung zu verwerthen. Wenn die Praxis (vergl. Entsch. des R.O.H.G. Bd. VI S. 423) mit gutem Grunde und unter Zustimmung der Doktrin den Agenten einer Versicherungsgesellschaft, trotz der mangelnden Befugniß desselben zu irgend welchen Geschäftsabschlüssen, insofern für den Vertreter der Gesellschaft erachtet hat, als seine Kenntniß von der wahren Beschaffenheit des versicherten Gegenstandes der Gesellschaft präjudizire, so erscheint die gleiche Auffassung noch unbedenklicher hinsichtlich eines Vorstandsmitgliedes, dessen Vertretungsbefugniß nur gewissen Einschränkungen im Interesse der Sicherung der Gesellschaft gegen die Gefahren unüberlegten oder pflichtwidrigen Handelns unterworfen ist. Nur diese Auffassung entspricht auch den Bedürfnissen des Verkehrs wie den Anforderungen des Rechtsgefühls. Denn es ist zweifellose Pflicht jedes einzelnen Vorstandsmitgliedes und daher bei normalem Verhalten ohne weiteres vorauszusetzen, daß dasselbe seine für die Wirkungen des beabsichtigten Geschäfts und demnach für die zu treffende Entschließung erhebliche

Wissenschaft seinen Genossen mittheilt, und das Unterbleiben dieser Mittheilung kann, abgesehen von ganz besonders gearteten Fällen, nur auf bewußter Pflichtverletzung oder unentschuldbarer Nachlässigkeit beruhen. Es würde in hohem Maße unbillig sein, wenn die Gesellschaft die Nachtheile dieses schuldvollen Verhaltens ihres selbstgewählten Vertreters auf den gegenüberstehenden Dritten abwälzen wollte, vollends wenn dieser, was vorliegend offenbar zutrifft, um die Kenntniß jenes Vertreters wußte und auf deren Mittheilung an den Mitvertreter rechnen durfte."

208. **Erfüllungsort der Börsen-Differenzgeschäfte. Maßgebendes Recht des Erfüllungsortes** (Art. 324 des H.G.B.). Urth. des I. Civilsenats vom 11. Februar 1885 in Sachen J. H. in Stettin, Beklagten und Revisionsklägers, wider D. frères zu Paris, Klägerin und Revisionsbeklagte. Vorinstanz: O.L.G. Stettin. Verwerfung.

Die Klägerin, ein Pariser Haus, klagt auf Zahlung der Differenzen aus Zeitgeschäften mit Rüböl und Spiritus, welche sie an der Pariser Börse im Auftrag und für Rechnung des Beklagten bezw. mit demselben gemacht hatte. Die Kammer für Handelssachen des L.G. Stettin verurtheilte klagegemäß den Beklagten zur Zahlung von 14073,70 ℳ mit Zinsen, und das O.L.G. Stettin wies die vom Beklagten eingelegte Berufung zurück. Beide Gerichte gehen von der Annahme aus, daß das Französische Recht maßgebend sei, nach diesem aber nur reinen Differenzgeschäften, d. h. solchen, bei welchen das Recht auf effektive Lieferung vertragsmäßig ausgeschlossen sei, die Klagbarkeit versagt werde.

„Das B.G. führt aus, für die Frage nach der Klagbarkeit der vorliegenden Geschäfte sei das Französische Recht entscheidend. Der hier in Betracht kommende Inhalt dieses Rechts wird aber dahin festgestellt: „als Spiel- bezw. Wettgeschäfte, welchen das Gesetz die Klagbarkeit versage, seien nur reine Differenzgeschäfte zu erachten, d. h. solche, bei welchen eine übereinstimmende Willenserklärung, eine erkennbare Vereinbarung der Kontrahenten vorliegt, daß das Recht des gewinnenden Theiles wie die Verpflichtung des verlierenden sich auf Leistung einer Geldsumme beschränken solle, welche der Differenz zwischen dem stipulirten Preise und dem Börsenkurse des Stichtages entspricht, und daß das Recht und die Pflicht zu effektiver Lieferung ausgeschlossen sein solle." Dem vertragsmäßigen Ausschluß der Effektivlieferung wird die nicht erklärte Absicht der Parteien bei Eingehung des Geschäftes betreffs der Erledigung des Geschäftes durch Regulirung der Differenz entgegengesetzt. Ein rechtsgrundsätzlicher Verstoß ist hierin nicht zu finden. Daß für Börsengeschäfte, wie die vorliegenden sind, der Ort, an welchem die betreffende Börse sich befindet, nach verschiedenen Richtungen, mag es sich um das Rechtsverhältniß zwischen Verkäufer und Käufer oder um das zwischen Kommittent und Kommissionär handeln, als Erfüllungsort aufzufassen und daß folglich für die Beurtheilung dieser Rechtsverhältnisse das Recht dieses Ortes maßgebend ist, ist vom R.G. wiederholt ausgeführt worden. Vergl. z. B. das Urtheil des I. Civilsenats vom 10. Mai 1884 in Sachen Trencart wider Hennig. Die Feststellung des Inhaltes des fremden Rechtes aber entzieht sich der Nachprüfung des Revisionsgerichts."

209. **1) Erfordernisse der großen Haverei** (Art. 702 Abs. 1, 708 sub 3 Abs. 4 des H.G.B.). **2) Die Vorschrift des Art. 709 Abs. 3 ist auf außerordentliche Anstrengung der Maschinen von Dampfschiffen nicht anwendbar.** Urth. des I. Civilsenats vom 6. Dezember 1884*) in Sachen J. H. B. und Gen., Beklagter und Revisionskläger, wider H. L. W. in L., Kläger und Revisionsbeklagten. Vorinstanz: O.L.G. Hamburg. Theilweise Aufhebung und Verurtheilung auf Anschlußrevision des Klägers.

Der von dem Kläger geführte Englische Dampfer „Celtic Monarch" trat am 4. Februar 1883 mit einer nach Bremen bestimmten Ladung Stückgüter von New-Orleans aus seine Reise an, gerieth aber am 5. Februar, obwohl er sich unter der Führung eines Lootsen befand, bei dichtem Nebel am Ostende des Südpasses der Mündung des Mississippi auf einer Bank an Grund. Nach der in Bremerhaven abgelegten Verklarung ließ man nun, um das Schiff vorwärts zu treiben, die Maschine mit voller Kraft arbeiten, wobei man fand, daß, während das Schiff vorn 17 Fuß 11 Zoll und hinten 21 Fuß 3 Zoll tief ging, das Wasser vorn 21 und mittschiffs auf Backbordseite nur 17 Fuß tief war. Eine starke Strömung hielt das Schiff auf der Bank fest. Nachdem das Schiff bis Mitternacht nur 30 Fuß vorwärts gekommen war, wurde am 6. Februar Vormittags nach Wiedereintritt der Fluth aufs neue mit ganzer Kraft der Maschine gearbeitet, das Schiff aber nur langsam vorwärts gebracht, und ein weiteres Ergebniß hatte auch die Annahme zweier Schleppdampfer nicht. Nachdem Abends wegen fallenden Wassers die Maschine gestoppt war, stieß am 7. Februar das Schiff bei leichtem südlichen Winde mit südlicher Dünung und nebligem Wetter leicht auf den Grund und legte sich ganz auf Steuerbordseite, worauf man die Maschine wieder mit aller Kraft angehen ließ, das Schiff aber den Tag über nur 40 Fuß weiter kam, und man fand, daß der Grund aus hartem Schlick bestand, mit Ausnahme einer Stelle, wo große Steine lagen. Beim Fortgange des Schiffes fand man, daß es hinten in eine gefährliche Lage kam, da die Schraube ganz nahe an die Felsen gerieth. Erst am 8. Februar, nachdem ein vom Kapitän requirirter Schleppdampfer nebst einem Leichterschiffe angelangt war und die mitgebrachten Schauerleute einen Theil der Ladung und der Kohlen in das letztere gelöscht hatten, so daß das Schiff sich um einige Fuß hob, gelang es, das Schiff mit Hilfe des Schleppdampfers nach dem Brechen mehrerer Trossen, wobei auch einige andere Beschädigungen an dem Schiffe eintraten, wieder

*) Der Redaktion zugegangen zwischen dem 7. und 20. März 1885.

vom Grund abzubringen, worauf man in den Südpaß einsteuerte und in Port Ead die Ladung und Kohlen wieder einnahm. Am 9. Februar wurden dort noch weitere, durch ein Leichterschiff angebrachte Kohlen eingenommen, worauf am 11. Februar, da das Schiff dicht geblieben war, die Weiterreise angetreten und dann auch später Bremerhaven ohne weiteren Unfall erreicht wurde. Nach dem in die Verklarung aufgenommenen Auszuge aus dem Journale des Maschinisten haben sich am 5. Februar, als man, nachdem das Schiff an Grund gerathen war, die Maschine mit voller Kraft arbeiten ließ, die Wasserspeiseröhren und auch der Extra-Speisekrahn mit Sand verstopft, so daß der Dampfkrahn benutzt werden mußte, um die Kessel zu speisen, und ist der Stöpsel des Extraspeisekrahns bei dem Versuche, den Krahn nach Entfernung des Schlammes aus demselben aufzudrehen, gebrochen. Auch hat die Maschine, da die Kompressionsmaschine sich auch mit Sand verstopft hatte, sehr schlecht gearbeitet. Obgleich die größeste Gefahr vorhanden war, daß die Maschine durch in die Wasserspeisung und die arbeitenden Theile der Maschine dringenden Schlamm und Sand noch mehr Schaden nehmen werde, hat man dieselbe aber dennoch auch am 6. Februar mit voller Kraft arbeiten lassen, da man darnach streben mußte, das Schiff wieder flott zu bekommen. Auch ist in der That die Wasserkammer der Dampfkrahnmaschine an zwei Stellen geplatzt und, wie man am 7. Februar bemerkte, auch die Bekleidung des Ventils am Fuße der Cirkulirpumpe. Der Kohlenverbrauch bei der Anstrengung zum Flottmachen des Schiffes wird auf 80 Tonnen geschätzt, welche durch Uebernahme eines gleichen Quantums ersetzt sind.

Der Kläger hat nun nach seiner Ankunft in Bremerhaven über die bei dieser Gelegenheit entstandenen Schäden und Kosten eine Dispache aufmachen lassen und von den Ladungsempfängern ihren Beitrag zu den hiernach zur großen Havarie gehörigen Schäden beansprucht. Einige Ladungsempfänger — die jetzigen Beklagten — haben aber vier zur großen Havarie gerechnete Posten, in Betreff deren ihre Beitragsquote sich im ganzen auf 3508,12 ℳ beläuft und worunter sich insbesondere auch der bei der obengedachten Gelegenheit der Maschine des Schiffes zugefügte Schaden befindet, als nicht unter die große Havarie fallend beanstandet, weshalb der Kläger gegen sie auf Zahlung dieses Betrages nebst 6% Zinsen seit dem 18. Mai 1883, an welchem Tage der unbestrittene Theil der Havariegrosse-Beiträge gezahlt wurde, Klage erhoben hat, indem er unter Bezugnahme auf die Verklarung namentlich geltend macht, daß er sich, da die gefährliche Lage des Schiffes leicht einen Totalverlust habe zur Folge haben können, zur Verhütung größeren Unglückes für Schiff und Ladung genöthigt gesehen habe, das Arbeiten der Maschine anzuordnen, obwohl er gewußt habe, daß solche Beschädigungen eintreten würden.

Nachdem der Kläger in erster Instanz unter Verurtheilung in die Kosten mit der erhobenen Klage gänzlich abgewiesen war, hat das O.L.G. auf seine Berufung, unter Aufhebung des erstinstanzlichen Erkenntnisses, die von den Beklagten bestrittenen Posten der Dispache im übrigen als mit Recht in Havariegrosse gestellt anerkannt, jedoch mit Ausnahme der zu streichenden Posten a) für „Assekuranzprämie auf den Vorschuß" ad 1255,82 ℳ und b) für „Kosten der Verklarung und Ausfertigung" ad 18,40 ℳ. Das R.G. verurtheilt die Beklagten auch in den Posten a.

Zu 1. „Den Beklagten ist darin beizutreten, daß als Voraussetzung der großen Haverei nicht schon eine erst in Zukunft zu befürchtende Gefahr genügt, deren Eintritte vorgebeugt werden soll, sondern daß eine schon eingetretene, unmittelbar drohende, gegenwärtige gemeinsame Gefahr für Schiff und Ladung vorliegen muß, das heißt eine Sachlage, welche nothwendigerweise oder doch regelmäßig Schaden verursacht. Vergl. Protokolle S. 2687 und 4074; Entsch. des R. O. H. G. Bd. 21 S. 157 und Lewis, Kommentar zu Art. 702 des H. G. B. Dies hat aber auch das B. G. keineswegs verkannt. Denn gerade das Vorliegen einer derartigen Gefahr hat es in concreto angenommen und ohne prozessuale Verstöße thatsächlich näher begründet. Es erachtet auf Grund der Verklarung für bewiesen, daß, als das Schiff während der Dauer von circa 70 Stunden am Ausflusse des Mississippi festsaß, Schiff und Ladung sich in einer nicht erst demnächst möglicher Weise entstehenden, sondern einer bereits eingetretenen gemeinsamen Gefahr befanden, da, wie der Kläger zutreffend geltend mache, die Strandung eines so großen beladenen Dampfers allemal eine erhebliche Gefahr enthalte, daß das Schiff leckspringe, durchbreche oder sich begebe, und da hier das Schiff außerdem nicht mit seiner ganzen Länge aufgesessen habe, sondern nur in der Mitte und hinten, während es vorn noch 3½ Fuß Wasser unter sich hatte, unter welchen Umständen das nach der Verklarung am 7. Februar 1883 erfolgte Einsetzen einer südlichen Dünung auch ein Stoßen des Schiffes zur Folge gehabt habe. Auch begründet das B. G. seine Annahme ferner durch den herrschenden Nebel und die starke, das Schiff auf der Bank festhaltende Strömung, wodurch eine Situation geschaffen sei, welche sich, wenigstens von dem Augenblicke an, wo trotz Anwendung der ganzen Kraft der Maschine bei eingetretenem Hochwasser das Schiff nicht abzubringen war, sondern nur einige Fuß vorrückte, als eine imminente Gefahr, an welcher auch die Ladung theilgenommen habe, darstellte und mit der Länge ihrer Dauer immer gefährlicher wurde.

Wenn das B. G. die Bestimmung des Art. 708 sub 3 des Handelsgesetzbuchs dahin auslegt, daß derselbe in dem Falle des Strandens eines Schiffes nicht eine Präsumtion für das Vorliegen einer gemeinsamen Gefahr für Schiff und Ladung aufstelle, sondern nur bestimme, welche Schäden, wenn die allgemeinen Voraussetzungen der großen Haverei bei einer Strandung vorliegen, zur großen Haverei gehören, so kann ihm darin nur beigetreten werden, und ebenso darin, daß der Celtic Monarch unfreiwillig gestrandet oder festgerathen ist und daß daher die Bestimmung des Art. 708 des H. G. B. sub 3 Abs. 4 zur Anwendung kommt, wenn die Voraussetzungen des Art. 702 des H. G. B. vorliegen.

Auch das weitere Erforderniß der großen Haverei, daß der betreffende Schaden zum Zwecke der Errettung von Schiff und Ladung aus der gemeinsamen Gefahr vom Schiffer oder auf dessen Geheiß vorsätzlich zugefügt sein muß (H. G. B. Art. 702), ist vom B. G. keineswegs verkannt. Es bejaht vielmehr das Vorliegen dieser Voraussetzung, indem es als erwiesen annimmt, daß die Verwendung der Maschine, nachdem die Wasserspeiseröhren und das Extra-Speiserohr sich bereits mit Sand verstopft hatten, zum Zwecke des Abbringens des Schiffes eine außerordentliche, der Natur der Sache nach von dem Kapitän als eine die Maschine erheblich schädigende Maßregel erkannt sei. Wenn das Berufungsgericht zu dieser Annahme auf Grund des Inhaltes des Maschinen-Journals in Verbindung mit dem Inhalte der Verklarung gelangt, nach welchem letztere den ganzen Inhalt der ihr beigefügten Journal-Auszüge, also auch denjenigen des Maschinen-Journals als richtig genehmigt hat, sowie auch aus dem ferneren Grunde, daß der Kapitän die Versuche mit der Maschine nicht ohne den sachverständigen Rath des Maschinisten angestellt haben werde, so bewegt es sich hierbei innerhalb der ihm nach § 259 der C. P. O. zustehenden freien Beweiswürdigung.

Inhalts des Maschinen-Journals, welches hiernach ohne Rechtsirrthum vom Berufungsgerichte als des Kapitäns eigene Erklärung aufgefaßt ist, hat man nun zwar nur angenommen, daß „die größeste Gefahr" oder — wie es in dem Englischen Originaltexte heißt — „every probability", also jede Wahrscheinlichkeit für eine weitere Beschädigung der Maschine vorliege, als man sich am 6. Februar 1883 dennoch entschloß, die Maschine zum Flottmachen des Schiffes wieder mit voller Kraft arbeiten zu lassen, wogegen die Beklagten meinen, es sei zur großen Haverei die Erkenntniß erforderlich gewesen, daß die durch diese Maßregel entstandenen Beschädigungen nothwendig hätten eintreten müssen. Dies letztere ist jedoch keineswegs erforderlich, um dieselben als vorsätzlich, beziehungsweise absichtlich (vergl. H. G. B. Art. 702 Abs. 1 und Art. 708 sub 3 Abs. 4) zugefügt ansehen zu können. Denn hierzu genügt vielmehr, daß der Schiffer die Schäden auch nur als wahrscheinlich voraussehen konnte und vorausgesehen hat, daß er also in dem Bewußtsein, wenigstens eventuell durch die zum gemeinschaftlichen Besten ergriffene Maßregel ein Opfer zu bringen, und mit Vorbedacht handelte. Vergl. Protokolle S. 2641—2643, S. 2685 und 2686, sowie S. 4079 oben."

Zu 2. „Auch der Gesichtspunkt, daß die vertragsmäßige Verpflichtung des Verfrachters eines Dampfschiffes zur Aufwendung der Dampfkraft behufs Ausführung der Reise nicht sofort dadurch aufhört, daß das Schiff an Grund geräth, und daß die Versuche, mittels der eignen Maschine das Schiff wieder frei zu bekommen, sich keineswegs ohne weiteres als außerordentliche und außerkontraktliche Leistungen darstellen, deren Kosten von der Ladung mit zu tragen wären, ist vom B. G. nicht unerwogen gelassen, sondern vielmehr als begründet anerkannt, daß die Benutzung der Maschine des Schiffes den Charakter des Außergewöhnlichen tragen müsse, um die dadurch verursachten Schäden und Kosten als in die große Haverei fallend ansehen zu können. Das Arbeiten der Maschine eines Dampfschiffes in seichtem Wasser hat allerdings eine gewisse Aehnlichkeit mit dem sogenannten Prangen — der übermäßigen Anstrengung von Segeln und Masten — auf Segelschiffen. Die Bestimmung des Art. 709 des H. G. B. unter 3, nach welcher die durch das Prangen verursachten Beschädigungen an Schiff und Ladung, selbst wenn geprangt wird, um der Strandung oder Nehrung zu entgehen, nicht als große, sondern als besondere Haverei angesehen werden sollen, beruht aber nicht sowohl auf dem Wesen und der rechtlichen Natur der großen Haverei, als auf besonderen Zweckmäßigkeitsgründen, insbesondere auf der dringenden Gefahr eines in Ermangelung dieser Bestimmung zu befürchtenden Mißbrauches, und der bei den Berathungen des Handelsgesetzbuches über diesen Punkt von einer Seite gegebenen Anregung, die Ueberanstrengung der Maschine auf Dampfschiffen dem Prangen gleichzustellen, ist durch das Gesetz nicht stattgegeben. Vergl. Protokolle, S. 2658 bis 2661. Aus dem H. G. B. ist daher auch nicht etwa durch die Analogie des Art. 709 zu entnehmen, daß der durch außerordentliche Anstrengung der Maschine unter Umständen, welche eine Beschädigung derselben voraussehen lassen, entstandene Schaden niemals in großer Haverei zu ersetzen sei (vergl. Endemann, Handbuch des Handelsrechts Bd. IV Abth. 1 S. 265), wie denn auch die York and Antwerp Rules lediglich in Betreff des Prangens die Vorschrift des Art. 709 des H. G. B. adoptirt haben. Die entgegengesetzte, in einem Urtheile des Bremischen Handelsgerichts und von Lewis in seinem Kommentar zu Art. 709 des H. G. B. vertretene Ansicht kann daher nicht gebilligt werden.

Wenn die Beklagten endlich in Betreff der nicht an der Maschine, sondern an anderen Schiffstheilen bei Gelegenheit und in Folge der Versuche des Abschleppens des Schiffes durch einen Schleppdampfer entstandenen, zu diesem Posten gehörigen Beschädigungen noch gegen die Verrechnung derselben in havarie grosse geltend gemacht haben, daß das Abschleppen doch gewiß nicht mit dem Vorsatze einer Beschädigung des Schiffes angeordnet sei, so erscheint dies deshalb nicht als zutreffend, weil die Abschleppungs-Kosten — wie denn auch in diesem Punkte die Dispache von den Beklagten gar nicht beanstandet ist — unzweifelhaft unter die große Haverei fallen und die Vergütung für die durch das Schleppen bewirkte Beschädigung von Schiffstheilen nur als ein accessorium der Kosten der Abschleppung angesehen werden kann."

2. Wechselrecht.

210. **Bereicherung des Auftraggebers, wenn dessen Bevollmächtigter die Valuta von Wechseln des Auftraggebers vereinnahmt, aber unterschlägt** (Art. 83 der A. D. W. O.). Urth. des II. Civilsenats vom 30. Januar 1885 in Sachen der Aktiengesellschaft B.'s Kreditbank zu Bergen, Klägerin und Revisionsklägerin, wider J. F. B. zu Reichenbach, Beklagten und Revisionsbeklagten. Vorinstanz: O. L. G. Dresden. Aufhebung und Zurückverweisung.

Der Beklagte bediente sich zur Vermittelung seines Geschäftsverkehres mit den in Schweden und Norwegen wohnhaften Kunden des Kaufmanns M. H. zu Hamburg. Dieser zog Wechsel auf die Kunden mit der Unterschrift: „ppa. J. F. B. (Name des Beklagten), M. H." und begab dieselben dann mit der nämlichen Unterschrift an die Klägerin. Aus 13 solchen Wechseln, welche sämmtlich in den Monaten April und Mai 1882 von Reichenbach aus an eigene Ordre ausgestellt, in den Monaten September, Oktober und November 1882 fällig, mit Accepten versehen und bei Verfall mangels Zahlung protestirt sind, erhob die Klägerin bei dem L. G. Plauen Klage. Sie behauptete, daß H. zur Vertretung des Beklagten ermächtigt gewesen sei. Einer der Wechsel (Nr. 80) ist im Laufe des Rechtsstreites von dem Beklagten eingelöst worden. Die Forderungen aus den übrigen 12 Wechseln anlangend, gab der Beklagte zwar zu, daß er die eingeklagten Beträge schuldig geworden sein würde, wenn H. zur Ausstellung der Wechsel ermächtigt gewesen und die Protestaufnahme ordnungsmäßig erfolgt wäre: er bestritt aber beides. Darüber waren die Parteien einverstanden, daß H. auf Verlangen von der Klägerin für die am 13. Mai 1882 bei ihr diskontirten 10 Wechsel eine Anweisung für 3500 ℳ auf Hamburg an seine Ordre und eine gleiche Anweisung auf Bleichröder in Berlin an die Ordre des Beklagten, ferner für die am 26. Mai 1882 bei der Klägerin diskontirten 4 Wechsel eine Rimesse über 2935,83 ℳ erhalten habe, daß diese Werthe nicht in die Hände des Beklagten gelangt seien, daß vielmehr H. im Sommer 1882 flüchtig geworden sei. — Außerdem schützte der Beklagte einredeweise vor: a) die Klägerin habe ihm die Gegenleistung für die 12 Wechsel nicht gewährt; was sie an H. gezahlt, berühre ihn, den Beklagten, nicht, da H. zum Empfange von Geld und Geldeswerth nicht ermächtigt gewesen sei; b) ihm stehe ein Schadensanspruch von 3500 ℳ an die Klägerin zu, weil sie, obgleich durch seine Briefe vom 3. und

5. Juni 1882 davon unterrichtet, daß H. zur Begebung der Wechsel nicht berechtigt gewesen, nichts gethan habe, um Bleichröder von der Honorirung der Anweisung abzuhalten.

Nächstdem erhob die Klägerin noch einen Schadensanspruch von 9935,83 ℳ gegen den Beklagten. Sie behauptete, H. habe die 12 Accepte gefälscht und die Valuta dafür im Namen des Beklagten empfangen. Dies sei gleichbedeutend mit einer Begebung und Empfangnahme durch den Beklagten selbst, der mithin zur Herausgabe des Empfangenen verpflichtet sei, auch wenn die Wechsel nicht richtig protestirt worden wären. — Der Beklagte schützte hiergegen die Einrede der unzulässigen Klagänderung vor. Zu diesem Klaganspruch bemerkt das O. L. G.: „Die Klägerin scheine sich hier darauf stützen zu wollen, daß H., mit der Begebung von Wechseln an sie beauftragt, Wechsel mit gefälschten Accepten begeben und die Valuta dafür als Stellvertreter des Beklagten empfangen habe. Allein zunächst sei die Behauptung der Fälschung unerwiesen geblieben. Sodann würde der Beklagte für eine derartige rechtswidrige Handlungsweise seines Stellvertreters nicht einzustehen haben. Denn die Fälschung liege außerhalb des zwischen H. und dem Beklagten bestandenen Vertragsverhältnisses, sei als selbständiges Delikt H.'s zu betrachten. Für solche habe der Geschäftsherr nicht einzustehen. Besondere Thatsachen, welche eine Haftung begründeten, seien nicht angeführt. Von den seitens H.'s in Empfang genommenen Diskontsummen sei etwas an den Beklagten nicht gelangt; mithin liege eine Bereicherung desselben durch die rechtswidrige Handlung H.'s nicht vor." Das R. G. erklärt die hiergegen gerichtete Revision der Klägerin für begründet.

„Von einer unzulässigen Klagänderung kann zunächst nicht die Rede sein. Bereits der Klageschriftsatz enthält die Behauptungen, daß H. den Gegenwerth der Wechsel von der Klägerin empfangen habe, daß er zu der Empfangnahme befugt gewesen sei, sowie daß die Accepte gefälscht seien. Demnach konnte die Klägerin im Laufe des Rechtsstreites neben der Wechselregreßklage auch noch die Bereicherungsklage wider den Beklagten verfolgen. Die vorige Instanz hat diesen Klaganspruch nur als Deliktsklage aufgefaßt und verneint, daß der Beklagte für die unerlaubten Handlungen H.'s hafte. Das genügte indessen nicht. Es mußte geprüft werden, ob nicht der Beklagte durch den Gegenwerth der Wechsel, wenn die Accepte gefälscht waren, bereichert sei; und dies war nach Art. 83 der D. W. O. zu bejahen. H. hat einen Gegenwerth (Valuta) erhalten; damit wurde der Beklagte bereichert, da H., wie das O. L. G. feststellt, zur Empfangnahme von Geld von dem Beklagten ermächtigt war. Wenn H. nachher das Geld unterschlug, so ändert das an der Thatsache der erfolgten Bereicherung nichts; die Bereicherung kam dadurch nicht wieder in Wegfall. Für die Behauptung der Fälschung aber sind nach dem in der Berufungsinstanz vorgetragenen Thatbestande des ersten landgerichtlichen Theilurtheils Beweismittel angezeigt worden. Die Voraussetzung des B. G., daß die Fälschung unerwiesen geblieben sei, beruht auf einem thatsächlichen Irrthume."

211. **Unterschied der Einrede der Fälschung und der Einrede der Arglist bei Fälschung der Wechselsumme. Nur wenn der Erwerber schon beim Erwerb des Wechsels Kenntniß von der Fälschung hatte, ist die von ihm bewirkte Klagerhebung dolos** (Art. 4 u. 96 der A. D. W. O.). Urth. des I. Civilsenats vom 4. März 1885 in Sachen S. zu S., Beklagten und Revisionsklägers, wider die D. Handelsgesellschaft zu F., Klägerin und Revisionsbeklagte. Vorinstanz: Kammerger. Berlin. Aufhebung und Zurückverweisung (aus hier belanglosen Gründen).

Der Wechsel, aus welchem gegen den Beklagten als Acceptanten geklagt worden, enthält im Texte der Wechselerklärung die Wechselsumme von 11 500 ℳ in Buchstaben, in dem über dem Texte stehenden Vermerke dieselbe Summe in Ziffern. Der Beklagte behauptet, daß, nachdem der Aussteller des Wechsels die Ziffer 1500 ℳ und das Wort „Angenommen" geschrieben, er, Beklagter, seinen Namen unter das Wort „Angenommen" gesetzt und den Wechsel im übrigen unausgefüllt gelassen habe, worauf ohne sein Wissen und Wollen von dem Aussteller die Zahl 1500 in 11 500 geändert und letzterer Betrag mit Buchstaben in den Text des Wechsels eingeschrieben sei.

„Mit Recht und in Uebereinstimmung mit der Rechtsprechung des R. G. (Entsch. Bd. II. S. 97) nimmt das B. G. an, daß unter diesen Umständen dem Beklagten nicht die gegen jeden Wechselgläubiger geltend zu machende Einrede der *Fälschung*, sondern nur die Einrede der *Arglist* unter der Voraussetzung zusteht, daß der Klägerin eine Betheiligung an dem arglistigen Verfahren des Ausstellers des Wechsels zur Last gelegt werden kann. Ebenso richtig ist die Annahme des B. G., daß die Geltendmachung der Wechselforderung durch die Klägerin ungeachtet ihrer Kenntniß von der stattgehabten Arglist des Ausstellers als ein gegen Treue und Glauben verstoßendes arglistiges Verhalten derselben nur in dem Fall anzusehen wäre, wenn sie *schon beim Erwerbe des Wechsels* diese Kenntniß gehabt hätte, und daß als Zeitpunkt des Erwerbs des Wechsels durch die Klägerin derjenige erscheint, in welchem *ihre Zweigniederlassung*, die Agentur in Bromberg, den Wechsel erwarb."

3. Reichs-Haftpflichtgesetz.

212. **Die Betriebsunternehmerin bei durchgehenden Zügen** (§ 1 des Reichs-Haftpflichtgesetzes). Urtheil des III. Civilsenats vom 6. Februar 1885 in Sachen des früheren Eisenbahnschaffners G. K. zu B., Klägers und Revisionsklägers, wider die Berlin-Anhaltische Eisenbahn-Gesellschaft, Beklagte und Revisionsbeklagte. Vorinstanz: **Kammerger. Berlin.** Verwerfung.

„Die Entscheidung über die zur Zeit allein in Frage kommende Passivlegitimation der Beklagten hängt zunächst davon ab, ob Letztere in Betreff des durchgehenden Zuges, bei dessen Bedienung der Kläger am 24. Juni 1881 auf der Station Radebeul (bei Dresden) verunglückt ist, als Betriebsunternehmerin im Sinne des § 1 des Reichs-Haftpflichtgesetzes anzusehen war? Als solche hatte sie, wie vom R. G. schon wiederholt ausgeführt worden ist und auch vom Revisionskläger als richtig anerkannt wird, nur zu gelten, wenn der Betrieb, bei welchem der Unfall stattgefunden hat, für ihre Rechnung erfolgte, so daß ihr der Ertrag desselben zu gute kam. Denn da dieser Ertrag bedingt und beschränkt war durch die mit dem Betrieb verbundenen Lasten und Aufwendungen, so muß auch der Bezug des Ertrages darüber entscheiden, wer die durch den Betrieb begründete Entschädigungspflicht zu tragen hat. Handelt es sich daher, wie hier, um den Betrieb bei einem durchgehenden Zug, so fragt es sich, für wessen Rechnung derselbe stattfindet. Es ist nun allerdings denkbar, daß alle Verwaltungen, über deren Bahnstrecken die durchgehenden Züge laufen, sich gegenseitig den Betrieb auf ihrer Strecke verstattet haben und also jede von ihnen ihr Transportgewerbe auf der Gesammtstrecke ausübt, jede von ihnen also auch auf der Gesammtstrecke als Betriebsunternehmerin erscheint. Ein solches Verhältniß läßt sich jedoch nicht als selbstverständlich ansehen, setzt vielmehr eine besondere Verständigung der betheiligten Bahnverwaltungen voraus, wodurch sie sich gegenseitig ihre Bahnstrecken zur Ausübung des Transportgewerbes vorhalten. Wo derartige Verträge und Abmachungen aber nicht vorliegen, wird anzunehmen sein, daß, wie überhaupt jede Bahnverwaltung nur auf ihrer eigenen Strecke für ihr Transportgewerbe den Betrieb übt, sie dies auch dann thut, wenn sie die Weiterbeförderung von Personen und Gütern von der Nachbarbahn übernimmt, ohne daß ein Wechsel der Transportmittel oder des Zugpersonals stattfindet, wie in der Regel bei durchgehenden Zügen. Wenn hier auch bei der gegenseitigen Abrechnung die Verwendung der fremden Transportmittel und Beamten in Betracht kommen wird, so erfolgt der Betrieb doch auf jeder Strecke für Rechnung und Gefahr der Inhaberin dieser Strecke, und sie erscheint daher auf dieser als Betriebsunternehmerin — eine Annahme, bei der man dem Vorgange des R. O. H. G. in seiner Entscheidung v. 4. Mai 1877 (Entsch. Bd. 22 S. 8 ff.) folgen zu müssen geglaubt hat."

213. Culpa levissima der im § 2 des Reichs-Haftpflichtgesetzes bezeichneten Personen, wenn der erforderliche Kausalzusammenhang

zwischen diesem Verschulden und dem Unfall besteht. Urth. des III. Civilsenats vom 13. Februar 1885 in Sachen L. zu B., Klägers und Revisionsklägers, wider E. & D. das., Beklagte und Revisionsbeklagte. Vorinstanzen: L. G. I und Kammerger. Berlin. Aufhebung bezw. Abänderung der klagabweisenden Vorentscheidungen. Der Anspruch Klägers wird dem Grunde nach für begründet erkannt. Zurückverweisung zur Feststellung des Betrages.

„Der Revisionskläger hebt mit Recht hervor, daß zur Anwendbarkeit der im § 2 des Haftpflichtgesetzes enthaltenen Vorschrift auch das geringste Verschulden einer der dort bezeichneten Personen genügt, sofern ein Kausalzusammenhang zwischen diesem Verschulden und dem eingetretenen Unfalle besteht, und daß die mit der Leitung und Beaufsichtigung des Betriebes beauftragten Personen nicht bloß die regelmäßigen und gewöhnlichen Vorgänge, sondern auch die außergewöhnlichen, aber nach der Art des Betriebes möglichen Umstände, durch welche eine Gefahr für das Leben und die Gesundheit der Arbeiter entstehen kann, in den Kreis ihrer Erwägungen ziehen und Vorkehrungen zur Verhütung dieser Gefahren treffen müssen, und daß in der Nichtbeachtung dieser Umstände ein Verschulden jener Personen in Ausübung ihrer Dienstverrichtungen enthalten ist."

214. **Gewöhnliche Arbeiter können im Sinne des § 2 des Reichs-Haftpflichtgesetzes als Aufseher und Betriebsleiter angenommen sein. Entscheidend ist, daß sie diese Funktion übten bei derjenigen Arbeit, bei welcher der Unfall sich ereignete.** Urth. des III. Civilsenats vom 6. Februar 1885 in Sachen H. & S. zu H., Beklagten und Revisionsklägerin, wider den Berginvaliden K. zu U., Kläger und Revisionsbeklagten. Vorinstanz: O. L. G. Hamm. Verwerfung.

„Dadurch, daß K. ein gewöhnlicher Bergarbeiter ist, welcher nur eine mechanische Thätigkeit auszuüben hatte und an der Arbeit, bei welcher der Kläger verunglückt ist, selbstthätigen Antheil genommen hat, wird nicht ausgeschlossen, daß er eine Person sei, für deren Verschulden der Bergwerksbesitzer nach § 2 cit. haftet. Das Gesetz macht den Fabrikherrn pp. allerdings nicht verantwortlich für ein von einem gewöhnlichen Arbeiter bei seinen gewöhnlichen Dienstverrichtungen begangenes Versehen, der Fabrikherr hat aber ganz allgemein zu haften für das Verschulden einer zur Leitung und Beaufsichtigung des Betriebes oder der Arbeiter angenommenen Person, ohne daß es irgend darauf ankommt, welche Stellung diese Person einnimmt, ob sie ein nur zum Zwecke der Leitung und Beaufsichtigung des Betriebes und der Arbeiter diesen vorgesetzter Angestellter ist, welcher selbst an den Arbeiten thätigen Antheil nicht nimmt, oder ob sie der Zahl der gewöhnlichen Fabrik- oder Bergarbeiter pp. angehört. Wesentlich ist, daß die betreffende Person bei derjenigen Arbeit, bei welcher der Unfall sich ereignet hat, mit der Leitung oder Beaufsichtigung des Betriebes oder der bei dieser Arbeit betheiligten Arbeiter betraut gewesen ist." (Annalen Bd. I S. 322, Bd. III S. 75; Entsch. Bd. 1 S. 28, Bd. 3 S. 4, Bd. 8 S. 30.)

215. **Berechnung des Schadenersatzes im Falle des § 3 Ziff. 1 Schlußsatz des Reichshaftpflichtgesetzes** (wenn ein Unterhaltspflichtiger getödtet wird). Urth. des I. Civilsenats vom 31. Januar 1885 in Sachen verw. T., Klägerin und Revisionsklägerin, wider Berlin-Hamburger Eisenbahn-Gesellschaft, Beklagte und Revisionsbeklagte. Vorinstanz: O.L.G. Hamburg. Aufhebung und Zurückverweisung.

„Es kommt darauf an, was der Ehemann der Klägerin ihr nach den konkreten Umständen, also einerseits nach seiner Leistungsfähigkeit, nach seinem Einkommen, andererseits nach den Bedürfnissen der Frau, wobei auch ihre Kränklichkeit und Arbeitsunfähigkeit in Betracht zu ziehen ist, zum Unterhalt leisten mußte, nicht darauf, welche Aufwendungen der Ehemann thatsächlich zum Unterhalte der Frau gemacht hat. Was hiernach die Klägerin bei Lebzeiten ihres Ehemannes von diesem zu ihrem Unterhalte zu fordern berechtigt war, das muß, nachdem der Ehemann beim Eisenbahnbetriebe getödtet worden, die Beklagte der Klägerin zu ihrem Unterhalte gewähren. Es kommt dabei auch, wie die Klägerin mit Recht geltend macht, nicht allein entscheidend auf den Geldbetrag an, welchen der Ehemann bei Lebzeiten hat aufwenden müssen, um seiner Ehefrau den ihr schuldigen Unterhalt zu gewähren. Die Beklagte muß die Klägerin vielmehr in den Stand setzen, diejenige Lebensweise fortzuführen, welche sie bei Lebzeiten ihres Ehemannes führen zu können von diesem verlangen durfte, wenngleich dies nach Trennung der Ehe für die Klägerin allein verhältnißmäßig mehr kostet, als es in stehender Ehe für beide Ehegatten zusammen gekostet hat. Es ist also bei Bemessung der Rente darauf Rücksicht zu nehmen, daß die Klägerin, welche mit ihrem Ehemann zusammen nur ein Zimmer bewohnt hat, für sich allein auch eines Zimmers bedarf, wenngleich ein etwas kleineres Zimmer für sie ausreichen mag; die gleiche Rücksicht ist bezüglich der Feuerung zum Heizen und Kochen zu nehmen. Die etwaige, durch solche Rücksichten hervorgerufene Erhöhung der Kosten der Unterhalts-Bedürfnisse der Klägerin trifft die entschädigungspflichtige Beklagte; die Klägerin darf nicht zu einer Einschränkung der Bedürfnisse genöthigt werden, deren Befriedigung sie von ihrem zu ihrer Unterhaltung verpflichteten Ehemanne bei dessen Lebzeiten fordern konnte.“

4. Reichs-Markenschutzgesetz.

216. **Die Worte im § 10 Abs. 2 des Markenschutzgesetzes „deren Eintragung nicht zulässig ist“ sollen nur den Fall treffen, wenn das Zeichen nach § 3 nicht hätte eingetragen werden dürfen. Werden die Voraussetzungen der §§ 20, 2 und 3 des Gesetzes** (für die Eintragung ausländischer Marken) **nach Eintragung ausländischer Marken für diese bezw. deren Inhaber hinfällig, so wird die Eintragung damit nicht unzulässig, sondern höchstens unwirksam. Auf solche Fälle läßt sich die Bestimmung des § 11 cit. nicht beziehen.** Urth. des II. Civilsenats vom 17. Februar 1885 in Sachen der Aktiengesellschaft Jönköpings Tändsticksfabriks Actiebolag zu Jönköping, Klägerin, Widerbeklagten und Revisionsklägerin, wider die Aktiengesellschaft Actiebolaget Jönköpings Oestra Fabriker zu Jönköping, Beklagte, Widerklägerin und Revisionsbeklagte. Vorinstanzen: L. G. Leipzig, O. L. G. Dresden. Aufhebung hinsichtlich der Widerklage; Abweisung derselben.

Für die klagende Gesellschaft, welche zu Jönköping in Schweden die Fabrikation von Zündhölzern betreibt, sind in den Jahren 1875 und 1876 zwei Zeichen unter Nr. 829 und 2333 in das Leipziger Zeichenregister eingetragen worden auf Grund Zeugnisses der Bürgermeisterei zu Jönköping, wonach diese Zeichen in Schweden geschützt waren. Die beklagte Gesellschaft betreibt ebenfalls zu Jönköping eine Zündholzfabrik. Sie benutzt ein dem Zeichen Nr. 829 ähnliches Zeichen, im gegenwärtigen Prozesse mit X. bezeichnet, welches in Deutschland nicht eingetragen ist, und außerdem zwei unter Nr. 2941 und 2956 in das Leipziger Zeichenregister eingetragene Zeichen. Die Klägerin beantragte Verurtheilung der Beklagten zu Unterlassung des Gebrauches aller drei Zeichen. Nach ihren Behauptungen sollen die Zeichen X und Nr. 2956 mit dem Zeichen Nr. 829, dagegen das Zeichen Nr. 2941 mit Nr. 2333 verwechselt werden können. Die Beklagte stellte den Widerklagantrag, festzustellen, daß sie der Klägerin gegenüber zu dem Gebrauche des Zeichens X berechtigt sei, und die Klägerin zu verurtheilen, daß sie das Zeichen Nr. 829 löschen lasse.

In erster Instanz (L. G. Leipzig) ist mit Urtheil vom 20. Februar 1884 die Beklagte hinsichtlich des Zeichens X dem Klageantrage gemäß verurtheilt; im übrigen ist die Klage nebst der Widerklage abgewiesen worden. Beide Theile legten Berufung ein; die Beklagte gegen die Verurtheilung zur Klage und gegen die Abweisung der Widerklage, die Klägerin zu dem Zwecke vollständiger Erledigung ihrer Klaganträge und anlangend das Zeichen Nr. 2941 mit dem Unterantrage, daß der Beklagten wenigstens der Gebrauch dieses Zeichens in Verbindung mit der Nachbildung von Nr. 829 untersagt werde. Die Parteien waren in der Berufungsinstanz darüber einverstanden, daß die Urtheile Schwedischer Gerichte, welche die Beklagte vorgelegt hatte, in Folge eines von der Klägerin gegen den Vorgänger der Beklagten im Besitze ihrer Fabrik, B. C. Carlson, zu dem Zwecke gestellten Strafantrages ergangen seien, gegen unbefugte Nachahmungen ihres Waarenzeichens Nr. 829 Schutz zu erlangen. Die Klägerin hatte den Strafantrag auf Kap. XXII § 16 des Schwedischen Strafgesetzes vom Jahre 1864 gestützt. In erster Instanz wurde aber erkannt, daß das Verfahren des Angeklagten nach den jetzt bestehenden Schwedischen Gesetzen nicht strafbar sei. Die hiergegen von der Klägerin ergriffenen Rechtsmittel waren in zweiter und dritter Instanz verworfen worden.

Das am 11. Juli 1884 verkündete Urtheil des O.L.G. Dresden hat die Klage vollständig abgewiesen, auf die Widerklage die Klägerin verurtheilt, die Löschung des unter Nr. 829 im Zeichenregister zu Leipzig eingetragenen Waarenzeichens zu beantragen. In den Gründen wird dargelegt: Da die Klägerin im Inlande keine Handelsniederlassung besitze, so müsse sie zur Begründung des Klaganspruches den Erfordernissen in § 20 des Markenschutzgesetzes genügen. Der Nachweis, daß sie in Schweden Schutz für ihre Zeichen beanspruchen könne, sei zwar von ihr bei der Anmeldung an sich ausreichend geführt worden. Durch die im gegenwärtigen Prozesse von der Beklagten beigebrachten Beweisstücke sei aber dieser Nachweis hinsichtlich der Marke Nr. 829 widerlegt. Durch das Ergebniß des Strafprozesses sei dargethan, daß nach der übereinstimmenden Auffassung der Schwedischen Gerichte, besonders des dortigen höchsten Gerichtshofes (welchem gegenüber abweichende Meinungen Einzelner nicht in Betracht kämen), die Nachahmung dieser Marke, auch wenn sie Verwechselungen mit der Marke der Klägerin in hohem Grade hervorzurufen geeignet sei, zu einer Bestrafung des Nachahmers nicht führen könne. Ferner sei dargethan, daß die Strafbestimmung in Kapitel XXII § 16 des Schwedischen Strafgesetzes — deren Nichtanwendbarkeit auf täuschende Nachbildungen der Marke Nr. 829 durch jene Urtheile festgestellt werde — die einzige Vorschrift des Schwedischen Rechts sei, welche Schutz gegen derartige Nachahmungen gewähre. Für die gegentheilige Auffassung bewiesen die von der Klägerin beigebrachten, zwischen dem Deutschen Reiche und der Schwedischen Regierung anläßlich des Staatsvertrages von 1872 ausgetauschten Deklarationen nichts, da diese nur die Gleichstellung der Inländer mit den Ausländern garantirten, während die Differenz zwischen der Klägerin und Carlson darthue, daß auch im Verhältnisse von Inländern unter sich für die Marke Nr. 829 ein Schutz in Schweden nicht bestehe. Hiermit sei der Klage hinsichtlich dieser Marke der Boden entzogen. Der Nichterbringung des in § 20 unter Nr. 2 des Markenschutzgesetzes geforderten Nachweises stehe es gleich, wenn der durch unterbehördliches Zeugniß hergestellt gewesene Beweis durch Entscheidungen der oberen Gerichtsbehörden entkräftet werde und als auf weggefallenen Grundlagen beruhend sich ausweise. — Die Zeichen Nr. 2941 und 2956 seien mit einem Zeichen der Klägerin nicht verwechselungsfähig. Ersteres anlangend, so lasse es eine Verwechselung mit dem Zeichen Nr. 2333 nur für denjenigen zu, der von jeder Betrachtung der Darstellung auf den, beiden Zeichen gemeinsamen runden Stempeln absehe. Die beiderseitigen Darstellungen seien ausreichend deutlich und ließen bei dem Zeichen der Kläger die beiden Hemisphären, bei dem der Beklagten gekrönte Wappenschilder sofort erkennen. — Mit der vollständigen Klagabweisung erledige sich der auf die Feststellung, daß die Beklagte zur Führung des Zeichens X. berechtigt sei, gerichtete Widerklagantrag. Dem Antrage der Beklagten, die Klägerin zum Löschenlassen des Zeichens Nr. 829 anzuhalten, sei zu fügen gewesen. Die Eintragung des gedachten Zeichens sei nicht zulässig, weil es in seinem Heimathlande Schutz gegen Nachahmungen nicht genieße. Nach § 11, verbunden mit

§ 10 Abs. 2 des angezogenen Reichsgesetzes, habe der Inhaber eines solchen gleichwohl eingetragenen Zeichens dasselbe auf Verlangen eines Betheiligten löschen zu lassen. Als Betheiligter sei jeder anzusehen, welcher ein Zeichen, dessen freier Gebrauch durch das ohne Recht zur Eintragung gelangte Zeichen in Frage gestellt werde, bisher schon geführt habe oder neu annehme.

Die Klägerin hat gegen das B.U. Revision eingelegt. Sie beantragte bei der mündlichen Verhandlung: dasselbe aufzuheben, die Berufung der Beklagten in Betreff der Haupt- und Widerklage zurückzuweisen und den Berufungsanträgen der Klägerin gemäß, mit alleiniger Ausnahme des hinsichtlich der Marke 2956 gestellten Antrages, zu erkennen, eventuell die Sache zu anderweiter Verhandlung und Entscheidung an das Berufungsgericht zurückzuverweisen. Dazu erhob sie folgende Einwendungen: 1) Die Klaganträge seien nicht vollständig gewürdigt. Den Unterantrag: der Beklagten wenigstens den Gebrauch des Zeichens Nr. 2941 in Verbindung mit der Nachbildung von Nr. 829 zu untersagen, übergehe die Vorinstanz vollständig. 2) Die Schwedischen Straferkenntnisse seien rechtsirrthümlich beurtheilt. Sie enthielten in zweiter und dritter Instanz weder einen Thatbestand, noch Auslassungen über die einschlagenden Rechtsgrundsätze, sodaß sich nicht erkennen lasse, aus welchen Gründen die erstinstanzliche Freisprechung bestätigt worden sei. 3) Die Widerklage sei unstatthaft. Das Berufungsgericht verkenne den Begriff des Freizeichens.

„Das Reichsgesetz vom 30. November 1874 gewährt den Markenschutz nur nach Maßgabe der Anmeldung und Eintragung. Die Klägerin hat die Zeichen Nr. 829 und Nr. 2333 lediglich einzeln zur Eintragung angemeldet. Deshalb lag für das B. G. kein Anlaß vor, sich darüber zu äußern, ob die beiden verbundenen Waarenzeichen mit den verbundenen Zeichen X und Nr. 2941 verwechselt werden können und ob für die verbundenen Waarenzeichen ein Schutz in Schweden besteht. Letzteres ist ohnehin stillschweigend offenbar verneint worden.

Im übrigen beruht die Entscheidung, soweit sie die Marke Nr. 829 angeht, auf der Anwendung nicht revisibler Rechtsnormen und auf thatsächlicher Prüfung. Daß diese Marke in Schweden keinen Schutz genießt, wird durch Erkenntnisse dreier Instanzen für dargethan erachtet, und wenn das O.L.G., obwohl den Erkenntnissen zweiter und dritter Instanz Thatbestand wie Gründe mangeln, für bewiesen ansieht, daß die Nachahmungen der Marke Nr. 829 in Schweden nicht strafbar seien, sowie daß deshalb zur Zeit dort ein Schutz gegen Nachahmungen nicht erlangt werden könne, so ist das eine Beweiswürdigung, welche einem Revisionsangriffe nicht unterliegt. Auf Grund der Feststellung, daß die Klägerin in Schweden mit der Marke Nr. 829 nicht geschützt ist, mußte die Klage abgewiesen werden, und zwar wenn nicht gemäß der im vorigen Urtheile angezogenen Ziff. 2 von § 20 des Markenschutzgesetzes, so doch nach der Vorschrift in Ziff. 3 desselben Paragraphen, welche dem ausländischen

Gewerbtreibenden den Schutz in Deutschland „nur insofern und auf so lange“ verleiht, als er in seiner Heimath in der Benutzung des Zeichens geschützt ist. — Das Zeichen Nr. 2941 anlangend, so ist ohne Rechtsirrthum erwogen, daß dasselbe mit dem Zeichen Nr. 2333 nicht verwechselt werden könne. Die Revision erscheint somit unbegründet, soweit sie die Hauptklage betrifft.

Anders verhält es sich mit der Widerklage. Zwar kann davon nicht die Rede sein, daß die Marke Nr. 829, welche die Firma der Klägerin trägt, bisher im freien Gebrauche aller oder gewisser Klassen von Gewerbtreibenden sich befunden habe. Das B.G. hat auch die Verurtheilung zur Widerklage nicht etwa um deswillen ausgesprochen, weil die Marke Nr. 829 ein Freizeichen in dem angegebenen Sinne sei. Vielmehr ist die Verurtheilung darauf gestützt, daß die Eintragung des Zeichens „nicht zulässig“ sei. Das aber ist eine unhaltbare Ansicht. Allerdings kann niemand auf Waarenzeichen, deren Eintragung nicht zulässig ist, durch Anmeldung ein Recht erwerben (§ 10 Abs. 2 des Markenschutzgesetzes), und nach § 11 des Markenschutzgesetzes müssen derartige Zeichen, wenn sie eingetragen sind, auf Verlangen eines Betheiligten gelöscht werden. Die Worte: „deren Eintragung nicht zulässig ist“ in § 10 Abs. 2 sollen indessen augenscheinlich nur den Fall treffen, wenn das Zeichen nach § 3 nicht hätte eingetragen werden dürfen. Hier handelt es sich um einen wesentlich anderen Fall. Die Eintragung des Zeichens war an sich nicht unzulässig. Die Klägerin hatte den Nachweis erbracht, daß in Schweden die Voraussetzungen erfüllt seien, unter denen sie dort einen Schutz für das Zeichen in Anspruch nehmen konnte. Erst nachträglich, im gegenwärtigen Prozesse, hat sich das Gegentheil herausgestellt. In diesem Falle kann höchstens von einer Unwirksamkeit des ursprünglich zulässigen Eintrages gesprochen werden. Auf solche Fälle läßt sich also die Bestimmung des § 11 nicht beziehen. Auch liegt kein zwingender Grund vor, im Wege einer ausdehnenden Auslegung das Gesetz darauf mit anzuwenden. Nach alledem ist anzunehmen, daß die Beklagte — hätte sie selbst als eine Betheiligte im Sinne des § 11 zu gelten — doch zu dem Verlangen der Löschung nicht befugt sei.“

217. **Der Begriff des „wissentlichen“ Inverkehrbringens und Feilhaltens von Waaren** (die zu Unrecht mit einem geschützten Waarenzeichen versehen sind) **im Sinne des § 14 des Reichs-Markenschutzgesetzes ist, wenn es sich um Strafe oder Ersatzpflicht handelt, derselbe.** Urth. des II. Civilsenats vom 13. Februar 1885 in Sachen H. & S. in L.,

Beklagten und Revisionskläger, wider E. B. und Gen., Kläger und Revisionsbeklagte. Vorinstanz: O.L.G. Dresden. Verwerfung.

„Das „wissentliche" Inverkehrbringen und Feilhalten von Waaren, welche mit einem nach Maßgabe des Markenschutzgesetzes zu schützenden Waarenzeichen widerrechtlich bezeichnet sind, wird in § 14 des Gesetzes nicht nur mit Strafe bedroht, sondern es ist auch die Rechtsfolge der Entschädigungspflicht daran geknüpft. Hiernach ist ohne weiteres klar, daß der Begriff „wissentlich" kein anderer sein kann, je nachdem es sich um die Strafe oder um die Ersatzpflicht handelt. Vielmehr steht nach dem Gesetze die Ersatzpflicht ganz unter den gleichen Voraussetzungen, wie die Strafe, und damit erledigt sich für die gegenwärtige Sache alles das, was die Beklagten über den Unterschied zwischen strafrechtlichem und civilrechtlichem dolus gesagt haben."

5. Reichs-Beamtengesetz vom 31. Mai 1873.

218. **Grenze der Zulässigkeit des Rechtsweges gegen den Defektenbeschluß nach § 144 (141) des Reichs-Beamtengesetzes.** Urth. des IV. Civilsenats vom 5. Februar 1885 in Sachen des Postfiskus, Klägers, Widerbeklagten und Revisionsklägers, wider L's Konkurs zu S., Beklagten, Widerkläger und Revisionsbeklagten. Vorinstanzen: L.G. Tilsit, O. L. G. Königsberg. Aufhebung, Abweisung der Widerklage.

„Der § 144 des Reichs-Beamtengesetzes bestimmt, daß gegen den Defektenbeschluß dem Beamten sowohl hinsichtlich des Betrages, als hinsichtlich der Ersatzverbindlichkeit der Rechtsweg zusteht. Dadurch ist die Grenze der Zulässigkeit des Rechtsweges deutlich bezeichnet. Gegenstand der gerichtlichen Entscheidung sollen nur die Fragen sein: ob und in welcher Höhe eine Verpflichtung des Beamten zum Ersatz materiell begründet sei?

Wird die erste Frage durch das Gericht verneint, so macht dies den Defektenbeschluß allerdings materiell *wirkungslos*, und insofern ist die gerichtliche Klage *gegen* den Beschluß gerichtet. Der Beschluß wird *unausführbar*, da das richterliche Urtheil seinen materiellen Inhalt beseitigt. Auch dies beruht freilich auf dem Fehlen einer gesetzlichen Voraussetzung für den Erlaß des Beschlusses, nämlich einer Handlung oder Unterlassung des Beamten, welche denselben nach dem Gesetz dem Fiskus zum Ersatz verpflichtet; allein diese Voraussetzung ist ein Bestandtheil der *materiellen Begründung* des Beschlusses.

Davon verschieden ist die Frage: ob die im § 141 angegebenen formellen Voraussetzungen für das Defektenfeststellungsverfahren und den dasselbe abschließenden Defektenbeschluß vorliegen? Diese Frage gehört nicht dem Privatrecht, sondern dem publizistischen Verhältniß des Staates zu dem Beamten an. Dieselbe kann nicht im Rechtswege, sondern nur im Wege der in § 144 erster Absatz ausdrücklich erwähnten „Beschwerde im Instanzenzuge" erledigt werden. Nur der materielle Inhalt des Beschlusses, nämlich die Feststellung, daß dem Fiskus an den Beamten ein Anspruch auf den festgesetzten Geldbetrag zusteht, betrifft das Privatrecht, und es kann daher der Richter darüber befinden, ob dieser privatrechtliche Anspruch des Fiskus, welcher freilich aus dem Beamtenverhältniß entspringt, nach den Gesetzen begründet ist. Dies ist die Bedeutung des § 144. Hiernach wird dem in Striethorst's Archiv B. 17 S. 99 mitgetheilten Erkenntniß beigetreten, welches vom Ob.-Trib. auf Grund der Preuß. Verordnung vom 24. Januar 1844 (auf welcher die betreffenden Satzungen des Reichs-Beamtengesetzes wesentlich beruhen) erlassen ist; es werden die davon abweichenden Ausführungen des neueren Erkenntnisses desselben Gerichtshofes vom 4. Dezember 1857 (Entsch. B. 36 S. 382) reprobirt." (Vergl. auch Urtheile und Annalen Bd. I S. 183.)

6. Reichs-Konkursordnung.

219. 1) **Der Aussonderungsanspruch erstreckt sich nicht auf Gegenstände, die dem Gemeinschuldner gehören** (§ 35 der R. Konk. O.). 2) **Rechtliche Folgen der Anfechtung** (§§ 22 ff. der R. Konk. O.). Urth. des II. Civilsenats vom 20. Januar 1885 in Sachen des Konkurses der E.-D. Textil-Industrie-Ges. zu L., Klägers und Revisionsklägers, wider den Konkurs G. T. Z. zu C., Beklagten und Revisionsbeklagten. Vorinstanz: O.L.G. Dresden. Verwerfung.

„Der Aussonderung unterliegen nach § 35 der Konk.-O. die dem Gemeinschuldner nicht gehörigen Gegenstände. Der Anspruch auf Aussonderung setzt also ein Recht voraus, auf Grund dessen die Herausgabe eines Gegenstandes als eines nicht dem Gemeinschuldner, sondern dem Beanspruchenden gehörigen verlangt werden kann. Dieses Recht kann ein dingliches oder persönliches sein. Der Anspruch ist aber nicht begründet, wenn die Verpflichtung des Gemeinschuldners dahin geht, einen ihm gehörigen Gegenstand herauszugeben. Um eine Verpflichtung dieser letztern Art aber handelt es sich hier. Das Anfechtungsrecht gewährt nämlich nur forderungsrechtliche Ansprüche und Rechtsmittel; die §§ 22 f. der R. Konk. O. haben nicht den Zweck, den Gläubigern Vermögen des Gemeinschuldners unmittelbar zu erhalten, wie dies bezüglich der nach der Konkurseröffnung vorgenommenen Dispositionsakte durch § 6 der R. Konk. O. geschieht. Die in den §§ 23 f. bezeichneten Rechtshandlungen können als den Gläubigern gegenüber unwirksam angefochten werden mit der Wirkung, daß das durch die angefochtene Handlung Veräußerte zur Konkursmasse zurückgewährt werden muß (§§ 22, 30 der R. Konk. O.). Die anfechtbare Handlung ist nicht (auch nicht partiell oder relativ) nichtig; es handelt sich auch insofern nicht um Anfechtbarkeit im eigentlichen Sinn, als nicht die Rechtshandlung mit ihren zwischen den Parteien existenten Wirkungen beseitigt wird; vielmehr ist nur für den Anfechtungsberechtigten ein Forderungsanspruch begründet, der zwar auf Beseitigung des durch die Rechtshandlung begründeten rechtlichen und thatsächlichen Zustandes und Wiederherstellung des vor der Rechtshandlung bestandenen Zustandes gerichtet ist, der aber nicht bewirken kann, daß dieser frühere Zustand ex tunc wiederhergestellt wird. Die anfechtbare Handlung ist bis zu Ausübung der Anfechtung giltig und wirksam; sie verliert durch die Anfechtung den Gläubigern gegenüber ihre Wirksamkeit für die Zukunft; die Folgen, welche sie bis dahin erzeugt hatte, fallen aber nicht von selbst und rückwärts zusammen; daher werden Rechte, welche Dritte unanfechtbar erworben hatten, durch die Anfechtung nicht berührt und begründen nur für den Anfechtungsgegner die Verpflichtung, diese Rechte zu beseitigen oder Ersatz zu leisten. Der § 31 der R. Konk. O. enthält eine besondere Bestimmung zu Gunsten des Anfechtungsgegners und gestattet keinen Schluß auf die rechtliche Natur der Anfechtungsklage. Diese rechtliche Natur, wie sie in Vorstehendem erörtert ist, ergiebt sich aus §§ 22, 30, 33 der R. Konk. O., und wenn in den Motiven zu § 31 bemerkt ist: „Befindet sich eine Gegenleistung des Gegners unterscheidbar in der Konkursmasse, so würde nach §§ 35 f. ein Anspruch auf Rückforderung der „fremden" Sache rc. begründet sein", so kann hierauf um so weniger entscheidendes Gewicht gelegt werden, als die Motive, wie die Vorinstanz hervorhebt, an anderen Stellen entschieden die Auffassung vertreten, daß durch die Anfechtung der Zustand, wie er vor der angefochtenen Handlung bestand, nicht rückwärts wieder auflebe."

220. **Auch im Nachlaßkonkurse ist die Zahlungseinstellung der Erben das für die Anfechtbarkeit kritische Zeitmoment** (§§ 23, 2; 203 der R. Konk. O.). Urth. des V. Civilsenats vom 31. Januar 1885

in Sachen G. R. zu H., Beklagten und Revisionsklägers, wider W. G's Nachlaß-Konkurs zu O., Kläger und Revisionsbeklagten. Vorinstanz: O.L.G. Breslau. Verwerfung.

„Mittels der Beschwerden ist unter Berufung auf die Motive zur R. Konk. O. die Rechtsmeinung vertheidigt, daß für die Anfechtung im Nachlaßkonkurse nach § 23 Nr. 2 der R. Konk. O. als kritisches Zeitmoment nicht die Zahlungseinstellung der Erben in Betracht komme, sondern höchstens der Antrag auf Konkurseröffnung. Es ist in dieser Beziehung aber der Ausführung des B. R. beizutreten. Bei den genannten zeitlichen Bedingungen der Anfechtung handelt es sich nicht sowohl um das Dasein der allgemeinen Voraussetzung des Konkurses und dessen Eröffnung, welche für den Nachlaß die Ueberschuldung desselben ist — § 203 ib. —, sondern um Thatsachen, durch welche der vorhandene Konkurszustand für jeden Dritten wahrnehmbar wird und welche daher Gegenstand der für die Anfechtung erheblichen Wissenschaft des Anfechtungsgegners sein können. Mit Rücksicht auf den in der Unzulänglichkeit des Vermögens oder des Nachlasses bestehenden allgemeinen Konkursgrund für die Fälle des gemeinen oder Nachlaß-Konkurses war nun in der Preuß. Konk. O. vom 8. Mai 1855 offenbar als für die Anfechtung maßgebend nicht blos die Zahlungseinstellung und der Antrag auf Konkurseröffnung, sondern auch die Anzeige der Vermögensunzulänglichkeit bestimmt (§§ 322, 323, 332, 100, 101 ged. Konk. O.); dieses letztere Moment wurde aber in § 23 der Deutschen Konk. O. einfach gestrichen, die Weglassung auch nicht weiter motivirt. Die Sache liegt also so, daß die Anfechtung lediglich an die Thatsachen der Zahlungseinstellung oder des Eröffnungsantrages geknüpft ist. Es läßt sich nun unmöglich darnach die Nichtanwendbarkeit dieser Regel auf den Nachlaßkonkurs mit einigem Rechte behaupten. Die §§ 193 ff. der R. Konk. O. behandeln nur Abweichungen von den allgemeinen Konkursvorschriften für bestimmte Fälle; diese Abweichungen im Falle des Nachlaßkonkurses beziehen sich aber nicht auf die Anfechtungsgründe der §§ 22 ff. ib.; sie bedingen nur, daß die sich auf das Nachlaßvermögen beziehenden Handlungen der Benefizialerben, die an Stelle des Erblassers treten und den Nachlaß verwalten, als Handlungen des Gemeinschuldners zu betrachten sind — vergl. Motive, Heymann'sche Ausgabe S. 453; von Wilmowski, R. Konk. O. zu §§ 202, 205. — Deshalb kommt, wenn sie aus dem unzureichenden Nachlasse Zahlung leisten und dann die Zahlungen einstellen, diese Zahlungseinstellung im Sinne des § 23 a. a. O. ebenso in Betracht, wie ihr rechtzeitiger oder verzögerter Antrag auf Konkurseröffnung; sie befinden sich ganz in der Lage des insolventen Gemeinschuldners, der aus unzulänglichem Vermögen Zahlungen leistet und dieselben dann einstellt."

221. 1) **Zweck der Bestimmungen der §§ 132 Abs. 2 und 152 Abs. 2 der R. Konk. O.** — 2) **Die Aufnahme eines unterbrochenen Rechtsstreites** (§§ 227, 226 der C. P. O.) **erfolgt ohne Zuthun des Gerichts; Wirkung der Aufnahme; ohne Nachweis eines Interesses; in jedem Stadium des Prozesses.** Urth. des III. Civilsenats vom 23. Januar 1885 in Sachen H. in B., Klägers und Revisionsklägers, wider D. daselbst, Beklagten und Revisionsbeklagten. Vorinstanz: O. L. G. Braunschweig. Aufhebung und Zurückverweisung.*)

„Indem die Vorinstanz dem Kläger die Befugniß zur Aufnahme des Prozesses abspricht, verstößt sie gegen die ausdrückliche und keiner Einschränkung unterworfene Bestimmung des § 132 Abs. 2 der R. Konk. O., daß, wenn die im Konkursverfahren angemeldete Forderung von dem Gemeinschuldner in dem Prüfungstermine bestritten worden ist, der Rechtsstreit, welcher über dieselbe zur Zeit der Konkurseröffnung anhängig war, gegen den Gemeinschuldner aufgenommen werden kann. Der Zweck dieser Gesetzesbestimmung geht dahin, daß dem Gläubiger die Möglichkeit gewährt werden soll, wegen seines demnächstigen Nachforderungsrechts, wegen dessen in diesem Falle nach § 152 Abs. 2 der R. Konk. O. die Zwangsvollstreckung aus der Eintragung der Festsetzung seiner Forderung in die Tabelle nicht stattfindet, sich schon während des Konkursverfahrens einen vollstreckbaren Titel zu verschaffen.

Die unrichtige Entscheidung der Vorinstanz ist veranlaßt durch ihre Annahme, daß die Aufnahme eines unterbrochenen Prozesses verbunden sein müsse mit einem das Prozeßverfahren fortsetzenden Antrage und daher nur vorgenommen werden könne von einer Partei, welche sich zugleich in der prozessualen Lage befinde, einen Antrag zur Sache selbst erheben zu können. Diese Annahme beruht auf Verkennung des Wesens der Aufnahme eines unterbrochenen Rechtsstreites. Dieselbe wird nach § 227 der C. P. O. ohne Zuthun des Gerichts vollzogen durch die Zustellung eines die entsprechende Erklärung enthaltenden Schriftsatzes. Und da nach § 226 die Wirkung der Unterbrechung des Rechtsstreites darin besteht, daß der Lauf einer jeden Frist aufhört und daß eine während der Unter-

*) Ein gleichlautendes Urtheil vom nämlichen Tag und Senat erging in Sachen H. Heldmann in B. wider denselben Beklagten.

brechung von einer Partei in Ansehung der Hauptsache vorgenommene Prozeßhandlung der anderen Partei gegenüber ohne rechtliche Wirkung ist, so besteht umgekehrt die Wirkung der Aufnahme des Verfahrens nur darin, daß die Fristen, welche im Zeitpunkte der Unterbrechung im Lauf begriffen waren, wieder in Lauf gesetzt werden und daß jede der beiden Parteien in die Lage zurückversetzt werde, einen Antrag zur Hauptsache rechtswirksam erheben zu können. Die Befugniß zur Aufnahme des Rechtsstreites ist auch nicht bedingt durch den Nachweis eines bezüglichen Interesses der die Wiederaufnahme vornehmenden Partei; dieses Interesse ist stets schon vorhanden in dem Interesse, welches jede Partei an der Beschleunigung der Beendigung des Rechtsstreites hat. Die Aufnahme kann, soweit sie überhaupt statthaft ist, vorgenommen werden in jedem Stadium des Prozesses bis zur rechtskräftigen Beendigung desselben.

Der Beklagte hat in der Revisionsverhandlung zu Gunsten der Aufrechterhaltung des angefochtenen Urtheils noch die Meinung aufgestellt, daß die Befugniß des Klägers, das Verfahren gegen den Gemeinschuldner aufzunehmen, dadurch ausgeschlossen sein müsse, daß das Verfahren schon vorher dem Kläger gegenüber durch eine Konkursgläubigerin (die Ehefrau des Gemeinschuldners), welche gleichfalls jene Forderung in dem Prüfungstermin bestritten hatte, aufgenommen werden kann; er hat zur Rechtfertigung dieser Meinung darauf hingewiesen, daß die zweifache Aufnahme und Verhandlung desselben Rechtsstreites unter verschiedenen Parteien der seines Erachtens unzulässigen Möglichkeit der demnächstigen Erlassung zweier sich widersprechender Erkenntnisse Raum gebe. Auch diese Meinung ist unrichtig. Durch die Entscheidung des anhängigen Rechtsstreites, welche auf Grund der von der Ehefrau des Gemeinschuldners gemäß § 134 Abs. 6 der Konkursordnung vorgenommenen Aufnahme des Verfahrens zwischen ihr und dem Kläger zu ergehen hat, wird die gemäß Abs. 7 daselbst in die Tabelle einzutragende und somit für das Konkursverfahren maßgebende Festsetzung der Klagforderung bewirkt werden; da aber in diesem Falle die Eintragung in die Tabelle gegen den Gemeinschuldner, wie schon erwähnt, nicht bindend ist, so ist der Kläger wegen seines demnächstigen Nachforderungsrechts darauf angewiesen, den anhängigen Prozeß außerdem auch noch gegen den Gemeinschuldner fortzusetzen, und zu diesem Zwecke ist ihm im § 132 Abs. 2 der Konkursordnung die Aufnahmebefugniß beigelegt. Und der § 152 Abs. 2 der Konkursordnung hat gerade dadurch, daß der für das Konkursverfahren getroffenen Festsetzung einer angemeldeten Forderung keine verbindliche Kraft wegen des Nachforderungsrechts gegen den Gemeinschuldner gegeben ist, sofern Letzterer die Forderung im Prüfungstermine bestritten hat, der Möglichkeit Raum lassen wollen, daß die Festsetzung derselben Forderung im Konkursverfahren in anderer Weise stattfinden kann, als der Person des Gemeinschuldners gegenüber."

7. Reichsgesetz betr. die Konsulargerichtsbarkeit (vom 10. Juli 1879).

222. **Der § 18 des Reichsgesetzes über die Konsulargerichtsbarkeit macht die Berufung nicht vom Vorhandensein einer Berufungssumme abhängig.** Urth. des I. Civilsenats vom 26. Januar 1885 in Sachen G. & Co. zu Konstantinopel, Klägerin und Berufungsklägerin, wider R. E. das., Beklagten und Berufungsbeklagten. Vorinstanz: Deutsches Konsulargericht Konstantinopel. Aufhebung und Abänderung.

„Die Zulässigkeit der Berufung ist nicht zu beanstanden. Wäre in dem § 18 des Reichsgesetzes über die Konsulargerichtsbarkeit vom 10. Juli 1879 (Reichsgesetzbl. 1879 S. 197) für die Berufung eine Berufungssumme von 300 M. vorgeschrieben, so würde die eingelegte Berufung bei entsprechender Anwendung der Bestimmungen der C.P.O. als unzulässig zu verwerfen sein, da der Gegenstand des zweiten Klaganspruches, abgesehen von den nicht in die Berechnung zu ziehenden Zinsen, für sich allein den Betrag von 300 M. nicht erreicht und weder der Gegenstand des dritten Klaganspruches, bezüglich dessen eine gegenstandlose und deshalb unzulässige Berufung eingelegt worden ist, noch der Gegenstand des ersten Anspruches, bezüglich dessen der Beklagte der Berufung sich angeschlossen hatte, bei der Berufungssumme in Betracht kommen würde. Allein der § 18 macht die Berufung nicht von dem Vorhandensein einer Berufungssumme abhängig. Es werden darin zwei Klassen von bürgerlichen Rechtsstreitigkeiten unterschieden: die erste, bei welcher keinerlei Rechtsmittel stattfinden, umfaßt diejenigen Streitsachen, welche zur Zuständigkeit des Konsuls gehören und einen Streitgegenstand betreffen, dessen Werth die Summe von 300 Mark nicht übersteigt; die andere, bei welcher die Rechtsmittel der Berufung und der Beschwerde stattfinden, begreift diejenigen Streitsachen, welche zur Zuständigkeit des Konsulargerichts gehören, sowie die zur Zuständigkeit des Konsuls gehörigen, wenn deren Gegenstand einen Werth von mehr als 300 M. hat. Bei den

Rechtsstreitigkeiten der ersteren Klasse hat die Summe von 300 M. nicht die Bedeutung einer Berufungssumme, da bei diesen Sachen keine Berufung stattfindet; vielmehr ist in ähnlicher Weise, wie nach Preuß. Prozeßrechte (Deklar. Verordnung vom 6. April 1839 Art. 1 Nr. 2; Gesetz vom 20. März 1854 § 4) in geringfügigen Sachen, deren Gegenstand den Betrag von 50 Thalern nicht überstieg, mit Ausnahme des Rekurses jedes Rechtsmittel ausgeschlossen war, nunmehr in den vor den Konsul gehörigen Sachen bei einem den Betrag von 300 M. nicht übersteigenden Werthe des Streitgegenstandes jedes Rechtsmittel ausgeschlossen. Bei den Rechtsstreitigkeiten der zweiten Klasse aber ist die Zulässigkeit des Rechtsmittels weder bei der Berufung noch bei der Beschwerde durch den Werth des Streitgegenstandes bedingt. Dies schon aus den Worten des § 18 zu entnehmende Ergebniß entspricht auch der aus den M o t i v e n des Entwurfs des Gesetzes ersichtlichen gesetzgeberischen Absicht, welche daselbst (Reichstagsverhandlungen 1879 Bd. 4 Anl. Nr. 70 S. 582) dahin ausgesprochen ist, daß „gegen die übrigen (d. h. nicht unter Abs. 1 § 18 fallenden) Entscheidungen des Konsuls in bürgerlichen Rechtsstreitigkeiten, gegen dessen Entscheidungen in Konkurssachen, sowie endlich gegen a l l e Entscheidungen der Konsulargerichte in bürgerlichen Rechtsstreitigkeiten gemäß Abs. 2 diejenigen Rechtsmittel stattfinden, welche nach den Bestimmungen der C.P.O. gegen die entsprechenden Entscheidungen der Amtsgerichte und der Landgerichte zulässig sind“."

8. Reichs-Anfechtungsgesetz vom 21. Juli 1879.

223. Erweiterung des Umfanges der Anfechtbarkeit der Rechtshandlungen des Schuldners durch die §§ 11 Ziff. 2, § 3 Ziff. 2 des Reichs-Anfechtungsgesetzes gegenüber dem Anfechtungsrecht der actio Pauliana. Urth. des III. Civilsenats vom 16. Januar 1885 in Sachen K., Beklagter und Revisionsklägerin, wider M., Kläger und Revisionsbeklagten. Vorinstanz: O.L.G. Celle. Aufhebung und Zurückverweisung.

„Das B.G. geht mit Recht davon aus, daß nach dem bis zum Inkrafttreten des Reichsgesetzes vom 21. Juli 1879 geltenden Gemeinen Rechte die Anfechtung einer Rechtshandlung des Schuldners mit der actio Pauliana gegen den Singularsuccessor des mit dem Schuldner Kontrahirenden nur unter der Voraussetzung statthaft war, daß derselbe die fraudulöse Absicht des Schuldners kannte, daß er also selbst in bösem Glauben erworben hatte (l. 9. Dig. quae in fraudem cred.

42, 8). Es bildete daher die Behauptung und der Nachweis des bösen Glaubens des beklagten Singularsuccessors eine wesentliche Voraussetzung der Begründung der Klage. Nach § 11 Ziff. 2 des Gesetzes vom 21. Juli 1879 bedarf es dagegen dieser Behauptung und Nachweisung zur Begründung der Anfechtungsklage gegen den Rechtsnachfolger dessen, welchem gegenüber die anfechtbare Handlung vorgenommen ist, nicht mehr, sofern derselbe zu den in § 3 Ziff. 2 erwähnten Personen gehört. Die Anfechtung gegen den Rechtsnachfolger findet vielmehr, wenn sie gegen den Rechtsvorgänger desselben begründet ist, in diesem Falle statt, sofern der Rechtsnachfolger nicht beweist, daß er zur Zeit seines Erwerbes von den Umständen, welche die Anfechtung gegen seinen Rechtsvorgänger begründen, keine Kenntniß gehabt habe. Mit Unrecht erblickt hierin der B.R. lediglich eine Beweisregel und nicht eine Erweiterung der Anfechtbarkeit der Rechtshandlungen des Schuldners im Sinne des § 14 cit. Es handelt sich vielmehr um eine Bestimmung des materiellen Rechts, durch welche die Anfechtungsklage gegen den Rechtsnachfolger dessen, welchem gegenüber die anfechtbare Handlung vorgenommen ist, sofern er zu den in § 3 cit. aufgeführten Personen gehört, wesentlich erleichtert wird, indem das Vorhandensein des bösen Glaubens des Beklagten als vorhanden unterstellt und nur dem Letzteren der Gegenbeweis vorbehalten wird. In einer solchen Erleichterung der Voraussetzungen der Anfechtungsklage liegt aber offenbar eine Erweiterung des Umfanges der Anfechtbarkeit der Rechtshandlungen des Schuldners. Indem eine nach dem bisherigen Rechte nur unter weiteren Voraussetzungen zulässige Anfechtungsklage jetzt ohne das Vorhandensein dieser Voraussetzungen statthaft ist, werden die Grenzen der Anfechtbarkeit des betreffenden Rechtsgeschäfts erweitert."

9. Reichs-Civilprozeßordnung.

224. Grundsätze der C.P.O. über Aufnahme eines unterbrochenen Rechtsstreites. (S. o. Fall 221 sub 2, S. 369.)

225. 1) **Bestimmung des Streitgegenstandes bei der negativen Feststellungsklage.** 2) **Zulässigkeit derselben zur Beseitigung der Ansprüche eines Dritten auf die dem Kläger gegen den Schuldner zustehende Forderung** (§§ 231, 72 der C.P.O.). Urth. des I. Civilsenats vom 21. Januar 1885 in Sachen B., zu C., Beklagten und Revisionsklägers, wider O. zu P., Klägerin und Revisionsbeklagte. Vorinstanz: O.L.G. Rostock. Verwerfung.

„Bei der negativen Feststellungsklage bestimmt sich der Streitgegenstand danach, welche vom Beklagten angeblich in Anspruch genommenen Rechte der Kläger negirt wissen will, beziehungsweise welche Rechte der Beklagte im Gegensatze zur Klagbehauptung in Anspruch nimmt."

„An dem rechtlichen Interesse des Klägers, der ein gewisses Forderungsrecht als ihm zuständig in Anspruch nimmt, die für ihn in seinem Verhältnisse zum Schuldner störenden Prätensionen eines Dritten auf dieselbe Forderung durch gerichtliche Feststellung thatsächlich aus dem Wege zu räumen, kann, wenn die letztere auch dem Schuldner gegenüber formell nicht rechtskräftig wird, nicht wohl gezweifelt werden. War daher die Zulässigkeit einer solchen Feststellungsklage schon für das Gemeine Recht vor der C.P.O. in neuerer Zeit vorherrschend angenommen worden, so stehen derselben nach § 231 der C.P.O. um so weniger Bedenken entgegen, zumal da die Analogie der in § 72 dieses Gesetzes enthaltenen Bestimmungen noch besonders für die Zulassung spricht. (Bähr, in den Jahrbüchern für die Dogmatik des Privatrechts Bd. 1 S. 480 ff., und Urtheile des R.G. mit Besprechungen S. 151 f.; Schmid, Cession Th. 2 S. 371 ff.; Windscheid, Pandektenrecht Bd. 2 (Aufl. 5) § 334 S. 275; Degenkolb, Einlassungszwang S. 201 f.; Weismann, Feststellungsklage S. 76 ff., 146 ff.; Mandry, Der civilrechtliche Inhalt der Reichsgesetze (Aufl. 2) S. 304; Entsch. des R.O.H.G. Bd. 5 S. 87 ff.; Entsch. des R.G. Bd. 7 S. 418 ff.)."

226. **Der Streit über die Rechtmäßigkeit der Zeugnißverweigerung** (§§ 349 352—354 der C.P.O.). Urth. des I. Civilsenats vom 7. Februar 1885 in Sachen M. & Co. zu C., Klägerin und Revisionsklägerin, wider H. E. zu H., Beklagten und Revisionsbeklagten. Vorinstanz: O.L.G. Hamm. Aufhebung und Zurückverweisung.

„Die C.P.O. behandelt den Streit über die Rechtmäßigkeit einer Zeugnißverweigerung als einen Zwischenstreit, dessen Gegenstand nicht das den Streitgegenstand des Prozesses bildende Rechtsverhältniß, sondern die Erfüllung der dem öffentlichen Rechte angehörigen Zeugenpflicht ist und bei welchem die Prozeßparteien, insbesondere die beweisführende Partei, einerseits und der Zeuge andererseits als Parteien gedacht sind. Ueber diesen Streit wird nach Anhörung der Parteien, wobei für den Zeugen Anwaltszwang nicht besteht, durch Zwischenurtheil entschieden. Ist der Zeuge vor einem beauftragten oder ersuchten Richter vernommen, so steht die Entscheidung nicht diesem, sondern dem Prozeßgerichte zu, welches die Parteien und den Zeugen zur deshalbigen mündlichen Verhandlung von Amtswegen zu laden hat. Gegen das Zwischenurtheil steht der Prozeßpartei wie dem Zeugen die sofortige Beschwerde zu (C. P. O. §§ 352 bis 354)."

In dem gegenwärtigen Rechtsstreite verweigerte in erster Instanz der beiderseits als Zeuge benannte E. bei seiner Vernehmung vor dem vom Prozeßgerichte ersuchten A. G. die Ablegung eines Zeugnisses über die meisten der im Beweisbeschlusse bezeichneten Fragen auf Grund des § 349 Nr. 2 der C. P. O. Das Prozeßgericht setzte hierauf Verhandlungstermin an, zu welchem zwar die Parteien, aber nicht der Zeuge E. geladen wurden, und erließ, nachdem im Verhandlungstermin Klägerin nochmalige Vernehmung des Zeugen E. verlangt hatte, weil er sein Zeugniß mit Unrecht verweigert habe, nicht ein Zwischenurtheil, sondern erklärte in den Entscheidungsgründen des alsbald erlassenen Endurtheils die Zeugnißverweigerung für gerechtfertigt. In gleicher Weise verfuhr das B. G., indem es in dem angefochtenen Endurtheil in dessen Entscheidungsgründen die Zeugnißverweigerung für gerechtfertigt erklärte und dem in zweiter Instanz laut des berichtigten Thatbestands von der Klägerin gestellten Antrag, den Zeugen E., welcher sein Zeugniß zu verweigern nicht berechtigt sei, nochmals zu vernehmen, keine Folge gab.

„Es hat demnach der C. P. O. zuwider weder eine Verhandlung unter Ladung des Zeugen noch eine Entscheidung ihm gegenüber noch insbesondere ein Zwischenurtheil stattgefunden. Das unter den Prozeßparteien ergangene Endurtheil vermag das zwischen ihnen und dem Zeugen entscheidende Zwischenurtheil nicht zu ersetzen, am wenigsten wenn es eine Entscheidung über die Rechtmäßigkeit der Zeugnißverweigerung nicht in der Urtheilsformel, sondern nur in den Entscheidungsgründen enthält. Der Umstand, daß die Verweigerung des Zeugnisses für gerechtfertigt erachtet worden ist, die ergangene Entscheidung mithin den Zeugen nicht benachtheiligt, entschuldigt die Abweichung von den Vorschriften der C. P. O. nicht, weil dadurch die beweisführende Prozeßpartei benachtheiligt wird. Dieser Nachtheil würde am meisten in die Augen fallen, wenn gegen das Urtheil des B. G. wegen Mangels der Revisionssumme kein Rechtsmittel zulässig gewesen wäre; in diesem Falle würde die Anrufung der höhern Instanz, welche § 352 Abs. 3 gestattet, der beweisführenden Prozeßpartei durch das Verfahren des B. G. gänzlich abgeschnitten sein. Aber auch in dem vorliegenden Falle kann das beschränkte Rechtsmittel der Revision gegen das Endurtheil als ein Ersatz für das Rechtsmittel der sofortigen Beschwerde gegen das Zwischenurtheil des § 352 nicht angesehen werden."

227. **Grenzen der Zulässigkeit der Aenderung der Eidesformel des Schwurpflichtigen** (§ 431 der C. P. O.). Urth. des IV. Civilsenats vom 19. Januar 1885 in Sachen W. zu L., Beklagten, Widerklägerin und Revisionsklägerin, wider v. Z. zu W., Kläger, Wider-

beklagten und Revisionsbeklagten. Vorinstanzen: L.G. Stolp, O.L.G. Stettin. Aufhebung des zweiten, Bestätigung des ersten Urtheils.

„Bei der Frage der Anwendung des § 431 der C.P.O. ist folgendes zu erwägen. Die gedachte Bestimmung läßt in zwei Fällen eine Abänderung der Formel eines durch bedingtes Endurtheil auferlegten Eides zu. Der erstere Fall ist der, daß der Schwurpflichtige frühere Behauptungen zurücknimmt oder früher bestrittene Thatsachen zugesteht und sich zur Leistung eines beschränkteren Eides erbietet. Der Schwurpflichtige muß also, wenn es sich um die eidliche Bestärkung seiner eigenen Behauptungen handelt, diese letzteren nicht mehr so, wie sie von ihm auf- und vom Richter zum Eide gestellt worden, aufrecht zu erhalten in der Lage sein; oder er muß, wenn die eidliche Verneinung von Behauptungen der Gegenpartei in Frage steht, das Bestreiten dieser Behauptungen nicht mehr im früheren Umfange aufrecht erhalten können. Der andere Fall betrifft die Berichtigung unerheblicher, in die Eidesformel aufgenommener Umstände. Das Vorhandensein dieses letzteren Falles ist vom B.G. nicht angenommen worden.

Der Kläger sollte mit dem ihm im Revisionsurtheile auferlegten Eide Thatsachen, die er selbst behauptet hatte, eidlich bestärken. Es handelt sich also um eine Zurücknahme früherer Behauptungen seitens des Schwurpflichtigen, insofern der Letztere die zum Eide gestellte Behauptung einer an beide Eheleute erfolgten Zahlung zurückgenommen hat. An Stelle dieser Behauptung will er eine Zahlung an den Ehemann allein beschwören. Die im § 431 dem Schwurpflichtigen, welcher frühere Behauptungen zurückzunehmen in der Lage ist, eingeräumte Befugniß, eine Aenderung der Eidesformel zu verlangen, kann nun nicht dahin gehen, daß einem Antrage des Schwurpflichtigen, andere, dem bisherigen Prozeßstoff nicht angehörige Thatsachen an die Stelle der in die Eidesformel aufgenommenen zu setzen, stattzugeben wäre. Dagegen würde dem Antrage auf Aenderung eines durch Urtheil aufgelegten Eides — abgesehen von dem bereits besprochenen Falle der Berichtigung unerheblicher Umstände — auch dann stattzugeben sein, wenn der Antrag darauf gerichtet wäre, aus dem Kreise der zu beschwörenden Thatsachen bestimmte Thatsachen oder Thatumstände auszuscheiden, den Eid also auf einen kleineren Kreis von Thatsachen oder Thatumständen zu beschränken." (Zu vergl. Seuffert, Kommentar zu § 431 Note 2.)

228. **Der richterliche Eid kann auch einer wegen wissentlichen Meineids verurtheilten Partei verbleiben** (§ 439 der C.P.O.). Urth. des IV. Civilsenats vom 19. Februar 1885 in Sachen A. und O. S. in G., Beklagte, Widerkläger und Revisionskläger, wider J. L. zu J., Kläger, Widerbeklagten und Revisionsbeklagten. Vorinstanz: O.L.G. Posen. Verwerfung.

Ueber die Gesammtzahl der vom Kläger gestrichenen Ziegel und über die trotz seiner Vorstellungen wegen der Kälte ertheilte Anweisung des O. S. (Bekl.) zum Weiterstreichen hat das erste Urtheil auf Grund des auf schriftliche Notizen gestützten Zeugnisses des in Brod und Lohn des Klägers stehenden und deshalb nicht voll beweiskräftigen Ziegeleigehülfen F. M. den Kläger zum richterlichen Eide verstattet. Im Laufe der zweiten Instanz ist Kläger rechtskräftig wegen wissentlichen Meineids zu vier Jahren Zuchthaus verurtheilt worden, und Beklagte haben eventuell den Antrag gestellt, sie in Betreff der vom Kläger behaupteten Quantität der gestrichenen Steine zum Reinigungseide in der Ueberzeugungsform zu verstatten. Der B.R. hat in der Verurtheilung des Klägers keinen Grund gefunden, von dem demselben auferlegten Eide abzugehen, weil er, abgesehen davon, daß Beklagte nur de credulitate schwören wollen, kein wesentliches Bedenken gehabt habe, die vom Kläger zu beschwörenden Thatsachen schon durch das Zeugniß des F. M. als voll erwiesen anzusehen, jedoch die relative Rechtskraft des ersten Urtheils berücksichtigt werden mußte. Die Revisionskläger sehen hierin einen Verstoß gegen §§ 432, 439 der C.P.O. und eine reformatio in pejus gegen die Berufungskläger und rügen den Mangel der Begründung und des positiven Ausdrucks der Beweiswürdigung.

„Diese Vorwürfe treffen nicht zu. Der § 439 l. c. spricht dem Antrage auf Zurücknahme des richterlichen Eides nur die Wirkung zu, daß die geschehene Eidesauferlegung als nicht geschehen, als wirkungslos zu betrachten ist; er giebt dadurch Raum zu einer neuen, freien und unbeschränkten Würdigung der Beweise und der Sachlage, und das aus solcher neuer selbständiger Prüfung hervorgehende Resultat hindert nicht, daß der wegen wissentlichen Meineids verurtheilten Partei der Eid verbleibt. Das Gegentheil würde die gedachte Partei zum richterlichen Eid grundsätzlich unfähig machen, und dies würde sogar in Widerspruch mit § 161 des R.Str.G.B. stehen (cfr. Hahn, Materialien zur C.P.O. S. 669). Die dem Kläger günstigere Beurtheilung des Beweises hat nicht auch eine dem Kläger günstigere Entscheidung hervorgebracht und enthält daher keine reformatio in pejus für die Berufungskläger. Der Ausdruck, das Berufungsgericht habe keine wesentlichen Bedenken gehabt ꝛc., ist nach dem Zusammenhang offenbar eine Einkleidung des Gedankens, daß durch das Zeugniß des M. die fraglichen Thatsachen voll bewiesen seien und gegen diese Annahme Bedenken, welche zu berücksichtigen wären, nicht obwalteten. Daß der B.R. unwesentliche Bedenken gehabt, aber verschwiegen und unerörtert gelassen habe, erhellt nirgends; übrigens sind Bedenken keine Gründe und machen nicht gleich diesen einen nothwendigen Bestandtheil des Urtheils aus. Die Angriffe gegen die Verstattung des Klägers zum Eide sind also verfehlt."

229. Der Einspruch ist kein Rechtsmittel im Sinne der §§ 472—540 der C. P. O., daher Einspruch auch nur des Kostenpunktes wegen zulässig (wenn die Hauptsache inzwischen erledigt ist). Urth. des V. Civilsenats vom 31. Januar 1885 in Sachen J. H. zu C., Beklagten und Revisionsklägers, wider die Landgemeinde R., Klägerin und Revisionsbeklagte. Vorinstanz: O. L. G. Hamm. Aufhebung und Zurückverweisung.

„Die C. P. O. behandelt im 3. Buche unter der Ueberschrift „Rechtsmittel" in den §§ 472—540 — nur die Berufung, die Revision und die Beschwerde. Wesentliches Merkmal dieser Rechtsmittel ist, daß mit ihnen eine Partei die Entscheidung eines höheren Gerichts zu dem Zwecke nachsucht, um eine ihr ungünstige Entscheidung eines niederen Gerichts zu beseitigen. Der Einspruch wird von der C. P. O. nicht unter den Rechtsmitteln aufgeführt. Es fehlt bei ihm auch jenes charakteristische Merkmal. Derselbe wird nicht bei einem höheren Gerichte, sondern bei demselben Gerichte angebracht, welches das Versäumnißurtheil ausgesprochen hat, und zunächst nicht zu dem Zwecke eingelegt, den materiellen Inhalt dieses Versäumnißurtheils zu beseitigen, als vielmehr nur, um den früheren Zustand wieder herbeizuführen, in welchem sich der Prozeß vor Eintritt der Versäumniß befunden hat (C. P. O. § 307). Die Ausführungen in dem Erkenntnisse der Vereinigten Civilsenate vom 18. Oktober 1883" (Annalen Bd. IX S. 55) „berühren also den Einspruch nicht, denn er ist kein Rechtsmittel, und er enthält zunächst auch nicht eine Anfechtung der im Versäumnißurtheil ausgesprochenen, die den Einspruch einlegende Partei etwa beschwerenden Anordnungen. Wird der Einspruch für zulässig befunden und dadurch der Prozeß in die Lage zurückversetzt, in welcher er sich vor Eintritt der Versäumniß befunden hat (C. P. O. § 307), so ist kein Grund ersichtlich, weshalb nicht bei inzwischen erledigter Hauptsache diese neuen Verhandlungen ebenso auf den Kostenpunkt beschränkt werden könnten, wie dies in dem ersten Verfahren und vor Eintritt der Versäumniß in gleicher Weise hätte der Fall sein können. Möglicherweise zeigt sich hierbei, daß überhaupt keine Versäumniß vorliegt, und daß es schon deshalb ungerechtfertigt war, in dem Versäumnißurtheile dem angeblich Säumigen die Kosten aufzulegen.

Bemerkt mag noch werden, daß die Gründe, welche dazu geführt haben, im § 94 der C. P. O. die Anfechtung eines Erkenntnisses bezüglich des Kostenpunktes auszuschließen, falls nicht dasselbe Erkenntniß auch in der Hauptsache mit einem Rechtsmittel angegriffen wird — bei dem Einspruch gegen ein Versäumnißurtel nicht Platz greifen können. Der § 94 beruht nach der zum correspondirenden § 92 des Entwurfs gegebenen Begründung darauf, daß es mißlich sei, Rechtsmittel (auch nur in Form der Beschwerde) — also Rechtsbehelfe mit devolutiver Wirkung — wegen unrichtiger Entscheidung des Kostenpunktes allein zuzulassen, und es knüpft sich hieran folgende Erwägung, „die Erfahrungen im Gebiete des Preußischen Rechts haben dargelegt, wie schwierig in der Praxis die Beurtheilung der Entscheidung im Kostenpunkte von derjenigen über die Hauptsache zu trennen ist. Wird diese Scheidung nicht vorgenommen, und erörtert behufs Prüfung der nur über den Kostenpunkt geführten Beschwerde das höhere Gericht die Richtigkeit der in der Hauptsache ergangenen Entscheidung, so wird das principale gelegentlich eines accessorium zur Entscheidung gebracht, und doch ohne materielle Einwirkung auf die Hauptsache. Es sind aber Urtheile zu vermeiden, durch welche Vorentscheidungen, welche nicht beseitigt werden können, für sachlich unrichtig erklärt werden". (Hahn, die gesammten Materialien zur C.P.O. Bd. 1 S. 200, 201.)

Alle diese Anstände können bei dem Einspruch gegen ein Versäumnißurtheil nicht hervortreten, weil hier die erneuerte Verhandlung und Entscheidung demselben Gerichte übertragen ist, welches das Versäumnißurtheil erlassen hat."

230. **Der Fall, in welchem der Einspruch gegen ein die Berufung zurückweisendes Urtheil als unzuläßig verworfen worden ist, ist betreffs der Zulässigkeit der Revision** (§ 509 der R.C.P.O.) **nicht mit dem Falle gleich zu behandeln, in welchem das Berufungsgericht die Berufung als unzuläßig verworfen hat** (§ 508). Urth. des IV. Civilsenats vom 15. Januar 1885 in Sachen der Eheleute O. in S., Kläger und Revisionskläger, wider Eheleute K., Beklagte und Revisionsbeklagte. Vorinstanz: O.L.G. Breslau. Verwerfung.

Die Klage ist mit dem Antrage erhoben, die Beklagten zu verurtheilen, den Klägern den von ihnen ausgestellten oder acceptirten und girirten Wechsel über 1200 ℳ, fällig am 1. Mai 1883, herauszugeben, eventuell mit solidarischer Verpflichtung an die Kläger 1200 ℳ zu zahlen. Mit dieser Klage sind die Kläger in erster Instanz abgewiesen und die von ihnen eingelegte Berufung ist durch Versäumnißurtheil des B.G. zurückgewiesen worden. Gegen das Versäumnißurtheil haben die Kläger Einspruch erhoben. Das B.G. hat aber den Einspruch wegen mangelhafter Zustellung der Einspruchsschrift verworfen. Für die gegen diese Entscheidung eingelegte Revision würde also ein ausreichend hoher Werth des Beschwerdegegenstandes nach § 508 der C.P.O. nicht vorhanden sein.

„Nach § 509 [1] C.P.O. findet die Revision ohne Rücksicht auf den Werth des Beschwerdegegenstandes statt, wenn es sich um die Unzulässigkeit der Berufung handelt. Und der Fall der Unzulässigkeit der Berufung liegt zweifellos auch in dem Falle vor, wenn die Berufung wegen mangelhafter Zustellung der Berufungsschrift ohne Erfolg bleiben muß. Es fragt sich also, ob der Fall, in welchem der Einspruch gegen ein die Berufung zurückweisendes Versäumnißurtheil als unzulässig verworfen worden ist, in Ansehung der Zulässigkeit der Revision mit dem Falle gleich zu behandeln ist, in welchem das Berufungsgericht die Berufung als unzulässig verworfen hat. Diese Frage ist zu verneinen. Denn wenn auch die aus den Materialien zur C.P.O. erkennbare Entstehungsgeschichte der Bestimmung, nach welcher die Revision ohne Rücksicht auf den Werth des Beschwerdegegenstandes stattfindet, soweit es sich um die Unzulässigkeit der Berufung handelt (Hahn, Materialien S. 62, 364), Anhaltspunkte für die Annahme ergeben möchte, daß die Frage, ob der durch das Urtheil erster Instanz beschwerten Partei die prozessualische Möglichkeit gegeben oder nicht gegeben sein solle, in der Berufungsinstanz nochmals vollständiges Gehör in der Sache zu fordern, für so wichtig erachtet worden ist, um für dieselbe ohne Rücksicht auf die Höhe des Werthes des Beschwerdegegenstandes der beschwerten Partei die Revisionsinstanz zu eröffnen, — so würden solche Erwägungen doch bei dem Wortlaute des § 509 C.P.O., der eine Ausdehnung des darin ausgesprochenen, die Frage der Unzulässigkeit der Berufung betreffenden Prozeßgrundsatzes auf den Fall, in welchem die Zulässigkeit des Einspruchs gegen ein die Berufung zurückweisendes Versäumnißurtheil in Frage ist, ausschließt, nicht von entscheidender Bedeutung sein können. Es greift daher für die Frage der Zulässigkeit der Revision die Regel des § 508 a. a. O. Platz."

231. Neuer selbständiger Beschwerdegrund, wenn der Beschluß zweiter Instanz die Lage des Beschwerdeführers ungünstiger gestaltet, als Beschluß erster Instanz (C.P.O. § 531 Abs. 2). Beschluß des III. Civilsenats vom 6. Februar 1885 in Sachen A. H. S. in D., Klägerin, wider G. zu N., Beklagten. Vorinstanz: O.L.G. Darmstadt. Aufhebung und Zurückverweisung auf Beschwerde der Klägerin.

„Es ist zwar richtig, daß es bei der Beurtheilung der Frage, ob ein neuer selbstständiger Beschwerdegrund im Sinne des § 531 Abs. 2 der C.P.O. gegeben sei, wesentlich auf den Tenor der ergangenen Vorentscheidungen ankommt und daß es bei der Bestätigung eines Beschlusses des Vorderrichters der Regel nach als gleichgültig erachtet werden muß, ob die Entscheidung des Beschwerdegerichts in ihrer materiellen Begründung von derjenigen der angefochtenen Verfügung abweicht oder nicht. Allein diese Regel findet der Natur der Sache nach alsdann keine Anwendung, wenn die beiden ihrem Tenor nach übereinstimmenden Vorentscheidungen ihrem Sinne nach sich nicht decken, der Beschluß der zweiten Instanz insbesondere nach seiner Begründung die Lage des Beschwerdeführers ungünstiger gestaltet, als es nach Inhalt des Beschlusses der ersten Instanz der Fall gewesen wäre. Unter solchen Umständen enthält die Entscheidung der zweiten Instanz nicht blos einen neuen, sondern auch einen selbstständigen Beschwerdegrund für die betreffende Partei."

Im vorliegenden Falle hatte das A.G. den Antrag der Klägerin auf Aushändigung des Erlöses aus den zwangsweise verkauften Früchten mit der Motivirung zurückgewiesen: „daß dieser Erlös nur mit Genehmigung der Vorhypothekgläubiger verabfolgt werden könne", während das L.G. die dagegen erhobene Beschwerde in der Erwägung verwarf: „daß der Klägerin überhaupt kein Anspruch auf jene Crescenz zustehe".

„Das A.G. erkennt also ein Recht der Klägerin an den versteigerten Früchten nach Maßgabe der Art. 84 und 85 des Hessischen Pfandgesetzes an und für sich an; es macht jedoch die alleinige gerichtliche Einweisung der Klägerin in den Pfanderlös von der Einwilligung vorgehender Gläubiger abhängig. Das L.G. weist dagegen mit Bezug auf Art. 51 des Pfandgesetzes jeden Anspruch der Pfandgläubiger zurück und spricht den Steigerlös dem Schuldner, jetzt dessen Konkursmasse zu. Nach der ersten Ansicht wäre ein etwaiger Streit über Ausantwortung des Versteigerungserlöses unter den Hypothekgläubigern auszutragen, nach der zweiten müßte die Klägerin gegen die Konkursmasse sich wenden. Daß beide Entscheidungen ihrer eigentlichen Bedeutung und ihren Rechtsfolgen nach wesentlich von einander abweichen, bedarf keiner weiteren Ausführung. Das O.L.G. hätte deshalb die erhobene weitere Beschwerde nicht als unzulässig zurückweisen dürfen."

232. **Versagung der Vollstreckbarkeit ausländischer Urtheile wegen anderer Gründe als wegen Mangels eines der im § 661 Abs. 2 der C.P.O. aufgeführten fünf Erfordernisse** (z. B. wegen Bestreitung der Legitimation Klägers oder wegen Tilgung des Anspruches). **Zuständigkeit des inländischen** (mit der Judikatsklage befaßten Prozeß-) **Gerichts für solche Einwendungen.** Urth. des IV. Civilsenats vom 5. Februar 1885 in Sachen O. zu B., Beklagten und Revisionsklägers, wider W. & Co. zu Prag, Klägerin und Revisionsbeklagte. Vorinstanz: Kammerger. Berlin. Aufhebung und Zurückverweisung.

„Die Deutsche C.P.O. gestattet beim Vorhandensein der 5 allgemeinen Voraussetzungen des 2. Abs. § 661 aus dem ausländischen Urtheil eine Klage auf Zulässigkeitserklärung der Zwangsvollstreckung daraus durch ein Vollstreckungsurtheil, also die actio judicati, zum Zweck der Herstellung eines inländischen exekutiven Titels. Daraus aber, daß dieses Vollstreckungsurtheil ohne Prüfung der Gesetzmäßigkeit der auswärtigen Entscheidung zu erlassen und beim Mangel auch nur eines der 5 unerläßlichen Erfordernisse zu versagen ist, folgt nicht, daß es nur wegen eines derartigen Mangels und nicht auch aus anderen Gründen versagt werden kann. Dies ergiebt sich aus der Verschiedenheit der Vorbedingungen der Zwangsvollstreckung aus ausländischen und inländischen Urtheilen, welche nur mit Einschränkungen gestatten, das Vollstreckungsurtheil des § 660 mit der Vollstreckungsklausel des § 662 a. a. O. in Parallele zu stellen. Das inländische unbedingte Endurtheil wird mit seiner Rechtskraft vollstreckbar — § 644 a. a. O. — und erfolgt daraus die Zwangsvollstreckung auf Grund einer vollstreckbaren Urtheilsausfertigung § 662 a. a. O. Die Entscheidung über Einwendungen des Schuldners, welche die Zulässigkeit der Vollstreckungsklausel betreffen, kann von dem Gericht, dessen Gerichtsschreiber sie ertheilt hat, ohne vorgängige mündliche Verhandlung getroffen werden. Zur Vorbereitung der Zwangsvollstreckung aus einem ausländischen Urtheile muß dagegen nicht nur dessen Rechtskraft, sondern auch die Zulässigkeit der Vollstreckung daraus in einem besonderen Prozesse, also nicht blos für die Zeit des Eintrittes der Rechtskraft, sondern auch für die Zeit der Erörterung der Vollstreckbarkeit festgestellt werden. Während der Schuldner beim Mangel eines solchen Prozesses seinen Widerspruch gegen die Vollstreckung des inländischen Urtheils auf Grund von Einwendungen gegen den Anspruch nur im Wege der Klage bei dem Prozeßgericht erster Instanz nach § 686 a. a. O. geltend machen kann, ist der Schuldner in dem Prozesse über die Zulässigkeit der Zwangsvollstreckung aus einem ausländischen Urtheil befugt, sowohl die Legitimation des Klägers, wenn er eine von dem in dem Urtheil aufgeführten verschiedene Person ist, zu bestreiten, als auch die Tilgung des rechtskräftigen Anspruches einzuwenden. Für diese Einwendungen ist das mit der Judikatsklage befaßte inländische das Prozeßgericht und eine Verweisung des Beklagten damit an das ausländische Gericht, welches über den Anspruch erkannt hat, nicht gerechtfertigt. Der zweite Richter hatte über die jetzige Zulässigkeit der Vollstreckung, also auch über alle Einwendungen aus den §§ 686. 687 a. a. O. zu entscheiden. Das angerufene inländische Prozeßgericht ist nicht das Vollstreckungsgericht für ein schon in Bezug auf die Zulässigkeit der Zwangsvollstreckung feststehendes Urtheil (v. Wilmowski und Levy S. 781. Wach Vorträge S. 231 ff.). Der Einwand des Beklagten betrifft nicht die Gesetzmäßigkeit der ausländischen Entscheidung, sondern die Frage des Fortbestehens des rechtskräftigen Anspruches und damit muß er hier gehört werden."

233. **Der** (gemäß § 863 der R. C. P. O. gefaßte) **Beschluß von Schiedsrichtern, trotz erhobenen Widerspruchs gegen ihre Funktionen den Schiedsspruch zu ertheilen, hat keine Entscheidungskraft. Gründe und Voraussetzungen der Ablehnung und Ausschließung eines Schiedsrichters und eines Richters** (§ 858 Abs. 1. §§ 41—44). **Unanwendbarkeit der Normen über das Verfahren und die Entscheidung im Falle der Ablehnung eines Richters auf den Fall der Ablehnung eines Schiedsrichters** (§§ 44—46. 867—871). Urth. des I. Civilsenats vom 7. Februar 1885 in Sachen L. H. & Co. zu S., Beklagte, Revisionsklägerin, wider S. L. zu D., Kläger, Revisionsbeklagten. Vorinstanz: O. L. G. Marienwerder. Aufhebung und Zurückverweisung.

„Die schiedsrichterliche Aufgabe besteht in der Entscheidung des Rechtsstreits der Parteien, dagegen nicht in der Entscheidung über die entstandene Streitfrage, ob ein bestimmter Rechtsstreit überhaupt nicht durch Schiedsgericht, oder (wegen Befangenheit eines Schiedsrichters) nicht durch das Schiedsgericht in seiner vorliegenden Zusammensetzung entschieden werden dürfe. Um Verzögerungen zu verhüten, hat das Gesetz trotzdem im § 863 der C. P. O. bestimmt, daß diejenigen Personen, welche thatsächlich als Schiedsrichter in Thätigkeit getreten sind, [im Falle des Bestrittenwerdens der Zulässigkeit ihres schiedsrichterlichen Verfahrens, insbesondere auch dieses Bestrittenwerdens aus dem Grunde, daß einem Schiedsrichter die Qualifikation zu den schiedsrichterlichen Verrichtungen mangle,] das Verfahren fortsetzen und einen Schiedsspruch erlassen können. Sind diese Personen redlich und verständig, so werden dieselben sich natürlich zu einem solchen Verhalten nur dann entschließen, wenn sie die Ueberzeugung gewonnen haben, daß der gegen ihr Funktioniren erhobene Widerspruch nicht begründet sei. Unbenommen ist es jenen Personen, wenn sie sich zu einem solchen Verhalten entschlossen haben, diesen Entschluß, unter Motivirung desselben, sei es nun in den Gründen des gefällten Schiedsspruches, sei es in Gestalt eines schon vorher den Parteien mitgetheilten Beschlusses auszusprechen. Eine solche Entschließung jener Personen, beziehungsweise der urkundliche Ausdruck der

Entschließung (mag letzterer auch etwa, wie im vorliegenden Falle, inkorrekt als Schiedsspruch über die Präjudizial-Einreden bezeichnet sein), hat gar keine Entscheidungskraft. Ob der nach dem gekennzeichneten Widerspruch gefällte anzeigliche Schiedsspruch über den Rechtsstreit der Parteien im Sinne Rechtens wirklich als Schiedsspruch zu gelten habe, hängt lediglich von der Entscheidung des zuständigen ordentlichen Gerichts ab, welches zur Entscheidung des Streits über das Bestehen oder den Mangel der Voraussetzungen der Zulässigkeit und Rechtswirksamkeit des thatsächlich realisirten, angeblich schiedsrichterlichen Verfahrens (beziehungsweise Schiedsspruches) im Wege der Klage gemäß §§ 867, 869, 870, 871 der C. P. O. angegangen, oder (auch ohne vorgängige Erhebung einer solchen Klage) im Falle des Antrages, die Zulässigkeit der Zwangsvollstreckung aus dem gefällten Schiedsspruche durch Vollstreckungsurtheil auszusprechen, gemäß § 868 der C. P. O. veranlaßt ist. Im § 858 Absatz 1 der C. P. O. ist nirgendwie bestimmt, daß nicht nur die Gründe und Voraussetzungen der Ablehnung eines Schiedsrichters und eines Richters gleichständen; sondern auch die Normen über das Verfahren und die Entscheidung im Falle der Ablehnung eines Richters in den Fällen der Ablehnung eines Schiedsrichters entsprechende Anwendung fänden. Jenes Gesetz bestimmt vielmehr ganz einfach: „Ein Schiedsrichter kann aus denselben Gründen und unter denselben Voraussetzungen abgelehnt werden, welche zur Ablehnung eines Richters berechtigen". Die Gründe und Voraussetzungen der Ablehnung beziehungsweise Ausschließung eines Richters sind nur in den §§ 41, 42, 43, 44 Abs. 4 der C. P. O. normirt. Die Normen über das Verfahren und die Entscheidung im Falle der Ablehnung eines Richters sind in den §§ 44 Abs. 1, 2, 3, 45 und 46 der C. P. O. bestimmt. Letztere Normen sind gar nicht, auch nicht entsprechend, auf den Fall der Ablehnung eines Schiedsrichters anwendbar, und zwar selbstverständlich nicht, weil das Schiedsgericht über die Voraussetzungen der Zulässigkeit der schiedsrichterlichen Funktion gar nicht zu entscheiden hat. Es kann schon deswegen gar nicht davon die Rede sein, eine sogenannte pflichtmäßige Erklärung eines abgelehnten Schiedsrichters über den Ablehnungsgrund in Parallele zu stellen mit der dienstlichen Aeußerung des abgelehnten Richters im Sinne des § 44 Abs. 3 der C. P. O., welcher dienstlichen Aeußerung auch an sich vermöge der amtlichen Stellung des Richters und dadurch bedingten Verantwortlichkeit ein ganz anderes Gewicht beiwohnt, als einer Erklärung der ersteren Art."

10. Gebührenordnung für Rechtsanwälte.

234. **Berechnung der Verhandlungsgebühr nach der Streitsumme, wenn zur Hauptsache verhandelt, aber schließlich nur Verurtheilung in die Kosten beantragt wird** (Geb.O. f. R.Anw. §§ 16, 15, 13, 2). Beschluß des II. Civilsenats vom 2. Februar in Sachen Eheleute S. zu S., Kläger, wider K. & Co. zu H., Beklagte. Vorinstanz: O.L.G. Köln. Aufhebung auf die weitere Beschwerde der Kläger und Festsetzung der Kosten gemäß nachstehenden Grundsätzen.

Daß eine nicht kontradiktorische Verhandlung im Sinne von § 16 der Anw.Geb.O. vorliege, ist nicht streitig, fraglich ist nur, ob die Verhandlungsgebühr nach dem Werthe der Hauptsache oder nur nach dem Werthe der Kosten zu berechnen sei, d. h. ob eine Verhandlung in der Hauptsache stattgefunden habe.

„Nach dem Thatbestande des Urtheils des L.G. ist Letzteres nicht zu bezweifeln; denn es ist bekundet, daß zuerst der klägerische Anwalt den Klagantrag auf Anerkennung des Eigenthums der Kläger an den gepfändeten Mobilien und Aufhebung der Pfändung stellte, daß sodann der Anwalt der Beklagten erklärte, er erkenne das beanspruchte Eigenthum an und hebe die Pfändung auf, und nunmehr erst der klägerische Anwalt, seinen ersten Antrag modifizirend, nur Verurtheilung der Beklagten in die Kosten beantragte, welche sofort vom Gerichte ausgesprochen wurde. Nach den Prinzipien der C.P.O. (§ 128) hat hiernach eine Verhandlung in der Hauptsache stattgefunden, der Umstand aber, daß diese Verhandlung nicht zu einer Verurtheilung in der Hauptsache führte (welche nach § 278 C.P.O. hätte verlangt werden können), der bezügliche Streit sich vielmehr in anderer Weise erledigte, kann kein Grund sein, dem Anwalte die entsprechende Verhandlungsgebühr zu versagen. § 21 des G.K.G., welcher für die Verhandlungsgebühr als Gerichtsgebühr abweichende Bestimmungen enthält, gilt für die Verhandlungsgebühr des Anwaltes nicht, betreffs deren vielmehr § 15 der Anw.Geb.O. maßgebend ist. Es genügte daher, daß der Termin vom Gerichte zur Verhandlung über die Hauptsache bestimmt war und daß über dieselbe wirklich verhandelt worden ist."

235. 1) **Das gegenseitige Verhältniß der §§ 20, 23, 29 und 30 der Geb.O. f. R.Anw., betreffs der Gebühren im Verfahren über einstweilige Verfügungen.** 2) **Die Gebühr für Anträge auf Führung des Beweises** (§ 22 der Geb.O. für R.Anw.). Beschl. des III. Civilsenats vom 28. Januar 1885 in Sachen P. G. und Genossen, Kläger, wider E. S. zu H., Beklagten. Vorinstanz: O.L.G.

Darmstadt. Aufhebung und Kostenfestsetzung gemäß nachstehenden Grundsätzen.

Zu 1. „Nach § 20 der Geb. O. f. R. Anw. enthält der Rechtsanwalt 5/10 der in den §§ 13 bis 18 bestimmten Gebühren, soweit die durch die Gebühr zu vergütende Thätigkeit — d. h. der betreffende prozessualische Akt — ausschließlich einen der im G. K. G. § 26 Nr. 1 bis 20 bezeichneten Gegenstände betroffen hat. Zu diesen Gegenständen gehört nach Nr. 9 des § 26 cit. die Anordnung einer einstweiligen Verfügung, sofern die Entscheidung durch Endurtheil zu treffen ist. Im Gegensatze hierzu bestimmt der § 23 Ziff. 1 der Geb. O., daß der Rechtsanwalt 3/10 der vollen Gebühr anzusprechen habe, wenn seine Thätigkeit die Anordnung einer einstweiligen Verfügung im Sinne des § 35 Nr. 4 (jetzt § 35 Nr. 3) des G. K. G. betreffe. Hiermit ist ausgesprochen, daß die Befugniß des Anwalts, entweder die höhere Gebühr von 5/10 oder die niedere von 3/10 der vollen Taxe zu liquidiren, davon abhängig sei, ob das Verfahren wegen Anordnung eines Provisoriums durch Endurtheil oder Beschluß zu erfolgen habe. In dieser Weise unterscheidet auch das G. K. G. die Ansätze der Gerichtsgebühren nach 5/10 und 2/10 der regelmäßigen Gebühren, wie die Reichstagskommission in Einverständniß mit dem Regierungsvertreter zu Protokoll festgestellt hat.

Hiermit sind jedoch die Voraussetzungen des besonderen Gebührenbezugs für Fälle der vorliegenden Art noch nicht erschöpft. Nach § 29 der Geb. O. umfassen nämlich die in § 13 benannten Gebühren die gesammte Thätigkeit des Anwalts von dem Auftrage bis zur Beendigung der Instanz und es wird zur Instanz insbesondere das Verfahren über einen Antrag auf Erlaß einer einstweiligen Verfügung gerechnet, „soweit dasselbe mit dem Verfahren über die Hauptsache verbunden ist“. Ist dagegen in einem solchen Falle das Verfahren von dem in der Hauptsache getrennt, so soll für jenes, dem Anwalt nach § 30 Nr. 2 der Geb. O. eine besondere Gebühr verwilligt werden. Maßgebend für diese Bestimmung war die Erwägung, daß es sich in allen im § 30 cit. vorgesehenen Fällen um eine Mehrarbeit des Anwalts handle, welche besonders zu honoriren sei, sobald eine mündliche, von dem Hauptverfahren gesonderte Verhandlung stattgefunden habe. Es genügt deshalb die Stellung eines bezüglichen Antrags in einem Schriftsatze für sich allein noch nicht, um den Anspruch des Prozeßbevollmächtigten auf die Prozeßgebühr zu begründen. (Vergl. Annalen Bd. VII S. 493; Entsch. Bd. 8 S. 429.)

Das gegenseitige Verhältniß der §§ 20, 23, 29 und 30 der Geb. O. in Betreff des Gebührenbezugs der Rechtsanwälte bei dem

Verfahren über einstweilige Verfügungen ist hiernach folgendes: Zunächst kommt es darauf an, ob dieses Verfahren mit dem über die Hauptsache verbunden oder ob es von demselben getrennt ist. In jenem Falle gehört es zur Instanz und dürfen besondere Gebühren dafür nicht berechnet werden; in diesem Falle kommen solche Gebühren in Ansatz. Die Höhe der letzteren richtet sich wiederum danach, ob die Anordnung des Provisoriums durch Endurtheil oder durch Beschluß zu erfolgen hat; wenn durch Endurtheil, trifft der § 20, wenn durch Beschluß, der § 23 der Geb.O. zu. Für den Bezug der Prozeßgebühr endlich ist noch entscheidend, ob die Parteien in eine mündliche Verhandlung eingetreten sind.

Es ergiebt sich daraus, daß die Vorinstanz mit Unrecht dem Beschwerdeführer 5/10 der vollen Prozeßgebühr deshalb abgesprochen hat, weil sich dessen Thätigkeit nicht ausschließlich auf Stellung des Antrags zum Erlasse einer einstweiligen Verfügung im Sinne des § 20 der Geb.O. beschränkt habe. Denn der in Abs. 1 des § 20 gebrauchte Ausdruck „ausschließlich" hat theils dieselbe Bedeutung, wie die Vorschrift des § 30 ibid., theils will er klar stellen, daß der Umfang der dem Anwalt ertheilten Vollmacht für dessen Gebührenanspruch unerheblich sei. Auch ist wohl zu beachten, daß der § 20 cit. eine ganze Reihe von prozessualischen Handlungen in sich begreift, während der § 30 nur einige davon — unter Hinzufügung anderer — heraushebt, und daß hier der Anspruch des Anwalts auf die besondere Vergütung festgesetzt, dort die Höhe dieser Gebühr geregelt wird.

Gleichwohl unterliegt es keinem Zweifel, daß dem Beschwerdeführer nur 8/10 der vollen Gebühr zu bewilligen sind. Der Antrag auf Erlaß einer einstweiligen Verfügung ist bei dem Amtsgerichte in einem Schriftsatze, jedoch mit nachfolgender mündlicher Verhandlung über den gleichzeitig eingebrachten Antrag auf Sicherung des Beweises gestellt worden. Da die Kläger in dem einen Schriftsatze auf den anderen Bezug nehmen und das Provisorium gerade mit Rücksicht auf das Ergebniß der Beweisaufnahme angeordnet wurde, auch der Hauptprozeß — die Klage wegen Besitzstörung — damals noch gar nicht anhängig war, so liegt einerseits zwar die Voraussetzung vor, unter welcher nach § 30 der Geb.O. ein besonderer Gebührenbezug zulässig erschien; allein andererseits war die Anordnung des Provisoriums nach § 820 der C.P.O. nicht durch Endurtheil zu treffen und ist in der That nur durch Amtsgerichtsbeschluß vom 14. Mai 1884 getroffen worden. Die Verfügung, welche das A.G. vermöge seiner vom Gesetze ausnahmsweise verordneten Zuständigkeit auf Grund des § 820 cit. erläßt, ist auch, gleichviel ob solche nach vorgängiger, fakultativ zugelassener, mündlicher Verhandlung und in welcher Form immer ergeht, stets ein Beschluß; die Kompetenz des A. G. hört auf, sobald die Sache vor das L. G. gebracht wird und es hat nunmehr letzteres durch Endurtheil über das Provisorium zu befinden. Es mangelt mithin vorliegend die weitere Voraussetzung, an welche das Gesetz (§§ 20 und 23 der Geb. O.) das Recht des Anwalts auf den Bezug von 5/10 der vollen Gebühr geknüpft hat, — die Möglichkeit der Erlassung eines Endurtheils über den Antrag auf Anordnung eines Provisoriums durch das Amtsgericht überhaupt und zugleich die Thatsache des Erlasses eines solchen Erkenntnisses. Der Beschwerdeführer meint zwar, das von dem Landgerichte am 7. Juli 1884 erlassene Urtheil hierher ziehen zu können; allein das Gesetz giebt keinen Anhaltspunkt dafür, daß die Prozeßgebühr, welche der Anwalt für das Verfahren vor dem L. G. zu beziehen und im vorliegenden Fall unbeanstandet angesetzt hat, auch für das Verfahren vor dem A. G. maßgebend sei. Vom legislativen Standpunkt aus wäre es kaum zu rechtfertigen, für derartige Arbeiten und Verhandlungen die nämliche Gebühr doppelt zu gewähren, einmal für das fakultativ mündliche Verfahren vor dem interimistisch zuständigen A. G., bei welchem kein Anwaltszwang besteht, und sodann nochmals für das obligatorisch mündliche Verfahren vor dem definitiv kompetenten L. G."

Zu 2. „Der § 22 der Geb. O. regelt die Prozeß- und Verhandlungsgebühr des Anwalts für seine Thätigkeit bei Anträgen auf Sicherung des Beweises für den Fall, daß ausnahmsweise (C. P. O. § 451) in diesem Verfahren eine mündliche Verhandlung über die Zulässigkeit des Antrages stattgefunden hat. Das A. G. hätte jedoch unter Anordnung der Beweisaufnahme den gestellten Antrag sofort, ohne weitere Verhandlung, deferirt. Damit fällt ohne Weiteres der Anspruch auf Bezug der — übrigens auch nicht angesetzten — Verhandlungsgebühr. Für die Ausscheidung der Prozeßgebühr tritt die weitere Erwägung hinzu, daß das Verfahren in der Hauptsache — über das Provisorium — bereits anhängig war, mithin das Verfahren zur Sicherung des Beweises zur Instanz gehörte (Geb. O. § 29 Nr. 3). In einem solchen Falle hat der Anwalt, der bereits in der Hauptsache Prozeßgebühr bezog, aus § 22 cit. nichts anzusprechen (vergl. Meyer, Geb. O. f. R.-Anw. ad § 22 Anm. 3; Willenbucher, Geb. O. ibid. S. 84)."

Gemeines Recht.

236. Unanwendbarkeit der Novelle 99 im heutigen Recht. Urth. des III. Civilsenats vom 9. Januar 1885 in Sachen M. v. M. zu H., Beklagten und Revisionsklägers, wider W. v. W., Klägers und Revisionsbeklagten. Vorinstanz: O.L.G. Frankfurt a. M. Verwerfung.

Der Beklagte erachtet sich durch das angefochtene Urtheil für beschwert, weil dasselbe die von ihm gegen die im übrigen liquide Klage vorgeschützten Einreden der Vorausklage und der Theilung als unbegründet angesehen hat. Er ist der Meinung, die Einrede der Vorausklage daraus begründen zu können, daß, seinen Behauptungen nach, die fraglichen Darlehen nur für seine Mitschuldner, v. S. und dessen Ehefrau, aufgenommen und denselben allein zu Gute gekommen seien, wogegen er selbst sowie seine erste Ehefrau durch die Mitunterzeichnung der Schuldurkunde nur eine Intercession für Erstere vollzogen habe, und daß dies zwischen ihm und seinen Mitschuldnern bestandene Verhältniß auch bei der Aufnahme der Darlehen und bei der Ausstellung der Schuld- und Bürgschaftsurkunde sowohl dem Gläubiger L. als auch dem Bürgen und jetzigen Kläger bekannt gewesen sei.

„Die Vorinstanz hat diesen Behauptungen mit Recht keine Erheblichkeit beigemessen. Denn die durch die Novelle 4 eingeführte Rechtswohlthat der Vorausklage ist in diesem Gesetze nicht allen Interzedenten, sondern nur denjenigen beigelegt, welche sich für eine fremde Schuld als Bürgen verpflichtet haben. Wenn nun aber, wie hier geschehen, mehrere Personen in einer gemeinschaftlichen Schuldurkunde sämmtlich bekennen, ein Darlehen empfangen zu haben, und ein jeder von ihnen sich noch in solidum zur Erfüllung der hiermit übernommenen Verbindlichkeiten verpflichtet, so sprechen sie dadurch sämmtlich aus, daß ein Jeder von ihnen dem Gläubiger so haften wolle, als wenn er allein das ganze Darlehen unter den festgesetzten Bedingungen erhalten habe. Der Beklagte hat sich also nach Inhalt dieser Urkunde dem gemeinschaftlichen Gläubiger nicht als Bürge, sondern als Hauptschuldner verpflichtet.

Nach diesem Vertragsinhalte ist der Gläubiger auch berechtigt, die vertragsmäßig zu leistenden Zahlungen von einem jeden seiner Schuldner zum Vollen zu fordern. Der dennoch von dem Beklagten erhobene Anspruch auf die Rechtswohlthat der Theilung will sich auf die Vorschrift der Novelle 99 stützen. Die Bedeutung dieser Novelle ist bekanntlich sehr kontrovers, und zwar nicht blos hinsichtlich der Frage, ob diese Vorschrift sich auf alle Korrealobligationen oder nur auf gewisse und welche Fälle derselben beziehe, sondern auch hinsichtlich der Natur der durch dieses Gesetz angeordneten Milderung der Haft der Korrealschuldner. Die Vorinstanz zieht nicht in Zweifel, daß durch die Novelle 99 eine Einrede der Theilung gegeben sei, sie hält jedoch dafür, daß der vorliegende Fall seiner konkreten Beschaffenheit nach durch die Gesetzesvorschrift nicht betroffen werde. Die Entscheidung der Vorinstanz ist aber aus einem ganz anderen Grunde, welcher ein Eingehen auf die letztere, von dem Revisionskläger angegriffene Annahme derselben überflüssig macht, zu billigen. Man muß nämlich bei richtiger Auffassung dieses Gesetzes zu der Ansicht gelangen, daß dasselbe für das heutige Recht in Folge der Gestaltung des heutigen Prozeßrechts überhaupt unanwendbar geworden ist.

Die Novelle 99 enthielt nur eine prozessualische Vorschrift, welche besagt, daß, wenn der Gläubiger einen seiner ihm solidarisch haftenden Korrealschuldner auf das Ganze belangt hat, der Richter von Amtswegen verpflichtet ist, auch die übrigen nicht mitbeklagten, aber anwesenden Schuldner in den Prozeß hereinzuziehen, die Sache gegen Alle gemeinschaftlich zu erörtern, auch die Zahlungsfähigkeit Aller zu untersuchen, und danach durch eine gemeinschaftliche Sentenz die sämmtlichen anwesenden Korrealschuldner, soweit sie als zahlungsfähig befunden sind, antheilmäßig zur Bezahlung der eingeklagten Schuld zu verurtheilen. Eine solche Amtsgewalt steht aber nach heutigem Prozeßrechte dem Richter nicht zu. Um demnach auf einem anderen Wege die Absicht des Gesetzes, daß auf die gegen einen Schuldner erhobene Klage eine verhältnißmäßige Verurtheilung der sämmtlichen zahlungsfähigen Schuldner zu erfolgen habe, zur Ausführung zu bringen, hat man theils dem Beklagten die Befugniß zugesprochen, die übrigen Korrealschuldner durch Adzitation derselben als Mitbeklagte in den Prozeß hineinzuziehen, theils ihm auch eine exceptio plurium litis consortum mit der eigenthümlichen prozessualen Wirkung beigelegt, daß der Kläger berechtigt sei, dieselbe durch Adzitation seiner übrigen Schuldner zu beseitigen. Ob diese Auslage mit der Vorschrift der Novelle und mit den Grundsätzen des gemeinen Prozesses vereinbar war, braucht heutigen Tages nicht mehr untersucht zu werden, weil sie jedenfalls dadurch abgeschnitten sind, daß die C.P.O. eine Adzitation dritter Personen zu der Prozeßverhandlung nicht gestattet. Andere Ansichten wollen die Bedeutung der Novelle ganz in das Gebiet des materiellen Rechts verlegen, indem sie aus derselben zum Theil die Zulässigkeit einer Einrede der Theilung herleiten und zum Theil die Folgerung ziehen, daß die sämmtlichen Korrealschuldner nur gemeinschaftlich verklagt werden können und daß daher eine blos gegen Einen derselben angestellte Klage auf Grund einer vorgeschützten exceptio plurium litis consortum abzuweisen sei. Diese Ansichten entsprechen dem Inhalte des Gesetzes nicht, und sie können auch nicht gerechtfertigt werden aus dem Bestreben, der Absicht des in seiner ursprünglichen Form unanwendbar gewordenen Gesetzes in einer anderen Form Genüge zu leisten. Denn beide Ansichten versetzen den Gläubiger in eine viel nachtheiligere Lage als die Gesetzesvorschrift selbst, welche ihm das Recht nicht entzieht, nach seiner Weise einen oder den anderen Schuldner auf das Ganze zu belangen und ihn auch vermittelst der gegen einen seiner Schuldner erhobenen Klage zu einer — wenngleich verhältnißmäßig gegen seine sämmtlichen zahlungsfähigen Schuldner zu richtenden — Verurtheilung auf das Ganze gelangen läßt. Und soviel man dem bezeichneten Bestreben auch sonst möchte nachgeben wollen, so kann dasselbe doch unmöglich den Richter berechtigen, eine unanwendbar gewordene Gesetzesvorschrift, welche schon an sich ein das volle Vertragsrecht des Gläubigers einschränkendes Privileg der Schuldner aufstellt, durch einen für den Gläubiger noch nachtheiligeren Rechtssatz, den der Gesetzgeber nicht aufgestellt hat, zu ersetzen."

237. **Replik der Kompensation.** Urth. des I. Civilsenats vom 26. Januar 1885 in Sachen A. zu H., Beklagten und Revisionsklägers, wider S. das., Klägers und Revisionsbeklagten. Vorinstanz: O.L.G. Hamburg. Aufhebung und Zurückverweisung.

„Der Einwand des Klägers läuft auf eine Anregung der vielbehandelten Streitfrage hinaus, ob einer Kompensationseinrede wiederum eine Kompensationsreplik entgegengesetzt werden könne, hier speziell in der Anwendung auf den Fall eines klagenden Cessionars. Von dem für richtig zu haltenden Standpunkte aus, daß die Aufrechnung erst durch eine Willenserklärung des Kompensirenden, wenn nicht gar, abgesehen vom Kompensationsvertrage, nur durch eine prozessualische zu Stande kommt, muß man sich dafür entscheiden, daß eine Replik der Kompensation nur in dem Sinne stattfindet, daß die vom Beklagten zur Kompensation benutzte Gegenforderung bereits durch eine von dem Schuldner derselben vorher erklärte Kompensation getilgt sei, oder doch (nach der anderen Auffassung) der Beklagte in Empfangsverzug versetzt sei, indem er die von der anderen Seite angebotene Kompensation nicht angenommen habe; auch ist kein Grund gegeben, in dem Falle, wo ein Cessionar klagt, in irgend einer Beziehung etwas Abweichendes anzunehmen. (Seuffert, Archiv Bd. XIX Nr. 140—144, Bd. XXX Nr. 134, Bd. XXXII Nr. 31, Bd. XXXIII Nr. 13; Entsch. des R.O.H.G. Bd. XII S. 289, Bd. XV S. 105 ff., Bd. XIX S. 76 ff.; Annalen Bd. VI S. 155; Entsch. des R.G. Bd. VII S. 244 ff.; Eisele, Kompensation S. 365 ff.; anderer Meinung freilich ganz oder zum Theil Dernburg, Kompensation, 2. Aufl. S. 549 ff., 411 ff.; Sintenis, Civilrecht Bd. II, 3. Aufl., § 104 S. 445; Brinz, Pandekten Bd. II, 2. Aufl., § 287 S. 427 ff.; Windscheid, Pandektenrecht Bd. II, 5. Aufl., § 349 S. 329 ff.; Schmid, Cession Th. II S. 414.)"

238. **Das dingliche Klagerecht (actio confessoria) des Nießbrauchers.** Urth. des V. Civilsenats vom 11. Februar 1885 in Sachen der Eheleute W. zu R., Beklagte und Revisionskläger, wider B. und Gen. das., Beklagte und Revisionsbeklagte. Vorinstanz: O.L.G. Hamm. Verwerfung.

„Nach der Ansicht der Revisionskläger soll die Annahme, daß mit der Uebertragung der Ausübung des Nießbrauchsrechts auch die dingliche Klage des Nießbrauchers (confessoria actio) übertragen werde, erheblichem Zweifel unterliegen. Ein solcher Zweifel findet aber nicht blos darin seine Erledigung, daß der Vorderrichter die Abtretung dieser Klage in der vorliegenden die Rechtsausübung übertragenden Erklärung ausgedrückt findet, sondern auch darin, daß die Rechtsausübung, deren Uebertragung das Gesetz gestattet, das dingliche Recht des Nießbrauchers in vollem Umfange zum Gegenstande hat und daher auch die Ausübung des dinglichen Klagerechts umfassen muß, womit durchaus nicht im Widerspruch steht, daß es fremde Rechte sind, zu deren Geltendmachung (aus eigenem Rechte) der Erwerber in solchem Falle ermächtigt wird (vergl. Windscheid, Pandekten Bd. I § 205; Gruchot, Beiträge Bd. XXIV S. 110). Es kann deshalb auch kein Bedenken haben, der Klägerin das Recht der Klage auf Räumung des angemaßten Besitzes an dem dem unbeschränkten Nießbrauche unterliegenden Grundstücke gegen jeden Dritten beizulegen."

239. **Bindende Kraft gemeinschaftlicher Testamente für den Ueberlebenden.** Urth. des III. Civilsenats vom 31. Januar 1885 in Sachen H. zu B., Beklagten und Revisionsklägers, wider G. zu V., Klägers und Revisionsbeklagten. Vorinstanz: O.L.G. Hamburg.

„Es ist zu erwägen, daß die gemeinschaftliche letztwillige Verfügung der D.'schen Eheleute vom 6. Februar 1873, in welcher sie den Letztlebenden zum Erben des gemeinschaftlichen Vermögens (nach dessen Tode aber) die im § 5 genannten Erben beriefen, den Ueberlebenden dergestalt band, daß er seinerseits von den getroffenen Verfügungen auch bezüglich seines eigenen Antheiles von dem gemeinschaftlichen Vermögen, nachdem er Erbe geworden, nicht wieder abgehen konnte, wie dies bereits von dem R.G. für das Gemeine Recht in einem ähnlichen Fall mit der Begründung ausgesprochen worden ist, daß sich die gemeinsame Verfügung nicht in zwei Dispositionen zerlegen lasse, daß es der Wille der Testirenden gewesen sei, der Längstlebende solle, wenn er Erbe des Zuerstverstorbenen geworden, die einheitlich gemeinsam getroffene Verfügung nicht abändern dürfen (Entsch. Bd. VI S. 174)."

240. **Erbrecht der Brautkinder.** Urth. des I. Civilsenats vom 11. Februar 1885 in Sachen F. zu G., Klägerin und Revisionsklägerin, wider F. zu F., Beklagte und Revisionsbeklagte. Vorinstanz: O.L.G. Frankfurt a. M. Verwerfung.

„Die Ausführung der Revisionsklägerin, daß ein auf Familiengemeinschaft gegründetes Erbrecht ausreiche, um die Brautkinder gleich den ehelichen Kindern zu behandeln, kann mit dem B.G. nicht für zutreffend erachtet werden; eine auf das Beerbungsrecht beschränkte angebliche Familiengemeinschaft genügt nicht, um die Brautkinder den ehelichen Kindern gleichzustellen."

241. **In Ermangelung eines entgegenstehenden Partikularrechts muß die Erbfolge in ein Bauerngut nach Gemeinem Recht beurtheilt werden.** Urth. des III. Civilsenats vom 6. Februar 1885 in Sachen H. S. zu B., Klägers und Revisionsklägers, wider A. S. zu G., Beklagte und Revisionsbeklagte. Vorinstanz: O.L.G. Braunschweig. Aufhebung und Zurückverweisung.

„Hinsichtlich des Erbrechts des F. S. ist die Vorinstanz der Meinung, daß „nach bauerrechtlichen Grundsätzen" derselbe mit dem Tode seines Vaters nur eine Anwartschaft auf das Anerbrecht oder eine Abfindung erworben habe, diese Anwartschaft aber durch seinen ohne Hinterlassung von Nachkommen vor der Aufhebung der Erbgemeinschaft erfolgten Tode zu Gunsten seiner Miterben erloschen sei. Da die Vorinstanz sich für diese Meinung nicht auf ein Partikularrecht bezogen hat, so wird man annehmen müssen, daß sie dieselbe auf einen für das bäuerliche Erbrecht vermeintlich gemeingültigen Rechtssatz hat stützen wollen. Die Existenz eines entsprechenden gemeingültigen Rechtssatzes kann aber nicht anerkannt werden. Die mannichfaltigen Abweichungen des bäuerlichen Erbrechts von den Grundsätzen des Gemeinen Rechts haben sich in den einzelnen Rechtsgebieten so verschiedenartig gestaltet, daß sie überall nur als partikulares Recht aufgefaßt werden können; insoweit es an einem entgegenstehenden Partikularrecht fehlt, muß auch die Erbfolge in ein Bauerngut nach den Regeln des Gemeinen Rechts beurtheilt werden."

242. **Der Kirchenpatron ist nur dann vor den Parochianen zur Kirchenbaulast verpflichtet, wenn er Einkünfte aus dem kirchlichen Vermögen bezieht.** Urth. des III. Civilsenats vom 7. Januar 1885 in Sachen der Schulgemeinde B., Beklagter und Revisionsklägerin, wider die Gutsherrschaft J., Klägerin und Revisionsbeklagte. Vorinstanz: O.L.G. Kiel. Verwerfung.

„Mit den Vorderrichtern ist anzuerkennen, daß der Schulpatron als solcher nach Gemeinem Recht nicht verpflichtet ist, die Schulbaulast zu übernehmen. Es erscheint schon zweifelhaft, ob diejenigen Grundsätze, welche das Kanonische Recht in Beziehung auf die Verpflichtung des Kirchenpatrons zur Unterhaltung der kirchlichen Gebäude aufstellt, ohne weiteres auf den Schulpatron, der nicht zugleich Kirchenpatron ist, und auf Schulgebäude, welche nicht in einem besonderen Verhältniß zu einer Kirche stehen, übertragen werden dürfen. Es kann dies aber dahin gestellt bleiben, da, auch wenn man zu Gunsten der Revisionsklägerin diese Frage zu bejahen hätte, nach der maßgebenden kirchenrechtlichen Bestimmung (Conc. Trid. Sess. XXI c. 7 de reformatione) selbst der Kirchenpatron nur dann vor den Parochianen zur Tragung der Kirchenbaulast verpflichtet ist, wenn er Einkünfte aus dem kirchlichen Vermögen bezieht. Denn es erscheint weder zutreffend, wenn man in dem Satze der allegirten Stelle des Tridentinums „omnes patronos et alios, qui fructus aliquos ex dictis ecclesiis provenientes percipiunt" den Relativsatz nur, wie dies in älterer Zeit vielfach angenommen ist (vergl. die Nachweisungen bei Reinhardt, Kirchenbaulast S. 30 ff.), auf alios, nicht auch auf omnes patronos bezieht, nicht auch, wie dies neuerdings geschehen ist (vergl. Philipps, Lehrbuch des Kirchenrechts, 3. Aufl. S. 513), gestattet, jeden Patron als einen solchen aufzufassen, der Einkünfte aus dem kirchlichen Vermögen bezieht, weil ihm verschiedene Ehrenrechte zustehen und er im Falle seiner Verarmung eine Sustentation aus dem Vermögen der Kirche in Anspruch nehmen könne."

Partikularrecht.

1. Preußisches Recht.

243. Die Ungültigkeit der durch Drohung erzwungenen Willenserklärungen nach den §§ 38, 39 (35, 36) Th. I Tit. 4 des Allgem. L. R. Urth. des IV. Civilsenats vom 29. Januar 1885 in Sachen F. K. zu P., Klägers und Revisionsklägers, wider W. H. zu D., Beklagten und Revisionsbeklagten. Vorinstanz: O. L. G. Stettin. Verwerfung.

Der Revisionskläger sucht geltend zu machen, eine durch Drohung erzwungene Willenserklärung könne nur dann als ungültig angefochten werden, wenn die Zufügung des angedrohten Uebels für eine widerrechtliche Handlung gelten müsse Und diese Voraussetzung liege nicht vor, da der Kläger wohl befugt gewesen sei, durch Anrufung des Regimentskommandeurs des Sohnes des Beklagten zu seinem Gelde zu gelangen.

„Allein mit diesem Argumente ist der Kläger nicht zu hören. Nach den §§ 38, 39 Th. I Tit. 4 des Allgem. L. R. soll zwar die Drohung, sich seines Rechtes gesetzmäßig zu bedienen, als Zwang nicht angesehen, eine Willenserklärung, zu welcher der Erklärende durch die Aeußerung des Anderen, sein Recht gerichtlich verfolgen zu wollen, veranlaßt worden ist, also nicht für erzwungen erachtet werden. Die Anfechtung würde also als ausgeschlossen zu erachten sein, wenn der Kläger mit der Vornahme von Handlungen gedroht hätte, welche an sich geeignet gewesen wären, dem Kläger Befriedigung in Ansehung der in Rede stehenden Wechselforderungen zu verschaffen. Bei den vom Kläger in Aussicht gestellten Nachtheilen hat es sich aber um Befriedigung des Klägers nur insofern gehandelt, als die angedrohten Nachtheile den Beklagten zur Eingehung des als ungültig angefochtenen Rechtsgeschäftes veranlassen sollten. Die §§ 38, 39 a. a. O. stehen also dem Kläger nicht zur Seite. Im übrigen ist zu erwägen, daß die Anfechtung einer Willenserklärung wegen eines durch Drohungen ausgeübten Zwanges nicht schon dadurch ausgeschlossen wird, daß die Handlung, deren Vornahme angedroht wird, innerhalb des Kreises der Befugnisse des Drohenden liegt. Denjenigen, der ein Verbrechen verübt hat, behufs der Bestrafung zur Anzeige zu bringen, ist ein Jeder befugt, der von dem Verbrechen Kenntniß hat. Dennoch macht eine solche Drohung nach § 35 a. a. O. jede darauf erfolgte Willenserklärung des Bedrohten regelmäßig ungültig. Und wenn auch im vorliegenden Falle nicht die Androhung der Anzeige eines Verbrechens im Sinne des § 35 in Frage steht, so fallen doch die ausgesprochenen Drohungen unter die Bestimmung des § 36 a. a. O. und sind so vom B.G. mit Recht beurtheilt worden."

244. **Der Grundsatz locus regit actum bei Auslegung von urkundlichen Erklärungen, welche im Geltungsbereich des Preuß. Allgem. L.R. von einer dort wohnenden Partei abgegeben werden.** Urth. des IV. Civilsenats vom 10. Februar 1885 in Sachen A. L. zu L., Klägers und Revisionsklägers, wider H. R. zu L., Beklagten und Revisionsbeklagten. Vorinstanz: O.L.G. Hamm. Verwerfung.

„Den Ausführungen des Revisionsklägers gegenüber ist in Betracht zu ziehen, daß zwar eine Rechtsnorm, nach welcher für die Auslegung von Urkunden die am Orte der Ausstellung der Urkunde geltenden Rechtsnormen anzuwenden seien, nicht existirt (zu vergl. v. Bar, Internationales Privatrecht § 110). Allein wenn, wie im vorliegenden Falle, eine Person, welche im Geltungsbereich des Allgem. Preuß. L.R. ihren Wohnsitz hat, an einem ebenfalls unter der Herrschaft des Allgem. L.R. liegenden Orte urkundliche Erklärungen abgiebt, so bleibt mangels eines die Anwendung anderer Auslegungsnormen rechtfertigenden Grundes nur übrig, die Auslegung der Urkunde unter die Auslegungsgrundsätze des Allgem. L.R. zu stellen, insbesondere etwaige, aus dem Inhalte der Nov. 115, in deren Geltungsbereich die Erblasserin später ihren Wohnsitz gehabt hat, zu entnehmende Auslegungsmomente als solche nicht gelten zu lassen. Dem B.G. ist daher in der Anwendung der landrechtlichen Auslegungsnormen beizutreten."

245. **Das unterscheidende Merkmal zwischen dolus causam dans und dolus incidens** (insbesondere beim Betrug) **nach Preuß. L.R.** (Th. 1 Tit. 4 §§ 87, 88, 75, 76; Th. 1 Tit. 5 §§ 358, 359). Urth. des IV. Civilsenats vom 16. Februar 1885 in Sachen C. R. in B., Klägers und Revisionsklägers, wider S. W. das., Beklagten und Revisionsbeklagten. Vorinstanz: Kammerger. Berlin. Verwerfung.

Der B.R. nimmt an, daß der Kläger, wenn man auch seinen Angaben Glauben schenken wolle, nicht durch den angeblichen Betrug des Beklagten, sondern durch das obwaltende eine endgültige Regelung erheischende Verhältniß zum Abschlusse des Vergleichs bestimmt sei.

„Dem Berufungsrichter läßt sich nicht mit Grund die Verkennung des Begriffs der Veranlassung vorwerfen. Das unterscheidende Merkmal zwischen dem dolus causam dans und dem dolus incidens besteht nach dem Preuß. L.R. ganz ebenso wie nach der gemeinrechtlichen Doktrin, welche jenem als Quelle gedient hat, darin, daß im Falle des ersteren der Hintergangene ohne den Betrug ein Geschäft der fraglichen Art überall nicht abgeschlossen haben würde, während der letztere nur auf die Gestaltung des Geschäfts im einzelnen, die Modalitäten desselben eingewirkt hat (vergl. Holzschuher, Theorie und Kasuistik, 3. Aufl., Bd. I S. 356 ff., Vangerow, Pandekten, 7. Aufl., Bd. III S. 224 ff., Bornemann, Systematische Darstellung, 2. Aufl., Bd. I S. 149 ff., Förster-Eccius, Theorie rc. Bd. I S. 177 ff.). Hiernach ist der Betrug nicht schon dann ein das Geschäft veranlassender (causam dans), wenn ohne ihn das Geschäft nicht in allen seinen Theilen so, wie geschehen, zu Stande gekommen wäre; denn solchenfalls gäbe es überhaupt keinen rechtserheblichen dolus incidens. Und ebensowenig macht es einen begrifflichen Unterschied, ob der dolus incidens die Bestimmung eines Essentiale (z. B. des Kaufpreises) oder nur einen an sich unwesentlichen Theil des Geschäfts beeinflußt hat. Vielmehr ist dieser Unterschied nur erheblich für die Beantwortung der Frage nach der Wesentlichkeit des durch den gelegentlichen Betrug hervorgerufenen Irrthums, von dessen Beschaffenheit es abhängt, ob der Getäuschte die Aufhebung des ganzen Geschäfts verlangen kann oder sich mit dem Ersatze des erlittenen Schadens begnügen muß (§ 87, 88 Th. I Tit. 4; §§ 358, 359 Th. I Tit. 5 des Allg. L.R.). Die entgegengesetzte Annahme müßte nothwendig dahin führen, jeden Betrug, durch welchen ein im Sinne der §§ 75, 86 Th. I Tit. 4 des Allgem. L.R. wesentlicher Irrthum erregt worden, als dolus causam dans anzusehen, was doch den Vorschriften des Allgem. L.R. offenbar widersprechen würde."

246. **Der Kreis der Rechte und Pflichten einer für einen begrenzten Personenkreis bestimmten Versorgungsanstalt ist durch die von der Obrigkeit bestätigten Statuten abgesteckt. Von diesen kann weder der Vorstand noch die Gesammtheit der jeweiligen Interessenten abweichen.**

Urth. des IV. Civilsenats vom 16. Februar 1885 in Sachen der M.-Kr.-Lehrer-Wittwen- und Waisenkasse zu M., Beklagter und Revisionsklägerin, wider den Elementarlehrer H. H. das., Kläger und Revisionsbeklagten. Vorinstanz: O.L.G. Hamm. Verwerfung.

Der B.R. hat angenommen, daß der Kl. dem Kreise derjenigen Lehrer angehöre, welchen die (nach der Kabin. Ordre vom 29. Septbr. 1833) maßgebenden Statuten der Bekl. das Recht des Beitritts einräumen, und gegenwärtig bestehen Zweifel nur darüber, ob der Kläger aus den Bestimmungen der Statuten, an deren Errichtung er nicht Theil genommen hat, einen Rechtsanspruch auf Betheiligung an der beklagten Kasse, d. h. auf den Erwerb der statutenmäßigen Berechtigungen für seine etwaige Wittwe und Kinder gegen Entrichtung der festgesetzten Beiträge, herzuleiten vermag, obwohl der Vorstand derselben in Uebereinstimmung mit den derzeitigen Betheiligten seinem Eintritt widerspricht. Der B.R. hat die Frage bejaht. Das R.G. tritt dem B.R. bei.

„Es ist hierbei in Betracht zu ziehen, daß es sich vorliegend nicht sowohl um einen mit Korporationsrechten ausgestatteten Personenverein, als um eine für einen begrenzten Kreis von Personen bestimmte Versorgungsanstalt handelt, welche als solche um ihres dauernden gemeinnützigen Zweckes willen die landesherrliche Genehmigung und damit die Rechte einer juristischen Person erlangt hat (vergl. Förster-Eccius a. a. O.). Der Kreis der Rechte wie der Pflichten einer derartigen Anstalt ist fest begrenzt durch die von der Obrigkeit bestätigten Statuten (§ 652 Th. I Tit. 11 des Allg. L.R.) und weder der Vorstand noch die Gesammtheit der jeweiligen Interessenten sind berechtigt, sich den der Anstalt gegen Dritte statutarisch auferlegten Verpflichtungen eigenmächtig zu entziehen oder das Vermögen der Anstalt zu anderen, als den in den Statuten bestimmten Zwecken zu verwenden, mit Rücksicht auf welche allein die Genehmigung der Obrigkeit und mit ihr die Schaffung einer eignen Rechtspersönlichkeit erfolgt ist. Es kann daher nicht davon die Rede sein, die Statuten als einen obligatorischen Vertrag der Begründer der Anstalt und die darin für dritte Personen festgesetzten Berechtigungen unter dem Gesichtspunkte von Verträgen zu Gunsten Dritter aufzufassen und unter die das Recht des Beitritts zu solchen regelnden Vorschriften der §§ 75 ff. Th. I Tit. 5 des Allgem. L.R. zu stellen. Mit Recht hat vielmehr der Vorderrichter auf die Analogie der Stiftungen hingewiesen. So wenig es den Vertretern derselben gestattet ist, die in den Stiftungsurkunden dritten Personen verliehenen Berechtigungen nach ihrem Belieben zu vereiteln, ebensowenig vermögen solches im vorliegenden Fall der Vorstand und die derzeitigen Mitglieder der Beklagten. Es wird eben in jedem Einzelfalle zu prüfen sein, ob erkennbar bezeichneten Personen bestimmte, von dem Ermessen der Vertreter der juristischen Personen unabhängige Rechte oder ob nur im allgemeinen ungewisse Anwartschaften verliehen sind, welchen gegenüber dem Belieben jener Vertreter noch ein freier Spielraum gewährt ist. Da nach der maßgebenden Feststellung des B.R. vorliegend ersteres zutrifft, so erscheint es nicht rechtsirrthümlich, wenn dem Kläger ein wirklicher Rechtsanspruch auf Gewährung der Mitgliedschaft zugeschrieben ist."

247. Begriff des „Vermögens des Mannes" nach den §§ 711–713 Th. II, Tit. 1 des Allgem. L.R. Urth. des IV. Civilsenats vom 2. Februar 1885 in Sachen S. zu W., Beklagten und Revisionsklägers, wider uxorem das., Klägerin und Revisionsbeklagte. Vorinstanz: O.L.G. Naumburg. Aufhebung und Zurückverweisung.

Der zweite Richter hat das Vorhandensein der Erfordernisse der §§ 712, 713 des Th. II. Tit. 1 des Allg. L.R. angenommen, weil die Vorentscheidung beim Verhalten des Beklagten nur die Annahme einer dem Vorprozeß vorangegangenen Versagung des Unterhaltes gestatte, die Fruchtlosigkeit der angewendeten Zwangsmaßregeln die Beharrlichkeit des bösen Willens des Beklagten erkennen lasse, und die widerrechtliche Versagung noch bei Anstellung der jetzigen Klage angedauert habe, auch der Beklagte selbst nicht behaupte, daß er und warum nicht mehr, als er verdiene, verdienen könne, und daß er seinen wirklichen Verdienst, den er übrigens mit der Klägerin zu theilen verpflichtet sei, für sich selbst gebrauche. Er geht hierbei von der Ansicht aus, daß die Arbeitskraft des Beklagten ein Vermögen desselben und die unzweckmäßige Ausnutzung seiner Arbeitskraft eine Versagung des Unterhaltes im Sinne der §§ 712, 713 a. a. O. darstelle.

„Diese Ansicht ist rechtsirrthümlich und verletzt die gedachten Paragraphen und den § 711 a. a. O., den letztern durch Nichtanwendung. Es ist vielmehr den von dem Preuß. Ob. Trib. in dem Erk. v. 19. Mai 1854 (Striethorst, Archiv Bd. 14 S. 31) aufgestellten Rechtsgrundsätzen beizutreten, daß die Anwendbarkeit des § 711 a. a. O. durch die noch vorhandene Arbeitsfähigkeit des Mannes nicht ausgeschlossen wird und daß der § 712 daselbst bei dem Ehemann den Besitz der zum Unterhalt der Frau erforderlichen Geldmittel oder sonstiger zur unmittelbaren Verwendung für den Unterhalt der Frau geeigneter Mittel voraussetze. Die §§ 711 bis 713 a. a. O. verstehen unter Vermögen des Mannes, — dessen verschuldeter Mangel oder vorsätzlich verweigerte Benutzung zur Ernährung der Frau diese zur Scheidung berechtigen soll, — das Vorhandensein des wirklichen Besitzes oder Erwerbes geeigneter Mittel zum Unterhalt der Frau seitens des Mannes. Der Mann muß zwar für die Frau arbeiten, wenn er auf Arbeitsverdienst angewiesen ist, arbeiten kann und Arbeit findet. Wenn er aber trotzdem nicht arbeitet, oder nicht genug arbeitet, um seiner Unterstützungspflicht gegen die Frau zu genügen, so folgt daraus nicht, daß er ihr den Unterhalt verweigert, sondern nur, daß er sich zu dessen Gewährung außer Stand setzt, und daß deshalb der Frau nach Verschiedenheit der Umstände das Recht erwächst, im Falle des § 708 a. a. O. ein gerichtliches Besserungsmandat zur Vorbereitung der Scheidung oder im Falle des § 711 a. a. O. die Scheidung unmittelbar zu beantragen. Dies ergiebt schon der einfache Wortverstand der allegirten Paragraphen und folgt überdies aus der Vergleichung des § 711 mit 712 und 713 a. a. O. Denn nach den letztern soll die Versagung und deren Beharrlichkeit durch die Erfolglosigkeit der zwangsweisen Beitreibung der vom

Richter festgesetzten Alimente der Frau vom Manne festgestellt werden. Dabei ist nur an Exekutionsobjekte und nicht an durch Zwangsmittel in Thätigkeit zu bringende Arbeitskraft des Mannes zu denken. Die fruchtlose Zwangsvollstreckung kann auch nur dann für die Versagung und deren Beharrlichkeit einen Beweis liefern, wenn daraus auf den bösen Willen des Mannes geschlossen und also angenommen werden kann, daß er das — als vorhanden vorausgesetzte — verfügbare Vermögen der Exekution zu entziehen gewußt hat, was bei der bloßen Annahme einer in Frage stehenden besseren Ausnutzung der Arbeitskraft des Mannes nicht zutrifft."

248. **Der Anspruch eines Haussohnes auf Ersatz für bei der Arbeit erlittene Unfälle gehört zu dessen unfreiem, der Nutznießung und Verwaltung des Vaters unterliegenden Vermögen.** Urth. des V. Civilsenats vom 24. Januar 1885 in Sachen W. K. zu H., Klägers und Revisionsklägers, wider Aktiengesellschaft M. S., Beklagte und Revisionsbeklagte. Vorinstanz: O.L.G. Hamm. Verwerfung.

„Die Annahme des Berufungsrichters, daß der Vater des Klägers für denselben auf eine weitere Entschädigung wirksam verzichten konnte, würde den § 168 Th. II Tit. 2 des Allg. L.R. durch unrichtige Anwendung verletzen, wenn der Ersatzanspruch des letztern für entzogenen Arbeitsverdienst ebenso wie dieser selbst nach § 148 daselbst zu seinem freien Vermögen zu rechnen wäre. Allein die Vorschriften der §§ 148 bis 154 a. a. O., welche bestimmte Vermögensbestandtheile als freies Vermögen der Kinder bezeichnen, dürfen als Ausnahme von der Regel des unfreien Vermögens nicht ausgedehnt werden. Der den Arbeitern für Unfälle, welche sie bei der Arbeit erlitten haben, zu gewährende Ersatz gehört daher ebenfalls zu ihrem unfreien, der Verwaltung und dem Nießbrauche des Vaters unterworfenen Vermögen, wie bereits in einem Urtheil vom 7. Mai 1884 in Sachen Holz gegen Altmann (V. 452—83) ausgesprochen ist."

249. **Unzulässigkeit einer letztwilligen elterlichen Verfügung des Inhalts, daß die Zahlung des Pflichttheils an die Kinder bis zum Tode des überlebenden Ehegatten hinausgeschoben werden solle** (§§ 398, 392 Th. II Tit. 2; § 350 Th. I Tit. 9 des Allgem. L.R.). Urth. des IV. Civilsenats vom 12. Februar 1885 in Sachen A. S. zu S., Mitbeklagten und Revisionsklägers, wider E. P. geb. S. zu B. Vorinstanz: L.G. Lissa, O.L.G. Posen. Aufhebung des zweiten, Bestätigung des verurtheilenden ersten Erk. (in der Hauptsache).

„Nach dem Allgem. L. R. Th. II Tit. 2 § 392 ist der Pflichttheil ein Bruchtheil desjenigen, was jedes Kind zum Erbtheile erhalten haben würde, wenn die gesetzliche Erbfolge stattgefunden hätte. Das gesetzliche Erbtheil des Kindes ist aber unzweifelhaft ein aliquoter Theil der Erbschaft und diese besteht nach dem Allgem. L. R. Th. I Tit. 9 § 350 aus dem Inbegriff aller von dem Verstorbenen hinterlassenen Sachen, Rechte und Pflichten. Hieraus folgt, daß es nur einen Pflichttheil an der Erbschaft eines einzelnen bestimmten Verstorbenen giebt, daß das Allgem. L. R. einen einheitlichen Pflichttheil an den Nachlässen mehrerer Erblasser nicht kennt und daß sich der Pflichttheil nach dem Vermögen des Erblassers zur Zeit seines Todes (nach § 350 seines hinterlassenen Vermögens) bestimmt. Wenn daher Eltern, wie im vorliegenden wechselseitigen Testament geschehen ist, bestimmen: „daß der Ueberlebende befugt sein solle, über das gesammte gemeinschaftliche Vermögen unter Lebenden frei zu verfügen und die Eltern nach dem Tode des Ueberlebenden ihre beiden Söhne zu ihren Universalerben zu gleichen Theilen ernennen, dieselben aber verpflichten, an jede der Töchter ein elterliches Erbtheil von 150 ℳ zu zahlen", so erhält dadurch der Pflichttheil keinen anderen Charakter; die Töchter haben das Recht auf den Pflichttheil aus dem Nachlaß des zuerst verstorbenen Vaters mit dessen Tode erworben; sie erwerben das Recht auf den Pflichttheil der Mutter mit deren Tode. Die Auffassung, daß das Kind das Recht auf den Pflichttheil aus dem Nachlasse des erst versterbenden Ehegatten (parens) vermöge der Eigenschaft des elterlichen Testaments als eines wechselseitigen erst mit dem Tode des überlebenden parens erwirbt, widerspricht nicht allein dem oben angegebenen Begriff des Pflichttheils, sondern auch dem Grundsatze, daß der Pflichttheil regelmäßig ohne Rücksicht auf die letztwillige Verfügung der Eltern gewährt werden muß. Die Eltern können gar nicht anordnen, daß die Zahlung des Pflichttheils bis zu einem ganz unbestimmten Zeitpunkte (dem Tode des Ueberlebenden) hinausgeschoben werden soll (§ 398 Th. II Tit. 2 des Allgem. L. R.). Die Klage auf Gewährung des Pflichttheils aus dem Nachlasse des Vaters erwuchs daher der Klägerin schon mit dessen Tode."

250. **Die gemeinschaftliche Baupflicht zugeschlagener Gemeinden ist ein Korrelat der gemeinschaftlichen Benutzung der Pfarrgebäude** (§§ 244, 246, 247, 725, 752, 756, 791, 792, Th. II, Tit. 11 des Allg. L. R.). Urth. des IV. Civilsenats vom 12. Februar 1885 in Sachen Fiskus u. Gen. (kathol. Pfarrgenossen zu N.), Beklagte und Re-

visionskläger, wider v. S. und Gen. (die Eingepfarrten v. G. B.), Kläger und Revisionsbeklagte. Vorinstanz: O.L.G. Breslau. Aufhebung und Zurückverweisung.

„Schon das Gemeine Kirchenrecht erkennt in der sogenannten unio per aequalitatem eine Vereinigung mehrerer kirchlichen Stationen an, mit der Wirkung, daß eine jede in ihrer Rechtssphäre völlig selbstständig bleibt; nur eine Vereinigung in der Person des Pfarrers stattfindet und ein jedes Kirchspiel für die eigenen geistlichen Gebäude die Kosten trägt (Richter, Kirchenrecht, S. 518, 1157; Walter, Kirchenrecht S. 495). Auch das Allg. L.R. kennt eine solche Vereinigung, eine Zusammenschlagung mehrerer Parochien und deren Kirchen unter dem Namen „vereinigte Mutterkirchen" und stellt dafür gleichfalls den allgemeinen Grundsatz auf, daß jede der zusammengeschlagenen Mutterkirchen ihre ursprünglichen Rechte behält (§§ 244, 246, 247, 752 ff. Th. II Tit. 11) und nur zur Unterhaltung ihrer eigenen Gebäude beizutragen verpflichtet ist (§ 725 a. a. O.). Allein diese Vorschrift spricht — nach deutlicher Sonderung im Systeme — zunächst nur von *Kirchengebäuden*, nicht von *Pfarrgebäuden*, enthält auch darüber keine Bestimmung, wie es mit der Baupflicht zu halten ist, wenn eine der zugeschlagenen Gemeinden Gebäude, wie die andere Gemeinde, nicht besitzt, und wird schon beeinflußt durch die für die Zuschlagung einer Parochie wegen Abnahme der Zahl der Eingepfarrten zu einer anderen gegebene Bestimmung: daß das Vermögen jeder Parochie in der Regel nach wie vor besonders verwaltet wird, jedes derselben aber zur Unterhaltung der gemeinschaftlichen Kirche, so lange die Vereinigung dauert, in gleichem Verhältnisse beitragen muß (§ 752, 756 a. a. O.). Schon hier wird für die Unterhaltung der Kirche die *gemeinschaftliche* Benutzung derselben von Einfluß erklärt. Und in gleichem Sinne stellt das Gesetz speziell für das Pfarrvermögen die Regel auf, daß Filial- und zugeschlagene Gemeinden von allen Beiträgen zu Pfarr- und Küstergebäuden bei der gemeinschaftlichen Kirche frei sind, wenn sie eigene dergleichen Gebäude zu unterhalten haben, und erklärt in Anwendung dieser Regel — eine zugeschlagene Gemeinde zur Unterhaltung des gemeinschaftlichen Küsterhauses für verpflichtet, *wenn sie gleich* einen eigenen Schulmeister hat, dieser aber das Küsteramt bei dem Gottesdienste nicht zugleich mitversieht (§ 791, 792 a. a. O.). Aus diesem System ist der berechtigte Grundsatz zu entnehmen, daß eine zugeschlagene Gemeinde zur Unterhaltung der Pfarrgebäude bei der gemeinschaftlichen Kirche insoweit verpflichtet ist, als sie eigene solche Gebäude nicht zu unterhalten hat und — bei der Gemeinschaftlichkeit des Pfarramtes —

die Gebäude einer anderen Gemeinde mitbenutzt, so daß also die gemeinschaftliche Baupflicht der zugeschlagenen Gemeinden, wie auch das ehemalige Preußische Ob.-Trib. in dem Erkenntnisse vom 15. November 1858 (Entsch. Bd. 39 S. 289) ausgeführt und gleichfalls das R.G. bereits angenommen hat, als Korrelat der gemeinschaftlichen Benutzung der Pfarrgebäude sich darstellt. Mit diesen Grundsätzen tritt der Berufungsrichter in offenen Widerspruch, wenn er für die vereinigten Gemeinden eine Gemeinsamkeit der Baupflicht principiell verneint und die Pflicht zur Unterhaltung für jede der vereinigten Gemeinden auf ihre eigenen Gebäude beschränkt; in der Vereinigung der zugeschlagenen Gemeinden daher nur bezüglich des Pfarrers eine Art Personal-Union erblickt, die keinerlei Einfluß übt auf die vermögensrechtlichen Beziehungen der Gemeinden, insbesondere auf die Unterhaltung der gemeinschaftlich benutzten Pfarrgebäude. Gerade umgekehrt verhält sich die Sache: wenn die klagenden Gemeinden nich eigene Pfarrgebäude zu unterhalten haben, müssen sie zur Unterhaltung der von dem gemeinschaftlichen Pfarrer benutzten Pfarrgebäude beitragen."

251. **Der § 33 Th. II Tit. 12 des Allgem. L.R. ist durch die spätere Gesetzgebung nicht aufgehoben.** Urth. des IV. Civilsenats vom 12. Februar 1885 in Sachen v. S., Klägers und Revisionsklägers, wider die Schulgemeinde G., Beklagte und Revisionsbeklagte. Vorinstanz: Kammerger. Berlin. Verwerfung.

„Kläger hat gegen seine Veranlagung nur eingewendet, daß der § 33 Th. II Tit. 12 des Allgem. L.R. durch die spätere Gesetzgebung aufgehoben sei. Diese Meinung ist unrichtig, und der Ausführung des B.R. hierin beizutreten. Der § 33 verpflichtet die Gutsherrschaft nicht sowohl zum bloßen Vortheil ihrer Unterthanen und diesen gegenüber, sondern wesentlich im Nutzen der Gemeinde, und bezweckt hauptsächlich die Erhaltung der Schule für die Gemeinde, ebenso wie auch der nachfolgende § 36 die Gutsherrschaft als Verpflichtete der Gemeinde gegenüberstellt. Die hierauf bezüglichen Pflichten sind nicht dadurch aufgehoben, daß das Unterthanenverhältniß aufgehoben ist und sie werden von dem Art. 2 des Gesetzes vom 14. April 1856 gar nicht berührt, wie das R.G. schon in mehrfachen Entscheidungen, insbesondere in den beiden Erkenntnissen vom 2. Januar 1882 in Sachen der Stadtgemeinde Löwenberg wider die Schulgemeinde Groß-Rackwitz (173/81) und der Stadtgemeinde Löwenberg wider die Schulgemeinde Langenvorwerk (174/81) angenommen hat. Die dortige Ansicht ist auch hier festzuhalten, und danach ist die Vorentscheidung gerechtfertigt."

252. Fälligkeit der Stempelsteuer nach § 12 des Stempelgesetzes vom 7. März 1822. Urth. des IV. Civilsenats vom 26. Januar 1885 in Sachen des Fiskus, Klägers und Revisionsklägers, wider J. B. in H., Beklagte und Revisionsbeklagte. Vorinstanz: O. L. G. Breslau. Verwerfung.

Daß der Anspruch des Fiskus auf Zahlung der Stempelsteuer, wenn der Stempel ein Urkundenstempel ist, mit der Beurkundung des in Frage stehenden Rechtsactes zur Entstehung gelangt, wird vom Revisionskläger selbst geltend gemacht. Der Revisionskläger will jedoch den Anspruch auf die Stempelsteuer mit der Beurkundung zwar als begründet, aber noch nicht als fällig angesehen wissen. Die Fälligkeit soll vielmehr auf Grund der im Abs. 3 des § 12 des Stempelgesetzes enthaltenen Rechtsnorm erst am vierzehnten Tage nach der erfolgten Beurkundung eingetreten sein.

„Diese Auffassung ist als richtig nicht anzuerkennen. Ein Forderungsrecht ist fällig, sobald die Zeit seiner Erfüllung da ist. Die Zeit der Erfüllung aber fällt mit der Entstehung der Forderung zusammen, sofern nicht das Forderungsrecht vermöge einer Rechtsvorschrift oder kraft des Willens der Betheiligten eine anderweite Bestimmung der Zeit seiner Erfüllung in sich trägt (Windscheid, Pandekten Bd. 2 § 273; Dernburg, Privatrecht Bd. 2 § 59 Nr. 2). Das hier in Rede stehende Forderungsrecht wird in Ansehung seiner Fälligkeit ausschließlich durch den § 12 des Stempelgesetzes bestimmt. Nach dieser Rechtsnorm soll die stempelpflichtige Urkunde in der Regel auf das erforderliche Stempelpapier selbst geschrieben werden, die Zahlung des Steuerbetrages also der Beurkundung in der Regel vorangehen. In dem folgenden Satze des § 12 wird zwar die Nachbringung des erforderlichen Stempelpapieres und dessen nachträgliche Kassirung gestattet. Doch führt sich diese Bestimmung ihrem Wortlaute nach in der Art ein, daß der Gesetzgeber darnach den Fall vorgesehen hat, in welchem die Verwendung des Stempelpapieres bei Niederschrift der Urkunde nicht erfolgen konnte. Für diese Nachbringung, Kassation und die Einholung der von der Behörde oder dem Stempelvertheiler, bei welcher oder bei dem das Stempelpapier gelöst worden ist, auszustellenden Bescheinigung des Tages der Kassation wird sodann eine Frist von vierzehn Tagen gegeben, mit deren Versäumung die von dem Gesetze angedrohte Strafe der Stempeldefraudation verwirkt sein soll. Darnach handelt es sich bei der gestellten Frist von vierzehn Tagen nicht um eine Bestimmung der Fälligkeit des Anspruchs auf die Stempelsteuer. Fällig war die Forderung mit der

Beurkundung. Denn der maßgebende Wille des Gesetzgebers ist dahin ausgesprochen, daß die Urkunde auf das Stempelpapier selbst gesetzt werden soll. Und wenn der Gesetzgeber demnächst den Fall in's Auge faßt, daß dies nicht geschehen kann, so hat diese Ausnahmebestimmung mit der Fälligkeit des Anspruchs nichts mehr zu thun. Sie besagt vielmehr nur, daß das in Rede stehende Verhalten nachgesehen und der Handelnde mit der Strafe verschont werden soll, welche dem angedroht wird, der eine stempelpflichtige Urkunde ohne Verwendung des erforderlichen Stempels ausstellt. Das vom Kläger vorgebrachte Argument, daß die Verwendung von Stempelpapier zur Niederschrift der Urkunden gegenwärtig die Ausnahme, die Nachbringung des Stempels die Regel bildet, ändert in den obigen Erwägungen nichts. Entscheidend ist, in welchem Sinne der Gesetzgeber seine Bestimmung gegeben hat und wie er sie verstanden wissen will. Die in dem Berufungsurtheile angezogenen Entscheidungen des vormaligen Preuß. Ob.Trib. v. 1. Oktober 1858 und 11. November 1863 (Goltdammer, Archiv Bd. 6 S. 833; Oppenhoff, Rechtspr. Bd. 4 S. 165) betreffen nicht sowohl die Frage der Fälligkeit des Anspruchs auf die Stempelsteuer, als vielmehr die Frage seiner Entstehung; indem sie die Stempelpflichtigkeit einer Vertragsurkunde mit der Beurkundung eintreten lassen ohne Rücksicht darauf, daß der Vertrag innerhalb der mehrerwähnten vierzehntägigen Frist durch wechselseitige Uebereinkunft wieder aufgehoben worden ist."

253. **Auslegung des § 244** (155, 241) **des Allgem. Berggesetzes vom 24. Juni 1865. Unanwendbarkeit des Berggesetzes auf Rechtsverhältnisse zwischen dem Grundeigenthümer und Bergwerkseigenthümer, die unter dem früher geltenden Gesetze begründet wurden** (Allgem. L.R. Einl. § 14). **Uebereinstimmung des § 116b Th. II Tit. 16 des Allgem. L.R. mit § 150 des Allgem. Berggesetzes.** Urth. des V. Civilsenats vom 5. Februar 1885 in Sachen F. zu N., Beklagte und Revisionsklägerin, wider verw. W. zu B., Klägerin und Revisionsbeklagte. Vorinstanz: O.L.G. Breslau. Verwerfung.

„Im Allgemeinen wird zwar anzunehmen sein, daß die im Allg. Berggesetze enthaltenen Bestimmungen über den Inhalt und über die Rechte des Bergwerkseigenthums im Verhältnisse zum Grundeigenthume mit dem Eintritt der Gesetzeskraft des neuen Gesetzes nach diesem zu beurtheilen sind und auch für die damals schon bestehenden Bergwerke gelten. Es ist aber das Wesen und der Inhalt beider Arten des Eigenthums zu einander anderweitig regulirt und ein neuer Rechtszustand geschaffen. Die alten Gesetze sind aufgehoben (§ 244 des Berggesetzes) und kommen auch im Verhältniß zwischen Bergwerkseigenthümer und Grundeigenthümer nur noch soweit in Anwendung, als ausdrücklich auf dieselben verwiesen ist, wie in §§ 155, 241 (übereinstimmend Oppenhoff Nr. 7; Erk. des Ob.Trib. v. 29. Januar 1875; Entsch. Bd. 74 S. 104). Sind also die Rechte zwischen beiden Arten des Eigenthums lediglich nach dem Gesetze zu bestimmen, so wird nach dem 1. Oktober 1865 das Allgem. Berggesetz maßgebend sein. Ist aber durch irgend eine Handlung oder Begebenheit zwischen dem Grundeigenthümer und dem Bergwerkseigenthümer unter dem früher geltenden Gesetze bereits ein bestimmtes Rechtsverhältniß begründet, so darf auf diese früher vorgefallenen Handlungen und Begebenheiten und auf das dadurch begründete Rechtsverhältniß das neue Gesetz nicht angewendet werden (Allgem. L.R. Einl. § 14).

Die gerügte Verletzung des § 116b Th. II Tit. 16 des Allgem. L.R. liegt nicht vor. Ersichtlich geht der B.R. davon aus, daß darin, worauf der bauende Grundeigenthümer zur Erhaltung seines Entschädigungsanspruches seine Aufmerksamkeit zu richten hat, der genannte § 116b mit dem § 150 des Allgem. Berggesetzes übereinstimmt. In beiden Gesetzstellen wird das entscheidende Gewicht darauf gelegt, ob eine dem zu errichtenden Gebäude durch den Bergbau drohende Gefahr erkennbar ist. Die im § 116b betonte Erkennbarkeit der räumlichen Annäherung des Bergbaues zu der Baustelle ist nicht — wie die Beklagte deducirt, die Hauptsache. Denn das Versehen des Bauenden, welches ihn der Entschädigung verlustig machen soll, besteht in der Mißachtung der Gefahr, und diese hängt nicht sowohl von dem räumlichen Herantreten des Bergbaues zur Baustelle ab, als von dessen möglicher Einwirkung auf das Gebäude, und diese wird durch die Lagerungsverhältnisse der Flötze, deren Abbau schädlich geworden sein soll, und durch die Art des Abbaues bedingt."

254. **Zur Begründung eines Faustpfandrechtes an der Grundschuldforderung ist die Aushändigung des Grundschuldbriefs an den Pfandgläubiger erforderlich** (§ 54 des Grundbuchgesetzes vom 5. Mai 1872). Urth. des I. Civilsenats vom 18. Februar 1885 in Sachen Th. und Gen. zu B., Mitkläger, Widerbeklagte und Revisionskläger, wider den Konkurs der F.er St.-Z. und M.-Fabr., Beklagte und Widerklägerin, und Revisionsbeklagte. Vorinstanz: Kammerger. Berlin. Verwerfung (vergl. Urth. u. Annalen Bd. I S. 153).

„Zur Begründung eines Faustpfandrechts nicht allein an dem Grundschuldbriefe, sondern auch an der Grundschuldforderung war die Aushändigung des Grundschuldbriefs an den Pfandgläubiger erforderlich. Die Verpfändung von Grundschuldforderungen ist ebenso zu beurtheilen, wie die Verpfändung sonstiger Forderungen, über welche Urkunden ausgestellt sind, indem die Eintragung im Grundbuche, wenn auch nach § 84 der Grundbuchordnung gestattet, doch nach § 54 des Gesetzes über den Erwerb des Eigenthums und die dingliche Belastung von Grundstücken vom 5. Mai 1872 zur Wirksamkeit der Verpfändung nicht nothwendig ist. Nach der Vorschrift des Allgem. L.R. § 281 Th. I Tit. 20 war daher die Aushändigung der Schuldurkunde an den Gläubiger nöthig. Diese Aushändigung hat nicht stattgefunden. Die Hinterlegung des Grundschuldbriefs bei dem Bankhause M. L. mit der in den Grundschuld-Obligationen erwähnten Bestimmung: „daß derselbe dieses Dokument nicht früher zurückgiebt, und nicht in Löschung der Grundschuld willigt, bevor die sämmtlichen hiermit ausgestellten 800 Stück Grundschuld-Obligationen à 500 M. amortisirt sind resp. der hierzu erforderliche Betrag in baarer Kasse deponirt ist", kann der Aushändigung an die Besitzer der Grundschuld-Obligationen nicht gleichgeachtet werden."

255. **Zulässigkeit sog. Revenüenhypotheken nach dem Allgem. L.R. und Eigenthumsgesetz vom 5. Mai 1872.** Urth. des V. Civilsenats vom 28. Januar 1885 in Sachen E. v. P. zu N. und Gen., Klägerin und Revisionsklägerin, wider die Preuß. Hypotheken-Aktienbank in B., Beklagte und Revisionsbeklagte. Vorinstanz: Kammerger. Berlin. Verwerfung.

„Das Pfandrecht bezweckt, den Gläubiger wegen seiner Forderung durch andere Gegenstände zu sichern und zu befriedigen. Es entspricht daher seinem Zwecke und der natürlichen, an sich unbeschränkten Vertragsfreiheit der Kontrahenten, daß alles verpfändet werden kann, was zu dieser Sicherung und Befriedigung geeignet ist. Aus Rücksicht auf das praktische Bedürfniß und auf thunlichste Freiheit und Wirksamkeit der Vertragsschließung schützte schon das Römische Recht, indem es das pignus über seine ursprünglichen Grenzen thatsächlich ausdehnte, dem Gläubiger auch dann, wenn ihm von dem Schuldner an einer eigenen Sache desselben nur ein usus fructus oder auch nur eine Prädialservitut pfandweise bestellt war, weil auch hierdurch die Sicherung und Befriedigung des Gläubigers erreicht werden konnte. L. 11 § 2, l. 12 Dig. 20, 1 (Quae sententia propter utilitatem contrahentium admittenda est).

Offenbar aus gleicher Rücksicht aber ist im § 1 Th. I Tit. 20 des Allgem. L.R. der Begriff des Unterpfandrechts von vornherein so weit gefaßt, daß er als eine besondere Art der Einräumung eines solchen auch die bloße Verpfändung des nach § 12 Th. I Tit. 8 des Allgem. L.R. zum Eigenthume „gehörigen" Nutzungsrechts — die Bestellung eines Nutzungs- oder Revenüenpfandes — gestattet. Denn in der Definition jenes Begriffs sind unter der zu verpfändenden „Sache" auch Rechte zu verstehen (vergl. § 8 Th. I Tit. 2 das.), und zu diesem gehört das Nutzungsrecht des Eigenthümers ebenfalls. Auch kann gegen die Verpfändung des letzteren nicht eingewendet werden, daß es kein selbständiges Recht, sondern nur einen Bestandtheil des Eigenthumsrechts bilde; denn eben durch die Verpfändung selbst gestaltet es sich in der Hand des Pfandgläubigers auch zu einem selbständigen Rechte, und zwar zu einem solchen, welches einen besonders geeigneten Gegenstand seiner Sicherung und Befriedigung bildet. Die Verpfändung des Nutzungsrechts ergreift zugleich die Früchte, welche vermöge dieses Rechts bezogen werden dürfen, die letzteren sind daher durch dieselbe mittelbar ebenfalls verpfändet, und umgekehrt kann durch die Verpfändung der „Früchte" auch die Verpfändung des Nutzungsrechts ausgedrückt sein. Die letztere ist aber von einer bloßen Verpfändung von Früchten, bei welcher eben nur diese, als bewegliche Sachen, den Gegenstand des Pfandrechts bilden sollen, zu unterscheiden.

Das Allgem. L.R. behandelt das Nutzungspfand als ein Pfandrecht an der fruchttragenden Sache, welches durch besonderen Nebenvertrag auf die Befugniß des Gläubigers, sich aus den Früchten zu befriedigen, eingeschränkt ist (vergl. § 26 und besonders § 225 Th. I Tit. 20 desselben). Hat es daher ein Nutzungsrecht an Grundstücken ohne Uebergabe derselben (§ 114 das.) zum Gegenstande, so ist es auf diesen Grundstücken unter Angabe der bezeichneten Einschränkung als Revenüenhypothek einzutragen. Denn nach § 6 Th. I Tit. 20 cit. giebt der Titel zum Pfandrechte für sich allein noch kein wirkliches dingliches Recht, sondern es muß, um dieses zu erlangen, außerdem die gesetzmäßige Erwerbungsart, nach §§ 7 und 8 das. die Uebergabe der verpfändeten Sache oder gerichtliche Eintragung hinzukommen (vergl. §§ 135 und 136 Th. I Tit. 2 des Allgem. L.R.). Eine unmittelbare (besondere) Eintragung des verpfändeten Nutzungsrechts ist nun zwar nicht denkbar, weil nach der letztgedachten Vorschrift nur Grundstücke und solche selbständige Gerechtigkeiten, welche die Gesetze den unbeweglichen Sachen gleich achten, besonders eingetragen werden können (vergl. § 61 des Eigenthumsgesetzes vom 5. Mai 1872). Die Eintragung des Nutzungsrechts erfolgt jedoch mittelbar eben dadurch, daß eine Hypothek auf das Grundstück selbst mit der Einschränkung des Gläubigers auf eine

Befriedigung aus den Früchten (als beschränkte Grundstückshypothek) eingetragen wird. In Wirklichkeit erscheint aber hier nicht das Grundstück, auf welchem die Eintragung erfolgt, sondern nur das Nutzungsrecht an demselben als die verpfändete Sache, da die Befugniß, sich aus der verpfändeten Sache selbst, d. h. aus ihrer Substanz zu befriedigen (§ 1 a. a. O.), ein so wesentliches Merkmal jedes Pfandrechts bildet, daß eine Verpfändung eben nur durch die Einräumung dieser Befugniß und nur insoweit, als sie dem Gläubiger eingeräumt wird, erfolgen kann, mithin das Grundstück als solches, d. h. die Substanz desselben, wenn der Gläubiger darüber keine Verfügung haben soll, im Rechtssinne überhaupt nicht verpfändet ist. Im Gegensatz zu Revenüenhypothek erscheint die unbeschränkte Grundstückshypothek als Substanzhypothek. Da das Nutzungspfand nur als eine Anwendung des allgemeinen Pfandbegriffs sich darstellt, so bildet auch seine Zulässigkeit nicht eine Ausnahme, sondern die Regel. Es ist daher immer zulässig, soweit es nicht durch singuläre Ausnahmsbestimmungen in besonderen Fällen ausgeschlossen wird.

Alles dieses entspricht auch der Auffassung der Verfasser des Gesetzes. Die Definition des Unterpfandrechts im § 1 Th. I Tit. 20 desselben war wegen des darin aufgenommenen Merkmals der Befriedigung aus der Substanz von einigen Monenten beanstandet, weil oft, z. B. bei Lehen und Fideikommissen, nur die fructus verpfändet würden. Sie blieb jedoch unverändert, als Suarez entgegnete, daß beim Lehen nur die Früchte Gegenstand des Pfandrechts seien, aber doch immer deren Substanz (vergl. Bornemann, Preuß. Civilrecht Bd. IV § 304 Anm. 1). Da der Besitzer eines Lehn- oder Fideikommißgutes nicht dieses, aber unter Umständen sein Nutzungsrecht daran verpfänden kann, so hatte man hier offenbar eben die Verpfändung des letzteren im Auge, indem man sie, wie solches im Gesetz ebenfalls geschieht, kurz als Verpfändung der „Früchte" bezeichnete. Nach der ohne Widerspruch gebliebenen Bemerkung von Suarez bestand daher bei der Aufnahme der bezeichneten Definition Einverständniß darüber, daß die Verpfändung des Nutzungsrechts, wie sie oft (also nicht blos beim Lehn- und Fideikommiß) vorkomme, in dieser Allgemeinheit beibehalten werden müsse, durch die Definition aber in der That auch getroffen sei, weil bei derselben die verpfändete, bezüglich ihrer Substanz der Verfügungsbefugniß des Gläubigers unterworfene Sache nur in dem Nutzungsrechte und den Früchten, welche den Gegenstand desselben bilden, bestehe.

Das Allgem. L. R. erwähnt nun zwar das Nutzungspfand nur in einzelnen Vorschriften, welche sich auf besondere Fälle beziehen. Allein nach dem soeben Angeführten können hierin Ausnahmsbestimmungen, nach welchen die Verpfändung des Nutzungsrechts nur in diesen Fällen gestattet wäre, nicht gefunden werden. Vielmehr beruhen die bezeichneten Vorschriften sämmtlich auf der Voraussetzung der allgemeinen Zulässigkeit des Nutzungspfandes. Dies gilt zunächst von § 26 Th. I Tit. 20 des Allgem. L. R.

Der Pfandgläubiger kann der Befugniß, durch Veräußerung der verpfändeten Sache über ihre Substanz zu verfügen (§ 25 das.), auch durch ausdrücklichen Nebenvertrag nicht wirksam entsagen, weil durch den Wegfall dieses wesentlichen Merkmals des Pfandrechts das letztere selbst aufgehoben würde, ein solcher Nebenvertrag daher das bestellte Pfandrecht wieder negirt, also demselben direkt widerstreitet. Um aber einen Nebenvertrag des bezeichneten Inhalts dennoch aufrecht zu erhalten (vergl. § 74 Th. I Tit. 4 des Allgem. L. R.), wird ihm mittelst gesetzlicher Interpretation — wie solches bereits in l. 4 und 5 Dig. 13, 7 geschieht — ein anderer Sinn beigelegt. Der § 26 a. a. O. will ihn so gedeutet wissen, daß der Gläubiger sich nur aus den Früchten und Nutzungen befriedigen solle; kann aber dies nicht die Absicht der Kontrahenten gewesen sein (z. B. bei nicht fruchttragenden Sachen), so soll der Nebenvertrag nach § 27 das. Wirkung haben, daß die Veräußerung erst im Konkurse des Schuldners verlangt werden kann. Im § 26 ist hiernach nur die Interpretationsregel aufgestellt, daß der dem Pfandrechte widerstreitende Nebenvertrag im Zweifel ebenso zu verstehen und zu beurtheilen sei, als wenn statt der verpfändeten Sache ausdrücklich nur ein Nutzungsrecht an derselben, also ein anderer Gegenstand verpfändet wäre. Eine Bestimmung darüber, unter welchen Voraussetzungen eine ausdrückliche Verpfändung des Nutzungsrechts zulässig sei, ist darin nicht enthalten. Da aber durch jene Interpretationsregel der dem Pfandrechte widerstreitende Vertrag nur aufrecht erhalten werden konnte, wenn die ausdrückliche Verpfändung des Nutzungsrechts demselben nicht widerstreitet, sondern als zulässig und wirksam erscheint, so ist dieses im § 26 als selbstverständlich vorausgesetzt, mithin aus dem allgemeinen Begriffe des Unterpfandrechts zu erklären, weil es an einer besonderen Bestimmung hierüber fehlt.

Ebenso verhält es sich mit § 225 a. a. O. Nach den §§ 7 und 8 das. wird das Unterpfandrecht als eigentliches Pfandrecht (Besitzpfand) durch Besitzeinräumung an Immobilien unter hinzutretender gerichtlicher Eintragung (§ 100), als Hypothek dagegen nur durch letztere bestellt. Für das Besitzpfand (nicht die Hypothek) enthält das Gesetz einen besonderen Abschnitt von „Nebenverträgen", mit dem

§ 225, welcher dem Schuldner gestattet, sich vorzubedingen, daß der Gläubiger seine Befriedigung nur aus den Nutzungen des Pfandes suchen könne. Allein hierin liegt keine singuläre Bestimmung für das Besitzpfand, vielmehr ist die aus dem Pfandbegriffe folgende allgemeine Zulässigkeit des Nutzungspfandes hier nur besonders angewendet, also ebenfalls vorausgesetzt. In ähnlicher Weise ist die Anwendbarkeit allgemeiner Grundsätze bei dem Besitzpfande auch sonst besonders ausgesprochen (vergl. §§ 72 ff. a. a. O.). Die Erwähnung der Zulässigkeit des Nutzungspfandes im § 225 erklärt sich aber daraus, daß die beim Besitzungspfande zulässigen Nebenverträge in dem hierzu speziell bestimmten Abschnitte vollständig aufgeführt werden sollten, da die Bestellung des Nutzungspfandes, wie bereits hervorgehoben, als ein die Verpfändung der fruchttragenden Sache einschränkender Nebenvertrag behandelt wird. Um statt dessen in der Vorschrift des § 225 eine singuläre Ausnahmsbestimmung für das Besitzpfand finden zu können, müßte, wie nicht der Fall ist, ein nachweisbarer Grund für eine solche Singularität vorliegen; denn solange sich ein Rechtssatz aus der Anwendung allgemeiner Grundsätze erklären läßt, ist er als eine Singularität nicht anzusehen.

Bezüglich der Lehen und Fideikommisse enthalten nun allerdings der § 228 Th. I Tit. 18 des Allgem. L.R., der § 80 Th. II Tit. 4 das. und die damit zusammenhängenden Vorschriften singuläre Bestimmungen über Pfandbestellungen, nach denen auch die Verpfändung des Nutzungsrechts hier nur in besonderen Fällen (unter gewissen Voraussetzungen) gestattet ist. Insbesondere kann nach der erstgedachten Vorschrift der Besitzer des Lehns die Substanz desselben überhaupt nicht, die Nutzungen aber nicht über seine Besitzzeit hinaus eigenmächtig beschweren; und nach der zweiten ist nur bei der Aufnahme nothwendiger Darlehen auf die Einkünfte des Fideikommisses die Zuziehung gewisser Familienglieder genügend, während sonst die Belastung desselben nach § 76 a. a. O. durch einen Familienschluß bedingt erscheint, soweit nicht das Gesetz vom 15. Februar 1840 über die Errichtung von Familienschlüssen 2c. abweichende Bestimmungen enthält. Indeß auch hier ist die Zulässigkeit des Nutzungspfandes als allgemeine Regel vorausgesetzt. Nur sind Lehen und Fideikommisse wegen des eingeschränkten Rechts ihrer Besitzer auch von dieser Regel an sich ausgenommen. Soweit aber bei denselben die Bestellung eines Nutzungspfandes (als Ausnahme von der Ausnahme) in bestimmten Fällen gestattet ist, kommt wieder die Regel seiner allgemeinen Zulässigkeit zur Anwendung. Die letztere ist auch bereits von Göschel (1830) in der Zeitschrift von Simon und

Strampff, Bd. I Nr. 10 S. 409 ff. näher nachgewiesen und seitdem in Theorie und Praxis nicht besonders in Zweifel gezogen (vergl. Bornemann, Preuß. Civilrecht Bd. IV § 310 Nr. 1; Ministerialverfügung vom 26. November 1840 im Justizministerialbl. S. 393; Entsch. des Ob.Trib. Bd. XI S. 316 ff., Erk. vom 31. März 1845).

Eine andere Frage ist es, ob nicht nach den Bestimmungen des Eigenthumsgesetzes vom 5. Mai 1872 die Bestellung einer Revenüenhypothek als unzulässig erscheint. Dieselbe ist zu verneinen. Der dritte Abschnitt jenes Gesetzes handelt von dem Rechte der Hypothek und Grundschuld an Grundstücken (vergl. §§ 23, 25, 26, 28, 30, 34 desselben mit § 69), ohne die Revenüenhypothek zu erwähnen und bestimmt im § 45: „Ein Vertrag zwischen dem hypothekarischen oder Grundschuldgläubiger und dem Eigenthümer, durch welchen ersteren das Recht der Veräußerung zum Zwecke ihrer Befriedigung entzogen wird, ist nichtig.“ Mit Unrecht wird Förster (Grundbuchrecht S. 167) als Vertreter der Ansicht citirt, daß hierdurch die Bestellung einer Revenüenhypothek ausgeschlossen sei; denn a. a. O. giebt er nur den Inhalt der Regierungsmotive zum § 45 wieder, ohne Folgerungen aus denselben zu ziehen. Dagegen ist die bezeichnete Ansicht ohne nähere Begründung in den neuesten Ausgaben von Förster's Theorie und Praxis Bd. III S. 402 Anm. und Koch's Kommentar zum Allgem. L.R. (Anm. 84 zu § 225 Th. I Tit. 20 des Allgem. L.R.) aufgestellt, von Eccius in Gruchot's Beiträgen Bd. 28 S. 1 ff. ausführlich erörtert, und auf den Inhalt der Motive gestützt von Bahlmann, Grundbuchrecht Anm. 2 zu § 45 des Eigenthumsgesetzes, Achilles, Preuß. Gesetze über Grund- und Hypothekenrecht Anm. 2 zu demselben, und Turnau, Grundbuchordnung Anm. 2 zu demselben, während Dernburg, Preuß. Privatrecht Bd. I § 328 ungeachtet des § 45 des Eigenthumsgesetzes die fortdauernde Zulässigkeit der Revenüenhypothek annimmt.

Der letzteren Ansicht ist beizutreten.

Nach dem erwähnten Zusammenhange hat der § 45 (abgesehen von der im vorliegenden Falle nicht interessirenden Grundschuld) lediglich den Fall der Substanzhypothek an einem Grundstücke vor Augen, bei welcher das Grundstück ohne Einschränkung verpfändet ist, oder mit anderen Worten die verpfändete Sache selbst bildet. Unter dem Vertrage, welcher dem Gläubiger das Recht der Veräußerung dieses Grundstückes entzieht, ist daher hier derjenige Vertrag zu verstehen, mittelst dessen derselbe seinem Rechte, die Veräußerung der verpfändeten Sache zu verlangen, entsagt. Dem obigen zufolge kann dieser Vertrag die bezeichnete Wirkung nicht haben, weil er dem Pfandrechte widerstreitet. Nach § 26 Th. I Tit. 20 des Allgem. L.R. würde er im Zweifel ebenso zu verstehen und zu beurtheilen sein, als wenn ausdrücklich nur eine Revenüenhypothek bestellt, also statt des Grundstückes ein anderer Gegenstand, ein bloßes Nutzungsrecht an demselben, verpfändet wäre. Der § 45 des Eigenthumsgesetzes erklärt ihn jedoch statt dessen für nichtig, beseitigt daher hierdurch bezüglich der Hypothek die Interpretationsregeln der §§ 26 und 27 a. a. O. und bezeichnet dadurch das bestellte Pfandrecht trotz dieses Nebenvertrages als vollkommen wirksam.

Auf den Vertrag, durch welchen ausdrücklich eine Revenüenhypothek bestellt wird, bezieht sich jedoch der § 45 überall nicht. Denn dieser Vertrag widerstreitet dem Pfandrechte nicht und unterscheidet sich dadurch von dem hier für nichtig erklärten Vertrage wesentlich. Ebensowenig konnte er im § 45 als ein Vertrag bezeichnet werden, durch welchen dem Gläubiger das Recht, das Grundstück zu veräußern, „entzogen" wird, weil die Entziehung desselben ein durch die Pfandbestellung an sich begründetes Recht voraussetzt, während die bloße Bestellung einer Revenüenhypothek dem Gläubiger ein Recht, das Grundstück zu veräußern, überhaupt nicht gewährt, also auch nicht entzieht. Bei der Revenüenhypothek würde nach Analogie des § 45 nur der Nebenvertrag nichtig sein, daß der Gläubiger deren Gegenstand, also das Nutzungsrecht oder die Früchte, nicht veräußern solle.

Die Unzulässigkeit der ausdrücklichen Bestellung einer Revenüenhypothek folgt auch nicht aus dem Wegfall der Interpretationsregel des § 26 Th. I Tit. 20 des Allgem. L.R., weil ihre Zulässigkeit nicht auf der letzteren beruhte, sondern gerade umgekehrt bei derselben vorausgesetzt war. Wäre ein gewisser Vertrag nach gesetzlicher Interpretationsregel als Kaufvertrag zu verstehen und zu behandeln, so würden durch die Aufhebung dieser Interpretationsregel selbstverständlich nicht die Grundsätze von Kaufverträgen berührt werden. Ebensowenig konnte die Beseitigung der im § 26 Th. I Tit. 20 des Allgem. L.R. aufgestellten Interpretationsregel auf die Grundsätze über vertragsmäßige Bestellung von Revenüenhypotheken Einfluß äußern.

Eine andere Auffassung des § 45 des Eigenthumsgesetzes läßt sich auch nicht auf dessen Motive stützen. Zwar behauptet Turnau a. a. O., daß von Dernburg die Fortdauer der Revenüenhypothek „trotz der in den Motiven klar ausgesprochenen entgegengesetzten Absicht" angenommen werde. Allein eine solche Absicht ist in denselben nicht ausgesprochen und, wäre es geschehen, so würde dies für die Interpretation des Gesetzes doch keine Bedeutung haben. Die Motive (Werner, Materialien S. 32 ff.) sagen im Eingange: „Ein solcher Vertrag (wie im § 45 angegeben) widerstreite direkt dem Inhalte des Hypothekenrechts. Die Veräußerung (soll heißen: das Recht der Veräußerung), welches sein eigentlicher Inhalt ist, darf dem Gläubiger nicht entzogen werden.“ Nachdem aus diesem Grunde die Interpretationsregel des § 27 Th. I Tit. 20 des Allgem. L.R. als unzutreffend bezeichnet ist, heißt es weiter: „Das Allgem. L.R. kennt außerdem die Revenüenhypothek (§ 225 Th. I Tit. 20). Sie entsteht entweder, wenn sie ausdrücklich vorbedungen, oder wenn die Parteien verabredet haben, daß das Grundstück nicht verkauft werden soll, in Folge einer vom Gesetz aufgestellten Interpretation (§ 26 Th. I Tit. 20) oder sie ist in einzelnen Fällen bei Lehn- und Fideikommißgütern zulässig (§ 228 Th. I Tit. 18, §§ 80 ff. Th. II Tit. 4 des Allgem. L.R.).“ Schon aus den ersten Sätzen erhellt, daß der § 45 auch nach der Auffassung der Motive sich nur auf den dem bestellten Pfandrechte widerstreitenden (dasselbe negirenden) Vertrag beziehen soll, welcher dem Gläubiger das Recht der Veräußerung des ohne Einschränkung verpfändeten Grundstückes, also der verpfändeten Sache, nimmt, nicht aber auf den Vertrag, nach welchem ausdrücklich nur ein Nutzungsrecht an demselben (durch unbeschränkte Einräumung der Verfügungsbefugniß über dieses) verpfändet wird. In dem folgenden Satze werden bezüglich der Revenüenhypothek nach dem bisherigen Rechte zwei verschiedene Entstehungsgründe aus einander gehalten: 1) der Vertrag, durch welchen sie ausdrücklich bestellt wird und 2) der davon völlig verschiedene, dem Pfandrecht widerstreitende, als Bestellung einer Revenüenhypothek nur zu interpretirende Vertrag. Wenn außerdem bemerkt ist, daß die Revenüenhypothek in einzelnen Fällen bei Lehn- und Fideikommißgütern (nach den bezüglichen singulären Bestimmungen) zulässig sei, so ist damit nicht ein dritter Entstehungsgrund bezeichnet, da die Revenüenhypothek beim Lehn und Fideikommiß ebenfalls auf vertragsmäßiger Bestellung beruht, also schon unter dem zuerst bezeichneten Entstehungsgrunde begriffen ist. Es ist also dem Zusammenhange nach nur gesagt, daß die Revenüenhypothek bisher entweder auf ausdrücklichem Vertrage, welcher in einzelnen Fällen auch beim Lehn und Fideikommiß zulässig sei, oder auf bloßer Interpretation eines anderen, dem Pfandrecht widersprechenden Vertrages beruht habe. Da nach dem im Eingange der Motive Bemerkten nur dieser letztere Vertrag für nichtig erklärt werden sollte, so ist die Gültigkeit des ersteren ganz unberührt geblieben.

Die folgenden Aeußerungen derselben stehen hiermit im Einklange. Dieselben gehen dahin: „An den letzteren Bestimmungen (d. h. den singulären Bestimmungen über die Revenüenhypothek beim Lehn und Fideikommiß) wird durch dies Gesetz natürlich nichts geändert, es hat aber im übrigen die vertragsmäßige Revenüenhypothek nicht aufgenommen." Wollte man hier die Worte „im übrigen" von einem Gegensatze verstehen, d. h. so, daß das Gesetz die vertragsmäßige Revenüenhypothek nicht aufgenommen, dagegen die beim Lehn und Fideikommiß vorkommende aufgenommen habe, so würde dies widersinnig sein, weil auch die letztere eine vertragsmäßige und weil auch sie nicht in das Eigenthumsgesetz aufgenommen (in diesem nicht geregelt) ist. Der bezeichnete Satz kann daher, im Einklange mit dem obigen, nur so verstanden werden: An den singulären Bestimmungen, wonach die Revenüenhypothek beim Lehn und Fideikommiß nur „in einzelnen Fällen" zulässig ist, wird nichts geändert. Sie ist hier auch künftig nur in diesen einzelnen Fällen zulässig. Uebrigens („im übrigen") hat das Eigenthumsgesetz die vertragsmäßige, d. h. die durch ausdrücklichen Vertrag bestellte Revenüenhypothek überhaupt nicht geregelt, weder die beim Lehn und Fideikommiß, noch die sonst vorkommende, sondern es bei ihrer bisherigen gesetzlichen Regelung belassen.

Die Schlußworte der Motive lauten: „Ein praktisches Bedürfniß ist für sie (die Revenüenhypothek) nicht vorhanden und sie komplizirt die Vertheilung der Kaufgelder, wenn sie neben Substanzhypotheken eingetragen ist." Dieser Satz endlich könnte nur dann mißverständlich auf eine beabsichtigte Beseitigung der Revenüenhypothek bezogen werden, wenn man ihn außerhalb seines Zusammenhanges mit dem Vorhergehenden betrachtete. In diesem Zusammenhange soll er aber nur die Unterlassung einer neuen Regelung derselben rechtfertigen, welche sie nach der Auffassung des Verfassers der Motive nicht verdiente. Es kann hiernach dahingestellt bleiben, ob die bezeichneten Motive sich nur auf den ursprünglichen Gesetzentwurf, welcher die Hypothek nur im Sinne einer Grundschuld beibehalten wollte, oder auch auf das Gesetz mit seinem jetzigen Inhalte beziehen. Wäre aber in denselben in der That die Absicht ausgesprochen, abgesehen von Lehn- und Fideikommißgütern, die vertragsmäßige Revenüenhypothek auszuschließen, so hätte diese Absicht doch in dem Gesetze selbst nach dem Vorstehenden keinen geeigneten Ausdruck gefunden. Es wäre daher ein Mißbrauch der Motive, wenn man den Inhalt derselben in das Gesetz hineinzutragen versuchte.

Schließlich könnte noch die Frage aufgeworfen werden, ob die

Eintragung einer Revenüenhypothek nach dem Eigenthumsgesetze noch möglich sei, obgleich dieses keine Form dafür vorschreibt. Allein das Gesetz steht der Anwendung der bisherigen Form derselben, wonach sie auf dem betreffenden Grundstücke mit der Einschränkung des Gläubigers auf dessen Früchte und Nutzungen — als beschränkte Grundstückshypothek — eingetragen wurde, nicht entgegen. Wie diese Form für die Eintragung von Revenüenhypotheken an Lehn- und Fideikommißgütern ferner anwendbar erscheint, so ist sie es auch bei jeder anderen Revenüenhypothek."

2. Rheinisches Recht.

256. Keine Ersitzung an dem persönlichen (nicht dinglichen) **Recht, ein sog. Gewinde in einem Schlachthaus gegen eine bestimmte Gegenleistung zu benutzen.** Urth. des II. Civilsenats vom 30. Januar 1885 in Sachen des Metzgers A. G. zu C., Klägers und Revisionsklägers, wider Stadtgemeinde Köln, Beklagte und Revisionsbeklagte. Vorinstanzen: L.G. und O.L.G. Köln. Aufhebung und Zurückverweisung auf Anschlußrevision der Beklagten.

Der Kläger beansprucht das dingliche, vererbliche und übertragbare Recht, fünf der in dem neuen städtischen Schlachthause zu Köln eingerichteten Schlachtstellen — sogenannte Gewinde — ausschließlich zu benutzen, und dafür als einzige Abgabe eine Gebühr von 50 Pfennigen für jedes von ihm zu schlachtende Stück Großvieh zu entrichten. Was den Erwerb dieses Rechtes betrifft, so stützt sich derselbe bezüglich eines Gewindes auf die Ersitzung, bezüglich der vier anderen auf ein Versteigerungsprotokoll vom 24. Oktober 1843. Die letztere Erwerbsart kommt hier nicht in Betracht.

„Wenn es sich bei Beurtheilung der Sache um die Frage handelt, unter welche Kategorie der vom Code civil anerkannten dinglichen Rechte das hier beanspruchte zu subsumiren ist, so erscheint zuvörderst die Annahme einer Real-Servitut ausgeschlossen, da nach Vorschrift des art. 686 des Code civil eine solche nur zum Vortheil eines Grundstücks, nicht aber zu Gunsten einer Person bestellt werden kann. Ohne Erfolg versucht auch der Kläger dasselbe unter dem Begriff der Personal-Servitut des Usus — droit d'usage art. 625 sq. leg. cit. — zu bringen, da, abgesehen davon, ob die Benutzung von Schlachtstellen, wie sie hier in Frage steht, überhaupt den Gegenstand eines solchen bilden kann, das an die Person geknüpfte Recht des Usus grundsätzlich weder vererblich noch übertragbar ist. Art. 631, 625, 617 leg. cit. Wenn man nun auch mit Laurent Bd. VII Nr. 84 gegen Aubry und Rau II p. 50 und Démolombe Bd. IX Nr. 513 sq. davon ausgehen wollte, daß unter Herrschaft des Code civil auch noch andere dingliche Rechte, als sie der art. 543 desselben aufzählt, als zulässig anzuerkennen, so ist doch in jedem einzelnen Falle zu prüfen, ob in der That ein Recht dinglicher Natur in Frage steht. Ein solches Recht setzt nun aber begrifflich ein unmittelbares Herrschaftsverhältniß über die Sache, ein démembrement de propriété, das heißt ein aus dem Eigenthume losgelöstes Recht, welches als solches der Gewalt des Berechtigten unterworfen ist, voraus. An dieser Voraussetzung fehlt es aber hier. Der Kläger macht nicht ein dingliches z. B. etwa superfiziarisches Recht an dem Schlachthausgebäude selbst oder an bestimmten einzelnen Schlachtstellen desselben, welches ihm als eine Beschränkung des Eigenthums der Beklagten zustände, geltend, fordert vielmehr nur von der letzteren, daß sie ihm die ausschließliche Benutzung von fünf solcher Schlachtstellen gegen ein Entgelt von 50 Pfennigen per Stück des zu schlachtenden Großviehes einräume. Dieser auf eine Leistung der Beklagten mit bestimmter Gegenleistung gerichtete Anspruch ist aber persönlicher und nicht dinglicher Natur, und kann, wie es keiner Ausführung bedarf, diesen letzteren Charakter auch nicht dadurch erlangen, daß der Kläger die Veräußerlichkeit und Vererblichkeit desselben, — Eigenschaften, welche nicht lediglich dinglichen Rechten zukommen, — hervorhebt. Von einer Ersitzung des in Frage stehenden Rechts, — dessen Gegenstand dann immerhin auch nur das alte Schlachthaus sein würde, — kann hiernach keine Rede sein."

257. **Befugniß des Nutznießers, kündbare** (nicht blos wegen Unsicherheit kündbare) **Forderungen zu kündigen und einzuziehen** (art. 582, 578, 601 des Code civil). Urth. des II. Civilsenats vom 17. Februar 1885 in Sachen S. und Gen., Beklagte und Revisionskläger, wider verw. K., Klägerin und Revisionsbeklagte. Vorinstanz: O.L.G. Köln. Verwerfung.

„Das Gesetz verleiht dem Nutznießer nicht blos das Recht, die Früchte von den dem Nießbrauche unterworfenen Sachen zu beziehen (Art. 582 B.G.B.), sondern auch, diese Sachen ebenso wie der Eigenthümer selbst zu benutzen (Art. 578). Hierbei ist er nur insoweit beschränkt, als er den wesentlichen Bestand zu erhalten und die Sachen wie ein guter Hausvater zu benutzen hat (Art. 601). In dem Rechte des Genusses und der Verwaltung liegt nothwendig die Befugniß, die kündbaren Forderungen, welche zu dem der Nutznießung unterworfenen Vermögen gehören, zu kündigen und einzuziehen, denn diese Befugniß bildet ein wesentliches Recht des Eigenthümers. In diesem Sinne wird das Gesetz von den französischen Gerichten und

Rechtslehrern aufgefaßt, und das R. G. ist der herrschenden Lehre in seiner Entscheidung v. 5. Juni 1883" (Annalen Bd. VIII S. 183; Entsch. Bd. IX S. 310) „beigetreten. Bildet demnach die Unsicherheit der Forderung nicht die nothwendige Voraussetzung für die Befugniß des Nießbrauchers zur Aufkündigung, so war die Klage auf Zahlung der fälligen Schuld begründet und das Anerbieten der Sicherstellung erscheint nur als ein Vergleichsvorschlag, war aber nicht geeignet, die Klage zu beseitigen."

258. 1) **Die Vorschrift des art. 972 des Code civil steht der Benutzung eines geschriebenen Aufsatzes Seiten des Testators und der sinngetreuen Wiedergabe unrichtiger Wortfassungen des Testators Seiten des Notars nicht im Wege.** 2) **Zulässigkeit der Zuwendung eines Partikularvermächtnisses** (ohne die Schranke der Nr. 1 des art. 909 des Code civil) **an den behandelnden Arzt des Erblassers** (unter den Voraussetzungen der Nr. 1). Urth. des II. Civilsenats vom 10. Februar 1885 in Sachen L. v. L. zu A. und Gen., Beklagte und Revisionskläger, wider Dr. V., Kläger und Revisionsbeklagten. Vorinstanz: O.L.G. Köln. Verwerfung.

„Zu 1. Die Vorschrift des art. 972 des Code civil, nach welcher das öffentliche Testament dem fungirenden Notare vom Erblasser diktirt werden muß, beruht auf dem Gedanken des Gesetzgebers, die Freiheit und Spontaneität des erklärten letzten Willens zu sichern. Das Gesetz verbietet nun nicht, daß der Testator sich eines vorher von ihm oder einem Dritten niedergeschriebenen Aufsatzes, — einer Hülfe, die in manchen Fällen förderlich, vielleicht nothwendig sein wird — zum Zwecke seines Diktats bediene. Ein solches Verbot läßt sich auch aus der ratio legis, da nicht ersichtlich ist, wie durch ein solches Hülfsmittel die Freiheit der Willensäußerung des Erblassers beeinträchtigt werde könnte, keineswegs herleiten. Im vorliegenden Falle steht nun thatsächlich fest, daß die Erblasserin das Testament dem instrumentirenden Notare in Gegenwart der Zeugen nach Anleitung eines in ihren Händen befindlichen, bei der vorhergehenden Besprechung von letzterem angefertigten Entwurfes diktirt hat. Wenn nun der Revisionskläger dieses Verfahren als unstatthaft erachtet und geltend macht, daß auf solche Weise gegen den Willen des Gesetzes das Testament mit dem Entwurfe materiell fertig und die spätere Aufnahme desselben lediglich eine Form sei, so ist dabei übersehen, daß ein solcher Entwurf immer nur ein Projekt enthält, welches in jedem Augenblicke und beliebig vom Testator abgeändert werden kann, und daß erst die als Ausdruck seines fortdauernden

Willens vor Notar und Zeugen abgegebene, von ersterem unter Beobachtung der Vorschriften des Art. 972 cit. niedergeschriebene Erklärung nach dem Gesetze das Testament desselben bildet. Wie der Revisionsbeklagte zutreffend hervorhebt, geht auch das Gesetz nicht davon aus, daß der instrumentirende Notar, welcher sehr oft der Berather des Testators zu sein pflegt, von den getroffenen Verfügungen ohne Kenntniß gewesen sein müßte; es können auch die Zeugen von der Absicht des Testators, in gewisser Weise letztwillig zu disponiren, unterrichtet sein, ohne daß dieser Umstand die Gültigkeit des Testaments irgend wie beeinträchtigt.

Der Artikel 972 cit. schreibt weiter vor, daß das Testament, so wie es diktirt ist, — tel qu'il est dicté — von dem Notare niedergeschrieben werden muß. Es ist hierbei aber nicht die Absicht des Gesetzes, daß der Notar das Diktirte mechanisch, Wort für Wort, aufzeichnen, und mit seinen etwaigen sprachlichen Unrichtigkeiten, Provinzialismen, undeutlichen und inkorrekten Ausdrücken u. s. w. wiedergeben soll. Wie von französischen Schriftstellern zutreffend hervorgehoben wird, theilt das Gesetz hier dem Notare die Rolle des Sekretärs zu, setzt aber einen unterrichteten und intelligenten Sekretär voraus, und als solcher erfüllt der Notar seine Pflicht, wenn derselbe Sinn und Bedeutung des Diktirten, sei es auch nicht genau mit den nämlichen Worten, treu wiedergiebt. Daß letzteres im vorliegenden Falle geschehen ist, hat das O.L.G. thatsächlich festgestellt, und damit erledigt sich der hier erhobene Angriff des Revisionsklägers. Hiermit stimmen überein Laurent Bd. XIII Nr. 307 und 314; Démolombe Bd. XXI Nr. 249 ff., Marcadé Bd. IV S. 14; Aubry und Rau Bd. VII S. 124 und 125; Zachariä-Puchelt Bd. IV S. 261 Not. 19; Sirey, Code annoté, 3. Ausgabe ad Art. 972, N. 6, 14, 15 und 21."

Zu 2. „Zutreffend erscheint auch, was die Vorschrift des Art. 909 leg. cit. betrifft, die Auffassung der Vorinstanzen. Wenn die bezogene Gesetzes-Vorschrift von dem in ihrem ersten Absatze bezüglich der Aerzte ausgesprochenen Erwerbs-Verbote zunächst in Abs. 2 Nr. 1 remuneratorische, dem Vermögen des Erblassers und den geleisteten Diensten entsprechende Partikular-Verfügungen ausnimmt, und demnächst unter den Voraussetzungen der Nr. 2 auch Universal-Dispositionen zuläßt, so liegt hier, was die Ausnahmen betrifft, offenbar eine Steigerung vor und es ist unbedenklich, das Gesetz im Zusammenhange dahin auszulegen, daß, da im Falle der Nr. 2 sogar Universal-Verfügungen zu Gunsten des Arztes gestattet sind, demselben in diesem Falle auch ein Partikular-

Vermächtniß, — und zwar ohne die Schranke der Nr. 1, — wirksam zugewendet werden kann. In diesem Sinne heißt es auch in dem Exposé de motifs, Locré Bd. XI S. 364: „il eût été aussi injuste, d'interdire les dispositions, celles même, qui seraient universelles, faites dans ce cas par un malade au profit de ceux qui le traiteraient et qui seraient ses parents". (Vergl. Aubry et Rau Bd. VII S. 33; Démolombe Bd. XVIII N. 535; Marcadé Bd. III S. 410 N. VI.) Die vom Revisionskläger versuchte Ausführung, daß der Gesetzgeber in Abs. 2 lediglich eine Universal-Verfügung gewollt habe, damit durch die feierliche Form derselben das die Ausnahme begründende Verwandtschafts-Verhältniß als Grund derselben besonders hervortrete, erledigt sich schon mit der Erwägung, daß eine Verfügung der genannten Art eine andere Form, als eine Partikular-Disposition gar nicht voraussetzt."

259. **Die Verurtheilung zum Schadensersatz aus art. 1382 ff. des Code civil setzt das subjektive Moment einer „Faute" des Handelnden voraus.** Urth. des II. Civilsenats vom 6. Februar 1885 in Sachen Eheleute W. und Gen. zu C., Beklagte und Revisionskläger, wider J. S. das., Kläger und Revisionsbeklagten. Vorinstanz: O.L.G. Köln. Aufhebung und Zurückverweisung.

Bei der Verurtheilung zum Schadensersatze beschränken sich die Gründe des B.G. auf die Feststellung, daß dem Kläger durch das Verbauen der Fenster ein Schaden entstanden sei.

„Dieß genügt aber nicht, denn der Ersatz des verursachten Schadens kann nur auf Grund der Art. 1382 ff. des B.G.B. gefordert werden und gemäß Art. 1382 macht nicht schon das objektive Moment, daß durch eine Handlung Schaden zugefügt wird, zu dessen Ersatz verbindlich, sondern es muß noch das subjektive Moment einer „faute" des Handelnden hinzutreten."

260. **Art. 1648 des B.G.B.** (welcher die kurze Verjährung für die Klage aus redhibitorischen Mängeln vorschreibt) **gilt nicht für die auf Grund einer besonderen Zusage** (dictum et promissum) **erhobene Klage.** Urth. des II. Civilsenats vom 3. Februar 1885 in Sachen S. in M., Beklagten, Widerklägers und Revisionsklägers, wider J. M. in L., Kläger, Widerbeklagten und Revisionsbeklagten. Vorinstanz: O.L.G. Colmar. Verwerfung.

Kläger, Widerbeklagter hatte laut Vertrages vom 18. Oktober 1882 ein Pferd um 2500 Frcs. zu Metz gekauft, wobei bedungen war, das Thier sei fehlerfrei, namentlich nicht scheu und ein guter Fresser (notamment il garantit quelle mange convenablement et sans difficulté et n'est pas ombrageuse). Im Falle eines Fehlers sollte Beklagter das Pferd um den gleichen Preis zurücknehmen, und Kläger verpflichtete sich, in diesem Falle ein anderes Pferd bei Beklagtem auszuwählen. Im Dezember 1882 hat denn auch Kläger mit Zustimmung des Beklagten jenen Handel rückgängig gemacht, und sich bei dem Beklagten ein anderes Pferd um den Preis von 2500 Fr. ausgesucht, woran er 2000 Fr. bezahlte. Auch das zweite Pferd konvenirte dem Kläger nicht, aber die bis in den April 1883 geführten Unterhandlungen zur gütlichen Erledigung der Sache blieben erfolglos. Am 29. Mai 1883 erhob Kläger die vorliegende Klage; am 14. August 1883 benachrichtigte er den Beklagten, daß er das streitige Pferd auf dessen Kosten bei Kaufmann R. zu L. in den Pfandstall verbracht habe und am 10. Juni 1884 erging auf beiderseitigen Antrag einstweilige Verfügung, welche die Versteigerung des Pferdes und Deponirung des Erlöses anordnete. Erst durch Beweisantrag des Klägers vom 3. August 1883 ist geltend gemacht, daß das fragliche Pferd ein schlechter Fresser sei. Dermalen handelt es sich nur um die Einrede der Verjährung.

„Diese erscheint aber schon deshalb nicht begründet, weil Art. 1648 des B.G.B., wie auch das R.O.H.G. in einem Urtheile vom 19. April 1879 entschieden hat, nur für die Klage aus redhibitorischen Mängeln gilt, nicht aber für die auf Grund einer besonderen Zusage (dictum et promissum) erhobene Klage. Im letzteren Falle wird nicht die Gewährleistung wegen eines verborgenen Mangels der Sache und in Folge hievon die Aufhebung des Vertrags begehrt (Art. 1625, 1641, 1644 des B.G.B.), sondern der Anspruch auf Vertragsauflösung ist darauf gestützt, daß der Verkäufer eine im Vertrage übernommene Verbindlichkeit nicht erfüllt habe (Art. 1184, 1146 des B.G.B.). Es ist nun aber nicht gerechtfertigt, die für die Gewährleistung bestimmte besondere kurze Verjährung auf die auf einem anderen Fundament beruhende Klage auszudehnen."

3. Bayrisches Recht.

261. Der Art. 14 des Bayrischen Notariatsgesetzes vom 10. November 1861 steht der Anwendbarkeit des Art. 85 des H.G.B. nicht entgegen.

S. o. Fall 205 S. 345.

Civilrechtliches aus den Strafsenaten des R.G.

Das vielbesprochene **Urtheil der Vereinigten Strafsenate vom 31. Januar 1885 in Betreff des Reichs-Stempelgesetzes vom 1. Juli 1881** ist uns soeben (14. April) zugegangen und folgt nachstehend im vollen Wortlaut. Es beantwortet hauptsächlich drei Fragen: **1) den Begriff des „Ausstellers"** (von Schlußnoten u. s. w.) **im Sinne des Tarifs II 4 a und die Haftbarkeit der Inhaber einer Handelsgesellschaft für die „Ausstellung"** (ungestempelter Schlußnoten u. s. w.) **seitens ihrer Prokuristen. 2) Die uneingeschränkte Anwendbarkeit der Tarifbestimmung II 4 a auf jede Beurkundung des Abschlusses oder der Prolongation eines der daselbst bezeichneten Geschäfte in irgend einer schriftlichen Form. 3) Den Begriff des Wortes „Briefe" in der Befreiungsbestimmung sub 3 des Tarifs II 4. Der Begriff ist nicht beschränkt auf die „eigentliche Handelskorrespondenz" und die Befreiung hört nicht auf, wenn die Briefe die Herstellung urkundlichen Beweises für den Abschluß eines Geschäftes bezwecken.** Ergangen wider B. und G. Hirsch. Verwerfung der Revision der Staatsanwaltschaft*).

Das Schöffengericht Halberstadt hat durch Urtheil vom 1. Februar 1884 die beiden Angeklagten wegen der Unterlassung der Entrichtung der Stempelabgabe von drei, den Abschluß von Waarenlieferungsgeschäften betreffenden Schlußnoten vom 9. Januar, 13. Januar und 28. Mai 1883 auf Grund der §§ 6 und 8 des Stempelgesetzes vom 1. Juli 1881 in Verbindung mit der Bestimmung in II 4 a des Tarifs zu jenem Gesetze verurtheilt. Die als Schlußnoten betrachteten Schriftstücke sind, wie aus den Urtheilsgründen des Schöffengerichts hervorgeht, von der Firma Aron Hirsch und Sohn in Halberstadt an die Stadtberghütte, Aktiengesellschaft zu Niedermarsberg gesandt worden und tragen je die Unterschrift: „pp. Aron Hirsch und Sohn. E. Hathauer. Gabriel Hirsch." Die beiden Angeklagten sind Inhaber der Firma Aron Hirsch und Sohn. Die Unterzeichner der drei Schriftstücke sind Prokuristen dieser Firma. Die letzteren haben die Schriftstücke ohne Entrichtung der Stempelabgabe aus den Händen gegeben.

Die fraglichen Schriftstücke haben folgenden Inhalt, und zwar das Schriftstück vom 9. Januar 1883: „Wir depeschirten Ihnen heute früh: Erbitten

---

*) Seither ist eine große Anzahl im Sinne gleichlautender Urtheile ergangen.

dringende Drahtantwort, ob Gebot 70 acceptirt, da sonst anderweitige Anschaffung annehmen," und besitzen Ihre gefällige Depesche: „Acceptiren sofortige Annahme," worauf wir erwiderten: „Sendet Platten, 2—3 Centner, sofort Wasserleben, was höflichst bestätigen. Wir kauften somit von Ihnen 200 Walzplatten zur sofortigen Abnahme à 70 ℳ per Centner ab Waggon Marsberg; Kasse, abzüglich 1½ %, und baten Sie, die Ladung, wie Ihnen gestern schon brieflich mittheilten, in Platten von 2—3 Centnern assortirt, an unsere Adresse restante Station Wasserleben zur Versendung zu bringen" ꝛc.

Das Schriftstück vom 13. Januar 1883 lautet: „Wir empfingen Ihr w. Gestriges und telegraphirten Ihnen so eben, wie folgt: „Acceptiren 200 Centner Kupfer, Februar, 70½," was wir hiermit bestätigen. Wir haben demnach von Ihnen gekauft: 200 Centner Walzplatten Kupfer; Lieferung per Februar à 70,50 ℳ per Centner, ab Marsberg per Kassa, abzüglich 1½ %."

Das Schriftstück vom 28. Mai 1883 lautet: „Wir empfingen Ihr Geehrtes vom 26., und depeschirten Ihnen gestern Abend: „Acceptiren 100, entscheiden weitere 100 morgen." Ferner depeschirten wir Ihnen so eben: „Acceptiren die weiteren 100," welche Depeschen wir hierdurch ergebenst bestätigen. Wir kauften somit von Ihnen 200 Centner Walzplatten Kupfer à 67,50 ℳ per Kilo ab Waggon Marsberg; dreimonatlich oder Kassa, abzüglich 1½ %, über welche wir Ihnen in den nächsten Tagen Versandtsdispositionen ertheilen."

Das Schöffengericht hat die Verurtheilung der beiden Angeklagten im wesentlichen in folgender Weise begründet: 1) die Angeklagten, als Inhaber der Firma Aron Hirsch und Sohn, seien als Aussteller der drei auf den Namen ihrer Firma von ihren Prokuristen verfaßten, unterzeichneten und aus den Händen gegebenen Schriftstücke zu betrachten; 2) auf diese Schriftstücke finde die Bestimmung in II 4 a des Tarifs zum Stempelgesetze, wonach Schlußbriefe oder sonstige von einem oder mehreren Kontrahenten, Maklern oder Unterhändlern ausgestellte Schriftstücke über den Abschluß eines Kaufgeschäftes über Waaren, welche nach Gewicht gehandelt zu werden pflegen, als Schlußnoten der Steuer unterworfen seien, Anwendung; 3) die fraglichen Schriftstücke seien zwar je auf eine Entfernung von mindestens 15 Kilometern befördert worden, allein die Befreiungsbestimmung Nr. 3 zu Tarif II 4 a des Stempelgesetzes, wonach von Briefen über die unter a bezeichneten Geschäfte die Stempelabgabe nicht zu erheben sei, wenn die Briefe auf Entfernungen von mindestens 15 Kilometern befördert werden, sei nicht anwendbar, denn als Briefe im Sinne dieser Gesetzesstelle seien nur solche Briefe zu betrachten, welche in den Bereich der eigentlichen Handelskorrespondenz fallen, sonach nicht solche Briefe, deren Zweck darin bestehe, als Beweisurkunden über Rechte und Rechtsverhältnisse unter den Parteien zu dienen; die vorliegenden drei Briefe seien als der letzteren Kategorie angehörig zu betrachten, denn dieselben hätten den Zweck gehabt, die vorher in telegraphischer Kürze normirten Geschäftsbedingungen unter den Kontrahenten in ausführlicher Weise klarzustellen; es habe durch die Briefe über die Vertragsbestimmungen Beweis geschaffen werden sollen; der Begriff der eigentlichen Handelskorrespondenz treffe also nicht zu.

Auf die von den Angeklagten gegen das verurtheilende Erkenntniß des Schöffengerichts angebrachte Berufung hat die Strafkammer des L.G. Halberstadt durch B.U. vom 19. April 1884 die Angeklagten freigesprochen. In den landgerichtlichen Urtheilsgründen ist im wesentlichen ausgeführt worden: 1) Nach § 6 des Stempelgesetzes liege die Verpflichtung zur Entrichtung der Stempelabgabe dem Aussteller und jedem Unterzeichner des betreffenden Schriftstückes ob. Als Aussteller sei derjenige zu betrachten, „welcher das ganze Schriftstück schreibe und unterschreibe", als Unterzeichner derjenige, „welcher das von fremder Hand geschriebene Schriftstück mit einem Namen unterschreibe"; bei den Angeklagten seien diese Voraussetzungen nicht zutreffend, die Schriftstücke seien vielmehr von den Prokuristen ausgestellt und unterzeichnet worden. Durch die Verurtheilung der Angeklagten habe das Schöffengericht gegen den strafrechtlichen Grundsatz verstoßen, daß Thäter einer strafbaren Handlung nur physische Personen sein können, nicht aber Firmen und Handelsgesellschaften; 2) die drei Schriftstücke seien schon an sich nicht stempelpflichtig, denn die Bestimmung des Tarifs in II 4 a finde nur auf solche Schriftstücke Anwendung, „durch welche, nachdem der Vertrag schon vorher zu Stande gekommen, in kaufmännischer Weise nochmals die wesentlichen Bedingungen und Bestandtheile des Geschäftes zusammengestellt und bestätigt werden; in den drei vorliegenden Fällen sei aber durch die Depeschen, welche nur kurze Andeutungen über den Gegenstand des Geschäfts, die nicht genau bezeichneten Waaren und namentlich über den Preis enthalten hätten, kein klagbarer, rechtlich gültiger Vertrag zu Stande gekommen; dies sei erst durch jeden der drei Briefe geschehen und deshalb fallen die letzteren nicht unter die Kategorie der in Tarif II 4 a gedachten Schlußbriefe"; 3) jedenfalls aber seien die drei Schriftstücke, wenn sie auch an sich stempelpflichtig wären, als Briefe über, in Tarif II 4 a bezeichnete Geschäfte, weil sie auf Entfernungen von über 15 Kilometern befördert worden, auf Grund der Befreiungsbestimmung Nr. 3 zu jener Tarifstelle von der Stempelpflicht befreit.

Gegen das freisprechende Urtheil des B. G. ist von der Staatsanwaltschaft die Revision angebracht worden. Es wird die Verletzung des Strafgesetzes gerügt und geltend gemacht, daß die sämmtlichen Gründe, durch welche die Freisprechung der Angeklagten motivirt worden, rechtsirrthümlich seien.

„Zur Entscheidung über die Revision gegen das B. U. ist das R. G. nach § 136 Abs. 2 des G. V. G. zuständig.

Hinsichtlich der beiden ersten Gründe, auf welche von der Vorinstanz die Freisprechung gestützt worden ist, ist die Rüge der Staatsanwaltschaft zutreffend.

1) Die Frage, ob die Angeklagten als Aussteller der drei auf den Namen ihrer Firma von ihren Prokuristen angefertigten, unterzeichneten und aus den Händen gegebenen Schriftstücke zu betrachten und wegen Unterlassung der Entrichtung der Stempelabgabe, vorausgesetzt, daß eine solche begründet gewesen wäre, verantwortlich sein würden, ist zu bejahen.

Nach dem Tarif II 4 a zum Stempelgesetze unterliegen der Stempelabgabe Schlußnoten, Schlußscheine, Schlußbriefe oder sonstige von einem oder mehreren Kontrahenten, Maklern oder Unterhändlern im Bundesgebiete ausgestellte Schriftstücke über den Abschluß oder die Prolongation oder die Bedingungen des Abschlusses oder der Prolongation eines Kauf-, Rückkauf-, Tausch- oder Lieferungsgeschäftes, welches Waaren jeder Art, die nach Gewicht, Maß oder Zahl gehandelt zu werden pflegen, zum Gegenstande hat. Der § 6 Abs. 1 des Stempelgesetzes bestimmt, daß die Verpflichtung zur Entrichtung der unter Nr. 4 des Tarifs bezeichneten Stempelabgabe zunächst dem Aussteller und jedem Unterzeichner des betreffenden Schriftstückes obliegt und von ihm erfüllt werden muß, bevor er das letztere aus den Händen giebt. Nach § 8 des Gesetzes wird die Nichterfüllung der im § 6 bezeichneten Verpflichtung mit der in jener Gesetzesstelle festgesetzten ordentlichen Strafe geahndet und die Strafe trifft besonders und zum vollen Betrage jeden, welcher der ihm obliegenden Verpflichtung zur Entrichtung der Stempelabgabe nicht rechtzeitig genügt.

Gegenüber diesen Bestimmungen sind die Gründe, welche das B. G. für die Annahme, daß die Angeklagten nicht als strafrechtlich verantwortliche Aussteller der drei Schriftstücke zu erachten, angeführt hat, nicht stichhaltig. Der strafrechtliche Grundsatz, daß eine Firma strafrechtlich nicht verantwortlich sein könne, kommt im vorliegenden Falle nicht in Betracht, denn die Anklage und das schöffengerichtliche Urtheil waren gegen physische Personen, nämlich die beiden Angeklagten gerichtet. Der Umstand, daß die Angeklagten die Schriftstücke nicht unterzeichnet haben, ist für die Frage, ob sie Aussteller sind, ohne Belang, denn das Gesetz macht den Aussteller neben den Unterzeichnern für die Entrichtung der Stempelabgabe verantwortlich und überdies ist die Unterzeichnung zum Begriffe eines Schriftstückes im Sinne des Tarifs II 4 a überhaupt nicht erforderlich (vergl. Anm. Nr. 3 zu dieser Tarifstelle).

Als Aussteller im Sinne des Stempelgesetzes ist derjenige zu betrachten, welcher ein Schriftstück der hier in Betracht kommenden Art, als seine Willenserklärung enthaltend, entweder selbst anfertigt oder auf seinen Namen durch eine andere Person anfertigen läßt.

Im vorliegenden Falle sind die drei Schriftstücke als verbindliche Willenserklärungen der Firma Aron Hirsch und Sohn, sonach der Angeklagten als der Inhaber dieser Firma und als der Kontrahenten bezüglich der Geschäfte, auf deren Abschluß sich die Schriftstücke beziehen, von den Prokuristen innerhalb des ihnen von Seiten der Angeklagten durch die Ertheilung der Prokura gewordenen, wenn auch allgemeinen Auftrages, angefertigt und aus den Händen gegeben worden (vergl. Art. 41 ff. des H. G. B.). Die Angeklagten sind hiernach Aussteller der fraglichen Schriftstücke und, deren Stempelpflichtigkeit vorausgesetzt, für die Nichtentrichtung der Stempelabgabe strafrechtlich verantwortlich, ohne daß es des Nachweises eines speziellen Auftrages von Seiten der Angeklagten zur Herstellung und Verwendung der drei Schriftstücke, bezw. einer subjektiven Verschuldung der Angeklagten hinsichtlich der Nichtentrichtung der Stempelabgabe bedarf. Es muß vielmehr im Hinblick auf die Tendenz des Stempelgesetzes und die Fassung der oben hervorgehobenen, von den allgemeinen strafrechtlichen Grundsätzen abweichenden Bestimmungen dieses Gesetzes davon ausgegangen werden, daß dem Inhaber einer Firma schon an sich die Verpflichtung obliegt, Fürsorge zu treffen, daß von stempelpflichtigen Schriftstücken, welche auf den Namen seiner Firma in rechtsverbindlicher Weise ausgestellt und verwendet werden, die gesetzliche Stempelabgabe entrichtet wird und daß er für die Nichterfüllung dieser Pflicht strafrechtlich verantwortlich ist. Die subjektive Verschuldung kommt unter den in § 23 Abs. 2 des Stempelgesetzes hervorgehobenen Voraussetzungen nur hinsichtlich der Frage in Betracht, ob die ordentliche Strafe oder eine Ordnungsstrafe Platz zu greifen hat. Zur Entscheidung darüber, ob und in welchem Umfange von einem Inhaber der Firma die allgemeinen Strafausschließungsgründe der §§ 51 ff. des R. Str. G. B. geltend gemacht werden können, liegt im vorliegenden Falle ein Anlaß nicht vor" (vergl. Annalen Bd. VIII S. 30; Entsch. in Strafsachen Bd. VIII S. 336 ff.).

Eine den Prokuristen der Angeklagten hinsichtlich der Nichtentrichtung der Stempelabgabe zur Last fallende Pflichtverletzung, auf welche etwa privatrechtliche Regreßansprüche der Angeklagten gegen jene Prokuristen gestützt werden könnten, ist für die strafrechtliche Verantwortlichkeit der Angeklagten nicht von Belang, denn es ist, wie in den Motiven zu § 6 des Stempelgesetzes hervorgehoben worden, in dieser Gesetzesstelle nur bestimmt, „wer der Reichskasse gegenüber zur Entrichtung der Abgabe verpflichtet ist, nicht aber, wem dieselbe zur Last bleiben soll" (vergl. Verhandlungen des Reichstages, 4. Legislaturperiode, IV. Session 1881, Anlagen Bd. III S. 342). Auch die Frage, ob die

Prokuristen als Unterzeichner der von ihnen unverstempelt aus den Händen gegebenen Schriftstücke nach den Bestimmungen des Stempelgesetzes strafbar wären, kann hier unerörtert bleiben.

2) Rechtsirrthümlich ist ferner die Annahme des B. G., daß auf die drei hier in Betracht kommenden Schriftstücke die Tarifbestimmung II 4 a schon an sich deshalb keine Anwendung finden könne, weil durch dieselben die betreffenden Geschäfte erst zu Stande gekommen seien.

Für die von der Vorinstanz versuchte Auslegung, wonach jener Tarifbestimmung nur solche Schriftstücke zu unterstellen wären, „durch welche, nachdem das Geschäft schon vorher zu Stande gekommen, in kaufmännischer Weise nochmals die wesentlichen Bedingungen und Bestandtheile des Geschäftes zusammengestellt und bestätigt werden", sind Anhaltspunkte weder in der Vorgeschichte noch in der Fassung des Gesetzes zu finden. Das Gesetz wollte vielmehr, wie in den Motiven hervorgehoben ist, ohne Einschränkung die Beurkundung des Abschlusses oder der Prolongation eines der bezeichneten Geschäfte in irgend einer schriftlichen Form treffen (Verhandlungen des Reichstages, l. c. Bd. III S. 342). Diese Tendenz hat auch in der allgemeinen Fassung des Gesetzes, wonach Schlußnoten oder sonstige Schriftstücke über den Abschluß oder die Prolongation oder die Bedingungen des Abschlusses oder der Prolongation der in der Tarifstelle bezeichneten Geschäfte für stempelpflichtig erklärt sind, Ausdruck gefunden. Die Worte „oder die Bedingungen des Abschlusses oder der Prolongation" haben im Entwurfe des Gesetzes gefehlt; ihre Aufnahme in das Gesetz ist durch einen Antrag der mit der Begutachtung des Entwurfes beauftragten Kommission des Reichstages veranlaßt worden. In dem Berichte der Kommission ist hervorgehoben: „es sei, um alle Zweifel und Umgehungen der Steuer nach Möglichkeit auszuschließen, die Fassung bezüglich der Schlußnoten dahin präzisirt worden, daß nicht blos diejenigen Schriftstücke, welche den Abschluß oder die Prolongation, sondern auch diejenigen, welche die Bedingungen des Abschlusses oder der Prolongation eines Kauf-, Rückkauf-, Tausch- oder Lieferungsgeschäftes betreffen, der Stempelabgabe unterliegen sollen" (Verhandlungen des Reichstages, l. c. Bd. IV S. 888).

Es kann hiernach die Frage, ob die im vorliegenden Falle in Betracht kommenden Geschäfte schon durch die Telegramme zu Stande gekommen und durch die nachfolgenden Briefe nur bestätigt worden oder ob sie erst durch die Briefe zum Abschlusse gelangt sind, unerörtert bleiben, da auch in dem letzteren, von dem B. G. unterstellten Falle die Tarifbestimmung II 4 a anwendbar ist. Die Befreiungsbestimmung Nr. 1 zu dieser Tarifbestimmung, wonach Schriftstücke über den Abschluß ꝛc. von Waarengeschäften der in II 4 a bezeichneten Art dann von der Stempelabgabe befreit sein sollen, wenn der Werth des Gegenstandes des betreffenden Geschäftes nicht mehr als 1000 ℳ beträgt, würde im vorliegenden Falle nach dem festgestellten Inhalte der in Betracht kommenden Schriftstücke nicht zutreffen.

3) Dagegen kann die Annahme des B. G., daß die Befreiungsbestimmung Nr. 3 zu Tarif II 4 auf die fraglichen Schriftstücke Anwendung finde, rechtlich nicht beanstandet werden. Jene Befreiungs-

bestimmung lautet dahin: „Die vorbestimmte Abgabe wird nicht erhoben von Telegrammen und Briefen über die unter a bezeichneten Geschäfte, wenn die Briefe auf Entfernungen von mindestens 15 Kilometern befördert werden. Auf die einem solchen Briefe beigelegten oder angehängten Schriften der unter a ꝛc. bezeichneten Art erstreckt sich die Befreiung nicht.“

Im vorliegenden Falle hat das B.G. festgestellt, daß sich die drei Schriftstücke als Briefe über Waarenlieferungsgeschäfte darstellen und daß sie auf Entfernung von mindestens 15 Kilometern befördert worden sind. Es treffen hiernach die vom Gesetze hervorgehobenen Voraussetzungen der Befreiung zu. Daß das Gericht von einer unrichtigen Auslegung des Gesetzes ausgegangen wäre, ist nicht ersichtlich. Es ist insbesondere nicht erkennbar, daß der Begriff eines Briefes im Sinne der Befreiungsbestimmung verkannt worden. Es wird zwar von der Staatsanwaltschaft in der Revisionsschrift, unter Berufung auf frühere Urtheile eines Strafsenats des R.G.“ (vergl. Annalen Bd. VIII S. 30, 109; Entsch. in Strafsachen Bd. VIII S. 326 ff., Bd. IX S. 45 ff.), „eingewendet: die Befreiungsbestimmung Nr. 3 sei nicht anwendbar, weil sie sich auf die eigentliche Handelskorrespondenz beschränke, in deren Bereich solche Briefe, welche, wie im vorliegenden Fall angenommen werden müsse, nach ihrem Inhalte die Herstellung urkundlichen Beweises für den Abschluß eines Geschäftes bezwecken, nicht fallen, allein dieser Ansicht kann nicht beigetreten werden und es ist daher der Umstand, daß das B.G. es unterlassen hat, sich darüber auszusprechen, ob aus den hier in Betracht kommenden Briefen über den Abschluß von Lieferungsverträgen die Absicht, urkundlichen Beweis zu gewähren, ersichtlich sei oder nicht, ohne Belang.

Die Motive zum Entwurfe des Stempelgesetzes haben allerdings behufs der Begründung der Befreiungsbestimmung Nr. 3 Folgendes hervorgehoben: „Die Befreiung beabsichtigt die eigentliche Handelskorrespondenz von der Stempelabgabe auszuschließen. Wollte man aber auch die durch die Post oder in anderer Weise beförderten Briefe zwischen Personen, welche sich in demselben Platze oder in nächster Umgebung desselben befinden, von der Besteuerung ausnehmen, so würde die ganze Maßregel illusorisch werden. Bei Telegrammen, die dem Mißbrauche zur Umgehung der Steuer weniger ausgesetzt sind, bedarf es für jetzt keiner solchen Unterscheidung“ (vergl. Verhandlungen des Reichstages l. c. Anlagen Bd. III S. 342). Es ist nun aber, abgesehen davon, daß die Tarifstelle II 4 a und die Befreiungsbestimmung Nr. 3 sich nicht auf Schriftstücke beschränken, welche von Handelsleuten ausgestellt werden, nicht aufgeklärt, welche Bedeutung die Motive dem, einem allgemeinen technischen Begriffe nicht entsprechenden Ausdrucke: „eigentliche Handelskorrespondenz“ im Gegensatze zu einer uneigentlichen Handelskorrespondenz beilegen wollten, ob sie insbesondere hierbei etwa, nur von dem räumlichen Gesichtspunkte ausgehend, ohne weitere Unterscheidung diejenige Handelskorrespondenz, welche sich aus einer erheblicheren Entfernung (nach dem Entwurfe mindestens 10, nach dem Gesetze mindestens 15 Kilometer) vollziehe, als die eigentliche bezeichnen wollten, indem sie in Erwägung gezogen haben könnten, daß diese Korrespondenz durch die Umstände in der Regel geboten sein werde, daß jedoch der Gedankenaustausch über den Abschluß von Geschäften, „zwischen Personen, welche sich in dem Platze oder in nächster Umgebung desselben befinden", in der Regel ohne Schwierigkeiten mündlich vor sich gehen könne und daß deshalb die etwa gleichwohl erfolgende Handelskorrespondenz, da sie wenigstens nicht geboten sei, nicht als die eigentliche Handelskorrespondenz betrachtet werden könne — oder ob die Motive eine aus dem Inhalte der Korrespondenz hergeleitete Einschränkung derselben hervorheben, ob sie insbesondere, wie die obenbezeichneten Urtheile eines Straffenats des R. G. unterstellt haben, in Uebereinstimmung mit den Grundsätzen, welche hinsichtlich des Preußischen Stempelgesetzes vom 7. März 1822 in Verbindung mit der Bestimmung des Preuß. Allgem. L. R. Th. I Tit. 5 § 142, in dem Preuß. Finanzministerialreskripte vom 11. März 1863 (vergl. Hoyer, Preuß. Stempelgesetzgebung, 3. Aufl. S. 529), ausgesprochen sind, eine Einschränkung dahin andeuten wollten, daß Briefe, durch welche ein Geschäft zum Abschluß gelangt oder bestätigt wird, in dem Falle, wenn aus ihnen selbst die Bestimmung derselben zur Herstellung urkundlichen Beweises für das betreffende Geschäft hervorgeht, nicht zu der eigentlichen Korrespondenz zu rechnen seien — oder ob endlich, wie die Ziff. 8 des Bundesrathsbeschlusses vom 5. Juli 1882, betreffend die Beseitigung von Zweifeln und Meinungsverschiedenheiten über die Auslegung und Anwendung des Stempelgesetzes (vergl. Verhandlungen des Bundesraths von 1882, Drucksachen Bd. II Nr. 68 und 77; Protokolle § 329; Centralblatt für das Deutsche Reich 1882 S. 336), angenommen hat, die Motive wenigstens diejenige Handelskorrespondenz, „durch welche der bereits vorher brieflich oder mündlich durch Herstellung des Konsenses erzielte Abschluß eines der Tarifnummer 4 a angehörigen Geschäftes in, die Geschäftsbedingungen zusammenstellenden, Briefen bestätigt wird", von der eigentlichen Handelskorrespondenz ausschließen wollten.

Es kann ferner auch aus den Verhandlungen des Reichstages nicht entnommen werden, daß bei der Annahme der Befreiungsbestimmung Nr. 3 der Reichstag die eine oder die andere der oben bezeichneten, aus dem Inhalte der in Betracht kommenden Briefe herzuleitenden Einschränkungen als zutreffend vorausgesetzt hat (vergl. Verhandlungen des Reichstages, 4. Legislaturperiode, IV. Session 1881, Anlagen Bd. IV S. 893, 923, 960 und Stenogr. Berichte Bd. II S. 1353, 1360, 1364, 1677).

Jedenfalls aber hat eine derartige Einschränkung des Begriffes von Briefen im Gesetze einen entsprechenden Ausdruck nicht gefunden. Im ersten Satze der Befreiungsbestimmung Nr. 3 ist nur bestimmt, daß von Briefen über die unter a bezeichneten Geschäfte die Abgabe nicht zu erheben sei, wenn die Briefe auf Entfernungen von mindestens 15 Kilometern befördert werden. Da das Gesetz den Begriff eines Briefes nicht festgestellt hat, so muß angenommen werden, daß in dieser Richtung der gewöhnliche Sprachgebrauch maßgebend ist. Nach dem letzteren aber ist für den Begriff eines Briefes nur die Form entscheidend. Der Brief tritt im Verkehr unter Abwesenden an die Stelle des unter Anwesenden möglichen mündlichen Gedankenaustausches; er ist eine Zuschrift, in welcher von dem Schreibenden einem Abwesenden in einer die mündliche Aeußerung ersetzenden Fassung, wie solche allgemein oder in den im einzelnen Falle in Betracht kommenden Verkehrs- und Geschäftskreisen üblich ist, eine Mittheilung gemacht wird. Die Entscheidung darüber, ob ein konkretes Schriftstück in jener üblichen Briefform abgefaßt, sonach als Brief zu erachten ist, fällt in das Gebiet der thatsächlichen Beurtheilung.

Der Inhalt des betreffenden Briefes kommt nach der Befreiungsbestimmung Nr. 3 nur insofern in Betracht, als diese Bestimmung Briefe voraussetzt, welche nach der betreffenden Tarifstelle an sich stempelpflichtig sind; andere, an sich nicht stempelpflichtige Briefe bedürfen selbstverständlich einer ausdrücklichen Befreiung nicht. Von jener Voraussetzung abgesehen aber, kommt es bezüglich der Anwendung der Befreiungsbestimmung auf den Inhalt der Briefe nicht an; es ist insbesondere gleichgültig, ob aus den Briefen die Absicht der Herstellung urkundlichen Beweises ersichtlich ist oder nicht, ob durch die Briefe ein Geschäft zum Abschluß gelangt oder ob ein früher abgeschlossenes Geschäft bestätigt wird. Für derartige Unterscheidungen ist im Gesetze eine Stütze nicht gegeben.

Dieser Auffassung steht auch der zweite Satz der Befreiungsbestimmung Nr. 3, wonach die Befreiung auf die einem Briefe beigelegten oder angehängten Schriften der unter a ꝛc. bezeichneten Art sich nicht erstreckt, keineswegs entgegen. Auch in diesem Satze sind Anhaltspunkte für die Annahme einer Einschränkung des Begriffes von Briefen in den oben hervorgehobenen Richtungen nicht aufzufinden. Sowohl die im ersten Satze bezeichneten Briefe, als die im zweiten Satze berührten beigelegten oder angehängten Schriften setzen unzweifelhaft Schriftstücke voraus, welche nach ihrem Inhalt auf Grund der betreffenden Tarifstelle stempelpflichtig sind. Wenn gleichwohl die Briefe den beigelegten oder angehängten Schriften ohne nähere Begriffsbestimmung gegenübergestellt werden, so kann hierin nur eine Bestätigung der Annahme gefunden werden, daß das unterscheidende Merkmal nur in der Form, in welcher die Schriftstücke abgefaßt sind, gefunden worden ist.

Es ist zwar zuzugeben, daß sich nicht ersehen läßt, warum es hinsichtlich der Befreiung von der Stempelabgabe einen Unterschied begründen soll, ob eine Willenserklärung der im Tarif bezeichneten Art im Texte eines Briefes oder in einem dem Briefe beigelegten oder angehängten Schriftstücke enthalten ist, allein dieser Umstand kann nicht dazu berechtigen, Unterscheidungen und Einschränkungen als zutreffend anzunehmen, für welche die Fassung des Gesetzes einen Anhaltspunkt nicht bietet und für welche überdies auch in der Vorgeschichte des Gesetzes eine zuverlässige Grundlage nicht zu finden wäre.

Schließlich ist darauf hinzuweisen, daß die der Befreiungsbestimmung Nr. 3 vorangehende Anmerkung Nr. 3 zu Tarif II 4, wonach es in Betreff der Stempelpflichtigkeit der betreffenden Schriftstücke keinen Unterschied begründen soll, ob dieselben in Briefform oder in irgend einer anderen Form ausgestellt werden, der oben dargelegten Auslegung der Befreiungsbestimmung Nr. 3 nicht im Wege steht. Denn es kann einem

Zweifel nicht unterliegen, daß die Anmerkung Nr. 3 eine allgemeine Vorschrift für die im Tarif II 4 bezeichneten Schriftstücke ertheilt, die Befreiungsbestimmung Nr. 3 aber eine Ausnahme hinsichtlich der auf Entfernungen von mindestens 15 Kilometern beförderten Briefe über die betreffenden Geschäfte festgesetzt hat.

Dem Ausgeführten zu Folge kann die Annahme des B.G., daß die nach den Feststellungen in Betracht kommenden Briefe auf Grund jener Befreiungsbestimmung von der Stempelabgabe befreit seien, rechtlich nicht beanstandet werden. Diese Annahme rechtfertigt die Freisprechung der beiden Angeklagten. Auf den rechtsirrthümlichen Auffassungen, von welchen das B.G. nach anderen Richtungen ausgegangen ist, beruht hiernach das Urtheil nicht."

Reichsrecht.

1. Handelsrecht.

262. Aufhören der Kaufmannseigenschaft (im Sinne der Art. 4, 301 des H.G.B.) **durch Konkurseröffnung** (wenn der Kridar nicht fortfährt, Handelsgeschäfte zu treiben). Urth. des I. Civilsenats vom 4. März 1885 in Sachen A. Th. in K., Beklagten und Revisionsklägers, wider C. F. M. in L., Kläger und Revisionsbeklagten. Vorinstanz: O.L.G. Breslau. Aufhebung und Zurückverweisung.

Der Beklagte, an welchen Kläger eine aus in den Jahren 1876—1878 geschlossenen Handelsgeschäften herrührende Forderung im ursprünglichen Betrage von 5840,46 ℳ mit Zinsen gehabt zu haben behauptet, war unbestritten Kaufmann, bis im Februar 1878 der Konkurs über sein Vermögen eröffnet wurde, in welchem die klägerische Forderung im angegebenen Betrage festgestellt sein soll. Der Konkurs wurde durch einen zu 23% abgeschlossenen Akkord beendigt, welcher durch das Urtheil des Kreisgerichts zu Waldenburg vom 20. Juli 1878, welches durch Urtheil des App.G. vom 20. August 1878 auf die Appellation dreier Gläubiger bestätigt wurde, die gerichtliche Bestätigung erhalten hat. Kläger hat die Akkordprozente seiner festgestellten Forderung nach der Behauptung des Beklagten ganz, nach der Behauptung des Klägers zum Theil erhalten. Am 21. Juli 1878, also einen Tag, nachdem das den Akkord bestätigende Urtheil erster Instanz ergangen war, stellte der Beklagte dem Kläger einen Schein aus, worin er sich, ohne Angabe eines Schuldgrundes, verpflichtete, dem Kläger am 31. Dezember 1883 spätestens oder auch schon vorher ratenweise den Betrag von 2000 ℳ zu zahlen. In der Klage wurde dieses Zahlungsversprechen als das Resultat einer am 21. Juli 1878 über den Restbetrag der gedachten ursprünglichen Forderung des Klägers stattgehabten Berechnung bezeichnet. Der Beklagte exzipirte, daß die ursprüngliche Forderung durch den Abschluß des Akkordes und die Bezahlung der Akkordprozente vollständig erloschen sei. Darauf replizirte Kläger, daß ihm der Beklagte aus in den Jahren 1876, 1877 geschlossenen Handelsgeschäften eine durch Berechnung auf 2000 ℳ festgestellte Summe schuldig geworden sei und ihm zur Deckung dieses Betrages im November 1877 eine ihm an A. F. zustehende Forderung im Betrage von 1950 ℳ cedirt, trotz dieser Cession aber die F.'sche Forderung für sich eingezogen habe, daß deshalb der Beklagte nach erfolgter Akkordbestätigung am 21. Juli 1878 anerkannt habe, daß jene Waarenforderung noch ungetilgt sei, und den Klageschein unter der ausdrücklichen Vereinbarung ausgestellt habe, daß dadurch die Akkordrate des Klägers nicht berührt werde. Der Erste Richter fand in diesem Vorbringen, gegen welches Beklagter protestirte, eine unzulässige Klageänderung und wies deshalb die Klage ab. Auf Berufung des Klägers verneinte aber der B.R., daß eine unzulässige Klageänderung vorliege, weil die Behauptungen über den Konkurs sowohl als diejenigen über die Cession der F.'schen Forderung und deren Einziehung zur Begründung der Klage nicht gehörten. Der B.R. erachtet den Klageanspruch durch den mit der Klage übergebenen Verpflichtungsschein, welchen er als einen kaufmännischen Verpflichtungsschein im Sinne des Art. 301 des H.G.B. ansieht, für begründet und verurtheilt deshalb allein den Beklagten klagegemäß, ohne das sonstige Vorbringen des Klägers zu berücksichtigen.

„Die vom Beklagten dagegen eingelegte Revision muß für begründet erachtet werden. Der mit der Klage überreichte Schein würde als ein kaufmännischer Verpflichtungsschein zu behandeln sein, wenn der Beklagte zur Zeit der Ausstellung desselben Kaufmann gewesen wäre. Das kann aber nicht angenommen werden. Der B.R. hat angenommen, daß der Beklagte, welcher unbestritten bis zur Konkurseröffnung Kaufmann war, nicht unmittelbar durch die Konkurseröffnung aufgehört habe, Kaufmann zu sein, die Kaufmannseigenschaft vielmehr während der Dauer des Konkurses, also bis zur rechtskräftigen Bestätigung des Akkordes unverändert behalten habe, wenn er auch während dieser Zeit keine Handelsgeschäfte gemacht habe. Er knüpft daran noch die Bemerkung, daß der Beklagte nicht geltend gemacht habe, daß er nach dem Konkurse seine Geschäfte nicht wieder aufgenommen habe. Diese Ausführung ist jedoch rechtsirrthümlich. Kaufmann im Sinne des H.G.B., also auch des Art. 301, ist nach Art. 4 derjenige, welcher gewerbsmäßig Handelsgeschäfte betreibt. Diese beiden Begriffe fallen auch zeitlich zusammen, so daß jemand nur so lange Kaufmann ist, als er ein Handelsgewerbe betreibt, und sobald er aufhört, Handelsgeschäfte thatsächlich zu betreiben, auch aufhört, Kaufmann zu sein. Sobald daher über das Vermögen eines Kaufmanns Konkurs eröffnet wird, hört er auf, Kaufmann zu sein, wenn er nicht fortfährt, Handelsgeschäfte zu betreiben. Dies wird nach der Konkurseröffnung die Regel bilden. Nach § 4 der für den vorliegenden Fall maßgebenden Preuß. Konk. O. vom 8. Mai 1855 verlor der Beklagte mit dem Zeitpunkte der Konkurseröffnung von Rechtswegen die Befugniß, sein zur Konkursmasse gehöriges Vermögen zu verwalten und darüber zu verfügen; das Verwaltungs- und Verfügungsrecht wurde von da an durch die Gläubigerschaft an Stelle des Gemeinschuldners ausgeübt und zu dem Ende ein Massenverwalter bestellt. Andererseits hört aber der Gemeinschuldner durch die Konkurseröffnung nicht unter allen Umständen und nothwendig auf, Kaufmann zu sein; er kann Kaufmann bleiben, wenn er fortfährt, Handelsgeschäfte zu betreiben. Inwiefern dies durch Verwaltungsakte des Verwalters der Konkursmasse geschehen kann, ist hier nicht zu erörtern. Der Kridar selbst aber kann, da er durch die Konkurseröffnung die Handelsfähigkeit nicht verliert, auch nach der Konkurseröffnung fortfahren, Handelsgeschäfte zu betreiben, und sofern er dies gewerbsmäßig thut, bleibt er Kaufmann. Es kann auch ein einzelnes von ihm geschlossenes Handelsgeschäft ihm die Kaufmannseigenschaft erhalten, wenn sich so viele weitere Handelsgeschäfte daran anknüpfen, daß der Begriff eines gewerbsmäßigen Betriebes von Handelsgeschäften dadurch hergestellt wird. Zu reprobiren ist aber die Ansicht des B.G., daß der Beklagte, auch ohne während des Konkurses Handelsgeschäfte zu betreiben, bloß deshalb, weil er vor der Konkurseröffnung Kaufmann gewesen sei, auch nach der Konkurseröffnung Kaufmann bleibt. Es ist ferner unzutreffend und beruht auf einer Verkennung der Beweislast, wenn der B.R. bemerkt, der Beklagte habe nicht geltend gemacht, daß er nach dem Konkurse seine Geschäfte nicht wieder aufgenommen habe. Es wäre Sache des Klägers gewesen, darzulegen und nachzuweisen, daß Beklagter zu der in Frage stehenden Zeit gewerbsmäßig Handelsgeschäfte betrieben habe, wenn er einen Anspruch darauf gründen wollte, daß Beklagter zu der fraglichen Zeit Kaufmann gewesen sei. Das hat aber Kläger in Bezug auf die Zeit der Ausstellung des Verpflichtungsscheines vom 21. Juli 1878 nicht behauptet. Der Art. 301 des H.G.B. kann daher, da es an dem Hauptrequisite eines kaufmännischen Verpflichtungsscheines, nämlich der Kaufmannseigenschaft des Ausstellers fehlt, nicht zur Aufrechterhaltung des Klageanspruches dienen. Es kann daher unerörtert bleiben, ob der Art. 301 des H.G.B. nicht auch deshalb keine Anwendung leidet, weil nicht festgestellt ist, daß der Verpflichtungsschein in dem Betriebe des Handelsgewerbes des Beklagten ausgestellt ist (vergl. v. Hahn, Kommentar zum H.G.B. Bd. II, 2. Aufl., S. 67, 68)."

263. **Auch der Privatmäkler kann von beiden Parteien benützt werden. Zusage einer Provision an denselben von beiden Parteien** (Art. 83 des H.G.B.). S. u. Preuß. Recht, Fall 306 S. 488.

264. **Befugnisse des stillen Gesellschafters vor und nach Auflösung der Gesellschaft. Begründung seines Anspruches** (auf bestimmte Zahlungen oder Gewinne während bestimmter Perioden) **durch Bezugnahme auf die Bücher** (Art. 253, 254 ff. des H.G.B.). Urth. des

I. Civilsenats vom 14. Februar 1885*) in Sachen A. G. zu St., Klägers und Revisionsklägers, wider E. G. das., Beklagten und Revisionsbeklagten. Vorinstanz: O.L.G. Stettin. Aufhebung und Zurückverweisung.

„Der stille Gesellschafter ist berechtigt, vom Komplementar Rechnungslegung in der Art zu verlangen, daß dieser ihm die Bilanz mittheile und die Möglichkeit gewähre, dieselbe durch Einsicht der Bücher zu prüfen. Dies kann der stille Gesellschafter auch nach Auflösung der Gesellschaft verlangen. Findet er die Bilanz für richtig, so fordert er auf Grund derselben sein Guthaben. Im gegentheiligen Fall bestreitet er die einzelnen Ansätze, substituirt denselben die nach seiner Meinung richtigen und fordert das danach ihm Zukommende. Dieses nächstliegende Verfahren ist aber nicht das einzig mögliche. Der stille Gesellschafter kann seinen Anspruch auch selbständig begründen. Dies erkennt auch der B.R. an. Rechtsirrthümlich aber ist dessen Annahme, daß dies nur dadurch geschehen könne, daß der stille Gesellschafter selbst die Geschäfte während der ganzen Dauer der Gesellschaft aufdecke. Die Begründung des Anspruches kann auch dann schlüssig sein, wenn der stille Gesellschafter sich für einzelne Zeiträume auf die Bücher beruft, für andere die Geschäfte selbst darstellt oder sich für die Ergebnisse gewisser Zeiträume auf andere Thatsachen, z. B. Zugeständnisse, bezieht. Daß die Begründung des Anspruches die Geschäftsresultate der ganzen fraglichen Zeit umfassen muß, ist selbstverständlich, und daß es irrig ist, sich hierbei darauf zu berufen, daß die Aenderung eines Zustandes nicht vermuthet werde, ist vom R.O.H.G. (Entsch. Bd. XIII S. 274) ausgeführt. Allein damit ist nicht ausgeschlossen, daß der stille Gesellschafter das Geschäftsergebniß einer gewissen früheren Zeit darthut und nun die positive Behauptung aufstellt, der spätere Geschäftsbetrieb bis zur Auflösung habe keinen Verlust ergeben. Die letztere Behauptung kann er in beliebiger Weise begründen. Namentlich kann er sich dafür auch auf die Bilanz, welche ihm nach Art. 253 des H.G.B. mitzutheilen ist, bezw. wenn ihm eine solche nicht mitgetheilt werden kann, weil sie nicht aufgemacht ist, auf die Bücher berufen."

265. **Rechtzeitige Anzeige** (im Sinne des Art. 356 des H.G.B.) **durch Klagerhebung.** Urth. des I. Civilsenats vom 4. März 1885 in Sachen A. R. & Co. zu St., Klägerin und Revisionsklägerin, wider Gebr. P. zu Th., Beklagte und Revisionsbeklagte. Vorinstanz: O.L.G. Marienwerder. Aufhebung und Zurückverweisung.

*) Ausgefertigt in der Zeit vom 4. bis 30. April 1885.

„Der einzige Entscheidungsgrund des B.G. für die Abweisung des auf die als Schadensersatz wegen Nichterfüllung des fraglichen Kaufvertrages geforderten 10 258,43 ℳ gerichteten Anspruches liegt in dem vermeintlichen Mangel der nach Art. 356 des H.G.B. erforderlichen Anzeige, daß die Klägerin statt der Erfüllung Schadensersatz wegen Nichterfüllung fordern wolle. Hiermit ist aber gegen den angeführten Art. 356 verstoßen; denn es ist verkannt, daß die Anzeige im Sinne dieses Artikels, wenn sie vorher noch nicht gemacht war, jedenfalls durch die Erhebung der Klage noch rechtswirksam erfolgt sein würde. (Vergl. Entsch. des R.O.H.G. Bd. IX S. 324, 346 f.; Bd. X S. 145, 164 f.; Bd. XI S. 169, 238 f.; Bd. XII S. 62 f.; Bd. XIII S. 104 f.; Bd. XV S. 361.) Der Hinweis der Beklagten darauf, daß sie nach eben dem Art. 356 dann auch noch Anspruch auf Gewährung einer Nachfrist haben würde, traf dem gegenüber nicht zu; denn sie hat eben keine Nachfrist verlangt, vielmehr ihre Verbindlichkeit, als Verkäuferin Kartoffeln zu liefern, im Prozesse überhaupt bestritten." (Vergl. Annalen Bd. I S. 519, 523; Bd. IV S. 403; Entsch. Bd. I S. 241, nebst den daselbst und Annalen Bd. I S. 519 angeführten Entsch. des R.O.H.G.; sodann Entsch. Bd. V S. 104.)

266. **Berücksichtigung des Handelsbrauches und der allgemeinen Verkehrssitte bei Entscheidung der Frage, ob der Spediteur die ihm obliegende Sorgfalt vernachlässigt habe. Verpflichtung des Spediteurs, solange und soweit res integra ist, der Ordre des Versenders Folge zu leisten** (Art. 380, 384, 387 des H.G.B.). Urth. des I. Civilsenats vom 12. März 1885 in Sachen W. K. zu F., Klägers und Revisionsklägers, wider Gebr. G. das., Beklagte und Revisionsbeklagte. Vorinstanz: O.L.G. Frankfurt a. M. Verwerfung.

„Die Entscheidung hängt davon ab, ob, was die Vorinstanzen verneint haben, die Zwischenspediteurin, Firma J. S. & Co. in Wien, für welche die Beklagte unbestritten nach Art. 384 des H.G.B. haften muß, die Diligenz eines ordentlichen Kaufmanns dadurch versäumt hat, daß sie die fraglichen 7 Ballen Leder resp. die darauf bezüglichen Transportpapiere an die Firma Sch. in Wien ausgeantwortet hat. Es ist nicht ganz korrekt ausgedrückt, wenn der B.R. ausführt: „der Art. 380 des H.G.B. lege an die vom Spediteur zu bewährende Sorgfalt nicht den höchsten Maßstab an; nicht summam diligentiam, sondern nur die Diligenz des bonus paterfamilias habe er zu prästiren." Das Gesetz macht dem Spediteur die Sorgfalt eines ordentlichen Kaufmanns (Art. 380, 382 des H.G.B.) zur Pflicht; daß der B.R.

nur im Ausdruck fehlgegriffen, nicht aber bezüglich des vom Spediteur zu prästirenden Grades der Diligenz rechtlich geirrt hat, ergiebt sich daraus, daß seine Ausführung mit dem Satze schließt, daß das Gericht in dem Verhalten der Nebenintervenientin nicht die Vernachlässigung der Sorgfalt eines ordentlichen Kaufmanns, wie sie dem Spediteur obliege, finden könne. Zutreffend ist die weitere Ausführung des B.R., daß die Frage, ob die Firma J. S. & Co. die dem Spediteur obliegende Sorgfalt vernachlässigt habe, unter Festhaltung eines objektiven Maßstabes, jedoch unter steter Berücksichtigung der ganzen Sachlage des einzelnen Falles, wobei auch der Handelsgebrauch und die allgemeine Verkehrssitte zu berücksichtigen seien, zu beantworten sei. Richtig ist ferner die Annahme des B.G., daß der Spediteur, wenn ihm vor der Ausantwortung des Frachtgutes an den Destinatär eine Ordre des Versenders des Inhaltes zuging, daß er das Frachtgut nicht an den Destinatär, sondern an einen Anderen ausantworten solle, dieser Ordre Folge zu leisten berechtigt und verpflichtet war. Die Rechte und Pflichten des Spediteurs sind nach Art. 387 des H.G.B., soweit nicht der 4. Titel des IV. Buches des H. G. B. abweichende Bestimmungen enthält, nach den für den Kommissionär maßgebenden Grundsätzen zu beurtheilen. Der Kommittent kann aber den dem Kommissionär ertheilten Kommissionsauftrag, solange und soweit noch res integra ist, beliebig widerrufen und ändern, und der Kommissionär muß solcher späteren Ordre Folge leisten. Wenn also Kläger der Firma J. S. & Co., bevor diese die fraglichen 7 Ballen Leder dem Destinatär Sp. ausgeantwortet hatte, die Weisung ertheilte, die Waaren nicht dem Sp., sondern der Firma Sch. auszuantworten, so mußte die Zwischenspediteurin dieser Weisung Folge leisten."

267. **Voraussetzungen der reglementarischen und handelsgesetzlichen** (Art. 400, 427, 395 Abs. 2 des H. G. B.) **Haftung der Eisenbahnen für „Kostbarkeiten". Begriff der „Kostbarkeiten". Verpflichtung des Versenders zur Deklaration der Kostbarkeiten** (Art. 395 Abs. 2 cit.). Urth. des II. Civilsenats vom 7. März 1885 in Sachen des Bayerischen Eisenbahnfiskus, Beklagten und Revisionsklägers, wider die Kunsthandlung J. A. in M., Klägerin und Revisionsbeklagte. Vorinstanz: O. L. G. München. Aufhebung und Zurückverweisung.

Laut Frachtbrief vom 7. Februar 1882 hat die Klägerin zwei Kisten an die Adresse „Firma E. Ph. M. & Co. in Berlin" als Eilgut auf der Bayerischen Staatsbahn in München aufgegeben. Die eine Kiste, bezeichnet mit „J. A. 30", enthielt ein Oelbild von Defregger, die andere, bezeichnet mit „G. K. 392", soll einen Studienkopf von Fr. A. Kaulbach in Oel gemalt, 3800 ℳ werth, enthalten haben. Beide Kisten gingen von der Bayerischen Staatsbahn auf die Berlin-Dresdener Eisenbahn über und wurden von letzterer dem Berliner Transport-Comptoir zum Transport in das Geschäftslokal der Adressatin übergeben. Auf diesem Transport kam die Kiste „G. K. 392", welche mit der anderen Kiste auf einem offenen Rollwagen verladen war, abhanden. In dem Frachtbrief war der Inhalt der beiden Kisten bezeichnet mit „Oelgemälde", ein Werth nicht angegeben. Die Vorinstanzen haben verurtheilt.

„Nach § 68 des Betriebsreglements für die Eisenbahnen Deutschlands, welches in Bayern wie im übrigen Deutschland am 1. Juli 1874 zur Anwendung gekommen ist (Gesetz- und Verordnungsbl. für das Königreich Bayern von 1874 S. 537), wird bei Berechnung des wegen Verlustes eines Frachtgutes zu leistenden Schadensersatzes der in dem Frachtbrief deklarirte Werth des Gutes und in Ermangelung einer Deklaration ein gewisser Normalsatz zu Grunde gelegt. Im Jahre 1880 ist das Reglement in mehrfachen Beziehungen abgeändert worden, und es bestimmt nunmehr der § 48 desselben bezüglich der Beförderung von Gemälden und anderen Kunstgegenständen, daß zu deren Uebernahme die Eisenbahnverwaltung nur dann verpflichtet sei, wenn in den Frachtbriefen keine Werthangabe enthalten sei. Entsprechend dieser Bestimmung des § 48 ist die fragliche Kiste ohne Werthangabe in dem Frachtbrief zur Beförderung übergeben worden. Die Klägerin verlangt gleichwohl den vollen Werth des verloren gegangenen Gutes ersetzt. Sie erachtet sich hierzu aus dem Frachtvertrage für befugt, und zwar auf Grund des Art. 427 Abs. 2 des H. G. B., wonach im Fall böslicher Handlungsweise der Eisenbahnverwaltung oder ihrer Leute die bedungene Beschränkung der Haftpflicht nicht geltend gemacht werden kann.

Daß der Beklagte für das Verhalten der Fuhrleute, welchen die Kiste in Berlin zur Beförderung vom Bahnhof in die Lokalitäten der Adressatin übergeben war, zu haften hat, ergiebt sich aus Art. 400 des H. G. B., wird auch beklagterseits nicht bestritten. Das O. L. G. stellt nun fest, daß der Verlust der Kiste durch bösliche Handlungsweise dieser Personen herbeigeführt worden sei. Die hiergegen erhobenen Angriffe erscheinen nicht als begründet. Der Begriff der böslichen Handlungsweise ist nicht verkannt; das O. L. G. geht mit Recht davon aus, daß dieser Ausdruck nicht jede grobe Fahrlässigkeit, wohl aber denjenigen Frevelmuth, welcher sich der rechtswidrigen Folgen seines Verhaltens bewußt ist, in sich begreife." (Annalen Bd. I S. 302; Entsch. Bd. I S. 22.) „Die Annahme, daß jene beiden Fuhrleute oder zum mindesten den einen derselben der Vorwurf eines frevelmüthigen Verhaltens in diesem Sinne treffe, beruht auf thatsächlichen Erwägungen, welche sich einer Nachprüfung in der Revisionsinstanz entziehen, und ist genügend begründet.

Der Klaganspruch wäre hiernach an sich begründet. Der Beklagte bestreitet nun aber unter Berufung auf Art. 395 Abs. 2 des H.G.B. jede Ersatzverbindlichkeit. Nach der Bestimmung dieses Art. haftet der Frachtführer für Kostbarkeiten überhaupt nur dann, wenn diese Beschaffenheit oder der Werth des Gutes angegeben ist; es fällt somit, wenn eine Kostbarkeit ohne diese dem Absender zur Pflicht gemachte Anzeige zur Beförderung übergeben worden ist, auch bei Verlust durch bösliche Handlungsweise jeder Ersatzanspruch aus dem Frachtvertrag weg (Entsch. des R.O.H.G. Bd. VIII S. 271). Selbstverständlich ist nicht jedes Oelgemälde als solches eine Kostbarkeit. Die Klägerin hätte daher dadurch, daß sie im Frachtbrief den Inhalt der Kiste als Oelgemälde bezeichnet hat, der Vorschrift des Art. 395 Abs. 2, falls solche zu beobachten war, nicht genügt. Andererseits kann nicht für richtig erachtet werden, wenn das O.L.G. annimmt, nur Gegenstände, deren Stoff besonders werthvoll sei, seien Kostbarkeiten. Nach dem gewöhnlichen Sprachgebrauch umfaßt dieser Ausdruck nicht blos solche Gegenstände, sogenannte Pretiosen, und eine einschränkende Auslegung des Gesetzes erscheint um so weniger gerechtfertigt, als dessen Grund entschieden dagegen spricht. Offensichtlich soll nach der Absicht des Gesetzgebers dem Frachtführer, wenn ein im Verhältnisse zu seinem Umfang und Gewicht besonders werthvolles Gut zur Beförderung übergeben wird, hiervon Kenntniß gegeben werden, damit er im Stande ist, entsprechende größere Vorsichtsmaßregeln anzuwenden. Dieser Grund des Gesetzes trifft zu, mag der Stoff oder der Kunstwerth des Frachtgutes ein besonders hoher sein. Das O.L.G. verletzt daher die Bestimmung des Art. 395 Abs. 2, indem es deren Anwendbarkeit aus dem angeführten Grunde im vorliegenden Fall für ausgeschlossen erachtet, und es ist vielmehr davon auszugehen, daß ein Oelgemälde, auch wenn es an sich nicht aus kostbarem Stoff gefertigt ist, mit Rücksicht auf seinen Kunstwerth als Kostbarkeit erscheinen kann. Ob nun aus diesem Grunde das verlorene Frachtgut nach den Umständen des Falles als eine Kostbarkeit anzusehen sei, läßt das O.L.G. unentschieden. Von Beantwortung dieser, auf thatsächlichem Gebiet liegenden Frage kann aber nicht Umgang genommen werden."

268. **Bloße Anfechtbarkeit** (nicht Nichtigkeit) **eines in Seenoth geschlossenen Vertrages über den Hilfs- oder Bergelohn** (Art. 743 des H.G.B.). **Richterliche Festsetzung des angemessenen Bergelohnes nach**

der Sachlage zur Zeit des Vertragsabschlusses (Art. 744, 746 des H. G. B.). Urth. des I. Civilsenats vom 7. Januar 1885 *) in Sachen O. L. E. zu H., Klägers und Revisionsklägers, wider R. M. Sl. & Co. das., Beklagte und Revisionsbeklagte. Vorinstanz: O. L. G. Hamburg. Aufhebung und Zurückverweisung.

„Nach Art. 743 des H. G. B. ist ein auch während der Gefahr über die Höhe des Berge- oder Hilfslohnes geschlossener Vertrag keineswegs nichtig, sondern er besteht vielmehr an sich vollkommen zu Recht und es steht nur demjenigen Kontrahenten, zu Gunsten dessen die Bergung oder Hilfeleistung erfolgt ist, die Befugniß zu, den Vertrag wegen erheblichen Uebermaßes der zugesicherten Vergütung anzufechten und deren Herabsetzung auf das den Umständen entsprechende Maß zu verlangen. Der Art. 743 beruht daher zwar, wie das B. G. unter Verweisung auf die Entsch. des R. O. H. G. in Bd. IX S. 366 mit Recht angenommen hat, auf dem Prinzipe, daß jeder im Zustande der Seenoth geschlossene Vertrag einem im Zustande des Zwanges für den betreffenden Kontrahenten eingegangenen Vertrage gleichzustellen sei. Das Gesetz will aber nur verhüten, daß der unfreie Zustand des in Seenoth befindlichen Schiffers oder Eigenthümers von Schiff und Ladung durch denjenigen, welcher allein in der Lage ist, ihm Hilfe zu leisten, zum Zwecke unbilliger und unwürdiger Erpressung ausgebeutet werde (vergl. Entsch. des R. O. H. G. Bd. IV S. 435), und es gestattet demgemäß dem angerufenen Richter nicht etwa, die Höhe des Berge- oder Hilfslohnes ohne alle Rücksicht auf die getroffene Vereinbarung lediglich nach seinem billigen Ermessen so festzusetzen, wie es der Art. 744 des H. G. B. in Ermangelung einer Vereinbarung vorschreibt und wobei dann selbstverständlich auch der spätere objektive Verlauf der Bergung oder Rettung, unter Berücksichtigung der in Art. 746 hervorgehobenen Momente, in Betracht kommt. Der Richter hat vielmehr bei Prüfung der Frage, ob ein erhebliches Uebermaß der zugesicherten Vergütung vorliegt, lediglich die Sachlage zur Zeit des Abschlusses des Vertrages seiner Beurtheilung zum Grunde zu legen und darnach zu bemessen, ob in der Höhe des ausbedungenen Lohnes eine unbillige, das Verhältniß zwischen Leistung und Gegenleistung erheblich außer Acht lassende Verletzung des sich in Seenoth befindenden Kontrahenten zu erblicken ist."

---

*) Ausgefertigt in der Zeit vom 4. bis 30. April 1885.

2. Wechselrecht.

269. 1) Formerfordernisse der Protesterhebung beim Domizilwechsel (Art. 43 der A.D.W.O.). **2) Einreden aus der Person des Indossanten gegen einen Indossatar, der die Wechselforderung nur als Mandatar des Ersteren geltend macht** (Art. 82). **3) Solchenfalls ist der Indossatar auch als Rechtsnachfolger des Indossanten** (im Sinne von § 410 der C.P.O.) **zu behandeln.** Urth. des I. Civilsenats vom 7. März 1885 in Sachen G. F. zu C., Beklagten und Revisionsklägers, wider die verw. St. zu P., Klägerin und Revisionsbeklagte. Vorinstanz: O.L.G. Marienwerder. Aufhebung und Zurückverweisung.

Zu 1. „Der Beklagte, welcher die Echtheit der vier gegen ihn eingeklagten Accepte überhaupt nicht bestritten hat, hat in der Revisionsverhandlung zunächst gerügt, daß nicht dennoch die Klage wegen Fehlerhaftigkeit der betreffenden Wechselproteste abgewiesen worden sei. Da es sich hier um Domizilwechsel mit benanntem Domiziliaten handelte, so war nach Art. 43 der A.D.W.O. die ordnungsmäßige Protesterhebung beim Domiziliaten zur Wahrung des Wechselrechtes gegen den Beklagten allerdings erforderlich. Mit Unrecht bemängelt jedoch der Beklagte die hier erhobenen Proteste. Nach dem Beklagten selbst brauchte der Notar bei der Protesterhebung nicht zu fragen, sondern, wie aus jenem Art. 43 unzweifelhaft hervorgeht, nur nach dem Domiziliaten. (Vgl. E n t s ch. des R.O.H.G. Bd. XVIII S. 327 ff.)."

Zu 2. „Dagegen hat der Beklagte sich mit Recht über die Behandlung beschwert, welche seinem auf sein Verhältniß zu dem Aussteller und Indossanten C. gestützten Einredevorbringen vom O.L.G. zu Theil geworden ist. Die nach dem Thatbestande des vorigen Urtheils vom Beklagten vorgetragenen Behauptungen reichen in ihrer Verbindung für sich schon aus, um eine Einrede der Arglist der Wechselklage gegenüber zu begründen. Schon mehrfach ist vom R.G. ausgeführt worden, daß ganz im Einklange mit dem Art. 82 der A.D.W.O. einem solchen Indossatar, welcher nach Maßgabe des zwischen ihm und seinem Indossanten bestehenden Rechtsverhältnisses die Wechselforderung nur für Rechnung des Letzteren (als dessen Mandatar, also als vorgeschobene Person) geltend macht, praktisch gesprochen, auch alle gegen d i e s e n begründeten Einreden entgegen gesetzt werden können, gleichviel ob sie jenem bei der Uebertragung des Wechsels bekannt waren oder nicht, indem es in jedem Falle eine Arglist in sich schließen würde, wenn ein solcher Indossatar ungeachtet der gegen den Indossanten begründeten Einrede auf der Durchsetzung des materiell nur diesem zu gute kommenden Anspruches bestehen wollte, und indem eben darum dann eine Einrede auch unmittelbar gegen den klagenden Indossatar begründet sein würde." (Vgl. Annalen Bd. III S. 315, Bd. IX S. 38). „(Vgl. Entsch. Bd. IV S. 100 ff., Bd. XI S. 9 ff.; übereinstimmend auch Thöl, Handelsrecht Bd. II (4. Aufl.) § 182 S. 741 f., 744 f., der vom Standpunkte des Gemeinen Rechtes aus sich mit Recht auch auf l. 4 § 19 D. de doli exc. 44, 4 beruft)."

Zu 3. „Häufig ist behauptet worden, daß der Indossant im Sinne des § 410 der C.P.O. nicht als Rechtsvorgänger des Indossatars gelten könne, z. B. von v. Bülow, von Struckmann und Koch, von v. Wilmowski und Levy zum § 410, von Sydow in der Zeitschr. f. Deutschen Civilprozeß Bd. II S. 509 ff. Diese allgemeine Frage soll hier unerörtert bleiben; keinesfalls aber darf bezweifelt werden, daß, wenn der Indossatar den Wechsel nur als Mandatar des Indossanten von diesem übernommen hat, er prozessualisch auch als dessen Rechtsnachfolger in Beziehung auf den Wechsel zu behandeln ist."

3. Reichs-Haftpflichtgesetz.

270. **Grenzen der fortdauernden Gültigkeit der Landesgesetze neben dem Reichs-Haftpflichtgesetz, insbesondere derjenigen, welche, wie § 35 des Sächs. B.G.B., Normen über die muthmaßliche Lebensdauer enthalten** (Reichs-Haftpflichtgesetz §§ 1, 2, 3, 7, 9). Urth. des II. Civilsenats vom 17. Februar 1885 in Sachen der Gewerkschaft H. Fundgrube bei F., Beklagten und Revisionsklägerin, wider die verw. J. zu F. und Genossen, Kläger und Revisionsbeklagte. Vorinstanzen: L.G. Freiberg, O.L.G. Dresden. Verwerfung.

Am 29. Februar 1880 sind in dem von der Beklagten betriebenen Bergwerk zehn Bergleute tödtlich verunglückt. Auf die von den Wittwen sowie Kindern der Verunglückten erhobene Klage hat das L.G. Freiberg die Beklagte zur Zahlung von Renten an die Kläger verurtheilt. Beide Parteien haben Berufung eingelegt. Das O.L.G. Dresden hat, in theilweiser Beachtung der Berufung der Kläger, die Renten theilweise erhöht und den zehn klagenden Wittwen und Kindern die Renten auf eine längere Zeitdauer, als in erster Instanz geschehen war, zugesprochen. Nur in diesem letzteren Punkt wird das Urtheil des O.L.G. von der Beklagten angefochten. Das O.L.G. hat bei Feststellung der den Revisionsbeklagten zugebilligten Renten den § 35 des Sächs. B.G.B. zur Anwendung gebracht.

„Der von der Revision hiegegen gerichtete Angriff ist nicht begründet. Der angeführte § 35 gehört dem materiellen Recht an; er stellt eine gesetzliche Vermuthung im Sinne des § 16 Ziff. 1 des Einf.-Ges. zur C.P.O. auf und ist daher durch die Prozeßgesetzgebung nicht aufgehoben worden. Für den vorliegenden Fall erscheint seine Anwendbarkeit weder durch das Reichs-Haftpflichtgesetz noch durch die Prozeßordnung als ausgeschlossen. Der Zweck des Reichs-Haftpflichtgesetzes war zwar, wie dies schon von dem R.O.H.G. ausgesprochen worden ist, darauf gerichtet, durch die in §§ 1 und 2 enthaltenen Rechtssätze und die in den folgenden Paragraphen daran geknüpften speziellen Vorschriften einheitliches Recht für Deutschland zu begründen (Entsch. des R.O.H.G. Bd. XI S. 111 ff.) Dies ist jedoch nicht in der Weise geschehen, daß nunmehr in den von dem Reichs-Haftpflichtgesetz vorgesehenen Fällen lediglich die Bestimmungen dieses Gesetzes mit Ausschluß des Landesrechts maßgebend wären. Das Gesetz enthält, wie das O.L.G. zutreffend bemerkt, keineswegs eine erschöpfende Regelung aller derjenigen Momente, welche bei Beurtheilung der in den Fällen der §§ 1 und 2 gewährten Entschädigungsansprüche in Betracht kommen können. Nach § 9 des Gesetzes bleiben diejenigen Ansprüche, welche das Landesrecht gegen die Unternehmer der in §§ 1 und 2 bezeichneten Anlagen gewährt, unter gewissen Modifikationen aufrechterhalten, und wenn im § 3 Ziff. 1 bestimmt ist: „War der Getödtete zur Zeit seines Todes vermöge Gesetzes verpflichtet, einem Anderen Unterhalt zu gewähren, so kann dieser insoweit Ersatz fordern, als ihm in Folge des Todesfalls der Unterhalt entzogen worden ist", so ist hier unter Gesetz zweifellos das Landesgesetz verstanden. Es ist daher davon auszugehen, daß die materiell-rechtlichen Vorschriften des Landesrechts durch das Reichs-Haftpflichtgesetz insoweit unberührt bleiben, als sie nicht mit den Bestimmungen dieses Gesetzes unvereinbar und nicht nach der zweifellosen Absicht des Gesetzgebers für ausgeschlossen zu erachten sind. Die angefochtene Bestimmung in § 3 des Gesetzes, nach welcher es für den Richter geboten erscheint, bei Festsetzung des Schadensersatzes die muthmaßliche Lebensdauer des Getödteten in Betracht zu ziehen, bietet nun aber durchaus keinen Anhalt für die Annahme, daß hiebei nach der Absicht des Gesetzgebers eine gesetzliche Vermuthung, wie sie § 35 des Sächs. B.G.B. für dessen Geltungsgebiet aufstellt, unbeachtet zu bleiben habe. Auch im übrigen enthält das Gesetz keine Bestimmung, welche diese Annahme rechtfertigen könnte. § 7 Satz 1, auf welchen die Revision Bezug nimmt, normirt prozessuale Befugnisse des Richters; durch denselben wird das materielle Civilrecht und ebendeshalb die Frage, um welche es sich handelt, nicht berührt. Das Gleiche gilt von den Bestimmungen der §§ 259 und 260 der C.P.O."

4. Reichs-Militärgesetz vom 2. Mai 1874.

271. **Der Preußische Gerichtsvollzieher hat keinen Anspruch an den Fiskus** (aus § 66 des Reichs-Militärgesetzes) **auf Ersatz der ihm während der Einberufung zu einer Landwehrdienstübung entgangenen Gebühren.** Urth. des IV. Civilsenats vom 5. März 1885 in Sachen A. R. in St., Klägers und Revisionsklägers, wider den Preußischen Fiskus, Beklagten und Revisionsbeklagten. Vorinstanz: O. L. G. Naumburg. Verwerfung.

Nach dem vorrichterlichen Thatbestande beansprucht Kläger auf Grund des § 66 des Reichs-Militärgesetzes vom 2. Mai 1874 (Reichsgesetzbl. S. 45 ff.) sowie des Ergänzungsgesetzes vom 6. Mai 1880 (Reichsgesetzbl. S. 103 ff.) vom Beklagten die Erstattung der für die Amtshandlungen seines Stellvertreters in dem Zeitraume, während dessen er selbst zu einer Landwehrübung einberufen gewesen ist, erwachsenen Gebühren, welche ihm in Folge dieser Einberufung entgangen sind, da er auf dieselben *als solche* in Gemäßheit des § 26 Abs. 1 der Preuß. Gerichtsvollzieher-Ordnung vom 14. Juli 1879 einen Anspruch nicht hat.

„Der angezogene § 66, dessen Fassung durch das Gesetz vom 6. Mai 1880 nur insofern geändert ist, als ihm ein vierter Absatz in Bezug auf die nach ausgesprochener Mobilmachung freiwillig in das Heer eintretenden Civilbeamten hinzugefügt ist, bestimmt, soweit er hier in Betracht kommt, folgendes: „Reichs-, Staats- und Kommunalbeamte sollen durch ihre Einberufung zum Militärdienst in ihren bürgerlichen Dienstverhältnissen keinen Nachtheil erleiden. Ihre Stellen, ihr persönliches Diensteinkommen aus denselben und ihre Anciennität, sowie alle sich daraus ergebenden Ansprüche bleiben ihnen in der Zeit der Einberufung zum Militärdienst gewahrt. Die näheren Bestimmungen bleiben den einzelnen Bundesregierungen überlassen." Es kann, als für die Entscheidung des vorliegenden Rechtsstreites unerheblich, dahingestellt bleiben, ob diese Gesetzesvorschrift, welcher nach einer Bemerkung in den *Motiven* des Ergänzungsgesetzes vom 6. Mai 1880 die Beschlüsse des Preußischen Staatsministeriums vom 22. Januar 1831 sowie die dazu erlassenen Ergänzungen und Erläuterungen zu Grunde gelegt sind, auch auf die Einberufungen zu den gewöhnlichen Friedensübungen der Landwehr anzuwenden ist, während sich die erwähnten Beschlüsse und deren Ergänzungen nur auf Mobilmachungen der Armee und *außerordentliche* Zusammenziehungen der Landwehr und Reserve beziehen (vgl. deren Zusammenstellung im Preußischen Ministerialbl. für die innere Verwaltung von 1850 S. 234 ff. und im Preußischen Justiz-Ministerialbl. von 1870 S. 246 ff.).

Denn wenn man sich auch für die Anwendbarkeit zu entscheiden hätte, so würde gleichwohl die von den Vorderrichtern ausgesprochene

Abweisung des Klageanspruches wegen der von ihnen dargelegten Besonderheit der amtlichen Stellung des Preußischen Gerichtsvollziehers gerechtfertigt sein. In Bezug hierauf ist zwar in der Erwägung des B. R., „es sei nicht abzusehen, ob diejenigen Amtshandlungen, welche dem Stellvertreter des Klägers übertragen seien, dem Kläger übertragen worden wären, so daß es auch an dem Nachweise eines dem Kläger durch seine Einziehung erwachsenen Nachtheils fehle, und der nämliche Zweifel werde bei jeder Stellvertretung eines Gerichtsvollziehers obwalten", nach dem Zusammenhange nicht ein selbständiger Entscheidungsgrund, sondern nur ein Moment zur Bewahrheitung der vorher entwickelten Gesetzesauslegung zu finden, zumal es ihr sonst an einer ausreichenden konkreten Begründung fehlen würde und der Beklagte selbst einen entsprechenden Einwand nicht erhoben hat. In der Auslegung der in Betracht kommenden Vorschriften ist indeß dem B. R. beizutreten.

Die allgemeine Zusicherung des Abs. 1 des § 66 cit., daß die Beamten durch ihre Einberufung zum Militärdienst in ihren bürgerlichen Dienstverhältnissen keinen Nachtheil erleiden sollen, wird im Abs. 2 dahin bestimmt, daß denselben ihre Stellen, ihre Anciennität und ihr persönliches Diensteinkommen, sowie alle sich daraus ergebenden Ansprüche gewahrt bleiben sollen. Es wird daher in jedem einzelnen Falle zu prüfen sein, auf welches Einkommen der betroffene Beamte gegenüber dem Reiche, Staate oder der Gemeinde, von der er angestellt ist, nach Maßgabe der bezüglichen allgemeinen Vorschriften oder seines speziellen Dienstvertrages einen begründeten Anspruch hat, wie denn auch der letzte Abs. des § 66 die näheren Bestimmungen hierüber den einzelnen Bundesregierungen überlassen hat. In dieser Beziehung steht dem Klageanspruch nicht schon der Umstand entgegen, daß die Gerichtsvollzieher ihr amtliches Einkommen in erster Reihe nicht aus der Staatskasse erhalten, da nach § 11 des Staatsministerialbeschlusses vom 22. Januar 1831 hierauf allein nichts ankommt. Als entscheidend ist aber mit den Vorderrichtern anzusehen, daß den zunächst auf den Bezug der Gebühren für ihre Amtshandlungen angewiesenen Gerichtsvollziehern vom Staate zur Zeit nur ein Jahreseinkommen von 1800 Mark gewährleistet ist, auf welches das gesammte Diensteinkommen, mit Ausschluß der Vergütungen für baare Auslagen, zur Anrechnung kommt (§§ 23, 27 der Preußischen Gerichtsvollzieherordnung vom 14. Juli 1879). Es muß angenommen werden, daß sich auf diesen Betrag die Haftung des Staats auch im Falle des § 66 des Reichs=Militärgesetzes beschränkt. Denn nach dieser Vorschrift steht dem zum Militärdienst einberufenen

Beamten nicht ein Anspruch auf Ersatz jedes durch die Einberufung erlittenen Schadens, sondern nur ein solcher auf den Fortbezug seines Diensteinkommens zu, und letzteres ist für die Gerichtsvollzieher, soviel deren Anspruch an den Staat anlangt, auf den Jahresbetrag von 1800 Mark fixirt. Ueber diesen Betrag hinaus hat Kläger einen Anspruch an die Staatskasse aus dem Dienstverhältnisse überhaupt nicht (vergl. auch § 14 des Staatsministerialbeschlusses vom 22. Januar 1831 vo: „fixirte Besoldung"). Der § 66 cit. verleiht aber nicht neue Ansprüche, sondern will nur die bestehenden wahren. Da nun Kläger in dem Jahre 1882 zugestandenermaßen ein den garantirten Betrag übersteigendes Einkommen gehabt hat, so kann er irgend eine Schadloshaltung für die ihm in dem Zeitraume vom 20.—31. Juli entgangenen Einnahmen aus der Staatskasse nicht mit Grund verlangen.

Zweifelhaft könnte scheinen, ob nicht Kläger wenigstens den auf den gedachten Zeitraum fallenden Theil des gewährleisteten Mindesteinkommens mit 50 Mark fordern dürfe. Dem steht jedoch entgegen, daß die Garantie sich ungetheilt auf das Einkommen des ganzen Jahres und nicht auf einzelne Abschnitte desselben bezieht, und daß demzufolge eine zeitweilige Mindereinnahme durch Mehreinnahmen in anderen Zeiträumen gedeckt wird, dergestalt daß erst der Jahresabschluß ergiebt, ob die Verpflichtung des Staats zu einem Zuschusse ins Leben getreten ist.

Schließlich mag noch darauf hingewiesen werden, daß es für die Entscheidung der vorliegenden Frage offenbar ohne Erheblichkeit ist, wenn nach § 28 der Gerichtsvollzieherordnung das pensionsfähige Maximaleinkommen der Gerichtsvollzieher zur Zeit etatsmäßig 3000 Mark beträgt. Denn diese nur für den Fall der Pensionirung gegebene Vorschrift kann bei Ermittelung desjenigen Diensteinkommens, auf welches der Gerichtsvollzieher während seiner Dienstzeit einen Anspruch an die Staatskasse hat, nicht in Betracht kommen."

5. Reichs-Konkursordnung.

272. **Nach der Reichs-Konkursordnung** (§§ 2; 3; 41, 4) **steht dem Hauptvermiether ein Anspruch auf vorzugsweise Befriedigung aus den eingebrachten Sachen des im Konkurse befindlichen Untermiethers nicht zu.** Urth. des II. Civilsenats vom 10. März 1885 in Sachen der verw. K. in K., Klägerin und Revisionsklägerin, wider den Konkurs E. & B. das., Beklagten und Revisionsbeklagten. Vorinstanz: O.L.G. Köln. Verwerfung.

„Es handelt sich nur um die Frage, ob dem Hauptvermiether nach der Konkursordnung ein Anspruch auf vorzugsweise Befriedigung aus den eingebrachten Sachen des im Konkurse befindlichen Untermiethers zusteht. Diese Frage ist zu verneinen. Klägerin (Hauptvermietherin) hat auf Grund ihres Miethvertrages nur gegen die Hauptmiether eine persönliche Forderung, zu dem Untermiether steht sie in keinem obligatorischen Verhältnisse. Da die Konkursmasse nach § 2 der R. Konk. O. nur zur gemeinschaftlichen Befriedigung der persönlichen Gläubiger des Gemeinschuldners dient, so würde sie, als zu diesen Gläubigern nicht gehörend, einen Anspruch gegen die Konkursmasse nur in dem Falle geltend machen können, wenn ihr durch eine besondere Bestimmung der R. Konk. O. ein solcher Anspruch gewährt würde; denn nach § 3 kann nur in den von diesem Gesetze zugelassenen Fällen ein Anspruch auf abgesonderte Befriedigung aus Gegenständen, welche zur Konkursmasse gehören, erhoben werden.

Eine solche Ausnahme wird aber zu Gunsten des Vermiethers gegenüber der Konkursmasse des Untermiethers durch das Gesetz nicht begründet. Nach § 40 können Gläubiger, welche an einer beweglichen körperlichen Sache des Gemeinschuldners ein Faustpfand haben, aus den ihnen verpfändeten Sachen abgesonderte Befriedigung verlangen. Den Faustpfandgläubigern stehen nach § 41 Nr. 4 gleich, d. h. im Konkurse sind wie Faustpfandgläubiger zu behandeln: Vermiether in Ansehung der eingebrachten Sachen, welche sich noch auf dem Grundstücke befinden. Dem Vermiether werden also dieselben Rechte eingeräumt, welche er haben würde, wenn ihm der Miether die eingebrachten Sachen durch besonderen Vertrag als Faustpfand bestellt hätte (Art. 2073 ff. des B. G. B.). Der Miether kann aber nur die von ihm selbst eingebrachten Sachen ausdrücklich oder stillschweigend zum Faustpfand geben, über die Mobilien des Untermiethers hat er kein Verfügungsrecht. Das gesetzliche Absonderungsrecht kann daher nur die Sachen des Miethers, nicht auch die des in Konkurs gerathenen Untermiethers treffen.

Mit dieser Auffassung des Gesetzes stehen auch die Motive zur R. Konk. O. im Einklang, wenn sie (S. 210) ausführen: „Ob das Pfandrecht des Verpächters und Vermiethers sich auch auf die nicht dem Gemeinschuldner, sondern einem Dritten gehörigen Sachen erstreckt, liegt außerhalb des Konkursrechtes und bestimmt sich lediglich nach dem bürgerlichen Rechte. Dasselbe gilt für die Befugniß des Verpächters und Vermiethers, sich für seine Forderungen gegen den Gemeinschuldner an die Illaten des Afterpächters und Aftermiethers zu halten." Hiermit ist bestätigt, daß die Konkursordnung dem Verpächter und Vermiether ein Pfandrecht an den Illaten des Unterpächters oder Untermiethers nicht gewährt, sondern die Frage, ob ein solches Pfandrecht, welches an diesen nicht zur Konkursmasse des Pächters oder Miethers gehörenden Gegenständen nur außerhalb dieses Konkurses verfolgt werden könnte, dem Landesrechte überläßt. Im vorliegenden Falle, bei welchem das Pfandrecht als Absonderungsrecht in dem Konkurse des Untermiethers geltend gemacht werden will, würde nun aber ein etwa landesgesetzlich noch bestehendes Pfandrecht an den Illaten desselben schon wegen § 3 der R. Konk. O. wirkungslos sein. Ueberdies ist auch das Vorzugsrecht des Art. 2102 Nr. 1 des B. G. B., soweit es etwa weiter ging als § 41 Ziff. 4 der R. Konk. O., durch § 7 des Preuß. Ausführungsgesetzes zu derselben aufgehoben."

6. Reichs-Anfechtungsgesetz vom 21. Juli 1879.

273. Benachtheiligung der übrigen Gläubiger durch Hingabe der ganzen Fahrniß des Schuldners an einen Gläubiger an Zahlungsstatt (§ 3 Abs. 1). S. u. Rhein. Recht, Fall 320 S. 504.

274. Begriff der Worte „durch den Abschluß des Vertrages" im § 3 Ziff. 2 des Anfechtungsgesetzes. Urth. des II. Civilsenats vom 13. März 1885 in Sachen F. A. G. zu Z., Beklagten und Revisionsklägers, wider H. und Gen. zu B., Kläger und Revisionsbeklagte. Vorinstanzen: L. G. Leipzig, O. L. G. Dresden. Aufhebung und Zurückverweisung.

B. H. (der Kläger) hat gegen R. B. (den den angefochtenen Vertrag abschließenden Schuldner) eine fällige Zinsen- und Kostenforderung von 7122,45 ℳ erstritten. Am 9. Juni 1882 wurde das verurtheilende Erkenntniß zweiter Instanz verkündet, am 9. Januar 1883 die dagegen eingelegte Revision vom R. G. zurückgewiesen. Am 27. November 1882 verkaufte B. sein Schriftgießereigeschäft, in Firma E. B. zu Reudnitz, an seinen Schwiegervater J. F. A. G. (den Beklagten) für 185 000 ℳ. Der Kaufpreis wurde in Höhe von 160 000 ℳ durch Aufrechnung mit Forderungen, die dem Käufer an B. zustanden, beglichen; 8000 ℳ wurden baar bezahlt, über den Rest von 17 000 ℳ Accepte gegeben. Am 29. November 1882 erfolgte der Eintrag G.'s in das Firmenregister. B. reiste bald nachher in das Ausland, nahm das ihm verbliebene Eigenthum mit sich und sein Aufenthalt blieb unbekannt. Nur im Januar 1884 war er in Dresden anwesend. Hier wurde er wegen einer Forderung der Firma J. M. H. & Co. von 26 195,98 ℳ ausgepfändet. Doch konnten lediglich Pfänder im Werthe von 543,60 ℳ erlangt werden. H. hat am 8. März 1883 bei dem L. G. Leipzig Klage gegen G. erhoben auf Anfechtung des Kaufvertrages, unter dem Anführen, daß er als Gläubiger B.'s durch den Vertrag, welcher ihm das einzige Befriedigungsmittel entzogen habe, benachtheiligt sei.

In dem landgerichtlichen Urtheile vom 26. April 1883 ist der Beklagte verurtheilt worden, die Zwangsvollstreckung wegen der Forderung des Klägers an B. in das von B. erworbene Schriftgießereigeschäft nebst Zubehörungen und Außenständen zu erdulden und die Kosten des Rechtsstreites zu tragen. Der Beklagte legte Berufung ein. Er beantragte Klagabweisung und trug einen Schriftsatz vom 23. September 1883 vor, in welchem er unter Angabe von Beweismitteln ausführlich dargelegt hatte, daß der Kaufvertrag lediglich aus Anlaß der ehelichen Zerwürfnisse B.'s abgeschlossen worden und daß ihm, dem Beklagten, bei dem Vertragsabschlusse die Fluchtabsicht B.'s völlig unbekannt gewesen sei, sowie daß B. zur Zeit des Vertrages in der Geschäftswelt als reell gegolten habe. Am 12. Januar 1884 ist der Kläger verstorben. Seine Rechtsnachfolger, die Wittwe und die Kinder, haben das Verfahren aufgenommen.

Das O.L.G. Dresden hat durch Urtheil vom 26. September 1884 die Berufung des Beklagten zurückgewiesen und ihm die Kosten des Rechtsmittels auferlegt. Die Urtheilsgründe führen aus: Die Voraussetzungen, welche zur Anfechtung des Kaufvertrages über das Schriftgießereigeschäft nach § 2 und § 3 Ziff. 2 des Reichs-Anfechtungsgesetzes vom 21. Juli 1879 erfordert werden, seien vorhanden. Beklagter sei der Schwiegervater B.'s; der Anfechtungsanspruch sei innerhalb Jahresfrist nach dem Vertragsabschlusse rechtshängig geworden. H. habe durch das reichsgerichtliche Urtheil vom 9. Januar 1883 einen vollstreckbaren Schuldtitel gegen B. wegen 7122,45 ℳ erlangt. Die Zwangsvollstreckung wider B. würde zur Befriedigung H.'s nicht geführt haben, da B. durch den Kaufvertrag sich der Vermögensstücke, welche als Exekutionsobjekte dienen konnten, entäußert habe und seit Ende November 1882 unter Mitnahme der erlangten Baarschaft und Wechsel flüchtig geworden sei. Bei der im Januar 1884 erfolgten Zwangsvollstreckung habe nur ein geringer Werthsbetrag gepfändet werden können. Daß B. sonstige Mittel besitze, habe Beklagter nicht dargethan. Unter diesen Umständen sei dem H. durch den Kaufvertrag ein Objekt entzogen, aus welchem er seine Befriedigung voraussetzlich erlangt hätte; mithin enthalte der Kaufvertrag eine Benachtheiligung H.'s. — Das Vorbringen des Beklagten entkräfte die Vermuthung einer ihm bewußten Verletzung des Befriedigungsrechts der B.'schen Gläubiger nicht. Zugeständlich habe er zur Zeit des Kaufabschlusses davon Kenntniß gehabt, daß in der Klagesache H. gegen B. ein verurtheilendes Erkenntniß zweiter Instanz verkündet war und auf die Revision B.'s der 9. Januar 1883 als Verhandlungstermin anstand; ferner daß die Firma J. M. H. & Co. auf 18000 ℳ wider B. geklagt hatte; endlich daß H.'s Vermögen noch mit anderen Passiven von mindestens 6000 ℳ belastet war. Schon diese Zeitangaben weisen auf die Absicht der Vertragschließenden hin, den Uebergang des Schriftgießereigeschäftes auf den Beklagten vor dem endgültigen und, wie von ihnen erwartet werden konnte, für B. ungünstigen Ausgange der beiden Prozesse ins Werk zu setzen. Ferner spreche gegen den Beklagten, daß er inhalts des Kaufvertrages für Wechsel im Betrage von 160000 ℳ andere Vermögensstücke B.'s, auf welche er an sich keinen Anspruch hatte, übernahm und hierdurch B.'s Vermögen zum Nachtheile der übrigen Gläubiger minderte. Auch dadurch seien die Gläubiger benachtheiligt, daß Beklagter die weitere Gegenleistung baar und in Wechseln, also mit Vermögensstücken gewährte, welche den Gläubigern weniger leicht als das Schriftgießereigeschäft zugänglich waren und ihnen in der That von B. entzogen worden sind. Wäre die Kaufsumme von 185000 ℳ zu hoch gewesen, wie Beklagter behaupte, so würde nicht abzusehen sein, weshalb er den Kauf eingegangen habe; entsprach aber der Preis dem Werthe des Kaufgegenstandes, so wäre dies allein nicht geeignet, die durch andere Momente gerechtfertigte Anfechtbarkeit des Vertrages zu beseitigen. Endlich lasse der Umstand, daß Beklagter nach § 1 des Kaufvertrages die Forderungen H.'s und der Firma J. M. H. & Co. zu übernehmen ausdrücklich abgelehnt habe, nicht minder die eingeräumte Thatsache, daß H. nicht, wie andere Gläubiger, durch Cirkular von dem Geschäftsübergange benachrichtigt worden sei, das Bestreben der Kaufsinteressenten erkennen, die dem B. in Folge des Kaufes zugekommenen Gegenleistungen vor exekutorischen Maßregeln H.'s zu sichern. Demnach sei die Annahme, daß B. bei dem Vertrage des seine Gläubiger benachtheiligenden Erfolges sich bewußt gewesen sei und der Beklagte diese Absicht gekannt habe, durch die von dem Beklagten angeführten Thatsachen nicht widerlegt. Seinen hierauf bezüglichen, übrigens auch nur unerhebliche Umstände betreffenden Beweisanträgen habe daher nicht stattgegeben werden können.

„Die Klage ist auf die Vorschrift in § 3 Ziff. 2 des Reichsgesetzes vom 21. Juli 1879 gestützt und auf Grund dieser Vorschrift zugesprochen worden. Nun fehlt es aber vor allem an dem Erfordernisse der erwähnten Gesetzesstelle, daß die Gläubiger des Schuldners durch den Abschluß des angefochtenen Kaufvertrages benachtheiligt worden sind. Der Vertrag selbst führte dem Vermögen des Schuldners wiederum den gleichen Werth zu, welchen die Verkaufsgegenstände hatten, und zur Zeit des Vertragsabschlusses war Zahlungsunvermögen des Schuldners noch nicht vorhanden. Wenigstens ist bisher das Gegentheil noch nicht erwiesen. Die Baarschaft und die Wechsel, welche B. von dem Beklagten erhielt, würden an sich zu H.'s Deckung hingereicht haben. Erst durch spätere Vorkommnisse, dadurch, daß B. nach dem Vertragsabschlusse, zu Ende November 1882, unter Mitnahme der Baarschaft und Wechsel flüchtig wurde, ist dem H. die Befriedigungsmöglichkeit genommen worden. Das sind jedoch eben neuerliche Thatsachen, welche nicht nothwendig bei dem Vertragsabschlusse vorgesehen sein müssen, die ganz außer Zusammenhang mit dem Vertrage gestanden haben können. Das O.L.G. hat gleichwohl die Sachentscheidung im wesentlichen nur darauf gegründet, daß eine Benachtheiligung der Gläubiger und auch die Absicht der Benachtheiligung schon insofern anzunehmen sei, als durch den Vertrag Gegenstände aus dem Vermögen des Schuldners weggegeben wurden, die dem Gläubigerzugriffe leichter ausgesetzt waren, als die dem Schuldner gewährte Gegenleistung. Hieraus allein ergiebt sich eine Benachtheiligung der Gläubiger „durch den Abschluß des Vertrages" noch nicht. Vielmehr müssen noch andere Thatumstände hinzutreten.

Als ein solcher Umstand würde nun zwar der zu betrachten sein, daß der Schuldner B. schon bei dem Vertragsabschluß den Willen hatte, das baare Geld und die Wechsel, welche ihm als Gegenleistung zugegangen waren, vor den Gläubigern zu verbergen. Allein hierauf ist die Erörterung der Sache bis jetzt nicht erstreckt worden. Mag auch die bezeichnete unredliche Absicht B.'s sehr nahe liegen und mag auch der Thatrichter nach Befinden unter Würdigung aller Umstände das Vorhandengewesensein der Absicht feststellen können, so ist doch gerade das noch nicht geschehen, und ebensowenig sind die Thatsachen genügend gewürdigt worden, aus denen der Beklagte die Behauptung herleitet, daß er diese Absicht nicht gekannt habe. Nach § 3 Ziff. 2 des Anfechtungsgesetzes ist der Anfechtungsbeklagte mit einem hierauf gerichteten Beweise zu hören. Der gegenwärtige Beklagte hat dafür in dem Schriftsatze vom 23. September 1883 allerhand Thatsachen vorgebracht, die zur Zeit noch nicht ausreichend beurtheilt worden sind. Nicht untersucht ist namentlich die Behauptung, daß B. vor und bei dem Kaufabschlusse sein Fluchtvorhaben verheimlicht habe. Die hierfür angebotenen Beweise sind nicht aufgenommen. Mit der Betrachtung, daß die Beweisanträge unerhebliche Umstände beträfen, läßt sich die Ablehnung der Beweisaufnahme nicht rechtfertigen, da nicht erhellt, weshalb den vorgebrachten Umständen Erheblichkeit abgesprochen wird."

7. Reichs-Stempelgesetz von 1881.

275. **Anderweite Begründung des** (in Urtheile und Annalen Bd. I S. 422 mitgetheilten) **Urtheils der Vereinigten Strafsenate vom 31. Januar 1885 betreffs der Stempelbefreiung gemäß II, 4 a u. Ziff. 3 des Tarifs.** Urth. des III. Civilsenats vom 27. Februar 1885 in Sachen des Preuß. Steuerfiskus, Beklagten und Revisionsklägers, wider die Spar- und Darlehnsbank in A., Klägerin und Revisionsbeklagte. Vorinstanz: O.L.G. Kiel. Verwerfung.

„Man kann dem Revisionskläger, welcher sich vorwiegend auf die Ausführungen der von ihm in Bezug genommenen Urtheile des III. Straffen. des R. G." (Annalen Bd. VIII S. 30; Entsch. Bd. VIII S. 326 ff., Bd. XI S. 45) „stützt, immerhin zugeben, daß die, übrigens inzwischen in dem Urtheil der Vereinigten Strafsenate vom 31. Januar 1885 wider Hirsch verlassene Ansicht des III. Strafsenats" (vgl. Urtheile und Annalen I, 422) „durch die Entstehungsgeschichte und die Motive des Gesetzes vom 1. Juli 1881 erheblich unterstützt wird. Gleichwohl kann dieselbe für richtig nicht erachtet werden. Denn wenn auch wirklich der Wille eines oder auch aller Gesetzgebungsfaktoren dahin gegangen sein sollte, Bestätigungsbriefe, wie der Bundesrathsbeschluß vom 5. Juli 1882 annimmt, oder, wie in den Urtheilen des III. Civilsenats ausgeführt ist, solche Briefe, welche erkennbar dazu bestimmt sind, dem Gegenkontrahenten ein Beweismittel zu gewähren, von der Stempelpflicht nicht auszunehmen, so ist derselbe doch in dem Gesetz selbst nicht zum Ausdruck gelangt. Denn wie mit Recht in dem vom B.G. allegirten Urtheil des I. Civilsenats des R.G. vom 2. Februar 1884" (Annalen IX, 529, 533; Entsch. Bd. XI S. 65 ff.) „ausgeführt ist, kann eine Befreiung von der im Tarif II 4 a bestimmten Abgabe sich nur auf Fälle beziehen, in welchen das Schriftstück seinem Inhalte nach stempelpflichtig ist. Liegt diese Voraussetzung nicht vor, so würde es einer Befreiungsbestimmung nicht bedürfen. Dies führt mit Nothwendigkeit zu dem Satze, daß alle Schriftstücke über die im Tarif II 4 a bezeichneten Geschäfte, wenn sie inhaltlich nach 4 a stempelpflichtig, ihrer Form nach aber Briefe sind (welches letztere nach Anm. 3 an sich noch nicht die Stempelpflichtigkeit beseitigt), dann nach der Befreiungsbestimmung Ziffer 3 stempelfrei sind, wenn sie auf eine Entfernung von über 15 Kilometer versandt werden. Ob ein Schriftstück seiner Form nach als ein Brief zu charakterisiren ist, mag unter Umständen zweifelhaft sein; im vorliegenden Fall ist aber die Feststellung, daß die in Rede stehenden Schriftstücke Briefe seien, nicht zu beanstanden, auch vom Revisionskläger nicht bemängelt. Für eine weitere Einschränkung der Befreiungsbestimmung 3, als diejenige, welche im Gesetz durch die Bestimmung der Entfernung zwischen dem Absendungs- und dem Bestimmungsort der Briefe enthalten ist, giebt das Gesetz selbst keinen Anhalt. Insbesondere ist auch eine solche in dem zweiten Satze der Befreiungsbestimmung Ziffer 3 nicht enthalten. Denn wenn auch nicht erfindlich ist, welche Gründe den Gesetzgeber veranlaßt haben, einen Unterschied zwischen den Briefen selbst und den den Briefen beigelegten oder angehängten Schriftstücken zu machen und auf diese die Befreiungsbestimmung Ziffer 3 für unanwendbar zu erklären, so ändert dies doch nichts an der Thatsache, daß nach dem klaren Wortlaut des Gesetzes Schriftstücke, welche an sich nach Tarif II 4 a stempelpflichtig sind, dann, wenn sie ihrer Form nach sich als Briefe darstellen und in einer Entfernung von mindestens 15 Kilometer befördert sind, von der Stempelabgabe frei sein sollen."

8. Reichs-Civilprozeßordnung.

276. Sachliche Zuständigkeit nach § 10 (§§ 3—9) der C.P.O., insbesondere in den Fällen des § 778. Urth. des V. Civilsenats vom 11. März 1885 in Sachen F. S. zu O., Klägers und Revisionsklägers, wider R. Z.

zu K., Beklagten und Revisionsbeklagten. Vorinstanz: O.L.G. Posen. Aufhebung und Zurückverweisung.

„Nach § 778 Abs. 2 der C.P.O. ist der Anspruch auf Leistung des Interesses wegen Nichterfüllung einer judikatmäßigen Verpflichtung im Wege der Klage bei dem „Prozeßgerichte erster Instanz" geltend zu machen. Mit Rücksicht auf diese Bestimmung hat der B.R. das verurtheilende erstinstanzliche Erkenntniß aufgehoben und den Kläger wegen Unzuständigkeit des Gerichts deshalb abgewiesen, weil die Klage nicht bei dem A.G. erhoben war, dessen Urtheil der Kläger zur Grundlage seines Interesseanspruches mache, sondern bei dem L.G., in dessen Bezirk das betreffende A.G. belegen ist. Die dagegen eingelegte Revision mußte für begründet erachtet werden.

§ 10 der C.P.O. bestimmt: „Das Urtheil eines L.G. kann nicht aus dem Grunde angefochten werden, weil die Zuständigkeit des A.G. begründet gewesen sei." Mit Unrecht will der B.R. diese Vorschrift beschränken auf die Fälle, in welchen sich die sachliche Zuständigkeit der Gerichte regelt nach dem Werthe des Streitgegenstandes. Zwar erklärt § 2 des Titels: „Insoweit nach dem Gesetze über die Gerichtsverfassung die Zuständigkeit der Gerichte von dem Werthe des Streitgegenstandes abhängt, kommen die nachfolgenden Vorschriften zur Anwendung", und zu den „nachfolgenden Vorschriften" gehört äußerlich auch der angezogene § 10, der mit dem § 11 den Titel schließt. Im Anschluß an die Motive zu § 2 des Entwurfs (S. 48) hat aber das R.G. in seinen Entscheidungen" (Annalen Bd. VIII S. 79, 86, Bd. X S. 257; Entsch. Bd. IX S. 350 u. Bd. XI S. 432 ff.) „bereits befunden, woran festzuhalten, daß unter den „nachfolgenden Vorschriften" nur die in den §§ 3—9 niedergelegten Normen für die Schätzung des Werthes des Streitobjekts gemeint sind und daß daher der § 10 eine die sachliche Zuständigkeit im allgemeinen befassende Regel aufgestellt habe. Die sachliche Zuständigkeit bildet den Gegensatz zur örtlichen Zuständigkeit. Bei jener handelt es sich um die Art der Gerichte, bei dieser um den Gerichtsstand nach einem bestimmten Bezirk ohne Unterschied, welche Art von Gericht zur Entscheidung in diesem Bezirke berufen ist. Innerhalb der örtlichen Zuständigkeit regelt sich die sachliche nach den bezüglich dieser bestehenden allgemeinen oder besonders gegebenen Vorschriften.

§ 778 Abs. 2 bestimmt zunächst die örtliche Zuständigkeit. Die Klage, mit welcher der Interesseanspruch geltend gemacht wird aus einem Judikate, soll bei dem Prozeßgerichte erster Instanz erhoben werden. Dem Wortlaut nach kann unter dem Prozeßgericht erster

Instanz sowohl dasjenige verstanden sein, welches innerhalb des vorgeschriebenen Bezirks nach den allgemeinen Vorschriften über die sachliche Zuständigkeit in erster Instanz zu entscheiden haben würde, als auch dasjenige, welches in dem gegebenen Falle das frühere Urtheil erlassen hat. Ist das erstere anzunehmen, so wäre die vorliegende Klage, welche einen vermögensrechtlichen Anspruch von mehr als dreihundert Mark verfolgt, richtig bei dem L.G. erhoben. Hat aber das andere bestimmt werden sollen, daß also unabhängig von dem Werthe des Streitgegenstandes auch das A.G. zuständig sein solle, falls es früher in erster Instanz erkannt habe, so ist im § 778 zugleich eine Bestimmung über die sachliche Zuständigkeit getroffen, welche als solche unter der Herrschaft der höheren Vorschrift des § 10 daselbst steht. Daran ändert nichts, daß nach § 707 das. der im § 778 bestimmte Gerichtsstand ein ausschließlicher ist. Denn die Ausschließlichkeit bezieht sich nur auf den Gerichtsstand d. i. auf die örtliche Zuständigkeit."

277. **Zuständigkeit für Klagen aus unerlaubten Handlungen, insbesondere aus §§ 4, 34 des Reichs-Patentgesetzes** (§ 32 der C. P. O.). Urth. des I. Civilsenats vom 21. März 1885 in Sachen M. J. & Co. zu B., Beklagten und Revisionsklägerin, wider E. Z. in B., Kläger und Revisionsbeklagten. Vorinstanz: Kammerger. Berlin. Verwerfung.

Der Kläger hat eine Klage auf Schadensersatz in Höhe von 600 ℳ wegen wissentlicher Verletzung des ihm ertheilten Patents Nr. 11 675 gegen die in Braunschweig domizilirte Beklagte bei dem L.G. I Berlin angestellt, indem er die Zuständigkeit desselben nach § 32 der C.P.O. dadurch begründet erachtet, daß die patentirte Konstruktion bei einem von der Beklagten auf dem Berliner Produkten-Bahnhofe der Berlin-Hamburger Eisenbahn hergestellten Central-Weichen- und Signal-Stellapparat verwendet worden sei. Auf die von der Beklagten erhobene prozeßhindernde Einrede der Unzuständigkeit hat das L.G. abgewiesen, das Kammerger. die Einrede verworfen.

„Für Klagen aus unerlaubten Handlungen ist nach § 32 der C. P. O. das Gericht zuständig, in dessen Bezirke die Handlung begangen ist. Ist auf Entschädigung geklagt, so kommt es auf den Ort der Begehung der unerlaubten Handlung an, durch welche der Schaden, dessen Ersatz gefordert wird, verursacht worden ist. Für die im gegenwärtigen Rechtsstreite auf Grund des § 34 des Reichs-Patentgesetzes vom 25. Mai 1877 wegen Verletzung des Patentrechts des Klägers erhobene Entschädigungsklage ist daher das Gericht zuständig, in dessen Bezirk die nach der Behauptung des Klägers sein Patentrecht verletzende Handlung der Beklagten begangen worden ist, welche als

Ursache des ihm angeblich erwachsenen Schadens erscheint. Als Ursache dieses Schadens, mag man dabei lediglich den dem Kläger entgangenen Gewinn oder (mit Kohler, Deutsches Patentrecht Nr. 474) auch den von der Beklagten gezogenen Vortheil in Betracht ziehen, erscheint nicht die Herstellung, Aufstellung, Inbetriebsetzung und Benutzung des der Direktion der Berlin-Hamburger Bahn von der Beklagten gelieferten Apparats an sich, sondern der Bezug desselben von der Beklagten infolge des von ihr mit der genannten Direktion geschlossenen Vertrages. Weder der Ort des Abschlusses dieses Vertrages ist entscheidend, weil dadurch allein eine unerlaubte Handlung im Sinne der §§ 4, 34 des Reichs-Patentgesetzes nicht begangen wurde, noch der Ort, wo dieser Vertrag zu erfüllen war, weil die bezüglich des Orts der Erfüllung unter den Vertragschließenden bestehende Verbindlichkeit für die Frage, ob und wo eine Verletzung des Patentrechts des Klägers stattgefunden habe, gleichgültig ist. Vielmehr ist dasjenige Gericht nach § 32 der C.P.O. zuständig, in dessen Bezirk die das Patentrecht des Klägers zufolge seiner Behauptung verletzenden Handlungen in Ausführung des Vertrages begangen sind. Hiermit steht die angefochtene Entscheidung im Einklange. Eine Verletzung des § 32 der C.P.O. liegt nicht vor."

278. **Zulässigkeit der Forderung von Zinsen und Schäden in Prozessen, die nach § 72 der C.P.O. erhoben werden.** Urth. des I. Civilsenats vom 21. März 1885 in Sachen L. J. S. zu H., Intervenienten und Revisionsklägers, wider G. Pf. zu H., Kläger und Revisionsbeklagten. Vorinstanz: O.L.G. Hamburg. Verwerfung.

Dem Intervenienten ist im Zwangsvollstreckungsverfahren gegen den Zimmermeister H. diejenige Forderung überwiesen, welche dem Letzteren angeblich gegen den Hausmakler H. v. D. in Höhe von 3400 ℳ als Valuta eines in R.'s Bau geschlossenen Postens zustehe, welchen Betrag v. D. dem H. auszukehren habe. Eben diese Forderung schreibt sich aber der Kläger für seine Person zu. Nach der von diesem vorgelegten Korrespondenz hat er dem H. v. D. am 2. November 1881 angekündigt, er werde ihm, falls er die Hypothekposten von 162 000 ℳ, welche damals auf den Namen des H. v. D. lauteten, umschreibe, als Sicherheit für den zu Gunsten eines Dritten mit Beschlag belegten Theil von 3643,50 ℳ diesen Betrag baar einzahlen, wenn H. v. D. dem Pf. einen Revers darüber ertheile, er werde diesen Betrag dem Pf. (Revisionsbeklagten) zurückzahlen, wenn der Beschlag aufgehoben würde. Darauf antwortete H. v. D. am 3. November, er habe von Pf. 3643,50 ℳ zu dem bezeichneten Zwecke erhalten und verpflichte sich, die Summe sofort an Pf. zurückzuzahlen, sobald der Beschlag aufgehoben sei. Das letztere ist erfolgt. Pf. hat deshalb gegen H. v. D. Klage auf Zahlung der 3643,50 ℳ nebst 6% Zinsen vom Klagzustellungstage ab erhoben. Beklagter hat den Betrag deponirt, dem Buchhalter L. J. S. (Revisionskläger), welcher sich die Forderung in Höhe von 3400 ℳ zuschreibt, den Streit verkündigt und beantragt, ihn aus dem Rechtsstreit zu entlassen, die demnächst unterliegende Partei aber zu verurtheilen, dem Beklagten die Kosten einschließlich der Kosten der Hinterlegung zu erstatten. S. ist in den Rechtsstreit eingetreten, Beklagter aus demselben mit Bewilligung des Klägers entlassen. S. hat beantragt, den Kläger abzuweisen, soweit er mehr als 243,50 ℳ fordere, und den Intervenienten zu befugen, 3400 ℳ von dem deponirten Betrage zu erheben. Kläger hat beantragt, ihn zur Erhebung der hinterlegten 3643,50 ℳ zu befugen unter Verurtheilung des Intervenienten in die Zinsen vom Klagetage und in die Prozeßkosten. Diesem letzteren Antrage hat das L.G. Hamburg durch Urtheil vom 29. April 1884 entsprochen; die Berufung des Intervenienten ist durch Urtheil des O.L.G. Hamburg vom 7. Oktober 1884 zurückgewiesen. Gegen dieses Urtheil hat Intervenient Revision eingelegt.

„Allerdings hat Intervenient die Behauptung aufgestellt, Kläger habe, wie das auch dem Beklagten bekannt war, bei der Einzahlung der 3643,50 Mark lediglich als Makler für H. gehandelt und habe das Geld nicht aus eigenen Mitteln, sondern aus der an H. zu zahlenden Valuta über den Posten von 60 000 Mark berichtigt und bei der Abrechnung über die 60 000 Mark dem H. voll in Anrechnung gebracht. Aber wenn diese Behauptung auch als wahr angenommen wird, so ist damit die Feststellung des B.U. vollkommen vereinbar, daß Pf. im eigenen Namen mit dem Beklagten kontrahirt hat, sodaß der Beklagte allein dem Pf. verpflichtet wurde. Pf. mag, die Wahrheit jener Behauptung vorausgesetzt, dem H. auf Abtretung der Forderung, auf Auskehrung des ihm Gezahlten haften — ein derartiger Anspruch ist dem Intervenienten nicht überwiesen und war in diesem Prozesse nicht geltend zu machen. Der Anspruch, welchen Intervenient erhoben hat, ist bei diesem Sachverhalt unbegründet, er ist deshalb mit Unrecht in diesen Prozeß eingetreten, hat mit Unrecht verhindert, daß der Kläger den vollen Betrag, welchen ihm Beklagter hat zahlen wollen und den er nur um deswillen nicht gezahlt hat, weil Intervenient seinerseits Ansprüche erhoben hat, hat erlangen können, und ist deshalb mit Recht, dem Antrage des Klägers entsprechend, auch zu den geforderten Zinsen verurtheilt.

Denn zunächst ist prozessualisch nicht zu beanstanden, daß über den von dem Kläger gegen den Beklagten erhobenen Zinsanspruch in diesem Prozesse erkannt ist. Allerdings sind diese Zinsen nicht ein Accessorium des Hauptgegenstandes, welchen Kläger von dem Intervenienten erfordert, aber der Anspruch auf Zahlung der Zinsen ist ein Nebenanspruch im Verhältniß zu dem Hauptanspruch, welchen Kläger nach § 72 der C.P.O. gegen den Intervenienten erheben darf. Da dem Obsiegenden der hinterlegte Betrag zuzusprechen ist, so ist daraus zu entnehmen, daß im Sinne des § 72 dessen Anspruch gegen den Unterliegenden eben darauf gerichtet war, der Unterliegende solle dem Obsiegenden den hinterlegten Betrag überlassen, wie umgekehrt der Anspruch des Unterliegenden gegen den Obsiegenden auf denselben Zweck gerichtet war. Beide Theile führen den Rechtsstreit über die Berechtigung an der Forderung und folgeweise, da der der Forderung entsprechende Geldbetrag zu Gunsten der streitenden Gläubiger hinterlegt ist, über die Berechtigung auf den hinterlegten Geldbetrag. Jede von den beiden Parteien darf von der anderen Ersatz desjenigen Schadens, welcher ihr in Folge des unberechtigten Widerspruches dadurch erwächst, daß ihr der Geldbetrag im Laufe des Prozesses vorenthalten bleibt, soweit ihr ein solcher Schadensanspruch zusteht, in eben dem Prozesse erheben, in welchem der Hauptanspruch verfolgt wird. Das gehört zu den Nebenforderungen an Früchten, Nutzungen, Schäden, welche in der C. P. O. §§ 4, 240, 279 erwähnt werden. Daß sich Kläger und Intervenient nicht von Anfang an als Prozeßparteien gegenüber gestanden haben, sondern erst zufolge der Streitverkündigung und des darauf erfolgten Eintritts des Intervenienten in den Prozeß gegenüber getreten sind, kann das Sachverhältniß in der hier gedachten Beziehung nicht ändern; nachdem der Intervenient in den Prozeß als Partei eingetreten ist, kann Kläger von ihm fordern, was in einem anderen Prozesse von der Gegenpartei um deswillen, weil diese den Prozeß führt, gefordert werden darf. Daß in der C. P. O. § 72 die Schäden und Zinsen nicht erwähnt sind, ist kein Grund dafür, daß dieselben in diesem Prozesse nicht gefordert werden dürften. Was aber das Recht des Klägers auf Zinsen anlangt, so hat allerdings Intervenient das Geld nicht während des Prozesses genutzt; er ist nicht in derselben Lage wie ein Schuldner, welcher erst nach dem Urtheil zahlt, was er hätte bei Beginn des Prozesses zahlen müssen; es versagt deshalb im vorliegenden Falle einer der beiden Gründe, auf welche der Anspruch auf Zuerkennung von Prozeßzinsen gewöhnlich gestützt wird (Savigny, System Bd. VI S. 134; Windscheid, Pandektenrecht § 124, vergl. L. 17 § 1 D. de R. V. 6, 1). Und ebensowenig wird sich für den Intervenienten der andere Grund einer Verschuldung oder eines Verzuges feststellen lassen. Dennoch erscheint die Zuerkennung der geforderten Zinsen gerecht. Denn der Kläger würde, wenn der Intervenient seinen Anspruch nicht erhoben hätte, entweder sofort nach Erhebung der Klage durch Zahlung des Beklagten in den Besitz der geforderten Geldsumme gelangt sein oder der Beklagte hätte ihm die Zinsen derselben seit jener Zeit zahlen müssen. Die Intervention des Streitverkündeten ist die einzige Ursache davon, daß dem Kläger die Zinsen oder die Nutzung des Geldes entzogen geblieben ist. Es ist durchaus nicht unbillig, daß dem Intervenienten der Nachtheil, welcher dem Kläger durch diesen Eintritt des Intervenienten erwachsen ist, zur Erstattung auferlegt ist, nachdem festgestellt ist, daß seine Intervention rechtlich unbegründet war (vergl. L. 33 D. de dolo malo 4, 3), wie denn ebenso Intervenient einen Anspruch auf Zuerkennung von Zinsen gegen den Kläger für den Fall hätte erheben dürfen, daß dessen Widerspruch gegen die Auszahlung des deponirten Betrages zu dem von dem Intervenienten geforderten Betrage für unbegründet erachtet worden wäre."

279. **Erneute Begründung der Entscheidung, daß die Zustellung der Berufung an den Substitutionsbevollmächtigten der Gegenpartei unzulässig sei** (§§ 77, 164 der C.P.O.). Urth. des IV. Civilsenats vom 26. Februar 1885 in Sachen V. P. zu T., Beklagten und Revisionsklägers, wider B. zu G., Kläger und Revisionsbeklagten. Vorinstanz: O.L.G. Breslau. Verwerfung.

„Das Urtheil des R.G. vom 27. März 1884 in Sachen Glomb wider Glomb" (Annalen Bd. X S. 172; Gruchot's Beiträge Bd. XXVIII S. 1127) „hat bereits ausgesprochen, daß die Zustellung der Berufung an den mit Substitutionsvollmacht versehenen Vertreter des Prozeßbevollmächtigten der Gegenpartei ungültig ist, womit auch die Ausführung in dem Urtheil des R.G. vom 29. Juni 1883" (Annalen Bd. VIII S. 245; Entsch. Bd. XI S. 368) „übereinstimmt. An dieser Ansicht ist festzuhalten. Der § 77 der C.P.O. ermächtigt den Prozeßbevollmächtigten nicht zur Bestellung eines anderen oder zweiten Prozeßbevollmächtigten, sondern nur zur Bestellung eines Vertreters für ein gewisses Verfahren oder gewisse Akte derselben Instanz, indem die Bestellung eines Prozeßbevollmächtigten ausdrücklich nur für die höheren Instanzen, also nicht für dieselbe Instanz nachgelassen ist, und der im Sinn des § 77 ernannte Vertreter hat nicht die Befugnisse eines Prozeßbevollmächtigten im allgemeinen, sondern nur diejenigen Befugnisse, welche ihm durch die Substitutionsvollmacht für dieselbe Instanz, wofür sein Substituent bestellt ist, speziell übertragen worden sind. Am wenigsten ermächtigt die Substitution zur Vertretung bei einem gar nicht mehr zur Instanz gehörigen Akt, und die im § 164 der C.P.O. angeordnete eventuelle Zustellung des die Einlegung eines Rechtsmittels enthaltenden Schriftsatzes an den Prozeßbevollmächtigten der zunächst nachgeordneten Instanz betrifft nicht einen Akt der letzteren, vielmehr einen Akt der höheren Instanz. Durch den § 164 ist die gedachte Zustellung nicht etwa zu einem Akte der schon erledigten Instanz gemacht, sondern es ist aus Gründen der Zweckmäßigkeit, weil in der Regel ein Bevollmächtigter der höheren Instanz zur Zeit nicht vorhanden ist, dem der vorhergehenden Instanz eine Funktion zugewiesen, welche die höhere Instanz einleitet und zu dieser gehört, und gerade deshalb, weil diese Funktion nicht zu den Befugnissen des nach § 77 bestellten Vertreters gerechnet werden kann, ist der § 164 dahin aufzufassen, daß die Zustellung nur an den Prozeßbevollmächtigten der vorigen Instanz, nicht auch an den von diesem bestellten Vertreter erfolgen darf."

280. **Das Armenrecht darf nur bei zweifelloser Aussichtslosigkeit der Rechtsverfolgung versagt werden** (§§ 106, 109 der C.P.O.). Beschluß des I. Civilsenats vom 4. März 1885 in Sachen A. H. zu K., Klägers und Beschwerdeführers, wider M. R. zu K., Beklagten. Vorinstanz: O.L.G. Posen. Aufhebung.

„Wenn es zur Versagung des Armenrechtes genügte, daß die beabsichtigte Rechtsverfolgung nicht gerade aussichtsvoll erschiene — wie das O.L.G. sich in zweien seiner früheren abschlägigen Bescheide ausgedrückt hat —, so würde das R.G. kein Bedenken tragen, die jetzige Beschwerde zu verwerfen, da aber die Aussichtslosigkeit außer allem Zweifel liegen muß, wenn das Armenrecht verweigert werden soll" (vgl. Annalen Bd. III S. 628; Entsch. Bd. IV S. 477), „so war der angefochtene Beschluß aufzuheben und das Armenrecht zu bewilligen."

281. **Die Einrede der mangelnden Parteifähigkeit ist keine prozeßhindernde. Enge Auslegung des § 247 der C.P.O.** (§§ 19, 157, 50, 247 der C.P.O.). Urth. des II. Civilsenats vom 24. März 1885 in Sachen des F. Sch.er'schen Bankvereins in Liqu. zu L., Beklagten und Revisionsklägerin, wider v. F. und Gen. zu L., Kläger und Revisionsbeklagte. Vorinstanzen: L.G. Leipzig, O.L.G. Dresden. Aufhebung des Urtheils des O.L.G.; Verwerfung der Berufung gegen das Zwischenurtheil des L.G. als unzulässig.

Der Kläger v. F. und Gen. haben bei dem L.G. Leipzig gegen die Kommanditgesellschaft auf Aktien, in Firma F. Sch.er'scher Bankverein in Liqu., Klage erhoben auf Zurückgewähr von 4200 ℳ, 9000 ℳ und 7200 ℳ, welche sie nach ihrer Behauptung bei der Zeichnung von Aktien der durch die Beklagte errichteten Aktiengesellschaft Vereinigte Bischweiler Tuchfabriken eingezahlt hatten. Von den Liquidatoren der Beklagten ist der Klage die Einrede der Verjährung und außerdem die Behauptung entgegengestellt worden, daß das Vermögen der Beklagten vertheilt und die Liquidation beendet sei, somit die beklagte Gesellschaft nicht mehr bestehe. Das L.G. verhandelte zunächst über beide Einreden und verkündete am 13. August 1883 ein Zwischenurtheil, in welchem dieselben zurückgewiesen wurden. Das Urtheil bezeichnet die zweite Einrede als die „Einrede, daß die beklagte Gesellschaft Gerichtsfähigkeit nicht mehr besitze." In den Gründen ist bemerkt: „Dabei handele es sich um die Prüfung des Vorhandenseins einer wesentlichen Prozeßvoraussetzung, nämlich um die Feststellung, ob das von dem Kläger in Anspruch genommene Rechtssubjekt überhaupt existire." Die Beklagte legte gegen das Zwischenurtheil Berufung ein. Sie beantragte, die Klage (auf Grund der zweiten Einrede) abzuweisen. Das O.L.G. Dresden verwarf die Berufung als unbegründet. Die Urtheilsgründe erörtern vorerst die Zulässigkeit der Berufung. Hierüber wird folgendes gesagt: Es war von Amtswegen zu untersuchen, ob die Einrede der Beklagten, auf welche sich die Berufung bezieht, eine prozeßhindernde im Sinne von § 247 der C.P.O. ist. Man hat dies auf Grund der Bestimmung unter 6 bejaht. Danach soll die Einrede der mangelnden gesetzlichen Vertretung als prozeßhindernde behandelt werden. Denn was auf Seiten der Beklagten vorgebracht worden ist, um die Unstatthaftigkeit einer gegen den Bankverein als solchen zu erhebenden Klage darzuthun, kommt darauf hinaus, daß eine gemeinsame gesetzliche Vertretung für die seiner Zeit zur Bildung dieser Gesellschaft zusammengetretenen Personen dermalen, nach Auflösung der Gesellschaft und begonnener, auch nahezu durchgeführter Vertheilung des Gesellschaftsvermögens, nicht mehr existire, daß auf Seiten der Liquidatoren eine Berechtigung, die Gesellschaft ferner zu vertreten, nicht bestehe. Die Beklagte hat gegen das Berufungsurtheil Revision eingelegt.

„Der Klage war die Einrede entgegengesetzt worden, daß die beklagte Gesellschaft nicht mehr bestehe, da ihr Vermögen vertheilt und die Liquidation zu Ende geführt sei. Allerdings betrifft die Einrede, wie die erste Instanz mit Recht hervorhebt, eine Prozeßvoraussetzung, indessen nicht eine solche, wie sie in § 247 der C.P.O. bezeichnet ist. Lediglich die Parteifähigkeit der Beklagten wird damit in Abrede gestellt, von der ersten Instanz minder genau „Gerichtsfähigkeit" genannt. Unter Parteifähigkeit ist die Fähigkeit zu verstehen, Rechte und Pflichten zu haben, in einem Rechtsstreite zu klagen oder verklagt zu werden. Sie entspricht der Rechtssubjektivität, ist ein nach dem bürgerlichen Rechte zu beurtheilender Zustand und muß von der Prozeßfähigkeit wohl unterschieden werden. Die C.P.O. berührt, abgesehen von den Vorschriften der §§ 19 und 157 Abs. 2, die Parteifähigkeit nicht, enthält jedoch eingehende Bestimmungen über die Prozeßfähigkeit (§ 50 f.). Hierunter wird die Fähigkeit begriffen, vor Gericht zu stehen, nämlich einen Prozeß selbst zu führen oder durch einen Bevollmächtigten führen zu lassen (Motive zu § 50 f. S. 73). Diese Fähigkeit aber ist blos bei dem vorhanden, welcher sich durch Verträge verpflichten kann (§ 51 der C.P.O.); sie setzt also die Parteifähigkeit voraus. Parteifähigkeit besitzt jede prozeßfähige Person; dagegen ist nicht jede parteifähige Person auch prozeßfähig. (Vergl. hierzu Wach, Vorträge über die C.P.O. S. 59 ff.; Fitting, Der Reichscivilprozeß § 21 S. 60 f., IV. Aufl.; Seuffert, Die C.P.O. S. 60, 2. Aufl.; Petersen, Die C.P.O. S. 84, 2. Aufl.; von Wilmowski und Levy, Die C.P.O. S. 74, 3. Aufl.; Barazetti, Zur Lehre von der Prozeßfähigkeit, Heidelberg 1885, S. 3 und 5.)

Die Einrede der mangelnden Prozeßfähigkeit liegt somit nicht vor, und ebensowenig die — von der vorigen Instanz unterstellte — Einrede der mangelnden gesetzlichen Vertretung. An der gesetzlichen Vertretung würde es der beklagten Gesellschaft nicht fehlen, wenn sie noch bestände und parteifähig wäre. Bestände sie dagegen nicht mehr, so würde auch eine gesetzliche Vertretung unmöglich sein, und von „mangelnder gesetzlicher Vertretung" kann doch nur da gesprochen werden, wo an sich die Möglichkeit einer gesetzlichen Vertretung gegeben ist. Nicht die Vertretung ist es, die der Beklagten abgehen soll, sondern die Persönlichkeit, die Füglichkeit, weiter noch verklagt zu werden. Hiernach fällt die fragliche Einrede überhaupt nicht unter den § 247 der C. P. O. Die Einrede der mangelnden Parteifähigkeit zählt nicht mit zu den prozeßhindernden Einreden, und der § 247 ist nach der Bestimmung des zweiten Satzes: „Als solche Einreden sind nur anzusehen ꝛc." eng auszulegen. Darum kann auch die Bestimmung des § 248 Abs. 2 nicht zur Anwendung kommen. Das erstinstanzliche Zwischenurtheil hat, soweit es die Einrede verwirft, in Betreff der Rechtsmittel nicht als Endurtheil zu gelten, gehört vielmehr zu den Entscheidungen, welche nur mit dem wirklichen Endurtheile der Anfechtung unterliegen (§§ 275, 473 der C. P. O.). Daher war die Berufung gegen das Zwischenurtheil der ersten Instanz für unzulässig zu erachten."

282. **Revisionssumme bei Revision gegen ein Theilurtheil: nach dem Beschwerdegegenstand zu bemessen** (§§ 273, 645, 508 der C. P. O.). Urth. des III. Civilsenats vom 3. März 1885 in Sachen B. zu U., Klägers und Revisionsklägers, wider die verw. B. u. Gen. zu L., Beklagte und Revisionsbeklagte. Vorinstanz: O.L.G. Celle. Verwerfung.

„Da der Werth der Beschwerde wegen der Zinsen für die drei Darlehen von zusammen 1809 Mark bei weitem nicht die Revisionssumme erreicht, so würde die Revision nur dann gegen das diesen Anspruch behandelnde zweite Urtheil zulässig sein, wenn es statthaft wäre, den Streitwerth beider Urtheile und den damit im vorliegenden Falle zusammentreffenden Werth der gegen beide Urtheile erhobenen Beschwerden zusammenzurechnen. Dies erscheint aber unzulässig. Es liegen zwei selbständige Urtheile vor, welche im Verhältniß zu dem noch ausstehenden Endurtheil als Theilurtheile aufzufassen sind. Es kann nicht zweifelhaft sein, daß im allgemeinen die Zulässigkeit der Revision gegen ein Theilurtheil dadurch bedingt ist, daß der Werth des Beschwerdegegenstandes die Revisionssumme erreicht. Auch ist es unzulässig, den Werth eines etwa bereits früher in diesem Prozesse ergangenen Theilurtheils oder denjenigen des noch ausstehenden

Endurtheils für die Berechnung der Revisionssumme mit heranzuziehen, da für die Berechnung dieser Summe nicht der Werth des Streitgegenstandes, sondern der Werth des Beschwerdegegenstandes maßgebend ist (§ 508 der C.P.O.). Hieraus entspringt zwar der Uebelstand, daß durch die Erlassung eines Theilurtheils für eine Partei das Rechtsmittel der Revision verloren gehen kann, welches ihr zugestanden haben würde, wenn über den gesammten Anspruch oder über die mehreren in Einer Klage erhobenen Ansprüche in einem und demselben Urtheile erkannt wäre. Allein dieser Uebelstand, welcher als solcher auch in der Reichstags-Kommission erkannt wurde (vergl. die Protokolle der Kommission S. 95—97, 616—618, 621, 706, 707), ist die unvermeidliche Konsequenz einerseits des Grundsatzes, daß das Theilurtheil seiner rechtlichen Natur nach ein Endurtheil ist (§ 273 der C.P.O.), andrerseits der Bestimmung, daß die Zulässigkeit der Revision, von hier nicht in Betracht kommenden Ausnahmen abgesehen, durch einen bestimmten Werth des Beschwerdegegenstandes bedingt ist. Hieraus ergiebt sich aber auch als weitere Folge, daß ein Theilurtheil, welches über einen die Revisionssumme nicht erreichenden Streitgegenstand entschieden hat, alsbald in Rechtskraft übergeht. Die Rechtskraft eines Urtheils wird nur durch den Lauf der für die Einlegung eines zulässigen Rechtsmittels oder des zulässigen Einspruchs bestimmten Frist gehemmt (§ 645 der C.P.O.). Ist ein Rechtsmittel (bezw. ein Einspruch) gegen ein Urtheil nicht zulässig, so tritt die Rechtskraft des Urtheils mit der Verkündigung desselben ein. Zulässig ist die Revision aber dann nicht, wenn der Streitgegenstand, auf welchen sich das in Frage stehende Urtheil des Oberlandesgerichts bezieht, die Revisionssumme nicht erreicht, da der Werth des Beschwerdegegenstandes den Werth des Streitgegenstandes nicht übersteigen kann."

283. **Ungültigkeit der von Amtswegen bewirkten Zustellung eines die Ehescheidungsklage abweisenden Urtheils** (§§ 288, 582, 477 der C.P.O.). **Unzulässigkeit des Verzichts der Partei auf das ihr in § 288 eingeräumte Recht, den Prozeßbetrieb selbst zu handhaben.** Urth. des III. Civilsenats vom 27. Februar 1885 in Sachen O. D. zu E., Klägers und Revisionsklägers, wider uxorem das., Beklagte und Revisionsbeklagte. Vorinstanz: O.L.G. Jena. Verwerfung.

„Wenn der § 477 i. f. der C.P.O. die Einlegung der Berufung vor Zustellung des Urtheils für wirkungslos erklärt, so hat er dabei selbstverständlich eine Zustellung im Auge, wie sie den gesetzlichen Vorschriften entspricht. Daß vorliegenden Falles aber die von Amtswegen erfolgte Zustellung des die Ehescheidungsklage zurückweisenden erstinstanzlichen Urtheils den Vorschriften der §§ 288, 582 der C. P. O. nicht entspricht, kann keinem Zweifel unterliegen und ist auch vom Revisionskläger anerkannt worden. Die Zustellung des Urtheils war daher überhaupt nicht als erfolgt anzusehen, die Einlegung der Berufung gegen dasselbe mithin wirkungslos. Es kann daher nur in Frage kommen, ob der Berufungsbeklagte die Formwidrigkeit der Zustellung geltend machen kann, um die Zulässigkeit der Berufung selbst anzufechten, nachdem er in der nächstfolgenden Berufungsverhandlung unterlassen hatte, sie zu rügen (§ 267). Dies war aber anzunehmen, weil es sich um die Verletzung einer Vorschrift handelt, auf deren Verfolgung die Partei nicht wirksam verzichten kann. Denn wenn auch keineswegs jede die Formen der Zustellung, insonderheit deren Ort, Zeit, Beurkundung ꝛc. betreffende Vorschrift der Disposition der Parteien dergestalt entzogen ist, daß ihre Verletzung nicht durch den Verzicht auf ihre Rüge geheilt werden könnte, so muß dies doch von der im § 288 getroffenen Bestimmung gelten, daß die Zustellung des Urtheils (nicht von Amtswegen, sondern) auf Betreiben der Partei zu erfolgen hat. Denn damit wird nicht eine einzelne, auf die Sicherheit, Zweckmäßigkeit oder Leichtigkeit der Zustellung abzielende Förmlichkeit angeordnet, sondern eine Norm aufgestellt, in der im unlösbaren Zusammenhang mit andern Bestimmungen die allgemeinen Prinzipien Gestalt gewinnen, nach welchem der Richter einerseits und die Parteien andrerseits bei der Fortbewegung des Prozesses thätig werden sollen. Ueber die Beobachtung oder Nichtbeobachtung solcher fundamentaler Grundsätze kann den Parteien aber eine Disposition nicht zugestanden, noch der Richter an solche gebunden werden, wenn die ihm von Amtswegen obliegende Prüfung der Zulässigkeit eines Rechtsmittels von der rechtlichen Wirksamkeit einer Zustellung abhängt."

284. Begriff der „Thatsachen" im Sinne des § 410 der C. P. O. Urth. des III. Civilsenats vom 20. März 1885 in Sachen der verehel. R. zu H., Beklagten und Revisionsklägerin, wider die unverehel. R. zu L., Klägerin und Revisionsbeklagte. Vorinstanz: O. L. G. Celle. Aufhebung, auf Anschlußrevision der Klägerin, und Zurückverweisung.

„Die Klägerin und Revisionsbeklagte rügt mit Recht, daß der Eid, wie er in dem angefochtenen Urtheile normirt worden, gegen die Vorschriften des § 410 der C. P. O. verstößt. Die Eideszuschiebung ist danach *nur* zulässig über *Thatsachen*, welche in Handlungen des Gegners, seiner Rechtsvorgänger ꝛc. bestehen oder welche Gegenstand der Wahrnehmung dieser Personen gewesen sind. Wenn aber die

Klägerin nach dem angefochtenen Urtheile schwören soll, daß sie die Ueberzeugung nicht erlangt habe, daß bei Errichtung des gemeinschaftlichen letzten Willens vom 24. Juni 1869 der Beklagten und ihres Ehemannes beiderseitige vertragsmäßige Absicht zum gegenseitigen Ausdrucke gekommen sei, daß eine einseitige Abänderung des gedachten letzten Willens ausgeschlossen sein solle, so handelt es sich nicht um die Feststellung einer Thatsache, sondern die Klägerin hat zu beurtheilen, ob in gewissen Erklärungen der Eheleute R. oder in sonstigen Thatsachen die Voraussetzungen eines Vertrages enthalten seien. Ein solches Urtheil kann aber nicht dem Schwörenden überlassen bleiben, sondern es ist Sache des Richters, zu beurtheilen, ob in gewissen Erklärungen oder in sonstigen Thatsachen der ausdrückliche oder stillschweigende Abschluß eines Vertrages enthalten ist, und diese für relevant erachteten Erklärungen oder Thatsachen in die Eidesformel aufzunehmen."

285. Begriff des „Vertreters" im Sinne von § 410 der C. P. O. Urth. des III. Civilsenats vom 10. März 1885 in Sachen der H.'schen Gummi-Kamm-Kompagnie zu H., Beklagten und Revisionsklägerin, wider A. K. das., Kläger und Revisionsbeklagten. Vorinstanz: O. L. G. Celle. Verwerfung.

Das B. G. hat den vom Kläger über seine für relevant erachteten Behauptungen, daß der Werkführer C. es unterlassen habe, ihn, den Kläger, als er die ihm aufgetragene Arbeit bei dem Holländer begonnen habe, mit einer genügenden Instruktion über die Bedienung der Maschine zu versehen und insbesondere ihn auf die große Gefahr aufmerksam zu machen, welche mit dem Abreißen des Gummis von den Walzen mit der Hand verbunden sei, und ihm ein solches zu verbieten, daß ferner C., wenn er wahrgenommen, daß die Arbeiter, welche vor dem Kläger den Holländer bedient haben, und der Kläger selbst das Gummi häufig mit der Hand von den Walzen bei gehendem Werke abgerissen haben, dieses nicht verboten, sondern ruhig habe geschehen lassen, sogar die Arbeiter, welche die Trommel vor dem Abreißen des Gummis still gestellt haben, dieserhalb getadelt habe, angetretenen Zeugenbeweis für verfehlt angesehen und auf den eventuell der Beklagten über diese Behauptungen zugeschobenen Eid erkannt. Es erachtet diese Eideszuschiebung für zulässig, indem es unter Bezugnahme auf die Motive zur C. P. O. davon ausgeht, daß ein „Vertreter" im Sinne des § 410 der C. P. O. „derjenige sei, für dessen Handlungen die Partei haftet", und daß hierzu auch diejenigen Personen zu rechnen seien, für deren Verschulden der Fabrikbesitzer nach § 2 des Reichs-Haftpflichtgesetzes vom 7. Juni 1871 haftet.

„Diese Auffassung der Vorschrift in § 410 der C. P. O., wonach die Eideszuschiebung nur über Thatsachen zulässig ist, welche in Handlungen des Gegners, seiner Rechtsvorgänger oder Vertreter bestehen oder welche Gegenstand der Wahrnehmungen dieser Personen gewesen sind, greift die Revisionsklägerin mit Recht an, indem der

Begriff „des Vertreters" verkannt ist. Die Bedeutung der Ausdrücke „Rechtsvorgänger und Vertreter" ist, wie auch in den Motiven hervorgehoben wird, nach den Vorschriften des bürgerlichen Rechts zu beurtheilen. Wenn dann aber weiter in den Motiven bemerkt wird: „unter Vertreter ist derjenige zu verstehen, für dessen Handlungen die Partei haftet", so kann dieses für zutreffend nicht erachtet werden, da keineswegs nach den Grundsätzen des bürgerlichen Rechts jeder, für dessen Handlungen ein Dritter nach dem bürgerlichen Rechte haftet, als dessen Vertreter angesehen werden kann. Unter einem Vertreter im Sinne des § 410 cit. sind vielmehr nur, aber auch alle die Personen zu verstehen, welche im Namen der Partei oder für die Partei gehandelt haben, so daß dieselbe deren Handlungen als die ihrigen gelten läßt oder gelten lassen muß. Die weitergehende Auffassung des Wortes „Vertreter", von welcher der B.R. und die Motive ausgehen, steht nicht allein nicht in Einklang mit dem Sprachgebrauche und mit den Grundsätzen des bürgerlichen Rechts, sondern widerspricht auch dem Zwecke, welchen der Gesetzgeber bei Erlaß der Vorschriften über die Eideszuschiebung in § 410 der C.P.O. verfolgt hat, indem das Gebiet der Eideszuschiebung über facta aliena erheblich erweitert wird, während man mit Rücksicht auf die üblen Erfahrungen, welche man mit der Zulässigkeit der Eideszuschiebung über facta aliena gemacht hatte, die Eideszuschiebung über diese, soweit wie irgend thunlich, beschränken wollte.

Allein auch unter Zugrundelegung dieser engeren Auffassung des Begriffs „Vertreter" erscheint die Entscheidung des B.G., daß die Eideszuschiebung an die Beklagte über die hervorgehobenen Handlungen bezw. Unterlassungen ihres Werkführers C. zulässig sei, zutreffend. Nach dem zwischen der Beklagten und den in ihrer Fabrik beschäftigten Arbeitern bestehenden Dienstmiethvertrage war sie verpflichtet, für eine gehörige Leitung des Betriebes und Beaufsichtigung der Arbeiter behufs thunlichster Verhütung der durch den Fabrikbetrieb für Leben und Gesundheit der Arbeiter entstehenden Gefahren zu sorgen. Uebertrug sie, wie der B.R. feststellt, diese Leitung des Betriebes und die Beaufsichtigung der Arbeiter für einen Theil des Fabrikbetriebes dem Werkführer C., so mußte sie die von diesem innerhalb des ihm aufgetragenen Geschäftsbetriebes vorgenommenen Handlungen bezw. Unterlassungen für sich gelten lassen: C. war, wie der B.R. mit Recht annimmt, innerhalb der ihm von der Beklagten aufgetragenen Dienstverrichtungen deren Vertreter."

286. **Behandlung des vorgeschobenen Indossatars als Rechtsnachfolger des Indossanten** (im Sinne des § 410 der C. P. O.). S. o. Fall 269 sub 3 S. 440.

287. **Zulässigkeit der eventuellen Anschlußberufung** (§§ 483, 476, 487, 499 der C. P. O.). Urth. des III. Civilsenats vom 17. März 1885 in Sachen des Vorschußvereins zu C., Klägers und Revisionsklägers, wider P. Sch. daselbst, Beklagten und Revisionsbeklagten. Vorinstanz: O. L. G. Jena. Aufhebung und Zurückverweisung auf Anschlußrevision des Revisionsbeklagten.

Das B. G. hat, unter Hinweis auf eine früher von ihm abgegebene, in den Blättern für Rechtspflege in Thüringen N. F. Bd. XI Heft 2 S. 125 veröffentlichte gleiche Entscheidung, die vom Beklagten nur eventuell d. h. nur für den Fall, daß dem prinzipalen Antrage auf Zurückweisung der Berufung keine Folge gegeben werde, erhobene Anschlußberufung für unzuläßig erklärt. In der allegirten Entscheidung wird ausgeführt, daß die Anschlußberufung, abgesehen von ihrer bedingungsweise vorhandenen Abhängigkeit von der Berufung (§ 483 Abs. 1 der C. P. O.), denselben Grundsätzen unterliege wie die Berufung selbst, und daß, so wenig wie die Berufung, so wenig auch die Anschlußberufung an eine Bedingung geknüpft werden könne. Die Zufügung einer Bedingung sei vielmehr nur in dem Sinne möglich, daß mit dem Prozeßschritt der Einlegung der Berufung zugleich die Erklärung eines bedingten Verzichtes auf dessen Rechtsfolgen verbunden werde. Hieraus folge, daß nur die Zufügung einer solchen Bedingung zuläßig erscheinen könne, deren Eintritt oder Nichteintritt sich innerhalb derjenigen Zeit entscheide, innerhalb deren überhaupt die einseitige Zurücknahme des eingelegten Rechtsmittels zuläßig sei, d. h. einer solchen Bedingung, deren Eintritt oder Nichteintritt vor der mündlichen Verhandlung (des Gegners) gewiß sei (§ 476 der C. P. O.).

„Mit Recht erachtet der Revisionsbeklagte, welcher sich im Wege der Anschlußrevision darüber beschwert hat, daß die eventuelle Anschlußberufung für unzuläßig erklärt ist, diese Ausführung für rechtsirrthümlich. Abgesehen davon, daß es überhaupt bedenklich erscheint, von der an eine bestimmte Form und Frist gebundenen Berufung auf die in dieser Beziehung völlig frei gestaltete Anschlußberufung zurückzuschließen, würden die auf die Vorschriften der C. P. O. über die Zuläßigkeit einer Zurücknahme der Berufung gestützten Erwägungen des B. G. doch immer nur dahin führen können, in dem Falle, wo die Zurücknahme der Berufung an eine Bedingung geknüpft ist, deren Eintritt oder Nichteintritt sich erst nach dem im § 476 der C. P. O. bestimmten Zeitpunkt entscheidet, die Zurücknahme, nicht aber die Einlegung der Berufung selbst für unzuläßig zu erklären. Die Vorschriften über die Zurücknahme der Berufung lassen sich aber überhaupt nicht für die Entscheidung der vorliegenden Frage verwerthen. Die in dieser Beziehung im § 476 der C. P. O. dem Berufungskläger gezogenen Schranken bezwecken lediglich, das Recht des

Berufungsbeklagten auf Anschlußberufung nicht zu verkümmern; sie hindern aber den Berufungskläger nicht, die bei der Berufung gestellten Anträge auch noch im weiteren Verlaufe der mündlichen Verhandlung ganz oder theilweise, unbedingt oder bedingt zurückzunehmen. Da die Entscheidung des B.G. sich innerhalb der durch die Anträge bestimmten Grenzen zu bewegen hat (§§ 487, 499 der C.P.O.) und die Stellung eventueller d. h. solcher Anträge, welche nur unter der Bedingung gestellt werden, daß dem prinzipalen Antrage nicht stattgegeben werde, unzweifelhaft zulässig erscheint, so ist es unerfindlich, weshalb der Berufungsbeklagte behindert sein sollte, principaliter die Verwerfung der Berufung und eventualiter den Antrag auf Abänderung des angefochtenen Urtheils zu seinen Gunsten zu stellen, nachdem er durch die Erklärung, sich der gegnerischen Berufung anschließen zu wollen, sich die prozessuale Möglichkeit eines solchen Antrages verschafft hat. Ein derartiger eventueller Antrag enthält nichts, was gegen die Vorschriften der C.P.O. verstößt; die Rechte des Berufungsklägers werden dadurch nicht beeinträchtigt, und das B.G. ist zu der Zeit, wo es die Entscheidung zu treffen hat, in der Lage, vollständig übersehen zu können, ob die Eventualität, für welche der im Wege der Anschlußberufung gestellte Antrag geltend gemacht wird, eingetreten ist oder nicht. Wenn der prinzipale Antrag auf Verwerfung der Berufung für durchgreifend erachtet wird, entfällt damit die Nothwendigkeit der Prüfung des eventuellen Antrages; umgekehrt aber ist diese Nothwendigkeit alsbald gegeben, wenn das B.G. die Beschwerde des Berufungsklägers für begründet ansieht. Die vom B.G. adoptirte Auffassung würde ohne zwingenden Grund die Interessen des Berufungsbeklagten schädigen; denn nicht selten wird eine Prozeßpartei — und zwar namentlich dann, wenn die Entscheidung des Prozesses von einem ihr auferlegten Eide abhängig gemacht ist, den sie mit gutem Gewissen glaubt leisten zu können — in erster Linie wünschen müssen, daß ein Urtheil erster Instanz, ungeachtet es sie vielleicht beschwert, aufrecht erhalten werde, weil sie dadurch die Gewißheit erlangt, daß sie den Prozeß endgültig gewinnen wird, während sie an der Rüge der vielleicht vorliegenden formellen oder materiellen Verstöße, weil möglicher Weise zu weiteren Beweiserhebungen führend, nur unter der Voraussetzung, daß die Berufung des Gegners für begründet erklärt wird, ein Interesse hat. Diese Auffassung des Gesetzes entspricht auch dem Zwecke, welchen der Gesetzgeber bei Erlaß der die Anschließung in weitgehendem Umfange zulassenden Vorschriften verfolgte: überflüssige Rechtsmittel soviel wie thunlich zu vermeiden. Erwägungen dieser Art haben denn auch im Geltungsgebiet der bürgerlichen Prozeßordnung in Hannover, in welcher die Anschlußberufung in demselben Umfange wie nach dem System der Civilprozeßordnung zugelassen war, dahin geführt, daß sowohl die Theorie als die Praxis eine eventuelle Anschlußberufung in dem oben erörterten Sinne für zulässig erachtet haben." (Vergl. Leonhardt, Die Lehre von der Berufung S. 75 und v. Düring, Praktische Erörterungen, im Hannoverschen Magazin Bd. IV S. 357.)

288. **Pflichten des Berufungsrichters** (§§ 487, 499, 574 der C. P. O.), **wenn in erster Instanz mehrere Ehescheidungsgründe behauptet waren und nur wegen eines derselben geschieden worden ist** (ohne daß natürlich der obsiegende Kläger dagegen Berufung einlegte). Urth. des II. Civilsenats vom 7. März 1885 in Sachen J. B. in M., Klägers und Revisionsklägers, wider uxorem das., Beklagte und Revisionsbeklagte. Vorinstanz: O. L. G. Karlsruhe. Aufhebung und Zurückverweisung.

Der Kläger hat gegen seine Ehefrau Klage auf Ehescheidung erhoben, welche er auf Ehebruch und grobe Verunglimpfung stützte. Das L. G. Mannheim hat die Ehe wegen des von der Beklagten begangenen Ehebruches für geschieden erklärt. Das L. G. hat in den Gründen ausgeführt, daß der Ehebruch der Beklagten erwiesen sei. Diese hat Berufung eingelegt, die Abweisung der Klage begehrt und für den Fall, daß diesem Begehren nicht entsprochen würde, Widerklage mit dem Antrage erhoben, die Ehe sei wegen Verschuldens des Klägers — wofür schon im ersten Rechtszuge Thatsachen behauptet und Beweise angeboten waren — zu scheiden. Kläger hat geltend gemacht, daß durch die Ergebnisse der Erhebungen in erster Instanz der Ehebruch der Beklagten als erwiesen zu erachten sei, daß die erwiesenen Thatsachen jedenfalls als grobe Verunglimpfungen zu betrachten seien, und den Antrag gestellt, die Berufung zu verwerfen und die Widerklage abzuweisen. Das O. L. G. hat abändernd erkannt, die erhobene Klage abgewiesen und den Kläger zur Bezahlung einer Unterhaltsrente an die Beklagte und eines Kostenvorschusses an ihren zweitinstanzlichen Anwalt verurtheilt. Die Gründe führen aus, daß ein Ehebruch der Beklagten nicht bewiesen sei, daß ihr aber überhaupt vorgeworfen werden könne, daß sie in ihrem Verhältnisse mit dem Manne, in Bezug auf welchen sie des Ehebruches beschuldigt wird, nicht diejenige Zurückhaltung bewiesen habe, die ihr zur Wahrung ihres unbescholtenen Rufes als getrennt lebender Ehefrau angestanden hätte. Unter Umständen hätte in ihrem Benehmen eine grobe Verunglimpfung gegen ihren Ehemann gefunden werden können, welche, sofern nicht des Letzteren eigenes Verhalten gegen die Frau oder dessen eigenes zügelloses Leben jenes Benehmen der Frau wenigstens einigermaßen entschuldbar erscheinen lassen könnte, als selbständiger Klagegrund hätte geltend gemacht werden können; allein — so wird weiter gesagt — obgleich in erster Instanz beide Klagegründe des Ehebruches und der groben Verunglimpfung kumulativ geltend gemacht worden, so bedürfe es hier doch keines weiteren Eingehens auf die groben Verunglimpfungen, weil das Gericht erster Instanz nur den angeblichen Ehebruch zum Gegenstande seiner Entscheidung gemacht und der Kläger dagegen weder selbständig Berufung eingelegt, noch sich des Rechtes der Anschließung bedient habe.

„Das B.G. verkennt nicht, daß die beiden Klagegründe des Ehebruches und der groben Verunglimpfung, wie in erster Instanz geschehen war, kumulativ geltend gemacht werden können, und aus dem Thatbestande zum zweitinstanzlichen Urtheile ergiebt sich, daß der Kläger ausdrücklich behauptet hat, daß die erwiesenen Thatsachen jedenfalls als grobe Verunglimpfung gegen den Ehemann angesehen werden müßten. Die Prüfung derselben nach dieser Richtung wurde jedoch unterlassen, weil das Urtheil erster Instanz die Ehescheidung nur auf Grund des Ehebruches ausgesprochen und Kläger weder selbst Berufung eingelegt, noch sich der Anschließung bedient habe. Dabei ist aber übersehen, daß der Kläger, welcher mit seinem Antrage auf Ehescheidung obgesiegt, überhaupt keinen Anlaß zu einer Beschwerde hatte und ein nur gegen die Gründe des Urtheils eingelegtes Rechtsmittel unstatthaft gewesen wäre. Es war vielmehr nach §§ 487, 499 der C.P.O. die Aufgabe des Berufungsgerichts, über alle, den seiner Beurtheilung unterstellten Antrag betreffenden Streitpunkte selbst dann zu verhandeln und zu entscheiden, wenn in erster Instanz darüber noch nicht verhandelt und entschieden war. Der Kläger hätte sogar gemäß § 574 der C.P.O." (vergl. Annalen Bd. VII S. 291; Entsch. Bd. VIII S. 350) „die grobe Verunglimpfung im zweiten Rechtszuge als neuen Klagegrund geltend machen können."

289. **Gründe zeitweiliger Trennung der Ehegatten** (§ 580 der C.P.O.). Urth. des III. Civilsenats vom 3. März 1885 in Sachen der verehel. M. zu M., Klägerin, Widerbeklagten und Revisionsklägerin, wider maritum, Beklagten, Widerkläger und Revisionsbeklagten. Vorinstanzen: L.G. und O.L.G. Cassel. Aufhebung des zweiten, Bestätigung des ersten Urtheils.

„Es ist nicht zu bezweifeln, daß eine von einem Ehegatten gegen den anderen vor einer Behörde erhobene falsche Anschuldigung eines Verbrechens den Umständen nach für den angeschuldigten Ehegatten den Antrag auf einstweilige Trennung der Ehe begründen kann. Unrichtig ist ferner die Erwägung, daß die Klägerin nicht mit Anschuldigungen gehört werden könne, wegen welcher der Ehemann der zuständigen Behörde nicht einmal hinreichend verdächtig erschienen sei. Hat die Klägerin, wie geschehen, Beweis angeboten und ist die angeschuldigte That an sich geeignet, die Klage zu begründen, so ist der Umstand, daß die Strafbehörde sich zu einem Einschreiten nicht veranlaßt gesehen hat, kein Grund zur Beweisablehnung. Es ist aber auch unrichtig, wenn der B.R. in der dem Beklagten aus seinem Verhalten gegen seine Mündel vorgeworfenen That aus § 174 des

R.Str.G.B. eine die Klage auf zeitweilige Trennung der Ehe rechtfertigende Thatsache nicht finden will. Gerade Sittlichkeitsvergehen des Ehemannes sind geeignet, bei der Ehefrau eine Erbitterung hervorzurufen, welche zur Zeit das eheliche Zusammenleben als eine unerträgliche Last erscheinen lassen kann. Mehr aber setzt die sep. temporaria nicht voraus, als daß durch einseitige oder gegenseitige Verletzungen die Grundlagen des ehelichen Zusammenlebens in dem Maße erschüttert sind, daß zur Zeit eine innige Lebensgemeinschaft nicht möglich erscheint und erst von der Zeit und der Beruhigung der Gemüther eine Versöhnung erwartet werden kann.

Hiernach war das B.U. aufzuheben. Nach dem feststehenden Sachverhältnisse hat aber auch sofort in der Sache selbst durch Zurückweisung der Berufung des Beklagten erkannt werden können. Es liegt vor, daß die Streittheile im gegenwärtigen Rechtsstreite die schwersten Vorwürfe gegen einander erhoben haben. Während die Klägerin dem Beklagten unzüchtige Handlungen mit seiner Mündel und betrügerischen Bankerott zum Vorwurfe macht, hat dieser mit der Anschuldigung eines Abtreibungsversuches geantwortet und ohne Noth das Ehegeheimniß in schwerer Weise verletzt. Der Beklagte hat nicht anders als die Klägerin selbst die Trennung der Ehe dem Bande nach, eventuell zeitweilige Trennung angestrebt und erst im Verlaufe des Rechtsstreits an Stelle des letzteren Antrages den Antrag auf eheliche Folge gestellt. Ist hiernach auch der Beklagte jetzt zur Versöhnung bereit, so ist doch Klägerin unversöhnt geblieben und das eheliche Zerwürfniß besteht fort. Die Erbitterung der Klägerin erscheint aber auch begründet. Nach den persönlichen Verhältnissen der Streittheile haben die von dem Beklagten erhobenen Vorwürfe die Klägerin tief verletzen müssen; es liegt ferner vor, daß der Beklagte sich mit dem Verkaufspreise für sein Geschäft ohne Bezahlung einer Schuld von 15000 Mark von seinem Wohnorte entfernt hat; auch stellt sich sein Verhalten gegen seine Mündel selbst nach seiner eigenen Darstellung als eine gröbliche Verletzung des Scham- und Sittlichkeitsgefühls dar, welche um so auffallender erscheinen muß, wenn die Lebensstellung des Beklagten in Betracht gezogen wird. Wie diese Thatsachen geeignet sind, das Vertrauen der Klägerin zu dem Beklagten zu untergraben, so erklären sie auch die Erbitterung der Klägerin, und wenn Letztere bei der Behauptung beharrt, daß sie nach dem oben gezeigten Verhalten des Ehemannes und den ihr im Laufe des Prozesses zugefügten Kränkungen die sofortige Fortsetzung des ehelichen Zusammenlebens als eine unerträgliche Last empfinden müsse, so kann ihrer Behauptung ohne gewichtige entgegenstehende

Gründe der Glaube nicht versagt werden. Ist ferner nicht Voraussetzung der sep. temp., daß der klagende Theil seinerseits ohne Schuld an dem Zerwürfnisse sei, so kann dem Antrage der Klägerin auch nicht entgegengehalten werden, daß sie auch ihrerseits durch die Erhebung von Anschuldigungen gefehlt habe. Hiernach ist das Urtheil des L.G. der Sachlage entsprechend. Die ausgesprochene Trennung erscheint geeignet, die Beruhigung und Versöhnung der Gemüther herbeizuführen und damit in der Klägerin dasjenige Vertrauen wiederzuerwecken, dessen sie bedarf, um dem Ehemanne in das Ausland zu folgen."

290. **Wenn der Gerichtsvollzieher eine anfangs gegen § 712 der C.P.O. gepfändete und in Gewahrsam genommene fremde Sache nachträglich auf Grund eines vollstreckbaren Schuldtitels gegen deren wirklichen Eigenthümer pfändet, so bedarf es nur der betr. Erklärung an den Eigenthümer, nicht eines neuen Pfändungsprotokolls** (§§ 682 ff., 727 der C.P.O.). Erk. des V. Civilsenats vom 28. Februar 1885 in Sachen H. O.'s Konkurs in B., Klägers und Revisionsklägers, wider F. R. das., Beklagten und Revisionsbeklagten. Vorinstanz: O.L.G. Posen. Verwerfung.

Der Beklagte erstritt wegen einer Wechselforderung, welche er gegen die Eheleute O. hatte, ein vollstreckbares Urtheil gegen den Ehemann O., ließ am 26. Dezember 1882 auf Grund desselben bewegliche Sachen pfänden und empfing von dem daraus am 2. Januar 1883 mit 1518 ℳ erzielten Versteigerungserlöse nach Absatz von Kosten am 4. desselben Monats 1353,32 ℳ. Der Verwalter des am 6. Januar 1883 gegen die Ehefrau O. eröffneten Konkurses fordert die Summe der 1518 ℳ zurück, weil jene Sachen vorbehaltenes Vermögen der Gemeinschuldnerin gewesen und daher im Zwangsvollstreckungswege gegen ihren allein verurtheilten Ehemann unzulässiger Weise gepfändet seien.

„Wenn die Ehefrau O. dieselben als vorbehaltenes Vermögen besaß, so ist der bezeichnete Anspruch schon nach § 712 der C.P.O. an sich begründet, weil der Gerichtsvollzieher danach nur körperliche Sachen im Gewahrsam des Vollstreckungsschuldners durch Besitzergreifung pfänden kann, eine Pfändung von Sachen, welche dritte Personen besitzen, daher unwirksam ist und den Besitz derselben rechtlich nicht aufzuheben vermag (vergl. Entsch. des Ob.Trib. Bd. LXIX S. 50). Allein der B.R. hält die etwaige Unwirksamkeit der Pfändung vom 26. Dezember 1882 mit Recht für bedeutungslos, weil der Beklagte am 28. desselben Monats wegen seiner Wechselforderung auch einen Arrestbefehl gegen die Ehefrau O. erwirkte, auf Grund dessen der Gerichtsvollzieher der Letztern erklärte, daß er die Pfändung vom 26. Dezember aufrecht erhalte. Denn da der Gerichtsvollzieher die fraglichen Sachen damals thatsächlich im Gewahrsam hatte, so genügte es, um sie zum Zwecke der Pfändung auf Grund des Arrestbefehls mit Rechtswirksamkeit in Besitz zu nehmen, daß er auch der Ehefrau D. seinen hierauf gerichteten Willen (den animus possidendi) zu erkennen gab, wie solches durch die bezeichnete Erklärung geschehen ist. Namentlich bedurfte es dazu nicht der Aufnahme eines neuen Pfändungsprotokolls (§§ 682 f. der C. P. O.), weil die Pfändung nach § 712 daselbst schon durch Besitznahme bewirkt, das heißt wirksam vorgenommen wird, das Pfändungsprotokoll daher an sich nur für den Beweis derselben von Bedeutung ist, die besondere Bestimmung des § 727 der C. P. O. aber auf den vorliegenden Fall keine Anwendung findet, da sie sich nur auf die Anschlußpfändung eines zweiten Gläubigers bezieht."

291. **Maßgebende Grundsätze bei Erwägung der Frage, ob einstweilige Verfügungen zu beanstanden seien** (§§ 796 ff., 819 der C.P.O.). Urth. des II. Civilsenats vom 3. März 1885 in Sachen Verein. Fabriken photogr. Papiere z. D., Klägerin und Revisionsklägerin, wider S. B. zu D., Beklagten und Revisionsbeklagten. Vorinstanz: O.L.G. Dresden. Verwerfung.

„Der Klägerin ist zuzugestehen, daß die Gründe nicht zutreffen, welche das B.G. als ausschlaggebend bezeichnet. Einstweilige Verfügungen können unter Umständen bis zur äußersten Grenze der Zwangsvollstreckung gehen, und die gegenwärtig erbetene Verfügung wegen der Unsicherheit des von der Klägerin erhobenen Anspruches zu beanstanden, ist unstatthaft. Denn die Unsicherheit ergiebt sich hier nicht aus thatsächlichen Verhältnissen, sondern wird nur deshalb angenommen, weil es sich nach der Ansicht des B. G. um eine zweifelhafte Rechtsfrage handelt. Der sofortigen Entscheidung der Rechtsfrage aber, wenn dieselbe überhaupt aufzuwerfen wäre (vergl. § 762 des Sächs. B. G. B.), würde nichts im Wege gestanden haben.

Die vorstehend erwähnten Gründe sind indessen nicht die einzigen, auf denen das angefochtene Urtheil beruht. Zunächst und vor allem ist die beantragte Sicherungsmaßnahme abgeschlagen worden, weil weder Gewalt drohe, noch ein wesentlicher Nachtheil für die Klägerin zu besorgen sei; sie selbst beziehe sich nur auf die Befürchtung erheblicher finanzieller Schäden; diesen könne durch einen Arrestantrag nach §§ 796 ff. der C. P. O. vorgebeugt werden; mithin bestehe schon darum nicht die Nothwendigkeit eines Schutzes durch die beantragte einstweilige Verfügung. Derartige Betrachtungen sind thatsächlichen Inhalts, sofern danach dem Vorgehen des Beklagten die Bedeutung eines die Klägerin wesentlich benachtheiligenden abgesprochen wird. Nach § 819 der C.P.O. hängt die Gewährung einer einstweiligen Verfügung von richterlichem Ermessen ab. Dabei sind die Umstände des Falles zu prüfen; es ist die durch die einstweilige Verfügung abzuwendende Gefahr zu erwägen. Wenn der Richter die Gefahr nicht für so dringend hält, daß die Verfügung geboten erscheint, so bewegt er sich auf thatsächlichem Gebiete."

292. **Das Aufgebotsverfahren findet gegen bekannte Interessenten nicht statt und berührt diese gar nicht** (§§ 823 ff. der C.P.O.). Urth. des I. Civilsenats vom 28. Februar 1885 in Sachen S. und Gen. zu H., Beklagten und Revisionskläger, wider Sch. u. Gen. zu N., Kläger und Revisionsbeklagte. Vorinstanz: O.L.G. Hamburg. Verwerfung.

Was die Einrede des Ausschlusses anlangt, so handelt es sich nur darum, ob das auf das von den Beklagten erlangte Aufgebot vom A.G. zu Hamburg erlassene Ausschlußurtheil an sich auch den Klägern, welche ihre Ansprüche im Aufgebotsverfahren nicht angemeldet hatten, entgegenstehe, obgleich die Kläger den Beklagten als Berechtigte bekannt waren, und ob es daher der Erhebung einer Anfechtungsklage nach Maßgabe der §§ 834, 835 der C.P.O. bedurft habe, um die Wirkung des Ausschlußurtheils den Klägern gegenüber zu beseitigen?

„Diese Frage nun war mit dem B.G. im verneinenden Sinne zu entscheiden. Die C.P.O. hat an der materiellen Bedeutung des Aufgebotsverfahrens und des Ausschlußurtheils nichts ändern, sondern nur das Verfahren selbst in gewissem Grade für das ganze Deutsche Reich gemeinsam regeln wollen. Nun ist zwar der im vorigen Urtheile unter Berufung auf Wetzell, Civilprozeß (Aufl. 2) S. 856, als gemeinrechtlich bezeichnete Satz, daß bekannte Interessenten nicht edictaliter geladen werden sollen, an sich überhaupt nicht dem materiellen Rechte, sondern dem Prozeßrechte zuzurechnen und findet insofern seine nähere Bestimmung dahin, daß bekannte Interessenten eben besonders zu laden sind (vergl. c. 47 in VI. de elect. 1, 6); aber Raum für die Anwendung des letzteren Satzes ist überhaupt nur in den Fällen gegeben, wo es sich darum handelt, durch das Aufgebotsverfahren diejenigen Interessenten zu ermitteln, welche sich zur Geltendmachung ihrer Rechte an einem bestimmten Verfahren (z. B. an einem Konkursverfahren) betheiligen wollen; daneben besteht für die andere Kategorie von Fällen, wo es sich nur darum handelt, durch das Aufgebotsverfahren überhaupt alle in Beziehung auf ein bestimmtes Objekt bestehenden Rechte und Ansprüche Dritter in Erfahrung zu bringen, der weitere Satz, daß die bekannten Interessenten von dem Aufgebotsverfahren gar nicht berührt werden, und dieser

Satz gehört ohne Zweifel dem materiellen Rechte an. Derselbe ist nicht nur vom O.L.G. speziell als in der hamburgischen Rechtsübung feststehend bezeugt, sondern ergiebt sich auch für das Gemeine Recht aus allgemeinen Grundsätzen unter dem Gesichtspunkte der replicatio doli, insofern es ohne Zweifel eine Arglist in sich schließen würde, wenn derjenige, welchem das Aufgebotsverfahren nur Kenntniß von den ihm bis dahin unbekannten Interessenten vermitteln sollte, nun von dem Ausschlußurtheile gegen einen solchen Berechtigten Gebrauch machen wollte, von dem er schon vorher Kunde gehabt hätte. Eben darum ist aber auch in Fällen dieser Art Aufgebot wie Ausschlußurtheil, auch wenn nicht ausdrücklich nur die unbekannten Interessenten als dadurch betroffen darin genannt werden, doch nur von diesen zu verstehen. Hieraus folgt, daß die Anfechtungsklage eines schon bekannt gewesenen Interessenten ganz gegenstandslos sein würde. Auch würde sie unter keinen der in § 834 Abs. 2 der C.P.O. aufgezählten Fälle zu bringen sein, insbesondere auch nicht unter Nr. 1 daselbst, da nicht davon die Rede sein kann, daß hier ein Fall vorläge, in welchem das Gesetz das Aufgebotsverfahren überhaupt nicht zuließe."

9. Gebührenordnung für Rechtsanwälte.

293. **Für die Vertretung bei Leistung eines durch Urtheil auferlegten Eides** (§ 13, 4 der Geb.O.) **kommt die Beweisgebühr** (§ 13, 4) **nicht nochmals zur Erhebung.** Beschluß des II. Civilsenats vom 17. März 1885 in Sachen M. St. zu N., Klägers, wider F. B. und Gen. zu B., Beklagte. Vorinstanzen: L.G. u. O.L.G. Nürnberg. Verwerfung der weiteren Beschwerde des Klägers.

Der Kostenfestsetzungsbeschluß des L.G. Nürnberg hatte dem klägerischen Anwalte zwei Beweisgebühren, die eine für Vertretung im Beweisaufnahmeverfahren, die andere für Vertretung bei Leistung eines durch Urtheil auferlegten Eides, und dementsprechend auch eine zweimalige Erhöhung der Verhandlungsgebühr nach § 17 der Geb.O. für R.Anw. zugebilligt. Auf Beschwerde der Beklagten verfügte das O.L.G. Nürnberg die Streichung der bezüglichen, sich auf je 30 *M* belaufenden Gebühren. Die seitens des Klägers erhobene weitere Beschwerde wurde zur Bescheidung durch Beschluß des Obersten Landesgerichtes für Bayern vom 9. März 1885 dem R.G. überwiesen. Das R.G. erklärt sie nicht für begründet.

„Nach § 25 der Anw.-Geb.O. kann jede der im § 13 benannten Gebühren, also auch die in Ziffer 4 daselbst benannte Beweisgebühr, in jeder Instanz betreffs desselben Streitgegenstandes nur einmal erhoben werden. Wenn in der besagten Ziffer 4 neben dem Beweisaufnahmeverfahren auch noch von der Leistung des durch

Urtheil auferlegten Eides die Rede ist, so geschieht dies nur, um diese Art der Eidesleistung einer Beweisaufnahme gleichzustellen, keineswegs aber in der Absicht, dafür eine besondere (zweite) Beweisgebühr zu begründen. Hieraus ergiebt sich von selbst, daß auch nicht von einer wiederholten Erhöhung (§ 17 a. a. O.) der Verhandlungsgebühr die Rede sein kann." (Annalen Bd. VII S. 585; Entsch. Bd. IX S. 333.)

Gemeines Recht.

294. Voraussetzungen solidarischer Haftbarkeit bei Delikten. Urth. des III. Civilsenats vom 3. März 1885 in Sachen St. zu R., Klägers und Revisionsklägers, wider die Grenzaufseher Fr. und Fu. zu Gr. F., Beklagte und Revisionsbeklagte. Vorinstanz: O.L.G. Celle. Aufhebung und Zurückverweisung.

Der Kläger stützt die solidarische Haftbarkeit der Beklagten für den Schaden, welchen er durch die Verwundung erlitten hat, welche ihm durch einen der von den beiden Beklagten in der Nacht vom 29. November 1881, seiner Behauptung zufolge unter Verletzung der gesetzlichen Vorschriften über den Gebrauch der Schußwaffen, also widerrechtlich, auf ihn abgegebenen Schüsse zugefügt worden, zunächst auf die Behauptung, daß beide Beklagte gemeinschaftlich diese rechtswidrige Handlung ausgeführt haben und daher als Mitthäter haften, und beruft sich eventuell auf die Bestimmungen in l. 11 § 2, l. 51 § 1 Dig. ad leg. Aq. 9, 2. Das B.G. hat die solidarische Haftbarkeit der Beklagten verneint, da eine Mitthäterschaft nicht angenommen werden könne und die Voraussetzungen, unter denen nach den citirten Quellenstellen eine solidarische Haftbarkeit mehrerer Personen für den einem Dritten durch eine zugefügte Körperverletzung entstandenen Schaden eintrete, nicht vorliegen. Der B.R. stellt fest, daß die beiden Beklagten, Grenzaufseher, den Kläger in der fraglichen Nacht auf einem Schmuggelgange betroffen haben, daß jeder derselben einen Schuß auf den Kläger abgefeuert hat und daß nur durch einen dieser Schüsse, ungewiß durch welchen, dem Kläger eine Verwundung zugefügt und in Folge derselben ein Schaden erwachsen sei. Er stellt weiter fest, daß jeder der Beklagten zu gleicher Zeit denselben Erfolg durch eine gleichartige Handlung herbeizuführen unternommen habe und daß jeder von ihnen den Entschluß zu dieser Handlung in Verfolg einer Dienstausübung gefaßt habe, welche beiden gemeinschaftlich gewesen und offenbar einem gemeinschaftlichen Entschlusse entsprungen sei. Der B.R. nimmt eine Mitthäterschaft der Beklagten jedoch nicht an, weil er davon ausgeht, daß dieselbe nur dann vorliegen würde, wenn die Beklagten den gemeinsam gefaßten Entschluß, den Kläger mittels der Schußwaffe rechtswidrig zu tödten oder zu verletzen, durch gemeinsames Handeln derart ausgeführt hätten, daß der Eine auf die Mitwirkung des Anderen für den Erfolg gerechnet habe. Der auf eine Pflichterfüllung gerichtete Entschluß der Beklagten könne aber nicht zugleich als ein Moment in

Anspruch genommen werden, welches ein nur anläßlich dieser Pflichterfüllung entstandenes Delikt zu einem gemeinschaftlich begangenen zu stempeln vermöchte, es hätte vielmehr einer neuen, besonderen Verabredung, auf den Kläger zu schießen, bedurft, welche mit dem beiderseitigen Bewußtsein hätte zu Stande kommen müssen, daß das Schießen ein rechtswidriges sei.

„Diese Ausführungen erscheinen nicht zutreffend, beruhen vielmehr auf einer Verkennung der Voraussetzungen der Mitthäterschaft, welche nach den Feststellungen des B. R. gegeben sind. Wenn beide Beklagte bei gemeinschaftlich beschlossener und ausgeführter Dienstausübung gleichzeitig denselben, später eingetretenen Erfolg durch gleichartige Handlung herbeizuführen unternommen haben, so liegt ein gemeinschaftliches, auf denselben Erfolg gerichtetes Handeln vor. Das thatsächliche Zusammenwirken Beider erscheint nothwendig als ein gewolltes, weil es in unmittelbarer Verbindung mit der auf gemeinschaftlichen Entschluß ausgeführten, auf die Ergreifung des Klägers gerichteten Dienstausübung steht und auf Herbeiführung desselben Erfolges durch gleichzeitiges und gleichartiges Handeln gerichtet gewesen ist. Hiermit ist die Mitthäterschaft für die Körperverletzung des Klägers gegeben, und ist es, nachdem beide Beklagte geschossen haben und der gewollte Erfolg eingetreten ist, ohne Bedeutung, ob beide Schüsse oder nur einer derselben den Kläger getroffen habe. Aus ihrem vorsätzlichen gemeinsamen Handeln haften aber beide Beklagte für den angerichteten Schaden solidarisch, wenn nicht angenommen werden kann, daß sie das Recht zum Gebrauche der Schußwaffen gegen den Kläger gehabt haben."

295. **Erfordernisse der Begründung einer Zahlungseinrede.** Urth. des III. Civilsenats vom 17. März 1885 in Sachen H. K. zu F., Beklagten und Revisionsklägers, wider K. zu W., Kläger und Revisionsbeklagten. Vorinstanz: O. L. G. Celle. Aufhebung und Zurückverweisung.

„Zur Begründung einer Zahlungseinrede ist regelmäßig eine nähere Angabe der Umstände, unter denen die Zahlung stattgefunden, nicht erforderlich; weshalb im vorliegenden Falle zu deren Substantiirung die Angabe, wann, wo und zu welcher Zeit gezahlt worden sei, nothwendig gewesen sein soll, ist nicht ersichtlich. Allerdings hat der Beklagte in seinen Angaben über den Abzug, den er in Betreff der 3000 Mark an der eingeklagten Forderung zu machen sich berechtigt glaubt, geschwankt; allein gerade dieser Umstand hätte den B. R. veranlassen müssen, auf eine klare, unzweideutige Darlegung des Sachverhalts durch den Beklagten hinzuwirken — dies um so gewisser, als der Beklagte nach rechtskräftiger Verurtheilung zur Zahlung der Klagforderung mit einer Einrede nicht mehr gehört werden kann."

296. Voraussetzungen des Regreßrechtes des Bürgen an den Mitbürgen. Urth. des I. Civilsenats vom 18. März 1885 in Sachen L. zu H., Beklagten und Revisionsklägers, wider A. und W. das., Kläger und Revisionsbeklagte. Vorinstanz: O.L.G. Hamburg. Verwerfung.

Die Parteien hatten sich für den von der Volksbank, Eingetr. Genossenschaft, in H. dem Th. H. gewährten Kredit in Höhe von 4500 ℳ solidarisch verbürgt. Nachdem Kläger die Volksbank wegen der dem Th. H. in Höhe von 4490 ℳ geleisteten Vorschüsse nebst 87,43 ℳ Zinsen befriedigt, fordern sie von dem Beklagten Erstattung der Hälfte des von ihnen gezahlten Betrages. Die Vorinstanzen, L.G. und O.L.G. Hamburg, haben verurtheilt. Das B.G. erklärt den Rückgriff der Kläger, welche den Gläubiger als Bürgen befriedigt haben, gegen den Beklagten als Mitbürgen auf Grund eines zwischen den Parteien bestehenden Gemeinschaftsverhältnisses nach dem hierfür maßgebenden Gemeinen Rechte für gerechtfertigt.

„Es unterliegt keinem Zweifel, daß der Bürge, auch wenn er nicht als Cessionar des Gläubigers dessen Forderungsrecht gegen den Mitbürgen hat, aus eigenem Rechte gegen Letzteren Regreß nehmen kann, soweit ein zwischen den Bürgen bestehendes Rechtsverhältniß ihn dazu berechtigt; daß ein solches Rechtsverhältniß in einem Gemeinschaftsverhältniß bestehen kann, welches die Verpflichtung zu gemeinsamer Tragung der durch die Bürgschaft verursachten Unkosten begründet, und daß es hierbei keinen Unterschied macht, ob es sich um eine weiter reichende Gemeinschaft, von welcher die gemeinsame Bürgschaftsübernahme nur einen einzelnen Ausfluß bildet, oder um eine solche handelt, deren alleiniger Gegenstand die Uebernahme der Bürgschaft auf gemeinsame Gefahr ist. Zur Begründung einer Gemeinschaft dieses Inhalts bedarf es *eines Rechtsgeschäfts unter den Bürgen*. Sie entsteht nicht schon dadurch, daß jeder der Bürgen durch Vertrag mit dem Gläubiger die Bürgschaft für dieselbe Schuld übernimmt, auch nicht dadurch, daß jeder Bürge beim Abschlusse dieses Vertrages weiß, daß der andere die gleiche Bürgschaft übernimmt, oder dadurch, daß diese Kenntniß mit Rücksicht auf die gemeinrechtliche Einrede der Theilung — welche übrigens nach Hamburgischem Rechte auch außerhalb Handelsgeschäften nicht stattfindet — ihn zur Uebernahme der Bürgschaft bestimmt. Vielmehr muß der Wille, die Gefahr der Bürgschaft gemeinsam zu übernehmen, *zwischen den Bürgen* zum Ausdrucke gekommen sein, was nicht allein ausdrücklich, sondern auch durch schlüssige Handlungen stillschweigend, nicht allein durch unmittelbares Verhandeln der Bürgen untereinander, sondern auch durch Vermittelung eines Anderen, insbesondere des Hauptschuldners oder des Gläubigers, geschehen kann. Ist in einem gleichzeitigen übereinstimmenden und gegenseitig bewußten Handeln der Bürgen dem Gläubiger gegenüber bei Uebernahme der Bürgschaft in der Regel auch eine stillschweigende Vereinbarung der Bürgen untereinander, die Bürgschaft als gemeinsame Angelegenheit zu behandeln, zu finden, so handelt es sich doch hierbei nach Gemeinem Recht immer nur um den Nachweis eines Rechtsgeschäfts unter den Bürgen, nicht um die Anwendung eines Rechtssatzes, welcher unter den erwähnten Voraussetzungen einen Regreßanspruch der Bürgen untereinander kraft des Gesetzes begründet."

297. **Erfüllungsort eines Verlöbnißvertrages.** Urth. des III. Civilsenats vom 13. März 1885 in Sachen der F. Sch. in Sonneberg, Klägerin und Revisionsklägerin, wider J. R. in München, Beklagten und Revisionsbeklagten. Vorinstanz: O. L. G. Jena. Aufhebung und Zurückverweisung.

Die Klägerin hat bei dem L.G. ihres Wohnortes aus einem Verlöbnißvertrag geklagt und zur Begründung der Zuständigkeit des Gerichts darauf Bezug genommen und dafür in erster Instanz Beweis erheben lassen, daß die versprochene Ehe in Sonneberg habe geschlossen werden sollen. Das O.L.G. hat gleichwohl der Unzuständigkeitseinrede des Beklagten stattgegeben. Der B.R. geht davon aus, daß der Vertragswille der sich verlobenden Personen als der Hauptsache nach auf Führung der Ehe gerichtet angesehen werden muß, und folgert daraus, daß als Erfüllungsort des Verlöbnißvertrages nicht derjenige Ort, an welchem nach der Intention der Verlobten die Ehe *geschlossen*, sondern derjenige angesehen werden müsse, an welchem die Ehe *geführt* werden soll.

„Die Prämisse ist unrichtig und darum auch die aus ihr gezogene Folgerung falsch. Durch den Verlöbnißvertrag wird *die Schließung der Ehe* versprochen, und erst die Eheschließung ist der Grund der auf das eheliche Leben bezüglichen Rechte und Pflichten der Gatten, und sowenig dieses letztere direkt schon auf Grund des Verlöbnißvertrages gefordert werden kann, so wenig kann es als die Erfüllung des letzteren betrachtet werden. Ist aber als Erfüllung die Eingehung der Ehe zu betrachten, so kann als Erfüllungsort nur derjenige angesehen werden, wo nach dem Vertragswillen der Verlobten die versprochene Ehe *geschlossen* werden soll. Nun stellt sich ein solcher Vertragswille zwar nicht in allgemeinen, unverbindlichen Beredungen dar. Wenn es aber in Betreff des Ortes der Eheschließung zu einem nach der Absicht der Kontrahenten verpflichtenden Abkommen gediehen ist, so ist auch an diesem Ort der Erfüllungsort des Verlöbnißvertrages und der Gerichtsstand für die Klagen aus dem Verlöbniß zu suchen, und kann es nicht darauf ankommen, ob die Verlobten sich verpflichtet haben, dort auch ihre Ehe zu führen (*Entsch.* Bd. VII S. 340)."

298. Voraussetzungen der böslichen Verlassung nach Gemeinem Recht: daß der desertor sich an einen dem Gericht unerreichbaren (oder unbekannten) **Ort begiebt und sich beharrlich vom andern Ehegatten fern hält.** Urth. des III. Civilsenats vom 24. Februar 1885 in Sachen Ch. B. in G., Klägerin und Revisionsklägerin, wider maritum, Beklagten und Revisionsbeklagten. Vorinstanzen: L.G. Göttingen, O.L.G. Celle. Aufhebung. Ehetrennung.

Nach Ansicht des B.R. ist Voraussetzung der desertio malitiosa, daß der desertor durch die Absicht einer fortdauernden Aufhebung des ehelichen Zusammenlebens zum Verweilen im Auslande bestimmt wird.

„Hat hiermit ausgesprochen werden wollen, daß desertio malitiosa nicht anders vorliegt, als wenn anzunehmen ist, daß der desertor zu dem Zwecke im Auslande verweilt, um hierdurch dauernd das eheliche Zusammenleben thatsächlich aufzuheben, so ist das Gebiet der desertio malitiosa in nicht gerechtfertigter Weise eingeschränkt. Die bösliche Verlassung setzt gemeinrechtlich nicht mehr voraus, als daß der desertor sich an einen unbekannten oder doch dem Gerichte unerreichbaren Ort begiebt und sich beharrlich von dem anderen Ehegatten fernhält. Diese Merkmale sind in vorliegender Sache gegeben. Der Beklagte weilt seit 1878 mit wechselndem Aufenthalte im Auslande. Es liegt nicht vor, daß er für die Klägerin gesorgt oder ihr eine Existenz an seiner Seite angeboten hat; er hat nach dem erstinstanzlichen Urtheile sogar seinerseits Unterstützungen von der Mutter der Klägerin erbeten. Der Brief vom 10. September 1882 enthält ferner die bestimmte Erklärung, daß der Beklagte nicht gewillt ist, zu der Klägerin jemals wieder in eheliche Verhältnisse zu treten. Mag er auch vor jenem Briefe wiederholt an die Klägerin geschrieben haben, so liegt doch nicht vor, daß die Klägerin ihr Einverständniß mit seiner fortdauernden Abwesenheit erklärt hat, und die Thatbestände der Urtheile geben keinen Anhalt für die Annahme, daß der Beklagte auch noch nach jenem Schreiben vom 10. September 1882 der Klägerin Mittheilung gemacht hat. Zustellungsversuche sind ohne Erfolg geblieben, und darf daher davon ausgegangen werden, daß der Beklagte nach jenem Schreiben jede Verbindung mit der Klägerin und deren Angehörigen abgebrochen hat und sein Aufenthaltsort unbekannt ist. Ob er gleichwohl, wie der B.R. unterstellt, zur Rückkehr bereit sein würde, wenn Klägerin einverstanden wäre und sich die Mittel zum gemeinschaftlichen Leben beschaffen ließen, erscheint unerheblich. Hält sich der desertor beharrlich fern, entzieht sich auch beharrlich seiner Pflicht, für die Ehefrau zu sorgen, so ist es ohne Bedeutung, ob er unter gewissen Umständen und Verhältnissen zur Rückkehr bereit ist. Es ist seine Pflicht, für die Wiederherstellung des ehelichen Lebens zu sorgen, und kann daher auch nicht, wie geschehen, der Klägerin der Vorwurf gemacht werden, daß sie ihrerseits nach dieser Seite keine Versuche gemacht habe. Hiernach liegen keine Umstände vor, welche der an sich begründeten Klage entgegenstehen würden."

299. **Anderweite Begründung der Ansicht des R.G., daß der geschiedene schuldige Ehegatte seine bedürftige frühere Ehefrau nach Gemeinem Recht nicht zu alimentiren habe, auch nicht nach dem Rechte des Sachsenspiegels.** (Zu vergl. Annalen Bd. VII S. 501; Entsch. Bd. VIII S. 184; Urth. und Annalen Bd. I S. 221). Urth. des III. Civilsenats vom 24. Februar 1885 in Sachen K. zu S., Beklagten und Revisionsklägers, wider die gesch. K. zu B., Klägerin und Revisionsbeklagte. Vorinstanzen: L. G. Altona, O.L.G. Kiel. Aufhebung und Klagabweisung.

„Ohne Einfluß auf die abzugebende Entscheidung ist zunächst der Umstand, daß der Fall nach dem in Holstein und speziell dort im Gebiete des Sachsenspiegels geltenden Recht zu entscheiden ist. Auch der frühere Fall" (s. die oben citirten ersten Urtheile) „bewegte sich im Gebiete des Sächsischen Rechts. Der Sachsenspiegel enthält zwar (Bd. III Art. 74) Bestimmungen darüber, welche vermögensrechtliche Ansprüche im Falle der Annullirung einer Ehe der Ehefrau an den Gütern des Mannes zustehen; eine Verpflichtung zur Alimentation der Frau statuirt aber auch der Sachsenspiegel nicht. Ebensowenig ist durch sonstige partikulare Rechtsnormen das Gemeine Recht bezüglich der hier vorliegenden Frage abgeändert. Das B.G. stützt auch seine Entscheidung nicht auf einen das Gemeine Recht abändernden partikularen Rechtssatz, vielmehr auf das Kanonische Recht. Es konstatirt zwar, daß, wie vielfach im Gebiete des Gemeinen Rechts, so auch in Schleswig-Holstein Theorie und Praxis eine Alimentationsverbindlichkeit des schuldigen geschiedenen Ehemannes als begründet angesehen haben; es beruft sich aber nicht auf ein etwa bestehendes Gewohnheitsrecht und konnte sich auch auf ein solches, ohne rechtsirrthümlich zu fehlen, nach den von ihm angerufenen Zeugnissen nicht berufen, da dieselben sich nicht auf eine partikulare Rechtsbildung, sondern auf einen vermeintlich geltenden Satz des Gemeinen Rechts stützen. Daraus ergiebt sich, daß für Holstein die Frage nicht anders zu entscheiden ist, als für das übrige Gebiet des Gemeinen Rechts, in welchem dieselbe keine gesetzliche Regelung gefunden hat.

Daß eine Verbindlichkeit des geschiedenen schuldigen Ehemannes, seine frühere, bedürftige Ehefrau zu alimentiren, nach Römischem Recht sich nicht konstruiren läßt und daß ebensowenig ein dahingehendes allgemeines Gewohnheitsrecht in Deutschland besteht, wird vom B. G. nicht verkannt; es genügt daher, in dieser Beziehung auf die Erörterungen des reichsgerichtlichen Urtheils vom 13. März 1883" (Annalen Bd. VII S. 501; Entsch. Bd. VIII S. 184) „zu verweisen, in welchem diese Sätze eingehend dargelegt und nachgewiesen sind. Das B. G. stützt seine gegentheilige Ansicht wesentlich auf eine Stelle des Kanonischen Rechts (can. 18 caussa 32 qu. 7), indem es abweichend von der im vorerwähnten Urtheile des R. G. zum Ausdrucke gelangten Auffassung, nach welcher jene Stelle eine singuläre Bestimmung enthält, davon ausgeht, daß diese Bestimmung als Ausfluß eines allgemeinen Prinzips anzusehen sei. Zu einer Durchbrechung des römischrechtlichen Prinzips des Aufhörens der ehemännlichen Alimentationspflicht mit der Ehescheidung habe, so argumentirt das B. G., in diesem Fall, wo der Grund der Ehescheidung, wenn auch nicht in einem Verschulden, so doch immerhin in einem Fehler der Frau beruhte, weit weniger Anlaß und innere Berechtigung vorgelegen, als in den Fällen, wo das Verschulden auf Seiten des Mannes liege.

Demgegenüber muß das R. G. an der früher vertretenen Ansicht festhalten. Es handelt sich in jener Bestimmung überall nicht um eine Ehescheidung, welche damals nach den Grundsätzen im Dekret Gratians überhaupt unmöglich war, sondern um eine Annullirung der Ehe wegen der Unfähigkeit der Frau zum Beischlaf. Es wird in solchem Fall im Prinzip für besser erklärt, wenn der Mann eine Ehetrennung nicht herbeiführe. Dann heißt es weiter: Sed quia hoc magnorum est, ille, qui se non poterit continere, nubat magis; non tamen ei subsidii opem substrahat, quam infirmitas praepedit, non detestabilis culpa excludit. Die Kirche gestattet hiernach zwar mit Rücksicht auf die menschliche Schwachheit in dem unterstellten Falle eine Ehetrennung, knüpft aber daran die Bedingung, daß der Ehemann dann auch die Frau nicht hilflos zurücklasse. Die singuläre Natur dieser Bestimmung liegt darin, daß es sich hier um ein Ehehinderniß handelt, welches als solches von der Kirche nur mit Widerstreben anerkannt wird, und es erscheint begreiflich, daß, wenn sie in solchem Falle gleichwohl auf Antrag des Mannes die Ehetrennung gestattete, sie zugleich Fürsorge für die unschuldige Ehefrau traf. Eine analoge Ausdehnung dieses Falles auf den hier in Rede stehenden ist daher schon wegen der Singularität dieser Bestimmung ausgeschlossen; sie ist aber umsoweniger zulässig, als es sich hier um eine auf Antrag der Frau stattgehabte Ehescheidung handelt. Wollte man in jener Bestimmung des Kanonischen Rechts keine singuläre Bestimmung, sondern den Ausfluß eines allgemeinen Prinzips erblicken, so müßte dieses dahin formulirt werden, daß in allen Fällen, in welchen eine bestehende Ehe auf Antrag des Mannes wegen eines vorhandenen Ehehindernisses (impedimentum dirimens) annullirt wird, die unschuldige Frau Anspruch auf die Alimentation habe, die ihr zukommen würde, wenn die Trennung nicht stattgefunden hätte. Dieser Grundsatz aber hat in solcher Allgemeinheit auch in der Praxis keinen Eingang gefunden."

300. **Das am Wohnort des Erblassers geltende Recht ist für die Intestaterbfolge maßgebend.** Urth. des III. Civilsenats vom 13. März 1885 in Sachen des Preuß. Fiskus, Beklagten und Revisionsklägers, wider die Erben der Fürstin Hanau, Kläger und Revisionsbeklagte. Vorinstanz: O.L.G. Kassel. Verwerfung.

„Nach einer allgemein anerkannten Ansicht, welche auch das R.G. schon mehrfach zur Anwendung gebracht hat (vgl. Entsch. Bd. VIII S. 146), ist für die Intestaterbfolge dasjenige Recht maßgebend, welches am Wohnort des Erblassers gilt. Und zwar richtet sich nach den Gesetzen dieses Ortes sowohl die Berufung zur Erbschaft als der Inhalt und Umfang der Befugnisse, welche dem Berufenen aus der Delation der Erbschaft erwachsen. Da das Notherbenrecht nur einen Theil und eine besondere Art der gesetzlichen Erbfolge bildet, so folgt von selbst, daß auch die Rechte der Notherben nach den Gesetzen des vorgedachten Ortes sich bestimmen und daß man nicht mit Bähr, Jahrbücher für Dogmatik Bd. XXI S. 362, zwar für die Intestaterbfolge im allgemeinen das Domizil des Erblassers, für das Notherbenrecht aber dessen Staatsangehörigkeit entscheiden lassen darf.

Hiernach ist der vorige Richter mit Recht davon ausgegangen, daß für die Vererbung des Nachlasses der Fürstin von Hanau sowohl im allgemeinen als in spezieller Beziehung auf die in Frage stehenden Werthpapiere und auf das rechtliche Verhältniß des auf den Pflichttheil eingesetzten Prinzen Heinrich von Hanau zu dem Nachlaß und seinen einzelnen Bestandtheilen das österreichische Recht, nämlich die Gesetze desjenigen Ortes maßgebend sind, an welchem die Fürstin von Hanau ihren letzten Wohnsitz gehabt hat. Damit sind aber nicht nur die Einzelbestimmungen des Gemeinen Deutschen Erbrechts, sondern auch dessen allgemeine Grundsätze von der Anwendung auf den konkreten Fall ausgeschlossen. Davon, daß der Berufungsrichter feststellte, Prinz Heinrich sei Erbe, das heißt Notherbe seiner

Mutter geworden, dürfen alſo diejenigen rechtlichen Schlußfolgerungen nicht abgeleitet werden, die ſich aus dieſer Rechtsthatſache vom Standpunkt des Gemeinen Rechts aus ergeben müßten. Ueberdies hat der vorige Richter ausdrücklich „nach den einſchlagenden Beſtimmungen des öſterreichiſchen Geſetzbuches" feſtgeſtellt, daß, wenn auch Prinz Heinrich Notherbe ſeiner Mutter geworden, ihm deshalb doch nicht „die rechtliche Stellung eines Miterben und insbeſondere kein Antheil an den einzelnen zur Verlaſſenſchaft ſeiner Mutter gehörigen Sachen zukomme." Dieſe Feſtſtellung des fremden Rechts iſt ohne weiteres maßgebend für die gegenwärtige Inſtanz."

301. Zuläſſigkeit des teſtamentariſchen Erlaſſes der uſufruktuariſchen Kaution nach heutigem Gemeinen Recht. Urth. des III. Civilſenats vom 20. Januar 1885*) in Sachen L. St. zu H., Beklagten und Reviſionsklägers, wider B. E. daſ., Klägerin und Reviſionsbeklagte. Vorinſtanz: O.L.G. Celle. Aufhebung und Klagabweiſung, ſoweit Beſtellung einer Kaution gefordert wurde.

Der B.R. hat den von dem Beklagten gegen den Anſpruch der Klägerin, wegen eines Drittels des Nachlaſſes der Ehefrau St. Kaution durch Hinterlegung von Werthpapieren, event. durch tüchtige Bürgen oder in anderer geeigneter Weiſe zu beſtellen, erhobenen Einwand, daß er von der Kautionsleiſtung befreit ſei, weil die Teſtatrix in ihrem Teſtamente ausdrücklich beſtimmt habe, daß er von Rechnungsablage und Kautionsleiſtung befreit ſein ſolle, verworfen, weil die Pflicht zur Kautionsleiſtung vom Erblaſſer für einen letztwillig vermachten Nießbrauch nicht erlaſſen werden könne, und demgemäß den Beklagten zur Leiſtung einer Kaution verurtheilt.

„Dieſe Entſcheidung kann für zutreffend nicht erachtet werden, beruht vielmehr auf einer Verletzung von Rechtsnormen. In den von dem B.G. angezogenen Quellenſtellen (l. 7 Cod. ut in poss. leg. 6, 54; l. 6 pr. Dig. ut in poss. leg. 36, 4; l. 1 Cod. de usufr. 3, 33) iſt allerdings der von dem B.G. aufgeſtellte Satz ausgeſprochen, und es wird auch in der Doktrin von der Mehrzahl der Schriftſteller angenommen, daß dieſer Satz noch im heutigen Rechte geltend ſei. Dieſer Anſicht kann jedoch nicht beigetreten, es muß vielmehr angenommen werden, daß derſelbe für das heutige Recht ſeine Geltung verloren habe.

Die Kautionsleiſtung gehört nicht zum Weſen des Nießbrauches, ſie iſt kein Eſſentiale deſſelben: es kann nicht allein der zur Kaution Berechtigte darauf verzichten, ſondern es kann auch durch Vertrag die Kautionsleiſtung erlaſſen werden. Worauf der hiermit nicht in

*) Ausgefertigt in der Zeit vom 21. März bis 3. April 1885.

Einklang stehende Satz des Römischen Rechts, daß die Kautionsleistung demjenigen, welchem in einer letztwilligen Verfügung der Nießbrauch ausgesetzt worden, vom Erblasser nicht erlassen werden könne, beruht, steht nicht fest. Der Grund desselben ist aber zu suchen entweder in einer Beschränkung der Dispositionsfreiheit des Testators zu Gunsten der Erben oder darin, daß die Verpflichtung des Nießbrauchers zum ordnungsmäßigen Gebrauche der zum Nießbrauche ihm gegebenen Sachen erst durch die Kautionsleistung, durch Stipulationen geschaffen wurde. Mag aber dieser oder jener Grund zu der Aufstellung jenes Verbots im Römischen Rechte Veranlassung gewesen sein, so kann dasselbe für das heutige Recht als bestehend nicht angesehen werden. Denn sofern dasselbe auf einer Beschränkung der Testirbefugniß zu Gunsten der unversehrten Erhaltung des dem Erben zugewandten Erbtheils beruht hätte, muß diese Beschränkung als weggefallen erachtet werden, nachdem dem Testator durch die Nov. 1 cap. 1 gestattet ist, mittels des Verbots des Abzuges der quarta Falcidia den Erbtheil beliebig mit Legaten zu belasten. Denn mit der hierdurch dem Testator gewährten Unbeschränktheit in der Belastung seiner Erben mit Legaten würde es nicht vereinbar erscheinen, daß es ihm verboten sein sollte, die usufruktuarische Kaution zu erlassen, damit den Erben die ungeschmälerte Erhaltung ihrer Erbtheile gesichert werde.

Insofern jene Bestimmung des Römischen Rechts aber darin ihren Grund haben sollte, daß nach den Bestimmungen desselben die Pflicht zum ordnungsmäßigen Gebrauche der zum Nießbrauche gegebenen Sachen erst durch die Kautionsleistung, durch Stipulation, geschaffen wurde, indem die Kautionsleistung den doppelten Zweck hatte, den ordnungsmäßigen Gebrauch zu verbürgen und die Restitution nach beendetem Nießbrauche zu sichern, kann sie im heutigen Rechte nicht mehr für anwendbar erachtet werden, weil diese Pflicht des Nießbrauchers nach dem jetzt geltenden Rechte eine an sich auch ohne Kautionsleistung feststehende ist. Bei dieser Sachlage kann auch nicht mehr die Frage entstehen, ob nicht durch den Erlaß der Kaution in die Disposition des Erblassers ein innerer Widerspruch hineingebracht würde, der sich nur lösen lasse, wenn der Erlaß der Kaution unbeachtet bleibe. Nach dem heutigen Rechte ist es völlig zweifellos, daß die Verpflichtungen des Legatars, welchem der Nießbrauch vermacht ist, im übrigen ganz dieselben sind, mag er die Kaution bestellt haben oder mag sie ihm erlassen sein. Sind aber die Gründe, welche jenes Verbot des Erlasses der Kaution von Seiten des Testators im Römischen Rechte veranlaßt haben können, nach der Entwickelung, welche die betreffenden Materien im Laufe der Zeit genommen haben, hinweggefallen, so kann dasselbe als wirksam nicht mehr erachtet werden, zumal die Versuche, einen inneren, das Verbot rechtfertigenden Grund aufzufinden, als gelungen nicht erachtet werden können."

302. **Der dingliche Charakter der Leibzucht als Hofeslast.** Urth. des III. Civilsenats vom 10. März 1885 in Sachen des Kolonen R. zu Bl., Beklagten, Widerklägers und Revisionsklägers, wider den Leibzüchter O. das., Kläger, Widerbeklagten und Revisionsbeklagten. Vorinstanz: O.L.G. Celle. Verwerfung.

„Die Entscheidung ist von der Beantwortung der Frage abhängig, ob die von dem Kläger für sich und seine Ehefrau im Vertrage vom 1. Februar 1882 ausbedungene Leibzucht dinglichen Charakter hat, eine Hofeslast geworden ist, welche mit dem Gute auf jeden Besitzer übergeht. Beide Vorinstanzen gehen davon aus, daß nach Deutschem Gewohnheitsrechte der von dem abgehenden Hofeswirthe für sich resp. für seine Ehefrau stipulirte Altentheil die Natur einer wahren, auf dem abgetretenen Gute ruhenden Reallast habe. Eine Reihe der vormaligen deutschen Höchstgerichte hat ebenfalls ein solches Gewohnheitsrecht angenommen, und hat es kein Bedenken finden können, dieser Annahme beizutreten. Die Rechtsanschauung, daß der von dem zurücktretenden Kolonus vorbehaltene Altentheil aus dem Hofe zu gewähren sei, für denselben eine Hofeslast bilde, beruht auf der Beziehung des Kolonus zum Hofe und ist im Wesen des Kolonats begründet. Die Realqualität nicht nur der vorbehaltenen Wohnung und Nutzung, sondern auch der bedungenen Leistungen ergab sich von selbst, wenn der Gutsherr den Abtretungsvertrag bestätigte oder wenn schon der Grundbrief dem zurücktretenden Kolonus einen Altentheil zusicherte. Aber auch wo ein Obereigenthum niemals bestand, war die Rechtsanschauung begründet, daß der alte Kolonus wegen der von ihm mit dem Gutsnachfolger vereinbarten Leibzucht ein Recht an dem Hofe selbst und gegen den jedesmaligen Besitzer, nicht blos einen persönlichen Anspruch gegen den Mitkontrahenten erwarb. In Uebereinstimmung mit dieser im Wesen des Kolonats wurzelnden allgemeinen Rechtsanschauung hat denn auch eine Reihe partikulärer Ordnungen, insbesondere des vorigen Jahrhunderts, die dingliche Qualität der vorbehaltenen Leibzucht ausdrücklich oder indirekt anerkannt. Soweit in neuerer Zeit die Entstehung dinglicher Rechte an Grundstücken von der Eintragung in Grund- oder Hypothekenbücher abhängig gemacht ist, ist damit auch jenes Gewohnheitsrecht ausgeschlossen. Die Lippe'sche Hypothekenordnung von 1771 beseitigt dasselbe aber nicht für ihren Geltungsbereich. Sollte auch die Annahme des B.R., daß § 7 dieser Ordnung jenes Gewohnheitsrecht an sich nicht berühre, unzutreffend und mit der Revision nach der Meinung des Beklagten wegen mangelnder Begründung anfechtbar sein, so würde sich doch hierdurch die Sachlage nicht günstiger für den Revisionskläger gestalten, weil es allein darauf ankommt, ob das Lippe'sche Gesetz für die Entstehung dinglicher Rechte die Eintragung verlangt. Dieses ist nun unzweifelhaft nicht der Fall, hat auch von dem Revisionskläger nicht behauptet werden können. Entstehen aber dingliche Rechte nach wie vor auch ohne Eintragung, so hat § 7 cit. nur die Bedeutung, daß die gegen den Besteller und dessen Erben begründeten possessorischen und petitorischen Rechtsmittel gegen eingetragene Berechtigte oder, wie der B.R. anzunehmen scheint, überhaupt gegen Dritte versagen."

Partikularrecht.

1. Preußisches Recht.

303. **Abtretbarkeit der Rechte aus einem zweiseitigen Vertrag. Rechtswirkungen** (Allgem. L.R. Einl. §§ 89, 99, 100 und Th. I Tit. 11 §§ 382, 402). Urth. des I. Civilsenats vom 23. Februar 1885 in Sachen J. S. zu P. und Genossen, Kläger, Revidenten und Imploraten, wider C. F. S. & S. zu B., Beklagte, Revisin und Implorantin. Vorinstanz: Kammerger. Berlin. Verwerfung der Nichtigkeitsbeschwerde der Beklagten; Aufhebung und Zurückverweisung auf Revision der Kläger.

„Insoweit die entsprechende Gegenverbindlichkeit nicht eine solche ist, welche ihrem Wesen nach nur von dem Kontrahenten, welcher Träger derselben ist, in eigener Person erfüllt werden kann (wie beispielsweise die Herstellung eines Kunstwerkes durch einen genialen Künstler), sind die Rechte aus einem zweiseitigen Vertrage, auch wenn die Kontraktsleistung des Cedenten noch nicht prästirt ist, mit der Rechtswirkung abtretbar, daß der Gegenkontrahent die den abgetretenen Vertragsrechten des Cedenten entsprechenden Vertragspflichten dem Cessionar gegenüber zu erfüllen hat, wenn Letzterer die seinem Cedenten obliegenden kontraktlichen Leistungen, welche die (sei es nun durch Vorleistung, sei es durch Leistung Zug um Zug herzustellende) Voraussetzung der Realisirung der von dem Cessionar verlangten Kontraktsleistung des Gegenkontrahenten bilden, in sachlich äquivalenter Weise herstellt. Dabei wird der Cessionar dem Gegenkontrahenten nicht als der ihm verpflichtete Kontrahent, an welchen er sich halten müsse, obtrudirt, sondern der Cessionar gilt in Bezug auf die als Vorbedingung der Durchsetzung des ihm abgetretenen Rechts zu realisirenden Vertragsleistungen des Cedenten als, wenngleich im eigenen Interesse handelnder, Vertreter des Cedenten. Sind die überhaupt bestehenden Rechte aus einem noch nicht erfüllten Kaufvertrage abgetreten, so erwirbt der Cessionar nicht blos einen Anspruch an den Käufer auf Zahlung einer dem Kaufpreise gleichen Summe, gegen Gewährung des Kaufgegenstandes, sondern die kontraktlichen Rechte des Verkäufers überhaupt, also auch das dem Cedenten zustehende Recht auf Abnahme der Waare und (wenn, wie im vorliegenden Falle, ein im Geltungsgebiet des Allgem. Deutschen H.G.B. abgeschlossener Handelskauf in Frage steht) die in den betreffenden Artikeln des H.G.B. (namentlich in den Art. 343 und 354) normirten Rechte. Das Recht, welches, abgesehen von der Cession, seinem Cedenten zustehen würde: von dem Käufer die Zahlung des Kaufpreises Zug um Zug gegen Lieferung der abzunehmenden Kaufwaare zu fordern, kann der Cessionar als ein ihm zustehendes wohlerworbenes Recht gegen den Käufer, welcher sich (nachdem der Cessionar ihm gegenüber seine Legitimation geführt hat) weigert, dem Cessionar Zug um Zug gegen Lieferung der abzunehmenden Kaufwaare den Kaufpreis zu zahlen, selbständig im Prozesse gegen den Käufer verfolgen. Er ist in keiner Weise verpflichtet, in Gemeinschaft mit dem Cedenten zu klagen oder sich in prozessualer Beziehung als Bevollmächtigter desselben zur Prozeßführung zu legitimiren."

304. **Der § 24 Th. I Tit. 4 des Allgem. L.R. ist durch § 14 Nr. 3 des Einf.Ges. zur C.P.O. nicht aufgehoben.** Urth. des V. Civilsenats vom 14. März 1885 in Sachen G. S. zu P., Beklagten und Revisionsklägers, wider A. B. zu St., Kläger und Revisionsbeklagten. Vorinstanz: O.L.G. Posen. Verwerfung.

Die Revisionsbeschwerden sind auf Verletzung des § 14 Nr. 3 des Einführungsgesetzes zur C.P.O. gestützt worden, mit der Behauptung, daß die Vorschrift des § 24 Th. I Tit. 4 des Allgem. L.R. nach der erstgedachten Bestimmung die Geltung verloren habe und überdem die Vermuthung des § 24 ibid. den Gegenbeweis nicht ausschließe.

„Diesen Rechtsansichten kann aber nicht beigestimmt werden. Der § 14 Nr. 3 des Einf.Ges. zur C.P.O. kann die Vorschrift des § 24 Th. I Tit. 4 des Allgem. L.R. nicht beseitigt haben, weil § 16 daselbst die im materiellen Rechte enthaltenen Vermuthungen von Thatsachen — mit und ohne Zulassung des Gegenbeweises — aufrecht erhält, der § 14 Nr. 3 aber sich nur auf den Beweis erleichternde und deshalb mit der freien Beweistheorie unverträgliche Vermuthungen bezieht und die bezeichnete Vorschrift unter die erstere Kategorie fällt. Allerdings schließt die Vermuthung, welche diese Vorschrift ausspricht, nicht den Gegenbeweis aus, aber der Vorderrichter hat den Antritt dieses Gegenbeweises mit Recht vermißt, da derselbe durch den Nachweis, daß Beklagter seit 2. Oktober 1882 wahnsinnig sei, nicht erbracht wird, ebensowenig wie derselbe durch den im früheren Verfahren angetretenen Nachweis des vor zwei Jahren bestandenen Wahnsinns erbracht werden konnte."

305. 1) „Mitverschulden" im Sinne der §§ 18—21 Th. I Tit. 6 des Allgem. L.R. 2) Begriff der „Verunstaltung" im Sinne des § 123 Th. I Tit. 6 des Allgem. L.R. Urth. des V. Civilsenats vom 21. Februar 1885 in Sachen A. L. zu M., Beklagten und Revisionsklägers, wider die unverehel. L. R. zu St., Klägerin und Revisionsbeklagte. Vorinstanz: O.L.G. Hamm. Aufhebung und Zurückverweisung.

Zu 1. Dem Anspruche der Klägerin auf Entschädigung für die ihr durch Ansteckung mit Syphilis zugefügte Körperverletzung hat der Beklagte den Einwand entgegengesetzt, daß Klägerin die Heilung selbst verweigert, dadurch ein Versehen begangen habe. Diesen Einwand verwirft der B.R. mit der Ausführung, daß ein etwa konkurrirendes Verschulden der Klägerin den Beklagten, dessen Versehen er als ein grobes ansieht, nach § 18 Th. I Tit. 6 des Allgem. L.R. von seiner Ersatzverbindlichkeit nicht befreie.

„Der hiergegen erhobene Angriff der Verletzung des § 18 cit. erscheint begründet. Die §§ 18—21 a. a. O. sprechen nur von demjenigen Mitverschulden des Beschädigten, welches bei der beschädigenden Handlung selbst stattfindet; sie deuten in keiner Weise an, daß sie über die Folgen späterer, selbständiger Handlungen oder Unterlassungen des Beschädigten Bestimmungen treffen wollen. Der B.R. durfte daher auf den vorgebrachten Einwand den § 18 a. a. O. nicht anwenden, sondern mußte prüfen, ob die behaupteten Handlungen und Unterlassungen der Klägerin ihr nach allgemeinen Rechtsgrundsätzen als Versehen zuzurechnen sind und welche Wirkung sie auf den Anspruch der Klägerin gehabt haben."

Zu 2. Der B.R. billigt ferner der Klägerin eine Ausstattung nach § 123 Th. I Tit. 6 des Allgem. L.R. zu. Dabei sieht er die Verunstaltung der Klägerin, welche die Bedingung des Anspruches ist, nicht in der Möglichkeit, daß die Krankheit, welche der Klägerin durch Ansteckung zugefügt worden, die allerschlimmsten körperlichen Verunstaltungen herbeiführen könne — wie denn auch die bloße Möglichkeit einer späteren Verunstaltung noch keine Verunstaltung sei; er sieht dieselbe auch augenscheinlich nicht in den syphilitischen Geschwüren, welche der eine Sachverständige an den Lippen der Klägerin gefunden hat, vielmehr in der, wie er sagt, inneren Verletzung der Klägerin, welche ihr die Gelegenheit, sich zu verheirathen, erschwert, wenn nicht unmöglich macht.

„Hierdurch ist, wie der Revisionskläger mit Recht geltend macht, der § 123 a. a. O. verletzt; denn eine Verunstaltung im Sinne dieses Gesetzes kann nur angenommen werden, wenn eine Beschädigung der äußeren Gestalt stattgefunden hat. Dies ergiebt schon das Wort „Verunstaltung"; außerdem zeigt die Entstehungsgeschichte des Paragraphen, daß man dabei nur an die Entstellung der äußeren Gestalt gedacht hat (vergl. Bornemann, Preuß. Civilrecht Bd. II S. 370). Die Feststellungen des B. R. genügten daher nicht zur Anwendung des § 123 a. a. O.; es war vielmehr zu beurtheilen, ob etwa die beobachteten syphilitischen Geschwüre als eine Verunstaltung der Klägerin im Sinne des § 123 anzusehen seien, auch ob diese Verunstaltung eine dauernde, nicht heilbare sei."

306. **Der bezahlte Hypothekengläubiger kann für den ihm verbliebenen Theil der Hypothek kein Vorzugsrecht vor dem bezahlten und durch die Zahlung nicht erloschenen Theil derselben erwerben. Aber dadurch wird die Wirkung einer persönlichen Verpflichtung des gleichberechtigten Antheilhabers an der Post, mit seinem Vermögen für den Ausfall einzustehen und letzteren zu ersetzen, nicht ausgeschlossen. Wirkung.** Urth. des V. Civilsenats vom 21. Februar 1885 in Sachen des Bankiers L. B. zu B., Beklagten, Revisionsklägers und Revisionsanschlußbeklagten, wider die Seehandlungssozietät zu B., Klägerin, Revisionsbeklagte und Revisionsanschlußklägerin. Vorinstanzen: L.G. I und Kammerger. Berlin. Verwerfung der Anschlußrevision; Aufhebung und Bestätigung der Klagabweisung erster Instanz.

Der Antrag der Klägerin in ihrer Klage geht dahin, den Beklagten zur Zahlung von 12014,30 ℳ nebst Zinsen zu verurtheilen. Der B. R. hat die Forderung der Klägerin auf Höhe von 4585 ℳ und Zinsen für begründet erkannt, im übrigen aber das die Klage abweisende Urtheil des Ersten Richters aufrecht erhalten. Gegen diese abweisende Entscheidung richtet sich die Anschlußrevision der Klägerin und verlangt volle Zusprechung der Klage. Der B. R. hat sein Urtheil durch die Erwägungen begründet, daß Klägerin formell nicht befugt gewesen, ihren Anspruch in dem Kaufgelderbelegungstermine vom 25. April 1882 zu liquidiren, und daß ihr auch materiell das beanspruchte Recht nicht zugestanden, weil die Deutsche Eisenbahn-Baugesellschaft, deren Recht an den Beklagten sie sich hat überweisen lassen, persönlich für die liquidirte Resthypothek des Beklagten gehaftet habe.

„Ist dieser materielle Entscheidungsgrund für richtig zu erachten, so kommt es auf eine Erörterung der weiteren Gründe des B. R. nicht an. Und ebensowenig bedarf es eines Eingehens auf die von den Parteien in der mündlichen Verhandlung angeregte Frage, ob dem Hypothekengläubiger bei einer Theilzahlung das Vorzugsrecht in Betreff der verbleibenden Restforderung zusteht. Das R.G. ist der Entscheidung des B.R. beigetreten. Die thatsächlichen Grundlagen der letzteren sind von den Parteien nicht angefochten. Die getroffene Feststellung läßt auch einen Rechtsirrthum nicht erkennen. Es ist deshalb davon auszugehen, daß bei dem Verkaufe des hier fraglichen Grundstücks am 13. August 1872 der Käufer Br. sich persönlich verpflichtet hat, für das rückständig gebliebene und demnächst hypothekarisch eingetragene Kaufgeld zu haften; daß ferner diese Verpflichtung des Br. durch den Vertrag vom 14. September 1882 auf die Deutsche Eisenbahn-Baugesellschaft übergegangen ist und daß andererseits der Verkäufer F. seinen persönlichen Anspruch gegen Br. auf seine Cessionare, also auch auf den Beklagten übertragen hat. Unter ganz ähnlichen Voraussetzungen ist vom R.G. in Sachen Lelm wider Renner durch Urtheil vom 5. April 1882 (V 850/81) folgender Rechtsgrundsatz ausgesprochen: „Zwar ist es richtig, daß der bezahlte Hypothekengläubiger für den ihm verbliebenen Theil der Hypothek kein Vorzugsrecht vor dem bezahlten und durch die Zahlung nicht erloschenen Theile derselben erwerben kann, aber dadurch wird die Wirkung einer persönlichen Verpflichtung des gleichberechtigten Antheilhabers der Post, mit seinem Vermögen für den Ausfall einzustehen und letzteren zu ersetzen, nicht ausgeschlossen, und diese Wirkung führt dahin, daß der Verpflichtete von seinem paritätischen Rechte dem Gläubiger gegenüber im Kollisionsfalle keinen Gebrauch machen kann." Dieser Rechtsgrundsatz ist für richtig zu erachten. Seine Anwendung führt aber im vorliegenden Falle zur Abweisung der Klage. Denn die Klägerin kann die ihr überwiesene Forderung der Deutschen Eisenbahn-Baugesellschaft auf proratarische Befriedigung wegen des bezahlten Theils der Hypothek nur mit denselben Befugnissen, wie die Deutsche Eisenbahn-Baugesellschaft oder deren Rechtsvorgänger Br., geltend machen und muß sich die Einrede, daß sie theilweise Befriedigung aus dem Kaufgelde nicht erlangen könne, weil sie das Erhaltene wegen ihrer persönlichen Verpflichtung sofort zurückgeben müßte, gefallen lassen. Damit erledigt sich die Anschlußrevision."

307. **Stempelpflichtigkeit der gemäß § 1037 Th. I Tit. 11 des Allgem. L.R. beurkundeten Schenkungen unter Lebenden** (Gesetz vom 30. Mai 1873). Urtheil des IV. Civilsenats vom 5. März 1885 in Sachen H. M. in R., Klägers und Revisionsklägers, wider den Preuß. Fiskus, Beklagten und Revisionsbeklagten. Vorinstanz: O.L.G. Königsberg. Verwerfung.

„Ein Vermächtniß, durch welches Jemandem das Eigenthum einer Sache oder eines Rechtes überlassen wird, ist eine freigebige Verfügung von Todeswegen. Dasselbe wird zu einer freigebigen Verfügung unter Lebenden d. i. zu einer Schenkung gemäß § 1037 Th. I Tit. 11 des Allgem. L. R. gemacht, wenn die Ueberlassung der Sache resp. des Rechts vom Erblasser schon bei dessen Lebenszeit zur Ausführung gebracht wird, und der B. R. nimmt mit Recht an, daß in der notariellen Verhandlung vom 22. Juni 1877, in welcher die M.schen Eheleute erklären, dem Kläger das ihm zugedachte Legat von 9000 Mark bereits bei ihren Lebzeiten durch den Verkauf des Grundstückes B. Nr. 1 zugewendet zu haben, und Kläger darauf erklärt, die ihm als Legat zugedachte Summe durch den erwähnten Verkauf bereits bei Lebzeiten der M.schen Eheleute erhalten zu haben, die nach diesen Erklärungen seitens der M.schen Eheleute an den Kläger geschehene Zuwendung als eine Schenkung unter Lebenden anzusehen sei. Enthält hiernach jene Notariatsverhandlung die Erklärung über eine von den Erklärenden gemachte Schenkung, so liegt eine schriftliche Beurkundung der letzteren vor, und diese unterliegt dem Werthstempel nach dem Tarif des Gesetzes vom 30. Mai 1873. Dem B. R. ist darin beizutreten, daß es nicht darauf ankommt, zu welchem Zwecke die betreffende Urkunde ausgestellt ist, und es genügt für die Stempelpflichtigkeit eine schriftliche Erklärung, aus welcher die Schenkungsabsicht des Erklärenden hervorgeht, mag die Ausführung dieser Absicht erst in Zukunft gewollt sein oder in der Vergangenheit bereits stattgefunden haben. Es ist daher gleichgültig, daß der durch die Schenkung bewirkte Erwerb von Rechten nicht durch die beurkundete Erklärung herbeigeführt, sondern schon vorher eingetreten ist, und der Revisionskläger beruft sich ohne Erfolg auf den für die Versteuerung unerheblichen Umstand, daß die Schenkung faktisch schon durch den früheren Grundstücksverkauf zur Ausführung gekommen ist und der Notariatsakt von 1877 nur die Feststellung eines von dem Käufer erlangten Vortheils enthält, mit Rücksicht auf welchen das Legat in Wegfall kommt."

308. **In der Annahme von Vermittelungsaufträgen seitens beider Kaufkontrahenten ist keine dem § 22 Th. I Tit. 13 des Allgem. L. R. widerstreitende Handlung zu erblicken. Insbesondere kann derselbe Mäkler bei Vermittelung von Handelsgeschäften beiden Vertragschließenden dienen** (Art. 83 des H. G. B.). Urth. des I. Civilsenats vom 7. März 1885 in Sachen A. zu B., Klägers und Revisionsklägers, wider K. zu B., Beklagten und Revisionsbeklagten. Vorinstanz: Kammerger. Berlin. Aufhebung und Zurückverweisung.

Das B.G. hat die Provisionsforderung des Klägers auf Grund des § 35 Th. I Tit. 3 des Allgem. L.R. für unbegründet erklärt, weil Kläger sich einer unerlaubten Handlung dadurch schuldig gemacht habe, daß er gegen die Vorschrift des § 22 Th. I Tit. 13 des Allgem. L.R. den Auftrag zur Vermittelung von Cigarrenkaufgeschäften sowohl von dem Beklagten als Verkäufer wie von dem Kaufmann B. als Käufer, ungeachtet des entgegengesetzten Interesse derselben, angenommen habe.

„Diese Entscheidung würde selbst dann nicht aufrecht erhalten werden können, wenn die Annahme des B.R., daß Kläger mit der Vermittelung des Abschlusses von Kaufgeschäften beauftragt gewesen sei, unanfechtbar wäre. Schon bei Anwendung des § 22 Th. I Tit. 13 des Allgem. L.R. würde dem B.R. nicht beizustimmen sein. Nach dieser Vorschrift darf ein Bevollmächtigter Aufträge verschiedener Personen nicht annehmen, wenn deren Interesse einander entgegen läuft. Das vormalige Ob.Trib. zu Berlin hat öfter ausgesprochen, dies sei regelmäßig der Fall, wenn Jemand den Auftrag zur Vermittelung eines Kaufgeschäfts sowohl von dem Käufer als von dem Verkäufer annehme (z. B. Striethorst, Archiv Bd. V S. 90). Diese Ansicht, welcher schon das vormalige R.O.H.G. entgegengetreten ist (Entsch. Bd. VII S. 91; Bd. IX S. 240), kann nicht als richtig anerkannt werden. Wenn auch beim Abschlusse eines Kaufgeschäfts die Interessen der beiden Vertragschließenden einander insofern entgegen laufen, als jede Partei so vortheilhaft als möglich abzuschließen wünscht und die Kaufbedingungen für jeden Theil in demselben Maße vortheilhaft, wie für die andere Partei nachtheilig sind, so stimmen ihre Interessen doch darin überein, daß beide Theile das Zustandekommen des Geschäfts wünschen, daher die Erzielung einer solchen Ausgleichung der entgegengesetzten Interessen bei Vereinbarung der Vertragsbestimmungen anstreben, daß der Abschluß des Geschäfts dem Interesse beider entspricht. Der Vermittler, welcher in diesem Sinne thätig ist, dient nicht entgegengesetzten Interessen, sondern dem gemeinsamen Interesse beider Theile. Er kann daher einen darauf gerichteten Auftrag ohne Pflichtverletzung von beiden Theilen annehmen und ausführen. Ist eine derartige Thätigkeit sogar bei dem Stellvertreter möglich, welcher den Abschluß des Geschäfts vornimmt (vgl. Annalen Bd. V S. 68; Entsch. Bd. VI S. 14), so ist die Möglichkeit derselben um so mehr bei dem Vermittler anzuerkennen, welcher nur den Abschluß zwischen den Vertragschließenden herbeiführt.

Ueberdies aber ist nicht das Allgem. L.R., sondern das H.G.B. die Norm, nach welcher der eingeklagte Provisionsanspruch zu beurtheilen ist. Nicht blos die Cigarrenkaufgeschäfte zwischen dem Beklagten, dessen Kaufmannseigenschaft keinem Zweifel unterliegt, und dem Kaufmann B. waren Handelsgeschäfte, sondern auch der Vertrag zwischen dem Kläger und dem Beklagten, welcher den Klagegrund bildet. Dieser Vertrag war nach Art. 273 des H.G.B. ein Handelsgeschäft, als im Handelsgewerbe des Beklagten abgeschlossen; da der Kläger von beiden Parteien als Kommissionär bezeichnet, mithin als unbestritten anzusehen ist, daß Kläger Geschäfte der hier fraglichen Art gewerbsmäßig betreibt, so erscheint der Vertrag auch auf Seiten des Klägers als im Handelsgewerbe abgeschlossen. Nach Handelsrecht unterliegt es keinem Zweifel, daß beide Vertragschließende sich desselben Mäklers bedienen können, was im Handelsverkehre nicht ungewöhnlich, im Art. 83 des H.G.B. vorausgesetzt und in den Motiven zum Art. 83 Abs. 1 des Entwurfs eines H.G.B. für die preußischen Staaten, aus welchem Art. 83 des H.G.B. hervorgegangen, durch die Bemerkung gerechtfertigt ist, daß der Mäkler im Interesse beider Parteien fungire. Zwar handelt Art. 83 von amtlich bestellten Handelsmäklern; aber diejenigen Bestimmungen des Tit. 7 B. I des H.G.B., welche nicht auf der amtlichen Stellung des Handelsmäklers, sondern auf dem Wesen des Mäklervertrages beruhen, finden auch auf Privatmäkler entsprechende Anwendung, und es ist von dem R.G. (Entsch. in Civilsachen Bd. IV S. 224) bereits ausgesprochen, daß auch bei Privathandelsmäklern die Zusage einer Provision seitens beider Kontrahenten nicht ausgeschlossen ist."

309. Aenderung der Bestimmung des § 72 Th. I Tit. 21 des Allgem. L.R. durch § 73 der Grundbuchordnung. Fortbestehen der landrechtlichen Bestimmungen der §§ 99, 100 cit. in Ansehung der Verpflichtungen des Eigenthümers gegenüber dem Nießbraucher. Urth. des III. Civilsenats vom 24. Februar 1885 in Sachen G. in W., Beklagten und Revisionsklägers, wider Eheleute F. in O., Kläger und Revisionsbeklagte. Vorinstanz: O.L.G. Jena. Verwerfung.

Die Kläger haben im Jahre 1871 ihr gesammtes Immobiliar unter Vorbehalt des lebenslänglichen Nießbrauches an den Beklagten verkauft und sind im Besitze der ihnen zum Nießbrauche überlassenen Grundstücke geblieben. Der Besitztitel ist für den Beklagten berichtigt worden. Im Jahre 1882 hat der Beklagte für die Kreis- und Sparkasse zu Schleusingen ein Kapital von 1800 ℳ auf dieselben Grundstücke eintragen lassen. Die Kläger haben beantragt, den Beklagten zu verurtheilen, daß er den ihnen an den qu. Grundstücken eingeräumten Nießbrauch im Grundbuche eintragen lasse und die durch den Eintrag der Hypothek von 1800 ℳ auf diese Grundstücke bewirkte Störung dieses Rechts beseitige. Das L.G. Meiningen hat durch Urtheil vom 27. März 1884 dem ersten Antrage der Kläger stattgegeben, nachdem von dem Beklagten die Erklärung abgegeben war, daß er sich nicht weigere, das Nießbrauchsrecht der Kläger eintragen zu lassen, mit dem zweiten Antrage aber die Kläger abgewiesen. Auf Berufung der Kläger hat das O.L.G. Jena auch dem zweiten Klagantrage entsprochen. Der Revisionskläger rügt Verkennung des Verhältnisses des § 99 Th. I Tit. 21 des Allgem. L.R. zu den §§ 72, 73, 74 ibid. Er hält die Kläger für verpflichtet, abzuwarten, ob ihnen aus der Eintragung der Hypothek ein Nachtheil erwachsen wird, in welchem Falle sie Schadensersatz sollen begehren dürfen; zu dem in Frage stehenden Klagantrage sollen die Kläger auch um so weniger berechtigt sein, als sie versäumt haben, ihr Recht eintragen zu lassen.

„Nach L. R. waren die Kläger, weil sie sich im wirklichen Besitze der zu nützenden Sache befanden, auch ohne Eintragung ihres Rechts dinglich berechtigt, und der Eigenthümer war rechtlich gar nicht in der Lage, „durch neue persönliche oder Realschulden das Recht und den Genuß der Nießbraucher zu schmälern." Neukontrahirte Schulden ließen das eingeräumte Nießbrauchsrecht unberührt, konnten nie den Untergang dieses Rechts herbeiführen, gleichwie nach Römischem Recht der spätere Pfandgläubiger nur unbeschadet des vor der Verpfändung eingeräumten Nießbrauches verkaufen konnte. Auf dieses Rechtsverhältniß weist § 72 cit. hin. Nur insofern hat das L. R. eine Ausnahme zugelassen, als es bei nicht erfolgter Eintragung des Nießbrauches auf eine unbewegliche Sache dem später eingetragenen gutgläubigen Hypothekengläubiger nicht wehren will, sich wegen seiner Zinsen an die Nutzungen der Sache zu halten. Die Lage des nicht eingetragenen Nießbrauchers ist jedoch durch das Gesetz über den Eigenthumserwerb eine wesentlich andere geworden. Zwar entsteht noch jetzt das dingliche Recht durch Vertrag, letztwillige Verfügung, Gesetz, wenn der Berechtigte sich im Besitze des zu nützenden Grundstücks befindet; auch wird ein so begründeter Nießbrauch noch immer durch eine dingliche und possessorische Klage geschützt; allein diese Wirkungen treten nur gegenüber dem Besteller und dessen Erben ein; Dritten gegenüber erlangt dagegen der Nießbrauch nur durch Eintragung Wirksamkeit, und die zur Zeit der Erlassung des Gesetzes über den Eigenthumserwerb ohne Eintragung rechtsgültig bestehenden Nießbrauchsrechte haben nach § 73 der Grundbuch-Ordnung ihre Wirksamkeit Dritten gegenüber verloren, wenn sie nicht bis zum 1. Oktober 1873 eingetragen worden sind. Hiernach wird das Nießbrauchsrecht der Kläger, welches weder bis zum 1. Oktober 1873 noch später eingetragen worden ist, bei einem Zwangsverkaufe auf Antrag der 1882 mit einer Forderung von 1800 Mark eingetragenen Kreis- und Sparkasse zu Schleusingen überall keine Berücksichtigung finden, wenngleich es dem Beklagten und dessen Erben gegenüber rechtsgültig fortbesteht. Das geänderte Verhältniß des Nießbrauchers zu den späteren Gläubigern des Eigenthümers ist aber auf das Verhältniß des Nießbrauchers zum Eigenthümer auch in Ansehung der gesetzlichen Verpflichtungen des letzteren ohne Einfluß geblieben. Der

Eigenthümer darf nach § 99 Th. I Tit. 21 des Allgem. L.R., so lange der Nießbrauch dauert, nichts vornehmen, wodurch das Nießbrauchsrecht des Andern auf irgend eine Art eingeschränkt oder geschmälert wird, während ihm nach § 100 ibidem frei bleibt, solche Veränderungen mit der Sache zu treffen, welche ohne Nachtheil des Nutzungsberechtigten ausgeführt werden können. Begründet der Eigenthümer eine Hypothek, so gefährdet er durch diese seine Verfügung über die Sache unmittelbar das Nutzungsrecht selbst; er schafft durch die von ihm beantragte Eintragung ein Recht, dessen Geltendmachung das nicht eingetragene Nutzungsrecht beseitigt; denn letzteres geht bei der Subhastation auf den Ersteher nicht über, wird auch bei der Vertheilung der Kaufgelder nicht berücksichtigt. Hierin ist im Sinne des Gesetzes eine „Schmälerung“ des Nutzungsrechts zu sehen, wie denn auch eben dieser Ausdruck in § 72 bei der Hinweisung auf das Verhältniß späterer Gläubigerrechte auf den eingeräumten Nießbrauch gebraucht ist. Will daher der Eigenthümer das Grundstück verpfänden, was ihm selbstverständlich freisteht, so ist er in seinem Verhältnisse zum Nießbraucher gehalten, zunächst das Nutzungsrecht eintragen zu lassen — denn letzteres besteht für ihn auch ohne Eintragung — und er hat alle solche Verfügungen über die Schuld zu unterlassen, welche zu einer Benachtheiligung des Nutzungsrechts oder gar zu einer Beseitigung desselben führen können. Die Begründung einer Hypothek ist aber eine solche Verfügung; jedenfalls liegt in derselben eine Bedrohung und damit eine Störung der fortgesetzten Ausübung des Rechtes, welche den Nießbraucher nicht blos zum Antrage auf Sicherheitsleistung für die ihm eventuell gebührende Vergütung, sondern auch zum Antrage auf Beseitigung der von dem Eigenthümer herbeigeführten Gefahr berechtigt. Es kann den Klägern auch nicht entgegengehalten werden, daß sie sich die Gefährdung durch Unterlassung eines Antrages auf Eintragung selbst zuzuschreiben haben. Denn abgesehen davon, daß die Eintragung des Rechts nicht auf ihren Antrag, sondern nur auf Antrag oder Bewilligung des Eigenthümers, eventuell auf Grund eines rechtskräftigen Erkenntnisses auf Eintragung, die Eintragung einer Vormerkung nach § 70 des Gesetzes über den Eigenthumserwerb nur auf Ersuchen des Prozeßrichters erfolgen konnte, so durften auch die Kläger nach dem zwischen ihnen und dem Beklagten bestehenden Rechtsverhältnisse erwarten, daß letzterer über die Sache keine Verfügung treffen würde, welche an sich oder in ihren Folgen geeignet wäre, das ihm gegenüber rechtsgültig fortbestehende und von ihm in jeder Beziehung zu wahrende Nießbrauchsrecht auf irgend eine Art zu benachtheiligen. Hiernach haben die Kläger mit Recht begehrt, daß der Beklagte die Störung des Nießbrauchsrechtes beseitige."

310. **Der Pflichttheilserbe kann den Pflichttheil nur mit denselben Beschränkungen und zu derselben Zeit fordern, wie der Intestaterbe den Intestaterbtheil. Soester Erbrecht und Provinzialgesetz vom 16. April** 1860 (§ 392 Th. II Tit. 2 des Allgem. L. R.). Urth. des IV. Civilsenats vom 2. März 1885 in Sachen Geschwister Sch. zu A., Kläger und Revisionskläger, wider F. G. zu A., Beklagten und Revisionsbeklagten. Vorinstanz: O. L. G. Hamm. Verwerfung.

„Daraus, daß der Pflichttheil der Kinder nach § 392 Th. II Tit. 2 des Allgem. L. R. eine Quote des Intestaterbtheils ist, folgt, daß der Pflichttheilsberechtigte den Pflichttheil nur mit denselben Beschränkungen und nur zu der Zeit fordern kann, wie der Intestaterbe den Intestaterbtheil.

In dem vorliegenden Testament der Großeltern der Kläger vom 8. Juni 1881 ist dem Beklagten aber von seiner Ehefrau nur dasjenige zugewendet, was ihm auf Grund des gütergemeinschaftlichen Verhältnisses und nach der Intestaterbfolge schon durch das Gesetz zugefallen sein würde. Die Intestaterbfolge würde sich zwar, da die Testatoren in altsoester Gütergemeinschaft lebten, nach dieser bestimmt haben und die Testatoren haben hiervon abgehend bestimmt, daß auf ihren beiderseitigen Nachlaß die Bestimmungen des Gesetzes vom 16. April 1860 Anwendung finden sollen. Indessen der B.R. stellt — und zwar nach § 525 der C.P.O. für die Entscheidung auf die Revision maßgebend — fest, daß das letztgedachte Provinzialgesetz den Bestimmungen des Soester Rechts durchaus verwandte Vorschriften enthält und daß das Soester Recht namentlich festsetzt: „Der überlebende Ehegatte bleibt mit den Kindern in ungetheilter Gemeinschaft der Güter sitzen. Bis zur Wiederverheirathung behält er, ohne die Verpflichtung zur Einreichung eines Inventars, zur Kaution und Rechnungslegung, die freie, unbeschränkte Verwaltung und den Nießbrauch des ungetheilt bleibenden Vermögens beider Eheleute. Die Kinder gelten zwar in dem Augenblicke des Sterbefalls als Erben des Zuerstversterbenden ihrer Eltern, werden Miteigenthümer des Gesammtgutes; ihre Statutarerbportion wird jedoch nicht nach dem Zustande des Vermögens zur Zeit des Todes des erstverstorbenen Ehegatten, sondern nach dem Zustande zur Zeit der Wiederverheirathung resp. des Todes des Ueberlebenden berechnet, indem dessen späterer Erwerb dem Gesammtgute zuwächst."

Durch das Testament ist dem Beklagten aber nichts Weiteres als dieses zugewendet. Denn es ist in demselben bestimmt: „daß die Bestimmungen des Gesetzes vom 16. April 1860 auf den beiderseitigen Nachlaß Anwendung finden und der Ueberlebende demgemäß im Alleinbesitz, Genuß und Verwaltung des beiderseitigen Vermögens verbleiben solle; daß auch die Kinder die ihnen ausgesetzten Legate erst nach dem Tode des Letztlebenden erhalten sollen." Ist es hiernach unzweifelhaft, daß die Kläger, wenn das Testament nicht errichtet wäre, ihren Intestaterbtheil aus dem Nachlasse ihrer Großmutter erst nach der Wiederverheirathung oder dem Tode des Beklagten hätten fordern können, so können sie, da durch das Testament ihre Rechte an dem Nachlaß nicht hierüber hinaus ausgedehnt sind, auch die Ausmittelung des ihnen aus dem Nachlaß ihrer Großmutter zustehenden Pflichttheils durch Legung des Inventars, sowie die Zahlung desselben allerfrühestens mit der Wiederverheirathung oder dem Tode des Beklagten fordern."

311. **Durch Ertheilung der Genehmigung zur Errichtung einer gemeinnützigen Anstalt ist dieselbe noch nicht als Rechtssubjekt staatlich anerkannt und der Nachsuchung der Verleihung nicht überhoben** (Instruktion vom 31. Dezember 1825 § 11; Gesetz vom 23. Februar 1870 § 1). Urth. des II. Civilsenats vom 5. März 1885 in Sachen der Stadtgemeinde Düsseldorf, Klägerin und Revisionsklägerin, wider den Preuß. Steuerfiskus, Beklagten und Revisionsbeklagten. Vorinstanz: O.L.G. Köln. Verwerfung.

Durch Testament vom 2. Juni 1876 hat die am 27. Mai 1877 verstorbene Wittwe W. Sch. geb. Sp. die Stadt Düsseldorf zur Universalerbin eingesetzt und derselben, von einigen Legaten abgesehen, das gesammte übrige Vermögen vermacht, mit welchem eine nach dem Namen ihres Mannes zu benennende Stiftung zu dem Zwecke, um für dürftige Arbeiter billige und gesunde Wohnungen zu beschaffen und deren Wittwen zu unterstützen, ins Leben gerufen und nach bestimmten Grundsätzen verwaltet werden sollte. Durch Allerhöchste Kabinetsordre vom 14. Juni 1878 wurde diese „an die Stadt Düsseldorf zu Wohlthätigkeitszwecken gemachte testamentarische Zuwendung mit dem Vorbehalte genehmigt, daß es bei der Erklärung der Stadt, an die Schwester der Erblasserin 9000 ℳ und an den Neffen derselben, Stabsarzt Dr. P., ein Viertel seiner Intestatportion — 5857,50 ℳ — als Abfindung zahlen zu wollen, sein Bewenden behalte." Von dem Erbschaftssteueramte der Stadt Düsseldorf wurden die beiden zuletztgenannten Beträge als Erbanfall nach dem Tarif zum Gesetze vom 30. Mai 1873: Allgem. Vorschriften B mit 2% = 297,50 ℳ, sodann die Summe, welche der Stadt Düsseldorf für die W. Sch.'sche Stiftung übrig blieb, 94717,50 ℳ, nach § 8 des genannten Gesetzes und dem Tarif: Allgem. Vorschriften C mit 4% = 3789 ℳ, in Summa also mit 4086,50 ℳ zur Erbschaftssteuer veranlagt. Am 19. Dezember 1881 zahlte die Stadt Düsseldorf diesen Betrag an die Steuerkasse und that dann Schritte, um zum Zwecke der Steuerbefreiung die staatliche Anerkennung der Stiftung als einer milden Stiftung herbeizuführen. In Folge dessen wurde von dem Oberpräsidenten der Rheinprovinz das für die Stiftung entworfene Statut in Gemäßheit des § 11 Nr. 4d der Instruktion vom 31. Dezember 1825 bestätigt und sodann durch Erlaß vom 8. August 1882 auf Grund dieses Statuts die Stiftung im Sinne der in dem bezogenen Tarife unter Befreiungen ad Nr. 2g enthaltenen Bestimmung als milde Stiftung nachträglich ausdrücklich anerkannt.

Da die nunmehr von der Stadt Düsseldorf gegen die Besteuerung verfolgte Reklamation überall ohne Erfolg blieb, so erhob dieselbe durch Zustellung vom 19. Februar 1883 Klage gegen den Fiskus auf Rückerstattung des gezahlten Steuerbetrages nebst Zinsen. Das L.G. Köln hat durch Urtheil vom 9. Mai 1883 diesem Antrage gemäß erkannt. Auf die Berufung des Beklagten hat das O.L.G. Köln in seinem Erkenntnisse vom 14. Juli 1884, unter Aufhebung des angegriffenen Urtheils, die Klage auf Rückzahlung des genannten Betrages von 4086,50 ℳ nebst Zinsen abgewiesen und der Klägerin die Kosten beider Instanzen zur Last gelegt.

„Wie das O.L.G. zutreffend erwägt, konnten durch die Anerkennung des Oberpräsidenten, welche sich an das Statut der fraglichen Stiftung knüpft und diese nur in ihrem statutmäßigen Umfange zum Gegenstande hat, die von der Stadt Düsseldorf an die Verwandten der Erblasserin geschehenen Zuwendungen nicht berührt werden. Jene Anerkennung bildet daher, was die von den Beträgen der letzteren bezahlte Steuer betrifft, kein nach Festsetzung derselben eingetretenes Ereigniß, welches im Sinne des § 40 Abs. 2 des Erbschaftssteuer-Gesetzes v. 30. Mai 1873 deren Rückforderung begründen könnte. Ohne Rechtsirrthum hat also insoweit, unter Anwendung des § 40 Abs. 1 leg. cit. und des § 12 des Gesetzes vom 24. Mai 1861, das O.L.G. die erhobene Verjährungs-Einrede als begründet angenommen.

Was nun das Stiftungs-Vermögen angeht, so hat zunächst das O.L.G. zutreffend ausgeführt, daß nach den Vorschriften des bezogenen Gesetzes von der Steuerbefreiung für eine Stiftung im Sinne des § 7 desselben nur dann die Rede sein könne, wenn damit ein neues Rechtssubjekt geschaffen sei. Es folgt das aus dem Zusammenhange der §§ 7 und 8 leg. cit., den Motiven zu letzterem und der Tarifbestimmung „Befreiungen“ n. 2 g. In dieser Beziehung ist auch ein Angriff nicht erhoben worden.

Das O.L.G. verneint sodann die Frage, ob hier durch das Testament der Erblasserin und das errichtete Statut die Grundlage für eine solche selbständige Stiftung gegeben sei, um deswillen, weil das Vermögen der Stiftung der Beklagten vermacht worden, dieselbe nach außen durch den Oberbürgermeister resp. Beigeordneten vertreten werde und der Stadtverordneten-Versammlung bezüglich der Verwendung des Stiftungsvermögens dieselben Rechte als bei dem städtischen Vermögen vorbehalten seien. Dieser Auffassung kann aber nicht beigepflichtet werden. Immerhin ist doch, wie die Klägerin mit Grund hervorhebt, das Vermögen, von dem es sich hier handelt, nicht eigentliches Kommunal-Vermögen oder Kommunal-Armen-Vermögen geworden; es bildet vielmehr das Substrat einer Stiftung, welche ihren selbständigen Zweck, ihr besonderes Statut und eigene Verwaltung hat. Der selbständige Charakter einer Stiftung der Art, bei welcher der an das Vermögen geknüpfte Zweck den Träger der Personifikation bildet, wird aber durch die Anlehnung an eine Korporation nicht ausgeschlossen (vergl. Koch, Allgem. L. R. Th. II Tit. 19 § 42, Bd. IV S. 1081 N. 62).

Entscheidend dagegen für die vom O. L. G. ausgesprochene Abweisung der Klage ist der Umstand, daß, wie von demselben zutreffend angenommen worden, die in Frage stehende Stiftung mangels der erforderlichen staatlichen Anerkennung bisher rechtliche Persönlichkeit nicht erlangt hat und somit die hervorgehobene Voraussetzung der Steuerbefreiung fehlt. Die Klägerin macht dagegen wiederholt geltend, daß diese Anerkennung durch die Verfügung des Königlichen Oberpräsidenten der Rheinprovinz vom 8. August 1882 erfolgt sei und diesem die Befugniß zu solcher Anerkennung auf Grund der Instruktion vom 31. Dezember 1825 zustehe. Nach § 11 Nr. 4 der letzteren sind nun den Oberpräsidenten als Stellvertretern der obersten Staatsbehörden verschiedene einzelne Verwaltungsgegenstände und darunter sub d „die vom Staate zu ertheilende Genehmigung für die Gründung neuer und die Erweiterung, Umänderung, Einschränkung oder Aufhebung schon bestehender gemeinnütziger Anstalten" überwiesen. Abgesehen nun davon, ob die bezogene Bestimmung, auf welche die Klägerin allein sich beruft, für den vorliegenden Fall, wo eine milde Stiftung in Frage steht, überhaupt Anwendung finden kann, läßt sich auch die Genehmigung, welche jene zum Gegenstande hat, nur im Sinne einer administrativ-polizeilichen Konzession, der die genannten Anstalten bedürfen, bevor sie in Wirksamkeit treten, ihren Betrieb eröffnen können u. s. w., auffassen. Hier handelt es sich aber um etwas wesentlich anderes, nämlich um die staatliche Anerkennung einer Stiftung, durch welche ein neues Rechtssubjekt geschaffen wird (vergl. Gesetz vom 23. Februar 1870 § 1). Ein gesetzlicher Grundsatz aber, nach welchem anzunehmen, daß, wenn einer gemeinnützigen Anstalt die Genehmigung zu ihrer Errichtung ertheilt worden, dieselbe damit auch als Rechtssubjekt staatlich anerkannt sei und es einer Verleihung in dieser Beziehung nicht weiter bedürfe, besteht nicht in Geltung. Daß es ferner bei Erlaß der angeführten Bestimmung die

Absicht des Gesetzgebers gewesen, den Oberpräsidenten, soviel es die gemeinnützigen Anstalten betrifft, die Befugniß zu einer solchen Verleihung beizulegen, das ist nicht irgendwie zum Ausdrucke gebracht und deshalb nicht anzuerkennen. Es fehlt daher hier an der erforderlichen Ermächtigung der Oberpräsidenten, wie sie, anknüpfend an die Vorschrift des Allgem. L.R. Th. I Tit. 11 § 651, durch die Allerh. Kabinets-Ordre vom 29. September 1839 (Gesetzsamml. S. 12) bezüglich der Wittwen-, Sterbe- und Aussteuer-Kassen erfolgt war. In vorstehendem Sinne haben sich auch verschiedene Ministerialverfügungen ausgesprochen (vgl. Ministerialbl. für innere Verwaltung 1861 S. 121 und 171, 1864 S. 40, 1865 S. 299; vgl. ferner l. c. 1876 S. 194). Nach dem Ausgeführten hat das O.L.G. die in Anspruch genommene Steuerbefreiung ohne Rechtsirrthum verneint."

312. **Der Cessionsstempel ist ein Vertragsstempel im Sinne des § 11 des Gesetzes vom 24. Mai 1861.** Urth. des IV. Civilsenats vom 9. März 1885 in Sachen des Preuß. Fiskus, Beklagten und Revisionsklägers, wider D. & Co. zu B., Kläger und Revisionsbeklagte. Vorinstanz: Kammerger. Berlin. Verwerfung.

„Das Urtheil des R.G. vom 11. Januar 1883 (Entsch. Bd. VIII S. 255) hat ausgeführt, daß der Cessionsstempel ein Vertragsstempel im Sinne des § 11 des Gesetzes vom 24. Mai 1861 ist; dasselbe ist in dem Urth. vom 20. Mai 1884 (Entsch. Bd. XI S. 96) angenommen, und es ist kein Grund vorhanden, hiervon in der vorliegenden Sache abzugehen. Die Cession enthält diejenigen Momente, welche nach § 1 Th. I Tit. 5 des Allgem. L.R. zu den Erfordernissen eines Vertrages gehören, und da es zur Annahme seitens des Cessionars einer ausdrücklichen wörtlichen Erklärung nicht bedarf, so kann der in dem Cessionsgeschäft begriffene Vertrag durch den Cedenten allein beurkundet sein, ohne daß in der Urkunde die nicht erforderliche Erklärung des Cessionars enthalten ist. Dieser Umstand allein, daß die einseitige Erklärung des Cedenten zur Beurkundung des Cessionsgeschäfts hinreicht und der Regel nach ausschließlich den Inhalt der Beurkundung bildet, motivirt die Sonderung der Cessionsinstrumente von der Position „Verträge" im Stempeltarif und hat ihre Stellung in einer besonderen Position veranlaßt. Wenn Beklagter meint, daß im vorliegenden Fall die in Rede stehenden Indossamente keine Verträge bilden, so würde aus der Richtigkeit dieser Ansicht sich nur folgern lassen, daß dann überhaupt der Cessionsstempel nicht gefordert werden kann; der Cessionsstempel ist stets ein Vertragsstempel ohne

Ansehen des speziellen Falles, und nur um einen Ausspruch hierüber hat es sich gegenwärtig gehandelt."

313. Auslegung der §§ 9, 61 des Preuß. Viehseuchengesetzes vom 25. Juni 1875. Urth. des V. Civilsenats vom 28. Februar 1885 in Sachen H. P. zu O., Klägers und Revisionsklägers, wider den Preuß. Fiskus, Beklagten und Revisionsbeklagten. Vorinstanz: O.L.G. Breslau. Verwerfung.

Der B.R. hat, in Bestätigung der erstinstanzlichen Entscheidung, den Kläger mit seinem Entschädigungsanspruch aus dem Seuchengesetz vom 25. Juni 1875 deshalb zurückgewiesen, weil Kläger verabsäumt habe, binnen der gesetzlich vorgeschriebenen Frist Anzeige von dem Verdachte der Rotzkrankheit eines seiner Pferde zu machen, nachdem ihm ein solcher Verdacht durch einen Thierarzt mitgetheilt worden sei. Die gegen dieses Urtheil erhobenen Revisionsangriffe rügen einen doppelten Rechtsirrthum: einmal weil der B.R. das Gesetz in §§ 9 und 61 dahin versteht, es sei die dort dem Besitzer von Vieh auferlegte Pflicht der Anzeige und die an deren Versäumniß geknüpfte Strafe nicht wegfallend, wenn auch der Thierarzt für sich, nicht aber der Viehbesitzer die Anzeige mache; sodann weil der B.R. den in § 61 angedrohten Verlust der Entschädigung auf alle Thiere bezieht, welche nach Ausbruch der Seuche getödtet werden, und nicht blos auf das Thier, bezüglich dessen die Anzeige verabsäumt worden ist.

„In beiden Fällen ist der Auslegung des B.R. beizutreten. Sie steht nicht im Widerspruch mit dem Wortlaut des Gesetzes und entspricht dem Zwecke desselben, dem Umsichgreifen gemeingefährlicher Viehkrankheiten nach Möglichkeit entgegen zu treten. Dieser Zweck, welcher dem Gesetze da, wo es sich mit Vorbeugungsmaßregeln befaßt, einen polizeilichen Charakter giebt, führt im Zweifel zu einer Auslegung gegen den, welcher die Pflicht verfehlt, welche ihm im Interesse von Schutzmaßregeln auferlegt worden ist."

314. Da der Preuß. Gerichtsvollzieher durch die §§ 23, 27 der Gerichtsvollzieherordnung vom 14. Juli 1879 fixirt ist, so kann er keinen Anspruch auf die ihm während seiner Einziehung zu Landwehrübungen entgehenden Gebühren aus § 66 des Reichs-Militärgesetzes von 1874 erheben. (S. o. Fall 271 S. 443.)

2. Sächsisches Recht.

315. Fortdauernde Gültigkeit des § 35 des Bürgerl. G.B. neben dem Reichs-Haftpflichtgesetz (s. o. Fall 270 S. 441).

3. Hannoversches Recht.

316. Rechte desjenigen, dem nach Rechtskraft des Erkenntnisses auf Todeserklärung eines Verschollenen, als dem nächsten Erben desselben,

dessen Vermögen vom zuständigen Gericht ausgeliefert ist. Urth. des III. Civilsenats vom 7. März 1885 in Sachen H. A. U. zu O., Klägers und Revisionsklägers, wider J. U. das., Beklagten und Revisionsbeklagten. Vorinstanz: O.L.G. Celle. Aufhebung und Zurückverweisung.

„Bei der gegenwärtigen Sachlage kann der in §§ 14, 15 des Hannoverschen Gesetzes vom 23. Mai 1848 vorgesehene Fall, daß derjenige, welchem das Vermögen überwiesen worden, dasselbe, soweit er dasselbe noch besitzt, dem wahren Erben herauszugeben hat, wenn sich nach der Ueberweisung herausstellt, daß er als der rechte Vertrags-, Testaments- oder Intestaterbe nicht anzusehen sei, überhaupt nicht eintreten, weil die Erbansprüche derjenigen Personen, welche abgesehen vom Kläger die Erben des verschollenen B. U. waren, dem Kläger gegenüber beseitigt sind, diese bezw. deren Erben auf Grund der §§ 14, 15 cit. eine Herausgabe des dem Kläger überwiesenen Vermögens nicht würden verlangen können. Nach §§ 14, 15 cit. ist aber derjenige, welchem das Vermögen des Verschollenen und für todt Erklärten überwiesen ist, nur dem zurückgekehrten Verschollenen und dem wahren Erben desselben gegenüber verpflichtet, das Vermögen in dem im Gesetze bestimmten Umfange herauszugeben; Dritten gegenüber, und zu diesen gehört der Beklagte, welchem ein Erbrecht an dem Nachlasse des B. U. nicht zusteht, da die von ihm berufenen vollbürtigen Brüder desselben die Erbschaft angetreten haben, erscheint aber derjenige, welchem das Vermögen des für todt Erklärten durch das zuständige Gericht überwiesen ist, legitimirt, die Herausgabe der in deren Besitz befindlichen, zu diesem Vermögen gehörigen Objekte zu verlangen.

Wenn auch, wie der B.R. feststellt, nach dem citirten Hannoverschen Gesetze die Vermögensüberweisung an den sich legitimirenden Erben keinen die wirkliche Erbberechtigung ersetzenden Rechtstitel begründet, so ist doch die Folgerung, daß der Kläger bei Lage der Sache auch dem Beklagten gegenüber nicht berechtigt sei, die Herausgabe des angeblich im Besitze desselben befindlichen Vermögens des B. U. zu verlangen, nicht gerechtfertigt. Derjenige, welchem von dem zuständigen Gerichte nach Rechtskraft des Erkenntnisses auf Todeserklärung als dem sich legitimirenden Erben des für todt Erklärten dessen Vermögen überwiesen wird, ist, solange nicht der Verschollene selbst oder der wahre Erbe desselben die Herausgabe des Vermögens an ihn erwirkt hat, jedem gegenüber legitimirt, die zu dem ihm überwiesenen Vermögen gehörigen Rechte und Ansprüche geltend zu machen, und es ist unrichtig, wenn der B.R. aus dem von ihm festgestellten

Inhalte des Gesetzes die Folgerung zieht, daß für unbetheiligte Dritte durch die Ueberweisung des Vermögens nicht die Verpflichtung begründet werde, in ihrem Besitze befindliche Nachlaßgegenstände dem Eingewiesenen auszuantworten. Derjenige, welcher dem zuständigen Gerichte als nächstberechtigter Erbe des für todt Erklärten sich legitimirt hat und welchem darauf das Vermögen des Verschollenen überwiesen ist, erscheint vielmehr Dritten gegenüber, welchen ein Anspruch auf dieses Vermögen nicht zusteht, als der legitimirte Besitzer und Vertreter dieses Vermögens und befugt, alle zu diesem Vermögen gehörigen Rechte geltend zu machen."

4. Rheinisches Recht.

317. **Anwendbarkeit der Bestimmung des Art. 555 des B.G.B. auf den Fall, wenn Inhaber eines Grundstücks, deren Kaufvertrag für nichtig erklärt wird, Aenderungen u. s. w. an dem Grundstück vorgenommen haben.** Urth. des II. Civilsenats vom 5. März 1885 in Sachen J. B. zu X., Beklagten und Revisionsklägers, wider die Eheleute B. zu G., Kläger und Revisionsbeklagte. Vorinstanz: O.L.G. Köln. Aufhebung und Zurückverweisung.

„Der Art. 555 des B.G.B. spricht ein allgemeines Prinzip aus für den Fall, daß ein Dritter, d. h. ein anderer als der Eigenthümer, Konstruktionen auf einem Grundstücke vorgenommen hat. Der Wortlaut des Gesetzes trifft auch den vorliegenden Fall; denn in Folge der Nichtigerklärung des Kaufvertrages vom 17. April 1873 haben die Kläger nie aufgehört, Eigenthümer zu sein, es sind also die Veränderungen, welche die Beklagte auf dem verkauften Grundstücke vornahm, von einem Nichteigenthümer vorgenommen worden. Es liegt auch kein Grund vor, anzunehmen, daß das Gesetz, seinem Sinne nach, Fälle vorliegender Art nicht treffen wolle, und zwar um so weniger, als, da vertragliche Rechte und Pflichten nicht mehr in Frage stehen, sonst diese Fälle einer gesetzlichen Regelung ganz entbehren würden."

318. **Theaterferien unterbrechen die Kontinuität des Besitzes** (im Sinne des art. 1738 des Code civil) **eines Theaterrestaurationspächters nicht.** Urth. des II. Civilsenats vom 27. Februar 1885 in Sachen des Restaurateurs H. H. zu K., Beklagten und Revisionsklägers, wider den Theaterdirektor J. H. das., Kläger und Revisionsbeklagten. Vorinstanz: O.L.G. Köln. Verwerfung.

„Richtig ist es allerdings, daß die Vermuthung der stillschweigenden Fortsetzung eines Miethvertrages nach Art. 1738 des B.G.B. an die Kontinuität des Besitzes geknüpft ist und daß in der Zeit vom 1. Mai bis 1. September 1882 Beklagter im Foyer die Wirthschaft nicht betrieben hat. Wenn aber, wie das Gericht anführt, wegen der Theaterferien während dieser Zeit nach der Natur des Vertrages der Wirthschaftsbetrieb ausgeschlossen war und Beklagter mit der Wiedereröffnung des Theaters auch die Wirthschaft im Foyer wieder begonnen hat, so kann die Nichtausübung des Miethverhältnisses während des angegebenen Zeitraumes als eine Unterbrechung des Besitzes im Sinne des Gesetzes nicht erachtet werden. Es bedarf aber zur Begründung der Entscheidung nicht einmal der gesetzlichen Vermuthung; denn der Richter trifft auf Grund der Sachlage und des unveränderten Zustandes die thatsächliche Feststellung, daß die Uebereinstimmung der Parteien, das frühere Verhältniß fortzusetzen, vorgelegen habe."

319. **Auslegung des Art. 1793 des Bürgerl. G. B.** (Bauwerkverdingungsvertrag à forfait). **Anwendbarkeit des Artikels bei vertraglichen Bestimmungen über Verwendung alten Materials, Kontrole des Baumeisters, Entziehung der Arbeit unter bestimmten Bedingungen, Aenderungen des Bauplanes durch die Aufsichtsbehörde.** Urth. des II. Civilsenats vom 3. März 1885 in Sachen des Bauunternehmers N. zu E., Klägers und Kassationsklägers, wider die Gemeinde O., Beklagte und Kassationsbeklagte. Vorinstanz: O.L.G. Köln. Verwerfung.

„In Erwägung, daß die Angriffe des Kassationsklägers hauptsächlich gegen die Annahme des B.U. gerichtet sind, daß ein Verdingungsvertrag in Bausch und Bogen im Sinne des Art. 1793 des Bürgerl. G.B. vorliege, der Rekurs daher nur in dem Falle von Erfolg sein kann, wenn der Richter die rechtliche Natur dieses Vertrages verkannt oder eine gesetzliche Auslegungsregel verletzt haben sollte; daß der bezogene Artikel, wenn er auch als eine Ausnahmebestimmung aufzufassen wäre, mit Recht als anwendbar erklärt wird, wenn dessen gesetzliche Voraussetzungen, die Uebernahme nach einem festgesetzten und mit dem Eigenthümer des Bodens verabredeten Plane gegen einen festgesetzten Preis, thatsächlich festgestellt worden; daß, wie der B.R. aus dem Verdingungsvertrage entnimmt, der Kassationskläger die Erbauung von Kirche und Schulhaus nach dem der Verdingung zu Grunde gelegten und von der Regierung zu Trier genehmigten Kostenanschlage und der Zeichnung zum Preise von 67 950 ℳ übernommen hat und hiermit die Natur des Geschäftes als eines Marché à forfait mit Recht festgestellt ist, falls nicht aus anderen Vertragsbestimmungen oder sonstigen Thatsachen sich ergiebt, daß nach der Absicht der Kontrahenten etwas anderes vereinbart werden sollte; daß auch die vertraglichen Bestimmungen über die Uebernahme alten Materials, die Kontrole des Baumeisters und die Zulässigkeit der Entziehung der Arbeit der Vertragsauslegung nicht entgegenstehen, indem der nach dem Vertrag zu veranschlagende Werth der vorhandenen Mauersteine auf den vereinbarten Preis anzurechnen war, die Kontrole des Baumeisters nur die vertragsmäßige Ausführung der Arbeit bezweckte, die für gewisse Fälle angedrohte Entziehung der Arbeit endlich mit dem Vertrage à forfait keineswegs unvereinbar ist; daß zum Begriffe eines solchen Vertrages die unbedingte Unabänderlichkeit des Planes keineswegs gehört, indem das Gesetz selbst Abänderungen für zulässig erklärt, wenn ein schriftlicher Auftrag des Bauherrn und Vereinbarung über den Preis der Abänderung erfolgt ist, das Wesen des Vertrages daher nicht dadurch verändert wird, daß für die Zulässigkeit einer Abweichung von dem Plane die Zustimmung des Bauherrn resp. der Regierung als weitere Bedingung aufgestellt wurde; daß Kassationskläger mit Unrecht behauptet, die Einholung der Genehmigung der Regierung sei lediglich Sache des Baumeisters gewesen, indem ihm der Vertrag ausdrücklich die Ausführung von Mehrarbeiten untersagt, sofern er nicht dazu die Zustimmung der vorgesetzten Behörde erhalten habe."

320. Anfechtbarkeit von Fahrnißveräußerungen gemäß art. 2092 des Code civil (§ 3 Nr. 1 des Reichs-Anfechtungsgesetzes). Urth. des II. Civilsenats vom 17. März 1885 in Sachen der Gebr. L. in B., Beklagten, Widerkläger und Revisionskläger, wider R. & B. das., Klägerin, Widerbeklagte und Revisionsbeklagte. Vorinstanz: O.L.G. Köln. Aufhebung und Zurückverweisung.

„Der erste Angriff der Revision, daß der B.R. den Art. 2279 des Bürgerl. G.B. durch Nichtanwendung verletze, war als begründet nicht anzuerkennen. Nach dem Grundsatze des Französischen Rechtes, daß der Besitz beweglicher Sachen als Titel für den Eigenthumserwerb gelte, kann zwar der Besitzer schon als solcher die dinglichen Ansprüche eines Dritten abwehren und in rechtsgültiger Weise Eigenthum auf einen Anderen übertragen. Wenn aber, wie das B.G. im vorliegenden Falle annimmt, der Gemeinschuldner seine Fahrnisse an die Klägerin verkauft hatte und er nur in deren Namen den Besitz ausübte, so stand der Klägerin ein die Veräußerung der Mobilien seitens des Schuldners hinderndes Recht zu, und sie konnte wider die Pfändung derselben nach § 690 der C. P. O. die Widerspruchsklage erheben.

Dagegen erscheint die Entscheidung des B.R. über die auf § 3 Nr. 1 des Reichs-Anfechtungsgesetzes gegründete, durch Einrede und Widerklage geltend gemachte Anfechtung des Kaufvertrages nicht gerechtfertigt. Der Richter verkennt zwar nicht, daß die durch Hingabe an Zahlungsstatt bewirkte Befriedigung eines Gläubigers der Anfechtung unterliegen könne; er gründet aber seine Entscheidung auf den an die Spitze der Gründe gestellten Satz: die Thatsache allein, daß bei einer solchen Befriedigung eines einzelnen Gläubigers die übrigen Gläubiger das leere Nachsehen hätten, reiche zur Rechtfertigung der Klage nicht aus, vielmehr müßten noch andere Umstände hinzutreten, um die Deckung fälliger, unbestreitbarer Forderungen durch Hingabe an Zahlungsstatt anfechtbar zu machen. Diese Ansicht kann nicht gebilligt werden. Das Vermögen des Schuldners bildet nach Art. 2092 des Bürgerl. G. B. das gemeinschaftliche Unterpfand seiner Gläubiger. Giebt der Schuldner, wie im vorliegenden Falle behauptet und von dem Richter als möglich unterstellt wird, seine ganze dem Zugriffe der Gläubiger unterliegende Fahrniß einem einzelnen Gläubiger an Zahlungsstatt mit dem Bewußtsein, daß dadurch den übrigen Gläubigern die Mittel zur Befriedigung entzogen werden und ihnen nur das leere Nachsehen bleibt, so liegt schon in dem Abschlusse dieser Rechtshandlung ein die Gläubiger benachtheiligender Erfolg und der Beweis, daß der Schuldner die Absicht gehabt hat, diesen Erfolg herbeizuführen. Wenn ferner der Gläubiger diese Sachlage kannte und aus derselben vernünftiger Weise die Ueberzeugung gewinnen mußte, daß die Rechtshandlung zum Nachtheile der übrigen Gläubiger vorgenommen war, so liegen die Voraussetzungen der Anfechtungsklage nach § 3 Ziff. 1 des Gesetzes vor, selbst wenn das Geschäft für den Schuldner selbst kein unvortheilhaftes war und demselben die Aussicht auf Erzielung des höchstmöglichen Preises darbot."

321. **Soweit der Art. 2102 Abs. 1 des Bürgerl. G.B. ein über § 41 Abs. 4 der R. Konk. O. hinausgehendes Vorzugsrecht des Vermiethers gewährte, ist er durch § 7 des Preuß. Einführungsgesetzes zur R. Konk. O. aufgehoben.** (S. o. Fall 272 S. 445.)

Civilrechtliches aus den Strafsenaten des R. G.

Anwendung des gemeinrechtlichen Satzes, daß man Gewalt mit Gewalt abwehren dürfe, auf Nothwehr gegen Angriffe auf das Vermögen. Urth. des III. Straffenats vom 9. April 1885 wider die verehel. W. Vorinstanz: Strafk. beim A. G. Bernburg. Verwerfung der Revision der Staatsanwaltschaft.

Nach den thatsächlichen Feststellungen des angefochtenen Urtheils hat Angeklagte in ihrer Wohnung einen Hundertmarkschein, welchen sie von ihrem Ehemanne zu dem Zwecke erhalten hatte, um denselben den Schwestern Emma und Friederike Lorenz für eine Forderung des Vaters derselben abfindungsweise zu behändigen, in Gegenwart der genannten Schwestern auf den Tisch gelegt, und sollte zunächst Emma Lorenz Quittung über die gesammte Forderung ausstellen, von welcher Ausstellung Angeklagte die Hingabe des Scheines abhängig machen wollte. Da Friederike Lorenz den Versuch machte, die Zahlung noch eines weiteren Betrages auszuwirken, erklärte der im Nebenzimmer befindliche Ehemann der Angeklagten, nun kriegten sie — die Schwestern — gar nichts, und rief seiner Ehefrau zu, sie werde ihnen das Geld doch nicht gegeben haben, was diese verneinte. In diesem Augenblick griff Emma Lorenz nach dem Scheine und nahm denselben gegen den Willen der Angeklagten an sich. Letztere stürzte sich sofort auf die Emma Lorenz, um dieser den Schein zu entreißen, was ihr jedoch nicht gelang. Die Freisprechung von der Anklage wegen versuchter Nöthigung stützt der Erste Richter auf die Erwägung, daß Angeklagte nicht etwa widerrechtlich die Emma Lorenz zur Rückgabe des Scheines — oder, was der Erste Richter wohl sagen wollte, zur Duldung der Abnahme des Scheines durch Angeklagte — nöthigen wollte, sondern daß sie durch ihr Vorgehen einen gegenwärtigen rechtswidrigen Angriff der Lorenz auf ihres Ehemannes Eigenthum von diesem abzuwehren suchte.

„Der Revision der Staatsanwaltschaft, welche Verletzung des § 240 des R. Str. G. B., event. auch des § 53 des R. Str. G. B. geltend macht, war Erfolg zu versagen. Nach den vom Ersten Richter zur Begründung der Freisprechung gewählten Ausdrücken kann es kaum zweifelhaft sein, daß nach Ansicht desselben der Angeklagten der Schuldausschließungsgrund der Nothwehr (§ 53 des R. Str. G. B.) zur Seite steht. Diese Ansicht beruht keineswegs auf Rechtsirrthum. Daß Nothwehr auch gegenüber einem Angriffe auf das Eigenthum bezw. auf Vermögensgegenstände Platz greift, bedarf nur der Andeutung. Nach den Urtheilsfeststellungen hatte sich Emma Lorenz gegen den Willen des Eigenthümers der Hundertmarknote und gegen den Willen der im Auftrage des Eigenthümers in der

Verfügungsgewalt über die Note befindlichen Angeklagten in den Besitz der Note gesetzt und damit einen — wenigstens objektiv — rechtswidrigen Angriff auf das Vermögen des Ehemannes W. unternommen. Die Revision scheint diese Annahme an sich auch nicht bestreiten zu wollen, erachtet aber das Requisit des „gegenwärtigen" Angriffes um deswillen als ausgeschlossen, weil Emma Lorenz, indem sie den Hundertmarkschein an sich genommen, jenen Angriff bereits beendigt gehabt habe. Dieser Rechtsauffassung kann nicht beigepflichtet werden. Zwar war die eigenmächtige Ansichnahme des Scheines von Seite der Emma Lorenz bereits beendet, nicht beendigt jedoch war damit ihr Angriff gegen das Vermögensrecht des Ehemannes der Angeklagten; denn sie hatte den Schein der thatsächlichen Machtsphäre der, ihren Ehemann vertretenden Angeklagten noch nicht, und um so weniger entzogen, als sie sich noch in der Wohnung der W.'schen Eheleute befand. Wollte man mit der rechtswidrigen Besitzergreifung an einer fremden Sache den Angriff auf das fremde Vermögen im Sinne der Revision als bereits beendigt ansehen, so würde § 53 des R. Str. G. B. gegenüber Angriffen auf das Vermögen gerade in den wichtigsten Fällen, besonders bei Diebstahl und Raub, nahezu unanwendbar sein. Uebrigens stehen der Angeklagten auch die civilrechtlichen Bestimmungen über erlaubte Selbsthilfe — im Sinne von Selbstvertheidigung —, welche der Erste Richter möglicherweise ebenfalls im Auge hatte, zur Seite.

Nach dem gemeinrechtlichen Satze: daß man Gewalt mit Gewalt zurückweisen dürfe, ist es dem mit Gewalt aus dem Besitze Gesetzten gestattet, unverzüglich mit Gewalt wieder in den Besitz der Sache sich zu setzen (vergl. insbesondere fr. 1 §§ 27, 28, fr. 3 § 9, fr. 17 D. de vi 43, 16; c. 1 C. unde vi 8, 4). Daß im Sinne der erstrichterlichen Feststellungen Emma Lorenz, indem sie gegen den ihr bekannt gewordenen Willen der W.'schen Eheleute den bis dahin in deren Besitz befindlichen Hundertmarkschein in Aneignungsabsicht an sich nahm, mit Gewalt sich in dessen Besitz setzte, unterliegt nach Gemeinem Rechte keinem Zweifel; wenn dem Vorgehen der Angeklagten hiernach der Charakter der Rechtswidrigkeit vom Ersten Richter abgesprochen ist, so beruht diese Ansicht auch vom Standpunkte des Civilrechts nicht auf Rechtsirrthum. Zu der Annahme, daß Angeklagte unter irgend welchem Gesichtspunkte das zulässige Maß von Gewalt überschritten habe, bieten die Urtheilsgründe keinen Anlaß.

Hierdurch findet die Ausführung der Revision, daß für die W.'schen Eheleute das legale Zwangsmittel, um wieder in den Besitz des Scheines zu gelangen, nur der Rechtsweg sein konnte, ihre Widerlegung.

Ebensowenig kann davon die Rede sein, daß Erstrichter den Unterschied zwischen Verfolgung eines berechtigten Anspruches und Wahl eines zulässigen Mittels verkannt habe. War das von der Angeklagten zur Verfolgung eines berechtigten Anspruches — hier zur Abwehr unberechtigten Angriffes bezw. zur Selbstvertheidigung — gewählte Mittel der Gewalt vom Standpunkte der Nothwehr oder der Selbsthilfe gesetzlich gestattet, so fehlt gerade das zum Thatbestande der Nöthigung erforderliche Merkmal der Widerrechtlichkeit." (Vergl. Urtheil des R. G. vom 13. Januar 1881: Annalen Bd. III S. 140; Entsch. Bd. III S. 222.)

Thatbestand des Vergehens des § 213 der R. Konk. O. Urth. des IV. Strafsenats vom 24. März 1885 wider Würminghaus und Gen. Vorinstanz: L. G. Hagen. Verwerfung.

„Der Thatbestand des § 213 der R. Konk. O. vollendet sich, wo es sich, wie hier, um ein „Versprechenlassen" handelt, dadurch, daß das Versprechen für die zukünftige Abstimmung abgegeben und von dem Konkursgläubiger angenommen wird unter der ausdrücklichen oder stillschweigenden Zusicherung der Art der Abstimmung. Daraus folgt weder mit thatsächlicher noch mit rechtlicher Nothwendigkeit, daß der Gläubiger das Versprechen fordert und zu dem Versprechen bestimmt, d. h. daß das „Versprechenlassen" im § 213 der R. Konk. O. nur als die Handlung des Gläubigers zu denken ist. Es ist ebenso thatsächlich und rechtlich denkbar, daß das Versprechen von dem Gemeinschuldner oder dem Dritten ausgeht, der Gemeinschuldner oder der Dritte den Gläubiger durch die angebotenen Vortheile zur Annahme derselben und der Zusicherung der Abstimmung bestimmt. Die Motive der R. Konk. O. ergeben sogar, daß der Gesetzgeber den sogenannten Stimmkauf, d. h. den Kauf der Stimme des Gläubigers durch den Gemeinschuldner oder Dritte, im Auge gehabt hat. Nun kann bezweifelt werden, ob in dem ersterwähnten Falle, wo der Gläubiger das Versprechen fordert und den Gemeinschuldner bestimmt, von einer strafbaren Betheiligung des Gemeinschuldners, dessen Versprechen das Gesetz nicht unter Strafe stellt, an dem Vergehen des § 213 der R. Konk. O. geredet werden kann. Aber es ist nicht abzusehen, weshalb im zweiten Falle die allgemeinen Grundsätze des R. Str. G. B. über Anstiftung, welche für alle in späteren Reichsgesetzen bedrohten Delikte an sich maßgebend sind, soweit aus diesen Gesetzen selbst nicht eine Abweichung begründet ist, außer Anwendung bleiben sollen. Denn in dem zweiten Falle, wo das Versprechen von dem Gemeinschuldner ausgeht, ist es sehr wohl denkbar, daß der Wille des Gläubigers zur Annahme des Versprechens und Zusicherung der gewünschten Abstimmung, d. h. zu dem, was die Strafthat ausmacht, durch den Gemeinschuldner bestimmt wird, und zwar durch das Versprechen und neben demselben durch andere Mittel (§ 48 des R. Str. G. B.). Weder aus dem § 213 der R. Konk. O., noch aus der Natur des durch ihn konstruirten Vergehens ist ein zureichender Grund dagegen zu entnehmen. Solches folgt nicht daraus, daß das Gesetz im § 213 nur die Handlung der Annahme des Versprechens und der Zusicherung der Abstimmung unter Strafe stellt, sowenig wie nach der Rechtssprechung des R. G. die Straflosigkeit der Anstiftung im Falle des § 211 der R. Konk. O. daraus folgt, daß nur die Handlung des Schuldners unter Strafe gestellt ist. Unter Strafe gestellt ist die Handlung des Gläubigers im § 213, weil er nach den Bestimmungen der R. Konk. O. über den Zwangsvergleich durch seine Abstimmung zwingend auf die Rechte der anderen Gläubiger einwirken kann; daß dies aus unlauteren Motiven geschieht, soll verhindert werden. Der Gemeinschuldner nimmt allerdings seine Rechte wahr, wenn er einen für ihn möglichst günstigen Vergleich zu erreichen strebt, aber die Wahrnehmung dieser Rechte hört auf, eine erlaubte zu sein, wenn sie dadurch geschieht, daß wissentlich eine strafbare Handlung hergestellt wird, und dies ist der Fall, wenn der Gemeinschuldner durch Versprechen besonderer Vortheile einen Gläubiger zur Zusicherung einer bestimmten Abstimmung bewegt. Aus der rechtlichen Stellung des Gemeinschuldners im Konkurse und Zwangsvergleich kann deshalb dafür, daß das Gesetz seine Straflosigkeit gewollt, nichts geschlossen werden."

Reichs-Nahrungsmittelgesetz vom 14. Mai 1879, § 10. Die Echtheit einer Waare ist nach den am Ort ihrer Herstellung entscheidenden Normen zu beurtheilen. Urth. des I. Strafsenats vom 30. März 1885 wider den Brauereidirektor S. in Lichtenfels und Gen. Vorinstanz: L.G. Bamberg. Aufhebung und Zurückverweisung auf Revision der Staatsanwaltschaft.

Der Erste Richter hat festgestellt, daß in der von dem Angeklagten S. geleiteten Brauerei durch die Mitangeklagten F. und D. in der Zeit von Mitte Mai 1882 bis Ende März 1884 jedesmal unmittelbar vor dem Versandte des nach Norddeutschland bestimmten Bieres in die mit Bier gefüllten Fässer, welche zwischen 1/2 und 2 Hektoliter Gehalt hatten, ein „Gläschen" Bierkouleur — bestehend in zu Karamel gebranntem Zucker — in der Quantität bis zu 1/2 Liter, je nach Größe des Fasses, eingegossen und hierdurch dem Biere eine tiefdunkle Farbe gegeben wurde. Der Vorderrichter verneint aber, daß durch diese Zusätze das Bier verfälscht worden sei, weil dieselben weder die Qualität des Getränkes verschlechtert, noch diesem den Schein einer besseren Beschaffenheit verliehen hätten, und kommt zu dem Ergebnisse, daß, weil das Bier in seiner Beschaffenheit mit Ausnahme der Farbe nicht alterirt worden sei, der Zusatz sich als ein „indifferentes Mittel" darstelle. Um zu widerlegen, daß dem Biere durch die Beimengung von Bierkouleur der Schein einer besseren Beschaffenheit gegeben worden sei, führt der Unterrichter aus: Dadurch, daß in Bayern nach Gesetz und Herkommen zur Bierbereitung nur Hopfen und Malz verwendet werden darf und die Benützung jeden Surrogats verboten ist, sei das Publikum wohl an sich zu der Erwartung berechtigt, daß es bei Bestellung von bayrischem Biere nur ein aus Hopfen und Malz hergestelltes Gebräu erhalte. Bei dem hier allein in Betracht kommenden Bierversandte nach Sachsen komme jedoch in Betracht, daß von den dortigen Abnehmern und Konsumenten absolut eine tiefdunkle Farbe des Braunbieres verlangt werde, wie sie in Bayern nicht üblich sei und auch durch Anwendung von Farbmalz ohne Alterirung und Beeinträchtigung des Geschmackes nicht hervorgerufen werden könne. Es sei glaubwürdig, daß die unmittelbaren Abnehmer, die Wirthe in Sachsen, davon Kenntniß hätten, daß die dort allgemein verlangte, intensiv dunkle Farbe mittels Bierkouleur bewirkt werde, und könne unter diesen Umständen auch „nicht sicher angenommen werden, daß das konsumirende Publikum dortselbst diese tiefdunkle Farbe als lediglich durch Farbmalz erzielt ansehe."

„Diese Ausführung ist theilweise in sich widersprechend und stützt sich auf Unterschiede, denen eine rechtliche Bedeutung nicht zukommen kann. Wenn zunächst gesagt wird, daß das Publikum an sich berechtigt sei, bei Bestellung von „bayrischem Biere" nur ein aus Hopfen und Malz hergestelltes Getränke zu erhalten, so muß dasselbe auch „an sich" berechtigt sein, anzunehmen, daß jede Eigenschaft dieses Getränkes, also Gehalt, Geschmack und Farbe ein Produkt dieser allein zulässigen Mischung sei. Ist das Getränke in irgend einer dieser Eigenschaften durch Beimischung anderer Stoffe verändert, so kann der Stoff nicht, wie der Erste Richter meint, als ein indifferenter bezeichnet werden.

Dies gilt insbesondere auch von Beeinflussung der Farbe durch fremde Stoffe, da auch die Farbe einer Waare von wesentlicher Bedeutung ist, wenigstens dann, wenn aus ihr auf eine andere Zusammensetzung der im normalen Produkte enthaltenen Stoffe geschlossen werden kann; denn unter dieser Voraussetzung wird dem Produkte durch eine veränderte Farbe nothwendig auch der falsche Schein verliehen, als seien die Stoffe anders, als dies in Wirklichkeit der Fall, zusammengesetzt. Daß dieser falsche Schein der einer Verbesserung sei, ist, wie das R.G. schon zu öfteren Malen betont hat" (vergl. Urtheil vom 27. November 1882: Annalen Bd. VII S. 42; Entsch. Bd. VII S. 337. Urtheil vom 15. Dezember 1884 wider B. und Gen., Rep. No. 2911. von 1884), „immer dann anzunehmen, wenn der Zusatz fremder Stoffe geeignet ist, bei den Abnehmern die irrige Meinung hervorzurufen, als ob die wahrgenommene Aenderung ihre Ursache in der Verwendung derjenigen Stoffe habe, welche als die normalen im Verkehre gekannt und geschätzt sind, weil von ihrer Verwendung der Nahrungs- oder Genußwerth oder der gesundheitliche Werth der Waare als bedingt gilt, die Waare daher in der Regel für um so werthvoller gilt, je reichlicher diese Stoffe zu derselben verwendet sind. Diese Annahme muß um so mehr dann Platz greifen, wenn diese Stoffe die gesetzlich allein zulässigen sind, das Publikum daher, wie ja der Erste Richter selbst annimmt, bei solchen gesetzlich normirten Mischungen, wie beim bayrischen Biere, zur Erwartung berechtigt ist, ein nur aus den gestatteten Stoffen, hier Hopfen und Malz, hergestelltes Produkt zu erhalten und folgerichtig aus der intensiveren Farbe des Produktes auch auf einen reichlicheren Zusatz des hierfür zunächst maßgebenden echten Stoffes zu schließen.

Der Erste Richter scheint nun allerdings zwischen der Berechtigung des bayerischen und des norddeutschen Publikums unterscheiden zu wollen und meint, daß, weil das norddeutsche, insbesondere sächsische Publikum eine dunklere als die in Bayern übliche, mit Malz ohne Nachtheil für den Geschmack nicht mehr herstellbare Farbe wünsche, einerseits ein Zusatz von Farbestoff zulässig, andererseits auch nicht sicher sei, ob das konsumirende Publikum dortselbst diese abnorme Farbe lediglich der Verwendung der zulässigen Stoffe zuschreibe. Daß die Beimischung von Bierkouleur in Bayern als Verfälschung anzusehen sei und von jeher angesehen wurde, scheint der Erste Richter wohl selbst anzunehmen, und kann in dieser Beziehung auf die verschiedenen Entscheidungen des Bayerischen Obersten Gerichtshofes Bezug genommen werden, welcher sowohl auf Grund des Art. 325 des Bayerischen Str.G.B. vom 10. November 1861 (Zeitschrift für Gesetzgebung und Rechtspflege Bd. XIII S. 455) als später auf Grund des § 367 Ziff. 7 des R.Str.G.B. (Entsch. des Bayerischen Obersten Gerichtshofes in Sachen des Strafrechts ꝛc. Bd. VII S. 105) die Beimischung von Bierkouleur stets als Verfälschung dieses Getränkes ansah, obwohl der Fälschungsbegriff in diesen Gesetzen, insbesondere im R.Str.G.B. kein anderer war und ist, als im Gesetze vom 14. Mai 1879 über den Verkehr mit Nahrungsmitteln (vergl. auch Urtheil des I. Strafsenats des R.G. vom 18. Dezember 1882: Entsch. Bd. VII S. 314; Annalen Bd. IX S. 507. Urtheil des I. Strafsenats vom 15. Dezember 1884 wider B. und Gen., Rep. No. 2911/84).

Die Frage nach der Echtheit einer Waare ist aber objektiv und, sofern Gesetz und Herkommen für ihre normale Beschaffenheit entscheidend sind, nach den am Orte ihrer Herstellung entscheidenden Normen zu beurtheilen und kann für denselben Gegenstand nicht verschieden beantwortet werden, je nachdem sie bald dem einen bald einem anderen Publikum zugesendet wird. Der Abnehmer, welcher „bayrisches Bier“ bestellt, hat das Recht, ein nur aus Hopfen und Malz hergestelltes Getränke zu erwarten, mag er dasselbe in Bayern selbst oder in Sachsen beziehen, und wenn das Publikum irgendwo eine Farbe verlangt, deren Herstellung mit Benützung der gesetzlich allein zulässigen Mittel nicht möglich ist, so erscheint es Pflicht des Fabrikanten, seine Abnehmer und bezw. das Publikum hierüber aufzuklären, nicht aber einen etwa durch frühere Täuschungen erregten Irrthum aufrecht zu erhalten und im Interesse eines größeren Absatzes auszubeuten. Selbst wenn man von den Bestimmungen des bayrischen Malzaufschlagsgesetzes, nach welchem ein solcher Zusatz niemals als berechtigt und zulässig angesehen werden kann, völlig absieht und sich ausschließlich auf den Standpunkt des Nahrungsmittelgesetzes stellt, konnte die Freisprechung nicht darauf gestützt werden, daß der Erste Richter die Frage, ob das konsumirende Publikum in Sachsen diese tiefdunkle Farbe als lediglich durch Farbmalz erzielt erachte und ob es durch dieselbe über den Malzgehalt des Bieres getäuscht werde, einfach dahingestellt sein ließ. Denn im Sinne des Nahrungsmittelgesetzes, welches vor allem das Publikum gegen Benachtheiligung schützen will, verstößt es schon gegen Treue und Glauben im Handel, wenn dem Publikum eine mit seinen berechtigten Erwartungen im Widerspruch stehende Beschaffenheit der Waare verschwiegen wird, wie ja auch in den Motiven ausdrücklich hervorgehoben ist, daß der Händler die Pflicht habe, nicht blos die Erregung eines Irrthumes zu vermeiden, sondern auch dem Käufer zu sagen oder sonst erkennbar zu machen, daß die Waare verfälscht sei.

Vom Standpunkte des Nahrungsmittelgesetzes wäre wohl nur dann den Anforderungen eines reellen Verkehres genügt und eine Täuschung sicher ausgeschlossen, wenn das trotz berechtigter gegentheiliger Erwartung nicht nur aus Hopfen und Malz bestehende, sondern auch mit Bierkouleur vermengte Getränke nicht als „bayrisches Bier“ schlechthin, sondern etwa als „gefärbtes bayrisches Bier“ in den Handel gebracht und ausgeschenkt würde; denn ohne einen derartig aufklärenden Beisatz bleibt selbst nach den ohnehin höchst bedenklichen und durch keine thatsächliche Grundlage gestützten Annahmen des Ersten Richters über die Anschauungen des sächsischen Publikums jedenfalls die Möglichkeit offen, daß das Publikum die dunkele Farbe dem Malzgehalte zuschreibe, darum das Bier für ein besseres halte, als es wirklich ist, und hiermit durch das Verfahren der Brauerei über die Qualität ihres Produktes getäuscht werde. Was die sächsischen Wirthe über den fraglichen Punkt glauben, ist gleichgültig, da ihre etwaige Mitwissenschaft den Lieferanten, welcher weiß, daß das Produkt von ihnen an das Publikum ohne die nöthige Aufklärung abgegeben wird, nicht zu entlasten vermöchte.“ (Vergl. Urtheil vom 17. Januar 1881: Annalen Bd. III S. 165; Entsch. Bd. III S. 274.) „Nun hat allerdings der Erste Richter auch festgestellt, daß keiner der drei Angeklagten bei Vornahme der festgestellten Manipulationen die Absicht hatte, bei den Abnehmern oder Konsumenten eine Täuschung hervorzubringen, sowie daß sich die Angeklagten nicht bewußt waren, durch das Färben des Bieres demselben den Anschein einer besseren Beschaffenheit gegeben zu haben. Allein auch diese Feststellung erscheint nach Lage der Sache nicht geeignet, die Freisprechung aus § 10 und insbesondere aus § 10 Ziff. 2 des Reichs-Nahrungsmittelgesetzes zu tragen. Denn abgesehen von der Frage, ob der Anforderung des Gesetzes, daß „wissentlich" ein „verfälschtes" Nahrungsmittel verkauft wurde, nicht schon dann genügt wäre, wenn objektiv festgestellt würde, daß das Produkt als ein verfälschtes im Sinne des Gesetzes anzusehen sei, und demnächst weiter sich ergäbe, daß der Verkäufer von der als Verfälschung im Sinne des Gesetzes anzusehenden Beschaffenheit der Waare — gleichviel ob er sie für eine Fälschung hielt oder nicht — Kenntniß hatte, weil die seinerseits unterlassene Subsumirung unter den Fälschungsbegriff als strafrechtlicher Irrthum anzusehen wäre, so läßt sich nicht bemessen, inwieweit die anscheinend rechtsirrige Auffassung des Begriffes der Verfälschung von Seite des Ersten Richters die Beurtheilung des subjektiven Thatbestandes beeinflußt haben mag, weshalb das Urtheil, insoweit dasselbe die Angeklagten von einer Verfehlung gegen § 10 Ziff. 1 und 2 des Reichs-Nahrungsmittelgesetzes freisprach, aufzuheben und die Sache in die Instanz zurückzuverweisen war."

Alphabetisches Sachregister

zu Bd. I der „Urtheile und Annalen des R.G. in Civilsachen".

Man suche die betr. Materie — auch die Rubrik „Civilrechtliches aus den Strafsenaten" — unter „Civilprozeßordnung", „Handelsgesetzbuch", „Wechselordnung", „Konkursordnung", „Gemeines Recht", „Reichs-Stempelgesetz", „Rheinisches Recht" u. s. w.

Die Zahlen bedeuten die Seitenzahlen.

Doppelbesteuerung.

Englisches Recht.

Gebührenordnung für Rechtsanwälte vom 7. Juli 1879.

Gemeines Recht.

Hannoversches Recht.

Privatfürstenrecht.

Rechtsanwaltsordnung.

Reichs-Beamtengesetz.

Reichs-Militärgesetz vom 2. Mai 1874.

Reichs-Servisgesetz vom 23. Mai 1874.

Reichs-Stempelgesetz von 1881.

Alphabetisches Gesetzesregister.

Chronologische Zusammenstellung

der Urtheile und Beschlüsse des Reichsgerichts

in Band I der „Urtheile und Annalen".

Datum. Tag Monat	Civilsenat des R.G.	Seite Bd. I	Parteien.	Gesetz, welches hauptsächlich durch die Entscheidung berührt wird. Paragraph	Gesetz
1884.					
6. Mai	III.	48	B. w. B. K. R. G. in Liq.	Väterliche Gewalt.	Gemeines Recht.
10. Juni	III.	52	M. u. Gen. w. F. u. Gen.	Surrogation.	
13. „	II.	69	R. w. A.	415.1304 Code civil.	Rheinisches Recht.
14. „	IV.	67	W. w. maritum	I, 2 § 718 a, b.	Preuß. Allg. L.R.
17. „	III.	24	L. S. w. maritum	18. 21.	C.P.O.
17. „	III.	45	K. Sp. D. w. B. & K.	Hypothekenrecht.	Gemeines Recht.
17. „	II.	75	K. w. Pf. B. B.	L.R.S. 1156a.	Badisches Recht.
19. „	IV.	57	L. w. Preuß. Fiskus	I, 5 § 1 2c.	Preuß. Allg. L.R.
20. „	II.	27	K. K. L. w. K. K. M.	50. 247, 6. 248 ff.	C.P.O.
20. „	IV.	38	v. B. w. Preuß. Fiskus	749.	„
20. „	IV.	66	v. B. w. Preuß. Fiskus	Ges. v. 20. Mai 1882.	Preuß. Recht.
21. „	I.	4	S. & A. w. H. u. Gen.	137. 140.	H.G.B.
21. „	V.	30	H. w. verw. K.	9. 13, 4.	Geb.O. für R.Anw.
21. „	I.	31	K. w. B.	191. 193. 230.	C.P.O.
24. „	II.	68	M. w. maritum	273. 231 Code civil.	Rheinisches Recht.
24. „	II.	76	B. w. H.	2095. 2106 2c.	Badisches Landrecht.
25. „	I.	5	R. w. H. G. f. E.	229.	H.G.B.
26. „	IV.	59	Preuß. Fiskus w. v. U.	I, 3 § 20. I, 6 § 12.	Preuß. Allg. L.R.
27. „	III.	44	A. w. M.	Lebensfortdauer.	Gemeines Recht.
28. „	V.	62	S. w. Sp.	Gesetz v. 5. Mai 1872.	Preuß. Recht.

Datum. Tag	Monat	Civilsenat des R.G.	Seite Bd. I	Parteien.	Gesetz, welches hauptsächlich durch die Entscheidung berührt wird. Paragraph	Gesetz
1884.						
1.	Juli	II.	16	B. w. v. R. u. Gen.	1—5. 22. 24.	R.-Urheberrechtsgesetz.
2.	=	I.	1	R. w. L.	90 ff.	H.G.B.
2.	=	I.	79	R. w. L.	Prozeßordng. v. 1864.	Russisches Recht.
4.	=	III.	42	S. & J. w. Ph.	13, 4.	Geb.O. für R.Anw.
5.	=	I.	38	Sch. & S. w. R. L. & B.	809. 156. 182. 185.	C.P.O.
7.	=	I.	6	J. w. M. & Co.	265. 258. 259.	H.G.B.
7.	=	I.	24	J. w. M. & Co.	14. 15. 132. 134.	R.Konk.O.
7.	=	II.	40	Sch. w. S.	23, 2.	G.B.G.
7.	=	IV.	55	R. B. Pf. w. Preuß. Fiskus	Ges. v. 26. Apr. 1872.	Preuß. Recht.
7.	=	II.	69	Sch. w. S.	158.	Badisches Landrecht.
7.	=	II.	73	H. w. H. u. Gen.	970. 1328.	Code civil.
9.	=	V.	153	P. u. Gen. w. W. u. Gen.	Gesetz v. 5. Mai 1872.	Preuß. Recht.
10.	=	I.	10	D. H. w. S.	36. 55.	A.D.W.O.
10.	=	I.	36	D. H. w. S.	556. 560.	C.P.O.
11.	=	III.	14	M. w. W.	83.	A.D.W.O.
11.	=	III.	22	M. w. S. u. S.	1. 2. 8.	Reichs-Haftpflichtgesetz.
11.	=	I.	60	Th. E. w. P.	I, 3 §§ 2, 3 rc.	Preuß. Allg. L.R.
17.	Septbr.	I.	115	P. w. B.	231.	C.P.O.
17.	=	I.	145	B. w. G. & M.	I, 5 §§ 319. 325 rc.	Preuß. Allg. L.R.
18.	=	III. Strfs.	81	w. Pl. u. H.	14.	R.-Markenschutzgesetz.
18.	=	IV.	147	K. w. G.	I, 5 §§ 146. 156 rc.	Preuß. Allg. L.R.
19.	=	IV.	123	H. w. G.	661.	C.P.O.
20.	=	I.	91	Sch. w. S. & T.	361 ff.	H.G.B.
20.	=	I.	108	W. w. E.	87.	C.P.O.
20.	=	I.	118	H. w. M.	371.	=
20.	=	I.	129	S. w. K.	52.	Geb.O. für R.Anw.
22.	=	IV.	119	R. w. S. Rel.	435. 51.	C.P.O.
22.	=	IV.	152	S. w. uxorem	II, 1 §§ 720. 719.	Preuß. Allg. L.R.
23.	=	II.	103	R. w. St.	120 a.	R.Gew.O. von 1878.
23.	=	III.	131	G. w. W.	Vis (Bienen).	Gemeines Recht.
23.	=	III.	156	F. A. B. w. Preuß. Fiskus	Verordn. vom 7. Aug. 1867.	Preuß. Recht.
23.	=	II.	158	B. w. G.	1852. 1986.	Code civil.
24.	=	I.	110	D. & Mc. R. w. R.	162. 71. 78. 230.	C.P.O.
25.	=	IV.	111	S. w. L.	176—178. 161. 181.	=
25.	=	IV.	150	H. w. P.	II, 1 § 441.	Preuß. Allg. L.R.
26.	=	II.	109	E. w. R.	106. 107. 211.	C.P.O.
26.	=	III.	122	v. H. C. w. Gr. v. H.	507.	=
27.	=	I.	86	Gebr. S. w. v. L.	259.	H.G.B.

Datum. Tag Monat	Civilsenat des R.G.	Seite Bd. I	Parteien.	Gesetz, welches hauptsächlich durch die Entscheidung berührt wird. Paragraph	Gesetz
1884.					
30. Septbr.	III.	134	B. w. D.	Exc. non rite adimpl. contract.	Gemeines Recht.
1. Oktbr.	V.	106	S. w. S.	25.	C.P.O.
1. "	I.	156	D. & Co. w. T.	Ausf. zur R. Konk.O.	Mecklenburgisches Recht.
3. "	II.	117	U. B. B. w. H.	291.	C.P.O.
3. "	III.	133	A. u. Gen. w. B. u. Gen.	Mühlenzwang	Gemeines Recht.
3. "	III.	134	Ph. F. A. S. w. S.	Schiedsvertrg.	"
4. "	V.	104	B. w. B.	120.	R.Gew.O.
4. "	V.	107	P. w. P.	65. 71.	C.P.O.
4. "	I.	117	F. w. Th. & Co.	272 ff.	"
4. "	I.	139	M. w. G. u. Gen.	749, 3.	"
4. "	I.	139	M. w. G. u. Gen.	Testirfreiheit.	Gemeines Recht.
7. "	IV. Strfs.	80	w. P.	10.	H.G.B.
7. "	IV. "	83	w. L.	22, 2. 32.	R.Str.P.O.
7. "	III.	91	Sch. w. H. B. C.	357.	H.G.B.
10. "	II.	102	S. w. N.	57. 133. 54.	R. Konk.O.
10. "	II.	163	B. w. S.	1595.	Code civil.
10. "	III.	211	S. u. Gen. w. A. v. M.	Realrecht.	Gemeines Recht.
11. "	I.	85	P. w. D.	106—109.	H.G.B.
11. "	I.	94	C. Cr. Sp. B. W. w. D. u. Gen.	2. 71.	R.-Genossenschaftsgesetz.
14. "	II.	90	K. w. S. & S.	347.	H.G.B.
14. "	II.	121	E. St. w. Sch.	500.	C.P.O.
14. "	II.	163	Rh. E. G. w. St. C.	Städteordng.	Rheinisches Recht.
15. "	I.	99	Konk. Sch. w. S. u. Gen.	41, 3 u. 4.	R. Konk.O.
15. "	V.	109	Sp. u. Gen. w. St. L.	96. 87.	C.P.O.
17. "	III.	97	A. w. E. St. W. O.	1.	Reichs-Haftpflichtgesetz.
18. "	I.	93	Z. w. M.	361.	H.G.B.
18. "	I.	120	B. & Co. w. E.	472. 474. 248.	C.P.O.
23. "	IV.	106	H. w. uxorem	11. 12. 13.	"
23. "	IV.	128	H. w. uxorem	18.	R.Anw.O.
24. "	II.	118	D. w. H. u. Gen.	38. 405.	C.P.O.
24. "	III.	136	H. w. S.	Haussohn. Lex Aquilia	Gemeines Recht.
25. "	I.	114	O.E.B. w. W.	231.	C.P.O.
27. "	IV.	155	Sch. O. w. Fiskus	Ges. v. 21. Juli 1846 § 3.	Preuß. Recht.
28. "	III.	113	W. E. w. D. F. H.	230. 231.	C.P.O.
29. "	I.	99	P. w. P. C. E.	1.	Reichs-Haftpflichtgesetz.
29. "	I.	127	G. w. R.	809, 2.	C.P.O.

Datum. Tag	Monat	Civilsenat des R.G.	Seite Bd. I	Parteien.	Gesetz, welches hauptsächlich durch die Entscheidung berührt wird. Paragraph	Gesetz
1884.						
30.	Oktbr.	IV.	123	H. w. G.	661.	C.P.O.
1.	Novbr.	I.	87	F. Konk. w. B. R.	313. 314.	H.G.B.
1.	"	II.	159	L. w. F. u. Gen.	1131. 1235.	Code civil.
4.	"	III.	138	H. w. H.	Erbschaftsinventar.	Gemeines Recht.
4.	"	II.	165	S. u. Gen. w. Z.	1125. 1304. 1311.	Badisches Landrecht.
5.	"	V.	105	W. w. H.	3, 1.	R.-Anfechtungsgesetz.
7.	"	II.	166	D. Konk. w. H. & Co.	Vorbehalt.	Badisches Landrecht.
7.	"	III.	221	v. d. L. w. maritum	Unterhalt Geschiedener.	Gemeines Recht.
8.	"	I.	126	R. w. verw. K.	701.	C.P.O.
8.	"	V.	130	R. u. Gen. w. W.	76.	Geb.O. für R.Anw.
8.	"	I.	140	H. L. E. w. O. D. f. St.	Pfand auf Bahnwagen.	Gemeines Recht.
8.	"	I.	151	C. & P. w. S.	Vertragswille.	Preuß. Recht.
8.	"	I.	167	H. L. E. w. O. D. f. St.	Staatsverträge.	Oesterreichisches Recht.
11.	"	III.	176	K. w. L.	163.	H.G.B.
11.	"	III.	218	M. u. Gen. w. M. L.	Steuerrückforderung.	Gemeines Recht.
11.	"	III.	243	M. u. Gen. w. M. L.	Städteordng.	Lippe'sches Recht.
12.	"	I.	179	J. y. S. w. S.	347.	H.G.B.
12.	"	I.	200	H. w. K.	166.	C.P.O.
12.	"	V.	229	G. G. w. W.	Gewerkschaft.	Preuß. Recht.
12.	"	V.	231	G. S. w. F.	Freikuxrecht.	"
14.	"	II.	183	R. w. Fiskus E. L.	149. 155.	Reichs-Beamtengesetz.
15.	"	I.	195	B. R. w. F. Konk.	23, 2.	R.Konk.O.
15.	"	V.	197	v. H. u. Gen. w. M.	37, 2. 36.	C.P.O.
15.	"	I.	220	W. w. maritum	Ehel. Pflicht.	Gemeines Recht.
18.	"	II.	203	v. H.-W. w. J.	661, 5.	C.P.O.
18.	"	II.	253	v. H.-W. w. J.	Prozeßrecht.	Oesterreichisches Recht.
19.	"	I.	175	B. w. L.	146.	H.G.B.
19.	"	I.	178	G. w. T.	281.	"
19.	"	V.	208	v. L. w. verw. C.	744.	C.P.O.
20.	"	II.	199	W. & Co. w. L.	146.	"
20.	"	II.	243	F. w. K. R. T.	Flußbett.	Rheinisches Recht.
22.	"	I.	180	O. w. M.	4. 8.	A.D.W.O.
22.	"	I.	202	O. w. M.	428. 331.	C.P.O.
22.	"	I.	198	v. P. w. B.	87.	"
22.	"	I.	206	v. P. w. B.	25, 3.	R.Anw.O.
22.	"	II.	204	W. w. Konk. W. & R.	727.	C.P.O.
22.	"	III.	212	B. w. B.	Theilungsklage.	Gemeines Recht.
22.	"	I.	217	v. B. & W. w. O.	Actio institoria.	"

Datum. Tag Monat	Civilsenat des R.G.	Seite Bd. I	Parteien.	Gesetz, welches hauptsächlich durch die Entscheidung berührt wird. Paragraph	Gesetz
1884.					
24. Novbr.	I.	173	B. u. Gen. w. St. u. Gen.	133. 137.	H.G.B.
24. "	I.	177	L. w. R. u. Gen.	250.	"
24. "	I.	191	H. w. S. W. Ch.	10. 13. 18.	Reichs-Patentgesetz.
24. "	IV.	222	F. w. v. K.	I, 14 § 254. I, 11 § 684.	Preuß. Allg. L.R.
25. "	II.	179	W. & Co. w. W. C. & Co.	282. 349.	H.G.B.
25. "	II.	249	W. & Co. w. W. C. & Co.	1645. 1135. 1646.	Code civil.
25. "	III.	314	H. w. R.	Hypothekar. Vorzugsrecht.	Gemeines Recht.
26. "	V.	202	S. w. H. u. Gen.	504.	C.P.O.
26. "	I.	208	W. w. P. u. Gen.	Erbrecht.	Gemeines Recht.
26. "	V.	221	R. w. B.	Gesetz v. 5. Mai 1872 § 38.	Preuß. Recht.
28. "	III.	196	S. w. H.	702, 5	C.P.O.
28. "	III.	196	S. w. H.	23, 2.	R.Konk.O.
28. "	III.	207	K. w. uxorem	13, 4.	Geb.O. für R.Anw.
28. "	III.	207	B. w. S.	23, 1. 29.	"
2. Dezbr.	II.	186	St. K. w. Reichsfiskus.	1. 2. 3.	Reichsgesetz v. 23. Febr. 1874.
2. "	III.	309	S. u. Gen. w. S.	531. 774.	C.P.O.
3. "	I.	180	G. & N. w. K. & S.	356.	H.G.B.
3. "	I.	218	B. & K. w. D.	Actio de in rem verso util.	Gemeines Recht.
4. "	IV.	234	H. w. R. K. B.	Kirchhofsrecht.	Preuß. Recht.
5. "	III.	216	W. w. Ehel. E.	Dictum.	Gemeines Recht.
5. "	III.	293	P. w. R.	40. 41, 3 u. 2.	R.Konk.O.
5. "	III.	304	P. w. R.	101. 709.	C.P.O.
5. "	III.	337	P. w. R.	Faustpfand.	Altenburgisches Recht.
6. "	I.	350	B. u. Gen. w. W.	702. 708. 709.	H.G.B.
8. "	IV.	226	W. w. W.	Kollation.	Gemeines Recht.
9. "	II.	161	Ch. F. C. w. S. & D.	1794. 1787.	Code civil.
11. "	I.	284	K. w. R.	782 ff.	H.G.B.
11. "	I.	298	S. & S. w. Rh. & Co.	207, 1.	R.Konk.O.
11. "	I.	302	S. & S. w. Rh. & Co.	24.	C.P.O.
11. "	I.	344	S. & S. w. Rh. & Co.	Bankruptcy Act.	Englisches Recht.
12. "	II. Strfs.	258	w. H.	135, 1.	R.Gew.O. von 1878.
12. "	IV. "	261	w. K.	3. 4. 24. 32. 34.	Reichs-Tabaksteuergesetz von 1879.
12. "	III.	265	v. H. C. w. Großh. v. H.	§ 5 C.P.O.	Privatfürstenrecht.

Datum. Tag Monat	Civil-senat des R.G.	Seite Bd. I	Parteien.	Gesetz, welches hauptsächlich durch die Entscheidung berührt wird. Paragraph	Gesetz
1884.					
13. Dezbr.	V.	199	G. w. W. u. Gen.	92. 95. 98. 99.	C.P.O.
13. "	V.	310	L. w. S.	268. 266. 662.	"
13. "	V.	317	S. w. Vers.G. B.	Retentionsrecht.	Gemeines Recht.
13. "	V.	322	v. L. w. v. L.	Mantelkinder.	Gemeines Lehnrecht.
15. "	I. Strss.	257	w. M. u. Gen.	288.	R.Str.G.B.
17. "	V.	291	H. w. M. u. Gen.	1. 2. 9.	Reichs-Haftpflichtgesetz.
17. "	V.	309	D. w. R. u. Gen.	531, 2.	C.P.O.
17. "	V.	332	S. w. O.	I, 4 § 19.	Preuß. Allg. L.R.
18. "	I. Strss.	254	w. R.	Doppelbesteuerung.	Reichsverfassung. Gesetz vom 13. Mai 1870.
18. "	IV.	336	Preuß. Fiskus w. H.	1 ff.	Preuß. Gesetz vom 5. Mai 1872.
19. "	III.	284	F. & Co. w. H. G. K. Co.	649.	H.G.B.
19. "	III.	318	F. & Co. w. H. G. K. Co.	Tradition.	Gemeines Recht.
22. "	I.	289	v. T. w. G. D.	356 ff.	C.P.O.
22. "	I.	296	M.Konk. w. S.	94.	R.Konk.O.
22. "	I.	304	v. T. w. G. D.	22.	R.-Genossenschaftsgesetz.
30. "	II.	278	M. u. Gen. w. D. & Co.	37. 40.	H.G.B.
30. "	II.	305	M. u. Gen. w. D. & Co.	387. 394.	C.P.O.
30. "	II.	338	W. w. M. u. Gen.	878. 2111.	Code civil.
31. "	I.	282	S. w. S. S. & Co.	357. 343.	H.G.B.
1885.					
2. Januar	IV.	333	R. w. uxorem	II, 1 §§ 720. 721.	Preuß. Allg. L.R.
3. "	III.	289	Preuß. Fiskus w. verw. R. u. Gen.	1.	Reichs-Haftpflichtgesetz.
3. "	III.	290	P. w. St.	7.	"
3. "	I.	308	K. w. W.B.A.	435, 1.	C.P.O.
5. "	II.	338	Preuß. Fiskus w. J.	2279.	Code civil.
7. "	I.	293	W. & Gl. w. F.	Verordn. vom 1. Mai 1878.	Reichs-Patentgesetz.
7. "	III.	394	S.B. w. G. J.	Kirchenbaulast	Gemeines Recht.
8. "	IV.	313	P. w. M. u. Gen.	Gewohnheitsrecht.	"
8. "	I.	438	E. w. S. & Co.	743.	H.G.B.
9. "	II.	292	St. w. maritum	77.	R.-Personenstandsgesetz.
9. "	III.	300	G. w. M.	120.	R.Gew.O.
9. "	II.	303	O. u. Gen. w. W. u. H.	61.	C.P.O.
9. "	III.	389	v. M. w. v. W.	Novelle 99.	Gemeines Recht.

Datum. Tag Monat	Civilsenat des R.G.	Seite Bd. I	Parteien.	Gesetz, welches hauptsächlich durch die Entscheidung berührt wird. Paragraph	Gesetz
1885.					
10. Januar	I.	283	A. w. H. A. P. A.	740.	H.G.B.
10. "	V.	334	F. R. w. S. R.	Verschiedene Gesellschaften.	Preuß. Recht.
12. "	IV.	335	Preuß. Fiskus w. v. K.	1.	Preuß. Stempelgesetz von 1861.
13. "	II.	341	B. w. B.	1422. 1438. 1439.	Bad. Landrecht.
14. "	V.	278	K. w. S. & Co.	279.	H.G.B.
14. "	I.	280	E. C. A. w. S.	307.	"
14. "	V.	302	S. u. Gen. w. Preuß. Fiskus	58. 59.	C.P.O.
14. "	I.	321	E. C. A. w. S.	Leihvertrag.	Gemeines Recht.
14. "	I.	333	E. C. A. w. S.	I, 21 § 229. I, 11.	Preuß. Allg. L.R.
15. "	I. Strff.	263	w. H. u. Gen.	20.	R.-Markenschutzgesetz.
15. "	IV.	379	O. w. K.	508. 509.	C.P.O.
16. "	II.	293	B. Konk. w. uxorem	39, 2.	R.Konk.O.
16. "	II.	301	R. w. F.	120 a.	R.Gew.O.
16. "	IV.	321	Gr. St. w. ap. Gr. St.	Felonieklage.	Gemeines Recht.
16. "	II.	339	B. Konk. w. uxorem	551.	Code de commerce.
16. "	III.	372	K. w. M.	11, 2. 3, 2.	Reichs-Anfechtungsgesetz.
17. "	I.	312	H. & Co. w. R. & Co.	9. 13.	G.K.G.
19. "	IV.	375	W. w. v. Z.	431.	C.P.O.
20. "	II.	342	v. D. G. w. G. E.	Edikt vom 26. April 1808.	Badisches Recht.
20. "	II.	366	Konk. E. D. J. G. w. Konk. Z.	35. 22.	R.Konk.O.
20. "	III.	301	St. w. E.	Usufruktuar. Kaution.	Gemeines Recht.
21. "	I.	373	B. w. O.	231. 72.	C.P.O.
23. "	III.	369	H. w. D.	132. 152.	R.Konk.O.
23. "	III.	373	H. w. D.	227. 226.	C.P.O.
24. "	V.	400	K. w. A. M.	II, 2 §§ 168. 154.	Preuß. Allg. L.R.
26. "	IV.	288	K. w. L.	81.	A.D.W.O.
26. "	I.	371	G. & Co. w. E.	18.	Reichs-Konsulargesetz.
26. "	I.	391	A. w. S.	Replik der Kompensation	Gemeines Recht.
26. "	IV.	404	F. w. B.	12.	Preuß. Stempelgesetz von 1822.
28. "	III.	385	G. w. S.	20. 23. 29. 30.	Geb.O. für R.Anw.
28. "	V.	407	v. P. w. P. H. A.	Revenüenhypothek.	Preuß. Gesetz vom 5. Mai 1872.
29. "	IV.	395	K. w. H.	I, 4 §§ 38. 39.	Preuß. Allg. L.R.
30. "	II.	355	A. B. K. w. B.	83.	A.D.W.O.
30. "	II.	416	G. w. St. K.	Ersitzung.	Rheinisches Recht.
31. "	I.	360	T. w. H. E. G.	3, 1.	Reichs-Haftpflichtgesetz.
31. "	V.	367	R. w. G. Nachl. Konk.	23, 2. 203.	R.Konk.O.

Datum. Tag Monat	Civilsenat des R.G.	Seite Bd. I	Parteien.	Gesetz, welches hauptsächlich durch die Entscheidung berührt wird. Paragraph	Gesetz
1885.					
31. Januar	V.	378	H. w. L. R.	472—540.	C.P.O.
31. "	III.	392	H. w. G.	Erbvertrag.	Gemeines Recht.
31. "	Vereinigte Straffen.	422	w. B. u. H.	II 4 a Tarif.	Reichs-Stempelgesetz von 1881.
2. Febr.	IV.	347	L. w. G. G. f. P.	227.	H.G.B.
2. "	II.	385	S. w. K. & Co.	16. 15. 13, 2.	Geb.O. für R.Anw.
2. "	IV.	398	S. w. uxorem	II, 1 §§ 711—713.	Preuß. Allg. L.R.
3. "	II.	420	S. w. M.	1648.	Code civil.
5. "	IV.	365	Preuß. Fiskus w. L.'s Konk.	144. 141.	Reichs-Beamtengesetz.
5. "	IV.	381	O. w. W. & Co.	661, 2.	C.P.O.
5. "	V.	405	F. w. W.	244. 155. 241.	Preuß. Berggesetz v. 1865.
6. "	II.	346	S. w. L. (B. B. O.).	224.	H.G.B.
6. "	III.	357	K. w. B. A. E. G.	1.	Reichs-Haftpflichtgesetz.
6. "	III.	359	H. & S. w. K.	2.	"
6. "	III.	380	S. w. G.	531.	C.P.O.
6. "	III.	393	S. w. S.	Bäuerl. Erbfolge.	Gemeines Recht.
6. "	II.	420	W. u. Gen. w. S.	1382 ff.	Code civil.
7. "	I.	374	M. & Co. w. E.	349. 352—354.	C.P.O.
7. "	I.	383	H. & Co. w. L.	863. 858.	"
10. "	IV.	396	L. w. R.	Locus regit actum.	Preuß. Recht.
10. "	II.	418	v. L. w. D.	972. 909.	Code civil.
11. "	I.	349	H. w. D. frères.	324.	H.G.B.
11. "	V.	392	W. w. B.	Actio confessoria.	Gemeines Recht.
11. "	I.	393	F. w. F.	Brautkinder-Erbrecht.	"
12. "	IV.	400	S. w. P.	II, 2 §§ 398. 392.	Preuß. Allg. L.R.
12. "	IV.	401	Fiskus u. Gen. w. S. u. Gen.	II, 11 §§ 244 ff.	"
12. "	IV.	403	v. S. w. Sch. G.	II, 12 § 33.	"
13. "	III.	358	L. w. E. & D.	2.	Reichs-Haftpflichtgesetz.
13. "	II.	364	H. u. S. w. B. u. Gen.	14.	R.-Markenschutzgesetz.
16. "	IV.	396	R. w. W.	I, 4 §§ 87. 88. 75.	Preuß. Allg. L.R.
16. "	IV.	397	M. K. L. W. w. H.	Versorgungsanstalt.	Preuß. Recht.
17. "	II.	361	A. J. T. w. A. J. O. F.	10, 2. 3. 20, 2 u. 3.	R.-Markenschutzgesetz.
17. "	II.	417	S. u. Gen. w. K.	582. 578. 601.	Code civil.
17. "	II.	500	F. w. J. u. Gen.	35.	Sächs. Bürgerl. G.B.

Datum. Tag Monat	Civilsenat des R.G.	Seite Bd. I	Parteien.	Gesetz, welches hauptsächlich durch die Entscheidung berührt wird. Paragraph	Gesetz
1885.					
18. Febr.	I.	406	Th. u. Gen. w. F. St. Z. Konk.	54.	Preuß. Grundbuchgesetz von 1872.
19. "	IV.	377	S. w. L.	439.	C. P. O.
20. "	II.	345	Konk. S. w. Konk. B.	85.	H. G. B.
20. "	II.	421	Konk. S. w. Konk. B.	14 des Ges. v. 10. Nov. 1861.	Bayrisches Notariatsges.
20. "	II.	441	F. w. J. u. Gen.	1. 2. 3. 9.	Reichs-Haftpflichtgesetz.
21. "	V.	487	L. w. R.	I, 6 § 123.	Preuß. Allg. L. R.
21. "	V.	488	B. w. Seehandlung.	Hypothekenrecht.	Preuß. Recht.
23. "	I.	485	S. w. S. & S.	I, 11 §§ 382. 402	Preuß. Allg. L. R.
24. "	III.	478	B. w. maritum	Desertio malitiosa.	Gemeines Recht.
24. "	III.	479	K. w. gesch. K.	Alim. gesch. Ehefrau.	"
24. "	III.	492	G. w. F.	I, 21 § 72.	Preuß. Allg. L. R.
26. "	IV.	457	P. w. B.	77. 164.	C. P. O.
27. "	III.	456	Fiskus w. Sp. D. A.	II 4 a Tarif.	Reichs-Stempelgesetz von 1881.
27. "	III.	461	D. w. uxorem	288. 582. 471. 267.	C. P. O.
27. "	II.	502	H. w. H.	1738.	Code civil.
28. "	V.	470	O. Konk. w. N.	712. 682. 727.	C. P. O.
28. "	I.	472	S. u. Gen. w. Sch.	823 ff.	"
28. "	V.	500	P. w. Fiskus	9. 61.	Gesetz v. 25. Juni 1875.
1. März	II.	504	L. w. R. & B.	2092.	Code civil.
2. "	IV.	495	Sch. w. G.	II, 2 § 392.	Preuß. Allg. L. R.
3. "	III.	460	B. w. B.	273. 645. 508.	C. P. O.
3. "	III.	468	M. w. maritum	580.	"
3. "	II.	471	Verein. F. Ph. P. w. B.	796. 819.	"
3. "	III.	474	S. w. F. & F.	Solid. Deliktshaftbarkeit.	Gemeines Recht.
3. "	II.	503	N. w. O.	1793.	Code civil.
4. "	I.	357	S. w. D. H.	4. 96.	A. D. W. O.
4. "	I.	458	H. w. R.	106. 109.	C. P. O.
4. "	I.	432	Th. w. M.	4. 301.	H. G. B.
5. "	IV.	442	B. w. F.	66.	Reichs-Militärgesetz.
5. "	IV.	489	M. w. Fiskus	I, 11 § 1037.	Preuß. Allg. L. R.
5. "	II.	496	D. w. Fiskus	11.	Preuß. Instruktion vom 31. Dezember 1825.
5. "	IV.	500	R. w. Fiskus	23. 27.	Preuß. Gerichtsvollziehergesetz.
5. "	II.	502	B. w. B.	555.	Code civil.
7. "	I.	433	A. w. K.	83.	H. G. B.
7. "	II.	436	B. E. w. A.	395.	"
7. "	II.	467	B. w. uxorem	487. 499.	C. P. O.
7. "	I.	490	A. w. K.	I, 13 § 22.	Preuß. Allg. L. R.
7. "	III.	501	U. w. U.	Gesetz vom 23. Mai 1848.	Hannoversches Recht.

Datum. Tag Monat	Civilsenat des R.G.	Seite Bd. I	Parteien.	Gesetz, welches hauptsächlich durch die Entscheidung berührt wird. Paragraph	Gesetz
1885.					
9. März	IV.	499	Fiskus w. D. & Co.	11.	Preuß. Gesetz v. 24. Mai 1861.
10. "	III.	463	H. G. K. C. w. K.	410.	C. P. O.
10. "	III.	484	R. w. O.	Leibzucht dinglich.	Gemeines Recht.
11. "	V.	451	S. w. Z.	3. 9. 10. 778.	C. P. O.
12. "	II.	435	K. w. G.	385.	H. G. B.
13. "	III.	477	Sch. w. R.	Verlöbniß-Erfüllungsort.	Gemeines Recht.
13. "	III.	481	Fiskus w. Erben H.	Intestaterbfolge.	"
14. "	V.	486	S. w. B.	I, 4 § 24.	Preuß. Allg. L. R.
17. "	III.	465	Vorsch. V. C. w. Sch.	483. 476. 487. 499.	C. P. O.
17. "	II.	473	Gebr. St. w. B.	13, 4. 17.	Geb. O. für R. Anw.
17. "	III.	475	H. w. K.	Zahlungseinrede.	Gemeines Recht.
18. "	I.	476	L. w. A. & W.	Bürgenregreßrecht.	"
20. "	III.	462	R. w. R.	410.	C. P. O.
21. "	I.	453	J. & Co. w. Z.	32.	"
21. "	I.	454	S. w. P.	72.	"
24. "	II.	458	Sch. V. w. F. u. Gen.	247. 19. 157. 50.	"

Pierer'sche Hofbuchdruckerei. Stephan Geibel & Co. in Altenburg

Kolibri 360 GmbH
Ferdinand-Jühlke-Straße 7
99095 Erfurt, Deutschland
produktsicherheit@kolibri360.de